des bei Kissingen.

Lith. Anst. u. Steindr. v. C. L. Keller, Berlin S.

00.

1500 2000 2500 m.

Salomon · DER TOTE PREUSSE

ERNST VON SALOMON

DER TOTE PREUSSE

Roman einer Staatsidee

Mit einem Vorwort
von Hans Lipinsky-Gottersdorf

LANGEN MÜLLER

Umschlaggestaltung: Agentur Wündrich-Meissen, Stuttgart,
und Peter Schimmel
Karten der Vorsatzpapiere: E. S. Mittler & Sohn und Peter Schimmel
Gesamtherstellung: Druck- und Buchbinderei-Werkstätten
May & Co Nachf., Darmstadt
Printed in Germany 1973
ISBN 3-7844-1537-7

Jedem das Seine

Vorwort von Hans Lipinsky-Gottersdorf

Ernst von Salomon, Zeitgenosse mit nachdrücklich gelebter und bejahter militäradliger Tradition, als Schriftsteller von hohem Rang und permanenter Rebell engagierter Zeuge und Sachverständiger für jenen ständigen Bürgerkrieg, der das Gesicht unseres Jahrhunderts für die Geschichte gezeichnet hat und voraussichtlich weiter zeichnen wird: ich bin ihm zweimal begegnet, und es war jedesmal einprägsam genug, ihn für immer im Gedächtnis zu behalten.

Ich erinnere mich mit großer Deutlichkeit an jenes Mittwochsgespräch im Wartesaal Erster Klasse des Hauptbahnhofs zu Köln. Es war im Jahr 1951 und kurz nach Erscheinen des ›Fragebogens‹. Alle drei, Autor, Verleger und Publikum waren gekommen — letzteres in überwältigender Menge und, obwohl es ein rheinisches Publikum war, für diesmal nicht mit dem festen Vorsatz, sich aufs beste zu amüsieren. Nicht erschienen war hingegen der Große Mann, der seine Mitwirkung als Diskussionsleiter zugesagt hatte; im letzten Augenblick, nach schweren inneren Kämpfen zweifellos, hatte er sich entschuldigen lassen. Das drohende Grollen im Blätterwald zwischen Hamburg und München und ›dr Rhing eruff, eraff‹, vom wütenden Röhren kapitaler Platzhirsche eindrucksvoll akzentuiert, mußte den Herrn Professor schrecklich davon überzeugt haben, daß er sich mit seiner Zusage in eine jener Situationen tiefsten Unbehagens begeben hatte, von denen es im ›Fragebogen‹ treffend heißt, sie ließen dem Vernünftigen nur die Wahl, wissentlich entweder etwas Dummes oder etwas Feiges zu tun. Und Dummheit öffentlich zu demonstrieren – sehr verständlich, daß dies für den Großen Mann einen Akt unzumutbarer Selbstverleugnung hätte bedeuten müssen.

Übrigens fand ich es nicht bedauerlich, daß er fehlte – im Gegenteil. Eingeklemmt zwischen unruhigen Nachbarn im unruhig brodelnden, überheizten Saal, hatte ich so die seltene Gelegenheit, einen Mann zu beobachten, der dem Gegner nicht nur, tapfer und mutig im Sinne eingedrillter Dienstvorschrift, die Stirn, sondern, ohne dadurch an Selbstachtung verlieren zu müssen, zugleich auch den Rükken bieten kann. Vom Diskussionsleiter im Stich gelassen und auf sich selbst gestellt, hatte Salomon, um den notwendigen Überblick zu gewinnen, sich auf den breiten marmornen Spiegelsims geschwungen, saß dort und war also zweimal im Raum: mir ist vor allem sein Rücken unvergeßlich geblieben, sehr gerade und massig unter dem faltenlosen weißen Hemd ...

Was alles ihm damals entgegengehalten, besser: entgegengeschleudert wurde, ich weiß es, mit einer Ausnahme, nicht mehr genau. Jedenfalls aber entstammte es jenem Arsenal einschlägiger Argumente, aus dem noch dieser und jener seiner Nachrufer mißvergnügte Zeilen speiste. Vorgeblicher Antisemitismus des ›Rathenaumörders‹ stellte den dümmsten, ein ›zynisches Ignorieren grausiger Abgründe‹ den am häufigsten erhobenen, hochmütige Verachtung amerikanischer Sieger- und Lebensart den zutreffendsten der darin enthaltenen Vorwürfe dar. Salomon erwehrte sich ihrer in einer Art – von besagtem Spiegelbild wirksam unterstrichener – munterer Gelassenheit, und wenn ihm vorderseitig bald ersichtlich zu heiß zu werden begann, so lag das fraglos vor allem daran, daß unter seinem Sitz die Zentralheizung kochte. Was mir aber von den Wechsel-

reden jenes Abends fast wortwörtlich im Gedächtnis geblieben ist, begann mit der Wortmeldung eines scharf bebrillten Herrn in grauem Straßenanzug. Ihm sei, so sagte der Herr sinngemäß und mit bebender Stimme, ihm sei als besonders empörend erschienen, daß der Verfasser des ›Fragebogens‹, statt unmißverständliche Bekenntnisse abzugeben, sich damit be- und vergnügt habe, mit gänzlich unangebrachter Ironie mehr oder weniger amüsante Geschichten zu erzählen. Denn dazu sei jetzt nicht die Zeit. Sie, die Zeit, und er, der Sprecher, forderten den Herrn von Salomon vielmehr energisch dazu auf, endlich Farbe zu bekennen.

Salomon antwortete sofort. Er sei ein Preuße, und seine Farben seien infolgedessen Schwarz und Weiß. Das habe er stets bekannt, aber, bitte sehr, er tue es hiermit gerne noch einmal.

Ich erwartete irgendeine schreckliche Reaktion im Publikum. Immerhin: man schrieb das Jahr 51, Preußen war streng verboten und überdies befanden wir uns im Heiligen Köln, wo man die seinerzeit unsanft erzwungene Einheirat der braven Bürgerstadt in Potsdams ›ärm Famillich‹ bis heute nicht verwunden hat. Indessen, es geschah gar nichts. Heute weiß ich, es war naiv von mir, auch nur mit einem Ausruf zorniger Mißbilligung gerechnet zu haben. Man glaubte nicht, was man hörte. Man hielt das einzige Bekenntnis, das der Verfasser der ›Geächteten‹, der ›Kadetten‹, der ›Stadt‹ und des ›Fragebogens‹ – des Essays ›Nahe Geschichte‹ nicht zu vergessen – abzulegen hatte, das einzige Bekenntnis übrigens, das ihm, wie die Dinge unverrückbar lagen, mit einigem Recht abzufordern war, für einen Gag. Für einen Gag, über den man noch nicht einmal lachen konnte. Denn wir befanden uns in Köln.

In der Tat, seit der ehemalige Kadett Ernst von Salomon zu schreiben begann, hat er es an einem gewiß nicht fehlen lassen: am Mut, Farbe zu bekennen. Er hat es mit jedem seiner Bücher getan, keineswegs zuletzt mit dem ›Fragebogen‹, der damals zur Rede stand. Der Fragebogen nämlich, der eigentliche, von der amerikanischen Militärregierung verantwortete und von liberalen Intellektuellen verfaßte Fragebogen, war durchaus nicht, wie man es in einem der gewichtigeren Nachrufe auf Salomon beschönigend lesen konnte, ein ›in seiner Wissenschaftsgläubigkeit fast rührendes‹ Unternehmen; es war vielmehr, was da fordernd auf den Tischen und den Gemütern der Besiegten lag, ein unverfrorener Griff nach den lebendigen Seelen: liberales Denken offenbarte seine ihm eingeborene totalitäre Komponente. Natürlich hatte der Größenwahn, der da Weltgeschichte ahnungslos genug zu korrigieren versuchte mit den Mitteln eines psychoanalytischen und politologischen Seminars, auch, wenn schon nichts Rührendes, so doch Lächerliches. Ironie und Sarkasmus mußten sich von selbst einstellen, wenn dem mit preußischer Sachlichkeit begegnet wurde. Eben dies aber tat Salomon, und siehe: die Fleißarbeit herrschaftssüchtiger Intellektueller gewann plötzlich eine übers eigene Bemühen weit ins Positive hineinreichende Qualität: sie wurde zum Anlaß eines die Jahrzehnte des Zwielichts schlagartig erhellenden und durchdringenden Großen Deutschen Romans.

Die Betroffenen hätten sich darüber freuen dürfen, aber sie freuten sich natürlich nicht. Derlei Sachlichkeit und Leistung war bei Lichte besehen ganz und gar nicht das, was man von diesem Verfasser erwartet hatte. Die Forderung der Zeit und des sie repräsentierenden scharf bebrillten Herrn im Wartesaal zielten auf den moralischen Kotau. Und es ist ja nicht zu bestreiten, daß Ernst von Salomon sich einer solchen nicht bloß Leibesübung stets auf das strikteste verweigert hat: der Zeit und ihren bebrillten Herren gegenüber jedenfalls.

Warum aber, warum hätte er sich willfähriger zeigen sollen? Seine Beteiligung am Rathenaumord hatte er vor dem Gesetz und also vor den Menschen abgebüßt. Er mag sie *auch vor sich selbst abgebüßt haben, denn ihm, dem intelligentesten, dazu dem einzigen wirklichen Preußen unter seinen damaligen Mitstreitern und -tätern, dürfte nicht verborgen geblieben sein, daß er mit Rathenau einen bedeutenden Preußen aus der Geschichte zu schleudern geholfen hatte. Mehr, wie gesagt, war durch irdische Instanzen nicht von ihm zu verlangen. Aber hätte er sich wenigstens nachträglich noch auch vor der Geschichte schuldig bekennen müssen? So — oder ähnlich — lautete ja die Forderung?*

Es war nichts weniger als die Geschichte, die ihn unwirsch zum Fußkuß, zur totalen Unterwerfung und zum Bekenntnis einer Mitschuld am Heraufkommen wie an den Greueln des Dritten Reiches befahl. Es waren höchst profane Vertreter jener bürgerlichen Gesellschaftsepoche, die ihrerseits von den Marxisten für die Entstehung jenes monströsen braunen Führerstaates selbst verantwortlich gemacht wird, mit nicht von der Hand zu weisenden Argumenten —, in deren Schoß heute Moral und Recht sichtbar verfaulen zu degenerierter Barbarei: ein Prozeß, der unstreitig nicht hervorgerufen wird durch das Verhalten irgendwelcher Radikaler, sei es von links oder von rechts, sondern vom Kernzerfall liberalen Denkens selbst.

Ich habe nicht vor, den Rebellen Ernst von Salomon zu verteidigen, schon gar nicht gegen seine Feinde in der sogenannten Mitte. Zwar wäre es gewiß nicht ohne Reiz, etwa jene Anwürfe auf ihre Stichhaltigkeit hin zu untersuchen, die ihm noch im Grabe zuteil geworden sind, wie sie ihn die Jahre hindurch begleitet haben. Der ›falsch erzogene Kadett‹ mit dem ›leeren Leben‹ hat ›Heldenherzblättchens Zeitvertreib‹ bekanntlich unter anderem damit geübt, daß er eine geliebte Jüdin über die Jahre der Gefahr und Verfolgung geschützt und begleitet hat — nicht weil sie eine Jüdin war allerdings, sondern weil er sie liebte. Trotzdem ein achtenswerter Zeitvertreib, wie ich finde, und nicht nur jenen herzlich anzuwünschen, die, obgleich

fraglos anders — also ›richtig‹? — erzogen, in jenen Jahren ihre ›nichtarischen‹ Jugendlieben und/oder altgedienten Ehefrauen reihenweise im Stiche ließen. (Wenngleich ich natürlich wohl weiß, daß dieser und jener nur so gehandelt hat, um, unbelastet von familiären Querelen, wirksamer jenen geheimen Widerstand betreiben zu können, den er hinter der kraftvoll eingebräunten Sprache von Leitartikeln oder Büchern oder Gedichten derart listenreich zu verbergen verstand, daß er, der Widerstand, heute nur von geschulten Spezialisten in mühevoller Arbeit wieder ans Licht des Tages gezogen werden kann).
Geduld! Ich höre schon auf und tue es hinfort nicht mehr. Ich will ihn wirklich nicht verteidigen, schon darum nicht, weil, was offensichtlich ist, ein jeder, der als Preuße für einen Preußen verklärende Apologetik zu treiben unternimmt, rasch bemerken wird, daß dieser ihm und er sich selbst dabei schrecklich im Wege herumstehen müssen. (Das gilt in hohem Maße auch für das alte Preußen selbst, weswegen, gleichfalls offensichtlich, Heinrich von Treitschke trotz vorzüglicher Tarnung niemals ein Preuße gewesen sein kann). Jedem das Seine. Und dem Preußen von Salomon gebührt nicht Verklärung, ihm gebührt Respekt, ein Respekt, wie auch er ihn stets im rechten Augenblick zu erweisen verstand, Freunden und Gegnern, waren sie es nur wert. Er ist es wert. Er ist mit unbeirrbarer Konsequenz seinen Weg gegangen durch mehr als fünf Jahrzehnte deutschen Bürgerkriegs, durch Gefechte, Zuchthäuser, Untergrund, Bauernkampf und die tückischen Jahre scheinbaren Waffenstillstands erst recht, nun zu Ende gegangen nach dem Gesetz, nach dem er angetreten — um ein von ihm gern zitiertes Wort mit vollem Rechte anzuwenden. Denn noch die Jahre im scheinbaren Fluchtort bei Winsen hinterm Deich gehören dazu. In ihnen hat er sich studierend und denkend jenen ungeheuren geschichtlichen Stoff zu eigen gemacht, dem er im ›Toten Preußen‹ seinen zielgerichteten Willen aufprägen wollte.

Er ist sich selbst treu geblieben. Freilich, eben dies haben viele ihm nicht glauben wollen, oder doch nur im Sinne einer konsequent durchgehaltenen Standpunktlosigkeit.

Ich habe an dieser Stelle noch einmal den ansehnlichen Stapel von Nachrufen auf den toten Ernst von Salomon durch- und auf meinen Tisch geblättert. Das ist eine auf den ersten Blick verwirrende, aber wenigstens niemals langweilige Beschäftigung, die eine bemerkenswerte Einsicht zur Folge hat.

Das Volk der Deutschen (nicht nur das von Köln), zum Gebrauch seines gesunden Menschenverstandes grimmig entschlossen – wenn es sich nicht gerade mal für ein anderes Mittel der Lebens- und Geschichtsbewältigung entschieden hat –, dieses Volk hat dem Schriftsteller Ernst von Salomon eines mit Gewißheit nicht abgenommen: daß er eben ein Preuße war und als ein solcher dachte und handelte und schrieb. Die Deutschen, die zu Zeiten so fruchtbar und furchtbar zu träumen verstehen, konnten und können es sich derzeit nicht vorstellen, daß jemand bewußt und im Vollbesitz seiner geistigen Fähigkeiten für etwas zu optieren vermag, das so offensichtlich nicht vorhanden ist wie diese merkwürdige, längst verstorbene und obendrein, wenn auch von unzuständiger Seite, streng verbotene einstige Militärmonarchie. Es sei denn, natürlich, aus Gründen einer wohlkalkulierten Ironie, welche denn auch keiner der Beurteiler Salomons und seines literarischen Werkes zu bemerken vergaß – so uneinig diese sonst auch sein mochten.

Man glaubte ihm nicht. Das war schon beim Erscheinen des ›Fragebogens‹ so (nicht allerdings in Frankreich oder in Italien, wo dieser Roman unter dem bezeichnenden Titel ›Jo resto Prussiano – Ich bleibe ein Preuße‹ erschien); zwanzig Jahre später ist in den Nachrufen das gleiche ungläubige Unverständnis zu finden, ergänzt durch ein immer wieder erneuertes Bemängeln seiner ›vieldeutig schillern-

den, nirgendwo recht festzulegenden‹ Persönlichkeit. Der Beispiele gibt es viele, und zuweilen sind sie in der Tat lustig – in Salomons Sinn. Denn wenn es in Niederbayern bierkruggewaltig losdonnert: »Ein Anarchist«; aus Schleswig-Holstein rauscht es meerumschlungen verhalten: »Ein Konservativer« zurück.

Da steht, aus jungbürgerlicher Feder, der erboste Vorwurf bis in die letzte Zeit hinein bewiesener stockreaktionärer Gesinnung und kontrastiert prächtig mit der Huldigung an einen zutiefst gewandelten und geläuterten Fortschritts-Salomon, geschrieben von einem Manne, der in dieser Frage als unbedingt zuständig zu betrachten ist, dem ergrauten Klassenkämpfer Johannes Fladung vom Progreßverlag. Halbflügge liberale Redaktionsspatzen im Konfirmandenalter pfeifen ihm mißtönend den alten Freikorpsbanditenmarsch von ihren Schuldächern hinterher, und gereifte sozialdemokratische Feuilletonredakteure schlagen erschauernd drei Kreuze wider den Geist des ›literarischen Remer‹, welch gräßlichen Fluch sie der weiland amerikanischen »Neuen Zeitung« in Deutschland entlehnten, in der Friedrich Luft seinerzeit den feierlichen Exorzismus gegen den Autor des ›Fragebogens‹ zelebrierte. Die ehemaligen Häftlinge des Konzentrationslagers Buchenwald dagegen sagen einen schlichten Dank: Ernst von Salomon habe sich um einen der Ihren verdient gemacht. Der Rowohlt-Verlag bescheinigt dem Hausautor, in seinem unlängst erschienenen Buch ›Kette der tausend Kraniche‹ habe Salomon sich zum Weltbürger hin gewandelt. Der ›Spiegel‹ schließlich empfiehlt sich in ungewohnt nobler Höflichkeit – man hielt den Spötter dortseits wohl, in schwerem, aber verzeihlichem Irrtum, für einen kongenialen Geist.

Man hielt ihn, wie man sieht, für dies und jenes; nur für das, was er eigentlich war und sein wollte, dafür hielt man ihn nicht. Dabei hätte ein Blick in diese Richtung alle scheinbaren Widersprüche seiner Existenz ohne weiteres auflösen können. Dem Rebellen aus militäradliger Tradition ging es — nachzulesen in seinem nicht zufällig so frisch gebliebenen Essay ›Nahe Geschichte‹ von 1936, dessen Gedankengänge im ›Toten Preußen‹ unverändert wiederkehren — von Anfang an um den Staat, noch einmal um den Staat und um sonst gar nichts. Dieses unbedingt und mit niemals nachlassender Leidenschaft gewollte Ziel bewahrte Salomon auf die Dauer vor den naheliegenden Versuchungen der Reaktion und vor denen des ›nationalen Sozialismus‹ brauner Ausprägung ebenso nachhaltig, wie es ihn sein Leben lang daran hinderte, mit vollen Segeln in den Hafen des revolutionären Sozialismus einzulaufen.

Wir kamen auf dieses Thema in dem mehr als zehn Stunden währenden Gespräch, zu dem meine zweite Begegnung mit Ernst von Salomon sich ausgeweitet hat. Solange — so ungefähr drückte er sich aus —, solange im Osten immer von der Gesellschaft gesprochen werde statt vom Staat, bleibe der Hafen für einen Preußen vermint, so sehr man das auch oft bedauern müsse. Was nichts anderes bedeutet, als daß ein Preuße erst dann zum Roten werden könne, wenn die Roten zu Preußen geworden sind — eine These, die mir nicht übel in den Ohren klang.

Daß die roten (derzeit noch) Saxo-Borussen von Ostberlin Salomon mindestens sein Bedauern abgenommen haben müssen, beweist das respektvolle Schweigen, das sie nach seinem Tod bewahrten — von ein paar pflichtgemäß auf Distanz gehenden Notizen in Zeitungen und Zeitschriften einmal abgesehen. Gewiß: sie müssen sehr genau verstanden haben, was der Preuße von Winsen meinte, geht es ihnen doch, seit sie an der Macht sind, mit dem Staat wie einer schönen Dreißigerin zu Balzacs Zeiten mit der Liebe: sie hatte sich darauf eingelassen, sie verstand eine ganze Menge davon, aber sie redete nicht darüber und mochte in Gesellschaft auch nicht unbedingt darauf angesprochen werden.

Das große Volk der Deutschen aber, soweit es die Ansiedlungen westlich der Elbe behaust jedenfalls, und seine Intel-

lektuellen nachdrücklich eingeschlossen, versteht vom Staat wenig oder nichts. Und gerade dies ist der rote Faden in jenem gewaltigen Romanwerk ›Der tote Preuße‹, an dem Salomon mit soviel Zähigkeit fast zwanzig Jahre lang gearbeitet hat und das er als einen eindrucksvollen und sehr nachdenklich stimmenden Torso hinterließ.

Ich hörte von seiner Arbeit am ›Toten Preußen‹ zum ersten Mal, als ich ihn vor vier Jahren in Stöckte am Elbdeich besuchen konnte. Um eines eigenen Vorhabens willen hatte ich mich damals genauer mit den Vorgängen des wirren und wilden Volkstumskampfs zu befassen, der meine Heimat, die preußisch-wasserpolackische Provinz Oberschlesien, in den Jahren des Ersten Nachkriegs bis in ihre Grundfesten erschüttert und schließlich auseinandergerissen hat. Es war ein preußischer Totentanz, in welchem seltsame Figuren mitwirbelten — ›rechtsradikale‹ Freikorps, denen es plötzlich einfiel, die Partei streikender Arbeiter zu nehmen, oder die zuzeiten ernsthaft erwogen, ob und auf welche Weise sie der Roten Armee Budjonnys zu Hilfe eilen könnten, die damals an der Weichsel gegen die Truppen Pilsudskis kämpfte: eine neue Teilung des eben erst wiedererstandenen Polen lag in der Luft — neben vielen anderen, seltsamen und schwer durchschaubaren Möglichkeiten. Ja, vor allem schwer durchschaubar war dies alles, und ich verspürte den lebhaften Wunsch, mir Auskunft zu holen bei einem Manne, der damals selbst mit von der Partie gewesen war. Ich schrieb einen Brief an Ernst von Salomon.

Wenige Tage später saß ich, eingeladen, im schönen, schlichten Arbeitszimmer zu Stöckte mit dem Ausblick auf einen stillen, grünen See. Auf dem Stehpult lag aufgeschlagen eine synchronoptische Weltgeschichte, auf dem Schreibtisch ein Band Fontane und eine Geschichte der Mongolen, dazu sehr viele Manuskriptblätter. Der Herr dieser schöpfe-

rischen Unordnung aber ging mit kurzen, schnellen Schritten im Zimmer auf und nieder und erzählte mir, wie, wann und warum er gerade hierhergezogen sei in die Urheimat der Langobarden. Er sprach lange von der Genugtuung, die ihn erfülle, weil sich mit dieser seiner ›Heimkehr‹ in die Elblandschaft nach fast zweitausend Jahren die Geschichte der lom- und langobardischen Familie derer von Salomon zum Ring geschlossen habe. Dann beklagte er lebhaft, daß er heutzutage der einzige Langobarde in seinen Erblanden sei und zwischen lauter dickschädeligen Obotritennachfahren hausen müsse. Es sei aber nicht wahr, daß er seine Töchter den Führerschein habe machen lassen, um einen Vernichtungsfeldzug gegen seine Nachbarn zu beginnen: er habe was gegen die moderne Art, Frauen in den verlorenen Haufen zu stellen. »Die alten Obotriten dachten ebenso«, sagte ich in dem Gefühl, etwas für meine slawischen Stammesvettern tun zu müssen. »Bedenken Sie, wieviel Mühe man sich drüben in der Lüneburger Ostakademie vor tausend Jahren geben mußte, ihnen beizubringen, daß die Dänen nicht eßbar sind.« Salomon blickte mich scharf an. »Ich werde das noch aufschreiben müssen«, sagte er. »Übrigens weiß ich, daß sie großartig waren. Selbst Helmold von Bosau, den Obotriten spinnefeind, erzählt mit Bewunderung davon, wie einer ihrer Herzöge die Dithmarscher zu Paaren trieb und wie er dann, als er sie sozusagen schon in der Pfanne hatte, plötzlich die Lust am Hinmorden verlor, ausspuckte und heimzog nach Parchim, Grabow und Schwerin. Wissen Sie das auch?« — »Ich weiß es«, sagte ich. — »Es freut mich, daß Sie gekommen sind«, sagte Salomon. »Lüneburg, Helmold ... die Obotriten sind heute immer noch wer. Schauen Sie mal über die Elbe in die Landwirtschaft, die die Erben der mecklenburgischen Barone betreiben: sie säen, sie ernten und ernähren sich doch — und die halbe DDR dazu. Auch als vor siebzig Jahren ein mecklenburgischer Fürst die Verweserschaft im Herzogtum Braunschweig übernahm, wa-

ren sie nicht schlecht: damals haben sie einer gemütlichen Mumme trinkenden Bürgerschaft gezeigt, was ostelbische Fremdherrschaft zu bedeuten hat: höfischen Benimm, Steuern und auf der Bank gezeugte Kinder die Menge, dazu als Dreingabe der furchtbare Hofprediger Hahn, der mit seinem Puritanismus die behäbigen Kaufmannsfrauen und ihre hübschen Töchter in Angst und Schrecken jagte. Aber das Schlimmste war doch der stramme Benimm, den die Obotritensprößlinge damals aus Lüneburg mit in die heimischen Sümpfe genommen hatten und der nun schrecklich wiederkehrte und die besseren Braunschweiger Familien in ein verzweifeltes Schwitzen brachte.« – »Die Obotriten hätten vorzügliche Preußen abgegeben«, bemerkte ich. – »Man brauchte«, sagte Salomon bedauernd, »das separate Mecklenburg, um den zukünftigen Frauen und Müttern preußischer Könige wenigstens ein paar relativ geruhsame Kinderjahre zu garantieren. Denn in Potsdam pfiffs ja in jeder Beziehung noch schärfer daher. Dabei fällt mir ein: sind Sie nicht gekommen, um sich für das Verhalten der Freikorps in OS die preußische Erklärung zu holen?«

»So ist es«, sagte ich.

»Dann«, sagte er, »werde ich Ihnen jetzt etwas vorlesen, das Sie befriedigen dürfte.« Er ging zum Schreibtisch, griff ein paar Manuskriptblätter heraus und las, immerfort mit kurzen, schnellen Schritten im Zimmer auf und nieder gehend, das Kapitel von der großen Konzeption des Attila mit den Ostgoten und der Schlacht auf den Katalaunischen Feldern. Danach las er die Einleitung zum ›Toten Preußen‹ mit dem Grabkreuz und dem finsteren Mäusezauber darin. Danach die Schlacht zwischen Chatten und Hermunduren auf dem Gräberfeld bei Kissingen. Danach war es Mittagszeit, wir gingen in das andere Haus hinüber, aßen die von Frau von Salomon vorzüglich zubereiteten Krautrouladen und tranken über jedes Lob erhabenen Elsässer Gewürztraminer dazu. Danach las er den Canossagang Hein-

richs IV., und auch hier kam das Wort von der Großen Konzeption immer wieder vor. Als er das letzte Wort gelesen hatte, legte er die Blätter auf den Tisch, blickte mich scharf an und fragte: »Sie haben verstanden?« — »Ich habe vollkommen verstanden«, sagte ich. — »Jetzt werden wir uns ein bißchen unterhalten«, sagte er. Es war halb vier Uhr nachmittags. Spät am Abend brachte ein schönes junges Mädchen, seine älteste Tochter, mich nach Winsen zur Bahn. Sie saß neben mir am Steuer, blickte mich behutsam forschend an und fragte mitleidig, ob ich wohl sehr müde sei. »Ich bin sehr begeistert«, antwortete ich wahrheitsgemäß. »Ja«, sagte das Fräulein von Salomon vergnügt. »Er ist großartig, nicht wahr?« »Ihr Herr Vater«, sagte ich, »ist wie der Wein aus seinem Keller: über jedes Lob erhaben.«
Und das schöne Fräulein von Salomon lachte.

Er war großartig in seiner Weise; das ist gewißlich wahr.
Das namenlose eiserne Grabkreuz im Park von Bad Kissingen, es hat im Laufe des Jahrhunderts, währenddessen es dort schweigsame Wache stand, zweifellos vielen abendlichen Spaziergängern am Schienbein weh getan, ohne damit viel mehr zu bewirken als ein paar Männerflüche auf die Kurverwaltung und weibliches Geschrei: ›Mein Strumpf!‹ Niemand außer dem entschlossenen Preußen Ernst von Salomon aber konnte dadurch auf die verblüffende Idee gebracht werden, daß sich aus den toten Knochen des weiland preußischen Musketiers August Grünewälder von Bielefeld die gesamte bisherige deutsche — und nicht nur die deutsche — Volks- und Staatsgeschichte filtrieren lassen müsse, und zwar, wie es eben seine, Salomons, Sache war und sein mußte: als Bekenntnis und Angriff zugleich.
Nicht Hegel hat sich sein Preußen, nein, Preußen hat sich diesen Hegel erfunden, eine These, die dem Kadetten von

Salomon ebenso wie dem Schriftsteller an jenem Regenabend sehr nahe gelegen haben mag. Schon am Morgen danach hat er seine ersten Recherchen nach den Personalien jenes toten Soldaten angestellt, dessen einzelnen Gebeinen und Lebensabschnitten im geplanten Werk jeweils ein besonderes Stück Weltgeschichte zuzuordnen war: auf daß das Abendland das Mäuslein beiße — und, natürlich, das Mäuslein auch das Abendland.

Dieses Werk, wie er es wohl vor sich sah, Roman einer durch die Jahrhunderte heranreifenden Staatsidee: es bedeutet freilich eine saftige Unverfrorenheit, aber eine großen Stils, einen Anschlag aufs deutsche Gemüt wie auf die Nerven der Fachhistoriker, wie es da mit dem Ostgotenbündnis des Hunnen Attila provokatorisch beginnt und — seinem Geiste nach — nicht hätte enden dürfen mit jenem qualvoll langen, sich über mehr als sechzig Jahre (von der Kaiserkrönung an gerechnet) hinziehenden Augenblick, in dem die Militärmonarchie aus der Geschichte verschwand, an Blutvergiftung gleichsam, starb. Denn Preußen mag noch so tot sein: die revolutionäre Staatsidee, die es verkörpert hat und nicht bis zur Vollendung treiben konnte, lebt weiter und wartet auf ihre Stunde, die einem jeden das Seine, nicht weniger, aber auch nicht mehr, zumessen wird.

Ernst von Salomon hat erlebte Geschichte dargestellt; er wurde zum Zeitgenossen von zweitausend Jahren, als er den »toten Preußen« zu befragen begann. »Die Historiker warnen mich ...«, so schrieb er in einem Brief. Die Historiker werden ihn zum Feinde Gottes erklären wie einen jeden, der sich nicht an ihre Regeln hält. Sie werden ihm Schnitzer nachweisen und meinen, ihn damit aufs tote Gleis geschoben zu haben ...

Der Kadett von Salomon wurde überraschend zum Appell befohlen; die Feder wurde ihm aus der Hand genommen, als er sie eben wieder eintauchen wollte. Soldaten geht das nicht selten so. Wir wissen nicht, wem er die Erste Liebe des Musketiers von Kissingen und wem er dessen Steißbein zuordnen wollte. Wer den vorliegenden Band vom ›Toten Preußen‹ zur Hand nimmt, wird oft aufs eigene Mit- und Weiterdenken angewiesen sein – dies freilich ist eines der geringsten Übel, die einem Leser zustoßen können.

Ich habe ihn nach jener zweiten Begegnung nicht mehr wiedergesehen. Aber als ich jetzt noch einmal in sein Stöckte fuhr, da begegnete er mir doch, und ich sah, daß er zwei Gesichter gehabt hat, wie die meisten von uns, aber ich sah auch, daß beide Gesichter so profiliert waren, wie nur wenige es sind.
Seine Frau erzählte mir im Wohnzimmer des Alten Hauses von seinem stillen Tod am Sommermorgen nach dem Gewitter der Nacht; da erblickte ich die Fotografie am Bücherregal: ein lachendes Herrengesicht, in freundlicher Aufgeschlossenheit erzählend oder zuhörend jemandem außerhalb des Bildrandes zugewandt, und ich begriff, daß er im Gedächtnis der Seinen so und nicht anders fortleben wird. »Die Lüge war ihm immer verhaßt«, sagte seine Frau leise. Nachher ging ich in das Arbeitszimmer des Neuen Hauses hinüber. Es schien mir strenger und kühler als beim letztenmal, und ich dachte, das käme davon, daß ich diesmal allein darin war. Aber dann drehte ich mich um und begegnete dem Blick des Mannes auf dem Gemälde, das sein Freund, der Graf Merveldt, geschaffen hat. Ein vorzügliches Bild und ein kalt spähender, herrischer Blick, der den Betrachter gleichsam zur Seite schiebt, oder er geht durch ihn hindurch. Ernst von Salomon trägt ein legeres Zivil, aber es ist, als wüchse ganz von selbst der hohe Kragen eines preußischen Offiziers der Alten Zeit um seinen Hals: ein Mann des Staates und nur des Staats, und sollte es keinen Staat geben, dem er dienen kann, so ein unbeugsamer und unversöhnlicher Rebell.

›Jedem das Seine‹, dachte ich in diesem Augenblick: den Frauen der freundliche Mann und Vater dort drüben; der Zeit der herrisch kalte Rebell, seinem Sohn und Deutschland die Zukunft, die er beiden wünschen mochte, und ihm, dem »toten Preußen«, die Ruhe unter seinem Stein auf der Heide.

Ende und Beginn

Der *»tote Preuße«* war wirklich tot, um damit anzufangen. Ein klassischer Meister der Erzählkunst, Charles Dickens, leitet seine »Christmas Carol«, seine Weihnachtsgeschichte, die er 1843 schrieb – ein Datum, das nicht ohne Bedeutung ist auch für die Geschichte, die es hier zu erzählen gibt –, mit dem Satze ein: »Marley was dead, to begin with ...«, wiewohl der Leser vorläufig noch nicht wissen konnte, wer dieser Mann mit dem sanft klingenden Namen eigentlich war, von dem nun die Rede sein sollte. »He was as dead as a doornail ...«, so setzt Dickens fort: so tot wie ein Türnagel! Und dann verbreitet sich der Meister zuerst noch eine Weile über die Frage, wieso im englischen Sprachgebrauch gerade ein Türnagel, der Nagel in der Tür, auf den der Einlaß Begehrende mit einem über dem Nagel angebrachten Hämmerchen klopft, – wieso also ein Türnagel, der seiner Bestimmung nach doch etwas sehr Lebendiges anzukündigen hat, als ein besonders totes Ding gilt, welche Vorstellung doch eher etwa einem Sargnagel entspricht, bis der Leser pfiffig durch die makabre Erörterung auf den rechten Weg der Erzählung geführt ist, auf welchem sich erweist, daß Marley zwar tot war, ganz ungemein tot, dennoch aber die Hauptfigur der Geschichte, der Geist Marley's nämlich, ein wohlwollender, menschenfreundlicher Geist, seelen- und gemütvoll, welcher nun den sehr lebendigen, aber harten, geizigen und menschenfeindlichen Scrooge auf den rechten Weg führt. Marley hin und Scrooge her, – der tote Preuße war, um damit zu beginnen, wirklich tot, *mausetot* sozusagen, Türnagel hin und Sargnagel her. Aber warum ist eine tote *Maus* eigentlich so besonders tot? Welch makabren Scherz spielt uns hier der deutsche Sprachgebrauch?

Sonderbarerweise vermag das kleine, doch eher als possierlich anzusehende Tier, auch wenn es einzeln vorüberhuscht, einen kleinen Schock zu verursachen, wenn es aber gar in Massen auftritt, von einer Mäuseplage zu sprechen Anlaß geben — besonders angesichts des Schadens, welcher durch das massenhafte Auftreten der Mäuse in Haus, Hof und Feld angerichtet wird. Die modernen Biologen, die sich, mit löblichem Eifer in die Tiefen ihrer Wissenschaften hinabsteigend, bemühen, uns auch auf der Ebene des Schadens und des Nutzens mit den Resultaten ihrer Forschung bekannt zu machen, können mit guten Gründen darauf verweisen, daß die Maus wie jedes andere Lebewesen vom größten Elefanten bis zum kleinsten Virus wichtige Funktionen im Haushalt der Natur ausübt. Jahrhundertealte Erfahrung hingegen, gegründet auf der Beobachtung, daß besonders nach Kriegs- und Pestilenzzeiten Massenheere der Mäuse das Land überschwemmen, mag dazu geführt haben, den kleinen, grauen, unscheinbaren Tieren eine gewisse magische oder gar mystische Bedeutung zuzuweisen.

Im Mittelalter meinten die Leute, die Maus sei aus dem Schlamm entstanden, eben jenem Schlamm und Staub, den verheerende Kriege und unbarmherzige Pestilenzen zu hinterlassen pflegen, in einer Zeitspanne, in welcher die Überlebenden entschlossen scheinen, wieder zu Gott zurückzufinden und ein neues Leben zu beginnen mit neuen Ordnungen und neuem Gesetz — die Mäuse schienen die Boten, solches anzuzeigen, jede einzelne eine Art Erscheinungsform der Menschenseele, ungreifbar wie diese, wenn sie in Massen irrend sich im Schlamm zeigt, der zu Staub trocknet, zu eben jenem Staube, aus dem der Mensch komme und zu dem er wieder werde.

In der Tat glaubten primitive Völker, mit dem Phänomen der Seele beschäftigt, diese bewirke alles Geschehen in der Natur. Der sogenannte Animismus betrachtete die Seele als etwas vom Stofflichen Getrenntes, das sich dem Menschen gegenüber meist feindselig verhalte, ihn also zwinge, sich ihm im Götzen- und Götterdienst zuvorkommend und Freundschaft suchend zu nahen, und ging sogar so weit, anzunehmen, die im Menschen wohnende Seele vermöge den Körper des Menschen im Schlaf und im Traum und sogar in der Ekstase zu verlassen – in Gestalt einer Maus – und dann in ihn zurückzukehren. Erst wenn der Leib, der Körper des Menschen, nicht nur zwar seelenlos, aber doch noch lebendig ist, wie im Schlaf oder Traum und in der höchsten Ekstase der Leidenschaften, sondern gestorben, kehrt die Seele nicht mehr zurück, – der Mensch ist »mausetot«, das Massenheer der Mäuse um eine weitere bereichert.

In diesem Sinne mochte der Preuße, von dem hier die Rede sein wird, also mausetot sein. Von seinen Spuren mochte durch seine als Maus erscheinende Seele in Äonen nichts untergehen, wenn es auch schwer sein dürfte, diesen Spuren zu folgen. Die Seelen der Massenheere in der Gestalt der Massenmäuse wären unsterblich, wenn es im Haushalt der Natur bei diesen Lebewesen nicht auch den Massenmord gäbe.

In dem einzigen Falle, in welchem sich die Mäuse-Ideologie konkret an eine geschichtliche Persönlichkeit gebunden hat, handelt es sich um einen hohen Kleriker des Mittelalters, den *Bischof Hatto von Mainz.* Mögen strengsinnige Historiker mit Akribie das Leben und Treiben dieses Mannes verfolgt und beschrieben haben –, im Gedächtnis der Nachwelt ist allein geblieben, was heute jeder Fremdenführer seinen Touristen zu erzählen weiß: Daß dieser hohe Kirchenfürst nämlich einst die Hungernden seines Sprengels, die sich erfrecht hatten, gegen ihn aufzustehen, kurzerhand in eine riesige Scheune hatte sperren und dort verbrennen lassen, und dabei auf das Gewinsel der so grausam Verheizten nur höhnisch zu rufen gewußt: »Hört ihr die Mäuse pfeifen?«

Aber dann mußte sich dieser Hatto einen Turm bauen lassen, mitten im Rhein, den heute noch als Denkmal der sinistren Geschichte stehengebliebenen Mäuseturm bei Bingen – es nutzte Hatto nichts, Mäuseheere folgten ihm über die reißenden Wasser des strudeligen »Binger Lochs« und fraßen ihn.

Die Kirche jener Zeit erkennt unabdingbar den Großen ihrer Geschichte, mochten sie zeitlebens noch so sehr geirrt und gesündigt haben, den Heiligenschein zu, wenn ihr Martyrium nur um des Glaubens willen geschah. Nicht der Bischof hatte sich geirrt, als er die Hungernden verbrannte, wenn dies zu dem Zwecke geschah, die Seelen von irrenden Meuterern zu retten, – die Mäuse irrten, wenn sie ihn zu Tode bissen. Der hochmögende Erzbischof von Mainz wurde trotz zweifellos mancher und in diesem Falle besonderer Verdienste nicht heiliggesprochen. Es mag also den Nachlebenden die damals nun schon tausendjährige Weisheit der Kirche genugsam einleuchtend erscheinen, die gerade durch den Nichtvollzug der Heiligsprechung die Mäusemär des Animismus wie mit einer ihrem Wert entsprechenden lässigen Handbewegung hinweggewischt haben muß:

Der Bischof war »mausetot«, weil ihn Mäuse totgebissen hatten, schlichthin Mäuse; durch die Legende, die Lesart, welche den Akt einer Heiligsprechung in jedem Falle hätte begleiten müssen, hätte logischerweise die Mär von der animistischen Maus fröhliche Urständ gefeiert. Und in weiteren tausend Jahren konnte die Seelenmaus des Animismus auch nicht Zeugnis für den toten Preußen ablegen.

Der tote Preuße war tot und begraben, und damit punktum. Es war alles in Ordnung: Jeder Mensch muß einmal sterben und begraben werden, und sein Leib wird zu dem Staube, aus dem er entstanden ist.

Aber bei näherem Nachsehen war leider nichts in Ordnung mit dem toten Preußen. Schon sein Grab lag nicht da, wo Gräber zu liegen haben, es lag einsam und ohne weitere Umrandung in einem Park, in einem öffentlichen Kurpark sogar –, im schön gepflegten Kurpark der weltbekannten Kurstadt Bad Kissingen, dicht an einem kleinen Flüßchen, der Fränkischen Saale, dicht auch an einer kleinen Brücke, einem Fußsteig über das Flüßchen, mitten auf dem Wege –, ein regelrechtes Grab, mit Blumen geschmückt und ausgestattet mit einem ziemlich häßlichen, gußeisernen Grabkreuz, auf welchem weiß auf schwarz zu lesen war:

Hier ruht ein tapferer preußischer Krieger,
gefallen am 10. Juli 1866.

Der Autor muß bekennen, daß er durch sein Zusammentreffen mit diesem Grab in eine erhebliche Verwirrung geraten war. Es war recht eigentlich ein Zusammenstoß, es war dunkel, es regnete, als er bei seinem Spaziergang durch den Kurpark von Bad Kissingen mit seinem rechten Knie an das Grabkreuz stieß und sich dabei verletzte. Es war sein erster Spaziergang in dem ihm unbekannten Bad, er war erst an diesem Abend eingetroffen, sich einer notwendig gewordenen Kur zu unterwerfen, sich zu »entschlacken«, wie es der Arzt genannt hatte – es war genau der 9. November des Jahres 1952, abends gegen zehn Uhr, und er hatte Mühe, vermittels mehrerer feucht werdender Streichhölzer die Inschrift auf dem Grabkreuz zu entziffern.

Jedes einzelne dieser Worte bot Anlaß, zu zweifeln, ob es einen objektiven Tatbestand wiedergab. Wieso ruhte der tapfere Krieger gerade hier, und »ruhte« er hier, auf offenem Wege, wirklich? Und war jener gefallene Krieger wirklich tapfer gewesen, oder diente die Floskel nur dazu, nachträglich den Zufall des Todes billig auszuzeichnen? Hatte hier eine Schlacht stattgefunden? Ein Gefecht? Ein

Scharmützel? 1866 –? Was hatte sich da begeben? Der Krieg zwischen Preußen und Österreich bekanntlich, der zu den sogenannten deutschen »Einheitskriegen« gerechnet wurde und entschieden wurde in der Schlacht bei Königgrätz, die am 3. Juli geschlagen wurde, also sieben Tage vor dem Gefecht oder dem Scharmützel, in welchem dieser Preuße in Bayern fiel, – und was hatte sich also hier begeben? Nachdem die Entscheidung längst gefallen war, in Böhmen, aber nicht in Bayern offenbar, zusätzlich sozusagen, um nicht zu sagen überflüssigerweise, – in dem einzigen Kriege, der zwischen Preußen und Bayern jemals geführt wurde, im sogenannten »Mainfeldzug«, wenn wir uns recht erinnern – warum wurde er geführt, bis eine Woche nach Königgrätz, der preislichen Schlacht, welche doch bereits alles entschieden hatte?

Was hatte der angeblich tapfere preußische Krieger hier gesucht, ohne etwas anderes zu finden als den Tod? Und warum war sein Name nicht genannt? Wer war dieser Mann? Ein »unbekannter Soldat« vielleicht, nach dem makabren Leitbild der letzten zwei großen, der Weltkriege, unter den Millionen Mäusen in der einen auch die unbekannten zu ehren. Seit Anbeginn und bei allen Völkern der Erde ist der Tod des Kriegers, gefallen auf dem Schlachtfeld, synonym mit dem Heldentode. Der Krieger stirbt nicht privat, er opfert einen Teil seines Lebens der Gewalt, für etwas außer ihm Stehendes, für eine Gemeinschaft, für einen Glauben, für das Vaterland, für die Zukunft und das Glück seiner Kinder, für eine neue Ordnung, besten Falles für seine Familie und seine Heimat und schließlich auch für seinen Sold. Er stirbt, selbst wenn er mit der Forderung an ihn, zu sterben, nicht einverstanden ist, für die Überwindung seiner selbst, er stirbt für die Erfüllung einer Pflicht, – in jedem Falle kann er die Anerkenntnis seines Todes durch eine Ehrung verlangen.

Auf der ganzen Erde sind Millionen von Kriegergräbern verstreut. Der letzte und abscheulichste aller Kriege hat über fünfzig Millionen Tote »gekostet« – ein Ausdruck, ebenso scheußlich wie die Berechnung des Wertes eines Menschen nach seinen chemischen Bestandteilen, es sind etwa 18 Mark und sechzig Pfennig. Dieser letzte der großen Kriege, der wirklich ein »Weltkrieg« war und alle Charakteristika des Krieges in sich vereinigte, den des Glaubenskrieges, des Raubkrieges wie des nationalen Krieges, sollte nach dem Willen der Sieger der letzte aller Kriege sein, es sollte tatsächlich der Krieg als »Vater aller Dinge« hinfort sinnlos erscheinen, – wenn es sich auch erwies, daß die »Mutter aller Dinge«, der Bürgerkrieg, als der sich nun nach dem letzten Krieg auch der nationale Befreiungskrieg enthüllte, die dekretierte Sinnlosigkeit selber als sinnlos dekretierte.

Der zweite Weltkrieg wurde als ein »totaler Krieg« geführt, – schließlich auch von den Siegermächten. In ihm waren alle Kategorien auf den Krieg bezogen. So konnte dieser Krieg auch nur mit einer totalen Niederlage enden, nicht nur für die Unterlegenen mit ihrer bedingungslosen Kapitulation, sondern auch für alle an diesem Krieg beteiligten Mächte, für die ganze Welt: In der ganzen Welt wurden die bislang gültigen Ordnungen in Frage gestellt durch das Phänomen des totalen Krieges. Durch die Tore, welche das Ende dieses Krieges öffnete, strömte die hungernde und kläffende Meute der Zweifel, die wie die Mäuse des Bischofs Hatto nicht nur diesen zerbissen, sondern auch alle Voraussetzungen, nach denen er einst zu handeln vorgeben konnte.

Von den fünfundfünfzig Millionen Menschen, die der zweite Weltkrieg verschlang, waren über die Hälfte keine Krieger, sondern passive Opfer derer, die den Krieg »führten«. Diese Tatsache allein ließ dem Zweifel die Möglichkeit, zumal den Kriegerstand zu diskriminieren: er beraubt ihn selbst in der eignen Einsicht seiner besonderen Qualität, der Tugenden, die ihn in Pflicht und Ehre auszeichnen mochten, und darüber hinaus der bislang gültigen

Tugenden überhaupt. Offenbar war ja der tote Preuße nicht sinnlos gestorben, da er als Krieger starb, wenn auch als ungenannter und unbekannter, — er starb in einer Gemeinschaft und für eine Gemeinschaft, die durch einen elementaren Korpsgeist zusammengehalten schien, dem das Kriegsgeschrei des »Hurra« wohl ansteht, wenn es nicht nur zum Zwecke der Überwindung des Feindes angestimmt wird, sondern auch zur Überwindung des eigenen Selbst. Jedoch gegen fünfundfünfzig Millionen Mäuse, die als Zweifel die Welt überfallen, vermag keine Ordnung der Welt einen Damm aufzuwerfen oder einen Turm zu bauen, von einer »heilen Welt« kann nicht mehr die Rede sein.

Nicht anders als sozusagen an allem zweifelnd, konnte der Zeitgenosse unserer unheilen und anscheinend auch unheilbaren Welt vor dem Grabe des toten Preußen verweilen. Wie es sich erwies, gab es rund um Kissingen noch eine ganze Anzahl verstreuter Gräber, einsamer Gräber, und es erwies sich auch, daß es bei den Preußen Sitte war, nur die Namen der gefallenen Offiziere auf den Grabinschriften zu nennen, nicht aber die der »Mannschaften« — bei den Bayern wurde jeder Gefallene mit seinem Namen auf dem Grabkreuz geehrt. Der »tote Preuße« blieb anonym, gute hundert Jahre lang, aber sein Grab war jedem Einwohner von Kissingen vertraut und jedem Kurgast bekannt. Am »Toten Preußen« trafen sich abends die Liebespaare, und tagsüber dehnten die Kurgäste ihre gesundheitsfördernden Spaziergänge im Kurpark bis zum »Toten Preußen« aus. Die Blumen an seinem Grabe wurden, wie zu erfahren war, von preußischen Heimatvertriebenen gespendet — Preußen aber existierte nach dem Willen der Siegermächte nicht mehr. Man wußte, wie dieser Krieger gestorben war, ein Kriegsberichterstatter namens Theodor Fontane hat es festgehalten: Als der preußische Krieger den halbzerstörten Steg über den angeschwollenen Fluß, die Fränkische Saale, überquert hatte, warf er seinen

Helm in die Luft und rief: »Hurra!«, den urtümlichen und sicherlich oft geübten Angriffsschrei der preußischen Armee, – und just in diesem Augenblick traf ihn die tödliche Kugel in den Kopf. Der 10. Juli 1866 war ein schwülheißer Tag nach vielen Regenfällen, seine Kameraden begruben ihn aus diesem Grunde »an Ort und Stelle«, wie es der preußische Sprachgebrauch empfahl.

Angesichts dieser baren Fakten muß die eigentümlich betonte Koppelung des »Toten« mit »Preußen« auffallen. Selbst der bissigste Zweifel fängt sich hier in seinen eigenen Fängen. Nur der »tote Preuße« selber hätte Auskunft geben können, über seinen Weg zum Tode und das Schicksal, das ihn mit Preußen durch seinen Tod in unabdingbaren Verhaft gesetzt. Er war seit hundert Jahren tot, mausetot, wie etwa Marley tot war, ... as dead as a doornail.

Es hängt eben alles zusammen, jeder Mensch spielt im Weltgetriebe seine Rolle und muß in Beziehungen denken, wenn er sich und sein Wesen orientieren will. Wer wissen will, wohin er geht, muß zuerst einmal wissen, woher er kommt. Um es wirklich zu erfahren, erscheint der Zweifel nützlich. Marley war zwar tot, aber sein Geist erschien dem Menschenfeinde Scrooge, ein Geist also, den der nützliche Zweifel längst in solcher Erscheinungsform als Gespenst entlarvt hat, als ein Ding, das es gar nicht gibt. Hier zeigt der Zweifel, »wo der Punkt ist, an dem die totale Desillusionierung eingesetzt hat, an dem die Zerstörung und Beseitigung des Systems, das zu ihm geführt hat, und das Ende von Treu und Glauben und aller überlieferter Ordnung eingetreten ist ...« schrieb unser zeitnächster großer amerikanischer Dichter Hemingway im Jahre 1934 auf der Suche nach einer Revolution, welche diese Bereinigung voraussetzt, – aber er fand keine.

Der Zweifel also, der in der Folge der totalen Desillusionierung jede andere Möglichkeit des Geistes zu widerlegen sucht, trete er nun als animus oder spiritus auf, kommt notwendig in die Versuchung, sich selbst als Zeitgeist zu

setzen, mit dem Willen zu den harten und nackten Tatsachen und auf der Suche nach der ihretwegen erforderlichen Revolution, — er muß, um die Begriffe zu klären, sie zunächst einmal verwirren. Haben wir den Mut, uns dazu zu bekennen, gerade, weil uns gar nichts anderes übrig bleibt, als den magischen Nullpunkt zu durchschreiten, an dem der Zeitgeist mit dem Weltgeist kommuniziert. Werfen wir den Helm in die Luft und rufen wir »Hurra« wie der sterbende Preuße vor hundert Jahren, dem sich am Ende der Sinn seines Lebens mit seinem Tode enthüllte. Suchen wir uns mit dem Zweifel zu verbünden, welcher sich allein an den Daten und Fakten orientiert, um zu erfahren, welche Hypothesen und Aspekte heute und hier für uns gültig sein können, als Wegweiser — gleich jenen Brennpunkten der Geschichte, welche wir Revolutionen nennen.
Der Konversationslexikon, ein Werk, welches, ohne Zweifel, als der Niederschlag objektiver Forschung anzusprechen ist, stellt fest:
»Hatto (vom ahd. hadu, »Krieg), Name zweier Erzbischöfe von Mainz: H.I. (891-913), hatte unter Arnulf, Ludwig dem Kind und Konrad I. großen Einfluß auf die Reichsregierung. — Hatto II. (968-970), unterstützte das Königtum im Kampf gegen die unbotmäßigen Großen. Auf beide wird die Sage vom Mäuseturm bei Bingen bezogen.«
Und im gleichen Lexikon unter »Bingen«:
»Unterhalb der Stadt ist das Binger Loch, eine für die Schiffahrt früher sehr gefährliche, mit Felsriffen durchsetzte Stromenge; hier steht mitten im Strom auf einem Felsen der Mäuseturm, in dem der Sage nach Erzbischof Hatto II. von Mainz 969 von den Mäusen gefressen wurde.«
Sowie »Mäuseturm«:
»An zahlreiche, meist im Wasser stehende Türme knüpfen sich in verschiedenen europäischen Ländern Ortssagen, nach denen in Zeiten der Hungersnot hartherzige Könige (Po-

piel in Dänemark, Snio in Dänemark), Bischöfe (Hatto, s. d.) u. a. von Mäusen (Seelen Verhungerter oder gottgesandte Rachegeister?) verfolgt, sich auf diesen Turm geflüchtet hätten, aber auch dort erreicht und gefressen worden seien.«

Die Forschung bewegte sich lange Zeit im Nebel, auf welchen Hatto nun die Sage mit dem Mäuseturm bezogen werden könnte, als reales Faktum vermochte sie nur festzustellen, daß der Mäuseturm von Bingen niemals ein »Mäuseturm« war, errichtet, um vor diesen Tieren Schutz zu bieten, sondern eine Maut-Station mitten im Rhein, bestimmt, die aufwärts- und abwärtsziehenden Schiffe auf zollpflichtige Waren zu durchsuchen und eine Maut für die Benutzung des Schiffahrtsweges zu erheben und dem Säckel des Gebietsherrn zuzuführen.

Wenn das Wort Hegels, jenes schwäbischen Philosophen, dem nachgesagt wird, er sei der Schöpfer der preußischen Staatsphilosophie, seine Richtigkeit hat, daß nämlich das Problem der Geschichte das Problem des Bewußtseins ist, so stellt es sich hier in der Tatsache dar, daß es verschiedene Bewußtseinsebenen gibt. Die deutschen Sagen und Märchen stammen fast alle aus der Zeit der Könige, der zahllosen Königtümer der Merowinger und der Karolinger, in deren Namen und mit deren Burgherren und Rittern die Landnahme und mit ihr die Herrschaft über das ansässige, gemeine, fremde und zäh am Boden haftende Volk erfolgte. Gute und böse Könige, liebliche und herbe Prinzessinnen, fremde und verkannte, gehorsame und untreue Prinzen kämpfen mit den Untieren der Macht, mit dem die Schätze bewachenden Drachen und allerlei herrschsüchtigem Gewürm. Das ganz und gar Unverständliche tritt mit Zauberern und Hexen in Erscheinung. Die völlige Ratlosigkeit der Urbevölkerung gegenüber den Phänomenen der Macht und den Auswirkungen der Politik und Geschichte, die sich hoch über den Wolken abspielten, wird in diesen zeitlich und räumlich zusammengezo-

genen Gebilden deutlich, Geschichte nur aus Geschichten verständlich.
In den deutschen Märchen scheinen Päpste und Priester sorgfältig ausgespart: hier werden dem einfachen Volk als Ersatz für bildhafte und anschauliche Geschichtsbetrachtung von der in tausend Jahren eigener Geschichte und ihrer Verbreitung erfahrenen Kirche die Legenden angeboten, die als Wahrheit deklarierten Geschichten der Heiligen und Märtyrer glaubhaft und glaubwürdig in einer für die Kirche überaus zuträglichen Weise.
Der Dichter, Philosoph und Historiker Friedrich von Schiller überrascht in seiner »Geschichte des Abfalls der Niederlande« mit der Äußerung: daß »die Wahrheit zwar in allem« stecke, »in allem aber immer nur teilweise«. Auch der penibelste Geschichtsforscher steht unter dem Zwang, aus den nackten Details seiner Arbeit, aus Dokumenten, Akten, Proklamationen und Kommuniqués, darüber hinaus auch aus Tonscherben, Knochenresten, Inschriften und Keramik-Ornamenten deutende Schlüsse zu ziehen, in Relationen zu denken und zusammenzudichten, was im ersten Augenblick unvereinbar erscheint. In höherem Grade noch scheint der Geschichtsschreiber gehalten, aus allen Zeugnissen, und nun auch aus denen der Volksphantasie, Zusammenhänge aufzuzeigen, diese sozusagen sublimierend, überdampfend wie in einem chemischen Prozeß, über die Wirklichkeit zur Wahrheit zu gelangen.
Auch in den Märchen steckt die Wahrheit teilweise, sie sind keine Lügen. Sie haben vor den Details historischer Akribie voraus, daß die Sublimierung der nackten Tatsachen, der einfachen Wirklichkeit, sich nirgends abstrakt, sondern stets in starker Bildhaftigkeit vollzieht.
Zu einer Zeit, da die Kommunikationsmittel nur im Gebrauche der Macht ihre Funktion hatten, mußte das gemeine Volk, zu welchem die Nachrichten noch gar nicht in ihrer Sprache gelangten, aus den Resultaten schließen, unter denen es zu leiden hatte. Die Gestalt des Bischofs

Hatto mußte sich aus den beiden Hattos verdichten, deren einflußreiches Tun und Treiben zu einem großen geschichtlichen Akt von höchst unbehaglicher Wirkung auf die Gefühle des gemeinen Volkes geführt hatte.
Der frühere Abt von Reichenau, der Erzbischof Hatto I. von Mainz, war der Regent für den unmündigen Karolinger König Ludwig das Kind und beriet später den schwächlichen letzten Karolingerkönig Konrad I., im Falle seines Todes keinen anderen als gerade seinen ärgsten Feind, den widerspenstigen, aber energischen Herzog Heinrich von Sachsen, als seinen Nachfolger als deutscher König zu empfehlen: nur dieser könne das Reich der Deutschen als Schwert der Kirche führen, wie es der große Frankenkaiser Karl in seinem Konzept vorgesehen hatte.
Der frühere Abt von Fulda, Hatto II., beriet den Sohn dieses Heinrich, Otto I., nach Italien zu ziehen und sich dort vom Papst zum Kaiser krönen zu lassen, womit denn nach der Meinung der Geschichtsforscher das *»Heilige Römische Reich Deutscher Nation«* gegründet war, mit der politischen Aufgabe, das Römische Reich auf christlicher Basis vermöge der deutschen Nation neu zu errichten.
Das deutsche Volk zwischen Rhein und Elbe spürte von dieser Aufgabe aber zunächst nur die Lasten, es konnte, mitten im Prozeß seiner Volkwerdung gerade eben durch die Mächte des großfränkischen Reiches überwältigt und besiegt, sich der Kraft, diese Aufgabe zu erfüllen, noch in keiner Weise bewußt sein. Man denke: Ein Erzbischof von Mainz, des größten und mächtigsten Sprengels der Deutschen, ein mächtiger Exponent der Macht, welche sich zu der soeben erst verkündeten christlichen Botschaft in einen bewußten Gegensatz stellte, einer Botschaft, die hinreichend bildhaft und wohltönend in der Bergpredigt und durch den Tod des Erlösers, für jeden Menschen, auch des gemeinen Volkes, besiegelt war, eine Macht, die sich nun der Mittel bediente, welche den Erlösertod und die Bergpredigt illusorisch erscheinen ließen, eine solche Macht, vertreten

durch solch einen Mann, mochte sehr wohl auf der Höhe des Zynismus den Hungernden, die nicht nur nach Brot, sondern auch nach der Erlösung aus ihrer seelischen Not des recht- und machtlosen Daseins schrien, den Feuertod exemplifiziert, der durch die Hölle versprochen war, und die Gepeinigten verhöhnt haben: »Hört ihr die Mäuse pfeifen?«

In dieser Mär übernahmen die Mäuse den Racheakt. Bei den Germanen waren es die Nornen, welche das Schicksal spinnen, das große Spiel von Vergangenheit, Gegenwart und Zukunft, – in der Antike jagten die Erynnien den Schuldigen, höchst bildhafte Gestalten, mit denen die Volksphantasie sich moralisierend beschäftigen und ihr Genüge finden konnte. Die christliche Lehre aber hatte in den tausend Jahren ihrer Entwicklung die Schrecknisse des Geistes gegenüber denen der Seele in eine neue Beziehung gesetzt: Der ewige Feuertod in der Hölle blieb mitsamt der Figur des Teufels eine reale Vorstellung, die Schuld aber, welche zur Hölle führt, hatte sich zum Zweck ihrer Erkenntnis in ein Abstraktum verwandelt, in ein höchst subtiles, dem Menschen »eingeborenes«, aber nur durch ein Gefühl erkennbares Faktum: das Gewissen.

Man spürt es erst, wenn es als »schlecht« zu bezeichnen ist: »Daß dich das Mäuslein beißt . . .!«, wenn also der Einzelne sich einer Schuld bewußt ist; er wird vom Gewissen zum Bewußtsein dieser Schuld geführt. Der eminenteste Vertreter unseres heutigen Zeitgeistes, Sigmund Freud, definiert das Phänomen mit dem erhabenen Satz: »Das Gewissen ist ein Produkt der Aggression.«

Für die Volksphantasie mag dieser sonderbare und in sich logisch so schwer begreifbare Vorgang etwa dem Bilde von der Schlange gleichen, die sich in den Schwanz beißt. Sie verweigert sich dem Abstrakten, sie führt es wieder ins Bildliche zurück. Die Mäuse sind's, die Mäuse! Und da beißt die Maus keinen Faden ab. –

Jede Epoche hat ihr eigenes Ausdrucksmittel, das erst im

Nachhinein gewertet werden kann, – wie denn ja auch die historische Forschung im Nachhinein wertet. Die Überlieferung kennt das Märchen, die Sage, die Legende, die Fabel, die Anekdote, – auch die Offenbarung, wie eben auch die Religion, die Philosophie und schließlich die Ideologie als Quelle der Forschung, und schafft das Weltbild, das wiederum nur für Epochen gültig ist – Geschichte muß alle fünfzig Jahre neu geschrieben werden, die Fakten müssen nach neuen Aspekten und neuen Hypothesen geordnet dargeboten werden, um das Handeln der Menschen, jedes einzelnen Menschen, in historischen Situationen verständlich und fruchtbar zu machen. Die Geschichtsschreibung unterliegt den gleichen epischen Gesetzen wie der Roman.

Vor der Zusammenschau aller geschichtlichen Erscheinungen zu einem jeweils gültigen Zeitbild ist Politik sicher nicht das Element der Geschichte, wohl aber der treibende Wille, auf den großen Prozeß der Herausbildung einer am Ende doch als gültig zu erhoffenden Ordnung bestimmend einzuwirken. Diesem Prozeß müssen sich alle Beziehungen einfügen, die zueinander und schließlich zum Betrachter hin denkbar sind, – das ist es, was Hegel mit dem Problem der Geschichte meinte. Wenn in allem die Wahrheit teilweise steckt, dann muß alles auch in Beziehung zueinander stehen, – vor allem die Menschen, denen nicht so sehr die moralisierende Frage nach dem Gewissen, sondern vielmehr die nach dem Telos, nach dem Sinn eingeboren ist. Auf sie kommt der Prozeß der Geschichte bestimmend zu, in ihr hatten sie ihren Platz zu suchen, im Für und Wider. Ganz gewiß steht die Mäusemär des Bischofs Hatto, am Anfang der deutschen Geschichte, in einem eminenten Zusammenhang mit dem Tode des »toten Preußen« am Ende des großen Konzepts, welches diesem vor tausend Jahren geboten worden ist:

Auf den »toten Preußen« rollte das Reich der Deutschen zu, das merkwürdigste Reich der Geschichte überhaupt vom Anbeginn bis zu seinem Ende. Dies Reich sollte alle Gegensätze in sich austragen, die in dem Gesetze wirkten, nach dem es angetreten war. Es sollte die ganze schauerliche Erbschaft seiner Vorgeschichte, die es mit allen seinen aneinander widerstrebenden Tendenzen übernommen, immerfort lebendig erhalten, den Kampf zwischen geistlicher und weltlicher Gewalt, zwischen Kreuz und Schwert, zwischen Kaiser und Papst, zwischen Seele und Geist, zwischen Barbarismus und Kultur, zwischen Ost und West, zwischen Nord und Süd, – die statische Ordnung der Kirche immer wieder verwandelnd in die dynamische der weltläufigen Entwicklung, aus der immerwährenden Polarität seine Leistung erleben, aus der Schizophrenie der bestimmenden, das heißt der genialischen, Gestalten seine Produktivität.

Es sollte dies Reich in der Mitte des Abendlandes wie ein ewig gärender Fladen rund um sich herum die anderen Völker allein durch Auftrag und Gewicht geradezu zwingen auf den Weg zum Nationalstaat, jener Form, die sich die Völker als Basen ihrer Geschichte erkoren haben und um die es Preußen im Deutschen Kriege von 1866 ging.

Das »Heilige Römische Reich Deutscher Nation« aber, als solches erst bezeichnet, als es schon den Keim des Auseinanderfallens in sich trug, war einmal ein Reich, in welchem »die Sonne nicht unterging«, und lag zum anderen Male in kleine Teile zerstückelt am Boden, leichte Beute für jede Raubgier. Es sollte die Knoten immer wieder knüpfen, um sie immer wieder lösen zu müssen, es sollte zerrissen werden und geeint, in der Trennung die Impulse zur Einheit finden und aus der Einheit die zur Trennung. Immer wieder aber sollten auch aus den Steppen des Ostens die Heerscharen Asiens stürmen, nach den Hunnen die Magyaren, nach den Mongolen des Dschingis-Khan die Türken, in dreihundertjährigen Abständen, die unheimliche Bedrohung eines silberlächelnden Asien, das die Stunde der Reife abwarten kann, die Früchte der unsagbaren Anstrengung zu ernten.

Und es sollte abermals das Reich sich blähen und weiten, in jenen gleichen Abständen zu fahren gegen Jerusalem und gegen Ostland, gegen die Kontinente jenseits des Ozeans und des Mittelmeeres, im Auftrag des Kreuzes und eines Glaubens, welcher die kleinste aller Weltreligionen bildete, aber die einzige, die von vornherein einen universalen Anspruch erhob. Immer wieder Krieg und Pestilenz und der Hunger der Menschen, – in Massen verlassen immer wieder die Ratten das sinkende Schiff und die Mäuse die Leiber der Sterbenden, formieren sich zu jenen grauen Heeren im Staub, durchbrechen alle Dämme und durchschwimmen alle Ströme, die Seelen der ihrem Schicksal Verhafteten. Nicht Burgen und nicht Türme schützen den Deutschen, in dessen eigener Brust immer die Händel dieser Welt streiten im Glauben, der zu Eroberungen zwingt, um des Heiles der Seelen der Eroberten willen, und im Scheitern der absurden Vorstellung immer wieder die Kraft in der Gewißheit suchend, dies eben sei die deutsche Aufgabe, in der eigenen Brust die Möglichkeiten einer gültigen Ordnung der Welt austragen zu müssen – indes die Welt, müde der deutschen Querelen, sich gelassen an die Lösung der eigenen Probleme machte und den selbst hundert Jahre nach Ende der realen Existenz des Heiligen Römischen Reiches Deutscher Nation fortdauernden lästigen Anspruch in zwei gewaltigen Weltkriegen zum Erliegen zu bringen hoffte.

Ja, sie ziehen immerfort durch die Geschichte der Deutschen, die grauen Heerscharen der Mäuse, die Massen der irrenden Seelen, ihren Leib zu suchen im Staube, aus dem der Mensch geboren wurde, um wieder zu Staub zu werden. Nach achthundertjähriger Geschichte der Christenheit wurde ihr weltliches Konzept geboren in der Vision des Frankenkönigs Karl, nach weiteren tausend Jahren scheiterte der Versuch des Heiligen Römischen Reiches Deutscher Nation, von dieser nichts belassend als jenes Gebiet zwischen Elbe und Rhein, aus welchem das deutsche Volk angetreten, und immer noch in Glauben und Hoffnung verbunden dem Konzept des Anfangs – und an seinem Ende mag wirklich der »tote Preuße« um die Geburt einer neuen deutschen Staatlichkeit wissend gestorben sein, – vor hundert Jahren für eine Frage der deutschen Einheit, am 10. Juli 1866 im Kurpark von Bad Kissingen beim Übergang preußischer Truppen über die Fränkische Saale, im bayerischen Lande, – getötet von der Kugel eines Bayern aus Bayreuth.

Hundert Jahre nach seinem Tode wurde das Grab geöffnet. Der Pfeiler einer neuen Straßenbrücke sollte über seinem Grabe errichtet werden. Der letzte Spatenstich stieß in ein Nest von Mäusen, die hurtig nach allen Seiten davonstoben.

Man fand vom »toten Preußen« nichts als Staub, einige Metallknöpfe, eine barbarische Helmzier und ein messingnes Koppelschloß mit der erhabenen Aufschrift: GOTT MIT UNS.

Es ging um Salz

Der »tote Preuße« fiel im Verlaufe eines Gefechtes, welches nicht nur einige Zeit nach der eigentlichen Entscheidungsschlacht stattgefunden hat, sondern auch auf einem Nebenkriegsschauplatz, dem des sogenannten »Mainfeldzuges«. Der Ort wurde als »Kizzische« im 9. Jahrhundert zuerst genannt und wahrscheinlich vom Frankenkaiser Karl gegründet, der auch, unermüdlich auf Reisen, in jene abgelegene Gegend kam, in Maßbach, dicht bei Kissingen gelegen, seine fünfte Frau erwählte und den Gau den Grafen von Henneberg zur Verwaltung übergab, die bis 1291 regierten und auf der »Bodenlaube« residierten, einer stolzen, nun verfallenen Burg über der Stadt. Obwohl das Kur- und Weltbad Kissingen recht abseits aller größeren Verkehrslinien liegt, mochte es wohl, wenn auch nicht am Main gelegen, einige strategische Bedeutung gehabt haben.
Die Stadt liegt im Norden Bayerns im Regierungsbezirk Unterfranken, welcher im nordwestlichen Teile bis in die Rhön reicht, im Süden bis an die Schweinfurter Mulde, im Osten bis dicht an die Haßberge und im Nordosten in ein Gebiet hinein, das, wie sich noch erweisen wird, mit Fug das »Grabfeld« genannt wird.
Im Alttertiär muß in dieser Gegend ein tropisch-feuchtwarmes Klima geherrscht haben, lehrt die Wissenschaft vom geologischen Aufbau: Man fand die Reste und Abdrucke von Seerosen, Eukalyptus, Mimosen, Stechpalmen, aber auch von Ichthosauriern, Fischen, Libellen, Kröten und Krokodilen. Folgen wir dieser Wissenschaft, dann setzte im jüngeren Tertiär eine rege vulkanische Tätigkeit ein, die den Norden Unterfrankens »aufwölbte«. Auf den Vulkanismus sind auch, so schließt die Wissenschaft, die

Mineralquellen zurückzuführen: In den Verwerfungsspalten sickerte das Wasser bis zu den Lagen des Zechsteins hinunter, reicherte sich dort mit Salzen an und stieg, durch Gase aus tieferen Regionen gehoben, als salz- und kohlensäurereiches Heilwasser wieder zur Erdoberfläche empor.

Nach dem Abklingen des Vulkanismus, so wird gelehrt, bekamen die abtragenden Kräfte die Oberhand. Sie vertieften im Laufe von Jahrmillionen die Täler in den Buntsandstein- und Muschelkalkschichten fortlaufend, während die härteren Basalt- und Phonolithkuppen der Vulkanberge der Erosion besser standhielten.

Im Quartär lag Unterfranken in der Zeit der großen Vereisungen zwischen den Eispanzern im Norden und im Süden. Der Main, dessen Geschichte im Jung-Tertiär beginnt, floß ursprünglich nach Süden zu und mündete in die Donau, nachdem er den Jura durchbrochen hatte – eine allmähliche Hebung des mittelfränkischen Gebietes zwang den Fluß schließlich, nach Westen auszuweichen und seine Wassermassen dem Rhein zuzuführen. Im Jungpleistozän endlich wurde die unterfränkische Landschaft durch die Ablagerung von Flugsanden und Löß verändert. Über ein Drittel von Unterfranken ist mit Löß bedeckt, einem kalkreichen und fruchtbaren Gesteinsstaub; die mächtigen Schichten des unteren Keuper, aus Schiefertonen bestehend, hätten das Land ohne die Lößdecke fast unfruchtbar erscheinen lassen.

In dieser Gegend also ließen sich etwa um 20 000 vor der Zeitrechnung die ersten Menschen nieder, Jägertrupps, die genügend Jagdwild vorfanden, um sich längere Zeit aufzuhalten. Um 5000 vor der Zeitrechnung entstanden, so ergeben die Forschungen, die ersten Bauerndörfer, – mit ihnen tauchten dann die Kelten in der Geschichte dieses Landstriches auf. Sie wurden ab und an von bronzezeitlichen Nomadenvölkern überspült, vor denen sie sich in Ringwälle auf den Bergkuppen zurückzogen, um sofort in

ihre Heimstätten zurückzukehren, wenn die lästigen Eindringlinge verschwunden waren.
Die zuständige Wissenschaft hält die Kelten für einen der indogermanischen Hauptstämme Europas, so daß auch von den Indo-Kelten lebhaft die Rede war, von Völkern also, deren Sprachen dem Stamm der Indoeuropäer angehörten. Der römische Geschichtsschreiber Tacitus – er lebte von 55 bis 120 nach der Zeitrechnung – fand die Kelten den Germanen ähnlich und beschrieb sie als große, lebhafte Menschen mit rotblonden Haaren und blauen Augen. Aber sie unterschieden sich von den germanischen Völkerschaften durch ihren Witz, ihre Sanges- und Tanzlust, die Römer hielten sie auch für kriegslustig, aber die Kelten suchten keinen Streit, sie verteidigten sich wohl gegen ihre Angreifer, hatten jedoch eher im Sinn, durch Verhandlungen unnütze Gewalt abzuwehren.
Das mag heißen, daß die Kelten in viel tieferem Sinn Bauernvölker waren als die Germanen, beständig, seßhaft, auch in der Unterwerfung nicht fürchtend, ihre Art untergehen zu sehen: sie kannten nicht nur den Wechsel der Jahreszeiten und ihren Segen, auch den der Herrschaftsformen, die über sie hinwegkamen und -gingen. Sie kannten keine Könige und Herrscher, sie wurden beraten und geleitet von den Druiden, einer Priesterschaft, welche über geheime Beziehungen zu den Naturgewalten zu verfügen schienen. Um ihres Bodens willen vermochten sie sich immer anzugleichen und nahmen selbst den Verlust ihrer Sprache hin, wenn es galt, sich damit andere Annehmlichkeiten einzutauschen. Sie waren überall die ersten Siedler, sie drangen nirgends mit Gewalt in andere Räume ein, die sie schon besetzt fanden. In ihrer gesamten Art ähnelten sie bedeutend mehr den Slawen als den Germanen, mit den einen kamen sie kaum in Berührung, mit den anderen suchten sie so gut wie möglich auszukommen, blieben aber zähe Gegner gegenüber jeder Gewalt, die ihnen das Recht am eigenen Grund und Boden streitig machte. Und sie

waren »waldfeindlich«, sie drangen ungern in die Wälder ein, die den Großteil ihres Gebietes bedeckten: in den Wäldern hausten die Germanen, die sich in ständiger Bewegung befanden und mit denen anzubinden keinen Nutzen bringen konnte, wilden und barbarischen Völkerschaften, die keinen festen Wohnsitz zu haben schienen und deren Namen bei ihrem ständigen Wechsel sich zu merken unnütz schien. So bezeichneten die Kelten jene lästigen Wald-Nomaden schlichtweg mit dem keltischen Sammelnamen der »Germani« – Tacitus übernahm das für die Römer, – diese Waldstämme haben sich selber nie »Germanen« genannt.

Eben derselbe Tacitus, der sich auf geradezu genialische Weise mit dem nebel- und waldreichen Lande befaßte, das er nun auch Germania nannte, erwähnt in seinen Annalen fast beiläufig, es habe im Jahre 85 nach der Zeitrechnung in jenen Gebieten nördlich des Mains eine große Schlacht zwischen den Chatten und einem anderen germanischen Stamm, den Hermunduren, stattgefunden, zu einer Zeit also, als nur römische Grenzstreifen südlich des Mains die Bewegungen nördlich des Flusses beobachteten. Tacitus war der erste, der davon zu erwähnen wußte, und blieb fast zweitausend Jahre auch der einzige, – erst die moderne Forschung vermochte aus mancherlei Spuren zu deuten, was sich da abgespielt haben mochte.

Es ging um Salz. Der Mensch ist das einzige Raubtier, welches die Gier nach Salz mit dem Pflanzenfresser teilt, es setzt ihn in den Stand, den Kreis seiner Nahrungsmittel zu erweitern. Er nimmt etwa acht Kilo Salz im Verlauf eines Jahres zu sich. Salz ist gut für die Verdauung, für den Durst und die Fütterung des Viehs. Salz dient zum Auftauen des Schnees und des Eises, wenn Winter ist, und im Sommer zum Erhalten des Fleisches. Seit Urzeiten müht sich der Mensch um das Salz, um seine Gewinnung, um den Handel mit ihm. Der Mensch der Urzeit gewann das Salz aus dem Meer, indem er das Wasser auf brennendes

Holz oder erhitzte Steine goß, – dann erfuhr er von Salzquellen und lernte, das Salz aus Solen zu gewinnen. Von fernen Völkern kam die Kunde, daß Salz aus der Tiefe der Berge geholt werden konnte.

Die Hermunduren tauchten zuerst in den Gebieten des Thüringer Waldes auf, sie kannten das Meer nicht, und soviel sie in ihren Bergen gruben, sie fanden kein Salz. Aber sie hörten von den Römern südlich des Mains, ihre Späher berichteten, daß bei denen das Salz eingetauscht werden konnte, gegen Felle und Früchte und Fleisch. Salz war wichtiger als Gold und Silber.

Als die Hermunduren von ihren Bergen hinunterstiegen auf ihren Wegen zu den Römern, fanden sie am Rande der Flüsse, an denen sie entlangwanderten, weil diese die einzigen Wanderwege waren, Quellen, die salzig schmeckten. Sie erfuhren von keltischen Siedlern, wie das Salz aus diesen Quellen zu gewinnen war, und sie erfuhren auch, daß Wasser aus diesen Quellen heilkräftig war, sei es, daß dieses getrunken, sei es, daß in ihm gebadet wurde.

Die Hermunduren verweilten lange an einem Orte, der später Salzungen genannt wurde, an einem Flusse, der später Werra hieß. Sie wanderten die Werra flußaufwärts, auf einem Wege, der sie zu den Markomannen führte. Sie kannten die Markomannen, sie hatten sich auf die Seite von deren König Marbod geschlagen, als der Cherusker Arminius diesen zu dem absurden Gedanken einer Einheit aller germanischen Stämme gegen die Römer zwingen wollte, vor fünfzig Jahren etwa. Sie wanderten die Werra nicht flußabwärts, denn dort wären sie auf die Chatten gestoßen. Die Chatten hatten im Gegensatz zu den Hermunduren treu zu den Cheruskern gestanden, als Arminius den Varus schlug, – auch später, als Germanicus Rache nahm, – und die Chatten sprachen viel von Freiheit und verachteten die Hermunduren und hätten ihnen niemals gestattet, etwa im chattischen Gebiet nach Salzquellen zu suchen, die sie selber so bitter nötig hatten: sie fertigten

Töpfe aus Ton, zu deren Glasur sie einen Zusatz brauchten: Salz.
Und außerdem waren Salzquellen heilig, heilig wie das Salz selber, in welchem göttliche Wesenskraft gegenwärtig war, die Kraft des Lebens, der Treue, der Gastlichkeit. Selbst die Römer verehrten im Salzfaß geradezu den geheimnisvollen Bund zwischen den Gliedern der Familie, den toten, den lebenden und künftigen. Die Slawen und Kelten boten Brot und Salz als Zeichen der Unterwerfung an, die Germanen als Zeichen der Gastfreundschaft und unverbrüchlichen Treue. Salzverschütten galt als böses Zeichen, als Vorbedeutung von Streit: Blut schmeckt salzig.
Aber die Hermunduren wollten nicht nach Böhmen, sie wollten zu den Römern. So bogen sie dicht vor dem Quellgebiet der Werra ab und gelangten in das Quellgebiet eines anderen, kleinen Flusses, den sie nun flußabwärts wanderten, den Römern zu. Und auf ihrem Wege fanden die Hermunduren Salzquellen, wie sie deren noch keine gesehen hatten. Hier und dort an dem kleinen, vielgewundenen Flüßchen zwischen den steilen und kuppigen Bergen sprudelten die Quellen, manche in ständiger Wallung, manche in sonderbarem Aufbrodeln nach gleichem Zeitmaß. Die Quellen waren so salzig, daß sie bitter und scharf schmeckten, und wer von ihrem Wasser genoß, bemerkte wohl bald die purgierende Wirkung, wer aber in ihm badete, dem prickelte das Wasser wohltuend um den Körper, bildete unzählige lustige kleine Bläschen, die an der Oberfläche des Wassers kichernd platzten und sich an den behaarten Stellen des Körpers zu ganzen Trauben sammelten – und nach solchem Bade fühlte sich der müde Krieger überaus erfrischt, vermißte das lästige Reißen in den Gliedern und Gelenken und war bereit zu neuen Taten.
Die Hermunduren lagerten in diesem lieblichen Tal und jenseits des Flüßchens, welches sie »Sala« nannten, – und welches später die »Fränkische Saale« hieß. In den kelti-

schen Dörfern wurde ihnen ein freundlicher »guter Tag« geboten, und ein noch freundlicherer »guter Weg«, als die Hermunduren beteuerten, hier nicht lange bleiben zu wollen, sie seien zu den Römern unterwegs. Aber sie blieben ungebührlich lange.
Es ist ganz ungewiß, wer den Chatten steckte, daß die Hermunduren es auf die Salzquellen der Rhön und des Saaletales abgesehen hatten, chattische Späher auf den Höhen der wilden und rauhen Rhön, oder mißtrauische Kelten, oder aber die Römer selbst, die es immer gern sahen, wenn sich die germanischen Stämme untereinander in die Haare gerieten, – Eile schien den Chatten geboten, und so sandten sie ihre junge Mannschaft zu Pferde an die Stelle, an der später einmal das Welt- und Kurbad Kissingen stehen sollte, mit seiner Rakoczyquelle, dem Maxbrunnen, dem Luitpoldsprudel und im Kurpark dem Grabe des »Toten Preußen«.
Die Chatten verachteten die Hermunduren, den einzigen Stamm der Elbgermanen, mit denen sie, Wesergermanen, im Osten vage Verbindung hatten. Während sie nun, seit die Römer am Rhein und am Main erschienen waren, in ständigen Kriegen mit diesen lebten, kannten die Hermunduren nur satte Friedenszeiten, kämpften nicht, sondern trieben Handel, ließen sich gern von den Römern korrumpieren und hingen der verräterischen Konzeption des Marbod an, dessen Königreich in Böhmen in Freundschaft und Unterwerfung mit den Römern sich zu sichern suchte. Als die chattischen Patrouillen von den Höhen der Rhön die Rauchsäulen der im Tale lagernden Hermunduren beobachteten und meldeten, stürmte die chattische Reiterjugend los.
Die Hermunduren ahnten nichts von dem, was da herannahte. Sie wurden erst aufmerksam, als die keltischen Dorfbewohner begannen, das zu tun, was bei ihnen in solchen Fällen Gewohnheit war: sie bezogen mit Kind und Kegel in aller Stille ihre Fliehburg, den Ringwall auf dem

Altenberg, um im segensreichen Zustand der bewaffneten Neutralität abzuwarten, wie die Entscheidung fiel. Erst dadurch wurden die Hermunduren aufgeschreckt, sie gerieten nicht in Panik, sie stellten sich in der Schlachtordnung auf, welche die germanischen Stämme in solchen Fällen eines unvermuteten Angriffs einzunehmen pflegten. Die Frauen und Kinder zogen sich in eine schnell gebildete Wagenburg zurück, die Krieger schlossen sich zusammen zu festen Blocks, die langen Lanzen vorgestreckt, die runden Schilde mit den Eisenbuckeln vor das Gesicht gehalten. Sicherlich brüllten sie auf, als die chattischen Reiter auf sie losbrachen — Tacitus beschrieb diese germanische Sitte, in die Wölbung der Schilde zu brüllen, so den Schall der schrecklichen Stimmen zu verstärken und dem Feinde Furcht einzujagen. Sicherlich stürmten die Reiter unaufhaltsam vor und hieben mit ihren Langschwertern auf die geschlossenen Haufen ein, sie kannten das, die Chatten, die römischen Reiter hatten ihnen das in mancherlei Gefechten beigebracht.

Sonderbarerweise aber kannten die Hermunduren auch die Taktik, welche die Chatten selber in solchen Fällen den römischen Reitern gegenüber anwandten. Wenn die Fußkolonnen unter dem Anstrum zu wanken begannen, wandten sie sich scheinbar zur Flucht, — in die Richtung der Wälder, um sich dort zu sammeln. Hier konnten die Reiter nur in Einzelgefechten folgen, — aber hier erscholl auch der entscheidende Ruf: »Herunter von den Pferden!« in die Schilde gebrüllt, und das Signal für die flankierenden Blocks, vorzudringen und die Reiter von den Pferden zu reißen und niederzuhauen.

Diesen Ruf hatten die Römer oft genug gehört, ihre Veteranen erzählten in Rom davon, zu den Römern mußte die Sage, immerzu mit hübschen Veränderungen weitergegeben, in einer ihnen wohlgefälligen Form gedrungen sein: Wenn sich die Römer geschlagen wähnten und auf der Flucht vor dem schrecklichen Ansturm der germanischen

Horden befanden, konnten die Führer der Legionen und Kohorten ruhig Blut bewahren, es kam der Augenblick, da die Germanen in den Ruf ausbrachen: »Herunter von den Pferden!«, und für die Römer mußte dies der Augenblick sein, sich neu zu formieren, denn dieser Ruf galt nicht ihnen, wie sie zu erzählen wußten, er galt den germanischen Anführern, die hoch zu Roß vor ihrem Fußvolk stürmten, zu schnell und zu weit voran, so daß Gefahr bestand, daß ihnen und nicht der Masse der größte Anteil der Beute zufiel. Wie dem auch sein mochte, – für die Chatten, die kein Fußvolk hinter sich wußten, war dieser Ruf das erste Zeichen ihres Untergangs.

Tausende von Chatten fielen. Tausende aber fielen auch verwundet und kampfunfähig in die Hände der Hermunduren, die nun, das Gros der Chatten im Anmarsch vermutend, schleunigst die wehrlosen chattischen Jünglinge einsammelten und mit ihnen in der Richtung davonzogen, aus welcher sie gekommen waren. Einige Tagesmärsche weiter, in offenem Feld gesichert vor Überraschungen, feierten sie ihren Sieg und gehorchten dabei einer ehrwürdigen Tradition. Es bestand unter den germanischen Stämmen eine Art völkerverständigender Konvention: Um die vielfältigen Streitigkeiten unter den Stämmen, die sich ja allesamt in Bewegung befanden, auf das gerade noch erträgliche Maß zurückzuführen, war es Sitte und nützlicher Brauch, daß die junge Mannschaft eines in der Schlacht unterlegenen Stammes bis auf den letzten Jüngling geschlachtet wurde, »den Göttern geopfert«, die gewißlich nichts mit ihnen anzufangen wußten, außer, mit diesem Akt klarzumachen, wie groß das Risiko angriffswütiger Geister sei.

Die Hermunduren feierten ihren Sieg tagelang und ständig weiterwandernd. Sie schlachteten die besiegten und gefangenen Chatten und die Pferde, die ihnen auf ihrem Marsche durch die Wälder nur hinderlich waren, bis auf den letzten Mann und auf das letzte Roß und ließen die

Leichen und Kadaver liegen, zerstreut auf einer welligen, offenen und anmutigen Ebene, die spätere Geschlechter schlicht »das Grabfeld« nannten.

Die Hermunduren zogen zurück in den Gau, aus dem sie aufgebrochen waren, – dort fanden sie die verlassenen Heimstätten von Sorben besetzt, einem Stamm der slawischen Wenden, die, ähnlich wie die Kelten, überall dort die leeren Räume besiedelten, die ihnen der unsinnige Germanendrang in die Weite hinterließ. Ein Teil der Hermunduren schloß sich den elbaufwärts ziehenden Langobarden an, ein Teil suchte sein Glück bei den Markomannen, – als Stamm wurden sie im Strudel der großen Wanderung hinweggeschwemmt. So endete die einzige Berührung von Weser- und Elbgermanen, die zu einer Einheit germanischen Handelns hätte führen können.

Die Kelten blieben. Sie zogen aus ihren Fliehburgen und Ringwällen in ihre Siedlungen zurück, sie fanden ihren Raum leer. Nur Leichen bedeckten das weite Feld, das sie sich, waldfeindlich wie alle echten Bauernvölker, geschlagen hatten. Sie taten das, was Bauern immer taten, wenn Krieg über ihre Äcker gebraust war, sie dankten den Göttern und gruben die Leichen recht tief ein, damit der Pflug nicht immer in krummen Furchen geführt werden mußte. Noch lange klagten sie über die Mäuseplage.

Es ging um Beute

Die Zeit, in welche jener preußische Krieger, von dem hier zu berichten ist, hineingeboren wurde, war von großer innerer Unruhe erfüllt. Mißglückte Revolutionen und getäuschte Hoffnungen zeugten von einer Art politischer Verzweiflung, die ganz Deutschland ergriffen hatte, und die um dies merkwürdige Land herumliegenden Völker sprachen wie belästigt von den deutschen Querelen, die zu keinem politisch greifbaren Ergebnis zu führen schienen. Die Meute der Zweifel richtete sich auf die unerträgliche Gegenwart, kein Leuchtturm schien den Weg in eine angenehmere Zukunft zu weisen – was Wunder, daß die angesehensten Publizisten, die meistgelesenen Autoren nach den leuchtenden Sinnbildern der Vergangenheit zu forschen begannen. »Bilder aus der deutschen Vergangenheit« lieferte Gustav Freytag, und Felix Dahn schrieb an seinem »Kampf um Rom«. In den Schulen begannen die Pädagogen, sich nach einer ruhmvollen Vergangenheit zu orientieren, sie fanden sie in einer akzeptablen Vorzeit, in der Geschichte der Germanen, welche zu erlauben schien, sie der deutschen Vorgeschichte anzuordnen. Sicherlich hat jener Preuße nichts von den Hermunduren erfahren, die Tacitus so nebenbei erwähnt hatte. Aber selbst die Vorzeitforscher von heute mußten zu ihrem eigenen Erstaunen zugeben, daß zwar die Aspekte und Hypothesen dieses römischen Geschichtsschreibers nur aus seiner Zeit erklärt werden können, die Daten und Fakten aber in fast allen Fällen durch die moderne Forschung bestätigt werden können.

Doch auch die moderne Forschung vermag nicht zu erhellen, aus welchen Gründen die Völker der nordischen

Nebellande sich fast zur gleichen Zeit in Bewegung setzten, es wird mit viel Fug angenommen, daß Naturkatastrophen von größtem Ausmaß die labilen Küsten der kimbrischen Halbinsel, des heutigen Jütland, derart verändert haben, daß die bäuerlichen Stämme der Kimbern und Teutonen sich um der Nahrung willen nach Süden wandten. Das ganze Volk zog um, mit Greisen, Frauen und Kindern, mit allem Vieh und Hausrat. Der Zeitpunkt ihres Aufbruches blieb im Dunkel, wie der Weg, den sie nahmen, sie tauchten im Jahre 113 vor der Zeitenwende aus dem Nebel der Vorgeschichte auf und verlangten von den landsässigen keltischen Bojern, die im Gebiete des heutigen Kärnten und der Krain siedelten, Landgabe – die Bojer verhandelten nach keltischer Art zähnefletschend, dann erschien mit einem römischen Heer der Proconsul, die Kimbernkrieger schlugen die sieggewohnten römischen Legionen, indes von ihren Wagenburgen die Kimbernfrauen ihre Männer und Söhne zum Kampfe stachelten. Das war alles den verdutzten Römern ganz ungewohnt, überraschend auch, daß die Kimbern nach ihrem unstreitigen Siege keine Versuche machten, diesen zu nutzen, sondern sich wieder nach Norden wandten, um helvetische Stämme, die sich, keltischer Abstammung, in rauhen Gebirgstälern nur dürftig ernährten, an sich zu ziehen, – und sich schließlich am Rhein mit den auf anderem Weg dorthin gelangten Teutonen vereinigten, mit ihnen zusammen das ganze Land zwischen der Rhône und bis zu den Pyrenäen gründlich auszuplündern, – sich aber nirgends sichtbar niederzulassen.

Jahr für Jahr versuchten die sieggewohnten Römer, dem »Furor Teutonicus«, dem »Terror Cimbricus« zu widerstehen und die schweifenden Raubvölker aufzuhalten, Jahr für Jahr, 109, 108, 107, wurden die römischen Heere geschlagen, um endlich 105 bei Orange völlig zu unterliegen. Es bedurfte einer bis dahin ungewohnten Kraftanstrengung der Römer: unter ihrem bedeutendsten Feld-

herrn Marius machten sie unter Aufgebot aller Kräfte dem Spuk ein Ende, sie schlugen 102 endlich die Teutonen bei Aquae Sextiae (Aix-en-Provence) und 101 die Kimbern bei Vercellae (zwischen Turin und Mailand) im wahrsten Sinne vernichtend: Nur wenige der Germanen gerieten in Kriegsgefangenschaft und bewährten sich später vortrefflich als Leibgardisten und Fremdenlegionäre der römischen Feldherren, die große Masse der teutonischen und kimbrischen Krieger wurde auf dem Schlachtfeld erschlagen, worauf sich die Frauen mit ihren Kindern von den Wagenburgen stürzten, um sich und ihnen den Tod zu geben.
Nach diesen ersten Blitzkriegen germanischer Völkerschaften, in denen zum ersten Male die Römer die Furcht um ihre eigene Existenz kennenlernten, gewöhnten sie sich daran, in Zeiten der Not die Rettung nicht mehr in der Sicherheit ihrer Ordnung zu suchen, sondern in der diktatorischen Macht einzelner Großer: Siebenmal wurde Marius in der Folge die absolute Diktatur in die Hände gegeben, – die Gewohnheit endete im römischen Kaisertum.
Vierzig Jahr später – und dies mögen die Römer als die zweite Welle der Völkerwanderung empfunden haben – drängten aus dem heutigen Schwaben die Sueben, ein Zweigvolk der elbgermanischen Semnonen, unter ihrem König Ariovist über den Rhein, den kurz zuvor Caesar als Grenze Galliens gegen die Germanen bestimmt hatte und zu befestigen begann. Caesar schlug Ariovist 58 v. d. Z. in der Gegend von Mühlhausen und drängte die Sueben zurück.
Sicherlich vermochte selbst Caesar aus den Blitzraubkriegen ohne jeden strategischen Sinn, die germanische Völkerschaften, wie es schien, einzig zu dem barbarischen Zwecke exerzierten, Furcht und Schrecken zu verbreiten und unter diesem Bann kräftig zu rauben und zu plündern, nicht klar zu ersehen, was hundert Jahre nach ihm Tacitus erst seherisch vermuten konnte: daß nämlich wirklich der ganze germanische Nebelraum in Bewegung geraten war,

anfangs in eine unendlich langsame Bewegung, die ihre Absicht und später ihren historischen Sinn nicht ohne weiteres erkennen ließ. Rom glaubte offenbar, konventionellen Aggressionsabsichten mit konventionellen politischen Mitteln entgegentreten zu können.

Am 13. 1. 27 v. d. Z. begann Kaiser Augustus die größte geschichtliche Laufbahn eines römischen Herrschers und leitete ein Zeitalter ein, welches als »der Friede des Augustus«, das augusteische Zeitalter voll Friede, Glück, Wohlstand und Kultur, den Höhepunkt der römischen Ordnung darstellen sollte. Nach neun Jahren seiner so glückhaften Regierung glaubte sich Augustus gezwungen, sein göttliches Werk nun durch Beseitigung der einzigen Bedrohung zu festigen, die es in Frage zu stellen schien: Den germanischen Querelen an den Grenzen des Römischen Reiches mußte ein Ende gemacht werden.

Großzügig und genial erfolgte die strategische Einkesselung des gesamten Germanengebietes zwischen Rhein und Elbe: Im Süden drangen im Jahre 15 v. d. Z. die römischen Legionen längs der Donau bis zum heutigen Wien vor und legten zahlreiche befestigte Plätze und Lager an. Im Norden führte Drusus im Jahre 12 v. d. Z. seine Legionen über einen eigens zu diesem Zwecke angelegten Kanal zwischen dem Unterlauf des Rheins und der Zuider-See und fuhr mit Schiffen an der Küste entlang bis in die Ems hinein und weiter bis zur Elbe, unterwegs germanische Stämme wie die Friesen und Chauken bezwingend. Im Jahre 11 v. d. Z. folgte nach dieser Art von Flankensicherung der Stoß in das Herz der germanischen Räume, längs der Lippe bis zur Weser. Nach zwei Jahren war das Land bis fast zur Elbe besetzt und mit Lagern, Befestigungen und Kastellen bestückt, alle Nachschubwege gesichert.

Das ganze Land genoß in kurzer Zeit die Segnungen römischer Ordnung und Verwaltung, römischen Rechtsdenkens und römischer Wirtschaftsplanung. Das ganze Land kam erstmalig in Berührung mit der einzigen, der wahren, der römischen Kultur, eine Fülle römischer Münzen ergoß sich über die Stämme, die Barbaren lernten den Wein kennen, den Segen des Komforts, das Glück, das der Geschmack entwickelt, die flache und angenehme Kunst der Römer, die nützlichen Götter, den gesamten way of life, – ein Füllhorn guter Gaben schüttete Rom über die Besiegten, deren treffliche kriegerische Eigenschaften nun ein reiches Feld der Betätigung in römischen Diensten fanden. Wer immer sich bereit fand, dankbar die Segnung römischer Lebensauffassung zu genießen, fand auch seinen Lohn in mancherlei Ehrungen, deren letzte und größte die Verleihung des römischen Bürgerrechtes war, – den Söhnen führender Germanengeschlechter öffnete sich der Weg zu jedem Amt, zu jeder Ehrenstellung, die Rom zu vergeben hatte.

Neun Jahre nach der Zeitwende schlug ein junger Cheruskerfürst im Vollgenuß römischer Ehrungen und römischer Bildung in einer einzigen, verschwörerisch vorbereiteten Schlacht aus dem Hinterhalt das römische Heer. Offenbar wollten die Germanen alle die angenehmen Dinge, die ihnen die Römer geboten hatten, gar nicht haben. Die Römer standen fassungslos vor diesem Phänomen, sie begnügten sich mit einem kurzen Rachefeldzug, der den Germanicus wohl mehr um der römischen Militärehre willen bis zu jenem Schlachtfeld führte und zurück. Und Germania brodelte weiter im Nebel; wie eh und je fochten die Stämme gegeneinander, sich der einzigartigen Chance begebend, zu einer gewissen germanischen Einheit zu gelangen, und jedenfalls nicht gewillt, den Begriff der Freiheit nur in den Kategorien der römischen Ordnung zu denken, einer staatlichen Ordnung von höchsten Graden.

Der Sohn des Augustus, Drusus, mochte bei seinem abenteuerlichen Vorstoß, er gelangte bis weit an die Unterelbe, noch den Nachzüglern eines ihm unbekannten Germanenstammes begegnet sein, der ihm mit eleganter Bewegung über den versumpften Fluß auswich. Die moderne Wissenschaft stellte die Spuren dieses Stammes, der Langobarden, bis 600 Jahre v. d. Z. fest. Sie siedelten im Urstromtal der Elbe etwa in der Gegend des heutigen Winsen an der Luhe – auch der Name des Ortes Bardowiek scheint auf sie hinzudeuten –, aber ihre Siedlungen waren erstaunlicherweise in einer wenn auch sehr langsamen Bewegung. Es hatte dies sehr reale Gründe. Das Urstromtal der Elbe war total versumpft, dschungelartige Wälder begrenzten es. Nordwärts war kein Land, das besiedelt werden konnte, dort waren die Chauken und die See. Ost- und westwärts war der für die damaligen Werkzeuge undurchdringliche Wald, der auf sandigen und unfruchtbaren Höhen in magere und von Hochmooren gespickte Heide überging. Wasser mußte sein: Viele Elbadern, ein Gewirr von Flüßchen, die sich immer wieder veränderten in ihrem Lauf und vereinten, boten an ihren Ufern den einzig möglichen Aufenthalt. In kleinen Trupps, oft nur im Familienverbande, holzten sie an günstigen Stellen den Wald ab und rodeten das gewonnene Feld, dann erst konnten Feldfrüchte angebaut werden, Weiden für das Vieh. Aber nach wenigen Jahren der Nutzung war der Boden ausgesogen oder versauert. Es galt, weiterzuziehen.

Der Weg dieser Langobarden ist für die moderne Forschung durch die Grabstätten gezeichnet, in denen fast ausschließlich Frauen, Kinder und Greise ruhten. Die Knochen der wehrhaften Männer, der jungen Mannschaft müssen in Grabfeldern gesucht werden, rund um Schlachtorte, an denen zuerst gekämpft und dann geschlachtet wurde. Die Rodung, die Feldarbeit sollte also fast immer von Frauen, Greisen und Kindern betrieben werden, die Germanenmänner bildeten die Vorhuten, Spähtrupps die Nebenflüsse hinauf, die Möglichkeiten späterer Siedlung zu erkunden. »Auf der Bärenhaut« ruhten die Germanenmänner nur auf Urlaub und im Winter, dann aber alle

Freuden des Lebens auskostend, — sie zeugten Kinder, sonst nichts.

Unendlich langsam also bewegte sich der durch solches Verfahren immer mehr anwachsende Stamm der Langobarden elbaufwärts. In geeigneten Siedlungen, etwa dort, wo auch Salz zu finden war, und an Nebenflüssen blieben zu kärglichem Leben die Kranken, die Siechen, wenige Frauen, die kleinsten Kinder, die ältesten Leute, leicht von jeder anderen Sorte Mensch zu überrennen, sich vermischend, aufgehend in Stammesverbänden, die nicht zu wandern unternahmen, wie die Kelten, wie die Slawen.

In den Elbegegenden des heutigen Sachsen zogen die Langobarden die dort siedelnden, aber ebenfalls in Bewegung befindlichen Hermunduren an sich. Der große Stamm der Semnonen, der seine Sammlungsräume um Havel und Spree herum hatte, bewegte sich zu gleicher Zeit nun von den Quellen dieser Flüsse auf die Elbe zu. Es gab entscheidungsreiche Stunden des Aufeinandertreffens, das Ergebnis aber war ein Bündnis der Elbstämme, die bei gleicher Tendenz und gleichen Lebensgewohnheiten auch die gleiche Waffe führten: die »Sassa«, das kurze, machetenartige Hauschwert, mit dem sie sich durch den Dschungel schlugen. Die Waffe Sassa gab dem Bündnis den Namen: Die Sassa-Träger, die elbgermanischen Stämme, wuchsen in ihren Wohn- und Nachschubräumen zu den »Sachsen« zusammen.

Die Langobarden, die Vorhut also einer angesichts der dünnbesiedelten Räume gewaltigen Germanenmasse, zogen weiter bis an die Elbquellen, wiederum deren Vorhut tauchte 166 n. d. Z. in Pannonien auf, zwischen Raab und Drau wurden sie von römischen Legionen zurückgeschlagen.

Unentwegt wie die Langobarden elbaufwärts, wanderten die Burgunder die Oder bis zu deren Quellen hinan. Vor ihnen wichen die Vandalen aus, der einzige Germanenstamm, der sich statt südwärts unter dem Druck der Burgunder westwärts wandte, Germanien an der Donau entlang durchquerte, dann aber auch Gallien und Spanien, um sich schließlich 420 n. d. Z. in Nordafrika niederzulassen, während die Burgunder südlich des Mains zurückblieben und dort 413 n. d. Z. ein Königreich mit der Hauptstadt Worms gründeten.

Tacitus schätzte für seine Zeit, also lange bevor die großen Stämme der Völkerwanderung für die Römer in Erscheinung getreten waren, die Zahl der Germanen auf etwa vier Millionen Menschen. Das römische Imperium auf der Höhe seiner Macht mochte trotz der Mahnungen des Tacitus die Gefahr, die aus den Nebelländern drohte, gering geachtet haben, zumal es römischer Kriegskunst und Diplomatie gelungen war, ein Zwischenspiel mit den Markomannen befriedigend zu lösen. Zum Zeitpunkt der Zeitenwende war König Marbod mit seinem Volke, den Markomannen, vor Drusus aus seinen derzeitigen Wohngebieten zwischen Main und Donau nach Böhmen ausgewichen und hatte dort versucht, seinen Stamm, der von den Sueben abgesprengt erschien, mit anderen kleinen Stämmen, die sich unterwegs befanden, zu einem »Völkerbund« zusammenzuschließen, entzweite sich aber 17 n. d. Z. mit Arminius und wurde im Jahre 19 von den Römern besiegt, die sich seines Gebietes bemächtigten. Marbod selber gab sich in die Hände der Römer und wurde bis zu seinem Tode in Ravenna interniert.

Die Römer glaubten offenbar, nach dem Rachezug des Germanicus der Lage insofern gewachsen zu sein, als sie eine Befestigungslinie, den Limes, bauten, von 81 bis 96, einen Erdwall mit Palisadengraben, Wachttürmen und Kastellen von 372 km Länge, der dann nach 122 vorverlegt und als »rätischer Limes« bis zur Donau bei Eining 180 n. d. Z. als Steinmauer 178 km lang weitergeführt wurde. Beide Linien wurden um 260 aufgegeben. Die Weiterführung des Limes durch die rätische Steinmauer schien den Römern notwendig geworden zu sein, da die Markoman-

nen sich an einer Erhebung der Donauvölker, germanischer Völkersplitter, im Jahre 166 beteiligten und erst nach sechzehn Jahren endgültig besiegt werden konnten. Sie behielten ihr Land nördlich der Donau, mußten aber den römischen Streitkräften Hilfstruppen stellen. Bemerkenswert aber mußte den Römern doch erscheinen, daß während jener sechzehn Jahre erbitterter Kämpfe mit dem doch anscheinend kleinen Stamm der Markomannen keiner der großen Stämme der Völkerwanderung diesen beistand — auch die Langobarden, die zu dieser Zeit schon im Blickfeld der Römer aufgetaucht waren, rührten sich nicht, die Römer etwa in der Flanke zu bedrohen.
Eben dies, jede neue Berührung mit den Germanen, machte es den Römern so unendlich schwer, zu begreifen, was in diesen Räumen da oben, in dem Ameisengewimmel der nordsüdlichen Flußtäler, vor sich ging. Dem planenden Denken der Römer blieb es unfaßlich, daß alle diese verschiedenen, mit so viel Tatkraft und Verwegenheit ausgeführten Vorstöße offensichtlich ohne jeden greifbaren politischen und strategischen Sinn, also auch ohne bleibenden Erfolg, ohne jede Verbindung der Germanenstämme untereinander erfolgen sollten, — in Zeitabständen von Jahrzehnten, ja, im Endeffekt vom ersten »Furor Teutonicus« bis zum Auftauchen der Goten in der Ukraine im Ablauf von über vierhundert Jahren. Hätte man gewußt, was die Germanen eigentlich wollten, so wären die Gegenmaßnahmen vorzubereiten gewesen, man hätte verhandeln, in sinnvollen Kriegen die Entscheidung suchen können — nichts dergleichen war möglich. Man hätte mit ihnen reden können, aber die wenigen unter ihnen, mit denen man tatsächlich in Kontakt war, wußten nichts zu sagen, sie schienen nicht einmal von der Existenz anderer germanischer Stämme zu wissen. Wollte man gutwillig annehmen, diese Völkerschaften hätten tatsächlich ein Konzept, eine große politische Idee, ein historisches Schicksalsbild oder dergleichen barbarische Vorstellungen, sie verschwiegen sie nur,

um sie besser verwirklichen zu können, irgendeinen neuen, wenn auch noch so absurden Sendungsglauben, wie etwa die Juden in ihrem nun zerstörten Jerusalem? – Nichts da, wenn sie etwas wollten, so wußten sie einfach nicht, was, aber das wollten sie jedenfalls immer mit Entschiedenheit.

Dies eben also machte den Römern das Germanentum so furchtbar –, wie in späteren Epochen den Germanen ihrerseits die Existenz der Hunnen so furchtbar war: hier braute sich eine Gewalt zusammen, die unberechenbar blieb, deren Tun sich jedem logischen Denken entzog, wie ihre Maße sich jedem vernünftigen Maß. War es überhaupt vorstellbar, daß diese ungeordneten barbarischen Haufen in Jahrhunderten zu denken vermochten und einen strategischen Aufmarsch von so gewaltiger Größe bewußt planten und durchführten, wie der konzentrische Angriff auf das römische Weltreich ihn verlangte, – so wie es im Nachhinein erscheinen mochte und wie es in den Visionen des Tacitus zum ersten Male aufgeleuchtet war?

Dann muß es das überzeitliche Genie der germanischen Gottheiten gewesen sein, das den entscheidenden Stoß gegen das römische Weltreich genau für den Augenblick konzipierte, als die römischen Götter dies Reich im Stiche ließen, – als innerhalb dieses machtvollen und so geschlossen erscheinenden Gebildes rund um das Mittelmeer eine gewaltige innere Opposition entstanden war, imstande, die Götter der Römer zu stürzen und den Staat auszuhöhlen: das Christentum, mit dem sich die Germanen sofort verbanden, als sie von der Botschaft erfuhren, von jener milden Botschaft, die ihrem rauhen Wesen an sich so entgegengesetzt schien. Mit den Germanen war plötzlich Gott. Die konzentrische Bedrohung des römischen Imperiums wurde gleichzeitig evident mit der Aufgabe des Limes, der von den verschiedenen germanischen Vorstößen durchlöchert wurde, und dem Austritt der Goten, des wohl bedeutsamsten Germanenstammes, aus den Wäldern des

Urstromtales der Weichsel auf die Steppe. Die Goten wurden von Tacitus erwähnt als ein Stamm, der an der Ostsee wohnte und von Königen beherrscht wurde. Nach der neueren Forschung kamen sie von der Insel Gotland und landeten als Seegermanen an der »Bernsteinküste« an der Weichselmündung. Dort blieben sie jedoch offenbar nicht lange, wahrscheinlich folgten sie der Straße des Bernsteinhandels, eben weichselaufwärts.

Sie legten ihren Weg bedeutend schneller zurück als die übrigen Stämme von Elbe und Oder – nach etwa fünfzig Jahren breitete sich vor ihnen die Steppenlandschaft, die sie nun in noch kürzerer Zeit durchschritten, bis sie an die Karpaten, die Donau und an das Schwarze Meer gelangten, sie schlugen die »Männer mit den eisgrauen und kalten Augen«, die sarmatischen und türkischen Nomadenvölker, und nahmen auch Slawen, Finnen und Tscherkessen in sich auf. Nach verschiedenen Raubzügen in den Balkan wurden sie von den Römern 251 und 259 zurückgeschlagen, gewannen aber nach einer letzten Schlacht, in der sie von Claudius II. zersprengt worden waren, durch den weisen Aurelian das linke Donauufer: die tapferen und kriegerischen Goten mochten als guter Puffer zwischen Rom und den angriffslustigen und unruhigen asiatischen Nomadenvölkern eingeschätzt worden sein. Tatsächlich gereichte diese staatspolitische Regelung beiden Teilen, den Römern wie den Goten, zum Segen. Die Goten lernten die Annehmlichkeiten römischer Zivilisation kennen, wie seinerzeit die Cherusker des Arminius, und sie nahmen das arianische Christentum an, Ulfilas Bibelübersetzung um 350 nach Christus in die gotische Sprache zeugte davon.

Unter ihrem König Ermanarich dehnte sich das Gotenreich, das erste Reich eines Germanenstammes in der Geschichte, von der Ostsee bis an das Schwarze Meer. Die adaptierten Bräuche der zwar unterworfenen, aber sich bald segensreich mit den Eroberern vermischenden Völker wurden von der gotischen Herrschaftsschicht zum Zwecke

der Landnahme auch wirtschaftlich übernommen und weitergebildet.
Bereits Herodot schied in seiner Beschreibung der südrussischen Skythen die Zone der Ackerbauer von dem Waldgebiet. Dasselbe gilt für die Slawen: als sie in den gleichen Bereich vordrangen, teilten sie sich alsbald in Wald- und Feldleute. Auch bei den Goten trifft man diese Scheidung frühzeitig an, Westgoten waren dem Wald, Ostgoten dem Feld nach genannt; aber noch bestimmender wirkte die dritte Zone – die Steppe. Auch ihrem Gesetze mußten sich die Goten unterwerfen. Die Einförmigkeit der Steppe nimmt dem Menschen die Heimat, ihre Unendlichkeit zwingt ihm ein schweifendes Leben auf. In Südrußland sind die Goten zu den großen Beweglichen geworden, als die die Geschichte sie seither kennt. »Von den Alanen übernahmen die Goten Planwagen und Wagenburgen als ständigen Aufenthalt, sowie die ausgebildete Form des Reiterkampfes ... Reiten, reiterliche Tracht und Waffen gelangten damals zu Finnen und Obrugiern, eroberten sich Rußland bis zum Ural und zum baltischen Gestade«. Wohlgerüstet also mochten sich die Goten zum Angriff auf Rom wie gegen den Ansturm aus Asien stellen.
König Ermanarich war der Sage nach 110 Jahre alt, als dieser Ansturm erfolgte. Aber ihm versagten die Westgoten die Gefolgschaft, als es zur Schlacht kam. Im Jahre 375 gab sich Ermanarich in dieser Schlacht selber den Tod. Die Hunnen siegten. Was sich von den Ostgoten nicht unterwarf, zog sich hinter den Dnjestr zurück. Hier aber erwarteten die Westgoten den hunnischen Angriff, der überraschenderweise nach einem unbemerkten Übergang über den Fluß in der Flanke und im Rücken der Verteidiger erfolgte. Neue Verteidigungslinien werden durchbrochen – nur die unermeßliche Beute, welche die Hunnen machten, hielt sie davon ab, die fliehenden Westgoten völlig zu vernichten.

Jenseits der Donau nahmen römische Grenztruppen die regellos Flüchtenden auf, – eine Masse von 200 000 heimatlos Gewordenen durfte 376 den rettenden Fluß überschreiten. –

Zu gleicher Zeit, da sich unter Augustus im westlichen Großreich Eurasiens, in Rom, alle Anstrengung darauf richtete, den verheerenden und räuberischen Einfällen der Germanen ein Ende zu machen, kämpften die Chinesen in vierhundert Jahren ihrer höchsten Blütezeit unter den Han-Kaisern (206 v. d. Z. bis 220 n. d. Z.) gegen die Hiung-nu, einen Reiterstamm aus den Turkvölkern in den Steppen nordöstlich des Riesenreiches. In nicht weniger als fünf Schlachten mußte ein gewaltiges chinesisches Heer gegen die Steppenreiter kämpfen, und ein Wall, gleich dem Limes der Römer, wurde begonnen, das Fundament der »Großen chinesischen Mauer«. Zur gleichen Zeit, als Drusus und Germanicus zu entscheidenden Schlägen gegen Cherusker und Chatten ausholten, drangen chinesische Heere in das Kerngebiet der Hiung-nu vor und verheerten es ihrerseits, soweit die Steppe zu verheeren war.

»Viele Zehntausende von Menschen und Pferden nebst unzähligen Rindern und Schafen gingen zugrunde. Die Zahl verdoppelte sich durch eine Hungersnot, die drei Zehntel der Bevölkerung mit der Hälfte ihres Viehbestandes hinwegraffte«, hieß es 85 n. d. Z. in einem chinesischen Bericht. Aufstände der restlichen Reiterhorden mißlangen, – langsam wanderten die westlichen und nördlichen Stämme der Hiung-nu davon: westwärts. Die letzten Turkreiter entschwanden 170 n. d. Z. den chinesischen Blicken. Sie tauchten unter dem Namen »Hunnen« zweihundert Jahre später in Südrußland auf. Sie hatten achttausend Kilometer über die einzige Straße, die vom äußersten Osten bis in den Westen Eurasiens führte, zurückgelegt, durch den Steppengürtel, der sich zwischen den Wäldern des Nordens und den Wüsten und Gebirgen des Südens in Mittelasien dahinzog.

Der römische Schriftsteller Ammianus Marcellinus (um 330 bis 400), ein Zeitgenosse also, gebürtiger Grieche und gleichsam der Nachfolger des Tacitus für seine Zeit, schilderte das Wesen der Hunnen mit einer Eindringlichkeit, die den Abscheu nicht verbergen kann: »... an Wildheit alles übertreffend, das Gesicht durch Narben entstellt, ohne Wohlgestalt, mit massiven, stämmigen Gliedmaßen, mächtigen Nacken, mißgeformt und krumm, so daß sie zweibeinigen Tieren glichen ...«, und weiter: »... gleichsam ein Volk der ständigen Flucht, mit Wagen, auf denen sie hausen ... nach jedem Windhauch einer neu entstehenden Hoffnung sich drehend, alles dem jähsten Sturm der Gefühle überlassend ... von Wurzeln und rohem Fleisch lebend, das sie im Sattel mürbe ritten ... in Leinen und Mäusefelle gehüllt, die man trug, bis sie in Fetzen fielen; schwerfällig im Gehen, aber zu Pferd von ungeheurer Gewandtheit und Ausdauer, furchtbare Kämpfer, gefährlich durch Bogen und Lasso, treulos und unbeständig, verschlagener Rede voll, undurchdringlich, von keiner Achtung vor Göttern und Menschen beschwert, unersättlich nach Gold, unbeherrscht und wankelmütig ...«
Wie aber mochten die Hunnen und ihr König, ihre Fürsten und Satrapen das Volk und das Reich der Römer sehen, das da mit weichen Grenzen vor ihnen lag? Das westliche Riesenreich mußte ihnen als das gelobte Land erscheinen, da es ihnen nicht gelungen war, in die asiatischen Großreiche einzudringen auf ihrem langen Wege, in China, in Indien, in das Sassanidenreich, Reiche, die in hoher Blüte standen mit ihrem frühen Ritterwesen voll kriegerischer Tugenden – dies Römische Reich aber, das einstmals so stolze Imperium der Römer, von dem über die Seidenstraße so manche lobsame Kunde gekommen war von großen, prunkvollen Städten, wunderbaren Straßen, marmorgoldenen Palästen voll immenser Schätze – Beute über Beute war zu erwarten –, dies Reich zerbröckelte, dies Reich hatte Heere aus unzuverlässigen Hilfsvölkern,

deren Feldherren schon lange von den Prätorianern gewählte Germanen waren, ausgehöhlt von einer mächtigen inneren Opposition, welche gewillt war, die heimischen Götter abzuschaffen, – dem Christentum, das soeben nach langer und blutiger Unterdrückung zur Staatsreligion erhoben worden war, einer Religion, welche nach Frieden dürstete – und hatte es sich nicht eben sogar schon geteilt, in Westrom und Ostrom mit zwei Hauptstädten: Rom und Byzanz . . .?

Und Augustinus schrieb zu dieser Zeit: »Himmel und Erde werden vergehen. Was ist es denn Besonderes, wenn auch das Römische Reich vergeht?« – und bastelte an einer neuen Ordnung, die er »Civitas Dei« nannte, und die für die ganze Welt gültig sein sollte.

Der dunkel brütende König der Hunnen in seinem rohen Hauptzelt inmitten des soeben eroberten Gotenreichs hatte die Masse des Ostgotenheeres in unbegreiflicher Gnade als Hilfsvolk in die eigenen Dienste übernommen, die tapferen Kämpfer bildeten sogar die Kernmannschaft inmitten des gewaltigen Hunnenheeres, aber der Kern war dicht umgeben von den Ameisenheeren der hunnischen Völker – keine Möglichkeit für die Ostgoten, sich zu erheben, keine, andere Ziele zu verfolgen, als sie der Hunnenkönig plante. Das zerfallene Römische Reich mußte ihm zufallen wie ein reifer Apfel vom Baum – das unbegreifliche Völkergetümmel der Germanen, die unfähig schienen, sich jemals zu gleichen Zielen mit gleichen Rechten zu vereinen, auf zielloser Wanderung, aber alles überrennend, mochte Rom überwältigen –, da es zu anderem nicht fähig war, zu diesem Zwecke mochte es dienen; sich selber dabei auszurotten in immerwährenden Kämpfen untereinander, mochten die Germanen, eine Welle nach der anderen, das Römerreich überspülen, in der eigenen Brandung umkommen dabei – das Hunnenvolk sollte am Ende nur zugreifen müssen; also galt es, in Ruhe abzuwarten, die germanischen Völkerstämme in ihrem Tun nicht zu hindern,

im Gegenteil, sie weiterzutreiben, immer weiter, ohne eigene Gefahr, einfach unter Druck, durch immerwährenden Druck, die Treibenden zu Getriebenen machend.
Und in der Tat: Eben jene 200 000 Westgoten, die sich nach der großen Metzelei an der Donau zu retten vermochten, waren unzufrieden, als Hilfsvolk von Ostroms Kaiser Valens, nicht zu ihrem Wohlbehagen angesiedelt worden zu sein, sie empörten sich unter ihrem Fürsten Alarich, vernichteten das römische Heer bei Adrianopel – und einigten sich mit dem Nachfolger des ebendort gefallenen Valens, dem Kaiser Theodosius, ohne die wahrhaft günstige Gelegenheit zu einem Staatsstreich zu nutzen und mühelos die Herrschaft über Ostrom zu übernehmen, – was freilich dem Hunnenkönig nicht gefallen hätte: zu stark sollten die Westgoten ja auch nicht werden. Aber kaum war des Theodosius Leiche erkaltet, verpaßte Alarich abermals die Gelegenheit, er zog es vor, seine Westgoten in weiten und jahrelangen Plünderungszügen nach Makedonien, Illyrien und Griechenland zu führen, indes der Hunnenkönig mit den schwächlichen Kaisern von Byzanz freundliche Beziehungen unterhielt.
Dieser Alarich schien sich genau programmgemäß zu verhalten, zumindest im Sinne des Hunnenkönigs. Von Griechenland begab sich Alarich nicht nach Byzanz zurück, sondern zog 401 nach Italien, wurde aber von dem römischen Feldherrn Stilicho, einem Germanen, mit rheinischen Legionen zurückgeschlagen und versprach gegen Zahlung einer großen Summe sozusagen auf Germanenehrenwort, sich zurückzuhalten, weil nämlich Stilicho bereits mit einem weiteren Germanenzusammenstoß beschäftigt war, diesmal mit einem Gotenfürsten, Radagaisus, auch er ein von den Hunnen Getriebener, der sich ebenfalls nach Italien zu sehnen schien. Stilicho trieb ihn zurück mit seinen rheinischen Legionen, die nun aber am Rhein fehlten: Noch in der Neujahrsnacht 405 auf 406 nutzten die Vandalen, mit ihnen ein Suebenvolk, die Gelegenheit und brachen über

den Rhein in Gallien ein. Das war der Beginn des Zuges der Vandalen quer durch Gallien und Spanien nach Afrika, den sie unter ihrem König Geiserich glänzend durchführten.
Der römische Feldherr Aëtius, der Gallien zu verteidigen hatte, war als Knabe eine Zeitlang Geisel am Hofe des Hunnenkönigs gewesen und hatte dort gelernt, hunnische Politik und ihre »Verschlagenheit« kennenzulernen. Er setzte sich mit dem Hunnen in Verbindung, und als die Burgunder, zusammen mit einem Hunnen-Hilfsvolk, den Alanen, versuchten, unter dem Druck der Hunnen in ihrem Rücken, ins Rhônetal einzudringen, schlug Aëtius die Burgunder, gewährte ihnen aber einen »ehrenvollen« Frieden, wenn sie gewillt waren, in Zukunft Ruhe zu halten. Im Jahre 435, mitten während ähnlicher Friedensverhandlungen zwischen den Burgundern und den Hunnen, überfiel ein dem Aëtius unterstehendes Hunnenheer die burgundischen Großen mit ihrem Gefolge und schlachtete in einem furchtbaren Gemetzel zuerst deren König Gundicharius und dann 20 000 Burgunder.
(Das Nibelungenlied entstand gute 300 Jahre später. Zur Zeit der Niedermetzelung der Burgunder war Attila-Etzel noch nicht König, der Dom von Worms wurde 600 Jahre später gebaut, und Dietrich von Bern, Theoderich der Große, Ostgotenkaiser, wurde erst 454 geboren. Siegfried sowie seine Nibelungen sind verdichtete Figuren, denen nur eine, allerdings dem ganzen Germanentum zugesprochene Leidenschaft als reales Motiv ihres Handelns angedacht werden konnte, nämlich die unstillbare Sucht nach sagenhaften Schätzen.)
Dem Gemetzel entronnene Burgunder-Reste flüchteten ins Rhônetal und wurden im heutigen Burgund von Aëtius angesiedelt.
Mit Lust und List mochte Ruan, der König der Hunnen, in seinem Lederzelt beobachtet haben, wie alles nach sei-

nem Plan und richtig geschah. Er starb im Frühjahr 434, seine Neffen Bleda und Attila traten die Nachfolge an, Ostrom atmete auf, der Druck der Hunnen war allmählich unerträglich geworden, die Herrschaft zweier Könige im Hunnenreich mochte notwendig zu einer Teilung und Schwächung des Hunnenvolkes führen. Zehn Jahre später wurde Bleda ermordet, Ostrom glaubte erraten zu können, durch wen, und Attila war nun Alleinherrscher, vom ganzen Westen bald nur »die Gottesgeißel« genannt: auf gotisch aber hieß Attila »das Väterchen«.

Dieser Mann wirkte allein schon durch sein Dasein. Seine Macht über die gesamte Umwelt beruhte auf der Tatsache, daß man ihm alles zutraute, ihm, der unberechenbar war wie ein Gewitter, das kurz vor der Entladung am Himmel stand. Sich vor ihm zu schützen, gab es kein Mittel, was man auch zu tun bereit war, es war falsch. Ostrom wie Westrom zerstörten sich selbst, wie sich die Germanen selbst zerstörten in der Zerstörung Roms, – weil Attila da war, die drohende Gottesgeißel. Der Druck, den König Ruan eingeleitet hatte, verstärkte sich unter Attila in unerträglicher Weise, indes in den beiden Teilen des römischen Imperiums sich die Kaiser und Gegenkaiser jagten, – Gesandtschaften aller Völker traten ihre vergeblichen Opfergänge bei dem Tyrannen an, der jeder Bestechung zugänglich erschien, die Tribute, Gold und die schönsten Weiber für seinen Harem lächelnd entgegennahm und jedes Versprechen brach, voll tiefen Wissens, daß es ihm nie gelingen werde, sich beliebt zu machen, und darum stets voller Mißtrauen, nicht hinreichend gefürchtet und geachtet zu werden.

Dieser Mann, der die Politik des Königs Ruan weitertrieb und in ihren Wirkungen immer mehr zu steigern entschlossen war, wartete und wußte, tief in seinem asiatischen Gemüt, daß er warten konnte.

Denn: er hatte ein Konzept.

Dies Konzept war Attila aus den Realitäten zugewachsen.

Das Hunnenvolk war ein Nomadenvolk, ein Volk der Steppe, seine Heere waren Reiterheere, schnell, beweglich, streifend über die weiten Ebenen und unter dem weiten Himmel. Auf der großen Wanderung von der Wüste Gobi bis zu den Grenzen des Römischen Reiches fanden die Hunnen ihre Nahrung, indem sie den Weiden folgten für ihre Rinderherden, den Luxus suchten und fanden sie in der Beute. Die von ihnen besiegten Völker waren Nomadenvölker gleich ihnen, deren Krieger wurden Krieger des Hunnenheeres, ihre Weiber zogen in die Harems der Hunnen-Herren ein, und jeder Hunne war ein Herr, bestrebt, den Ausfall an gefallenen Kriegern schleunigst wieder und auf die angenehmste Art zu ersetzen. Sie kannten den Feldbau so wenig wie den Städtebau.

Die Römer kannten den Städtebau, ihr Machtzentrum war Rom, ein Stadtstaat, von dem aus sie das weite Reich erobern konnten, um es zu verwalten, sie schufen Provinzen, in deren Städten sie regierten, sie kannten den Feldbau, den sie mit ihren Sklaven für sich betreiben konnten, indes sie ihre Heere mit den überwundenen Hilfsvölkern vermehrten. Was wollten die Hunnen am Ende ihrer Wanderung? Ein Reich erobern, dessen Existenzbedingungen in keinem Punkte denen der Hunnen entsprachen und in dem sie notwendig verfaulen mußten, — oder in die Steppe zurückkehren, zurückwandern immer den Weiden nach, zwar mit Beute beladen, aber ohne sie anders verwenden zu können, als sich in ihren Tugenden, in ihrer eigentümlichen Macht zu schwächen? Sie wollten ein Reich erobern, und doch in der Steppe bleiben. Diese Städte, Gebirge aus Stein, waren nicht Zentren der Macht, sondern der Schwäche. In ihnen sicherte sich die Macht der Römer; sie zu erobern, um dort die eigene Macht zu etablieren, war unsinnig, die Zerstörung und ein Übermaß an Beute garantierten nicht die Herrschaft über ein Reich. Kein Hunnenheer konnte sich in einer eroberten Stadt halten. Aber Attila konnte mit einer einzigen Geste seiner Hand Hun-

nenheere aus dem Boden stampfen, eine Übermacht sammeln, wo und wie er wollte, und einsetzen, zu welchem Zweck auch immer.
Die Germanen kannten ebenfalls keine Städte. Es gab keine einzige Stadt, von den Germanen gegründet. Aber auf ihrer Wanderung nach dem Süden rodeten sie in den Wäldern und bebauten die Felder. Wenn sie auf der Wanderung lebten wie die Nomaden, so war es nicht die Steppe, die ihnen die Existenz sicherte, es war ein wilder, ungeregelter Drang nach Süden, eine Flucht aus den Nebelländern zur fruchtbaren Sonne, und wenn sie die Beute suchten, so sollte diese ihnen helfen, eine neue Heimat zu suchen, eben das langsam zerfallende Römische Reich. Aber sie handelten ohne Plan, sie folgten ihren einander widerstrebenden Interessen, sie hatten nicht einen einzigen Mann, der fähig und willens gewesen wäre, ein Reich zu regieren, wie es die Römer vermochten. Sie mußten sich notwendig zersplittern, unterlegen jeder einzelne Teil der konzentrierten Übermacht. Und diese Übermacht blieb in jedem Falle die der Hunnen unter ihrem großartigen König Attila, der das Konzept hatte, das langsam gewachsene und sorgfältig durchdachte geniale Konzept eines hunnisch-germanischen Großreiches, bei dem alle Mühe und Plage die Aufgabe der Germanen sein mußte, die richtende Herrschaft aber die der Hunnen.
Seine Stunde kam, als Attila bemerkte, daß vor seinen Augen, die auf Italien und Westrom gerichtet waren als dem Kern des Reiches, welches ihm zufallen sollte, die Westgoten von Ostrom aus, von jenem Dreieck des Balkans, welches sich Byzanz nannte, begannen, Westrom ebenso zu erobern, wie es ihnen zuvor mit Ostrom gelungen war. Sie waren stärker in ihrer Substanz, in ihrer verwegenen, räubermäßigen Beweglichkeit, als König Ruan kalkuliert hatte, sie hatten von den politischen Methoden Attilas selber gelernt, sie drohten sich erobernd auch zu verbünden mit eben dem Rom, dessen Feldherren nun

doch Germanen waren wie sie. Attila wartete nur auf eine Gelegenheit, und sie kam.
Im Jahre 449 trafen zwei Gesandtschaften am Hofe des Hunnenkönigs ein, eine weströmische und eine oströmische zugleich, die beide den Gewaltigen zu überzeugen suchten, sein Glück müsse er in der Eroberung Persiens suchen, des Sassanidenreiches. Nun wußte Attila, daß seine Zeit gekommen war.
Die Gelegenheit aber bot sich auf eine absurde Weise: In Westrom regierte Kaiser Valentinian, ein schwächlicher Herrscher, zusammen mit seiner Mutter, der geistesstarken Kaiserin-Mutter Galla Placidia. Die Schwester des Valentinian, Honoria, war mit einem ungeliebten Mann verheiratet worden und lebte widerspenstig und aufrührerisch aus diesem Leidmotiv, gehalten wie eine Gefangene am Hof zu Ravenna, in dem Galla Placidia residierte. Honoria sah in Attila, dem Gewaltigen, der »klein war von Gestalt, breitschulterig, dickköpfig, mit kleinen Augen und der platten Nase«, einen Mann! Einen Mann, der sie befreien konnte, er war finster, häßlich und lachte niemals, aber er war ein Mann! Sie sandte ihm einen Ring des Verlöbnisses und bot sich ihm zur Heirat an, — und mit sich als Mitgift die Hälfte des weströmischen Reiches! Attila nahm an.
Galla Placidia starb über diesem Angebot, Kaiser Valentinian lehnte Attila als Schwager ab. Attila versicherte sich der Bundesgenossenschaft des Vandalenfürsten Geiserich, der Karthago erobert hatte und Italien von Süden her bedrohen konnte, und ». . . er ließ an den weströmischen Kaiser in Ravenna wie an den Westgotenkönig in Toulouse Briefe abgehen, in denen er beiden versicherte, er kämpfe nicht gegen den jeweiligen Adressaten, sondern mit dem anderen«.
Sein Plan aber war, die stärkste Macht zuerst zu schlagen, und das war immer noch der römische Feldherr Aëtius, der als Geisel am Hofe des Hunnenkönigs gelebt hatte,

bekannt mit den Ränken der Hunnen und in ihnen erfahren wie sie.
Aëtius befand sich in Italien, aber seine Hauptmacht war in Gallien — der Römer gewann die Westgoten, indem er das Spiel Attilas aufdeckte. Die Westgoten stießen mit ihrem ganzen Heer zu ihm. Ganz Gallien trat an die Seite des Aëtius, alles, was sich dort an germanischen Stämmen und Völkern befand, alles auch, was sich von Kelten und Germanen unter der zerbrechenden römischen Herrschaft zu neuen Völkern entwickelt hatte, ripuarische Franken, Burgunder, und das einstmals hunnische Hilfsvolk der Alanen, das von Aëtius 442 bei Orleans angesiedelt worden war.
Auf hunnischer Seite zogen die Ostgoten mit, treu gebliebene Alanen, Gepiden, Skiren und Rugier — Attila ließ Ostrom und Italien links liegen, er stieß mit seinen Ameisenheeren längs der Donau vor, überquerte den Rhein und nahm 451 am 7. April die Stadt Metz ein, um sich dann in Richtung auf Orleans zu bewegen.
In Orleans sollte ein König der Alanen die Stadt für Aëtius verteidigen; der Alanenfürst aber stand mit den Alanenfürsten im Heerbann Attilas in heimlicher Verbindung und war in Kenntnis der Attilaschen Gesamtkonzeption bereit, die Stadt den Hunnen zu übergeben — germanische Hilfstruppen entdeckten den Anschlag und warfen die schon eingedrungenen Hunnen wieder hinaus.
Jetzt stand des Aëtius Heeresmacht in der Flanke und im Rücken des Attila. Militärisch sinnvoll wäre für Attila der Rückzug gewesen, aber er hatte seinen Ostgoten bereits Versprechungen gemacht, die Vision eines hunnisch-germanischen Großreiches vor deren Feldherren aufspiegeln lassen, von seiner Bundesgenossenschaft mit Geiserich berichtet und sie betört, anzunehmen; auch die Westgoten, die im Verbande des Aëtius kämpften, müßten dieser löblichen Konzeption anheimfallen, bekannt gemacht mit der Möglichkeit einer germanischen Sternstunde ...

Auf den katalaunischen Feldern, jenem Gebiet des heutigen Chalons sur Marne, einem strategischen Punkt Galliens von entscheidender Bedeutung, hatte Aëtius sein Heer gesammelt, dorthin dirigierte Attila seine Massen: Zwischen den Linien der Stürmenden lag jener Hügel, dessen Bedeutung sowohl Attila wie auch Aëtius erkannt hatten, — ihn zu erobern hatte Aëtius seine Kerntruppen, die Westgoten, gesandt, gegen ihn ließ Attila seine Ostgoten anstürmen: dort sollten sich die Brudervölker, nur durch die Zerstörung des Gotenreiches geteilt, einander begegnen, sich erkennen, sich vereinen.
Um diesen Hügel ging es, auf beiden Seiten kämpften an den Flügeln die Reiter der Hilfsvölker, die römischen wie die hunnischen, auf den Hügeln lag die Entscheidung.
Als die Ostgoten und die Westgoten das Weiße in den Augen ihrer Gegner sahen, packte sie vereint der Furor Teutonicus, sie erschlugen einander mit der Tapferkeit und Gründlichkeit, die ihre Meisterschaft und Ehre war. Der König der Westgoten fiel, mit ihm fielen die Fürsten der Ostgoten, die Männer fochten mit dem wilden Stolz, endlich gleichwertige Gegner gefunden zu haben, von Mann zu Mann in der unvergleichlichen Lust am Untergang. Der Kampf währte Tag und Nacht. Aëtius führte seine Alanen und Reströmer gegen die Gepiden und Hunnen, die Reiterschlacht wogte hin und her. Auf dem Hügel lag die Entscheidung. Attila vermochte nicht, ihn zu stürmen, am Morgen des 21. Juni 451 erkannte Aëtius, daß die Schlacht für ihn gewonnen war. Das Blut der Goten rötete noch acht Tage lang die Wasser der Flüsse und Bäche. Die Hunnen waren in ihre Wagenburgen zurückgeworfen worden —, »... nur das Blasen ihrer Trompeten verriet ihre Wachsamkeit.«
Der Traum vom hunnisch-germanischen Großreich Rom zerplatzte auf den katalaunischen Feldern. Wie nahe das gewaltige Konzept Attilas daran gewesen war, sich zu verwirklichen, muß Aëtius geahnt haben. Dieser letzte große

Römer, der die Kriegskunst wie einst Caesar mit der Staatskunst zu verbinden wußte, sorgte sofort dafür, daß eine Verbindung der Westgoten mit den Hunnen noch im letzten Augenblick unmöglich wurde, er bewog die siegreichen Westgoten zum Abzug und gab so Attila den Weg frei. Die Westgoten zogen weiter, sie suchten und fanden in Spanien ein eigenes Reich, das niemandem im Wege stand als den Kelto-Iberern des Landes.

Attila, der in der Nacht nach der Schlacht, wie die Sage berichtet, das Holz zu dem Scheiterhaufen schon hatte zusammensuchen lassen, auf dem er lieber verbrennen wollte als sich in die Gewalt des Siegers zu begeben, begriff, daß dieser sich nicht mehr vor ihm fürchtete; »zum ersten Male war ein Hunnenheer im Westen Eurasiens in offener Schlacht besiegt worden« – es galt, sich auf die letzte Chance zu besinnen.

Attila versuchte noch einmal sein Glück, er fiel über die Ostalpen in Italien ein, wo kein Gegner, den er zu fürchten hatte, ihn erwarten konnte, und forderte »sein Recht«: er wollte Honoria persönlich abholen, Honoria, die seltsame Braut, die schon längst im Süden Italiens im Gefängnis ihrem baldigen Ende entgegenschmachtete –, und mit ihr die Morgengabe: die Hälfte des Römischen Reiches. Attila kam bis Padua und Aquileia. Die Bevölkerung flüchtete vor ihm auf die Laguneninseln im Nordbogen der Adria; hier wird später Venedig entstehen.

Italien zitterte, Westrom besaß keine Macht, die Attila entgegenzutreten vermochte. In ganz Westrom gab es zu jener Zeit nur eine konstante Macht, und sie war geistiger Natur. Aëtius bewog Papst Leo I., Attila entgegenzutreten.

Leo I. war der erste Papst der römisch-katholischen Kirche. Im Jahre 440 nach Christi Geburt hatte er sich als Bischof von Rom, durchdrungen von Christi Wort zu Petrus, dem ersten Bischof von Rom, er sei der Fels, auf dem er seine Kirche aufbauen wolle, als legitimer Nachfolger des Petrus selber zum Papste ernannt, damit gleichzeitig jeden Anspruch byzantischer Patriarchen zurückweisend. Nun vermochte er tatsächlich Attila zum Abzug zu bewegen. Was wollte Attila? Gold? In Ostrom war Gold, während Westrom, Italien, bereits zu oft und zu intensiv geplündert worden war. Die Hälfte des Römischen Reiches? Nun, der Kaiser von Byzanz rüstete sich, das Hunnenreich jenseits der Donau, die Basis der hunnischen Heeresmacht, zu vernichten. Das waren Argumente, die auf Attila Eindruck machten. Er kehrte eilends in sein Hunnenreich zurück, in welches oströmische Heere bereits eingedrungen waren.

Doch Attila, der Sieglose, starb, und nicht als Held. In der Hochzeitsnacht mit der jüngsten Braut seines Harems, einer Fränkin namens Ildico, wurde der Übermann der ehrenwerten Honoria von der munteren Fränkin übermannt – er starb durch einen Blutsturz in den Armen der jugendfrischen Braut. Seine Söhne teilten sein Reich unter sich, – welches Reich? Jetzt erst standen die Ostgoten des Hunnenreiches gegen dieses auf, die Gepiden schlossen sich an. Zwei Jahre nach dem Tode der »Gottesgeißel« wichen die Hunnen, nachdem 30 000 von ihnen totgeschlagen waren – die Reste des Hunnenheeres, von allen Bundesgenossen verlassen, verschwanden, wie sie gekommen waren, im Nebel der Geschichte: ihre ursprüngliche Heimat nördlich des chinesischen Großreiches war längst durch Mongolen besetzt.

Und Rom? Die einzige genialische Staatsschöpfung in jenem Europa, dem vielgliedrigen Anhängsel im Westen Asiens, das mittelmeerische Großreich, Erbin der antiken Kultur, die zu einer lateinischen Kultur geworden war, Zivilisation obendrein – was wurde aus Rom?

Rom war längst nicht mehr die Hauptstadt des römischen Imperiums. Der Westgotenfürst Alarich hatte, nachdem er in Ostrom recht lästig geworden war, 410 die Stadt Rom

erobert, er starb im gleichen Jahr bei Cosenza: »Nächtlich am Busento lispeln bei Cosenza dumpfe Lieder ...«
Geiserich, König der Vandalen, Freund, Verbündeter und Berater des Attila, hatte 439 das afrikanische Karthago eingenommen, im Jahre 455 suchte er die Stadt Rom heim, er ließ seine Vandalen die Stadt vierzehn Tage lang plündern, so daß ihre diesbezügliche Tätigkeit als »Vandalismus« bis auf den heutigen Tag kennzeichnend blieb. Dann unterwarf Geiserich Sizilien.
Kaiser Valentinian III., der schwächliche und feige Sohn der klugen und starken Kaiserin Galla Placidia, residierte in Ravenna; jede andere Macht als die seine fürchtend, ermordete er seinen tüchtigsten Feldherrn Aëtius 454, drei Jahre nach dessen ungeheuerlichem Sieg über Attila. Valentinian wird selbst ermordet, die nächsten zwanzig Jahre wechseln Kaiser in rascher Folge, deren Namen aufzuzählen sich nicht lohnt – 476 läßt ein gewisser Orest, einst ein Rechtsberater des Attila, seinen kleinen Sohn in Ravenna krönen, sein Name lautete wie jener des ersten sagenhaften Königs von Rom, Romulus. Dieser Romulus sollte nun auch der letzte König von Rom sein: Die germanischen Söldner, die Stützen des römischen Heeres, forderten ein Drittel Westroms zur Ansiedlung, ihr germanischer Feldherr, Odoaker, stellte sich an ihre Spitze, und die Söldner riefen ihn, der einst auch ein Beamter des Attila war, im gleichen Jahr 476 zu ihrem König aus. Odoaker setzte Romulus ab, um ihn gemäß seiner Neigungen als Hühnerzüchter in eine geruhsame Existenz in der Villa des Lukullus zu entlassen, und sandte die kaiserlichen Insignien nach Konstantinopel zurück, mit Recht vermeinend, ein Kaiser genüge für beide Reichsteile.
Im Jahre 455 wurde am Neusiedler See einem der ostgotischen Könige, einem Vasallen Attilas, ein Sohn namens Theoderich geboren. Der Knabe wurde nach dem Zusammenbruch des Hunnenreiches von den Ostgoten, denen erlaubt war, in Pannonien – in Südwestungarn – zu sie-

deln, als Geisel an den Hof in Konstantinopel gesandt. Bei passender Gelegenheit sammelte diese Geisel 6000 unzufriedene junge Goten, um mit ihnen auf Beutezüge auszugehen. 471 wurde der hoffnungsvolle Räuberhauptmann nach dem Tode seines Vaters Teilkönig der Ostgoten, – er blieb bei seinen Raubzügen, aber unterbaute sie politisch, indem er sich dem oströmischen Kaiser Zeno (474 - 491) gelegentlich als Verbündeter empfahl, oder aber auch als Staatsfeind, just wie es die orientalische Politik verlangte. Schließlich hegte Kaiser Zeno den dringenden Wunsch, den Straßenräuber und Städtezerstörer los zu sein, so wie er den Odoaker los sein wollte, den germanischen König in Italien – der Kaiser von Ostrom mochte sich, da Westrom in der Hand der Barbaren war, nicht mehr in der Rolle eines Römers von Geblüt, vielmehr jetzt als legitimes Oberhaupt beider Teile fühlen. Wie wäre es, wenn er Theoderich nach Italien schickte, damit dieser Odoaker überwinde nach alter Germanenmoral ...? Theoderich könnte dann als Stellvertreter des Kaisers über Italien herrschen ...? Für Theoderich war das kein Problem. Er soll gesagt haben, wenn er siege, werde er Italien durch Gnade des Kaisers und als Geschenk besitzen. Wenn er unterliege, werde der Kaiser nichts verlieren, im Gegenteil, er werde die Kosten für die Ostgoten ersparen ...

Ganz in der Tradition der hunnisch-gotischen Völkerwanderung brach Theoderich auf, »mit 200 000 bis 300 000 Goten, mit Männern, Frauen, Greisen, Kindern, Kranken, mit Viehherden, Getreidemühlen, Spinnrocken, Wiegen und Hausrat. Sie zogen auf der großen römischen Heerstraße, auf der einst auch Attila nach Italien gezogen war, durch Bulgarien, über Laibach und Aquileia weiter, er, Theoderich, in heller Rüstung voranreitend, mittelgroß, mit langem, lockigem Haar, das ihm über die Ohren bis auf den Nacken fiel, mit starken, schwarzen Brauen und Wimpern, die fast bis zur Backe reichten, anmutig gebogener Nase, schmalen Lippen, blaugrünen Augen und weißen, schönen Zähnen...«, exakt ein Bild hunnisch-gotischer Herkunft, und wirklich mag er Sohn einer hunnischen Mutter gewesen sein, die Ostgotenfürsten hatten die vergnügliche Einrichtung des Harems von den Hunnen gern übernommen.

Wie der Hunnenkönig schob auch Theoderich versprengte Stämme der Völkerwanderung vor sich her oder saugte sie auf –, von den in Nordungarn hausenden Langobarden mißtrauisch beobachtet. Im Frühling 489 kam es zur ersten Schlacht mit Odoaker, viele Schlachten folgten – schließlich zog sich Odoaker nach dem festen Ravenna zurück, – zweieinhalb Jahre lang mußte Theoderich die Stadt belagern. Am 25. Februar 493 kapitulierte Odoaker gegen die Zusicherung, daß ihm, seiner Familie und seinen Leuten nichts geschehen werde...

Theoderich stach Odoaker an einer Festtafel nieder. »Wo ist Gott?« fragte Odoaker im Sterben. Er wie Theoderich waren arianische Christen. Odoakers Familie und seine germanische Truppe wurden bis auf den letzten Mann niedergemacht.

Kaiser Zenos Plan schien sich auf das beste zu verwirklichen. Niemand vermochte Germanen so gründlich zu vernichten wie Germanen. Aber Kaiser Zeno irrte sich in der Person Theoderichs. Von dem Augenblick seines Sieges an war Theoderich ein anderer Charakter, als der er bislang begriffen worden war. »Alles, was ihn früher charakterisierte, verwandelte sich nun in das Gegenteil. Der Städtezerstörer wurde zum Städteerneuerer: Er liebte das Bauen und stellte die Städte wieder her – der Verächter des Rechts wurde zum Fanatiker des Rechts. Denn was nützt es, die Barbaren entfernt zu haben, wenn man nicht nach dem Maße des Gesetzes lebt? Der Bandit wurde zum Schirmherrn der Sicherheit: ›Wem es geglückt ist, unter meine Regierung zu gelangen, der darf nicht mehr mit Gewalttätigkeit verfahren...‹«

Der Barbar wird zum Förderer der Kultur. In der Hochschule zu Rom lehrt man Jura und Medizin, Philosophie und Dichtung, Geschichtsschreibung und Poesie! »Die Römer, Arianer, Christen, Juden, Germanen und Katholiken sollten gleichberechtigt sein, wenn auch durch Stämme geordnet und gegliedert, aber nicht durch Rasse und Religion getrennt, ohne Furcht vor dem anderen miteinander leben.«

Dies Reich des Theoderich war kein Reich der Goten. Die Goten und die Römer sollten sich freilich nicht vermischen, aber dies war eine Doktrin der Stände, nicht der Rassen. Die Goten waren die besten Krieger, deswegen sollten sie das Reich schützen, ein feststehendes Heer an den Grenzen – den Römern aber, welche Krieger nicht werden durften, blieb die Verwaltung, zu der wiederum die Goten nicht zugelassen wurden.

»Kein Gote konnte Beamter, kein Römer Krieger werden.« Dieses Reich war die Schöpfung eines einzigen Mannes, Theoderichs des Großen.

Er regierte siebenunddreißig Jahre, – ohne einen Krieg zu führen. In seinem Staate verwirklichten sich während seiner Herrschaft fast alle Prinzipien der Staatskunst, wie sie bis in unsere Zeit möglich waren. Seine Herrschaft war also eine des Humanismus, der Aufklärung, der Moderne durchaus, – eine Demokratie freilich lag nicht im Konzept: »Nur unser Wille, kein von anderen ausgehendes Gesetz zwingen uns. Wir können also kraft der Verleihung Gottes alles tun.«

Theoderich tat es, unter der Voraussetzung, daß er wirklich ein guter König war, – der aufgeklärte Absolutismus war die eigentliche Form seiner Herrschaft; in einer Zeit, in der jede Herrschaft unter den politischen und religiösen Spannungen zu bersten drohte, erklärte er: »Die Religion kann ich nicht befehlen, weil niemand wider seinen Willen zum Glauben gezwungen werden kann!« Und: »Ein jeder kann bei mir glauben, was er will, wenn er nur ehrlich ist. Niemand soll wegen seiner Religion beunruhigt,

zur Rechenschaft gezogen, verspottet oder gar verfolgt werden.«
Theoderich war ein arianischer Christ, ein Ketzer also in den Augen der römisch-katholischen Kirche, wie in deren Augen aber auch das oströmische Gebilde ketzerisch war: die Oströmer waren Nestorianer geworden.
Der Apostel, dessen Mission die Goten – wie auch fast alle anderen Germanenstämme – für die Christenheit gewonnen hatte, ein Bischof namens Arius, hatte die Heiden belehrt, daß Christus, der Sohn Gottes, dem Vater dem Wesen nach fremd, nicht von Ewigkeit her, sondern ein Geschöpf gewesen sei. Auf dem ersten Konzil von Nicäa, 325, wurde diese Lehre verworfen und die Formel der Wesenseinheit von Vater und Sohn in das Bekenntnis aufgenommen. Doch der erbitterte Streit ging weiter, er verlagerte sich nur auf eine neue Ebene, – auf die der verschiedenen Völker: Ostrom war räumlich bedeutend größer als das lateinische Gebiet Westroms. Vielen Völkern des Orients war die lateinische Simplizität der Wundererklärung durchaus fremd, die Gelehrten dieser Völker waren in griechischer, in orientalischer Dialektik geschult, Ostrom erfaßte die politische Bedeutung des Formelstreites, durch ihn war das römische Reich räumlich und politisch, besonders aber in der Legitimität der kaiserlichen Herrschaft getrennt. Konstantin der Große, der das Christentum als Staatsreligion anerkannt hatte – und die Souveränität des Kaisers über die kirchlichen Beschlüsse stabilisiert hatte –, war im theologischen Streit der Meinung: »Von solchen Dingen wie der Natur und Herkunft des Gottessohnes sollte man lieber nicht reden, denn selbst wenn einer auf diese Fragen eine Antwort wüßte, so wäre es doch unmöglich, andere zu ihrer Annahme zu bewegen . . .« Auf dem Totenbette war Konstantin durch einen arianischen Bischof getauft worden.
Ähnlich wie Konstantin stand auch Theoderich zu dieser Frage. Ihm war es vollkommen gleichgültig, welche der

Thesen die Christen seines Reiches für bindend und ihrem Seelenheil zuträglich hielten, er hatte nichts dagegen, wenn sogar seine engste Familie sich mehr dem lateinisch-katholischen Sensus näherte, er blieb »Arianer«, weil er als solcher getauft war. Ähnlich dachten so gut wie alle Germanenfürsten, ein Übertritt zur römisch-katholischen Kirche war kaum einem von ihnen eine Frage des religiösen Bedürfnisses, es war immer eine von politischer Natur.

Allein: die Existenz des einzigen Gebildes aus staatspolitischem Denken, welches im Zuge der germanischen Völkerwanderung im Reiche des Theoderich für wenige Jahrzehnte wie eine Fata morgana aufgetaucht war, genügte, um die unheimliche Spannung zwischen den beiden Polen in Kraft zu verwandeln: Theoderich hatte es gewagt, die »Civitas Dei« in eine »Civitas Mundi« verwandeln zu wollen. Für Westrom wie für Ostrom war er damit ein Fremder, ein Gote, ein Arianer und letztlich ein »Ketzer« dazu.

In Ostrom regierte von 518 bis 527 ein überaus ehrgeiziger junger Mann als Kaiser: Justinian. Er wollte, was im Grunde alle Römer wollten, das römische Weltreich wiederherstellen, so wie es einst war, »Ostrom und Westrom in *einer* Hand vereinigt, beherrscht von *einem* Kaiser, unter *einer* Religion, unter *ein* Gesetz gestellt ...«. Er proklamierte 519 unter Aufhebung aller bislang gültiger Edikte einen Kirchenfrieden und begann sofort, in seinen orientalischen Provinzen die Monophysiten, also Arianer und Nestorianer, »mit Schwert und Scheiterhaufen« zu verfolgen. Damit schloß er sich, ob es Westrom gefiel oder nicht, der römisch-katholischen Kirche und Lehre an, unter dem religiösen Primat von Westrom. Über Westrom aber regierte, als Stellvertreter des Kaisers von Ostrom eingesetzt, Theoderich. Konnte dieser nun auch Herr der Kirche bleiben?

Noch ehe der Papst sich über die großen Möglichkeiten des Kirchenfriedens zu äußern vermochte, »sprach das

Volk ...« Im toleranten Reiche des Gotenkönigs brachen Pogrome aus. »Es hieß, die Juden hätten geweihte Hostien in die Brunnen geworfen.« Synagogen brannten. Theoderich, der zu dieser Zeit begonnen hatte – fünf Jahre vor seinem Tode, – sich in Ravenna sein Grabmal zu bauen, ein mächtiges Monument, welches für alle Zeiten und als einziges gotisches Bauwerk vom Reich der Goten zeugen sollte, – »Theoderich verlangte, daß die katholische Bevölkerung diese Synagogen wieder baue, wer sich weigere, würde öffentlich ausgepeitscht ...«.

Aber bis zu seinem Tode sollte sich erweisen, daß das Reich, gegründet auf der Politik der Versöhnung, auf tönernen Füßen stand. Seine ganze innere Verwaltung, die ja allein von Römern getragen war, stand gegen ihn auf. Der Gotenkönig wandte sich gegen den Aufstand der Bürokratie nicht mit den Waffen, die zu zücken seine gotischen Krieger sofort bereit waren, er mußte sein Heer bereit halten gegen die Pläne Justinians, der begonnen hatte, nun im ganzen Balkan und in Illyrien die Arianer zu verfolgen, »sie mit Feuer und Schwert auszurotten ...«. Theoderich rief den Papst zu Hilfe, und dieser, Johannes I., ließ sich von Theoderich nach Konstantinopel senden, beauftragt, Justinian zu bewegen, um des Friedens im Reiche willen die Arianer, deren der Gotenkönig selber einer war, in Ruhe zu lassen. Der Papst aber nutzte seine Mission, um sich mit Justinian in volles Einverständnis zu setzen. Bei seiner Rückkehr wurde er von Theoderich gefangengenommen. Von diesem Augenblick an konnte der erboste Theoderich beginnen, was er auch wollte, er setzte sich ins Unrecht.

Mit dem Vorgehen Justinians waren die Waffen geschmiedet, die Italien befreien sollten, – befreien wovon? Von der »Fremdherrschaft« natürlich, unter der Italien so unvermutet aufgeblüht war. Im Innern des Gotenreiches bahnte sich zugleich ein Staatsstreich an, der in seiner Art perfekt und gleichzeitig von der perfidesten Art sein

mußte. Genau in des Königs engster Umgebung, unter seinen intimsten Beratern, die alle Beamte, also Römer waren, hervorragende Leute von untadeligem Ruf, großem Ansehen und bedeutender Gelehrsamkeit, wurden Intrigen gesponnen, die so kunstvoll geknüpft waren, daß, wen auch immer der Zorn des Königs treffen mochte, eben der Falsche getroffen zu sein schien. Da der König sich mit keinem seiner Ratgeber verfeinden wollte, mußte er sich mit allen verfeinden. Ihm blieb schließlich nichts anderes übrig zu tun, als was alle seine Feinde, der Kaiser, der Papst, der römische Adel, von ihm begierig erwarteten: »In ihm erwachte der gewalttätige Barbar . . .« – als der er zur Macht gekommen war –, »und mit roher Faust schlug er zu. Zwei der vornehmsten Mitglieder des Adels, Boëtius, das Wunder der Gelehrsamkeit, und dessen Schwiegersohn Symmachius, der Führer des Senats, wurden verhaftet und nach formlosem Prozeß hingerichtet.«
Der Papst starb 526 und wurde zuerst von seinen Zeitgenossen geradezu als Heiliger und Märtyrer verehrt, dann auch von der Kirche. Von allen Seiten beschimpft und bedroht, lehnte Theoderich die Pläne seiner wutbebenden gotischen Krieger ab, ganz Italien zu verwüsten, er verharrte in tiefer Resignation, – er starb bald darauf, nach dem Genuß eines Fischgerichtes, von dem die Goten behaupteten, es sei vergiftet gewesen.
Justinian, ein Jahr nach dem Tode Theoderichs zum Kaiser gekrönt, mußte noch zwanzig Jahre mit den Goten kämpfen, bis sie völlig vernichtet waren. Er begann mit einem Krieg gegen die Vandalen, die der oströmische Feldherr bei Karthago schlug, die Stadt selber völlig zerstörend, er nutzte die Wirren der Machtkämpfe unter den Nachfolgern Theoderichs, – »arianisches Schlangengift – ich hasse die Ketzer . . .« – um beim Sturm auf Ravenna den Gotenkönig Witticho gefangenzunehmen und im Triumphzug durch Konstantinopel mit sich zu führen, er isolierte die letzten Goten unter Teja und Totila von all

den vielen kleinen Germanenfürsten, die sich in Italien etabliert hatten, und jagte sie, bis sie, bis auf den letzten Mann kämpfend, erlagen. Wo noch Goten flüchtend durch Italien zogen, wurden sie erschlagen wie tolle Hunde. Klägliche Reste sollen sich in entlegene Alpentäler gerettet haben, — nach Gossensaß. Als der Krieg zu Ende war, der letzte Gotenfürst Teja am Fuße des Vesuv gefallen, ist Italien oströmische Provinz, Narses der erste byzantinische Statthalter als Vertreter des Kaisers.

»Zerstört sind die Städte, geschleift die Kastelle, entvölkert die Provinzen. Kein Bauer bestellt mehr den Acker. Es wüten und herrschen durch Mord der Rechtgläubigen die Priester im Dienst heidnischer Götzen.« Und: »Handel und Geldverkehr haben aufgehört. Ein halbes Jahr nach der Rückeroberung Italiens schließt der letzte Bankier in Rom sein Büro. Die Bibliotheken sind untergegangen. Es gibt kein Gewerbe mehr, keine Schulen, keine öffentlichen Feste, keine Spiele, keine Gesellschaft, keine Gesellschaftsordnung. Die Staatseinrichtungen der Römer sind zerfallen.« Und: »Ich habe einen vollkommenen Frieden geschaffen«, sagte Justinian.

Vom Leben und Wirken dieses Mannes blieben drei Denkmäler: Das corpus juris, eine durch Justinian angeordnete Sammlung der Rechtsbücher des Römischen Reiches von seinen Anfängen her; es wurde geltendes Recht und tausend Jahre später als Rechtsbasis im Heiligen Römischen Reich Deutscher Nation eingeführt, seine Prinzipien gelten bis auf den heutigen Tag.

Und: Justinian ließ die sterblichen Überreste seines großen Gegners, des legitimen Stellvertreters des Kaisers Zeno, verbrennen und »die Asche in alle Winde zerstreuen . . .«, gleichzeitig aber ließ er die Gebeine des Heiligen Andreas, eines Apostels, Bruder des Petrus und gleich diesem gekreuzigt, von Ravenna nach Konstantinopel bringen. Das Andreaskreuz wurde zum Symbol der griechisch-orthodoxen Kirche und des mit ihm aufs innigste ver-

bundenen russischen Zarismus bis in unsere Gegenwart hinein.
Und: Justinian erbaute die Hagia Sophia, von 532 bis 537, in Konstantinopel, das bedeutendste Bauwerk der byzantinischen Kunst, es wurde 1453 Moschee.
Das einige Römische Reich aber, das dieser byzantinische Kaiser im Verein mit dem römischen Papst durch die Vernichtung der Goten wiederherzustellen unternommen hatte, zerfiel endgültig wenige Jahre nach seinem Tode.
Die Völkerwanderung war noch nicht zu Ende. Noch lagerten die letzten Reserven der Germanen hinter den Hügeln. Die Langobarden, einst, vor tausend Jahren aus ihren Sitzen aus dem Urstromtal der Elbe aufgebrochen, im Jahre 166 n. Chr. gegen das Römische Reich vorgeprellt und zurückgeschlagen, in Teilen bei den Uniierten der Elbgermanen, den »Sachsen« aufgehend, rückten um 400 abermals mit ihrer kriegerischen Streitschar bis zur Donau vor, sie schlugen sich mit den germanischen Herulern herum und verlegten um 505, wie alle germanischen Stämme Arianer geworden, ihre Sitze nach Nordungarn. Dort warteten sie, um ständige Verbreiterung ihres Gebietes bemüht, geruhsam ihre Zeit ab, bis die anderen germanischen Stämme das Zerstörungswerk am römischen Imperium bewältigt hatten. Sie verließen ihre ungarische Heimstatt 568 und stießen, die reiche Ernte fast ohne Widerstand einheimsend, in die oberitalienischen Gebiete vor. Ihre Hauptstadt war Pavia, das Land wurde nach ihnen die Lombardei genannt. Sie blieben dort in der Herrschaft, die sie immer weiter auszudehnen vermochten; anfangs behandelten sie die Römer wie Halbfreie und Knechte, aber dann vermischten sie sich überraschend schnell. Die Namen ihrer herrschenden Geschlechter, die wie fast alle germanischen Namen auf ... ich endeten, verwandelten sich, italienisiert, in ... ighi, sie nahmen ohne Harm und Eifer die katholisch-römische Religion an, ihre Gegner waren nicht mehr Römer aus West oder Ost,

sondern die fränkischen Karolinger, Pippin, und dann Carolus Magnus; 774 wurde das Langobardenreich, das sich vermessen hatte, den Papst in seinem Kirchenstaat zu bedrohen, dem fränkischen Großreich einverleibt. Mit den letzten Langobarden verschwanden die Germanen endgültig aus der Geschichte.

Es ging um Land

So hatte also die eigentliche Völkerwanderung ihr Ende gefunden, ohne einen anderen geschichtlichen Sinn als den der Zerstörung der römischen Ordnung, welche das letzte Großreich der Antike geschaffen hatte. Das Zeitalter der Antike, nunmehr Altertum genannt, schwand mit dem römischen Imperium, für die abendländische Geschichte begann nun das sogenannte Mittelalter. Aber aus dem immer noch zuckenden und blutenden Fleisch des einstigen römischen Großreiches rissen sich in den folgenden fünf Jahrhunderten nach der Schlacht auf den katalaunischen Feldern neue Mächte ihre Beutestücke. In zahllosen Schlachten und Kriegen schoben sich die Herrschaftsbereiche durch-, über- und untereinander, in einem Völkerumbruch von fast der gleichen elementaren Gewalt und Wirkung wie der Schollenumbruch im Grabfeld des Tertiär.

Im Machtzentrum der neuen Ordnungssuche, in Gallien, schüttelte sich schließlich ein Gebilde zurecht, das nunmehr geschichtsbestimmend werden sollte. Es scheint das Schicksal aller Großimperien zu sein, in der politischen Willensbildung ihrer Kolonialländer die legitime Initiative sehen zu müssen, ihre Herrschaft als Nachfolgeorganisation zu begründen. Gallien war die wichtigste Provinz des römischen Imperiums, und die römische Verwaltungskunst hatte es sehr wohl verstanden, die Völker dieser Kolonie zu beherrschen, indem sie die Verwaltungsbezirke tunlichst nicht auf die einzelnen Stammes- und Völkersitze eingrenzte, sondern diese wohlüberlegt zu spalten suchte und deren einzelne Teile mit ebenso abgespaltenen anderen Völkersplittern zusammenwarf, — besonders, wenn sich diese Völker feindlich zueinander zu verhalten schienen. Die Römer, — ein Mischvolk kat exochen — verstanden sehr wohl, die unterjochten Völker auf die eigene Basis zu zwingen. Das Kerngebiet Galliens war Siedlungssitz der Kelten, die germanische Bedrohung kam über den Rhein; die Stämme, die über den Rhein westwärts vordrangen, waren entweder von den durch die römische Grenzziehung zum Halten gezwungenen germanischen Völkern verdrängte keltische, wie wahrscheinlich die Ubier, die sich freilich immer als germanische Splittervölker ausgaben, oder ähnliche, wie die Triboker, Nemeter, Wangionen, Kuguerner und die im Rheindelta sehr germanischen Batavier — ihre Bewegung wurde im Keim erstickt durch die Eroberung Galliens durch die Römer, die keinerlei Bewegung duldeten und in diesem Punkte kaum zwischen Kelten und Germanen zu unterscheiden vermochten. Die also genannten Rheingermanen gleich welchen Stammes und welcher Volksangehörigkeit beteiligten sich gezwungenermaßen an der Völkerwanderung nicht, die römische Verwaltung hielt sie fest in ihren Wohnsitzen oder wies neu hinzugewanderten Stämmen neue zu, gleich, ob dies nun keltische oder germanische Wohnsitze waren. Alle Versuche etwaiger Rheingermanen, sich gegen Rom aufzulehnen, mußten erlahmen durch das Gewicht der Kelten, die mit den Germanen gleiche Pflichten und Rechte hatten. Die unterdrückten Völker vermischten sich in der Ruhe, die ihnen die römische Verwaltung vermittelte, sie wurden ein neues Volk, das dankbar die Segnungen der römischen Verwaltungskunst und Zivilisation annahm, ebenso dankbar aber auch den Lohn der fürchterlichen Anstrengungen, in denen sich die Goten im Kampf gegen Rom erschöpften. Und dies neue Volk nannte sich »die Franken« in dem Augenblick, als es frank und frei von der römischen Herrschaft war. Die römischen Prokonsuln der einzelnen Verwaltungsbezirke wurden allmählich durch Repräsentanten der neuen Herrschaftsgeschlechter ersetzt, durch »Könige«, kraft eigener Gewalt.

Ein Teilkönig der Franken mit Namen Cholodewech aus dem Geschlecht der Salier in Doornik, dem späteren Tournay, Mächtigster aus dem Bund der Franken, der so verschiedene Völkerschaften wie Brukterer, Chamaven, Kasuarier und Trenkterer umfaßte, eroberte das Land an der Seine 486 durch seinen Sieg über den letzten römischen Statthalter Syagrius, – er nahm Paris, zur Zeit Caesars die Hauptstadt der keltischen Parisier, und wurde so zum Gründer des Frankenreiches, mit Paris als Hauptstadt, dem keltischen »Lutuhezi«, von den Römern »Lutetia Parisiorum« genannt, die »Wasserwohnung« auf der Seine-Insel. Sofort begann Cholodevech, seine Macht über die anderen fränkischen »Könige« auszudehnen, vorzüglich, als der König der »ripuarischen Franken«, ehemals auch ein »Sigambrier« vom westlichen Mittelrhein, den Salier um Hilfe gegen die Alemannen bat, eine Vereinigung vorwiegend germanischer Reststämme der Völkerwanderung. Die Alemannen hatten das Gebiet am Oberrhein und an der oberen Donau belästigt, sie waren mehrfach von den Römern zurückgeschlagen worden, ohne ihre Ambitionen auf das gallische Terrain aufzugeben. Nun wurden sie von Cholodevech im oberen Elsaß besiegt und gingen mit den ripuarischen Franken in dessen »Reich«, dem Frankenreich, auf. Fortan nannte sich Cholodevech »Chlodwich«, er wurde, sich auf den Stammvater seines Geschlechts Merowech berufend, als Chlodwig I. nun seinerseits der Stammvater der Merowingerkönige.
Eine entscheidende Erweiterung des Frankenreiches aber erfolgte durch die Heirat dieses ersten Königs, der sein Reich zum Großfrankenreich machte, mit der burgundischen Prinzessin Chlothilde, die eine bedeutende Persönlichkeit war und die Reihe bedeutender Damen in der Geschichte des Abendlandes eröffnete. Sie war eifrige Christin und vermochte es, ihren Gemahl davon zu überzeugen, daß ihm sein Sieg über die Alemannen nur mit Hilfe ihrer Gebete und deren Erhörung durch Christus gelungen war.

Chlodwig war Heide, – wie fast alle rheinischen Gaufürsten, die an das germanische Volksrecht gebunden waren und nur als militärische Führer unbeschränkte Befehlsgewalt besaßen. Sie hatten an der Völkerwanderung nicht teilgenommen, ihre Vorstöße über den Rhein in das Römerreich konnten ihnen nur gelingen, weil sie es vorzogen, statt gegen die Römer zu kämpfen, dem römischen Feldherrn Aëtius gleich den Westgoten als Hilfstruppen gegen die Hunnen beizustehen. Sie unterstützten sogar nach der Schlacht auf den katalaunischen Feldern Aëtius in seinem Kampf gegen die Westgoten, die nun nach Spanien abwanderten. Dafür wurde diesen germanischen Völkersplittern vom Rhein in Gallien Siedlungsterritorium zugebilligt. Als Territorialherren geboten sie nun also auch über Kelten und Römer, sie beförderten sich, die straffe Verwaltungskunst der Römer zum Vorbild nehmend, zu Königen, die nun eine zentrale Machtbefugnis besaßen, mit der es sich auch bei den stets zu demokratischer Aufsässigkeit neigenden Germanen trefflich regieren ließ. Die Territorien Galliens, welche den rheingermanischen Stämmen zufielen, waren reich, vorzüglich durch die noch unzerstört gebliebenen Städte mit ihrer Finanzkraft – die Germanen kannten keine Städte, nun schienen sie den Segen dieser Zentren begriffen zu haben, und da waren die guten Römerstraßen in Gallien, die in alle Richtungen führten, da war der Fiskalbesitz, der ihnen ebenso zufiel wie herrenloser Großgrundbesitz, Anlagen, die allesamt dazu drängen mußten, die eigene Macht zu erweitern. Aber hier stand nun König gegen König – Chlodwig bedurfte eines zusätzlichen Faktums, um als König uneingeschränkt herrschen zu können.

Da war noch ein König, der sich im zerfallenen Römerreich hatte etablieren können, der mächtigste unter allen, Theoderich der Große in Ravenna. Chlodwig verheiratete ihm seine Schwester Audofleda und konnte sich dessen Unterstützung bei seinen eigenen Vorhaben gewiß meinen.

Theoderich aber war Arianer. Für Rom bedeutete die arianische Lehre eine Entwertung des christlichen Erlösungsgedankens. Die katholische Kirche befand sich zur Zeit Chlodwigs in einer besonders gefährdeten Lage. Da war das Schisma, Byzanz mit seinem Herrschaftsanspruch, da waren zahlreiche Absplitterungen wie die Nestorianer, und da waren die germanischen Fürsten, fast alle Arianer. Chlodwig folgte dem politisch ungemein klugen Rat seiner Chlothilde, er entschied sich nicht für die Arianer, sondern für die katholische Kirche. Er ließ sich am Weihnachtstage des Jahres 498 vom Bischof von Reims, Remigius, taufen, mit den Worten: »Beuge dein Haupt, stolzer Sigambrier, bete an, was du verbrennet, und verbrenne, was du angebetet hast!« Der stolze Sigambrier beugte sein Haupt, und mit diesem Akt ist recht eigentlich das christliche Abendland geboren worden. Das zu seiner Salbung zum fränkischen König gebrauchte heilige Öl sollte fortan bei der Salbung aller fränkischen und später französischen Könige gebraucht werden.

Allein durch diesen Akt hatte Chlodwig die moralische Überlegenheit seines Königtums über die anderen Könige gewonnen. Ihm neigten sich sofort die Gallo-Römer zu, die allesamt katholisch waren, die hohe Geistlichkeit führte ihm die katholischen Städte zwischen der Seine und der Loire zu, er konnte den Burgunderkönig bei Dijon schlagen und für das Frankenreich gewinnen – und erst Theoderich konnte Chlodwig I. Einhalt gebieten, als dieser aus reinem Glaubenseifer die Westgoten unter ihrem König Alarich angreifen wollte, weil sie Arianer waren. Jedenfalls gelang es Chlodwig tatsächlich, alle fränkischen Teilkönige gewaltsam zu beseitigen und nun über alle Franken zu herrschen.

In ganz Gallien bestanden zu jener Zeit schon starke urchristliche Gemeinschaften, durch den Tod vieler Märtyrer geprüft. Der erste Bischof von Paris, Dionysius, war einer der Märtyrer unter der Christenverfolgung des Diocletian, – sein Tod blieb im Gedächtnis der Gläubigen so eindrucksvoll, weil er der Legende nach auf dem Berg der Märtyrer, dem Montmartre, nach seiner Hinrichtung im Jahr 285 nach Christi Geburt sein abgeschlagenes Haupt in die Hand genommen hatte und bis zu der Stätte geschritten war, an der er begraben werden wollte. An dieser Stelle errichtete die fromme Chlothilde zweihundert Jahre später die Kirche von St. Denis zum Gedächtnis des Märtyrers. Chlothilde empfand sie als die Stätte einer besonderen Verehrung; damit gewann das Merowinger-Königtum in der Tat das innere Vertrauen der kleinen Völkerschaften zu dem werdenden Reich so verschiedenartiger Völkerstämme. Erst durch die innerste Verbindung des katholischen Christentums mit dem Königtum konnte fortan die weltliche Macht geheiligt werden: nicht nur durch Rat und Einfluß hoher Geistlicher, der Päpste an der Spitze, sondern eben auch durch die unsichtbare, aber desto mächtigere Schildpatronenschaft der Himmlischen, der Märtyrer und Heiligen.

Noch ein zweiter Heiliger war für Chlothildes ursprünglich frommes Gemüt von besonderer Bedeutung: der Heilige Martin, jener Ritter, der seinen Mantel mit einem frierenden Bettler teilte. Martin war der Bischof von Tours. Er gründete um 390 das erste abendländische Mönchskloster in Gallien. Zu jener Zeit war die katholische Kirche noch keineswegs als geistliche Macht so etabliert, daß sie Ansprüche auf die weltliche Gewalt zu stellen vermochte. Chlothilde festigte sowohl die Stellung der Bischöfe und der von ihnen bestimmten hohen Geistlichkeit als auch die der weltlichen Macht des Merowingerkönigs, einfach, indem sie die Frage nach dem Telos, nach dem Sinn der Herrschaft überhaupt, sehr zweckdienlich zu beantworten suchte. Chlothilde wies den gallischen Bischöfen, die nun fränkische Bischöfe waren, durch die Gestalt des Heiligen Martin sozusagen die innenpolitische Aufgabe zu, die mit der Gründung von Klöstern die mildtätige soziale Aufgabe der kirchlichen Gewalt fixierte. Durch die Gestalt des Heiligen Dionysius aber war die außenpolitische Aufgabe des fränkischen Neu- und Großreiches festgelegt. Diese Heiligen hatten ihr Märtyertum erlitten weniger im bischöflichen als im apostolischen Amt, im missionarischen. Chlothilde verwandelte ganz aus eigenem frommen Amt die rein kirchlich verwaltende Aufgabe der Bischöfe – und ohne die Frage des Papsttumes zu berühren – in die ursprüngliche des Missionarischen auf beiden politischen Gebieten, so in aller Stille für das fränkische Reich eine Art Nationalkirche vorbereitend.

Wie war die Ausgangslage? Auch in den ehemals germanischen Gebieten jenseits des Rheins hatten sich aus den Resten germanischer Oberschichten neue Völkerschaften gebildet unter neuen Herrschaften, freilich nicht unter Königen, sondern unter Herzögen, jenen sagenhaften Helden, die, von den Heerscharen gewählt, vor diesen »herzogen«. Die aus Böhmen zurückwandernden Markomannen, schon vermischt mit den keltischen Bojern, nannten sich nun Bajuwaren und wurden Bayern, aus den Sueben, einer Absplitterung der Semnonen und Elbgermanen wurden Schwaben, aus den Alemannen Elsässer, Lothringer und Badener, aus dem Verbund der elb- und westgermanischen Etappenformationen wurden Sachsen, die mit der Sassa, dem Hauschwert, umgingen, – alle unter Herzögen, die allein der bloßen Machterweiterung huldigten, und alle wenig geneigt, die Segnungen des katholischen Christentums, soweit sie sich auf eine neue Lebensführung christlicher, also moralisch bestimmter Art bezogen, freudigen Herzens anzunehmen.

In jener unzweifelhaft bedeutendsten Gestalt ihrer Zeit und ihres Raumes, in Chlothilde, formte sich das Konzept, das im gewaltigen Umbruch zwischen der Antike und dem Mittelalter so notwendig war. In diesem Konzept vereinigte sich die »Civitas Dei« des Augustinus mit der »Civitas Mundi« des italienischen Theoderich. Für den unabdingbaren Anspruch der katholischen Christenheit auf Universalität mußten als »leere Räume« betrachtet werden alle jene Gebiete, die sich auf die eine oder andere Art mit reinen Ansprüchen auf Macht einer ordnenden Gewalt zu entziehen versuchten.

König Chlodwig I., im Grunde ein primitiver Haudegen, der sich zu seinem Glück seiner burgundischen Königin in allen Punkten fügte, starb 511. Chlothilde überlebte ihn noch um 34 Jahre. Sie war in dieser Zeit die eigentliche Herrscherin über das Merowingerreich. Infolge des unglücklichen, atavistischen Hausgesetzes der Merowinger, nach welchem das Reich jeweils unter die Söhne geteilt werden sollte, zerstritten sich ihre Söhne in reinem Machtstreben bis zum Brudermord. Chlothilde bewies ihr politisches Genie, indem sie um des Friedens willen ein neues Königreich nach dem anderen schuf, um diese wiederum durch ihre Söhne und Enkel der zentralen Macht des Frankenreiches anzugliedern, – und diese zentrale Macht war die Königin-Mutter.

Sie wußte die ungebärdigen Könige ihres Merowingergeschlechtes jeweils zu bändigen, indem sie ihnen die geeigneten Bischöfe als geistliche Berater zuordnete, die ihnen im Sinne des Heiligen Martin zuträglich erscheinen mußten, – und sie suchte andere, die geeignet waren, »leere Räume«, jene unter nicht kontrollierbarem Herrschaftsanspruch, zu besetzen. Unter Chlothilde begann jene einzigartige »Rückwanderung« der Franken, die sogenannte »fränkische Landnahme«.

In Thüringen herrschte ein König, Irmenfried, der seinen Namen auf den Götzen Irmin bezog, über eine Vielzahl von Völkersplittern, die er in aller Stille und weithin unberührt von der Völkerwanderung, die seit den Tagen der Schlacht zwischen den Hermunduren und Chatten gute vierhundert Jahre an diesem Gebiet vorüberflutete, zu einem großthüringischen Reich hatte zusammenfassen können. Jenseits des Rheins also lagen die Gebiete, die einer

wachsamen und frommen Chlothilde ins Auge stechen mußten. Hatte ihr Idol und Lieblingsheiliger St. Dionysius nicht gerade die Verbreitung des christlichen Glaubens unter den Heiden als seine eigentliche Mission betrachtet? So war es geradezu göttlicher Auftrag, als unter Chlothilde der Rückschlag der großen Völkerwanderung begann: Von allen Herrschaftsbereichen dehnte sich allein jener der Franken ostwärts aus, jene Länder einzubeziehen, die im politischen wie im religiösen Sinn »leer« geblieben waren.
Von Chlothilde bestimmt erschien ihr jüngster Sohn, Chlotar, eine rein kriegerische Natur wie Chlodwig I.; er gewann das Reich Irmenfrieds in einer Entscheidungsschlacht bei Burgscheidungen an der Unstrut im Jahre 531, ein Reich, zu dessen Teilen auch die Gebiete um den Obermain gehörten. Die Franken der Merowinger übernahmen das Land und nannten es kurzerhand »Franken«. Das Grabfeld wurde »fränkisch«.
Die Tochter des geschlagenen Irmenfried, eine Jungfrau Radegundis, kam als Geisel an den Hof der Chlothilde und unterlag binnen kurzem dem brennenden Eifer der bedeutenden Frau. Auch sie wurde Christin, in ihrem legitimen Auftrag und Namen sollten die Thüringer zum neuen Glauben finden, das Land ihres Vaters nun zum Kern der christlichen Missionen werden. Chlothilde starb im Jahre 545, bei ihrem Tode meldete das römische »Martyriologium«: »Es starb zu Paris die Heilige Königin Chlothilde . . .!«
In der Wallfahrtskirche Vierzehnheiligen, erbaut von 1743 bis 1772 von Balthasar Neumann, ragt in der Gruppe der vierzehn Nothelfer der Heilige Dionysius hervor, er trägt sein Haupt in der Hand.

Es ging um das Konzept

Das Geschlecht der Merowinger ging an sich selber zugrunde. Es hatte an die Stelle der vielen Teilkönigtümer, die zuerst zu beseitigen waren, die Erbkönigtümer des einen Geschlechtes gesetzt, eine Erbfolge, nach welcher jeder Sohn des Geschlechtes Anspruch auf ein Territorium und einen Königstitel erheben konnte. Das führte notwendig zu einer inneren Zersplitterung des großfränkischen Reiches, zu erbitterten Erbkämpfen um die Macht, zu Bruder- und Königsmord. Das also stand am Beginn einer neuen Volkwerdung zu eben dieser in einem vollkommenen Widerspruch, bis ein anderes Geschlecht, das der Karolinger, um der eigenen Prinzipien willen die Macht ergriff. Die Karolinger waren, ebenfalls erblich, die Hausmeier der Merowinger, das heißt, politische Exponenten der Verwaltung eines regierungsunfähigen Geschlechtes, das die eigene Macht nur so lange aufrecht erhalten mochte, als nicht innere Wirren, die durch Mord und Terror besiegt werden konnten, sondern ein neuer Feind das großfränkische Reich bedrohte, — der Islam, die Explosion der afrikanischen Völkerteile des römischen Imperiums. Die Araber, von den Völkern des Abendlandes als »Sarazenen« bezeichnet, hatten Sizilien erobert, waren in Spanien eingedrungen und über das Mittelmeer in weite Teile Südgalliens. Erst als die Sarazenen aus Spanien, über die Pyrenäen vordringend, Paris, das Herz des fränkischen Großreiches, bedrohten, lösten die Hausmeier, die durch gescheite Geschlechterpolitik bereits faktisch das Heft in der Hand hatten, die königliche Gewalt der Merowinger ab: der karolingische Hausmeier Karl Martell schlug die Araber im Jahre 732 bei Poitiers zurück, er

vermochte das Gebiet Aquitanien wieder dem Reiche zurückzugewinnen und im Innern die Herrschaft der Hausmeier vermittels des offen gegen die Merowinger aufstehenden Adels und der Kirche dergestalt zu festigen, daß er, ohne Anspruch auf den Königstitel, das Verdämmern des merowingischen Geschlechtes als Herrschaft abwarten konnte.
Es ist ein alter Satz, daß die Pest des Besiegten auf den Sieger übergehe. Im alten Rom hatte mit dem Beginn der Kaiserzeit sich die Frage nach dem Sinn und der bestmöglichen Form der Herrschaft dem Geschlechterdenken unterstellt. Die germanischen Völkerstämme der großen Wanderung hatten zwar Herzöge und Könige produziert, Helden der Eroberung, aber nicht der Regierung. Das Geschlecht der Merowinger war das erste, welches das Recht der Beute auf Territorien ausdehnte und eben von dort auch das Recht der Herrschaft herleitete; es herrschte im großfränkischen Reich, war aber nur durch das Geschlecht der Hausmeier, der Karolinger, imstande zu regieren. Als die Karolinger nun unter Karl Martell neben der Regierung auch die Herrschaft übernahmen, verfielen sie dem Hausgesetz der Merowinger: Karl Martell vererbte sein Reich seinen beiden Söhnen Karlmann und Pippin, indem er es teilte: Karlmann erhielt den Osten, Austrien, Thüringen und Alemannien, Pippin Neustrien, Burgund und die Provence. Gemeinsam war beiden nur Bayern im Osten und Aquitanien im Westen, die beiden Eckpfeiler des großen Territoriums sollten gemeinsam in der Oberhoheit des Reiches gehalten werden. Aber einig waren sich nun die beiden Söhne aus der ersten Ehe Karl Martells nur im Willen, die Ansprüche eines Halbbruders, Grifo, Sohn aus der zweiten Ehe Karl Martells mit einer bayrischen Prinzessin, streitig zu machen: diesem waren im Testament Karl Martells einige Gebiete im Innern beider Reichsteile unterstellt. Sie setzten Grifo gefangen und verbannten seine Mutter in ein Kloster bei Paris. Aufstände in Bayern

und in Aquitanien gegen die Erbregelung waren die Antwort der beiden Eckpfeiler des Reiches, sie wurden im Westen von Pippin, im Osten von Karlmann niedergeschlagen, die Reichsgebiete dem jeweiligen Herrscher zugeteilt, die Träger des Aufstandes, der Adel in den betroffenen Territorien, wurden durch ergebenen fränkischen Adel ersetzt.

Folgerichtig verlangte die Erbteilung auch eine Reorganisation der Kirche. Bonifatius, irischer Herkunft, und fälschlicherweise »der Angelsachse« genannt, Erzbischof von Mainz, nahm sich mit offenbar zu großem Eifer der Reform der Kirche im Reiche des Karlmann an. Er gründete nicht nur das Kloster Fulda, die Zentrale der künftigen Heidenmission in der Dominal-Provinz Franken, sondern betrieb auch ein inneres Reformwerk, ganz im Sinne des Karlmann, sollte doch nach den Ideen des Bonifatius vor allem die Frage des kirchlichen Eigentums an Territorium geklärt werden.

Gerade aber die durch Bonifatius' Eifer drohende Stärkung der Macht der Kirche kränkte den Stolz der fränkischen Großen, wie eben auch das Konzept des Bonifatius die Kirche, vor allem in Rom, fürchten ließ, diese führe zur Konstruktion einer Landeskirche, einer Nationalkirche des fränkischen Karlmann-Reiches. Tief enttäuscht, aber doch nicht verbittert, trat der mächtige und große Erzbischof von Mainz von seinem Reformwerk zurück und wandte sich wieder dem Gesetz zu, nach dem er angetreten: der Heidenmission in den rechtsrheinischen Gebieten. Linksrheinisch gab es weder arianische Christen mehr noch Götzendiener.

Mit ihm aber zog sich Karlmann, offenbar ohne von seinem Bruder Pippin gedrängt zu sein, doch seinen tiefinnersten religiösen Gefühlen folgend von der Herrschaft seines Reiches zurück, er trat in ein Kloster ein, als einfacher Mönch, endlich in Monte Cassino, das Erzkloster des Heiligen Benedikt.

So wurde also Pippin Alleinherrscher, nicht ohne den Sohn Karlmanns, Drogo, von der Mitherrschaft ausgeschlossen zu haben, in der Furcht, dieser schlösse sich Grifo an, dem nun wieder in Freiheit gesetzten Halbbruder Pippins, der keine Ruhe gab und ausgerechnet bei den heidnischen Sachsen Zuflucht gesucht und diese zu einem Aufstand gegen Pippin aufgestachelt hatte. Pippin schlug den Aufstand nieder, und Grifo wurde später, unterwegs zu den Langobarden, von fränkischen Kriegern erschlagen. Drogo, der Sohn Karlmanns, aber blieb für den Alleinherrschaftsanspruch des Pippin ebenso eine Gefahr wie die weitere Existenz des Königshauses der Merowinger.

Hier bot sich Pippin eine angenehme Möglichkeit. Kurz vor dem Tode des Karl Martell hatte Papst Gregor III., bedrängt von dem Langobardenkönig Luitbrand und dem Kaiser Leo III. von Byzanz, den Frankenherrscher um Schutz für die universale Kirche gebeten. Aber der rauhe Krieger bewährte sich hier als Diplomat: er war mit dem Langobarden verbündet, der ihm im Kampfe gegen die Araber im Rhônegebiet beistand. So konnte Karl Martell nur diplomatische Unterstützung zusagen. Der Frankenherrscher, Papst Gregor III. und der Kaiser von Byzanz, der offizielle Schutzherr der römischen Kirche, starben im gleichen Jahr 741.

Nun knüpfte Pippin an den Vorgang an. Da er aus dem Geburtsrecht einen Anspruch auf die Königswürde keineswegs herleiten konnte, fragte er bei der höchsten geistlichen Autorität an, beim Papst Zacharias, ob es besser sei, daß bei den Franken »ein König ohne Macht das Amt behalte oder ein Inhaber der Macht König« werde. Und der Papst gab ein autoritatives Gutachten ab: Wenn der Ordo gestört sei, sei es zu seiner Wiederherstellung besser, wenn der Machthaber auch die Königswürde erhalte. So versammelte Pippin die geistlichen und weltlichen Großen seines Reiches in Soissons und ließ sich dort, 751, von diesem zum König wählen und auf den Thron erheben.

Damit hatte Pippin über das Merowingersche Geblütsrecht hinaus die volksrechtliche Form der Königserhebung wieder hergestellt, begnügte sich damit aber nicht, sondern ließ sich von fränkischen Bischöfen, — die Historie ist sich nicht klar, ob dies Bonifatius war — in feierlicher Weise »salben«, um als »Gesalbter des Herrn« »seinem Heerkönigtum altgermanischer Prägung« in sakramentaler Weihe die unantastbare Würde zu geben.

Sofort kam die Gegenrechnung der Kirche. Im Jahre der Krönung hatte der Langobardenkönig Aistulf das Exarchat des Papstes Stephan II. mit Brachialgewalt angegriffen, den Wohnsitz des Papstes also unter seine Kontrolle gebracht. Das geschah ohne die Unterstützung der Schutzmacht Byzanz; Papst Stephan wandte sich an Pippin, bat ihn um Hilfe und erklärte sich bereit, bei Pippin persönliche Zuflucht zu suchen. Das bedeutete, daß der Papst gewillt war, den Schutz des oströmischen Kaisers durch den des fränkischen Königs zu ersetzen. Anders als Karl Martell war Pippin nicht mehr den Langobarden verpflichtet, im Gegenteil, er mußte fürchten, der Langobardenkönig werde sich mit den stets zum Aufruhr neigenden Bayern einigen, und gleichzeitig mußte es Pippin locken, dem germanischen »Drang nach dem Süden« durch ein Eingreifen in Italien politisch Genüge zu tun.

Der erste vorsichtige Schritt Pippins auf diesem Wege sollte Weltbedeutung gewinnen. Er sandte seinen Sohn Karl, den 12jährigen Knaben, dem Papste entgegen, den er in seiner Königspfalz Ponthion in der Champagne feierlich empfing. »Dann ritt der König mit großem Gefolge dem Gaste entgegen, warf sich vor ihm zu Boden und führte sein Pferd am Zügel in die Pfalz. Der Papst erwiderte am nächsten Tage das feierliche Zeremoniell, indem er im härenen Bußgewande, mit Asche bestreut, als Schutzflehender vor dem König erschien. In gemeinsamer Eidesleistung mit seinen Söhnen Karl und Karlmann gelobte Pippin dem heiligen Petrus und seinem Nachfolger, dem Papste, die Verteidigung ihrer Rechte. So wurde am siebenten Januar 754 in antiken und biblischen Formen das Bündnis der Karolinger mit dem Haupte der universalen Kirche vollendet, eine weltgeschichtliche Entscheidung bestätigt.«

Das Exarchat, der Kirchenstaat, war durch Papst Gregor den Großen vor hundertfünfzig Jahren ziemlich eigenmächtig gegründet worden, aufgrund einer hypothetischen »konstantinischen Schenkung«, die außer von der Kirche selber von niemandem anerkannt worden war. Die Langobarden waren durch die von Pippin eingeleiteten Verhandlungen nicht zu bewegen, auf eine Zusammenfassung ihrer italienischen Territorien zu verzichten. Im Gegenzug holten sie Karlmann aus seinem Kloster und sandten ihn ins Frankenland, damit er dort zum Widerstand gegen Pippin und den Papst aufriefe, – Karlmann tat dies und hatte sogar Erfolg, aus den Reihen der Großen erhob sich heftige Kritik gegen seine Italienpolitik. Doch die Kirche sandte den Mönch kraft kirchlichen Gebotes in sein Kloster zurück, – er folgte seinen Oberen, – er starb in Vienne an der Rhône, seine Leiche wurde nach Monte Cassino zurückgebracht, und seine Söhne wurden geschoren und ebenfalls in ein Kloster verbannt, wobei sich Pippin rühmen konnte, zu einer Milderung der Sitten beigetragen zu haben: Sie wurden nicht ermordet. Auch der letzte König der Merowinger wurde in ein Kloster verbannt. Im Sommer 754 zog zum ersten Male ein fränkisches Heer über die Alpen und schloß den Langobardenkönig Aistulf in Pavia ein. Der Langobarde mußte das Territorium des Kirchenstaates an den Papst wieder ausliefern und die Oberherrschaft des Frankenkönigs anerkennen. Papst Stephan II. salbte nun in St. Denis den König Pippin selber, samt dessen Söhnen Karl und Karlmann, und versah die neue Schutzmacht unter dem Titel »Patricius Romanorum« mit dem Amtsrecht des höchsten kaiserlichen Beamten in Italien, wie es bislang dem Kaiser von Byzanz zuerkannt war, und kehrte, von fränkischen Großen feierlich geleitet, nach Rom zurück.

Dem Knaben Karl, dem 12jährigen, mußte seine erste politische Aufgabe, die Begegnung mit dem Oberhaupt der Kirche, dem Papste, der ihn mit Vater und Bruder zum König salbte, zum entscheidenden Erlebnis geworden sein. Karl war fromm, zweifellos von Natur wie durch Erziehung. Seine Mutter, Bertranda, war von jener Frauenfrömmigkeit erfüllt, die von der Bergpredigt, von der frohen Botschaft der höchsten Seligkeit, die Menschen möglich ist, ausgehen mußte. Der Onkel Karlmann wich vor den Problemen und Konflikten der Welt und der Herrschaft in die Askese des Klosters aus, und Bonifatius, der mit so glühendem Eifer die Theorie mit der Praxis des christlichen Glaubens zu verbinden wußte, war sein Lehrer. Sein Vater Pippin, der kluge Taktiker und »der politische Kopf ersten Ranges« – als den ihn der preußische Historiker Leopold von Ranke erkannte –, hatte ihm das politische Bewußtsein übermittelt, welches den Menschen in seiner Reife durch die Geschichte mit seinem Schicksal in den Verhaft zu setzen vermag. So konnte die eigentümliche Doppelbödigkeit seines Wesens mit jener der Kirche korrespondieren, welche sowohl zu herrschen wie zu erlösen versprach.

Als Pippin 768 starb, hinterließ er seinen Söhnen ein großfränkisches Reich, dessen Territorium er, jede Gelegenheit nützend, erobert hatte; jedoch hatte er das Terrain weder geplant noch planiert. Er hatte auf den Wunsch des Papstes und um der Krönung und Salbung willen, die ihn zum König »von Gottes Gnaden« legitimierte, den einst verbündeten und befreundeten Langobarden bekriegt und gegen die Einsicht vieler fränkischer Großer gedemütigt, sich als Oberhaupt von diesem anerkennen lassen und einen über die Erwartung kostbaren Tribut eingeheimst. Er hatte, ohne dieserhalb mit dem von den Arabo-Persern bedrängten Kaiser von Byzanz in Feindschaft zu geraten, den Ansprüchen des Papstes in einem Maße Genüge getan, der seinem Desinteresse an Italien entsprach. Er mußte ein zweites Mal über die Alpenpässe ziehen, um den Langobardenkönig zu bekriegen – dieser hatte, der Behauptung des Papstes nach, die Bedingungen gegenüber dem Kirchenstaat nicht zur Gänze erfüllt – diesmal stimmten die fränkischen Großen dem Kriege zu, ihnen hatten die Schätze in die Augen gestochen, die der Langobardenkönig noch in reichem Maße zu weiterem Tribut besaß. Wieder wurden die Langobarden schon am Rande der Alpenpässe geschlagen, wieder der König in Pavia eingeschlossen – jetzt erhielt Pippin weiteren Tribut und der Papst erheblich mehr Territorium für seinen Kirchenstaat, der nun ganz Mittelitalien umfaßte, so daß Italien jetzt aus der Lombardei im Norden bestand, aus dem Kirchenstaat in der Mitte, in Unteritalien aus den Herzogtümern Spoleto und Benevent sowie dem römischen Rest von Byzanz im Süden, Sizilien aber blieb unter sarazenischer Herrschaft. Der Kirchenstaat, einmal größer, einmal kleiner, verhinderte allein durch seine Existenz fortan die Einheit Italiens über tausend Jahre lang, bis zum Jahre 1870, durch einen Akt, an dem der »tote Preuße« nicht unwesentlich beteiligt war.

Der Eingriff Pippins in die italienischen Verhältnisse sollte Konsequenzen haben, die erst für seinen Sohn Karl entscheidend wirksam wurden. Pippin sah seine eigentlich politische Aufgabe mehr in der Straffung seiner fränkischen Großmacht. Er mußte bis zum Ende seines Lebens gegen die immer wieder aufsässigen Aquitanier, deren Kerngebiet die Gascogne war, ebenso kämpfen wie gegen die Herzöge von Bayern, die ständig bestrebt waren, ihre Bindung an das fränkische Großreich zu lockern, und sich deswegen einmal mit den Alemannen, ein andermal sogar mit den Awaren, die ihre Nomadenherrschaft in Ungarn zu festigen suchten, verbündeten. Die Schicht, welche die Herrschaft der Herzöge trug – der höhere Adel und die

Ritterschaft –, mußte durch Pippin so weitgehend wie möglich geschwächt werden – dies geschah durch eine ständige Einschleusung fränkischen Adels in jene unzuverlässigen Territorien ebenso wie durch eine Verbreitung des fränkischen Lehnsrechtes, wonach das gesamte Territorium allein durch den König eigentümlich und je nach Verdienst und Gnade mit der dadurch geschaffenen neuen Form eines königlichen Vasallentums »verliehen« werden konnte. Und dann waren noch die Sachsen da, die »wilden« Sachsen im gesamten Norden zwischen Rhein und Elbe, die ein einheitliches Herrschaftsgebiet auf ihrem Territorium nicht kannten, – es war bewohnt von einer Vielzahl von Stämmen, deren Herzöge nur im Kriegsfalle gewählt wurden und die keine weitere Herrschaft ausüben durften. Eben das machte eine Unterwerfung der Sachsen so schwierig: Es befanden sich immer nur und ständig wechselnde sächsische Völkerstämme im Aufruhr, und Abmachungen der besiegten Herzöge oder Anführer wurden von den Stämmen nicht als völkerrechtlich bindend anerkannt, – so wenig wie die Zwangstaufen der Besiegten, denen die sanfte Botschaft des Friedens gleichermaßen unverständlich und gegen ihre Natur war wie irgendeine Form des Geblütsrechtes. Eben dies von den Merowingern übernommene Geblütsrecht des Herrschergeschlechtes wurde sinngemäß von Pippin auch für die Karolinger als gültiges Gesetz anerkannt und war vorbereitet durch die bei der Königssalbung vom Papst verkündete Drohung, jeder Versuch der fränkischen Großen, die zum großen Teil durch die Merowinger in ihre Herrschaftsbereiche eingewiesen worden waren, in Zukunft einen König zu wählen, der nicht aus Pippins Geschlecht stamme – aus dem Geschlecht eines Königs von Gottes Gnaden –, ziehe die Ausschließung aus der Kirche nach sich. Konsequent und auf dieser Basis also vermachte Pippin sein Reich vor seinem Tode seinen beiden Söhnen Karl und Karlmann, – er teilte es also, wie es Karl Martell ehbevor zwischen

Pippin und dessen Bruder geteilt hatte; und da er sich dessen bewußt gewesen sein muß, welch unglückliche Teilung dies war, suchte er dem Dilemma zu entgehen, indem er es nicht mehr durch eine Linie trennte, die sich von Norden nach Süden zog, sondern von Westen nach Osten: Karl erbte den Norden von Westaquitanien über das westliche und nördliche Neustrien, über Austrien bis nach Mitteldeutschland und Friesland; Karlmann erhielt Ostaquitanien, den Hauptteil von Neustrien mit Paris und Soissons, die Provence, Burgund, das Elsaß und das rechtsrheinische Alemannien – Bayern blieb ungeteiltes »Reichsland«, seine Herzöge Vasallen, es wurde wie der Gau Unterfranken »Dominal-Provinz«, sozusagen der »Ballast« im Reichsschiff.

Mit dieser Teilung, durch welche also ohne jede Rücksicht auf regionale geschichtliche Ansprüche die Zusammenhänge der »Adelsfraktionen« zerrissen wurden, sollten ohne Zweifel beunruhigende Versuche der »Bevölkerung«, sich zu verschiedenen Volkstümern zu entwickeln, vereitelt werden, – schon hatte sich der Prozeß einer Volkwerdung ganz allgemein angebahnt.

Auch diese Teilung des Reiches zum Zwecke der Erhaltung der Dynastie hatte Konsequenzen, denen Karl, nun 26jährig, sich gegenübersah. Ihnen zu begegnen, sie zu überwinden, mußte Karl in jedem einzelnen Falle über den Schatten seines Vaters, wenn nicht sogar über den eigenen, springen. Das begann sogleich, als in der Folge der Teilung Aquitaniens der alte Herzog Chunvald einen neuen Aufstand versuchte. Da auch der Herrschaftsbereich Karls von diesem Aufstand betroffen war, mußte Karl, um diesen Herd zu bekämpfen, in den Süden dieses Landes vordringen, – wobei sein um einige Jahre jüngere Bruder Karlmann seine Zustimmung nicht gab und ihn nicht unterstützte. Auf den Rat seiner Mutter, die einen Frieden zwischen den Brüdern zu vermitteln suchte, versöhnte sich Karl mit dem Herzog Tassilo von Bayern, welcher Neigung zeigte, zugunsten Karlmanns einzugreifen, und sich mit dem Langobardenkönig Desiderius verband, dessen Herrschaftsgebiet im Süden an das seine grenzte. So vermählte sich Karl mit der Tochter des Langobarden, Desiree genannt, und erweckte damit die Besorgnis und den Zorn des Papstes, der sich an Karlmann wandte, weil der neue Schwiegervater Karls mit Hilfe des gegen den Papst stets zu einem Aufstand geneigten römischen Adels sofort in Teile des Kirchenstaates eindrang. Die vollständige Verwirrung, die zu einem Bruderkrieg im fränkischen Reich zu führen drohte, löste sich auf die einfachste Weise: Karlmann »schied aus dem Leben«, wie die Historiker berichten, – am 4. Dezember 771.

In Rom wurde die langobardische Partei durch den neuen Papst Hadrian I. verdrängt, Karl von diesem um Hilfe ersucht, indes Karlmanns Gemahlin, ebenfalls eine Tochter des Desiderius, mit ihren Kindern zu Desiderius flüchtete. Da »verstieß« Karl seine ihm so kurz angetraute Gemahlin und sandte sie »auf einem Ochsenkarren« ihrem Vater zurück, – während Desiderius bis vor Rom rückte und vom Papst verlangte, er solle nunmehr die Söhne Karlmanns zu fränkischen Königen krönen und salben. In einer von Pippin gar nicht gewollten Konsequenz der Politik seines Vaters mußte Karl nun freilich in erheblich stärkerem Maße sich in den italienischen Angelegenheiten engagieren und tat dies mit einer Energie, die ihn bedeutend weitere Ziele setzen ließ. Aber Karl war nie ein guter Feldherr wie sein Vater, sein Langobardenkrieg dauerte länger und er endete mit weiteren Konsequenzen: Desiderius konnte sich zwei Jahre in Pavia gegen die Belagerung halten, wurde dann als Gefangener in ein Kloster verbannt, sein Sohn Adalgis flüchtete zum Kaiser von Byzanz, was wiederum Karl bewog, selber die Nachfolge als Langobardenkönig anzutreten, das zwang ihn nun freilich, die weit übertriebenen Herrschaftsansprüche des Papstes für das Langobardengebiet ebenso unerträglich

zu finden wie zuvor Desiderius. In seinen Verhandlungen mit Papst Hadrian mußte dieser erkennen, daß die kirchlichen Bäume in den Himmel gewachsen waren, um dort zu verdorren. Der Papst mußte auf eine Reihe von Ansprüchen verzichten, besonders auf Spoleto, das Gebiet, welches, im Besitz des Kirchenstaates, Oberitalien von Unteritalien getrennt hätte. Karl erhob seinen unmündigen Sohn Pippin zum Unterkönig von Italien, dessen Regierung nun streng an die Weisungen Karls gebunden war, und führte dergestalt die Grafschaftsverfassung und das Benefizialrecht des fränkischen Reiches in Italien ein – diese Maßnahmen wurden von der fränkischen Reichsaristokratie durchgeführt, die in zunehmendem Maße in das Land eindrang.
Zweifellos mußte Karl gerade angesichts der überraschenden Energie, mit der er sich daran gemacht hatte, die Angelegenheiten des Kirchenstaates in seinem fränkischen Interesse zu regeln, daran erinnert werden, daß er nun auch in erhöhtem Maße seinen kirchlichen Verpflichtungen nachzukommen habe, und dies, wenn nicht in Italien, dann – in Spanien. Dort hatten sich Anhänger und arabische Gegner des Omaijaden-Emir von Córdoba zerstritten und boten so dem fränkischen Großkönig die Möglichkeit, durch ein Eingreifen in Spanien etwas für die Christenheit unter islamischer Herrschaft zu tun. Derart von den italienischen Problemen abgelenkt, konnte Karl in Spanien einmarschieren: er fand so gut wie keinen ernsthaften Widerstand und gelangte bis vor Saragossa, die stärkste Festung des Landes seit eh und je und fürderhin, und konnte sie nicht nehmen. Er machte große Beute und begab sich auf den Rückzug, als er überall ins Leere stieß und nun hören mußte, daß auf der äußersten anderen Ecke seines Machtbezirkes die wilden Sachsen wieder einmal und nach alter Gewohnheit sich in hellem Aufruhr gegen die ohnehin nur ganz oberflächliche Herrschaft der Franken befanden. In den Pyrenäen verließ das Heer die

Nachhut, die unter dem Kommando des Markgrafen der Bretagne, Roland, stand, in ihrem Troß die wohlverpackte Beute hütete und von den Sarazenen keineswegs verfolgt wurde. Heere ziehen immer durch die Täler und über die Pässe. Die Bewohner der Pyrenäen, die baskischen Hirtenvölker, sahen von ihren unwegsamen Bergen das Lager Rolands im Tal von Roncevalles, wußten, daß dort reiche Beute zu holen war, und überfielen, vollkommen überraschend, die erschöpft Lagernden, die als Christen keinerlei Unbill von den ebenfalls christlichen Basken erwarteten. Der Sieg der räuberischen Partisanen war vollständig, Roland sandte vergebens Boten dem Heere Karls nach – die Legende ersetzte Jahrhunderte später diese Boten durch ein Wunderhorn, und die Wunder der Tapferkeit, mit der sich Roland verteidigte, durch ein Wunderschwert. Das war 778.
Im Jahre 782 hatte Karl endlich die Sachsen besiegt. Sein Widersacher, ein Mann des sächsischen Volkes, der zum Herzog gewählt worden war, Widukind, hatte es vermocht, eine große Anzahl von Sachsenstämmen zu vereinen, scheiterte jedoch am Verrat vieler sächsischer Adeliger, die sich gegen die Herrschaft des Emporkömmlings Widukind wehrten und sich von Taufe und Unterwerfung mancherlei Vorteile versprachen. Widukind gelang es, eine fränkische Abteilung am Süntel zu vernichten, bevor aber Karls Hauptheer eingetroffen war, konnten die sächsischen Adligen mit fränkischen Truppen den Aufstand niederschlagen, Widukind entkam – Karl ließ, endlich angekommen, neben den ihm ausgelieferten Kriegsgefangenen auch die Geiseln, die in früheren Kämpfen in seine Hand geraten waren, in Verden an der Aller samt und sonders und angeblich an einem Tage hinrichten, wie die Chroniken zu berichten wissen, etwa 4500 an der Zahl. Er folgte damit einem altgermanischen Brauch, einer Art Konvention, wonach der besiegte Stamm seine gesamte junge Mannschaft verlor – ein Risiko, das dro-

hend der notorischen Kriegslust der Germanen Einhalt gebieten sollte. Aber einmal waren die Geschlachteten keineswegs Kriegsgefangene Karls, sondern Geiseln und Unterworfene des sächsischen Adels, zum andern waren weder die Franken noch die Sachsen reine Germanenstämme, sondern Mischstämme im Begriff einer neuen Volkwerdung, und endlich erfolgte die Hinrichtung unter dem Vorbehalt einer Taufe, mit dem Bekenntnis zu einer Religion, welche in ihrem Bekenntnis gerade zur Abschaffung so barbarischer Bräuche angeboten wurde, – Umstände, die in der Geschichtsbetrachtung bis auf den heutigen Tag der Doppelbödigkeit von Karls Charakter angelastet werden mußten.
Karls Sieg über die Sachsen war kein Sieg, und seine Herrschaft über das ganze Gebiet konnte sich nur erhalten, indem die fränkischen Heere das fruchtbare Land der reinen Bauernstämme derart verwüsteten, daß Hungersnöte ausbrachen, die dringend große Anstrengungen Karls zu einer neuen, produktiven Verwaltung forderten, die an Stelle von Beute auch produktive Gewinne versprach, eine andere Ökonomie also.
Es erwies sich wieder einmal, daß jedes Engagement Karls seine Widersacher reizen mußte, eigene Hoffnung in Anschlag zu bringen. Während Karl im Sachsenlande mit seinem Heer mit äußerster Anstrengung einen gewaltigen neuen Aufstand Widukinds zu bekämpfen hatte, um das ganze sächsische Gebiet endlich dem großfränkischen Reich anzugliedern, nutzte Bayern, im Grunde stets reichsfeindlich und eifersüchtig eigene »Belange« wahrend, die Gelegenheit, um sich gegen Karl aufzulehnen. Herzog Tassilo von Bayern war nicht nur mit dem abgesetzten Königshaus der Langobarden, sondern auch mit dem Herzog von Benevent, dem noch unabhängigen Fürsten in Italien, verschwägert. Noch 778 hatte er ein Truppenkontingent für den Spanienfeldzug Karls liefern müssen, erneuerte aber nach dem Fiasko von Roncevalles seinen Vasalleneid

nicht, und es gelang ihm, erfolgreich um das bayrische Episkopat zu werben, das sich im Namen der Unbill, die dem Papste durch Karl widerfahren war, gegen Karls Politik erklärte. Aber der Papst desavourierte die bayrischen Bischöfe und lehnte eine Vermittlung ab, so konnte Karl mit drei ausgesandten Heeresgruppen Bayern besetzen, und Tassilo mußte kampflos sein Herzogtum an Karl übergeben, um es nunmehr als Lehen vom Frankenkönig wieder in Empfang zu nehmen. Als Tassilo daraufhin verbittert ein Bündnis mit dem ungarischen Nomadenvolk der Awaren anstrebte, zwangen ihn die Großen des eigenen Landes, sich als Reichsverräter dem fränkischen Reichsgericht zu stellen, das ihn zum Tode verurteilte; Karl verwandelte das Todesurteil in lebenslängliche Klosterhaft und nahm die Gelegenheit wahr, die awarische Gefahr an seinen Ostgrenzen durch einen Feldzug in Ungarn ein für allemal zu bannen, — aber erst 795 gelang es dem kleingewachsenen Sohn Karls, dem König von Italien, der wegen seiner schwächlichen Konstitution »Pippin der Bucklige« genannt wurde, von Süden her in Ungarn einzudringen, den »Ring«, das zentrale Zeltlager, in dem sich ein unermeßlicher Kriegsschatz der eine Gewaltherrschaft über Ungarn ausübenden Awaren befand, zu nehmen und zu zerstören und die Awaren als zerschlagene Horde in die Gebiete um den Neusiedler See abzudrängen.
Durch die Feldzüge in Sachsen und in Bayern aber hatte Karl das Zentrum seiner Macht auf die rechtsrheinischen Gebiete verlagern müssen, um von dort aus eine konsequente Reichs- und Kirchenreform einzuleiten, wobei sich wie von selbst die weltlichen mit den geistlichen Interessen innig verknüpften. Die »Grenzmarken«, die Karl im ganzen Osten des Reiches errichtete und befestigte, dienten nirgends so sehr dem Schutze des Reiches vor fremden Völkern; sie waren die Ausgangspositionen der christlichen Mission bei den heidnischen Völkern, mit den Heeren der Markgrafen in die östlichen Länder zogen die Bischöfe

und Mönche, deren Sitze, Kirchen und Klöster als »Bollwerke« militärisch geschützt werden sollten.
Über das ehemals römische Herrschaftsgebiet rechts des Rheins hinaus gab es so gut wie keine Städte, sie wurden als Bistümer gegründet, die Nachschubwege für die Grenzmarken wurden durch Burgen gesichert, die von den Ministerialen besetzt waren, verdienten Beamten Karls, Männern aus der Ritterschaft und dem Adel, aber auch durch erprobte Freisassen, welche mit der Burgbesatzung jederzeit zu Kriegsdiensten herangezogen werden konnten und überdies für den Bau und Schutz der Straßen, aber auch für deren Finanzierung durch Zollerhebung zu sorgen hatten. Karl selbst war in gewissem Sinne stadtfeindlich, er residierte nicht in Paris, wie die Merowinger und die Hausmeier bis Pippin, sondern er baute sich Palast und Kapelle in Aachen – erst nach und nach siedelten sich Hof und Dienerschaft rund um die »Königliche Pfalz« des Karl an, der auf seinen vielfältigen Reisen überall dort, wo er günstige Verwaltungssitze zu erkennen glaubte, derartige Pfalzen, »Königshöfe«, gründete; ein dichtes Netz davon überspannte das ganze Land, sie wurden von Verwaltern Karls bemannt, die diese Sitze, wenn sie auch nur Übernachtungsmöglichkeiten für den reisenden Karl und sein Gefolge boten und oftmals nur eine Tagesreise voneinander entfernt waren, stets in aufnahmebereitem Zustand halten mußten; die größeren dienten auch als Sitz der Gaugrafen, die größten den sogenannten Pfalzgrafen als Residenz, einer neuen Art hohen Adels in unmittelbarem Dienst des Königs, der ebenso wie die hohe Geistlichkeit der Bischöfe fürstlichen Rang besaß, mit Territorium belehnt, wobei den weltlichen Fürsten das Erblehnsrecht zugesichert war, den Bischöfen hingegen nicht – sie waren dem Zölibat unterworfen und hatten also, da sie keine leiblichen Erben haben durften, auch keinen Anspruch auf das Geblütsrecht. Starb ein Bischof, so fiel das Lehen an den König zurück,

wie bei den weltlichen Fürsten, wenn deren Geschlecht ausstarb. Es blieb wie selbstverständlich dem König überlassen, welchem Bischof oder Erzabt er das ihm allein gehörende Territorium verlieh; in aller Stille bildete sich so das Investiturrecht des Königs aus, das später zu einem jahrhundertelangen Streit zwischen den deutschen Königen und den Päpsten führen sollte. In der gesamten Tätigkeit Karls erfolgte die Antwort auf die Frage nach dem Telos, die Frage nach dem Sinn seines Tuns, gewissermaßen durch die Zwänge klarer materieller Forderungen, welche die Ordnung seines Reiches bestimmten. Die gleichen Zwänge führten auch zum »Konzept« dieses Reiches, zu einer Art mystischer Unterbauung dieser Ordnung, wie sie einem König »Dei gratias« notwendig erscheinen mußte.

Durch den inneren wie äußeren Aufbau seines Reiches war Karl zum mächtigsten Herrscher des Abendlandes geworden, eine Stellung, die ihm niemand bestritt, – und außer dem Papst auch niemand bestreiten konnte, und auch dieser nur, wenn er gewillt war, sich auf eine durch die politische Entwicklung längst irreal gewordene Position zurückzuziehen. Das Exarchat war nominell immer noch eine Einrichtung von Byzanz. Die Kaiserin Irene hatte so wenig wie ihre Vorgänger jemals auf die kaiserliche Oberhoheit über Rom und Italien verzichtet, zumal niemals auf den Weltherrschaftsanspruch des byzantinischen Kaisertumes, im Namen des gesamten Christentumes in göttlichem Auftrag zu handeln, ungeachtet dessen, ob das Schisma die römische Kirche und die griechische getrennt hatte. Machtmäßig aber war Byzanz zu dieser Zeit einfach nicht in der Lage, seine Ansprüche real geltend zu machen. Die Spaltung des Islam hatte zu einem mächtigen Kalifat im Osten geführt, zu dem überaus kräftig aufgeblühten Reich des Harun al-Raschid, des Kalifen, der als Sohn einer Sklavin zum Alleinherrscher aufgestiegen war und nun Byzanz mehr bedrohte als eine andere Macht bisher. Die diplomatischen Beziehungen Karls zu Harun al-Raschid waren gut: der Kalif war ein Gegner der Omaijaden-Herrschaft von Córdoba in Spanien, die auch Karl bekämpfte. Die Beziehungen Karls zu Byzanz mußten so lange gespannt sein, als dort der Sohn des Desiderius in mancherlei Verschwörungen seine Thronprätendentenrechte als Langobardenkönig. geltend machen konnte.

Für Byzanz und die griechisch-orthodoxe Kirche galt der Papst nur als ein Bischof von Rom; zwischen den beiden Kirchen tobte ein theologisch-dogmatischer Streit, der sogenannte »Bilderstreit«, um die Frage, ob die Bilder und Bildwerke von Heiligen und Märtyrern anbetend verehrt werden dürften, — dieser Streit wurde nicht von den Kirchen, sondern von der »Schutzmacht« Byzanz entschieden. Aber in diesen Streit konnte sich auch Karl einmischen, der höchst real und nicht nur nominell die Schutzmacht Roms geworden war. Karl hatte sich seit je sehr eindringlich mit theologischen Fragen beschäftigt, die »Civitas Dei« des Augustinus bot ihm klare politische Leitbilder, nun hatte er begonnen, selber zu schreiben; in den sogenannten »Libri Carolini« bestritt Karl grundsätzlich Ostrom, also dem Kaiser von Byzanz, das Recht, Entscheidungen für beide Kirchen zu treffen. Trotz mancher politischer Gegensätze hatte Karl mit Papst Hadrian in einem guten, fast freundschaftlichen Verhältnis gestanden; nun war dieser gestorben, und Papst Leo III., im Jahre 795 gewählt gegen den Widerstand einer starken römischen Partei, sandte, wohl wissend, wie sehr er des Schutzes eines Mannes bedürftig war, der noch kein Anzeichen einer besonderen Sympathie für den neuen Papst gegeben hatte, an den Frankenkönig als Beweis seiner Lehnstreue mit dem Versprechen des Gehorsams und der Treue die symbolischen Schlüssel zum Grabe Petri, vollzog also damit einen weiteren großen Schritt zur Entfremdung von Byzanz und zur Annäherung an den Frankenkönig. Karl hatte, wie man wohl wußte, die Absicht, den von Pippin dem Buckligen eroberten, überaus reichen Awarenschatz dem Papst Hadrian als Zeichen der Freundschaft zu übergeben. Karl antwortete dem Leo, er werde die Kirche gegen Häretiker und Heiden verteidigen; Aufgabe des Papstes sei es, seine Hände wie Moses zu erheben und um den Erfolg der königlichen Waffen zu beten, – eine Formulierung, die offenbar von staatsrechtlicher Bedeutung für das Verhältnis von Reich und Kirche zueinander war.

Kein Zweifel, der Frankenkönig und der Papst befanden sich Schritt für Schritt auf dem Wege zum Kaisertum Karls, wobei der Eindruck vorherrschend bleiben mußte – und auch historisch blieb –, daß die Schritte des Papstes weiter und eifriger waren als die Karls, der wachsam und überlegt immer wieder zu zögern schien.

Leos Eifer hatte erklärliche Ursachen. Der neue Papst wurde von einer mächtigen Clique führender Römer aus der Freundschaft Hadrians beschuldigt, einen scheußlichen Lebenswandel zu führen, samt Ehebruch und Meineid. Während einer Reiterprozession wurde der Papst am 25. April 799 aus dem Hinterhalt überfallen, vom Pferd gerissen, verprügelt und – wie Leo später kundgab – nicht nur seiner Gewänder beraubt: zwei führende Verschwörer bemühten sich, wenn auch vergeblich, ihm die Augen auszustechen und die Zunge herauszuschneiden. Parteigänger Leos konnten ihn retten, sie verbargen ihn in einem Kloster, das er in der Nacht vermittels eines Seiles durch das Fenster verließ, um sich in die außerhalb der Stadt liegende St. Peterskirche zu begeben, von wo ihn der Frankenherzog von Spoleto in Sicherheit brachte. Auf die Nachricht von diesen Vorkommnissen hin lud Karl den Papst ein, zu ihm in das Lager von Paderborn zu kommen, wo der König ein Heer kommandierte, welches nun endlich das ganze Sachsenland zum Zwecke der Taufe und einer umwälzenden Umsiedlung besetzt hatte.

Wie immer verstand es Karl, aus jeder Verhandlung mit

dem Papst ein Politikum zu machen, auch, wenn es sich wieder um rein kirchliche Fragen handelte. In Paderborn inszenierte Karl den Empfang des unglückseligen Heiligen Vaters höchst eindrucksvoll: Sein Sohn Pippin ritt dem Papst mit einer überaus glänzenden Heerschar waffenschwingend und unter Trompetengeschmetter wie zu einer Attacke entgegen – »Schild dröhnte an Schild«, und die Banner flatterten schimmernd über dem Heer.
Dann ordnete sich die Armee zu einem Kreis, in dessen Mitte das Häuflein der hohen Geistlichen unter dem heiligen Banner des Kreuzes versammelt war. Karl stand, alles überragend – er war 1,92 m groß –, »mit schimmerndem Panzer und auf dem Haupt einen goldenen Helm«, im Zentrum und empfing Leo achtungsvoll mit Verbeugung und Kniefall, um seinen Segen zu erbitten, und »schritt dann mit dem Papst Hand in Hand die Front der knieenden Soldaten ab«. Das war genau studiert, kaiserliches Zeremoniell. In der entscheidenden Unterredung aber forderte Karl genaue Auskunft über die Dinge, die man dem Papst vorgeworfen hatte – es waren dies Anschuldigungen mehr moralischer Natur, die Karl ohne weiteres bereit war nicht allzu hart zu beurteilen: das gleiche war ihm selber oft genug vorgeworfen worden. Aber Karl hatte nicht das geringste Interesse daran, die Opposition gegen Leo zu vergrämen, die im wesentlichen aus der Anhängerschaft Hadrians bestand. So erklärte Karl in aller Bescheidenheit, eine neutrale Kommission solle untersuchen, wie Recht und Unrecht verteilt seien, jedoch könne Leo unter fränkischem Schutz nach Rom zurückkehren, wo dann der König »sein Urteil fällen« werde.
Karl ließ sich Zeit, bevor er zu dem geplanten Akt nach Rom reiste. Er erledigte in Ruhe in seinem Frankenreich, was er sich zu erledigen vorgenommen, und selbst nachdem er nach dem Süden aufgebrochen war, suchte er in Italien auf einem Umweg zuerst Ravenna auf, die einstige

Hauptstadt Theoderichs des Großen, wo er als »Carolus Magnus« wie ein Kaiser empfangen wurde – und lange Zeit vor dem Reiterstandbild des großen Herrschers über ganz Italien verweilte. Leo hatte Zeit, sich zu überlegen, welch ein Verhalten Karl wohl von ihm erwarte. Die Kommission zur Untersuchung der gegen Leo erhobenen Vorwürfe hatte sich, durch das diskrete Schweigen der Hadrian-Anhänger beeindruckt, bestimmen lassen, Leos Verhalten ohne erheblichen Makel zu finden und die Ankläger der Gnade Karls zu empfehlen. Karl ritt durch ein Spalier jubelnder Bürger zur Peterskirche, schwang sich dort vom Pferde und schritt die Freitreppe hinauf, ohne, wie es das kirchliche Zeremoniell verlangt, die Stufen zu küssen und den Papst zu umarmen. Er kam als Herr.

Karl war mit dem Ergebnis der Untersuchung nicht zufrieden, er ordnete, gleichsam um die Demütigung des Papstes augenfällig zu machen und dessen Stellung zu ihm ein für allemal festzulegen, eine neue, öffentliche Untersuchung durch eine Synode, also durch hohe Geistliche, an und gewann damit ganz das Herz der klatschsüchtigen Römer, die sich drei Wochen lang an Skandalgeschichten delektieren konnten. Dann fällte Karl den Spruch. Schon in Aachen hatte Karl mit seinen hohen Ratgebern, die fast ausschließlich hohe fränkische Geistliche waren, das politisch klügste Kompromiß ausgearbeitet. Nun verkündete er, der Papst solle sich »freischwören«, er solle sich durch einen Eid »reinigen«. Das bedeutete zweifellos einen »Schimpf für die Würde des päpstlichen Amtes«, wie der dem König am nächsten stehende Berater, Abt Alkuin von Tours, zu bedenken gab, doch stand dies Verfahren durchaus in Übereinstimmung mit den rechtlichen Vorstellungen der Kirche wie des Reiches.

Am 23. Dezember des Jahres 800 beschwor in der St. Peterskirche in Rom Papst Leo III. von der Kanzel herunter in bewegten Worten seine Unschuld, rief Gott zum Zeugen dafür an, daß er die Wahrheit sage, und bemerkte einiger-

maßen überraschend in seinem Schlußsatz, daß dieser Akt kein Präzedenzfall sei.
Aber Karl stimmte mit mächtiger Stimme das Tedeum an.
Merkwürdigerweise waren am Weihnachtstage zahlreiche Große aus allen Gegenden des Frankenreiches, aus Italien und Spanien, von weither und pünktlich in die überfüllte Kirche gekommen, Franken, Langobarden, Bayern und Sachsen, Basken und Angelsachsen, sowie Karls Söhne und Töchter, die ganze Familie, außer Sohn Ludwig, der später »der Fromme« genannt wurde –, und Karl selber, der später und allein in kostbarer römischer Tracht erschien, in der Tunika und mit dem Goldgürtel um den Mantel sowie juwelenbesetzten römischen Sandalen, zum Jubel des römischen Volkes, das sich dadurch offenbar geehrt fühlte und geehrt fühlen sollte. Auf dem Altar ruhte eine prächtige goldene Krone.
Papst Leo III. zelebrierte die Messe. Als Karl sich vom Gebet erhob, ergriff Leo die Krone und setzte sie ihm mit schneller Bewegung auf das Haupt.
Und die Römer riefen dreimal: »Carolo Augusto, a Deo coronato, magno et pacifico imperatori Romanorum, vita et victoria!«
Und das hieß auf deutsch: »Carolus Augustus, dem von Gott gekrönten großen und friedfertigen Kaiser der Römer, Leben und Sieg!«
Und Papst Leo fiel – nach dem Brauch, der am byzantinischen Hof herrschte – dem neuen Kaiser zu Füßen und küßte den Saum der römischen Tunika.
Nach über dreihundert Jahren hatten die Römer wieder einen Kaiser aus dem Westen. Aber hatten ihn nun auch die Franken? Der fleißige und ehrliche Biograph Karls, der ein Vertrauter des Frankenkönigs war, Einhard, berichtet, Karl habe »den Titel Kaiser und Augustus so verabscheut, daß er beteuerte, er hätte die Kirche, obwohl es ein so hoher kirchlicher Feiertag gewesen sei, nicht betreten, wenn er gewußt hätte, was der Papst vorhatte.«

Die riesige Kirche war geschmückt mit den flimmernden Schätzen aus der Awarenbeute, die von Karl auf seiner Reise nach Rom mitgeschleppt und auf viele Ochsenkarren verladen worden war, – dem Awarenschatz, der dem Papste Hadrian hatte geschenkt werden sollen. Die Reaktion auf die Krönung durch Leo geschah von seiten Karls durch einen höchst geschickten Akt: er verschenkte die sagenhaften Schätze sofort und an Ort und Stelle an die Kirchen Roms – nicht ein Stück aber an den Papst.
Zweifellos hatte Leo versucht, Karl zu übertölpeln, ein Akt, den der stolze Karl nie zugeben würde. Aber Karl hatte die Regeln der Zeremonie eingehend studiert und wußte, daß nach dem kirchlich-römischen Gesetz durch den Akt der Krönung nur das Stichwort der Wahl durch die Römer gegeben war, die Wahl selbst erfolgte durch den dreifachen jubelnden Zuruf. Und im Text des Zurufes: »A Deo coronato« – darauf berief sich der Kaiser – war er also von Gott gekrönt; der Stellvertreter nicht Christi, sondern des Heiligen Petrus, der Papst, konnte nur Mittelsperson sein. Von Gott gekrönt und von den Römern und ihren Senatoren gewählt, war Karl eindeutig Kaiser des Römischen Reiches, belastet mit der Aufgabe, das Römische Reich, das Imperium Romanum, auf christlicher Basis neu aufzurichten. Und eben dies gab dem Frankenkönig, der er bleiben wollte, den Sinn seines Tuns, es gab ihm das Konzept seines Reiches in die Hand, es konnte die gesetzliche Wahl nur überhöht werden durch einen mythischen Akt, welcher auch den König der Franken betraf und sein Frankenreich, durch eine Legitimation von höchster Stelle, und diese war Gott, nicht aber St. Petrus und der Papst.
Dies geschah durch eine »Inspiratio Dei«, durch eine unmittelbare Zwiesprache Gottes mit dem Kaiser Karl als König der Franken, derzufolge Karl den bindenden Auftrag erhielt, »das Römische Reich auf christlicher Basis wieder aufzubauen« – den Franken mitgeteilt in dieser

gröberen Form als der spitzfindig theologischen; warum sollte Gott persönlich in seiner Dreifaltigkeit nicht einem so gottnahen Manne, dem König »Dei gratias«, sich offenbaren können? Die Kirche anerkannte Wunder ganz anderer Art, und schließlich war das Alte Testament der Juden doch auch durch eine »Inspiratio Dei« Offenbarung und damit Basis für das Neue Testament Christi geworden – die beiden Offenbarungen gehörten zusammen wie der Stempel und das Stempelbild –, wie das fränkische und das römische Reich.

Jedenfalls konnte nun der Zusammenschluß von Auftrag und Anspruch nicht nur künftig die Ziele des Frankenreiches wie des Christentumes bestimmen, auch im Nachhinein erschien die Politik Karls in allen Einzelheiten in diesem hohen Sinne verständlich und gerechtfertigt.

Das antike römische Imperium hatte seine Macht über die ihm überhaupt nur erreichbaren Gebiete fremder Völker unbedenklich aufgrund des Rechtes seiner Organisation und militärischen Stärke aufgebaut und die dem kleinen Stadtstaat Rom eigentümliche Lebensform als die einer hohen Zivilisation gegen barbarische Freiheitsbegriffe ausgetauscht. Zu dieser Zivilisation gehörte der Verzicht auf jeden Versuch, etwa die römischen Hausgötter gegen die verschiedenen Religionen der eroberten und verwalteten Völker durchzusetzen.

Hatte bislang der Expansionsdrang Karls und der Karolinger durchaus römisch-imperiale Züge gehabt, so wurde er nun durch seine christliche Mission getragen und überhöht. Das antike römische Imperium hatte aus weit mehr Territorium bestanden, als dem Frankenreich bislang zusammenzurauben gelungen war. Da war Byzanz, Ostrom also, das sich bis weit in den Orient und nach Asien vorschob, da war am südlichen Rande des Mittelmeeres der Islam, geteilt nun in die Herrschaft von Spanien und die von Bagdad, da war Pannonien, das nach wie vor von nomadischen Völkern als Steppenland beansprucht wurde, und da war schließlich Britannien, ein Land, das nun im Begriffe war, den Angelsachsen in die Hände zu fallen. Im gleichen Jahr 800, da Karl zum Kaiser gekrönt wurde, hatte der König von Dänemark Skandinavien zu einem nordischen Großreich zusammengefaßt und schon zu einer weiteren Völkerwanderung skandinavischer Stämme angesetzt – nach den Raubzügen der sogenannten Juwikinger fuhren dann andere Seegermanen, die sich Nordmänner oder Normannen nannten, planmäßig zu Eroberungszügen über Ost- und Westmeere und drangen in Nordalbingien, das von Friesen und Sachsen bewohnt war, ein, sie landeten später auch in England und im Norden Frankreichs und kehrten, entgegen den bislang gewohnten Bräuchen der Juwikinger, nach Raub und Plünderung nicht mit ihrer Beute beladen in ihre Heimat zurück. Karl mußte bis an sein Lebensende gegen die Dänen, gegen die Sachsen und schließlich auch gegen die Normannen kämpfen. Das Problem von Byzanz gedachte Karl auf eine für ihn und seine Politik durchaus typische Manier zu lösen: Zwei Kaiser herrschten auf dem Territorium des antiken Rom, Karl und die Kaiserin Irene von Byzanz, eine vitale und energische Frau, die den eigenen Sohn, als dieser sich gegen sie stellte, blenden ließ und sich nur mit Eunuchen umgab, weil sie fürchtete, ihr Impetus könne durch männliche Überlegenheit beeinträchtigt werden. Karl pflog ernsthafte Verhandlungen in Byzanz mit dem Vorschlag, Irene zu heiraten, – er war nach fünf Ehen nun wieder frei und fand, als Kaiser könne er nur auf gleicher Ebene, mit einer Kaiserin, verheiratet sein – Irene war zum Erstaunen ihrer Zeitgenossen dem Plane Karls durchaus nicht abgeneigt; doch wurde nichts daraus, da Irene starb. Auf gleiche Weise hatte Karl die Freundschaft und Verschwägerung mit Bagdad gesucht, er bot eine seiner Töchter dem Kalifen Harun al-Raschid als Schwiegertochter an – auch aus diesem Projekt wurde nichts, es wurde zurückgestellt, als Karl starb.

Der gewaltige Mann hatte sich selbst überlebt. Er hatte 806 sein Testament gemacht und mit ihm zumindest den Gedanken der christlichen Einheit aufgegeben: Er hatte in diesem Testament, noch den Vorrang des Geschlechter-Geblütsrechts im Gedanken, für den Fall seines Todes die Teilung der Herrschaft angeordnet: in Unterkönigreiche, von denen sein dritter Sohn Ludwig Südfrankreich, Pippin Italien und Oberdeutschland südlich der Donau und der Sohn Karl das eigentliche fränkische Kerngebiet zwischen Loire und Elbe erhalten sollten. Über den Kaisertitel äußerte sich Karl in seinem Testament nicht. Über die völlig unbegreifliche Unvernunft dieses Testaments siegte die Vernunft der Geschichte selbst. Karl und Pippin starben noch vor dem Tode des Vaters. So wurde Ludwig, den die Geschichte den »Frommen« nannte, der Nachfolger im Gesamtreich, während der Sohn Bernhard des Pippin das einzige Unterkönigtum Italien erben sollte. Karl erhob Ludwig im Jahre 813 in Aachen zum Mitkaiser, ohne sich auch nur im mindesten um eine päpstliche Autorität oder Souveränität zu kümmern, und hieß Ludwig sich selbst die Krone aufsetzen. Und: nun akklamierten die fränkischen Großen dreimal, ähnlich wie die Römer, womit – erste Anzeichen der Möglichkeit eines Wahlkönigtumes – die Franken wie die Römer als Reichsvolk hervortraten.
Karl starb am 28. 1. 814, zweiundsiebzigjährig, ohne die Möglichkeiten zu hinterlassen, derentwegen er das Reich geschaffen und mit einem Konzept für die Zukunft versehen hatte.
Ludwig wurde »der Fromme« genannt, weil seine Erziehung und seine Lebensführung ganz in den Händen der hohen, fränkischen Geistlichkeit lag, und weil er der einzige war, der sich gegen den »sündhaften« Lebenswandel seines Vaters zu empören den Mut gefunden hatte. Karl war im gleichen Maße lenden- wie geistesstark: er war fünfmal verheiratet und hatte eine große Anzahl der Damen seines Hofstaates und nicht nur solcher Assiette in

einer Art Harem in seinem Aachener Palaste zusammenleben lassen. Er hatte also viele Kinder legitimer, halblegitimer und gar nicht legitimer Art, von denen die Söhne nach dem Erbrecht ihre Ansprüche erheben konnten, die Töchter aber sorgfältig für politische Zwecke und Ehen aufgespart wurden. Karl liebte seine Töchter sehr, bewahrte sie aber strenge im Grade ihrer politischen Kostbarkeit auf. Innerhalb des Palastes ließ er ihnen alle Freiheit, und die saftig-lebenshungrigen Mädchen nutzten ihre Freiheit auf die natürlichste und angenehmste Weise aus. Der »Harem«, der innerste Palast mitsamt seinem Swimmingpool, in welchem sich Karl mit seinen Töchtern oft und gern tummelte, war in den Augen der Frommen ein Sündenpfuhl und Hexenkessel, ein Hort der Lüste und der Völlerei.

Von altersher empören sich die Söhne gegen die Väter, zumeist in der Intimsphäre, auch wenn es sich im Grunde um reine Machtfragen handelt. Auch Vater Karl war fromm, in seiner Beziehung zu Gott aber keineswegs auf moralischer Basis, auf die sich Sohn Ludwig flüchtete, indem er sich einer fast mönchisch-asketischen Religiosität befleißigte. Unterstützt und getrieben war er dabei von der klösterlichen Reformbewegung des Abtes Benedikt, der in der Nähe Aachens das Kloster Cornelimünster erbaute und im Sinne einer kirchlichen, aber auch weltlichen Reformgesetzbewegung den neuen Kaiser beriet. Im Zuge dieser Bewegung dienten sich vornehmlich Äbte der Klöster zu den höchsten geistlichen und weltlichen Stellen empor, — zuletzt der Abt Hatto von Reichenau, von dem die Sage vom Binger Mäuseturm kündete.

Für die Kirche, wenn auch nicht für das Papsttum, war das sogenannte »fränkische Jahrhundert«, vom Tode Karls bis zur Wahl des ersten deutschen Volkskönigs Heinrich, ein Jahrhundert der inneren Erneuerung und des Aufschwunges.

Durch die Konstituierung des Kirchenstaates mit Hilfe der

Karolinger war der Papst ein Landesfürst des großfränkischen Reiches geworden, — der erste unter den Bischöfen, aber auch der letzte unter den Landesfürsten. Die Päpste dieses Jahrhunderts hatten aber auch die Möglichkeiten und den Impetus, die Macht der Landesfürsten zu stärken und daran entscheidend teilzuhaben. In geschlossener Marschordnung schoben sich während der weltlichen Wirren die fränkischen Bischöfe und Erzbischöfe zum Status mit den weltlichen Fürsten gleichberechtigter Landesfürsten hoch, — einer brachte es sogar zum Regenten, eben jener Hatto, der Erzbischof von Mainz.

Innerhalb der Konzeption des Kaisers Karl, in der auch beschlossen war, aus der Vielzahl der Völker des Reiches ein einheitliches Christenvolk zu machen: ein Gott, eine Kirche, ein Kaiser, — wurde im Zuge der Verwirklichung sofort die List der Idee im natürlichen Wechselspiel deutlich. Im fränkischen Jahrhundert der Kirche konnte diese blühen, wachsen und gedeihen — das Reich der Karolinger versank in die tiefste Wirrnis, um schließlich, geteilt und zerrissen, unter ganz neuen Verhältnissen ein neues Reich aus den Trümmern erstehen zu lassen.

Karl hatte von seinem Vater alle Möglichkeiten seines Reiches geerbt, Ludwig der Fromme alle Unmöglichkeiten. Zu diesen gehörte das Karolinger-Hausgesetz, dem Karl noch gehorchte, als er sein Testament machte, das durch den Tod seiner beiden ältesten Söhne hinfällig wurde. Sicherlich im Bewußtsein der Herrschaft des Geschlechtes, hatte Karl im Besitze großer Lendenkraft für so zahlreiche Nachkommen gesorgt, daß an ein Ende der Geschlechternachfolge nicht gedacht werden konnte. Dadurch aber mußte Ludwig an eine Gefährdung der eigenen Familie innerhalb des Geschlechtes denken, angesichts einer so großen Vielzahl von Prätendenten mit wohlbegründeten Machtansprüchen, und er mußte die Familie gegen das Geschlecht sichern, einen Ausgleich zwischen dem Teilungs- und Einheitsprinzip suchen: er erhob im Jahre 817 seinen ältesten Sohn Lothar zum Mitkaiser, mit der Zusicherung der Nachfolge. Am Rande des Reiches – in Aquitanien und in Bayern, den beiden Ländern, die immer eine Sonderstellung innerhalb des großfränkischen Reiches beansprucht hatten – sprach er den beiden jüngeren Söhnen, Pippin I. in Aquitanien, Ludwig (der später »der Deutsche« genannt wurde) in Bayern, die Herrschaft als Unterkönigen zu, die aber politisch dem Kaiser vollständig untergeordnet sein sollten. Das war eine Konstruktion, die von vornherein prädestiniert war, das Reich zu sprengen. Als erster begehrte gegen diese Fehlkonstruktion der Unterkönig von Italien, Bernhard, auf, Sohn Pippins, Enkel Karls, dessen Position plötzlich unhaltbar zu werden schien. Bernhards Aufstand wurde von Ludwig dem Frommen im Keime erstickt, der seinen Neffen blenden und nach dessen Tod, am 17. April 818, vier Jahre lang sich vom Gewissen beißen ließ, bis er 822 für seine Mordtat öffentliche Kirchenbuße tat, wie die Chroniken berichteten.

Über das fränkische Jahrhundert im Reiche berichteten die Chronisten zum Leidwesen der Historiker sehr wenig. Große Persönlichkeiten, wie Karl, hatten zugleich mit ihrer Ausstrahlung ihre Hofbiographen, – die Kleinen konnten sich diese nicht leisten. Die Nachfolger Karls vermochten keine Gelehrten zu reizen, sich mit den historischen Fakten und Daten zu befassen, zumal diese Gelehrten auch fast ausnahmslos Geistliche waren, sich aus den Klöstern bei ihren mannigfaltigen Möglichkeiten zu wissenschaftlicher Ausbildung zu Lehrern und Ratgebern entwickelt hatten und ihre Fähigkeiten lieber in den Dienst der Kirche stellten als in den der Teilfürsten, die nichts Besseres wußten, als sich gegenseitig zu bekämpfen. So ähnelt die Geschichte der Endkarolinger auf eine peinliche Weise jener der Merowinger. Der unaufhaltsame Niedergang verlief bei beiden Geschlechtern in gleicher Weise. Die Söhne Ludwigs bekämpften den kaiserlichen Vater, wobei sie öfter die Fronten wechselten, mit Lothar gegen den Vater, dann mit dem Vater gegen Lothar. Das geschah zu niemandes Vorteil außer dem der Feudalherren, die durch die Teilung für ihre Lehen und Machtpositionen fürchteten und sich jeweilig mit den von gleichen Interessen geleiteten Landesfürsten, aber auch mit den hohen Geistlichen der Kirche verbündeten, so daß nun auch der Schwung der Kirchenreform erlahmte, in dem Augenblick, als es um Machtpositionen ging. Wieder war es so, daß schließlich die einzige Sicherheit im Neugewinn von Territorien lag – in der Naturalwirtschaft, welche die Basis des gesamten Wirtschaftslebens darstellte, wurden die Kämpfe um Besitz am Ende auf Kosten und auf dem Rücken der Bauern ausgetragen, deren Terrain, vermischt mit dem der Kirche, in jenem der großen Grundbesitzer lag. Die unterliegenden Bauern wurden hörig, sie mußten ihre Abgaben an den Grundherrn und ihren Zehnten an die Kirche mit Arbeit auf den Feldern ihrer Herren leisten. Die Freisassen, die sich gerade eben unabhängig halten konnten, waren zu Kriegsleistungen verpflichtet, sie stellten die Krieger zu den Kriegen ihrer Herren, die sie nichts angingen, und da sich die Auseinandersetzungen der Großen und der Kleingroßen stets ohne Rechtsverfahren in blutigen Wirren vollzogen, wurden Soldaten in steigender Anzahl gebraucht. Die Folgen waren Hungersnöte und Seuchen, welche stets die Armut begleiten. Es gab keine zentral geleitete Verwaltung mehr, die Ministerialen Karls wurden zu Beamten der Teilfürsten. Von außen wurde das großfränkische Reich, nun ohnmächtig zu jeder geschlossenen Gegenwehr, durch die Ungarn bedroht, ein neu auftauchendes Nomadenvolk, welches, nachdem es die Awaren überwältigt hatte, in wilden Raubzügen in die Grenzgebiete des Reiches eindrang, Beute machte, Klöster und Kirchen einäscherte und die Gefangenen mitnahm, um sie in die Sklaverei zu treiben. Über See kamen die Normannen, ihre flachkieligen Boote fuhren die großen Ströme weit flußaufwärts; wenn sie ankern mußten, nahmen die Seeräuber den Bauern die Pferde weg und ritten weit landeinwärts zu neuen Überfällen. Wo die Juwikinger nicht sofort zurückgeworfen werden konnten, legten sie befestigte Lager und starke Burgen an, in denen sie Nachschub und Verstärkung abwarten konnten, und gingen dann systematisch daran, ihre Stützpunkte zu mächtigen Territorialherrschaften auszuweiten.

Als Ludwig der Fromme am 20. Juni 840 starb, hinterließ er seinen Söhnen Lothar und Ludwig – Pippin war 838 gestorben – ein politisches Trümmerfeld und einen weiteren Sohn aus zweiter Ehe, Karl den Kahlen, und mit diesem und seinen Machtansprüchen den offenen Bruderkrieg. Nominal-Mitkaiser Lothar trieb Ludwig aus der Wormser Gegend, die dieser zu okkupieren versucht hatte, nach Bayern zurück, bekriegte dann Karl den Kahlen, der Lothar das Kerngebiet um die Loire streitig machte, worauf Ludwig die Schwaben, die Lothar ihm entgegengesetzt hatte, schlug und sich mit Karl verbündete. Am 25. Juni 841 kam es zur Schlacht bei Fontenoy bei Auxerre, in welcher die drei Brüder ihre Heere ausbluten ließen, in einem Maße, welches die Chronisten als eigentlichen Grund des vollständigen Versinkens der fränkischen Kampfkraft bezeichneten. Lothar gab sich geschlagen, versuchte jedoch noch einmal Hilfe zu erlangen: bei den sächsischen Freien und bei den Wikingern, denen Lothar die Insel Walcheren als Lehen übertrug. Karl und Ludwig aber bekräftigten ihr Bündnis zu Straßburg mit feierlichen Eiden, in althochdeutscher und in altfranzösischer Sprache, in ganz neuen Sprachen also, das gemeinsame Latein verstanden zwar noch die Fürsten untereinander, die Heerhaufen aber nicht mehr.

Endlich mußten sich die drei Brüder zu Verhandlungen bequemen. Der Vertrag von Verdun (August 843) führte zu einer neuen Verteilung: Karl der Kahle erhielt Westfranken, Ludwig die rechtsrheinischen Gebiete und Lothar

Italien sowie einen langen Gebietsstreifen von Friesland bis zu den Alpen, der im Osten vom Rhein und im Westen von Schelde, Maas, Saone und Rhône begrenzt war. Ludwig gelang es, Brückenköpfe über den Rhein hinaus für sich zu gewinnen, die Diözesen Mainz, Worms und Speyer. Diese Teilung sollte einer Vereinheitlichung des großfränkischen Reiches dienen, -- statt einer Zentralgewalt also eine Art Föderation. Keinem der an dieser Neuordnung beteiligten Karolingerkönige konnte auch nur der Gedanke gekommen sein, daß sich hier verschiedene Völker in einem gemeinsamen Rahmen zu finden suchten. Aber es gehört zur List der Idee, daß tatsächlich in der Grenzlinie der Teilkönigtümer so etwas wie eine Sprachgrenze sichtbar wurde. Das großfränkische Reich kannte noch kein *Volk*, wohl aber eine *Bevölkerung*, aus drei Schichten bestehend, aus der Herrschaftsschicht der geistlichen und weltlichen Fürsten, aus der Verwaltungsschicht des Adels, welche die Herrschaftsschicht speiste, und aus der großen Masse einer beherrschten Bevölkerung, die sowohl sprachlich in Dialekten als auch rassisch in abgestuften Mischstammestümern lebte, in allen drei Teilen des großfränkischen Reiches unter den Spätkarolingern, wobei der Prozeß einer Volkwerdung in Sprache und Stamm in Westfranken und in dem Zwischenlande weiter fortgeschritten war; diese Gebiete hatten sich unter römischer Verwaltung befunden, während die Länder Ostfrankens niemals eine einheitliche Verwaltung erlebt hatten und vor allem keine Städte kannten, oder nur soweit, wie die römische Herrschaft gereicht hatte.

Carolus Magnus, der erste Kaiser des Abendlandes, hatte Latein und Griechisch, die Sprachen der Geistlichen, der Gelehrten und Kanzleien fließend beherrscht. Er lernte erst in späteren Jahren lesen und schreiben, – zur Zeit, als er die »libri carolingi« herausgab. Zu Hause, in der Familie und mit den fränkischen Großen seiner Umgebung sprach Karl »thiudisk«, – eine Mischsprache der verschiedensten Dialekte und Idiome seines Reiches, eine Art »Kisuaheli« – in der Kanzleisprache galt »thiudisk« einfach als die »andere Sprache«, als Nicht-Latein, als die Sprache, in welcher sich die Herrschaftsschicht mit den »Eingeborenen« verständigen konnte, wenn sie es überhaupt für notwendig hielt, sich von oben herab mit diesen zu befassen.

In Westfranken, dem ehemaligen römischen Gallien, bestand zweifellos ein stärkeres Bedürfnis und eine jahrhundertelange Gelegenheit, die Volkssprache mit der Herrschaftssprache zu verquicken, – in Ostfranken bestand diese Gelegenheit nicht. Die Sprachenregelung der Straßburger Eide, die sowohl in Altfranzösisch wie in Altdeutsch den beiden verschiedenen Heerhaufen vorgetragen wurden, zeigte das Resultat dieser verschiedenartigen Entwicklung.

Unter Ludwig dem Deutschen diente das Wort »deutsch«, »thiudisk«, demzufolge noch nicht zur Kennzeichnung Ludwigs als eines »deutschen Königs«, als König eines »deutschen Volkes«, sondern als des fränkischen Herrschers über ein Reich, in welchem sich die Bevölkerung »thiudisk« verständigen konnte.

Das ostfränkische Teilkönigtum war räumlich wie in der Bevölkerungszahl das kleinste der drei fränkischen Reichsgebiete, es war das ärmste, am wenigsten entwickelte, ohne Zentren und Städte, ohne Wege trotz der Anstrengungen Karls. In diesem Reich, welches etwa 3 Millionen Einwohner hatte, waren die einzelnen Siedlungsgebiete durch weite Strecken Ödnis im Norden, im Osten und Süden durch dschungelartige Wälder getrennt, oder durch Gebirgszüge, die nur mühselig durch rauhe Pässe zu überwinden waren. Ludwig der Deutsche residierte in der Feste Königstein im Taunus, einer stattlichen Burg, die Ludwig der Fromme erbaut hatte. In nächster Nähe, in Frankfurt am Main, befand sich der Königshof, in welchem sich die Synoden zu versammeln pflegten, die geistlichen Konzilien, wie auch die weltlichen Reichstage. In ungefähr gleicher Entfernung aber war die Kanzlei des Unterkönigs in Mainz, jene Kanzlei, welche die Regierungsgeschäfte Ludwigs erledigte und dem Erzbischof unterstand, welcher sich allmählich und unter dem Zwang schriftgebundener, dokumentarischer Verwaltung zum Erzkanzler des Ostfrankenreiches erhob.

Es ging um das Volk

Sicherlich geleiteten schon Priester und Mönche in reichlicher Zahl die fränkischen Heere, redlich bemüht um ihre Aufgabe, und sicher beteiligten sie sich auch wie die Ritter redlich an der »fränkischen Landnahme« im wahren Sinne des Wortes. Es war ja so viel unbebautes Land da: die Kelten siedelten immer nur auf den besten Böden, sie scheuten den Wald, aus dem die Germanen hervorzubrechen pflegten. Nun siedelten sich in den schönsten Landschaften, die den Kelten meist als unfruchtbar galten, die Mönche an, sie gründeten Klöster in den lieblichsten Tälern, zu denen der Löß nicht gelangt war, sowie auf den beherrschenden Höhen, von denen der Wind den Löß hinweggefegt hatte. Die Väter und Brüder der verschiedenen Orden rodeten den Wald, sie bearbeiteten gemeinsam den Boden als billigste Arbeitskräfte, und sie zogen für ihre geistliche Hilfe den Zehnten ein, ohne es zu verschmähen, wenn ihnen die freien Bauern mit mancherlei Handleistung zu Hilfe kamen – um Gottes Lohn. Die Landnahme der Kirche hatte bald größeren sichtbaren Erfolg in der Herrschaft als die der Ritterschaft, die Geld kaum anders kannte als in der Form von Beute. Goldmünzen im Umlauf fanden sich nur im Besitze der keltischen Landsässigen, die seit je mit ihren Produkten gehandelt hatten. Die Klöster waren reich durch den Zehnten, indes die Ritter mitsamt ihren Hintersassen auf deren Afterlehen für Kriegsdienst und Handelssicherheit aufzukommen hatten. Kirchlich gehörte das Land von Anfang an zu dem mächtigen Sprengel von Mainz.

Die ersten, neugetauften Christen des neuen Frankenlandes konnten sich noch sehr lange nicht von ihren heidnischen Göttern lossagen, brachten ihnen Versöhnungsopfer, riefen heimlich immer wieder die Mächte des Blutes und der Natur an: die Dämonen des Waldes und des Wassers, des Himmels und der Wolken; vermischten die alten Götter mit der christlichen Lehre vom Teufel und dessen gefallenen Engeln, den Geistern – nicht nur in ihren Märchen, sondern auch in ihren Sitten und Gebräuchen blieben Hexen, Gnomen, Elfen, Feen, Riesen und Zwerge Zeugen des immerwährenden Kampfes zwischen Christentum und ursprünglicher Gottesverehrung, die nicht vom Heiligen Geiste, sondern von dem, wie sich Gott-Natur offenbarte, bestimmt wurde. Die Kirche konnte sich gar nicht auf ihren eigentlichen Aufgabenbereich beschränken, sich um die Seelen der Menschen zu kümmern – diese Seelen kehrten ständig wie die Mäuse des Animismus zu den Gesetzen der Natur und deren Verehrung zurück, und die Kirche mußte sie verfolgen bis in alle Gebiete der Materie hinein.

Die besondere Stellung der fränkischen Ritterschaft aber war die Folge einer einzigartigen, die gesamte Zukunft des Landes bis auf den heutigen Tag bestimmenden Entscheidung. Der Merowingerkönig des großfränkischen Reiches, der jüngste, blutbefleckte, usurpatorische Sohn der Chlothilde, Chlothar, war auf seinem Wege zur Macht den eigenwilligen Herzögen jenseits des Rheines begegnet, er hatte den Herzog von Bayern auf kriegerische Weise zur Gefolgschaft zwingen müssen. Bei der Eroberung des großthüringischen Reiches fand der Sieger in den Wäldern und Schluchten des Thüringer Waldes eine so vielfältig in sich gemischte Bevölkerung vor, Reste der Völkerwanderung neben bodensässigen Kelten, aber nun auch slawische Volkssplitter, Wenden und Sorben, daß politische Einsicht empfahl, den Nordteil des eroberten Reiches nicht aus der Ferne zu verwalten. Hier, im Thüringer Waldgebiet, setzte also Chlothar I. (511 - 561) einen ihm ergebenen Großen als Herzog ein, der mit nicht allzu starker

Hand die örtliche Verwaltung des Landes Thüringen leiten sollte. Die südlichen Teile des Irmenfriedschen Reiches aber, die Gebiete am Obermain und das Grabfeld waren höchst gleichmäßig durch Kelten besiedelt, welche geduckt in ihren Fliehburgen die Wellen der Völkerwanderung über sich hatten wegspülen lassen. Dies Land sollte keinen Herzog, keinem der immer von neuem widerspenstigen Großen des Reiches ausgeliefert werden – Franken wurde »Dominal-Provinz«, – eine defensive Grenzmark, deren Herrschaft im Königtum des fernen Paris dominierte, deren Administration aber in die Hände der an der Landnahme beteiligten Mächte gegeben werden sollte. Franken wurde nach dem Muster der kunstvollen römischen Verwaltung eine Art Soldatensiedlung, welcher nunmehr eine Art Mönchssiedlung beigegeben war, – der Begriff und die Aufgabe der Grenzmark artikulierte sich hier in Franken zum ersten Male.

Keine Herzöge also ritten dem fränkischen Heere der Landnahme voran, Berufssoldaten unter ihren berufenen Führern zogen in das Land, das als »Ostfranken« zum Unterschiede von dem eigentlichen Frankenreich bis zu dessen Untergang diese Bezeichnung beibehielt, – um dann zum eigentlichen Kerngebiet des Heiligen Römischen Reiches Deutscher Nation zu werden.

Das ganze, große Gebiet, das von Tacitus »Germania« genannt wurde, kannte keine Städte. Die Kelten wohnten in ihren Siedlungen, deren Form und Art durch die Verhältnisse des Bodens bestimmt wurden, den sie bearbeiteten. In Zeiten der Not zogen sie sich in ihre Fliehburgen zurück, mehr oder weniger befestigte Ringwälle, an Punkten angelegt, die der defensiven Strategie entsprachen. Nun aber bauten plötzlich die landsässig gewordenen Hauptleute mit ihren Reisigen an eben jenen Punkten ihre festen Burgen, Fels und gehauenen Stein miteinander verbindend, Burgen, die nicht nur als Wohnsitz dienten, sondern auch zu Verteidigungszwecken der Grenzmark bestimmt waren. Zu den Aufgaben der Burgherren gehörte aber auch die Verwaltung des neuen, man kann sagen, staatlichen Gebildes: die Einziehung der Steuern, der Bau und die Überwachung der Straßen, die Erhebung der Straßenzölle, welche den Bau der Straßen gewährleisten sollten, rein staatliche Aufgaben also, wie die Römer sie ihren Statthaltern und Beamten auferlegt hatten. Es sollten diese Männer, die meist vornehmen Geschlechtern entstammten, nun aber ihrem Geschlechternamen den Ortsnamen ihres Burgsitzes hinzufügten, mit ihren Familien und Reisigen vom Lande leben. Also wurden ihnen von den fränkischen Königen Burg und umgebendes Land als Lehen zugewiesen, als Erblehen, als Sold und Pension gleichermaßen. Ihr Kriegsgefolge, ihre Reisigen zu unterhalten und zu entlohnen, gaben die Burgherren, die zugleich Führer ihrer Haufen waren, ihnen von ihren Lehen sogenannte Afterlehen, von denen jene Sold und Brot empfingen. Eine eigene Patrimonialgerichtsbarkeit ließ den Burgherren die Entscheidung über Recht und Unrecht innerhalb der Patrimonialherrschaft.

Aber die fränkischen Könige machten einen Teil dieser »Dominal-Provinz« auch zu ihren Privatdomänen, »Königshöfe« oder »Königsgüter« genannt, die von »armen Rittern« oder aber auch von Äbten nahe liegender Klöster verwaltet wurden, und auf denen die Könige residierten, wenn sie auf ihren Reisen in das Land kamen, Reisen, die mehr oder weniger der Huldigung, aber auch der Kontrolle dienten. Zur Kontrolle diente auch die Einsetzung der Sendgrafen, die entweder von den Königen unter den landsässigen Burgherren ausgewählt oder aber von diesen vorgeschlagen und genehmigt wurden. Die Sendgrafen vertraten die Souveränität der Könige zuverlässiger als die Herzöge, die ihrer ganzen Herkunft und Stellung nach in all ihrem Tun stets eigenen politischen Ehrgeiz entwickelten und dazu neigten, die Macht der Könige einzuschränken, – oder gar selbst den Weg zum Königtume zu beschreiten.

Die Karolinger, die als Hausmeier der Merowinger genau hatten erkennen können, wo die Problematik des neuen, sich bildenden Frankenreiches lag, übernahmen nach dem schwächlichen Abstieg der Merowinger, die von 481 bis 751 herrschten, diese Problematik – erst Carolus Magnus gab der Souveränität der Könige, nachdem es ihm bereits gelungen war, eine ganze Anzahl von ihnen auszurotten, die eigentümliche Legitimität wieder, indem er der Krönungsformel zum Königtum die Worte beifügen ließ: Dei gratia! Hinfort waren Könige von Gottes Gnaden.
Und Carolus Magnus fügte dem Herrschaftssystem der Merowinger in Ostfranken zu den Königsgütern und Königshöfen die sogenannten Pfalzen hinzu, symbolische Herrschaftszentren, aber kaiserliche Absteigquartiere und provisorische Hofhaltungen zugleich, verwaltet von Pfalzgrafen, einer neuen Stufe in der Hierarchie der Ministerialen, einem Hoch-Adel, der dem Kaiser allein und nicht irgendeinem anderen Fürsten in Verantwortung stand, einem Dienstadel also, der durch Erblehen zum Erbadel wurde. Eine Pfalz hatte Carolus Magnus auch im Grabfeld, auf der Salzburg bei Neustadt – aus dem nahe Neustadt gelegenen Dorfe Maßbach holte sich der Kaiser seine dritte Frau: Fastrata! Noch unter dem letzten Merowinger, Childerich III., sandte Papst Gregor II. im Jahre 718 einen eifrigen Bekenner der Kirche, einen 43jährigen Mönch aus edlem irischen Geschlecht namens Bonifatius, nach Ostfranken, von dort aus als Missionar das Christentum weiter zu verbreiten. Auch der Abt von St. Gallen, für die südlichen Länder, die solange unter römischer Herrschaft gestanden hatten: Bayern und Schwaben, mit dem gleichen Auftrag bedacht, war Ire – es mußte den Iren besonders gelingen, in den Fragen des Seelenheils gerade bei den Kelten eindringliche Wirkung zu erzielen. In der Tat begann Bonifatius mit irischem Temperament im Thüringer Land seine Tätigkeit, wobei es ihm gleich wert schien, die letzte Irminsäule, das Heilig-

tum der heidnisch gebliebenen Thüringer, umzustürzen, wie auch die Donareiche bei Geismar, dem Donnergott der Germanen gewidmet, zu fällen –, Ereignisse, die jedenfalls die Ohnmacht der alten Götter zu beweisen schienen und es Bonifatius ermöglichten, die Benediktinerabtei Fulda zu gründen, von der aus die kirchliche Gewalt und Herrschaft auch im Grabfeld und in ganz Franken zu konsolidieren gelang. Die Abtei in Fulda war 751 dem päpstlichen Stuhl ebenso unmittelbar unterstellt wie die Ritterschaft der Dominal-Provinz dem König und dem Reich. Der gewaltig anwachsende Grundbesitz der Kirche führte zur Immunität den weltlichen Gewalten gegenüber, obwohl sich die Merowingerkönige immer dem Papste gegenüber zumindest das Einverständnis mit der Wahl der in ihrem Bereiche wirkenden Bischöfe ausbedungen hatten. Nun aber besaßen die Erzäbte der Abtei das Primat unter den Benediktinerklöstern im ganzen Reiche, – sie wurden 1170 Reichsfürsten und bildeten einen Territorialstaat. So leitete Bonifatius schon vor Beginn der eigentlichen Geschichte der Deutschen eine Variante in dem immerwährenden Streit zwischen der geistlichen und weltlichen Gewalt ein, der erst mit der Auflösung des Heiligen Römischen Reiches Deutscher Nation enden sollte, aber auch danach von Zeit zu Zeit immer wieder aufflackerte. Bonifatius selber wurde 723 Bischof und gründete die Klöster Ohrdruf, Fritzlar, Tauberbischofsheim, Kitzingen, Ochsenfurt, Heidenheim – 732 zum Erzbischof von Mainz ernannt, errichtete er die Bistümer Passau, Regensburg, Freising, Salzburg, Würzburg, Erfurt und Eichstätt –, Bistümer, die alle den Erzbischöfen von Mainz unterstanden und diesen eine gewaltige Macht im künftigen Reich sicherten: Die Erzbischöfe von Mainz wurden Erzkanzler des Reiches, später wählten sie als Kurfürsten die deutschen Kaiser mit. Bonifatius wurde 754 im fernsten, nördlichsten Teil des neuen Reichsgebildes, in Dokkum an der Unterweser, von freien Friesen erschlagen.

Von Anfang an aber bedeutete die Beteiligung der Geistlichkeit an der Landnahme eine ständige Einbuße der ritterschaftlichen Gewalt, sie forderte sofort die Widersetzlichkeit der Burgherren heraus. Bonifatius hatte 741 seinem Schüler Burkhard das dem Erzbistum Mainz unterstellte Bistum Würzburg übergeben, die Bischöfe von Würzburg erwarben im 10. Jahrhundert den Grafenstand, das Grabfeld gehörte nunmehr zum Hochstift Würzburg und sollte ihm bis zur Säkularisation 1805 verbleiben. Waren die vier fränkischen Bistümer – Bamberg und Eichstätt kamen in den ersten Jahrhunderten des Heiligen Römischen Reiches Deutscher Nation hinzu – zu Beginn nur geistliche Stellen, für welche der dotierte Grundbesitz bloß als bischöfliche Pfründe zum Unterhalte der Bischöfe und ihrer Capitulare bestimmt war, so bildete sich aus dem stets wachsenden Länderbesitz dieser Bischöfe schon bald neben der geistlichen auch weltliche Macht, und die Bischöfe standen als Mächtige und Große den Dynastien des Landes gleichgewichtig zur Seite, hatten wie die weltlichen Herren Vasallen und Hörige, verteilten Lehen und verliehen Ländereien und besaßen die eigene Gerichtsbarkeit, – es bildete sich auch bei ihnen die Landeshoheit aus, die sie später als Fürsten des Reiches besaßen. Die beste Waffe dieser geistlichen Herren gegen die widersetzlichen Ansprüche der reichsfreien Ritterschaft aber bestand im Laufe der Zeit in der Gepflogenheit der Kirche, bedeutende Männer hervorragender Geschlechter als Bischöfe einzusetzen, anderen Edlen die nichtgeistliche Pfründe als Domherren zu beschaffen, für eine geringe Tätigkeit, die der Kirche nur wenig nützen, niemals aber schaden konnte, jedenfalls aber auch den herben Machtansprüchen der Ritterschaft gegenüber den sanften Hinweis erlaubte: unter dem Krummstab sei gut leben!

Wirklich gedieh im Schatten der Kirche alle Kultur unvergleichlich besser als in dem der Burgen und Schlösser. Die Klöster wurden die Pflanzschulen des Wissens, das zu Beginn zum Glauben in wohltätiger Korrespondenz stand. Klöster wurden die ersten Schulen überhaupt, in ihnen bildeten und schieden sich die Wissenschaften, die abstrakten und die forschenden. Wenn die deutsche Sprache zuerst im Abschliff der verschiedenen Idiome der Urvölker im neuen Volke selbst entstand, – geformt und dokumentiert wurde sie in den Klöstern, in denen Latein, eine Kunstsprache, die Umgangssprache war. Die Edlen des Landes, die weder lesen noch schreiben konnten, hielten sich für etwa notwendige Korrespondenzen Hausgeistliche, Schloß- oder Burgkapläne, endlich ein wenig abschätzig »Burgpfaffen« genannt, die den Söhnen und Töchtern der großen Familien Bildung beibrachten und die Väter berieten –, bald in allen Dingen, die nicht gerade ausschließlich Krieg und Ritterwesen betrafen –, bald aber auch in diesen. In den Klöstern geschah jedoch auch alles, was den Rittersässigen der ganzen Konstruktion ihres Wesens nach nie so recht gelingen wollte: Die Agrikultur des Landes wurde von den Mönchen verbessert, Sümpfe wurden ausgetrocknet, Wälder gerodet und zu Ackerland gemacht, schließlich wurde auch die Dreifelderwirtschaft eingeführt, während der landsässige Ritteradel sich mehr um den Bau der Straßen und die Zollabgabe derer, die sie zum Handel benutzen wollten, kümmerte, sowie um jene Steuern, die dem König abgeführt werden mußten.

Der besondere Charakter des Landstriches am Obermain, »Frankens«, als Dominal-Provinz der fränkischen Könige mochte die Ursache sein, daß diesem Lande vorerst die schweren Erschütterungen erspart blieben, die das entscheidende Ereignis für das gesamte Abendland, den Vertragsschluß von Verdun, 843, begleiteten. Das Zeitalter der Königtümer hatte von den Teilkönigen mit Chlodwig bis zum letzten Karolinger ziemlich genau 500 Jahre gedauert, Jahrhunderte der blutigsten Wirren und Kämpfe, in denen seit der genialen Verbindung des Königtumes mit der Kirche durch die Königin und Heilige Chlothilde,

und seit Könige gesalbt und von Gottes Gnaden vor weltlicher Gewalt gesichert waren, einzig der Königsmord ein Mittel sein konnte, Herrschaftssysteme zu verändern.
Das französische Volk bekannte sich zu einer Ahnenschaft, die zwischen Kelten und Römern schwankte, die Erinnerung an die Germanen blieb einzig in jenem Namen haften, der dem Nachbarn jenseits des Rheins, den Alemannen, eigentümlich zugesprochen war — das französische Volk bildete sich eine eigene Sprache, sie war gallisch-romanisch fundiert und verband lateinische Klarheit mit keltischem Esprit. Dieser Kultur, deren Boden eben die Sprache war, ordneten sich auch jene versplitterten Völkerschaften leicht unter, wie im Norden die Bretonen, im Süden die Basken, im Westen die Wallonen, die Deutschen in Lothringen und im Elsaß, aber auch die Savoier und Italiener, Phönizier und Levantiner. Zugleich regulierte sich das Verhältnis dieses neuen Frankreich zur mittelmeerischen Religion des christlichen Glaubens und deren Exponenten in Rom auf eine offene, skeptisch lebendige Weise, die latent die saubere Trennung von Kirche und Staat anstrebte, welche, als sie endlich nach gut tausend Jahren französischer Geschichte gelang, sowohl der Kirche wie dem Staat außerordentlich gut bekam.
Die gleiche Entwicklung schien auch in den Gebieten des ostfränkischen Reiches durchaus möglich zu sein, nachdem Ludwig der Deutsche — und hier taucht der Name »deutsch« zum ersten Male die Macht kennzeichnend auf — sein Land Deutschland zu nennen begann. In diesem Reich aber war die römische Verwaltung, soweit sie sich auch erstreckte, nur schwer ertragen worden, das römische Staatsdenken blieb fremd, den realen Verhältnissen nicht angepaßt, die im Vergleich zum römischen Großreich weit zurückgebliebene Verhältnisse waren. Die Deutschen suchten ihre Ahnenschaft viel mehr als die Franzosen in eben jenem legendär gewordenen Germanentum, das aus diesen Gebieten in der Völkerwanderung so hinweggeströmt war,

in die südlichen und westlichen Bereiche des Abendlandes. Diese weder biologisch noch seelisch fundierte Ahnenschaft belud die Deutschen von vornherein ganz ohne Not und zwingendes Bedürfnis mit dem schreckensvollen Ruf, den die germanischen Völkerscharen auf ihren wilden Zügen zu verbreiten wußten. Zur Zeit der Volkwerdung der Deutschen wurden die britischen Inseln, deren erste nachweisbare Einwohner Kelten waren, nach dem Abzug der römischen Besatzung von Jüten und Angeln besetzt, Nachvölkern der nordischen Seegermanen; sie einten sich nach der Schlacht von Hastings 1066 mit den eindringenden Normannen, die ebenfalls ein Nachvolk der Seegermanen waren – England blieb, wie auch Skandinavien, unter der Herrschaft germanischer Oberschichten, welche bis auf den heutigen Tag gesellschaftlich bestimmend blieben. Aber gerade dort wurden die Deutschen in allen Fällen einer von ihnen ausgehenden Bedrohung niemals als germanische »Vettern« betrachtet, sondern »the Huns« – die Hunnen – genannt. Die deutsche Sprache bildete sich bedeutend langsamer als die französische, die sich auf so wesentliche Elemente wie die lateinische Grammatik stützen konnte; zuerst waren es die Mönche in den Klöstern, die ihre lateinische Umgangssprache, die Kultsprache der römisch-katholischen Kirche, ergänzten; um überhaupt die Botschaft des Christentumes in den deutschen Gebieten verbreiten zu können, fügten sie zwischen ihre lateinischen Texte eine Übersetzung in Althochdeutsch ein. Aus den schriftlichen Übungen erst entwickelte sich über Mittelhochdeutsch und später über das sogenannte Kanzleideutsch, das immer noch mit handfesten lateinischen Brocken versetzt war, das »Hochdeutsch« Martin Luthers, das von Ober- wie Niederdeutschen verstanden werden konnte.

Mochte die geographische Lage Frankreichs wie Englands gewissermaßen naturnotwendig zur Bildung eines Nationalstaates drängen, einer einheitlichen, nur von den eigenen Gesetzen der Entwicklung bestimmten Ordnung, mochte auf der Pyrenäen-Halbinsel die wechselvolle Geschichte in der Verschmelzung zweier so verschiedener Kulturen wie der arabisch-islamischen mit der christlich-katholischen sozusagen notwendig den Nationalstaat Spanien herausdestillieren – in Italien lief die Entwicklung trotz der zur Bildung eines Nationalstaates geradezu herausfordernden geographischen Lage ähnlich wie bei den Deutschen, mit ihren sich ohne natürliche Grenzen hinbreitenden Ländern, durch fast eineinhalb Jahrtausend Geschichte. Sie endete gleichzeitig mit Deutschland zu einem Zeitpunkt, an dem sich vollendete, was gegenüber den anderen Völkern des Abendlandes nachgeholt werden mußte. Das Leben und der Tod des »toten Preußen« hing mit eben diesem Zeitpunkt innig zusammen. In Italien wie in Deutschland wirkte eine bestimmende Kraft, die in dem göttlichen Auftrag des Carolus Magnus kulminierte.

Es ging um den Nationalstaat

Die einzigartige Chance der Entwicklung zum Nationalstaat, wie sie in Frankreich nach dem Verblühen der Karolinger durch das Geschlecht der Capetinger erkannt und begriffen wurde, war mit der Wahl Heinrichs I. zum deutschen König ebenfalls durchaus gegeben. Zweihundert Jahre nach dieser Wahl dichtete die Volksphantasie diesem Akt den freundlichen Vorgang an, Herr Heinrich habe am Vogelherd gesessen und sei von den Fürsten bei seiner friedvollen Tätigkeit überrascht worden; fortan wurde der erste deutsche Volkskönig »der Finkler« oder »der Vogler« genannt. Aber wenn Heinrich durch den Besuch der hohen Botschafter überrascht war, dann über die Tatsache, daß kein Herzog dabei war außer ihm selber. Der Herzog von Franken war Engelbert, der Bruder des Königs Konrad, der von diesem Franken erbte, und einen Herzog von Hessen gab es noch nicht. Fränkische und hessische und natürlich auch seine sächsischen Großen also kündigten die Wahl des Heinrich an und wählten ihn auch zu Fritzlar durch Applaus und Zuruf, – es war ja nach dem Verzicht des Engelbert, der seinem Bruder Konrad gehorsam war, kein Gegenkandidat da: die Herzöge von Bayern und Schwaben hielten sich betont zurück. Nicht überrascht mochte Heinrich über den Rat König Konrads sein, ihn zu wählen – er faßte diesen Akt zweifellos als eine Gegenleistung auf für das Eintreten Heinrichs für die einstige Wahl König Konrads, wie sie durch Bischof Hatto I. so vorsorglich eingeleitet worden war.

Nicht Jubel und Freude, sondern ein berechtigtes Mißtrauen mochte den eher mürrischen und nüchternen Mann erfüllt haben, als er die Wahl annahm, weil kein anderer da war, der hätte gewählt werden wollen oder können.

Heinrich war 43 Jahre alt, als er zum König gekürt wurde, er wurde 876 in dem kleinen Dörfchen Memleben an der Unstrut geboren, und sein Vorname Heinrich besagte auf altdeutsch »Hag(an)« und deutete »kleinen Besitz« an. Sein Vater, Otto der Erlauchte, war nach dem Tode seines älteren Bruders Bruno 880, der zweite »feste« Herzog sächsischer Stämme: die in viele Stämme zersplitterten Sachsen wählten ihre Herzöge immer nur zu Kriegszeiten, in denen die Anstrengungen des Kampfes einen Zusammenhalt verlangten. Nach der Katastrophe des Widukind aber, der sich schließlich eben doch hatte taufen lassen und in Frieden mit den Erzfeinden, den Franken, leben mußte, blieb den Sachsen nichts anderes übrig, als sich im Gesamtverband des fränkischen Reiches repräsentativ durch einen Herzog vertreten zu lassen, wie eben die anderen Länder des Reiches auch. Hundert Jahre war es erst her, seit die Sachsen niedergeworfen und in das Reich eingegliedert worden waren. – Mit der Wahl Heinrichs zum deutschen König verlagerte sich die Kernlandschaft der königlichen Macht vom Rhein nach dem Nordosten: Die Bewährung der Sachsenfürsten in ihrem Gebiet nahe der Slawengrenze war im Kampfe gegen Slawenstämme jenseits der Elbe erfolgt, bei der Erfüllung von Aufgaben, die von keinem anderen deutschen Stamm übernommen werden konnten.

Heinrich hatte gewiß hinreichend Anlaß, sich eher zwingenden Gegebenheiten zu stellen, als großmächtigen Ideen zu folgen. Zunächst einmal hatte er keinerlei Hilfe zu erwarten, der Sachse wurde von seinen fürstlichen Genossen, den Franken, Bayern, Schwaben und auch Hessen in seinem Tun mißtrauisch beobachtet, – die große initiative Helferin jener Zeit aber, besonders in Fragen einheitlichen politischen Handelns: die Kirche, durchlebte just eine der schmerzlichsten Krisen an der Spitze ihrer Hierarchie: in Rom herrschte die »Pornokratie«, eine »Hurenherrschaft«. Marocia, die Tochter einer der ersten großen Huren in der

Geschichte des Abendlandes, der Senatrix Theodora, war dreimal mit italienischen Fürsten verheiratet und wurde die Geliebte des Papstes Sergius III., nachdem sie den Liebhaber ihrer Mutter, den Papst Johann X., eingekerkert und ermordet hatte. Sie setzte ihren Sohn aus der Verbindung mit Sergius nach dessen Tode als Papst Johann XI. ein – dieser starb durch seinen Bruder Alberich im Kerker –, ihm folgte Papst Johann XII., Marocias Enkel. Marocia also, eine offenbar überaus tatkräftige Frau, herrschte zur Zeit Heinrichs im Kirchenstaate.

Die erste staatsmännische Tat Heinrichs mußte unter diesen Umständen die mürrische Ablehnung einer Salbung zum König und überhaupt jeglicher Verbindung zum Papste sein. Auf die ihm von Rom gnädigst angebotene Kaiserkrone verzichtete er.

Aber er mußte fürchten, daß sich die deutschen Kirchenfürsten mit den weltlichen Landesfürsten gegen die Königsmacht verbünden würden, wenn sie nicht sogar durch das Investiturverfahren und verwandtschaftliche Beziehungen schon zu reinen Exponenten der landesfürstlichen Politik geworden waren. Es galt, die Widerspenstigen für sich zu gewinnen. Da war Schwaben. Dessen Herzog Burchard II. befand sich im Konflikt mit Rudolf II. von Hochburgund, dessen Staat an Schwaben grenzte. Es genügte, daß Heinrich mit einem starken Heer seiner wilden Sachsen vor den Schwaben erschien – Burchard zog es vor, statt sich in eine Klemme zwischen den beiden ihn bedrohenden Mächten zu begeben, sich dem deutschen König mit seiner ganzen Macht zu unterwerfen, um dann seine Schwester mit dem König von Hochburgund zu verheiraten. Das war 920.

Der gefährlichste Gegner unter den deutschen Fürsten war Bayerns Herzog Arnulf, der offenbar selber den geheimen Wunsch gehegt hatte, zum deutschen König gewählt zu werden. Ohne einen erkennbaren Grund zog 921 König Heinrich nach Bayern, – wo, wie die immer sehr eigenwilligen Bewohner dieses schönen Landes sofort zu formulieren wußten, »niemand aus der Familie des Heinrich je einen Fußbreit Boden besessen« hatte, und belagerte Regensburg. Wenn auch nicht die Bayern, so begriff Herzog Arnulf doch den politischen Sinn der Unternehmung: eine kleine Warnung – Arnulf hatte mit den Ungarn einen gegenseitigen Nichtangriffspakt geschlossen, den Heinrich bedenklich fand. Arnulf einigte sich mit Heinrich. Schwaben wie Bayern blieben nach diesen Befriedungsaktionen in der vollen Verfügungsgewalt über ihre Kirchen.

Es spricht für das politische Geschick Heinrichs, daß er, um der Festigung und Einheit seines Reiches willen, stets die außenpolitischen Schwierigkeiten, in denen sich seine widerspenstigen Gegner befanden, benutzte, um sie gleichzeitig zu bändigen und ihre persönlichen auswärtigen Interessen auszuschalten. Auf diese Weise konnte er seinen größten eigenen außenpolitischen Erfolg erringen. Einem lothringischen Großen war es gelungen, sich vom westfränkischen König Karl unabhängig zu machen. Heinrich stellte sich mit einem Heer beiden Kontrahenten zur Verfügung, die sich nun mit der Aussicht auf deutsche Hilfe gegenseitig bedrohten und dergestalt in ständig brodelnden Aufständen entmachteten, bis sich ein Dritter fand, zu ernten, wo er nicht gesät hatte: der König von Hochburgund. Mit dem verständigte sich Heinrich sofort, er rückte 925 in Lothringen ein, das ihm mit Zustimmung der Mehrheit der lothringischen Großen zur Gänze zufiel. Heinrich operierte mit Kriegszügen, die zu keinem Kriege führten. Noch war er zu schwach, um Kriege wirklich führen zu können.

Das erwies sich, als die Ungarn, die in Nomadenmanier wie die Hunnen in ständigen Raubzügen ihre westlichen Nachbarn beunruhigten, 926 abermals vorprellten und bis nach Frankreich gelangten, nicht ohne die Bayern und die Schwaben auf ihrem Durchzug erheblich zu belästigen. Heinrich konnte nicht wagen, sich mit seinem kleinen Heer wilder Sachsen den wohlorganisierten Ungarn in einer Schlacht zu stellen, er igelte sich in einer »Pfalz Werla« ein und nutzte die Gelegenheit, als es ihm gelang, einen ungarischen Großen gefangenzunehmen, für dessen Freilassung er einen Frieden auf neun Jahre erreichte. Während dieser neun Jahre, die er mit Eifer dazu nutzte, sich durch Verteidigungsmaßnahmen stark zu machen, zahlte er sogar den Ungarn, ohne sich etwa um »Prestigefragen« zu kümmern, einen jährlichen Tribut. Er ließ sich klug seine Vorhaben legitimieren, er rief 926 nach Worms einen »Reichstag« ein, die einzige königliche Tagung unter Heinrich, und ließ sich von diesem Gremium das Vertrauen aussprechen.

Seine Verteidigungsmaßnahmen begannen mit der Bildung eines Reiterheeres seiner Sachsen, welches dem Reitervolk der Ungarn entgegenzutreten imstande sein würde, und mit der Anlage von Befestigungen. Gerade im Kerngebiet des Reiches, in Franken, aber auch in Schwaben, hatte sich erwiesen, daß die Kette der Burgen und Zollstationen nicht genügen konnte, die eindringenden Reiterheere der Ungarn aufzuhalten oder zu binden. Wie im Plane der Römer die Kastelle sich zu Städten entwickelten, die, mit Mauern und Türmen und Toren umgeben, eine Menge von Einwohnern fassen und ihnen nebst ihrer Habe im Notfall als Zufluchtsorte dienen konnten, befahl Heinrich daher, daß von allen freien Landesbewohnern jeder neunte Mann in die Stadt ziehen sollte, die gleichsam eine neue, größere Burg darzustellen hatte. Diese Freien wurden so zu »Bürgern« und waren als Vollbürger verpflichtet – dieser Pflicht halber geehrt durch mancherlei Privilegien –, die Stadt wehrhaft zu verteidigen –; da mit einem Spieß bewaffnet, wurden sie »Spießbürger« genannt. Unfreie gehörten nicht in die Burg, als welche sich die Stadt anbot, doch konnten sie sich auf dem Glacis ansiedeln, unter dem Schutz der Mauern und Wälle und Pfahlgräben; sie wurden »Pfahlbürger« genannt.

So kamen in das Bild der Landschaft in Franken, wie auch in Schwaben und im nördlichen Bayern, die kleinen, wehrhaft mit Mauer, Turm und Tor umgebenen Städte, in denen eng aneinandergedrängt die Fachwerkhäuser stehen, in der Mitte aber fast überall neben Rathaus, Kirche und Markt auch ein burgartiges Schloß sich erhebt, Sitz einer Herrschaft, die nicht von der Burg, sondern von der Stadt aus residierte. Daher hieß die Sage Heinrich den Finkler und Vogler auch den »Städtegründer«, doch handelte es sich eben nur um kleine Städte, Marktfleckchen bloß in unkriegerischen Zeiten, die sich bis heute kaum ausgeweitet haben und, in ihrer baulichen Substanz erhalten, dem staunenden Touristen gute Bilder vom Leben im frühen Mittelalter liefern.
Die von den Franken infolge ihrer Landnahme – so im Grabfeld, wie auch in allen anderen Gebieten Deutschlands, die von römischer Verwaltung unberührt geblieben waren – nun deutsch zu verwaltenden Landstriche kannten noch keine Manufakturen und nur wenig Handel mit Agrarprodukten; Ackerbau und Viehzucht waren die Hauptquellen des Unterhalts. Man kannte noch keine bürgerliche Wirtschaft und hatte keine Städte. Der Freie wohnte auf seinem Hofe, den er durch eine Ritterburg gegen feindliche Einfälle gesichert sah, deren Ländereien hinwiederum größtenteils durch »Leibeigene« bestellt wurden, Bauern, denen nur der »Leib eigen« war, aber kein Grundbesitz. Die wenig oder überhaupt nicht begüterten Freien, welche einen nicht geringen Teil der fränkischen Volksmasse auch in den neuerworbenen Gebieten ausmachten, hatten den Krieg als ihre vorzüglichste Nahrungsquelle zu betrachten. Sie stellten die Reisigen, die zu jeder Herrschaft gehörten und welche die Burgherren für die kriegerischen Unternehmen des Reiches aufzubieten hatten. Auch hier wurden ausgezeichnete Dienste mit Landgütern belohnt und zu Lehen ausgeboten.
So standen Bauern und Burgherren in inniger Verbindung.

In den Städten aber trat mit dem Bürger ein neuer Stand in die Geschichte der Deutschen ein.
Handel und Handwerk organisierten sich nach ihren eigenen Interessen in der Zusammenballung in den Städten; die neuen Erfordernisse und Befugnisse drängten zu eigener Gestaltung, selbst zu eigener Verwaltung, die zumeist den geistlichen wie weltlichen Obrigkeiten in harten Kämpfen um Privilegien abgerungen werden mußte; gemeinsame Interessen erzwangen Solidaritäten in diesem Kampfe, es bildeten sich Innungen, Gilden und Zünfte des Handwerks. Diese Formen der Organisation überdachten sich in Rathäusern und Gemeindeplätzen und führten zu eigener Gerichtsbarkeit, zu einer Marktordnung ähnlich wie auf dem Forum Romanum; die Verwaltungsarbeit der Burgherren und des Dienstadels wurde zurückgedrängt, deren Herrschaft mußte sich auf ihre nächsten Aufgaben beschränken, auf die Ordnung ihrer Ländereien, von denen sie ihre Nahrung bezog – der Bedarf der Städte einte die Interessen des Bauern- wie des Bürgerstandes, der Adel beschränkte sich mehr und mehr auf die Verpflichtung zum Kriegsdienst fürs Reich, der die Ehre der Ritterschaft begründete –, auf den Einsatz für die Allgemeinheit.
Die Burgherren, der Ministerialenverbund des Adels wurden zum »Stand«, wie das Bürgertum in den Städten zum »Stand« wurde: jetzt bildete sich in diesen von Kultur bislang unberührten Gebieten der Ritterstand, eine eigene Gesellschaft mit eigener, eifersüchtig gewahrter Ehre, gemäß dem Ritterwesen, das in analogen Zeiten in allen Kulturreichen in einer bestimmten Stufe der staatlichen Entwicklung bestimmend war. Die »Ehre« des Ritterstandes, die bislang in der Treue zu den Fürsten und Großen bestand, verlangte in vielen Fällen Aufsässigkeit gegen diese Großen, wie auch Aufsässigkeit gegenüber König und Kaiser in vielen Teilen des Reiches oftmals die Großen verband, – in Franken, der Dominal-Provinz,

richtete sich diese Aufsässigkeit gegen die Machtkonkurrenz der Kirche. Der hohe wie der niedere Adel wetteiferten in einem Berufe, der zu den höchsten Machtpositionen wie zugleich auch zu den höchsten Ehren führen konnte, in einem großen Prozeß der Selbstverzehrung. Die große Masse der ältesten Adelsfamilien kann ihren Ursprung kaum weiter zurückdatieren als bis etwa zu den Ministerialen des Carolus Magnus.

In den Ritterspielen wurde die adelige Jugend von frühester Kindheit an in kriegerischen Tugenden geübt – der junge Rittersohn mußte zuerst als »Knappe« dienen, bevor er in feierlichem Ritus zum Ritter geschlagen wurde; im Bürgerstand konnte bald der Lehrling und Geselle des Handwerks erst nach Prüfung seiner Leistungen Meister werden. In Turnieren, exklusiven Ritterspielen, die tödlichen Charakter gewinnen konnten, wurde der besondere Glanz gewahrt, der bis in die spätesten Zeiten für das Ritterwesen bestimmend war, bis in jene Zeiten hinein, in denen das Ritterwesen zum Ritterunwesen wurde – Cervantes dichtete seinen »Don Quichotte« als Zeitbild im Jahre 1605. Es entstand das Bild des »christlichen Ritters«, der bis an den Helmbusch mit Tugenden angefüllt war, denen er ständig neue Beweise hinzufügen mußte. Die besondere Ehre aus Dienst und Tugend verlangte besondere Zeichen – ein jeder strebte nach Wappen und Geschlechterlob, den eigenen Namen in der Verpflichtung deutlich zu machen. Der Burgherr, Berufssoldat schon zur Zeit der fränkischen Landnahme, formte sich im Ritterwesen zum ausgezeichneten Herrn, dessen Amt eben in der Verpflichtung zum Kriegsdienst kulminierte. Der Ritter brillierte mit seinen Waffen, mit der Rüstung, die sich zu seinen Zeiten aus der langsam fortschreitenden Technik des Kriegswesens entwickelte: Panzerplatten und Kettenhemden schützten den Körper, Helmscharniere das Gesicht, Schild, Lanze und Speer waren die Waffen des Ritters, – Spieß, Pfeil und Bogen und schließlich die Armbrust blieben dem reisigen Fußvolk. In der Tat machten in der hohen Zeit des Ritterwesens einige hundert solcher, zu einer Phalanx geschlossener Ritter auf ebenfalls gepanzerten Rössern eine so furchtbare Reiterei aus, daß diese Phalanx ein ganzes Heer Fußvolks aus dem Felde schlagen konnte, ohne von den aufgelösten Reiterhaufen der Nomadenvölker geschlagen zu werden. So übten die Ritter der Phalanx die Rolle der Artillerie, die nach einem modernen Wort »erobert«, indes die Infanterie »besetzt«. –

In den neun Jahren des Waffenstillstandes mit den Ungarn betrieb Heinrich alles mit realistischer Logik, um mit dem Tage des Ablaufs dieses Abkommens die Ungarn schlagen zu können. Er mußte sein im Aufbau befindliches Heer einüben, er mußte mögliche Verbündete der Ungarn ausschalten, er mußte endlich die Kirchenfürsten, die er unter dem Patrimonium der Landesfürsten hatte lassen müssen, zusammen mit diesen auf seine Seite ziehen.

Heinrich fand das Feld seiner Tätigkeit im Osten. Die Auseinandersetzungen mit den Westslawen gehörten für die Sachsen zu den gewohnten Aufgaben. Die ungarische Bedrohung konnte über das Glacis mit den Westslawen und mit Böhmen erfolgen. Beide Mächte jenseits der Elbe, ob sie sich nun staatlich schon organisiert hatten oder nicht, mußten als mögliche Verbündete der Ungarn ausgeschaltet und als Glacis der Deutschen benutzt werden. Die Sachsen hatten das Land westlich der Elbe schon gegen die weitere Einsickerung slawischer Volksteile abgesichert und einzelne Brückenköpfe geschaffen, wie Magdeburg, den Bischofssitz der Grenzmarken. Hier fielen die Interessen der Kirche mit denen der Deutschen zusammen; hier konnte die Kirche, mochte sie mit den Landesfürsten liiert sein oder nicht, sich dem Vorhaben Heinrichs nicht verweigern. Schon im Herbst 928 ging Heinrich über die Elbe, die benachbarten Heveller in seine Pläne einzubeziehen. Ihre Hauptstadt Brennabor war durch Seen und sumpfige Wälder geschützt, nun waren Seen und Wälder zugefroren, Brennabor konnte eingenommen werden; Heinrich konnte sich gegen die Daleminzier wenden, die südlich und südöstlich der Heveller saßen, um Thüringen defensiv zu sichern. Die Daleminzier stellten sich bei Riesa an der Elbe, »ihr Stützpunkt wurde genommen, alle Erwachsenen in ihm getötet, die Kinder zu Sklaven gemacht«, wie die Chronik lapidar berichtet. Zur Beherrschung des Gebietes hat Heinrich wohl damals über der Elbe die Burg Meißen gegründet. Und weiter: »Dann zog Heinrich nach Böhmen und dort nach Prag. Bei diesem Zug fand er die Unterstützung Arnulfs von Bayern. Der Tschechenherzog Wenzel, ein Christ, unterwarf sich ohne Kampf und wurde tributpflichtig. Heinrich verließ Böhmen in westlicher Richtung durch den bayrischen Nordgau.«

Noch im Jahre 929 stießen die Redarier, ein Obotridenstamm, Rache heischend und mehrere Slawenstämme mit sich reißend, über die Elbe, zerstörten nördlich von Stendal eine Burg Walsleben und töteten alle, die sie vorfanden. Heinrich wandte sich nicht selber gegen die Eindringlinge, er beauftragte zwei seiner Grenzgrafen, die von den Slawen besetzte Burg Lenzen zu nehmen, einen Brückenkopf noch aus der Karolingerzeit. Die beiden Grafen nahmen Lenzen und schlugen ein slawisches Ersatzheer. Damit hatte Heinrich bis zum Ende seiner Regierungszeit vor den Slawen Ruhe. Er benutzte diese Ruhe aber schon 932, sich nun kraftvoll genug dünkend, die Ungarn zu schlagen, er brach damit den neunjährigen Waffenstillstand, indem er weitere Tribute verweigerte. Die Ungarn antworteten sofort, indem sie eben in das Gebiet der Daleminzier eindrangen, welches Heinrich sich vorahnend gesichert hatte. Die Daleminzier verweigerten sich den Ungarn, diese stießen direkt über Thüringen vor, am 15. März 933 kam es zur Schlacht, – »die Ungarn wurden geschlagen und flohen, ihr Lager wurde erobert, die Gefangenen dort befreit.« Aber die Ungarn hatten nur wenig Verluste, sie zogen sich, ihrer Nomadentaktik gemäß, einfach zurück, als sie bemerkten, daß sie nicht siegen konnten, und bewahrten sich ihre Kräfte für kommende Gelegenheiten. Heinrich erlitt im Herbst 935 einen Schlaganfall, von dem er sich nur mühsam erholte. Doch raffte er sich noch einmal auf und berief in Erfurt einen »Tag« ein, um seine Nachfolge zu regeln. Er designierte seinen ältesten Sohn aus zweiter Ehe, Otto, zu seinem Nachfolger, und so groß war seine Autorität, die Souveränität seiner historischen Gestalt, daß sich kein Widerspruch erhob. Heinrich erlitt einen zweiten Schlaganfall, er starb am 2. Juli 936 in Memleben, dem gleichen Ort, in dem er geboren war. Er wurde in Quedlinburg beigesetzt.

Herr Heinrich, der Finkler vom Vogelherd, solchermaßen durch die Volksphantasie geadelt, hinterließ seinem Sohn das in sich gefestigte Reich der Deutschen, das er geschaffen hatte, in seinem Umriß: die Grenzen dieses Reiches umschlossen alle Gebiete der deutschen Sprache, Böhmen in loser Verbindung als Reichslehen, die ostelbischen Bezirke bis zur Oder als »Marken«: die Billunger Mark im Norden, die Nordmark bis Dänemark, die Mark Lausitz und die Mark Meißen, Kolonialbezirke ihrem Wesen nach, unter der Verwaltung von deutschen Markgrafen, die Heinrich für ihr Amt bestimmte. Der Name eines »Volkskönigs« mochte ihm wohl zustehen, wenn er auch nicht vom Volke selbst, sondern von den Großen des Reiches gewählt und autorisiert war, doch diese folgten dem Druck des Volkes, welches in seinem geistigen Ausdruck, in seiner Sprache, schon vor knapp hundert Jahren die Entscheidung der Großen bei der Teilung des großfränkischen Reiches bestimmt hatte. Er sollte der einzige Volkskönig der deutschen Geschichte bleiben.

Es ging um das Reich

Die Großen des neuen Reiches, vornehmlich die Herzöge, diesmal aber alle deutschen Landesfürsten, hatten willig Otto I. gewählt, den Heinrich noch auf seinem Totenbette als seinen Nachfolger im deutschen Königtum empfahl. Heinrich erkaufte sich diese Willigkeit von den Großen durch einen Verzicht auf ein Hausgesetz, das die Merowinger wie die Karolinger um die Einheitlichkeit ihrer Reiche gebracht hatte: Nicht mehr sollte ein jeder der Söhne des Herrschergeschlechtes zu gleichen Teilen erben, nur einer, der durch die Wahl bestätigt werden mußte; die anderen Söhne mußten verzichten. Und Heinrich erkaufte sich die Willigkeit der Kirche, indem er, der sonst auf jede andere Verbindung zur kirchlichen Macht, außer dem Vorbehalt, die deutschen Bischöfe selber zu wählen und zu bestätigen, verzichtet hatte, doch – und sicherlich eingedenk der Inspiration des Bischofs Hatto, die ihm zum Throne verhalf – die Erzbischöfe von Mainz als Erzkanzler beibehielt –, in einem Amt, welches die innere Gestalt des Reiches nach königlichen Direktiven organisieren und ausrichten sollte. Und gewiß auch lag es in der nüchternen Konzeption Heinrichs, die deutschen Bischöfe durch hohe Reichsämter wie das Erzkanzleramt in ihrem Bestreben zu stärken, sich angesichts der skandalösen Zustände beim päpstlichen Stuhl jener Zeit »los von Rom« zu bewegen. Heinrich selber hatte nur einen einzigen »Kanzlisten«, der ihn auf allen seinen Zügen begleitete.

So war also im Reiche Heinrichs Basis und Richtung zu einem deutschen Nationalstaat wohl gegeben, – zum ersten Nationalstaat in der Geschichte des Abendlandes: Frankreich vegetierte noch ein gutes halbes Jahrhundert unter den unfähigen Karolingern, bis Hugo von Capet, Graf von Paris und Herrscher über nicht mehr Territorium als die Umgebung der Hauptstadt, 987 zum Wahlkönig bestimmt wurde; ein Mann also »von geringem Besitz«, wie Heinrich, wurde zum Stammvater des Geschlechtes der Capetinger, welches bis zum Jahre 1328 unangefochten regierte, den Zerfall Frankreichs aufhielt und durch den Aufbau eines Staates die französische Nation schuf. Die Namen »France« für Frankreich und »Francais« für die Franzosen sind nicht direkt von »Franken« hergeleitet, sondern vom unmittelbaren Besitz der Capetinger »Franzien« –, wie das Stammgebiet der Franken ab dem 9. Jahrhundert etwa genannt wurde.

Der »Nationalstaat«, der »Volksstaat« Heinrichs war aber nicht eindeutig artikuliert, seine Verfassung nicht manifestiert, seine Gegebenheiten nicht klar kristallisiert. Tatsächlich mußte Otto I. um alles, was sein Vater geschaffen hatte, noch einmal kämpfen.

Das begann mit einem Theatercoup, inszeniert von den durch Heinrich gebändigten Mächten. Die Chronik berichtet:

»Nach dem Tode Heinrichs I. traten noch im Juli 936 fränkische und sächsische Große zusammen, wählten Otto im Sinne der Designation und setzten als Ort der eigentlichen Thronerhebung die Pfalz zu Aachen fest. Dort stand der Thron Karls des Großen. An diese Tradition wurde angeknüpft. In Aachen fand die Erhebung am 7. VIII. 936 statt, ein vorher genau festgelegter Staatsakt. Im Säulenvorhof des Münsters setzten die weltlichen Fürsten Otto, der fränkisches Gewand trug, auf einen Thron, reichten ihm die Hände und gelobten ihm Treue. Dann zog man in die Kirche. Dort erwartete die Geistlichkeit und das ›Volk‹ den ›Einzug des neuen Königs‹. Erzbischof Hildebert von Mainz nahm Otto bei der Hand und führte ihn in die Mitte der Kirche. Dort sprach er: ›Hier bringe ich euch den von Gott erkorenen, von dem Herrn

Heinrich früher designierten und nun von allen Fürsten zum König gemachten Otto – wenn euch diese Wahl gefällt, so hebt die Rechte zum Himmel empor.‹ Das Volk hob die Hand und antwortete mit lauten Heilrufen. Hinter dem Altar überreichte der Erzbischof Otto die Insignien, worauf Salbung und Krönung folgten. An ihnen beteiligte sich auch der Erzbischof von Köln. Zuletzt führten die beiden Erzbischöfe Otto zum Thron Karls des Großen. Nach feierlicher Messe folgte das Krönungsmahl, geordnet durch die Dienste der Herzöge: Giselbert von Lothringen, zu dessen Gebiet Aachen gehörte, fungierte als ›Kämmerer‹, Eberhard von Franken ordnete als Truchseß den Tisch, Hermann von Schwaben stand den Mundschenken vor, Arnulf von Bayern sorgte als ›Marschall‹ für die Pferde.«

Alle diese Männer, die auf wahrhaft »altfränkische« Weise dem neuen deutschen König die Treue schworen, waren, wie sich erweisen sollte, bereit, ihn zu verraten.

Otto war am 23. 10. 912 geboren zu Memleben, in dem gleichen Ort, in welchem auch sein Vater geboren und gestorben war. Bei seiner bewußt in den Schatten Karls des Großen gestellten Wahl war Otto 24 Jahre alt. Er war mit einer angelsächsischen Prinzessin Edgitha vermählt, deren zwei Schwestern mit zwei westfränkischen Großen verheiratet waren, mit König Karl III. und Herzog Hugo von Franzien.

Er hatte einen Sohn Liudolf und eine Tochter Liutgard und einen jüngeren Bruder Heinrich, den seine Mutter Mathilde protegierte. Seine ganze erlauchte Familie mitsamt der westfränkischen Verschwägerung sollte ihn später bei passenden Gelegenheiten im Stiche lassen oder ihm entgegentreten.

Selbst der stolze Stamm der wilden Sachsen blieb ihm nicht so treu wie seinem Vater.

Die Westslawen, insbesondere die Redarier, die Böhmen und die Ungarn, schienen nur den Tod Heinrichs abgewartet zu haben, um gegen den jungen König und sein Reich vorzupreschen. Noch im Jahre 936 mußte Otto, der zwar von seinem Vater ein Heer geerbt hatte, doch keine Heerführer, solche bestellen und ihnen eine Macht verleihen, die von der seinen abzuziehen war. Gegen die Redarier wurde Hermann Billung eingesetzt, ein sächsischer Großer, der die westslawischen Aufständischen unterwarf, dafür aber in einer markgräflichen Stellung als Hüter der Ostgrenze bedeutende Macht für sich und sein Geschlecht organisieren konnte. In Böhmen erlitten thüringische und sächsische Truppen eine Niederlage, hier übernahm Markgraf Gero die Aufgabe, den Grenzabschnitt an der mittleren Elbe um Merseburg zu sichern, ein Mann, der sich einen großen und gefürchteten Namen machen sollte. Im Jahre 937 kamen die Ungarn, sie brachen überraschend in Süddeutschland ein, Otto wehrte sie von Sachsen ab, doch hausten sie lange und ungehindert bis in den westlichen Teil Frankens hinein. Im Jahre 938 begannen die inneren Wirren, die auf Jahre hinaus Otto beschäftigten. Fast immer waren es Streitigkeiten innerhalb der landesfürstlichen Familien, wie in Bayern, wo der Jammer mit einem Aufruhr der Söhne Arnulfs von Bayern begann, welcher »der Böse« genannt wurde und schon von König Heinrich zugunsten von dessen Bruder Berchtold hatte abgesetzt werden sollen. Gerade Bayern war und blieb im innersten Gemüt des Volkes und seiner Fürsten »reichsfeindlich«, also auch Gegner jeder Tendenz zu einem Nationalstaat, außer etwa zu einem eigenen. In diesem Falle wollte Otto dem von Arnulf vor seinem Tode zum Nachfolger bestimmten ältesten Sohn Eberhard nicht das Recht zur Einsetzung der Bischöfe belassen – ein Heerzug Ottos gegen Bayern scheiterte, und eben dies gab anderen Landesfürsten den Anlaß zu weiteren Aufständen: so dem Herzog von Franken und dann dem von Lothringen, einem Lande, das, so lange unter römischer Verwaltung, eine kulturelle Höhe erlangt hatte, aufgrund derer dies Land einen größeren Anspruch auf Einfluß im Reich erheben konnte. Lothringens wegen und auf Initiative von lothringischen Großen mußte sich Otto ganz ohne eigenes Bedürfnis in westfränkische Wirren mischen, wobei sich Giselbert von Lothringen auf die Seite des Königs Ludwig IV. von Frankreich schlug, unterstützt von dem aufsässigen Bruder Ottos, Heinrich. Otto hielt sich an den inneren Gegner des französischen Königs, an Hugo von Franzien. Zwei Jahre lang schlug er sich mit den immer wechselnden Fronten von Abtrünnigen und überlaufenden deutschen weltlichen und geistlichen Fürsten, französischen Großen und aufsässigen Mitgliedern der eigenen Familie herum, kaum ein Land und kaum ein Sprengel blieben bei diesen Querelen verschont – am Ende besiegte Otto sie alle, dank des Heeres, das ihm sein Vater aufgebaut hatte und das sich längst nicht mehr nur aus den wilden Sachsen rekrutierte. Aber er sah sich doch gezwungen, viele der herrschenden Geschlechter zu verdrängen und die Länder seinen nächsten Verwandten zu übergeben, somit eben doch der Konzeption Heinrichs zuwiderhandelnd, – was freilich zur Folge hatte, daß sich bei neuen Aufständen 954 ein Bruder, ein Sohn und ein Schwiegersohn Ottos ebenfalls gegen den König erhoben.

Die inneren Wirren benutzte der Herzog von Böhmen, der sich zum König erklärte und die Tributzahlungen verweigerte, die Böhmen und Mähren als Reichslehen für den Schutz des Reiches gegen die Ungarn zu zahlen hatten. Otto verstand es, auch in Böhmen wenigstens die äußere Reichseinheit wiederherzustellen, geschickt die ständig lauernde Ungarngefahr ausspielend. In den ostelbischen Gebieten unterstützte Otto die Markgrafen in ihren unablässigen Kämpfen gegen die Westslawen, von denen irgendein Stamm immer in Aufruhr war, – indem er in jeder der Marken einen Bischofssitz gründete, so daß hinfort die Kämpfe nicht mehr zwischen Deutschen und Slawen, sondern zwischen Christen und Heiden unter einem einheitlichen Signum zu erfolgen schienen, ohne dadurch ihren überaus blutigen und grausamen Charakter zu verlieren.

Überhaupt gewann Otto in der Kirche seinen einzigen zuverlässigen Bundesgenossen. Sein Erzkanzler, Erzbischof von Mainz, hatte seine Macht durch immer neue Sprengel so weit im Reiche ausgebreitet, daß ihm jede Verminderung der Reichsmacht auch eine der Kirche und ihrer Machtbereiche bedeuten mußte. Im Gegensatz zu seinem Vater schien Otto im Verlauf seiner Regierung von einer immer tieferen religiösen Gesinnung durchdrungen zu sein. Vor der Frage nach dem Sinn seines Tuns bot sich ihm angesichts der Schwierigkeiten, die dem Konzept seines Vaters entgegenstanden, sicherlich sehr eindringlich der Sinn, den ihm die Kirche zu bieten hatte, – der Sinn und damit auch die Form. Die Kirche hatte sich nach langen theologischen Diskussionen für die Hierarchie entschieden. Eben diese schien die Form, die sich auch das Reich geben mußte. In den ständigen Wirren, in denen sich das Reich infolge der Machtkämpfe der Großen befand, schien es Otto geboten, auch die weltliche Macht der Kirche mit ihren Bischöfen und Äbten auf Kosten der Fürsten zu mehren, bei welchem Bemühen ihm ein begeisterter Freund und Berater im Abt Hatto von Fulda erstand. Infolge des Bündnisses der Kirche mit dem König unterstanden diesem die Bischöfe nun auch direkt, sie konnten von ihm eingesetzt und abgelöst werden, – zudem waren die hohen Geistlichen im Gegensatz zu den weltlichen Fürsten zumeist Männer von hoher Kultur, großem Wissen und stammten zum großen Teil aus »edlen« Geschlechtern, sie besaßen eine natürliche Überlegenheit: Noch konnten die deutschen Fürsten zu Beginn der deutschen Sprachbildung weder lesen noch schreiben, – auch Heinrich und Otto konnten es nicht. Bei allen seinen Streitigkeiten, inneren wie äußeren, pflegte Otto die politischen Methoden seines Vaters anzuwenden, freilich ohne dessen stupendes Geschick und nüchternes Einschätzen der Lage und der handelnden Personen. Auch Otto nahm die zahlreichen Konflikte zwischen den Parteien zum Anlaß, sich um der Reichssicherheit willen einzumischen und dadurch die Vorteile zu gewinnen, die ihm nützlich waren. Sicherlich erstrebte er eine volle Souveränität; um zu ihr zu gelangen, war es notwendig und kam auch dazu, eine hohe Autorität zu gewinnen. Schließlich hing alles miteinander zusammen, das allgemeine Vertrauen begann, ihm zuzuwachsen, einfach dadurch, daß er bei allem, was auch in politicis geschah, innen- wie außenpolitisch, als König der Deutschen zentral gegenwärtig war, – es schien, er habe alle Fäden in der Hand.

Kaum konnte Otto glauben, er habe die erste Phase der Aufstände und Empörungen so weit abgeschlossen, daß er über die Festigung seines Königtumes hinaus sich über die eigentlichen Aufgaben der Reichsgewalt klar werden dürfte –, da kam wie auf Taubenfüßen das Schicksal auf ihn zu. Im Jahre 941 erschien bei Otto ein italienischer Fürst, der Markgraf von Ivrea, um sich bei Otto über seinen Gegner, den König Hugo von Italien, zu beklagen und den deutschen König um Hilfe gegen diesen anzugehen.

In Italien war die italienische Königslinie mit dem Karolinger Ludwig II. im Jahre 875 erloschen, einheimische Machthaber aus fränkischen, langobardischen und italienischen Geschlechtern stritten sich im Kampf mit sarazenischen und ungarischen Raubzüglern zu Raubfürsten empor, besetzten die Herzogtümer und kämpften untereinander um die Königswürde, die schließlich ein Berengar von Friaul errang; seit 915 nannte er sich gar in Ermangelung eines anderen für diesen im Augenblick vakanten Titel: Kaiser. Dieser Berengar I. wurde 924 von einem Herzog von Spoleto in Verona erschlagen, nun erhob der Schwiegersohn des Berengar I. den Anspruch auf den Thron eines Königs von Italien; er nannte sich Berengar II. Aber nach dem Tode Berengars I. erhob auch König Rudolf II. von Hochburgund Anspruch auf den Königstitel von Italien,

trat diesen Anspruch aber an den Herzog Hugo von der Provence ab, dessen Territorium an jenes von Friaul grenzte. Berengar mußte vor Hugo fliehen, von diesem mit der Blendung bedroht, einem damals durchaus üblichen Mittel zum Zwecke der Ausschaltung eines politischen Gegners.
Otto behandelte die Angelegenheit des Berengar überaus dilatorisch. Er hatte keinerlei Interessen in Italien, wohl aber banden ihn die lothringischen Angelegenheiten immer wieder an die inneren Wirren Frankreichs, in denen er es, wie er immer zu tun pflegte, als Schiedsrichter angerufen, wohl verstand, Freunde zu gewinnen und Feinde in getreue Vasallen zu verwandeln. Doch versprach Otto dem Friauler, für ihn gegen den von der Provence Partei zu nehmen. Berengar II. kehrte nach Italien zurück und nahm, im Vertrauen auf die Zusagen des deutschen Königs, den Kampf gegen Hugo erneut auf. Otto kümmerte sich aber dann kaum um die italienischen Querelen, er ließ sich Zeit bis 951, seine Königspolitik nun auf gesicherter Grundlage zu betreiben.
Es ist geradezu das Kriterium der Macht, wenn sie sich auf nichts anderes gründet als auf die Herrschaft fürstlicher Geschlechter, daß sie in ihren Geschäften geführt werden muß »wie ein Gestüt« – so sagte Friedrich II. von Preußen, der große Spötter auf dem preußischen Königsthron. Das Gottesgnadentum der Fürsten erwies sich in seiner realsten Gegebenheit im Zufall der Geburt. Die herrschenden oder aber auch die zur Herrschaft strebenden Geschlechter bezogen ihre Legitimität aus ihrer Ebenbürtigkeit, – sie waren alle miteinander verwandt und verschwägert und sind es bis zum heutigen Tag. Die Verwandschaft minderte nicht die Schärfe des Kampfes um die Macht, sie engte ihn ein durch das einzige Recht, das die Fürsten einander zubilligten, durch das Recht der Erbfolge. Heiraten mußten immer politisch verstanden werden. Die Kirche, durch das Zölibat dieses Rechtes entbun-

den, schien überaus uneigennützig in Fragen dieser Politik, aber ihr Einfluß war durch das Sakrament der Ehe nicht gemindert, sondern gehoben. Auch Heinrich, auch Otto befanden sich im circulus vitiosus der dynastischen Gebräuche, sie waren verwandt und pflegten diese Verwandtschaft mit fast allen herrschenden Geschlechtern. Herrschaftspolitik war für Otto identisch mit Familienpolitik.
So konnten es oft Frauen sein, welche den Schlüssel zu den Hinterpforten der Weltgeschichte besaßen. Im Falle Ottos war es eine junge, offenbar hübsche und jedenfalls tatkräftige burgundische Prinzessin, wie einst die Königin und Heilige Chlothilde. Sie hieß Adelheid und wurde früh vermählt, vom König Hugo von Italien mit dessen jungem Sohn Lothar. Hugo, von Berengar bedrängt, mußte in seine Provence zurückweichen, — er starb 948, nachdem er seinen Sohn Lothar zum König eingesetzt hatte. Böse Zungen verdächtigten Berengar, er habe nachgeholfen, die schöne Adelheid in den Witwenstand zu versetzen: Lothar starb 950 unter geheimnisvollen Umständen, und Berengar von Ivrea ließ sich sogleich in Pavia zum König von Italien erheben — dies teilte er triumphierend dem deutschen König mit. Otto nahm die Nachricht lässig hin. Aber Adelheid dachte gar nicht daran, als Witwe des Lothar auf ihren Königsanspruch zu verzichten. So nahm Berengar sie im April 951 gefangen, angeblich mit der Absicht, sie mit dem eignen Sohn zu vermählen. Doch die junge Frau verstand es, sich über einen Geistlichen und den Papst an König Otto zu wenden, sie schilderte ihm in leidenschaftlichen Worten ihre Lage; dies und wohl auch der verpflichtende Gedanke an die guten deutsch-burgundischen Beziehungen veranlaßten Otto, sich nun selber nach Italien zu begeben, welchen Entschluß Abt Hatto freudig begrüßte mit dem Hinweis, daß auch die deutsch-italienischen Beziehungen zu aussichtsreichen Resultaten führen müßten. Eben dieser Gedanke faszinierte offenbar den Bruder Ottos, Heinrich, von Otto als Herzog von Bayern einge-

setzt, wie aber auch den Sohn Ottos, Liudolf, den neuen Herzog von Schwaben durch Ottos Gnaden – beide zogen, ohne Wissen des Königs und ohne Wissen von den Absichten des anderen, dem Heer Ottos voraus, sie leisteten einander auf den Gebirgspässen heftigen Widerstand, bis Otto mit seinem starken Heer, begleitet von vielen Fürsten, ungehindert passierte und ohne Kampf in Pavia einzog. Herzog Heinrich machte sich bei seinem Bruder beliebt, er befreite Adelheid aus ihrem Kerker und führte sie König Otto zu. Adelheid, nun noch keine dreißig Jahre alt und als leidgeprüfte Frau zweifellos eine rührende Erscheinung, bewegte Ottos Herz. Er heiratete sie sozusagen auf der Stelle.

Die Geschichtsforschung hat mangels jeglicher Dokumentation die Etappen innerer Entscheidung bei Otto I. nicht zu seinem Tun in Beziehung zu setzen vermocht. Aber der Zusammenhang der Fakten und Daten, selbst wenn die Forschung nichts als deren Unzuverlässigkeit feststellen konnte, führt zwingend zu dem Schluß, daß es Adelheid war, die Otto in die italienischen Wirren hineinführte, – und daß gerade diese Wirren den tatkräftigen Mann reizen mochten, da er es gelernt hatte, wie sein Vater, sich an den Gegebenheiten zu orientieren, in einmütiger Gesinnung mit Adelheid die vakante Stellung eines Königs von Italien selber einzunehmen.

Er kehrte mit seiner jungen Frau – seine von ihm sehr geliebte Frau Edgitha war 946 gestorben – nach Deutschland zurück, ohne die Frage des Königtums von Italien gegenüber Berengar entschieden zu haben. Dessen Macht in Italien war noch keineswegs vernichtet: Berengar hatte sich auf der Burg San Marino verschanzt, Otto ließ Konrad den Roten, den Mann seiner Tochter Liutgard, den er zum Herzog von Lothringen bestellt hatte, in Italien zurück – er sollte mit Berengar über seine Königsansprüche verhandeln.

In Deutschland brandete bei der Nachricht von den Vorgängen in Italien sofort und erneut der Aufstand gegen Otto auf. Sein Sohn Liudolf, der schon 951 nach Deutschland zurückgekehrt war, machte aus seinem Groll über die Heirat seines Vaters keinen Hehl und fand die Unterstützung des Erzbischofs Friedrich von Mainz, des Erzkanzlers. Konrad vermochte Berengar zu überreden, nach Deutschland zu kommen, um mit Otto zu verhandeln. Der Bruder Ottos, Heinrich, trat dieser Absicht entgegen; Berengar kam tatsächlich nach Magdeburg, wurde aber von dem unsicher gewordenen Otto nicht empfangen. Unter dem Druck eines Reichstages in Augsburg kam es zu einem Kompromiß: Berengar und sein Sohn Adalbert anerkannten die Lehensoberhoheit Ottos, behielten aber ihr Königreich, mit Ausnahme des Territoriums von Verona und Aquileia, das dem Herzog von Bayern, Heinrich, zugesprochen wurde. Nun war zwar der Bruder des deutschen Königs befriedigt, aber Liudolf von Schwaben nicht, und verärgert war Konrad der Rote: großer Familienkrach, der mit einem allgemeinen Aufstand der Familie gegen Otto dessen Krone schwer bedrohte. Ottos Leben selbst schien gefährdet, man sprach von Mord und Blendung, er zog sich nach Mainz zurück, fand aber in dem Erzbischof selber einen Gegner seiner Politik, – die Heere der feindlichen Verwandten, die aber nun die großen Herzöge und Reichsfürsten waren, zogen ihm entgegen, das eigene Heer schien unzuverlässig, noch nie war die Lage so ernst.

Gerettet wurde Otto durch die Ungarn. Sie zogen 954 mit gewaltigen Reitermassen durch Bayern, Schwaben und Franken und sogar über den Rhein. Keiner der Herzöge war imstande, sie zurückzuschlagen. Unter dem Druck dieser feindlichen Einfälle einigten sich die feindlichen Verwandten, unterwarfen sich Otto und taten fußfällig Buße. Otto sammelte nun, was ihm an Heerhaufen erreichbar war – die wilden Sachsen waren in den Marken gegen die Westslawen engagiert, dafür aber vermochte es Otto, ein stattliches Kontingent von Tschechen zu werben. Am

10. 8. 955 stieß Otto mit seinem Heer auf die Ungarn bei Augsburg und schlug bei dem nun schon historisch gewordenen Schlachtort auf dem Lechfeld die Magyaren derart vernichtend, daß sie in aller Zukunft nicht mehr gegen Westen vorzudringen wagten. Konrad der Rote fiel in diesem Kampf, Otto wurde als der Retter des Abendlandes gefeiert, und die Tschechen anerkannten ihn als den Schutzherrn gegen ihre Todfeinde, die Ungarn. Otto nutzte die Lage, er wandte sich nun ebenso energisch gegen die Westslawen und schlug die aufsässigen Obotriden, zusammen mit dem Markgrafen Gero: in den Gebieten jenseits der Elbe bis zur Oder schien die deutsche Herrschaft gesichert – in einer Art Kirchhofsruhe offensichtlich. Damit aber hatte Otto alle Rückschläge seiner Herrschaft überwunden, für seine weiteren Pläne waren keine mehr zu erwarten, seine Widersacher innerhalb der Familie taten ihm den Gefallen zu sterben: Heinrich und Liudolf und Konrad – und Adelheid gebar Ende des Jahres 955 einen Sohn Otto.

Der Weg Ottos und der Adelheid nach Italien war offen, als vom Papst sowie von zahlreichen italienischen Großen Abgesandte kamen, die alle den gleichen Gegner hatten: König Berengar und seinen Sohn Adalbert. Papst war Johannes XII.

Otto sicherte seine Nachfolge, im Mai 961 ließ er seinen sechsjährigen Sohn Otto bei einem Reichstag in Worms zum König wählen, in Aachen wurde er gekrönt. Im August brach Otto I. mit seinem Heer nach Italien auf – Adelheid begleitete ihn. Er nahm Pavia und begann, Italien als König zu regieren. Berengar war geflüchtet. Abt Hatto von Fulda setzte sich mit dem Papst in Verbindung. Am 2. Februar 962 zogen Otto und Adelheid in Rom ein, sie wurden in der Peterskirche von Papst Johannes XII. feierlich als Kaiser und Kaiserin gekrönt und gesalbt, der Papst und das Volk leisteten den Treueid; Otto legte nach karolingischem Vorbild die Rechte des Kaisers und des

Papstes fest und zog nach Norden, Berengar in seine Gewalt zu bringen, der sich in einer seiner Hauptburgen verschanzt hatte. Als Otto erfuhr, daß der Papst heimlich Verbündete gegen den Kaiser suchte und Adalbert, den geflüchteten Sohn Berengars, bei sich aufnahm, kehrte er nach Rom zurück und setzte kurzerhand Johannes XII. ab, den Enkel der Marocia, den Letzten des Zeitalters der Pornokratie. Berengar mußte sich ergeben, er wurde gefangengenommen und starb 966 in Bamberg.

So also hatte Otto I. von Deutschland – nunmehr Kaiser des Heiligen Römischen Reiches Deutscher Nation, und als Gründer dieses Gebildes und nach Meinung der Historiker schon bei Lebzeiten »der Große« genannt – die Vision, den göttlichen Auftrag des Carolus Magnus, auf christlicher Basis das römische Imperium wieder aufzurichten, über den Traum des Erzbischofs Hatto I. hinweg, die deutsche Nation zum Vollstrecker des Auftrages zu machen, tatsächlich erfüllt, einschließlich der Konzeption des Carolus, die Macht der Päpste der kaiserlichen Gewalt zu unterwerfen. Er setzte seinen getreuen Ratgeber, den Abt Hatto von Fulda, als Erzbischof von Mainz und Erzkanzler ein und konnte fortan in Deutschland wie in Italien, von niemandem ernstlich angefochten, die kaiserliche Stellung sichern, von Deutschland nach Italien ziehend, um nach dem Rechten zu sehen, und von Italien nach Deutschland, der mächtigste Herrscher des Abendlandes. Die Fürsten huldigten ihm, die Kirche folgte seinem Wort, die Völker genossen die langersehnte Ruhe.

Das Pfingstfest 973 wollte Otto in Memleben feiern, er erkrankte am Tage seiner Ankunft dort und starb am 7. 5. 973, im 61. Lebensjahr. Er wurde im Dom von Magdeburg beigesetzt, an der Seite seiner ersten Frau Edgitha.

Seine Witwe, die tatkräftige Adelheid, hielt ihren Sohn Otto II. streng am Zügel. Sie bewog ihn, Deutschland zu verlassen, um Italien vor dem Ansturm der Sarazenen zu schützen, welche die Herren Siziliens und Unteritaliens waren. Aber Otto II. hatte kein Glück, sein Heer wurde 982 von den Sarazenen vernichtend geschlagen – eine Folge dieser Niederlage war ein gewaltiger Aufstand der Slawen Ostelbiens, der alles Deutsche wie auch Christliche aus den Marken wischte, mit Ausnahme der Mark Meißen, die sich im Sturm der Slawen halten konnte, Keimzelle des späteren Kurfürstentums Sachsen. Ottos II. Heere waren zu stark in Italien engagiert, als daß sie den ostelbischen Marken zu Hilfe eilen konnten – einer weiteren Bedrohung durch slawische Einsickerung in ehemals keltische Siedlungsgebiete begegnete der zweite Otto, indem er die »Ostmark«, das spätere Kernland von Oesterreich, von Bayern trennte und das Land als Markgrafschaft den Babenbergern übergab. Der Wunsch, das ständig gegen das Reich opponierende Bayern weiter zu schwächen, ließ ihn auch Kärnten zu einem selbständigen Herzogtum erklären.

Otto II. raffte in Italien das Sumpffieber dahin, das noch Jahrhunderte später mehr deutsche Krieger töten sollte als alle blutigen Gefechte. Adelheid regierte für ihren unmündigen Enkel, Otto III., und ließ ihn von einem Weltreich träumen, das der deutsche Kaiser als Diener Christi zwar, doch auch als Herr der Päpste von Rom aus regieren wollte, im Sinne seines Wahlspruches: »Renovatio Imperii Romanorum«. Er starb 1002 unvermählt, ohne auch nur einen seiner Pläne verwirklichen zu können, drei Jahre nach dem Tode seiner Großmutter im Kloster Selz im Elsaß. Es fand sich kein Papst, der sich veranlaßt fühlte, Adelheid heiligzusprechen.

So war es denn geschehen: mitten im Prozeß der deutschen Volkwerdung realisierte eine eigensinnige Frau, ohne an diesem Prozeß im geringsten teilzuhaben, den Traum des Carolus Magnus, der schließlich, für die Geschichte der Deutschen wie der Italiener, zu einem Alptraum werden sollte. Erst acht Jahrhunderte später, just, als der »tote Preuße« starb, konnten, infolge der immer wiederholten

Verstrickungen der deutschen Kaiser in die italienischen Angelegenheiten, das deutsche wie das italienische Volk zu ihrer spezifischen politischen Einheit gelangen, auf dem Wege zum Nationalstaat, den fast alle anderen Völker Europas schon längst gegangen waren.

Es ging um Polen

Der Sage nach war es ein Normanne, der sich einen Dänen nannte, Dago, einer der Raubmänner mit den kalten grauen Augen, der zur Zeit Ottos I. den Spuren der Goten folgte und die verschiedenen Stämme zwischen Oder und Weichsel zu einem »Reich« zusammenfaßte, das er »Polen« nannte, was zugleich dem Begriff »Ebene« entsprach. Aber aus dem Nebel der ungeschichtlichen Vorzeit trat schließlich um 960 ein Mann mit klaren Umrissen hervor, Mieszko I., auch Mieczyslaw genannt, ein Herzog von Kujawien, der sein Geschlecht der Piasten auf einen bäuerlichen Stammvater Piast zurückführte, dessen Sohn in Kruschwitz am Goplosee im Rahmen einer verlorengegangenen älteren Dynastie sein Herzogtum errichtete: der zweite Vorname des Mieszko lautete Dago. Dieser Mieszko also schlug sich mit dem Markgrafen Gero herum und dehnte die Grenzen seiner Herrschaft nach dem gleichen Prinzip aus, wie es den deutschen Markgrafen dienlich war: Land ohne Herrschaft war einzunehmen. Überall dort nun, wo sein Herrschaftsanspruch mit dem des Gero kollidierte, nahm er das Land als Lehen an, als Reichslehen, zahlte also praktisch nur Tribut, wie ein Pächter, der, selber Grundherr, strittiges Land in Pacht nahm. Mieszko muß ein kluger politischer Kopf gewesen sein, der es immer vorzog, auf die politischen Regeln einzugehen, die ihm der Gegner bot, dabei die Schwächen dieser Regeln listig ausnutzend. So wurde Mieszko Christ, er christianisierte nach den Regeln der Deutschen sein Land, aber unterstellte sich und die polnische Kirche direkt dem Papst, ohne den Umweg über die Unterstellung unter das Reich zu nehmen. Sein Land war selber Reich. Das hatte Konsequenzen, die sich ein Jahrtausend lang auswirkten. Den Kaiser Otto III. im fernen Italien mochten die politischen Winkelzüge des Mieszko I. nicht sonderlich berühren, er war ja praktisch auch Oberherr der Kirche, nämlich Herr über den schwachen Papst – nachdem 968 im Zuge der Christianisierung Polens ein Bistum in Posen gegründet war, duldete er lässig, daß dieses sich dem Heiligen Stuhl direkt unterstellte, obwohl es eigentlich dem Erzbistum Magdeburg hätte zugehörig sein müssen. In einem knappen Jahrzehnt hatte es der bedeutende Staatsmann Mieszko vermocht, sein Reich zu gründen, auf der Basis eines künftigen Nationalstaates, es zu christianisieren und durchzuorganisieren – mit dreitausend Kriegern, für deren Unterhalt er selber sorgte – und sich und Polen in eine geachtete und unabhängige Stellung gegenüber dem Reich der Deutschen und dem ersten böhmischen Fürstengeschlecht in Prag gebracht. Seine Nachfolger – Mieszko I. starb 992 – hatten es leicht, auf der Basis seiner Politik das Reich zu erweitern; Boleslaw I. trat einfach in den Wettlauf um die Christianisierung der heidnischen Völkersplitter zwischen Elbe und Oder ein, gemeinsam mit dem Reich oder Zug um Zug, wie es sich schickte und wer schneller war, – sich friedlich zu einigen, boten die Regeln genugsam Möglichkeiten.

Der Nachfolger Ottos III., Kaiser Heinrich II., fand diese Lage vor, er ging klugerweise auf das Spiel ein, in seinen Möglichkeiten eingeschränkt durch die italienischen Wirren und die Querelen unter den deutschen Landesfürsten. Boleslaw stand den Dingen näher, um die es ging, er hatte bedeutend mehr Möglichkeiten und nutzte sie rigoros aus, wo er nur konnte. Er besetzte die Lausitz und Meißen, er drang nach Böhmen vor, um den 1002 von dort vertriebenen böhmischen Fürsten Boleslaw III., seinen Neffen, wieder einzusetzen, nutzte aber die Gelegenheit, als dieser angeblich zu grausam gegen seine Feinde vorging, um ihn gefangenzunehmen, zu blenden und sich selber zum Herrn von Böhmen und Mähren zu machen. Das konnte Kaiser Heinrich II. nicht dulden, aber Boleslaw verstand es, den Zorn des deutschen Kaisers zu beschwichtigen, indem er mit ihm ein Bündnis zur Bekämpfung der heidnischen Liutizen – im Gebiet um Brennabor – schloß, was hinwiederum Heinrich bittere Vorwürfe von seiten der deutschen Markgrafen eintrug. Da der erste Bischof von Posen, ein Deutscher namens Unger, danach zu streben begann, sich ganz dem Erzbischof von Magdeburg zu unterstellen, gründete Boleslaw nun ein eigenes Erzbistum Gnesen, das mit den neugeschaffenen Bistümern Kolberg, Breslau und Krakau die erste rein polnische Kirchenprovinz bildete. In drei Kriegen setzte sich Heinrich II. zur Wehr, 1004 rückte er rasch in Böhmen ein und vertrieb Boleslaw I. mit Hilfe der Tschechen, mußte ihm aber Mähren lassen. 1005 brachte der zweite Krieg Heinrich II. bis vor Posen, ohne daß Boleslaw auf mehr verzichten mußte, als er wirklich erobert hatte. 1007 fühlte sich Boleslaw gekränkt über Nachrichten von neuerlichen kaiserlichen Rüstungen, schlug los und gelangte bis Magdeburg und Zerbst, erneut die Lausitz kassierend, wo er 1012 die kaiserliche Burg Lebusa stürmte. Im Frieden von Merseburg 1013 huldigte Boleslaw dem Kaiser, erhielt »endgültig« die Lausitz und einen Teil von Meißen, das Milzener Land, und verheiratete seinen Sohn Mieszko II. mit der Tochter eines deutschen Fürsten, des Herzogs von Lothringen, – um, solchermaßen abgesichert, sofort mit Herzog Udalrich von Böhmen die Möglichkeit zu beraten, wie Polen und Böhmen zusammen gegen das Reich zu agieren vermöchten. Dem ständigen Unfrieden ein Ende zu machen, rückte Heinrichs Heer 1015 bis über die Oder vor, ohne Boleslaw stellen zu können, und scheiterte 1017, vereint mit Böhmen und Liutizen, bei der vergeblichen Belagerung von Nimptsch in Schlesien. Am 30. 1. 1018 schloß Heinrich ermüdet den Frieden von Bautzen, in welchem Boleslaw praktisch behalten konnte, was er gerade besaß – und das war reichlich –, und aus der »Vasallität« entlassen wurde. Er nutzte diesen Frieden, um sofort erneut zu rüsten, diesmal aber nicht gegen Westen, sondern gen Osten; acht Monate nach dem Frieden von Bautzen eroberte er in einem wahrhaft kühnen Zug die Stadt Kiew, unterstützt von ungarischen, petschenegischen und deutschen Truppen, von denen nach diesem Gewaltakt die ersteren wieder nach Hause rückten, die deutschen aber sich zu weiterem Eingreifen bereit hielten. In Kiew hatten sich der Schwiegersohn Boleslaws, Svjatopolk, und dessen Halbbruder Jaroslaw gegeneinander erzürnt, Boleslaw schlug Jaroslaw, betrog aber Svjatopolk, der ihn gerufen hatte, indem er selber die Oberherrschaft beanspruchte; worauf sich Svjatopolk gegen ihn erhob und in einer Nacht mit seinen Getreuen die polnische Besatzung niedermetzelte – das gleiche geschah ihm zwei Jahre später durch Jaroslaw, wobei die deutschen Truppen eine schwer definierbare Rolle spielten. Boleslaw aber mußte Kiew räumen, er nahm reiche Beute mit sich und die schöne Schwester Jaroslaws. Sonderbarerweise gründete sich der Ruhm dieses gewaltigen und gewalttätigen Mannes recht eigentlich auf diesen sagenhaften und mißglückten Feldzug, der in der Tat seine Macht nicht erschütterte. Boleslaw hatte die Grenzen seines Reiches erheblich erweitert und seine faktische Unabhängigkeit gegenüber dem Kaiser erkämpft. Aber erst nach dem Tode Kaiser Heinrichs II. – 1024 – ließ sich Boleslaw in Gnesen und vermutlich mit päpstlicher Zustimmung zum König krönen, der sichtbare und symbolische Beweis, daß er sich außerhalb des Reiches gestellt hatte – dieses kannte nur einen, den deutschen Wahlkönig.

Außenpolitisch also hatte Heinrich II. genug zu tun, um als deutscher König den Bestand des Reiches mit seinen zerfaserten Grenzen gerade noch zu erhalten. Seine Politik erwies die Brüchigkeit des Lehnsgedankens, der schließlich das ganze innere Gefüge des Reiches zusammenhielt. Das

Lehenswesen aber war im Schnittpunkt der Konzeption zwischen Geist und Macht, zwischen Kirche und Reich, zwischen Papst und Kaiser angesiedelt. Innenpolitisch war Heinrich einfach gezwungen, fromm zu sein, faktisch Oberherr der Kirche, seine Macht, soweit sie Macht sein konnte, ausübend auch über den Heiligen Stuhl und die gesamte Klerisei. Er nahm sich des Wohlstandes der Klöster an und förderte die deutschen Bischöfe, denen er so viel an weltlicher Macht zuschob, als er irgend vermochte, um einen Ausgleich zur Macht der weltlichen Fürsten zu schaffen, er gründete neue Bistümer wie Bamberg, dessen Bischof Eberhard er zum »Kanzler« für Italien ernannte und dessen Nachfolger Suitker zum Papst Clemens II. gewählt wurde, – und er erbaute den Bamberger Dom als stolzestes Denkmal seiner Macht und Demut zugleich, er überließ, kinderlos, alles, was er besaß, Gott. Er wurde – nach hundert Jahren, 1146 – von der Kirche heiliggesprochen. Er ruht im Bamberger Dom, neben Clemens II., der als einziger Papst in Deutschland beigesetzt wurde – zu Häupten der beiden Grabstätten thront die Statue des »Bamberger Reiters«, die bis heute als Symbolfigur des deutschen Königtums angesehen wird.

Heinrich II. war der Urenkel des ersten deutschen Volkskönigs Heinrich I. und der letzte dieses sächsischen Geschlechtes. Aber er wurde, Sohn des bayrischen Herzogs, »Heinrichs des Zänkers«, zu »Heinrich, dem Bayern«. Er realisierte die hochfliegenden Träume der Ottonen, die sich der Oberherrschaft über Kirche und Reich bemächtigt hatten, durch eine kluge Politik, die hier die Kunst des Möglichen genannt werden konnte, und schuf die »Reichskirche«.

Er hinterließ seinen Nachfolgern die Umrisse eines Deutschen Reiches, die es zu befestigen galt, nach den Möglichkeiten von dessen Urkonzeption. Aber es war und blieb dies Deutsche Reich ein Koloß auf tönernen Füßen, – der grandiose Versuch, Unvereinbares bis an die Grenzen des Möglichen zu vereinen, zwei völlig verschiedene Kulturbereiche miteinander zu verschmelzen und deren Wertgefälle auszugleichen.

Es ging um die Kirche

Nach einer christlichen Legende versuchte der Zauberer Simon dem Apostel Petrus dessen Geisteskräfte abzukaufen. Von dieser Legende leitete die Kirche den Begriff der »Simonie« ab, den Versuch, geistliche Ämter und Pfründen durch Bestechung, also durch Kauf und Verleihung, zu erwerben. Papst Gregor I. (590 - 604) fand Veranlassung, gegen eine solche Gepflogenheit zu wettern, er bezeichnete sie nach kanonischem Recht als ein »delictum ecclesiasticum«, als eine schwere kirchliche Verfehlung, die offenbar nicht ausgerottet werden konnte, denn immer wieder war die Simonie Gegenstand strenger synodischer Beschlüsse. Im Grunde ging die Haltung der Kirche in der Frage der Simonie auf das allgemeine Verhältnis der Kirche zu Geld und Gut zurück. Sie war organisatorisch innerhalb des römischen Imperiums herangewachsen, dessen wirtschaftliche Basis das Sklavenwesen war, und die Kirche hatte bei aller Anerkenntnis römischer Ordnung um der Reinheit der Lehre willen die Sklaverei nicht hinnehmen können, die nicht nur den Reichtum des Staates begründete, sondern auch Grundlage des Privateigentums war. So beschränkte sich das Verbot der Simonie allein auf die Kirche, auch über die Anerkennung des Christentums als Staatsreligion hinaus. Dem Laien war Privateigentum gestattet, ungeachtet des Machtzuwachses durch das Geld; die Kirche suchte den Machtzuwachs allein im Amt, sie setzte den Geist gegen das Geld, in bewußtem Gegensatz zu den Gepflogenheiten der Laien.

In der Begegnung der Kirche mit den meist schon christianisierten germanischen Völkerschaften mußte die Kirche erfahren, daß bei diesen Völkern das Christentum bedeutend weniger in seinem ethisch-geistigen Gehalt begriffen wurde denn als Chance zur Erlangung handgreiflicher Vorteile, keineswegs in seinen Möglichkeiten sittlicher Veredelung, als vielmehr des Zuwachses an Macht. Die germanischen Völkerschaften kannten keine Sklaverei, sie waren in Bewegung, und ihre wirtschaftliche Basis bestand in der Beute, die sie machten, solange und soweit Beute vorhanden war. Ihre Kriegsgefangenen und widersetzlichen Unterjochten konnten auf ihren Zügen nur als Ballast angesehen werden und wurden demgemäß erschlagen, es sei denn, daß sie sich als Kriegsknechte eigneten oder als Hilfswillige für die häusliche Arbeit der Frauen und Greise; aus diesen Gefangenen rekrutierten sich dann die Hörigen und Leibeigenen, die Unfreien. Auch Ämter kannten die staatsunwilligen germanischen Völkerschaften nicht, doch lernten sie den Segen dieser Einrichtung durch die Kirche kennen; im Zuge der Volkwerdung der Deutschen, die im Gegensatz etwa zu den Franzosen die römische Kunst der Verwaltung nicht erfahren hatten, fügten sich die deutschen Machthaber bedeutend später den Notwendigkeiten, die sie aber gern als Aufgabe der Kirche überließen, deren Rat und Geschick auf dem Gebiete staatlicher Aufgaben als nützlich erkannt wurde. So blieben Ämter und Kanzleien im Einflußbereich der Kirche, dienten aber der weltlichen Macht, und zwar durchgehend, von der obersten Spitze des Reiches, vom Kaiser, dem die Erzbischöfe als Erzkanzler dienten, über die weltliche Kastenordnung der Landesfürsten, der Herzöge und Gaugrafen mit den bischöflichen Kanzleien und den Ämtern der Erzabteien bis hinab zum kleinsten Burgherrn, der seinen Machtbereich durch seine Burgpfaffen und die ihm unterstellten Pfarreien verwalten ließ. Es blieb also fast der gesamte Verwaltungsapparat in den besten Händen, denen der Kirche, die ihn vorzüglich beherrschte, aber natürlich die kirchlichen Belange wohl zu fördern wußte. In diesem jahrhundertewährenden Vorgang hatte sich also die Kirche sehr wohl Macht durch Geist zu erwerben gewußt.

Diese denkbar innige Vereinigung der geistlichen und der weltlichen Macht erhielt ihre Spannung und Spaltung erst, als sich das beiderseitige Interesse in einer Rechtsnorm zu konkretisieren versuchte. Hier begegnete römisch-staatliches Rechtsdenken dem Gewohnheitsrecht des deutschen Lehenswesens. Mit der fränkischen Landnahme hatten sich die Möglichkeiten der Beute in immer stärkerem Maße in die der Ausbeutung gewandelt – die einzige produktive Schicht, die der landsässigen Bauern, die ja auch die eigenen Bedürfnisse im Gewerbe und im Handwerk befriedigten, bildete die Basis der Wirtschaft; in produktivem Sinne war diese Schicht zwar arm, aber autark, das Land »gehörte« privat dem freien Bauern, insoweit er es allein bewirtschaften konnte; im Weideland, der Allmende, gehörte es schon der bäuerlichen Dorfgemeinschaft. Die Landnahme »nahm« ursprünglich nur das bislang unbewirtschaftete Land, welches folgerichtig bis dahin niemandem, also allen, gehörte. Für eine denkbare Gemeinschaft des Gesamtvolkes, die sich im deutschen Königtume etablierte, gehörte dies Land der übergeordneten Gewalt: es gab kein Privateigentum, es wurde, anfangs für Verdienste, dann für Dienste, als Lehen, dann als Erblehen »verliehen«, an die »Vasallen«, welche in ihrem Dienst unmittelbar an die Gesamtheit, symbolisiert durch den König, gebunden waren. Der Vasall, mit der Eigenproduktion nicht unmittelbar verbunden, lohnte wiederum seine »Bedienung« durch Verleihung von »Afterlehen«. Der »freie« Bauer zahlte seine Steuern weniger durch Geld als durch »Fron«, durch Arbeit, durch welche er sich »Sicherheit« und Kommunikationen »verdiente«. Erst im zehnten Jahrhundert, mit der Herausbildung des Bürgerstandes in den Städten, welcher nunmehr Gewerbe und Handwerk für die Produktion der Bauern übernahm, wurde das »Geld« als allgemeingültiges Kommunikationsmittel im

Münzwesen sanktioniert. Die germanischen Stämme der Völkerwanderung fälschten das Gold der Beute in römische Münzen, die Merowinger fanden eine Silberwährung als Grundlage des Geldwesens, immer aber hatte die Lehnsherrschaft auch die Lehnshoheit, das Aufsichtsrecht über Münzen und alle Lehensabgaben. Überwundene Völkerschaften — sie waren nur noch im Osten ohne eigenen Herrschaftsanspruch — wurden dem Lehensprinzip eingeordnet, überwundene Herrschaften zahlten das Lehen in Tributen.

Das Lehenswesen war Gewohnheitsrecht der germanischen Stämme, welche die Beute nach einem Schlüssel für kämpferische Verdienste an die »Allgemeinheit« des Stammes verteilten; Karl der Große wußte es klug zu lenken, da unter dem Zwang der veränderten Umstände das ursprüngliche Faust- und Blutrache-Recht zwischen den Fürsten und dem Adel einer quasi-Regelung bedurfte.

Recht eigentlich aber war es das erwachende Bürgertum der Städte, zunehmend an Kommunikationen interessiert und damit an einem Zufluß des Geldes, an einer Neubildung des Privateigentums, welches die starre Lehensordnung über Handel und Wandel durchbrach — durch »Simonie« nämlich: es kaufte sich frei, — es zahlte Geld für Privilegien. Die Kirche kannte kein Geblütsrecht, die geistlichen Oberherren, die Kirchenfürsten unterlagen dem Zölibat, hatten also keine Erben. So konnten die geistlichen Fürsten und Standesherren, Prälaten und Äbte wohl als Entgelt für ihre Dienste sich belehnen lassen, verloren das Lehnsrecht aber mit ihrem Tode, und damit die Machtsicherung, auf welche die weltlichen Standesherren niemals verzichten wollten.

Im spätrömischen Reich pflegte der frisch christianisierte Grundherr auf seinem Grund und Boden eine Kirche zu errichten und einen Pfarrer einzustellen, ohne daß Kirche wie Priester dem Gemeindebischof anders als geistlich unterstanden. Der Grundherr war und blieb der Patron. Im

Reich der Deutschen entwickelte sich der Patronatsgedanke wie ein Gewohnheitsrecht. Auch hier stiftete der Grundherr die Kirche und setzte den Priester ein, die Gaugrafen und Herzöge gaben den Klöstern das Land, das sie bewirtschaften sollten, zu Lehen, die Könige dankten mit der Vergabe von Würden. Aber immer blieb das Eigentumsrecht bei der weltlichen Macht, die Eigenkirche wurde zur vorherrschenden Einrichtung. Dadurch blieben Klöster und Priester von ihren Bischöfen in hohem Grade unabhängig, die ja ihrerseits ebenfalls vom Grundherren, dem Landesfürsten, eingesetzt und ausgestattet wurden, in einem Akt, bei dem der Bischof die Abzeichen seines geistlichen Amtes, Ring und Stab, aus der Hand des Grundherrn, des Magnaten empfing und dadurch zum Vasallen wurde. Wieder war es Karl der Große, der den Grundstein zu dieser Gepflogenheit gelegt hatte, als er sich selber zum Kaiser krönte, dem Bischof von Rom aber zum Dank für seine Teilnahme an diesem Akt die vom Vater des Kaisers gnädig gestiftete Hausmacht des Papstes, den Kirchenstaat, ebenso gnädig zu bestätigen geneigt war, eindeutig also als Lehen vergab. Mit der Annahme dieses Lehens aber wurde der Papst Landesfürst, Vasall des Kaisers, da biß die Maus keinen Faden ab. Wenn der Papst sich fügte – und er fügte sich –, so mußte der Bischof seine Investitur durch die weltliche Macht ebenfalls als rechtmäßig erkennen. Dies Verfahren führte im Reiche zu einer bedeutenden Schwächung der päpstlichen Macht, sie wurde von schwachen Päpsten hingenommen, von starken kirchlichen Charakteren aber immer wieder als Rechtsnorm bestritten; die in kirchlichem Sinne bedeutenden Kirchenfürsten konnten sich mit einer Art formaler, nachträglicher Wahlhandlung nicht zufriedengeben – das Investiturrecht der weltlichen Macht blieb eine schwärende Wunde am Körper der Kirche.
Mit dem Tode des letzten Karolingers, Konrad I., endete für das Reich der Deutschen die Zeit der Königtümer, es

kannte nur noch einen König, der von den Fürsten des Reiches gewählt wurde. Auch das Wahlkönigtum der Deutschen entsprang keiner Satzung, es wurde zum Gewohnheitsrecht, dessen Verfahrensfragen nirgends festgelegt waren. Nicht sämtliche Fürsten wählten den König, sie konnten zu dem Wahlakt gar nicht alle zusammengerufen werden; nur die größten Fürsten, die Herzöge, und diese auch nur wechselweise, wählten, auch als Vertreter der kleinen, ohne daß immer klar wurde, wer wen vertrat, – so daß die Wahl schließlich zu einem Arrangement der großen Hausmächte führte, das auf ein Gleichgewicht gegenüber der Hausmacht des Königs hinzielte, dem zusätzlich nur die Dominal-Provinzen unterstanden. In eben den Dominal-Provinzen wie Franken aber besaßen die Erzbischöfe großes Territorium, sie galten ebenfalls als Reichsfürsten, sie wählten mit. Ihre Stimmen zu gewinnen, war das Hauptproblem jeder Wahl. Hinzu kam, daß die großen Geschlechter zähe an dem Geblütsrecht festhielten, sie wählten mit dem König auch dessen Geblüts-Erbnachfolge – die geistlichen Fürsten aber hatten keine Leibeserben, obwohl sie im Laufe der Zeit immer mehr fürstlichen Geblütes waren; sie waren von den großen Geschlechtern sozusagen in die Kirche detachiert.

Recht eigentlich war das Geschlecht der sächsischen Ludolfinger schon mit dem Tode Ottos III. erloschen; Heinrichs II. Erbanspruch war recht zweifelhafter Art. So mußte Heinrich sich zu einer Art Gewaltstreich entschließen: Als die Leiche des in Paterno, in Italien, verstorbenen Otto nach Aachen zur Beisetzung gebracht werden sollte, eilte Heinrich dem Geleitzuge entgegen, traf ihn in Polling in Bayern an, bemächtigte sich der Gebeine des toten Kaisers und der kaiserlichen Insignien. Der Erzbischof Heribert von Köln, der mit anderen Bischöfen seines geistlichen Amtes als Begleiter des toten Kaisers waltete, versuchte vergeblich, die zu den Reichsinsignien gehörende Lanze dem Herzog vorzuenthalten, – Heinrich begleitete den Zug bis Mainz und nutzte seine Zeit und die Gelegenheit, den Erzbischof von Mainz, Willigis, für sich zu gewinnen, indem er ihm versprach, den Bau des Mainzer Doms zu ermöglichen. Willigis salbte und krönte ihn zu Mainz. Mit Hilfe der Stimmen der geistlichen Fürsten wurde er in Aachen schließlich gewählt.

Das Reich der Deutschen hatte keine Hauptstadt. So hatte sich die Gepflogenheit herausgebildet, daß ein neu gewählter König einen »Umritt« machte, wobei sich ihm Gelegenheit bot, die gegen seine Wahl aufsässigen Fürsten umzustimmen, was Heinrich erst nach acht Monaten »Umrittes« durch die deutschen Länder gelang.

Die Manipulation dieser Königswahl hatte merkwürdige Folgen. Die List der Idee zeigte sich in der Umkehr ihrer Möglichkeiten. Was als Schwächung der kirchlichen Macht gedacht war, die Investitur, führte zu ihrer Stärkung. Man konnte, man mußte die Erzbischöfe »gewinnen«. Wie gewann man sie? Wie gewann man das Wohlwollen der Kirche? Zumindest ihrer obersten Vertreter? Bislang hatte man sie gefügig machen können für die eigenen politischen Machtziele, indem man ihre Einkünfte, ihre wirtschaftliche Basis, der eigenen Kontrolle unterwarf, jederzeit drohen konnte, sie als Eigentum einzuziehen, Lehen nicht zu erneuern. Heinrich suchte sie für sich zu gewinnen: durch Förderung, durch Vermehrung ihrer Macht und ihres Reichtumes! Mit jedem Kloster, mit jedem Sprengel waren Besitz und Einkünfte verbunden, – je größer die Möglichkeit, ihr Vermögen zu vermehren, desto gefügiger wurden die geistlichen Mächte für die politischen Ziele der weltlichen Macht, zumal der kaiserlichen gegen die Landesfürsten, der Fürsten gegeneinander und gegen den Kaiser. Was man kaufen konnte, konnte man aber auch verkaufen. Was man geben konnte, konnte man auch vergeben. Konrad II., der Nachfolger des zweiten Heinrich, vergab Ämter, Bistümer und Privilegien gegen hohe Summen, die Kirche hatte einen guten Magen, aber mittlerweile hatte sie auch einen vollen Säckel. Das also war Simonie, das delictum ecclesiasticum des Kirchenrechts, im Ringen der Päpste und Kaiser, Simonie auf höchster Ebene, aber doch Simonie, – jene Simonie, welche die Kirche von Byzanz in Konkurrenz mit der römischen so mächtig gemacht hatte und doch so gefügig den weltlichen Mächten von Byzanz.

Im Reich waren die Bischöfe durch die Investitur, die Äbte der Klöster, die hohen Prälaten und Beamten im Laufe der Zeit durch die Beschickung aus eben denselben Geschlechtern, welche die weltliche Macht besaßen, geradezu prädestiniert, die Korruption, die Bestechung durch weltlichen Besitz, durch Vermögen und politischen Einfluß keineswegs als ein delictum, als ein Verbrechen, zu betrachten, sondern vielmehr als eine allgemein übliche, konforme und im Endeffekt wohllöbliche Einrichtung. Dergestalt konnten sich die widerstrebenden Elemente zur Reichskirche zusammenschmelzen: Ein deutscher Priester, Aribe, vertrat als Erzbischof von Mainz im Namen der deutschen Bischöfe auf der Synode zu Seligenstadt (1023) die Rechte der deutschen Landeskirchen gegenüber dem Papste – das war die Vorbereitung der deutschen Geistlichkeit zur deutschen Nationalkirche, – auch der schwächlichste unter den Päpsten mußte die Gefahren dieses Vorgehens erkennen, doch blieb ihm nichts anderes übrig, als Aribe das »Pallium«, das Zeichen seiner Erzbischofswürde, zu entziehen.

Wenn der deutsche König als Kaiser Oberherr der Reichskirche war, so blieb der Papst doch geistliches Oberhaupt der abendländischen Christenheit, – das konnte die Ausgangsposition für eine kluge, päpstliche Politik mit den Fürsten Frankreichs, Italiens und der immer mächtiger agierenden Normannen sein, die samt und sonders eine Schwächung der Reichsmacht zu begehren wohl Anlaß hatten. Aber auch diese weltlichen Mächte – die weltliche Macht der aufblühenden Städte, besonders in Oberitalien, eingeschlossen – befanden sich noch wie die deutschen Fürsten im Stadium der Beuteverteilung. Auch sie erblickten in Simonie und Investitur hochwillkommene Einrichtungen; auch ihnen mußte das geistliche Oberhaupt der Kirche, noch dazu durch seinen Kirchenstaat Reichsfürst, in politicis unheimlich erscheinen, verstrickt in Händel, welche nicht unmittelbar ihre eignen Händel waren. Auch die Bischöfe der Länder außerhalb des Reiches lebten in Prunk und Pracht und ließen es sich damit wohl sein, auch sie litten unter dem Geblütsrecht der großen Herrschergeschlechter, wenn sie es auch erreichten, daß ihre Leibeserben – unter dem Zölibat gezeugt –, geziemend ausgestattet und anerkannt, hohe Stellungen in der Gesellschaft beanspruchen konnten. So war die Macht des geistlichen Oberhauptes der Christenheit praktisch auch in den Gebieten außerhalb der Reichskirche beschränkt auf eben rein geistliche Aufgaben, die sich auf die Einhaltung christlicher Sitten und Gebräuche bezogen, – und selbst auf diesem Gebiete nicht vorbehaltlos anerkannt. Die Korruption durch die Simonie hatte auch auf das Privatleben der Machthaber ihren Einfluß geübt. Fürsten und Bischöfe hatten ihre Geliebten und Maitressen, die Sitten wurden offensichtlich immer lockerer, selbst Könige verstießen ihre Frauen, um ihre Geliebten zu heiraten – die Aufgabe der Päpste, die Heiligkeit der Sakramente zu wahren, besonders das Sakrament der Ehe, begegnete in vielen Fällen einer Widerspenstigkeit der großen Sünder, die nur mit der Androhung eines Bannfluches gebrochen werden konnte, – ein Mittel, das sich im Laufe der simonischen Entwicklung immer mehr abzunutzen drohte.

Schließlich aber war der Bannfluch, die Verweigerung der Gnadenmittel der Kirche für die hochmögenden weltlichen Herrscher, der Ausschluß aus der Kirche, die seelische Isolation, das einzige Mittel, welches den Päpsten zur Verfügung stand – seine Wirksamkeit setzte voraus, daß im abendländischen Bewußtsein das Christentum bereits in

einem Maße verwurzelt war, welches eine weltliche Herrschaft ohne feste Gründung auf kirchlicher Basis undenkbar erscheinen ließ. Das aber war keineswegs der Fall; schon hatten sich religiöse Sekten gebildet, unter anderen die der Katharer auf einer religiös-kommunistischen Grundlage – dreizehn Katharer wurden 1022 in Orléans verbrannt, 1030 erlitt ein gewisser Girardus mit seinen Anhängern in Oberitalien das gleiche Schicksal, aber die Bewegung wirkte weiter: 1052 wurden in Goslar katharische Kirchengänger als »Ketzer« hingerichtet – hier tauchte die Bezeichnung »Ketzer« im deutschen Sprachbereich zum ersten Male auf –, und 1058 wurden die Mönche des Klosters Sazawa in Böhmen als Katharer gebannt.
Aber gerade dies, der Versuch einer Emanzipation aus religiösen Motiven, der von den Päpsten so unnachsichtig verfolgt wurde, geschah eigentlich unter dem Zeichen einer Rettung der Kirche. Vor allen Völkern meuterte als erstes das Kirchenvolk, indem es sich damit sozusagen als eigene Nation deklarierte. Es mag von der List der Idee der Geschichte zeugen, daß die rettende innere Reformbewegung nicht von einem deutschen oder italienischen Zentrum religiöser Gläubigkeit ausging, sondern von dem französischen Kloster der Benediktiner Cluny, in Burgund gelegen, einige Kilometer nordwestlich von Mâcon. Diese Abtei war vom Herzog Wilhelm von Aquitanien im Jahre 910 gegründet worden, also zu einer Zeit des katastrophalen Niederganges der kirchlichen Macht unter den letzten Karolingern. Zu gleicher Zeit aber erlebte auch die weltliche Macht ihren erschreckenden Niedergang – so zerfiel die Landschaft Aquitanien im Südwesten Frankreichs, von der Loire bis zu den Pyrenäen, in mehrere kleine Fürstentümer. Über die Pyrenäen aber strömten die Flüchtlinge aus Spanien, vertrieben durch die Kämpfe mit den Mauren, – unter ihnen die Mönche von bedrängten Klöstern in Spanien, sie schweiften durch die angrenzenden Lande und fanden in den dortigen Klöstern keine rechte Zuflucht. Der

Herzog Wilhelm von Aquitanien hatte ein lebhaftes Interesse daran, diese nun ohne die klösterliche Zucht sein Land durchstreifenden Mönche loszuwerden: Das Kloster Cluny, das er zu dem Zwecke gründete, diesen Mönchen eine angemessene Heimstatt zu bieten, lag angenehm entfernt, sozusagen an den äußersten Grenzen Frankreichs, — die Saône schied die umstrittenen Gebiete Lothringens und Burgunds von jenen, die unumstritten zu Frankreich gehörten. Die Benediktinerabtei sollte mit ihren strengen Regeln wenn nicht ein Strafkloster, so doch ein Zuchtkloster werden — und wurde es, unter hervorragenden Äbten wie Odo (927 - 941) und Odilo (994 - 1049), die im Laufe ihrer langjährigen Tätigkeit nicht nur vorbildlich für das gesamte Klosterwesen wirkten, sondern auch eine große Anzahl neuer Klöster gründeten, die Bewegung der »Cluniazenser« zu bedeutendem Einfluß brachten und selber zu hohem, fürstlichem Rang gleichen Ansehen gelangten.

Fast tausend Jahre nach der Geburt Christi stand die Kirche unter dem Zwang, sich von Grund auf zu erneuern, sich auf ihre eigenen Quellen zu besinnen. Das geschah theoretisch durch die Scholastik, die sich ursprünglich mit der Pflege und Ausbreitung der »sieben freien Künste«, dann aber auf besonderen Schulen auch mit den Problemen des Kirchenrechts und der Philosophie befaßte. Sie wurde zuerst an den Klosterschulen, dann an den Domschulen gelehrt; zur Zeit der Bewegung der Cluniazenser befanden sich nördlich der Alpen noch keine Universitäten, vorzüglich in den altgewachsenen, berühmten Städten Oberitaliens hingegen hatte sich die Scholastik auf einzelnen Rechtsschulen, so in Ravenna, Bologna und Padua, Fakultäten geschaffen, mit dem Ziel, allen anderen Fakultäten, wie jener der Medizin in Salerno, »geistliches Gepräge« zu geben. Die Körperschaft der Lehrer und der Schüler (»Universitas magistrorum et scholarium«) hatte also die Aufgabe, nicht der freien Forschung zu dienen, sondern die Lehre des überlieferten Wissensstoffes in theologische Gebundenheit zu fassen. Im Gegensatz zu diesen »Universitäten« sah die Bewegung der Cluniazenser ihr Ziel darin, die auf dem Boden der Scholastik gewonnenen Resultate in politische Wirklichkeit umzusetzen. Sie gewann damit eine mächtige Ausstrahlung. Die Erneuerung kirchlichen Glanzes wurde in allen kritischen Phasen der Kirchen von unten verlangt, vorzüglich also durch die von der Bewegung ergriffenen Mönchsorden und die niedere Weltgeistlichkeit, die die herrschende Klerisei beeinflußte, ihrerseits auf die Kurie und den Heiligen Stuhl mit der Forderung von Reformen einzuwirken. Weiter vorangetrieben wurde die Bewegung dann durch den Druck auf die weltlichen Gemeinschaften, die weltlichen Fürsten, deren Macht eine so umfassende innere Erneuerung nirgends verspürte, die, selbst wenn sie als solche begriffen wurde, ihrem eigentlichen Wesen nach nicht verstanden werden konnte.

Mit dem Abt Odilo von Cluny war Kaiser Heinrich II. befreundet, mißverstand aber zweifellos die eigentliche Zielsetzung der Cluniazenser, – er förderte den Einfluß der Klöster auf seine Weise, durch Vermehrung von deren Macht in Reichtum und Einfluß, was eben schnurstracks zu eben jener Simonie führte, welche die strenge Erneuerungsbewegung der Cluniazenser gerade verhüten wollte, und die unter den kaiserlichen Nachfolgern Heinrichs II., Konrad II. und Heinrich III., den Kaisern aus fränkisch-salischem Geschlecht, zur kirchlichen Pest gedeihen sollte.

Aber unbeirrt gewannen die bedeutenden Äbte von Cluny unter der Oberfläche durch eine flammende Agitation in Rede und Schrift, durch guten Rat nach allen Seiten und eine brillante Politik allmählich gewaltigen Einfluß auch und eben auf die geistlichen Fürsten, die – durch Investitur und Simonie an die Seite der weltlichen Gewalt gebunden – nun die mannigfachen Vorteile, die ihnen die Erneuerungsbewegung bot, wohl zu kalkulieren verstanden.

Man mag die Cluniazenser wohl als die ersten Jesuiten betrachten, ihre Reformbewegung strahlte nicht nur räumlich, sondern auch zeitlich bis heute aus, sie wurde zu einer der wirkungsvollsten der Kirchengeschichte, sie führte zum Aufstieg der päpstlichen Macht, zu deren weltbeherrschendem Einfluß im 12. und 13. Jahrhundert, der Zeit der kirchlichen Hochblüte, sie begründete das Mönchstum als führende Kulturmacht des Mittelalters, sie durchdrang im Lauf der nächsten Jahrhunderte den mittelalterlichen Alltag mit christlichem Geist – und sie bestimmte endlich die Formation des Reiches der Deutschen bis zu seiner Deformation, noch in der Gegenreformation die Reformation protestierenden Christentumes wenn nicht überwindend, so doch überlebend. Der Orden der Gesellschaft Jesu übernahm im Grunde die Ziele und Aufgaben der Bewegung von Cluny.

Schon in den rund fünfzig Jahren von der Begegnung des Abtes Odilo mit Heinrich II. bis zur Inthronisation des Papstes Gregor VII. bot die Bewegung von Cluny das Bild einer Mobilmachung aller kirchlichen Kräfte, einer »konservativen Revolution«. Was im Mutterboden der Kirche, in den Klöstern mit strenger Regel, von den einzelnen Mönchen in ihren Zellen an Erleuchtung gewonnen wurde, strahlte zunächst auf die Einsichten der Laien aus, in einer Propaganda des Urchristentums, die sich an die natürlichen seelischen Bedürfnisse und gleichzeitig an die sozialen Hoffnungen der unteren Massen des Volkes, des Mutterbodens der weltlichen Macht, wandte. Die erste Forderung von Cluny, die weltweites Echo fand, war die nach einem »Gottesfrieden«; sie entsprach der Verheißung eines Friedens auf Erden und mußte in einer Zeit, in welcher Kriege, Fehden, Blutrache, Grausamkeiten jeder Art die sichtbaren Mittel der Macht zu sein schienen, fast von der gleichen Wirkung sein wie die Forderung der Bergpredigt am Beginn der Christenheit.

Die Forderung nach einem Gottesfrieden nahmen die

weltlichen Mächte des Abendlandes wie ein Gottesgeschenk entgegen, sie hatten ein Argument mehr, mißliebige Gegner in ihren kriegerischen Bestrebungen zu diffamieren, den endlichen Sieg aber dann auch auf höchster Ebene mit moralischem Anspruch zu feiern. Die cluniazensische Forderung eines Zölibats auch der niederen Geistlichkeit vermochte die weltlichen Gewalten wenig zu berühren: die niedere Geistlichkeit hatte wenig zu vererben. Die Abschaffung der Simonie und der Investitur war eine alte Forderung, immer wieder neu erhoben, die weltliche Macht zweifelte keinen Augenblick an ihren Gewohnheitsrechten der Kirche gegenüber, die ja so schwach war und ganz unter der Oberherrschaft der deutschen Kaiser stand.

Kaiser Konrad II. wurde durch Erbanspruch 1034 nun auch König von Burgund und konnte seiner Hausmacht jetzt auch die von Burgund hinzufügen. Das Deutsche Reich kannte nur einen König, den von den Landesfürsten gewählten Kaiser; nun aber hatten Polen und Ungarn – und Böhmen folgte – ebenfalls ihre Könige, die zum Teil Lehnsleute des Reiches waren. In der Person Konrads II. kam ein neuer König, der von Burgund, hinzu; der Titel allein bedeutete dem herrschenden Geschlecht schon einen großen Machtzuwachs, – und ein Land mehr war der päpstlichen Obergewalt entzogen. Weder Konrad II. noch sein Nachfolger, Heinrich III., aus dem gleichen Geschlecht, kümmerten sich um die Bewegung von Cluny, sie bekämpften sie nicht, sie begünstigten sie nicht, sie suchten sie auszunutzen, solange sie, bei der Schwäche der Kirche, auf der höchsten Machtebene – gegenüber dem Heiligen Stuhl – ihre Position als stabil betrachten konnten. Sie betrieben ihre Politik weiter, sie mühten sich um die Festigung des Reiches gegenüber den ständigen Ansprüchen der Landesfürsten, sie erweiterten ihren Machtbereich nach dem Osten, und sie zogen mehrfach, in die italienischen Wirren verstrickt, gen Süden, um dort rebellierende Fürsten, aufständische Städte und aufsässigen Adel zur Raison zu bringen, ein überaus lästiges Geschäft, da sich dort mehr als im Reiche der Deutschen die Fürsten, die Städte und der Adel, ja selbst die hohe Geistlichkeit in ständigen Kämpfen gegen den Heiligen Stuhl wandten, der von wohlmeinenden, aber schwachen und von der kaiserlichen Gewalt eingesetzten Päpsten eingenommen war. Aber mochten die Geschäfte der kaiserlichen Gewalt in Italien lästig sein – lockend war das Land. Unter dem nüchternen, kalt rechnenden Konrad II., der das Erbe von Heinrich II. mit sichtbarem Erfolg als Königsgut vermehrte und durch eine geschickte Kanzleibürokratie verwalten ließ, die geistlichen Ursprungs war und die er wohl zu seinen Zwecken zu nutzen verstand, setzte sich die Bezeichnung »Imperium Romanum« für das Reich erst durch, das »Heilige Römische Reich deutscher Nation«; und auf dem Revers der Kaiserbulle Konrads war Heinrich III. abgebildet mit der Umschrift »Henricus spes imperii«, auf dem Revers der 2. Kaiserbulle ist der Mauerring Roms abgebildet mit der Devise: »Roma caput mundi tenet orbis frena rotundi«, eine geheime Sehnsucht der deutschen Kaiser enthüllend, die keine Residenz hatten, sondern verwaltend mit ihrem Gefolge und ihrer Kanzlei von Pfalz zu Pfalz durch die Lande des Reiches irrten.

Auch waren die deutschen Kaiser aus fränkisch-salischem Haus fromme Leute, daran konnte kein Zweifel bestehen. Sie dachten zwar nicht daran, auch nur ein Quentchen ihrer Macht an die Kirche preiszugeben, aber sie faßten ihr Gottesgnadentum streng als Auftrag zur Festigung des christlichen Glaubens auf, was die einzige Rechtfertigung ihres Tuns als weltliche Macht war, unmittelbar von Gott gegeben, zumindest ebenso unmittelbar gegeben wie die geistliche dem Papst. Ihre Streitigkeiten mit dem Heiligen Stuhl waren Kämpfe auf der höchsten Ebene, der Sieg der einen oder anderen Gewalt blieb mehr oder minder ein Gottesurteil.

In diesem Glauben hielten sich die deutschen Kaiser nicht nur für berechtigt und befugt, sondern sogar genötigt, in innere kirchliche Streitigkeiten einzugreifen, sie beriefen »Synoden« ein, Versammlungen hoher geistlicher Würdenträger, denen sie ihren höheren kaiserlichen Standpunkt klarmachten. Der junge deutsche König und Kaiser Heinrich III. nahm auf einer solchen Synode in Burgund die »Treuga Dei« entgegen, eine von den Cluniazensern sorgsam und pedantisch ausgearbeitete »Gottesfriedensordnung«, welche für alle hohen Festtage und in jeder Woche vom Mittwoch abend bis Montag früh zum Gedächtnis der Leidenstage Christi strikte Waffenruhe empfahl, und antwortete geschmeidig auf dies für jedes kriegerische Gemüt naive Verlangen, indem er seinerseits königliche Friedensgebote verkündete, in denen sozusagen im Handumdrehen das Recht, über Krieg und Frieden zu bestimmen, allein der kaiserlichen Einsicht unterworfen worden war, – und die Synode gab sich damit zufrieden.
Aber der Lärm der Synoden überdeckte die geschmeidige Arbeit der Cluniazenser, die es gelernt hatten, hinter lauten Debatten die eigentlichen Ziele der Bewegung zu verstecken. So drangen sie schließlich in alle Bezirke der Politik ein, der kirchlichen wie der weltlichen. Sie brachten es vornehmlich den französischen Fürsten bei, welche Möglichkeiten ihnen durch Cluny geboten würden, die unangenehm starke Stellung des Reiches – als Schwert der Kirche – zu schwächen durch Stärkung der arm darniederliegenden Kirche, wobei die Andeutung naheliegen mochte, daß unter starken Päpsten dankbarer Gesinnung die Möglichkeit einer Umwandlung der Positionen zugunsten Frankreichs durchaus gegeben sein könnte. Das setzte freilich die Umwandlung der Kirche voraus, aber eben dies war ja Plan und Ziel der »Reformpartei«, die in Italien nicht nur bei den Fürsten und Bischöfen des durch die Deutschen beherrschten Landes überraschenden Einfluß gewann, sondern auch in Rom selbst, in der Kurie, – die Äbte

von Cluny wohnten bei ihren Romreisen im Aventino, unermüdlich auf die hohen Herren der Kurie einflüsternd.

Vornehmlich in Frankreich und Italien also erlangte die Bewegung von Cluny bedeutenden politischen Einfluß – das Benediktinerkloster Hirsau im schwäbischen Schwarzwald führte erst unter seinem Abt Wilhelm (1065 - 1091) die strenge cluniazensische Klosterregel ein, strahlte aber kaum politische Wirkung aus. Frankreich stand der deutschen Reichsgewalt fremd und feindlich gegenüber, Verbindungen bestanden recht eigentlich nur durch die Erbansprüche der beiderseitigen landesfürstlichen Familien, die miteinander verwandt und verschwägert waren. In Italien konnten die weltlichen Gewalten, Fürsten, Adel und Städte, nur den Kaiser als Obergewalt anerkennen, sie hatten keinerlei Einfluß etwa auf die Wahl des deutschen Königs, der sich dann als Kaiser nur durch die Krönung und Salbung des Papstes bestätigen konnte. Die Machtkämpfe Italiens zwischen Fürsten, Städten und Adel waren durchaus intern italienischer Natur, sie berührten die Interessen des Deutschen Reiches, des Heiligen Römischen Reiches Deutscher Nation, nur, wenn sie sich gegen den Heiligen Stuhl wandten, der von den deutschen Kaisern zweckdienlich möglichst von deutschen Kirchenfürsten oder dem Kaiser unbedingt ergebenen hohen Bischöfen besetzt werden sollte.

Der junge König Heinrich III. hatte vor seiner Kaiserkrönung einiges zu tun, um die deutsche Macht im Osten und die eigene Macht im Innern zu befestigen, nachdem er nach seiner unumstrittenen Wahl seinen »Umritt« getan hatte. Erst sechs Jahre nach seiner Thronbesteigung brach er nach Italien auf. In Rom waltete Papst Benedikt IX. seines Amtes, eine höchst fragwürdige Persönlichkeit, ein Tusculaner, der schon als zwölfjähriger Knabe, angeblich durch Bestechung, Papst geworden war, 1036 wegen »lasterhaften Lebenswandels« von seinen italienischen Gegnern verjagt und 1037 von Kaiser Konrad als willfähriger Mann erkannt und wiedereingesetzt wurde. Dieser Papst ließ den neuen König Heinrich III. wissen, daß er auch ihm treu ergeben sei, aber 1044 mußte er vor den Angriffen seiner Gegner, aufgrund einer Familienfehde, abermals flüchten und verbarg sich in seiner Burg im Albaner-Gebirge. Seine Gegner erhoben den Bischof in der Sabina, Sylvester III., im Januar 1045 zum Papst – nach wenigen Wochen erschien Benedikt wieder mit einem Heer, eroberte Rom und verwies seinen Gegner zurück in dessen Bistum. Aber Benedikt erklärte, nun zum Rücktritt bereit zu sein, wenn ihm die Kosten seiner Papstwahl zurückerstattet würden; sein Taufpate, ein Erzpriester Gratianus, der als frömmster unter den hohen Geistlichen Roms galt, brachte das Geld von einem Geschäftsmann namens Baruch auf – und Gratianus nahm als Gregor VI. im Mai 1045 Benedikts Stelle ein, er wurde von den geistlichen Mächten in Italien, Frankreich und Deutschland anerkannt: Gregor VI. aber war aus der Reformpartei von Cluny hervorgegangen.

Als Heinrich III. in Italien eintraf, war er wohlinformiert und wohlvorbereitet. Am 24. X. 1046 berief er in Pavia vorsorglich eine Synode ein, auf welcher er mit starken Worten ein allgemeines Verbot der Simonie erließ, um so den Absichten der Reformpartei den Wind aus den Segeln zu nehmen. In Piacenza begegnete ihm Gregor VI., aber Heinrich III. verlangte eine Untersuchung seines Anspruches. Unter dem Vorsitz des Königs trat in Sutri, einer Stadt in der italienischen Provinz Viterbo, eine weitere Synode zusammen, deren Zusammensetzung zweifellos von Heinrich III. klug bestimmt war, und die Ansprüche Gregors VI., Sylvesters III. wie auch Benedikts IX. auf die päpstliche Würde wurden zurückgewiesen –, alle drei Päpste waren schuldig –: der Simonie. Vier Tage später wurde in Rom die Neuwahl vorgenommen, sie fiel auf den deutschen Bischof Swidger von Bamberg. Ganz zufällig war auch Abt Odilo von Cluny zugegen und stimmte dieser Wahl zu. Als Clemens II. empfing der Gewählte die Weihe, — am Weihnachtstag vollzog er an Heinrich III. die Krönung zum Kaiser.

Der abgesetzte Papst Gregor VI. mußte — gefangen — dem Kaiser nach Deutschland folgen, begleitet von einem Freund und Vertrauten, einem Mönch aus Soana namens Hildebrand, — einem fanatischen Cluniazenser. Clemens II. regierte nur neun Monate, er mochte die besten Absichten gehabt haben, getreu seinem kaiserlichen Auftrag, die Simonie zu bekämpfen, was besonders in Italien sehr schwierig zu werden versprach; er sehnte sich nach seiner Heimat, Bamberg, er erkrankte auf der Reise nach Deutschland und starb am 9. Oktober 1047 in einem Kloster bei Pesaro — im Dom von Bamberg fand er seine letzte Ruhestätte.

Heinrich III. war nun auch Stadtherr in Rom. Ein Aufstand gegen den deutschen Papst mußte nunmehr auch als Aufstand gegen den Kaiser gelten. Schon unter den Nachfolgern der Ottonen, die sich damit begnügten, daß von den Fürsten und Bischöfen Italiens ihre Oberhoheit anerkannt wurde, war die Tendenz deutlich geworden, die Bischofssitze in Italien mit Deutschen zu besetzen; Heinrich III. setzte diese Politik planmäßig fort, um die Herrschaft der Deutschen nach allen Richtungen zu festigen — die abgesetzten Päpste brauchte er nicht zu fürchten: Gregor VI. starb in Köln, Sylvester beschied sich, und Benedikt IX. wartete in aller Stille auf eine offenbar ausbleibende Chance.

Heinrich III. wandte sich nach dem Süden, wo der letzte Nachschub der großen germanischen Völkerwanderung, die Normannen, sich als beste Truppe der damaligen Zeit italienischen Fürsten zu deren reichsgegnerischen Zielen zur Verfügung gestellt hatte; sie waren sich allein ihres kriegerischen Wertes bewußt und dienten dem, der sie am besten bezahlte. Fürst Waimar von Salerno eroberte mit

ihnen Apulien und Kalabrien, Länder, die von griechischen Heeren besetzt waren.
Heinrich III. bekämpfte klugerweise die Normannen nicht, er trat ihnen zwar stolz, aber doch auch geschmeidig entgegen und gab ihnen als kaiserliches Lehen das Land, das sie schon besaßen; damit war die Macht der italienischen Fürsten ausgeschaltet, der Kirchenstaat und das Reich schienen nicht mehr bedroht. Der Kaiser kehrte nach Deutschland zurück. Nach dem Tode des Clemens II. ernannte Heinrich III. nach einem kurzen verwirrenden Zwischenspiel, in welchem der Markgraf von Toscana versuchte, Benedikt IX. erneut die päpstliche Würde zu verleihen, den Deutschen Damasus II. zum Papst, der aber schon drei Wochen später dem römischen Fieber erlag und nun dem Bischof von Toul Platz machte – Toul gehörte zu Burgund, der König von Burgund war in Personalunion König der Deutschen –; er wurde als Papst Leo IX. von allen geistlichen Reichsfürsten anerkannt, ein hochgebildeter, musischer Mann, fromm, politisch geschmeidig und in seiner Jugend durch kriegerische Taten ausgezeichnet. Er regierte fünf Jahre, dem Wohl von Kirche und Reich gleichmäßig zugetan, wie von ihm berichtet wurde.
Auf seiner Reise nach Rom traf der neue Papst Leo IX. einen jüngeren römischen Mönch namens Hildebrand, der Gregor VI. in die Gefangenschaft begleitet hatte. Leo IX. nahm den offenbar überaus klugen und eindrucksvoll informierten Mann in sein Gefolge auf und weihte ihn in Rom zum Subdiakon an der Kirche Sankt Peters. Leo IX. konnte nicht ahnen, daß er nun in unmittelbarer Verbindung mit der Bewegung von Cluny stand. Ganz wie von selbst fügte es sich, daß der neue Papst alle seine Helfer zu dem großen Werk, das er im Namen und im Einverständnis mit dem Kaiser übernommen hatte, aus den hervorragendsten Männern der Bewegung von Cluny bezog, mit ihnen planmäßig die vakanten Stellen an den Kirchen

von Rom besetzte: Männer von Cluny wurden Bischöfe, drangen in die führenden Stellen der Kanzleien, machten sich als Ratgeber in der nächsten Umgebung des Papstes nützlich, gute Männer, fromme Männer, kluge Männer, die sich hohes Ansehen verschafften, am meisten ein Mönch aus dem Kloster Moyenmoutier, Humbert, den Leo zum Bischof von Silva Candida erhob, ein großer Gelehrter und voll leidenschaftlichem Eifer für die Wahrheit, wie er sie auffaßte. Die geistlichen Dichtungen dieses Mannes setzte der musikalisch-schöpferische Papst in Musik, Humbert wurde ständiger Begleiter Leos und wurde mit wichtigsten Aufgaben betraut – während der vielen Reisen Leos blieb Humbert als sein Stellvertreter in Rom.

Leo IX., in seinem Eifer, die irdischen Angelegenheiten seiner Kirche den geistlichen zu koordinieren, war während seiner gesamten Amtszeit für nur etwa sechs Monate in Rom, wo während seiner Abwesenheit Humbert regierte, als Kardinal-Staatssekretär, – ein Amt, das erst durch Humbert geschaffen wurde und in allen Staatsgeschäften der Kirche ausschlaggebend blieb bis auf den heutigen Tag. Während Leo gemäß der kaiserlichen Gewohnheit auf seinem »Umritt« war, in Frankreich, in Italien, in Deutschland und Burgund, die geistlichen Aufgaben mit den weltlichen zu verbinden, während Heinrich III. in Ungarn und in den Ostmarken, in Böhmen und in Deutschland selbst Aufstände bekämpfte, wurden in Rom durch Humbert die Fäden gezogen, die sich zum Netz der Bewegung von Cluny zusammenschlossen. Humbert unterstützte den Papst in seinen Bestrebungen, sozusagen als Stellvertreter des Kaisers auch in den außenpolitischen Angelegenheiten zu wirken, mit seinem Rat, der notwendig den Papst sich in Dinge verwickeln ließ, denen er nicht gewachsen war, nicht gewachsen sein konnte: In Unteritalien machten die Normannen sich die lässige Erlaubnis des Kaisers zunutze, sich in ihrem Machtbereich auszudehnen, indem sie das Fürstentum Benevent besetzten;

durch Humbert bestärkt, versuchte Leo, den Normannen mit einem rasch zusammengerafften Heer von Abenteurern entgegenzutreten; der Leiter der kaiserlichen Kanzlei, Erzbischof Gebhardt von Eichstätt, überzeugte den Kaiser, daß dieser seine Truppen dringend in Deutschland brauchte – Leo wurde bei Civitate mit seinem kümmerlichen Heer von den kriegerischen Normannen geschlagen und gefangengenommen. Die Normannen suchten den Besiegten zu ihrem Freunde zu machen, sich mit dem Papsttum zu verbinden: gegen den Kaiser. Leo starb, aus der Gefangenschaft ehrenvoll entlassen, in Rom am 19. April 1054, an der Gruft Sankt Peters hingestreckt.

Der gutwillige und gutgläubige Leo IX. scheiterte auch an der Aufgabe, das Zölibat durchzusetzen und die Simonie aufzuheben. Er sah sich merkwürdigen Hindernissen ausgesetzt, in Frankreich, das nun ganz von der Politik von Cluny durchtränkt schien, in Italien, wo die Beziehungen der kirchlichen Gewalten vollständig undurchschaubar ineinander verstrickt waren – immer war es der Rat Humberts, der ihn veranlaßte, in der doch scheinbar so wichtigen Frage der Abschaffung der Simonie langsam und vorsichtig vorzugehen, mit halben Maßnahmen und großer Toleranz. Aber war die Abschaffung der Simonie nicht das Hauptziel von Cluny? Sie war es, aber Cluny wußte, daß es nur zu erreichen war durch eine Abschaffung der Investitur, und eben das war weder dem Kaiser noch seinem Papste zumutbar, die Forderung wurde unter Leo niemals ausgesprochen.

Leo starb den Cluniazensern, der Reformpartei, zu früh. Als Führer einer römischen Gesandtschaft erschien der Subdiakon Hildebrand beim Kaiser, um einen neuen Papst zu erbitten. Am 13. April 1055 wurde der bisherige Reichskanzler, der Bischof Gebhard von Eichstätt, geradezu der Mitregent des Kaisers, in St. Peter eingesegnet, er nannte sich als Papst Viktor II. und nahm mit Energie die praktischen Reformen auf. Er führte tatsächlich die Abschaffung der Simonie durch und machte sich dadurch unbekümmert viele Feinde, die nun einen Rückhalt bei den Feinden des Kaisers suchten und fanden –, in den Netzen der Reformpartei von Cluny, die gleichzeitig dafür sorgte, daß die frei werdenden Stellen von Cluny-Männern besetzt wurden.

Im Herbst 1056 begab sich Viktor II. nach Deutschland, um sich mit dem Kaiser über weitere Richtlinien ins Einvernehmen zu setzen. Er fand Heinrich III. zu Bodfeld im Harz auf dem Sterbebett, wo der todkranke Kaiser seine letzten Angelegenheiten regelte. Dieser bestimmte seinen Freund, Reichskanzler und Papst zum Regenten seines sechsjährigen Sohnes Heinrich, dem, als er noch nicht getauft war, 1053 auf Betreiben des Kaisers die deutschen Fürsten hatten Treue schwören und als Nachfolger und König Heinrich IV. anerkennen müssen. Heinrich III. konnte alles wagen, er hatte das Reich auf die höchste Höhe geführt, die es machtpolitisch bis dahin erreichen konnte, er hatte tatsächlich den Traum der deutschen Kaiser von der Reichskirche konsequent verwirklicht, seine Hausmacht war die unumstritten größte im Reich, er war von fränkisch-salischem Geschlecht, dem gleichen, dem die Merowinger entsprangen, er war durch Erbanfall und Heimfall Herzog von Bayern und von Schwaben geworden, er war König von Burgund und »Rex Romanorum«, hatte Ungarn und Böhmen lehnspflichtig gemacht, die Normannen neutral und die Landesfürsten in Schach gehalten. Er wurde nur 39 Jahre alt, starb am 5. 10. 1056 in Bodfeld, sein Leib wurde in Speyer, sein Herz in Goslar beigesetzt.

Viktor II. starb schon ein Jahr später, im Juli 1057; bis dahin nahm er sich der einzigen, aber entscheidenden Aufgabe an, die sein Kaiser sich noch gestellt, aber nicht durchzuführen vermocht hatte: er versöhnte den mächtigsten und streitbarsten Landesfürsten, den Herzog von Lothringen, mit dem Kaiserhause, was Heinrich III. weder mit Gewalt noch mit klugen Nachgiebigkeiten gelungen war. Dieser letzte politische Akt Viktors II. erwies sich als der erste Fehler, der den Wendepunkt in der Geschichte des Reiches einleitete: Herzog Gottfried von Lothringen ließ seinen Bruder, den Kardinal Friedrich von Lothringen, als Stephan IX. zum Papst wählen, ohne den Königshof der nunmehrigen Regentin, der Mutter Heinrichs IV., der Kaiserin Agnes, davon vorher zu verständigen. Erst als die Wahl vollzogen war, sandte Stephan den Subdiakon Hildebrand nach Deutschland, die Kaiserin von diesem Akt in Kenntnis zu setzen. Aber Stephan starb nach einem Pontifikat von nur acht Monaten, und sofort setzten erneut die Wirren um den Heiligen Stuhl ein: Von den römischen Adelsgeschlechtern, die auszuschalten weder Leo noch Viktor gelungen war, wurde ein Neffe Benedikts IX. als Benedikt X. zum Papst gewählt, im Gegenzug Hildebrands und mit Zustimmung der Kaiserin Agnes eilte, geleitet von Gottfried von Lothringen, der Bischof Gebhardt von Florenz nach Rom und nahm den Stuhl Petri, als Nikolaus II., ein. Sein kurzes Pontifikat von nur drei Jahren (1058 - 1061) stand allein im Zeichen einer Neuordnung der Regeln für die Papstwahl. Der führende Geist der Cluniazenser, der Reformpartei, Humbert, benutzte die Gelegenheit, das Verfahren bei der Papstwahl des Nikolaus zu legalisieren, indem er – nachdem er noch während des Pontifikats von Stephan eine grundlegende Schrift über das Programm der Reform veröffentlicht hatte – nunmehr ein Papstwahldekret erließ, nach welchem nur die Kardinalbischöfe das Vorstimmrecht erhielten, dann erst die übrigen Kardinäle zur Wahlhandlung zugelassen werden sollten, während das übrige Kirchenvolk nur ein Akklamationsrecht besitzen sollte –, eine Regelung, die sowohl den bisher bestimmenden Einfluß des römischen Adels wie auch den des deutschen Königtums auszuschalten durchaus geeignet schien. Das Papstwahldekret wurde auf einer Lateran-Synode in Rom verkündet, wobei zu den Synodenbeschlüssen auch kurzerhand ein Verbot der Laieninvestitur ausgesprochen wurde: die deutschen Kaiser waren Laien.

Die Beschlüsse dieser Synode waren durch die grundlegende Schrift Humberts theologisch und theoretisch verzüglich abgesichert und der Kaiserin Agnes in ihrer Bedeutung kaum verständlich. Der unermüdliche Hildebrand, nun Archidiakon, handelte zu gleicher Zeit praktisch und realpolitisch: er söhnte sich mit den Normannen in Süditalien aus, indem er deren Führer, Robert Guiscard, in seinen Eroberungen anerkannte, die weitere Eroberung von Sizilien, das sich unter Sarazenenherrschaft befand, anempfahl und die willfährigen Normannen in Lehnspflicht zur Kurie nahm, damit aber alle Rechte des Reiches in Süditalien negierte. Jetzt endlich wurde am Königshof begriffen, was sich zugetragen hatte: Agnes wies im Sommer 1060 den päpstlichen Legaten ab und erklärte die Maßregeln der Kurie für nichtig, unternahm aber weiter nichts.

Das Gesetz des Handelns war eindeutig der Reformpartei zugefallen. Sie zögerte nicht, es bei jeder sich bietenden Gelegenheit anzuwenden.

Aus der Reformpartei war eine Revolutionspartei geworden; hatte sie bislang eine Revolution von unten geplant, jetzt, da der Papst durch sie auf den Stuhl St. Petri gelangt war, konnte sie es jederzeit auch zu einer Revolution von oben kommen lassen. Nikolaus II., Bruder eines nichtdeutschen Landesfürsten, Gottfrieds von Lothringen, welcher durchaus französische Interessen vertrat und wesentlich zu dem gespannten Verhältnis zwischen Frankreich und dem Deutschen Reiche beigetragen hatte, sicherte sich durch die Beteuerung, das gestrenge Simonieverbot werde gegenüber Frankreich nicht sehr hart angewandt, die Hilfe der Franzosen, er fand in der Schrift Humberts »Wider die Simonie« dafür sorgsam eingearbeitete Gründe nicht nur theologischer, sondern auch politischer Natur. Zeitgenossen sagten von diesem Papste, seine zwei Augen hießen Humbert und Hildebrand. Aber am 5. Mai 1061 starb Humbert und Nikolaus am 19. Juli desselben Jahres. (Die meisten der nichtrömischen Päpste erlagen dem »römischen Fieber«.)

Es scheint, daß als Kriterium jeder echten Revolution kurz vor dem Siege eine Krise ausbrechen müsse, in welcher sich entscheidet, wo der stärkere Wille liegt. Das angekündigte strenge Verbot der Simonie – mit dem lässig angelehnten Hinweis auf die Praxis in Frankreich – mußte jeden der durch Simonie ins Amt gekommenen Geistlichen veranlassen, sich seine Chancen auszurechnen. Gerade die deutschen Bischöfe und hohen geistlichen Würdenträger, die durch die deutsche Praxis der Simonie in ihre Ämter gekommen waren, standen vor der Wahl, sich auf die Seite des unmündigen Königs zu schlagen oder auf die der Reformpartei. Sie unterwarfen sich in Scharen der römischen Macht, taten Buße und gebärdeten sich in vielen Fällen »päpstlicher als der Papst«, der nun gewählt werden sollte. Der römische Adel, dem päpstlichen Stuhl in unmittelbarer Einwirkung ebenso gefährlich wie der deutsche Königshof, war durch die großzügigigste Anwendung der Simonie geradezu zersetzt und konnte kaum mit einer Lösung rechnen – es ging um die nackte Existenz; die römische Adelspartei drehte sich um hundertachtzig Grad und sandte, bislang zu den schärfsten Gegnern der kaiserlichen Oberhoheit über die Kirche gehörend, eine Delegation an den Königshof in Deutschland, mit der Bitte, ihr den Papst nennen zu lassen, den der König zu wählen empfahl. Hildebrand, nach dem Tode Humberts unumstritten der Führer der Reformpartei, rief augenblicks die wackeren Normannen zu Hilfe, sie besetzten die Kirche Sankt Peter ad Vinculam, wo nach dem Willen Hildebrands die Wahl seines Papstes stattfinden sollte – sie fand unter Tumult statt, und die Normannen führten den

Bischof Anselm von Lucca, nun Papst Alexander II., noch in der Nacht vom 30. September zum 1. Oktober 1061 zur Thronbesteigung in den Lateran und zur Einsegnung in St. Peter. Der neue Papst war als Bischof von Toscana dem Herzog Gottfried genehm, der auch Herzog von Toscana war. Als ehemaliger Kaplan Heinrichs III. mochte Alexander auch dem Königshof gefallen, er hatte die Volksmassen der Lombardei auf seiner Seite – die sich in ständigem Aufruhr gegen die Adelspartei befanden – und war Hildebrand treu ergeben. Zu gleicher Zeit wählte die Delegation am deutschen Königshof, der sich unterwegs einige Oberhirten aus Italien angeschlossen hatten, den ebenfalls anwesenden Bischof Kadaloh von Parma zum Papst Honorius II., der entschlossen war, seine Wahl auch mit Waffengewalt gegenüber Alexander durchzusetzen. Er fand genügend Gottesstreiter in der Lombardei, durchstieß Toscana und konnte tatsächlich in Rom bis zur Peterskirche vordringen. Hildebrand hatte siegesgewiß seine Normannen wieder nach Hause geschickt, aber er verfügte doch immer noch über genügend mutige Männer, die eine Eroberung des Lateran und der eigentlichen Stadt verhinderten. Das lombardische Heer belagerte die Stadt und sicherte die Straße, auf der Hildebrand seine Normannen zu Hilfe erwartete.

So standen die Dinge auf Spitz und Knopf. Sie wurden nicht in Rom entschieden. Der Erzbischof Anno von Köln, deutscher geistlicher Landesfürst aus schwäbischem Geschlecht, bewies nun seine neuerliche treue Ergebenheit gegenüber der Reformpartei; in einem Staatsstreich bemächtigte er sich im Mai 1062 des Königshofes in Kaiserswerth, setzte Agnes ab, nahm Heinrich IV. in seine väterliche Obhut und führte im Namen des Unmündigen die Reichsregierung. Gottfried von Lothringen, dem, zur Zeit der römischen Wirren in sein Heimatland zurückgekehrt, die Fäden aus der Hand geglitten waren, sah eine neue Möglichkeit, wieder einzugreifen: er gebot beiden Päpsten

Waffenstillstand mit der Forderung, in ihre Bistümer zurückzukehren, bis die deutsche Regierung eine endgültige Entscheidung herbeigeführt haben würde, an deren Charakter angesichts des Einflusses Annos von Köln kaum ein Zweifel sein konnte. Honorius mußte vor dem gemeinsamen Anstrum der Heere Gottfrieds und der Normannen weichen. 1064 wurde auf einer Synode in Mantua Alexander II. als rechtmäßiger Papst anerkannt, Honorius durch einen Bannfluch ausgeschaltet.

Alexander II. regierte zwölf Jahre lang, der eigentliche Leiter seiner Politik war Hildebrand. Alles, was unter diesem Papste geschah, trug Hildebrands Handschrift. Die Normannen hatten Gefallen an den schönen Landschaften nördlich ihrer Lehensgebiete gefunden und drangen unter ihrem Führer, Richard von Capua, bis in den Kirchenstaat vor. Nur die deutschen und die französischen Truppen waren den Normannen gewachsen, eine gute Gelegenheit, die Ergebenheit beider Mächte gegenüber dem Heiligen Stuhl zu erproben. Alexander wandte sich um Hilfe an das Reich unter der Regierung Annos. Kaum hatte Gottfried von Lothringen davon erfahren, brach er selber auf und schlug mit seinem Heere die Normannen zurück, die ihren Expansionsdrang nun nach Süden richteten. Robert Guiscard nahm Süditalien für sich, sein Bruder Roger begann mit der Eroberung Siziliens – seit zweihundert Jahren herrschten dort die Sarazenen. Im Quellgebiet der normannischen Ströme, im Norden Frankreichs, in der Normandie, schickte sich der Normannenherzog Wilhelm an, England zu erobern, Alexander und Hildebrand segneten ihn durch Übersendung eines »Vexillum sancti Petri« für sein Vorhaben und verliehen damit dem kühnen Unternehmen den Charakter eines gerechten und heiligen Krieges, – die Anerkennung päpstlicher Lehnshoheit über das zu erobernde England vorbereitend.

Am 21. April 1073 starb Papst Alexander II. An seiner Leiche weilte der Archidiakon Hildebrand, als sich schon das Volk, das niedere Kirchenvolk von Rom, »spontan« und »turbulent« auf den Straßen und Plätzen der ewigen Stadt versammelte und mit dem Rufe »Habemus Papam« den neuen Papst auf den Heiligen Stuhl erhoben, – genau entgegengesetzt dem von Hildebrand deklarierten Wahlmodus: die von ihm zum Akt der Papstwahl berufenen Kardinäle konnten nur noch den »Volkswillen« zu Protokoll nehmen und akzeptieren. Zugleich gab das Volk auch dem zum Papst erhobenen Archidiakon Hildebrand den Namen mit dem Ruf: »Papst Gregor hat der heilige Petrus erwählt« –; mit diesem Akt war die »totale Mobilmachung« der durch die Bewegung von Cluny getragenen Erneuerung der Kirche vollzogen – die bedeutendste Persönlichkeit in der ganzen Geschichte der katholischen Kirche regierte: Gregor VII.

Es ging um die Macht

Hatte die Bewegung von Cluny die Kirche aus ihrer tiefsten Erniedrigung bis zur Position einer Macht getragen, die sie niemals zuvor besaß, so sank im Wechselspiel der Kräfte in gleichem Maße das Reich der Kaiser von fast unumschränkter Herrschaft mitsamt dem Traum von einer Reichskirche zu elender Hilflosigkeit. Praktisch, also de jure und de facto, war der Erzbischof von Köln, Anno, nach der Usurpation des Königshofes von Kaiserswerth der Regent und Herrscher des Reiches – König Heinrich IV. war zum Zeitpunkt der Aktion zwölf Jahre alt, seine Mutter, die Kaiserin Agnes, suchte in Rom Hilfe, fand aber dort nur Zuflucht. Der Knabe Heinrich haßte, wie berichtet wurde, den klugen, aber asketischen und harten Mann, der schon als Kaplan Heinrichs III. sein Erzieher gewesen und von seinem Vater mit dem Erzkanzleramt von Italien belehnt wurde. Doch Haß macht hellsichtig, und sicherlich lernte der junge König in den Jahren der Regentschaft Annos, mit brennender Aufmerksamkeit die Wege seiner Feinde zu verfolgen, ihre Stärken und Schwächen zu erkennen und unverzüglich auszunutzen.

Anno trug nun zwar die unumschränkte Würde der Herrschaft über das Reich, mußte aber zugleich auch deren Bürde ganz auf sich nehmen. Dieser Mann aus geringem schwäbischen Geschlecht war durch Simonie zu seiner überragenden Stellung gelangt – wie die meisten der Bischöfe des Reiches – und hatte angesichts der Bewegung von Cluny und der immer strenger werdenden Forderung der Cluny-Päpste alle Ursache, sich und seine Würden unangreifbar zu machen. Zunächst fiel ihm als Regenten auch die Hausmacht des jungen Königs zu und mit ihr die Möglichkeit, durch Erbanfall frei werdende Territorien und Länder von Landesfürsten der Hausmacht hinzuzufügen und dadurch der Beutegier der fürstlichen Nachbarn zu entziehen. Während der drei Jahre seiner Regierung gelang es Anno, das Kirchengut unmäßig zu vermehren und seinen Herrschaftsanspruch bedeutend zu erweitern – er brachte dadurch aber nicht nur die weltlichen Landesfürsten des Reiches auf, sondern auch die geistlichen, die sich schleunigst in ihren Sprengeln der gleichen Methoden befleißigten, an der Spitze der bedeutendste Staatsmann unter diesen, der Erzbischof Adalbert von Bremen, der sich bislang bemüht hatte, durch immer neue Gründungen von Bischofssitzen jenseits der Elbe – und fast immer mit bewaffneter Gewalt – seinen Sprengel in Konkurrenz mit den Erzbischöfen von Mainz und Köln zu vergrößern. Dieser Adalbert von Bremen entstammte dem angesehenen Geschlecht der Grafen von Goseck, wodurch es ihm möglich wurde, auch die Grafengewalt in seinem Sprengel auszuüben, praktisch also sich mit den Rechten eines weltlichen Landesfürsten zu etablieren, mit dem Ziel, die Bremer Kirche zur kirchlichen Metropole des gesamten Nordens zu machen, Dänemark und Norwegen eingeschlossen. Auf dem Wege zu diesem Ziel war aber Adalbert klug genug, dem Regenten Anno nicht feindlich entgegenzutreten, seinen Druck auf diesen aber so zu verstärken, daß er – und sicherlich nicht ohne ein blinzelndes Einverständnis mit dem jungen, seine geringen Mittel aber gerissen ausnutzenden König Heinrich – schließlich, 1063, die Regentschaft mit Anno teilte, um, als dieser, dessen Stellung der Kurie in Rom unheimlich wurde, sich vorsichtig von Würden und Bürden zurückzuziehen begann, die Regentschaft allein zu übernehmen. Doch Adalberts Konzept einer nordischen Machtbildung erlaubte eine Stärkung der Königsgewalt nicht; wie er beteiligten sich nun auch die übrigen Fürsten fleißig an einer Usurpation des Reichsgutes, und Adalbert geriet in Konflikt mit diesen, besonders mit dem sächsischen Geschlecht der Billunger, die südlich an seinen Sprengel grenzten, und die er kriegerisch zu bekämpfen suchte. Im Jahre 1065 wurde Heinrich IV. mündig; sein erster politischer Impuls war, die Querelen zwischen Adalbert, dem Regenten, und den Landesfürsten zu nutzen und in einem Zug nach Rom zunächst die eigene Position zu festigen. Aber Adalbert, fälschlich einen erneuten Einfluß Annos auf den so bescheiden auftretenden König fürchtend – noch war Anno ja Erzkanzler von Italien –, verhinderte diesen Romzug. Sein Versuch, die beiden blühenden und bedeutenden Reichsklöster Corvey und Lorsch seiner Herrschaft einzuverleiben, brachte sämtliche weltlichen und geistlichen Fürsten gegen ihn auf. Auf dem Reichstag zu Tribur 1066 forderten sie von dem jungen König die Entlassung Adalberts als Berater des Königs – eine Forderung, welcher Heinrich IV. scheinbar tief erschüttert, aber mit dem Blinzeln eines geheimen Einverständnisses mit den Fürsten nachgeben mußte. Der Sturz Adalberts hatte nicht nur dessen Flucht aus Bremen vor den Truppen der Billunger zur Folge; er mußte fast alle seine Erwerbungen abtreten, und sofort erhoben sich im Wendenland die Heiden in einem weit um sich greifenden Aufstand, dem die Kirchen, Bistümer und Klöster Adalberts ebenso zum Opfer fielen wie Hab und Gut der Hamburger – Obotriden plünderten die Stadt. Heinrich IV. war nun König und erbte von Adalbert die mißliche Aufgabe, einen vergeblichen Feldzug gegen die Liutizen im Osten zu unternehmen, da auch die Billunger nicht imstande waren, ihre Oberhoheit diesen gegenüber zu wahren.

Heinrich IV. war deutscher König und Herr des Reiches, – ein König ohne Land und ein Herr ohne Macht. Er mußte ein Spielball in den Händen der Mächtigen werden, wenn es ihm nicht gelang, die Hausmacht seines Geschlechtes, das Königsgut und das Krongut des Reiches, wieder in die Hand zu bekommen. Der achtzehnjährige König handelte sofort, klug, kalt und berechnend. Schon mit dem Augenblick seiner Mündigkeit hatte er ganz im stillen ein »Tafelgüterverzeichnis« aller ihm verlorengegangener Güter angelegt. Nun stieß er auf den Punkt zu, an dem der schwächste Widerstand zu erwarten war: im thüringisch-sächsischen Raum, rund um den Harz, wo nach dem Aussterben des ludolfingischen Hauses Krongut noch zwischen den Nachbarn umstritten war. Dort ließ Heinrich durch treue Ministerialen, vornehmlich landlose Ritter aus Schwaben und Franken, zahlreiche Burgen anlegen, deren Burgherren die Königsrechte in der Folge energisch wahrzunehmen verstanden. Von diesem Territorium aus dehnte der König seinen Machtbereich nach allen Seiten aus, die Harzburg und Goslar wurden bald neue Zentren der Königsmacht, Lüneburg wurde bald darauf den Billungern entrissen. Seinen bissigsten Gegner, Otto von Northeim, mit Besitzungen am Südharz, ächtete der König, kaltblütig Ritterehre in sein Kalkül einsetzend, als dieser zu einem Duell mit dem König nicht erschien. Heinrich nutzte anfangs rigoros die für die deutschen Landesfürsten typische Zerstrittenheit aus, den einen gegen den anderen ausspielend, bis er zu fühlen bekam, daß dies Verfahren dazu beitrug, diese Fürsten gegen sich zu vereinen, in dem Augenblick, da er ihre Hilfe zu Reichsaufgaben benötigte. Der König mußte 1073 zu einem Feldzuge gegen die Polen aufbieten; die Fürsten, besonders die durch Heinrich sich schwer geschädigt fühlenden sächsischen Herzöge verweigerten die Heerfolge, solange ihre Beschwerden nicht berücksichtigt wurden. Sie boten ihre Mannen zwar auf, aber schließlich nur, um sie gegen Heinrich zu führen, der aus der Harzburg vor ihnen flüchten mußte.

Der König flüchtete zwar, aber er gab nicht auf. Während er verhandelte -- zu Gerstungen sollte ein für den König nicht günstiger Vergleich geschlossen werden –, suchte und fand er mächtige, aber in allen bisherigen Händeln gänzlich unbeachtete Freunde: im Bürgertum der Städte.

Die Bürger der Stadt Worms verjagten ihren bischöflichen Stadtherrn und öffneten Heinrich die Tore. Der König dankte ihnen, indem er der Stadt außerordentliche Privilegien verlieh, Zollfreiheit unter anderem, und Zollfreiheit auch allen Städten, deren Bürger, schon längst von freiheitlichem Drange beseelt, nun greifbare Resultate im Verhalten des Königs sahen. In den Städten saß das Geld, das die Fürsten nicht hatten und das sie nicht erlangen konnten, wenn es nun dem König und durch diesen der übergeordneten Gewalt, dem Reiche, zufloß. Die den Städten zugebilligten Freiheiten, die nur der König gewähren konnte, mußten die Städte zu größerer Macht und zu flüssigerem Reichtum führen. Und ihre Macht und ihren Reichtum waren die Bürger nunmehr entschlossen im Namen des Königs auch mit der gewaltigen Folge ihrer Kriegsknechte zu verteidigen.
Der völlige Umschwung in der Position des Königs gegenüber den Fürsten aber geschah mit Hilfe der List der freiheitlichen Idee. Alle Macht jedes einzelnen der Fürsten beruhte auf der restlosen Ausbeutung der bäuerlichen Bevölkerung. Die Bauern hatten genau so viel Rechte und so viel Atem, wie die Landesfürsten ihnen zuzubilligen geneigt waren. Viel gefährlicher für die fürstliche Macht als der Freiheitsdrang der Städte mußte jener der Bauern sein, und er wuchs mit jedem weiteren Grade der Unterdrückung. Dem König dienten die Bauern nur in dessen Hausmacht –, und Heinrich IV. hatte keine. Aber in dem Vergleich zu Gerstungen hatte Heinrich die Zurückweisung der sächsisch-fürstlichen Ansprüche mit der Verpflichtung erkauft, seine Königsburg, die »Zwingfeste Harzburg«, niederzulegen, eine Verpflichtung, die der König nur zögernd und schamvoll einging. Er ließ langsam und umständlich nur einige Mauern niederreißen und die Arbeit einstellen, wann immer er einen brauchbaren Vorwand fand. Die Bauern der Umgegend hatten sich von der Niederlegung der Burg eine gewisse Zuweisung der

dadurch frei werdenden, schon köstlich zugehauenen Steine erhofft, — durch die Verzögerung des Abbruchs fühlten sie sich verraten und sozusagen um ihren Arbeitslohn betrogen. Die an der Niederlegung der Burg arbeitenden Bauern fanden gewaltigen Zulauf, als sie daran gingen, im Aufruhr die Burg gänzlich und methodisch zu zerstören, zu plündern und die gewonnenen Steine schleunigst abzufahren. Dabei wurden sogar die Gräber eines Bruders und eines früh verstorbenen Sohnes des Königs verheert. Es bedurfte nur eines kärglichen Hinweises Heinrichs IV. an die Fürsten, dies Verfahren der Bauern könne — alle Anzeichen sprächen dafür — im ganzen Reiche Schule machen, — plötzlich waren sich die deutschen Fürsten wieder in einem Punkte einig: dies könne keinesfalls geduldet werden. Nur die Sachsen, die nach alter Sitte ihren Bauernstand ziemlich »frei« gehalten hatten, schlossen sich dem kleinen Reichsheer nicht an, das der König zum Zwecke der Wiedergewinnung seiner Königsburg nunmehr gegen die Sachsen führte — er schlug sie bei Homburg an der Unstrut, am 9. 6. 1075; die Sachsen unterwarfen sich zögernd erst nach der Drohung eines zweiten Feldzuges gegen sie, ihre Führer und Fürsten nahm Heinrich IV. gefangen, ihre Güter wurden als Krongut eingezogen und die Königsburg wiedererrichtet. Zu Weihnachten des gleichen Jahres versammelten sich die geistlichen und weltlichen Fürsten des Reiches in Goslar, um dem König, der seinen »Umritt« auf seine Weise so erfolgreich bestanden hatte, erneut Treue zu schwören —, mit der Versicherung gar, den noch nicht zweijährigen Sohn Heinrichs IV. später zum König zu wählen. Nichts stand dem deutschen König Heinrich IV. im Wege, sich zum Kaiser krönen zu lassen, als die Person, die ihn einzig zu krönen vermochte: der Mönch Hildebrand, der nun als Papst Gregor VII. den Heiligen Stuhl bestiegen hatte.

Hundert Jahre bestand jetzt das Deutsche Reich, seit sich Otto I. zum Kaiser hatte krönen lassen oder selber gekrönt hatte – sechs Kaiser hatte dies Reich verbraucht, bei denen die Frage der Krönung ebenso strittig geblieben war. Dreißig Päpste und Gegenpäpste hatten sich im gleichen Zeitraum in Ruf und Widerruf an der gleichen Frage versucht: der Frage des Investiturrechtes, die endgültig nur an der Spitze des Reiches wie der Kirche gelöst werden konnte. Aber während die Kirche in dieser Zeit sich durch die Bewegung von Cluny vollständig zu reorganisieren vermocht hatte, war das Reich im Zustand der Unfertigkeit geblieben, innerlich wie äußerlich. Vieles war geschehen in dem ersten Jahrhundert der Geschichte des Deutschen Reiches, aber es hatte sich nichts ereignet, was die Begründung dieses Reiches hätte sinnvoll erscheinen lassen. Jedes Leben sucht nach der Ordnung, in der sich sein Sinn erfüllt; der Prozeß der Volkwerdung der Deutschen vollzog sich ohne den ordnenden Prozeß, der diesem Volk das Konzept seiner Existenz und die Kontur hätte geben müssen. Jeder Geist sucht seinen Leib wie die Mäuse des Animismus, die durch den Staub irren, bis sie durch einen höheren Sinn gebannt werden.

Trotz oder gerade wegen der unzähligen Kriege des Reiches, und mehr noch der Landesfürsten untereinander, war das Volk der Deutschen in seiner inneren Entwicklung nicht einen Schritt weitergekommen, es trat auf der Stelle, es ertrug die Mängel seiner Organisation, ohne sie im mindesten verändern zu können, und das zu Beginn seiner Geschichte, in der sich sonsthin die Kräfte der Jugend eines Körpers so entschieden zu regen pflegen. Der Mutterboden des Volkes, das Bauerntum, verharrte in seinem Zustand der Hörigkeit, der sich geradezu in den einer neuen Sklaverei zu verhärten drohte, den geistlichen und weltlichen Mächten preisgegeben; die Ritterschaft verzehrte sich unter ständigem Substanzverlust in der unmöglichen Doppelaufgabe der Verwaltung und Verteidigung; das Rattennest der Landesfürsten raubte sich die Nahrung, wo immer sie zu finden war; einzig die langsam aufblühenden

Städte profitierten von der völligen Ziel- und Ideenlosigkeit der herrschenden und einander widerstrebenden Mächte, einzig in ihren Mauern erneuerte sich die Kraft der Zukunft, ausgehend vom Bürgervolk der Handwerker, das, in Zünften und Gilden organisiert, langsam, aber stetig sich durchsetzte gegen das eigene, ebenfalls immer wieder von Erstarrung bedrohte Patriziertum –, allein in den Städten konnte Fortschritt gedacht werden, er vollzog sich folgerichtig in den Bezirken des Beweglichen, im eigentlich unproduktiven Handel mit seinem beweglichen Mittel, dem Gelde, welches sich schließlich vom Mittel zum Maßstab entwickeln mußte. In den Städten Italiens hatte dieser Prozeß längst stattgefunden. Und es mag dem jungen König Heinrich IV. wohl zugemessen werden, daß er, der zwar keine Städte gründete wie Heinrich I., so doch in seiner schrecklichen Zwangslage zwischen allen verhärteten Mächten seiner Zeit die Kraft der Zukunft in den Städten witterte und in seinen Kalkül einbezog, wie er gelernt hatte, alles, was ihm begegnete, nüchtern und klar für sich in Rechnung zu stellen.

Es ging um die Lösung

Der sechsundzwanzigjährige junge Mann, der da im Januar des harten Winters 1077 über die schneebedeckten Felder der Po-Ebene ritt, an der Spitze eines kleinen, eisenklirrenden Gefolges von namenlosen Getreuen, neben sich die ungeliebte Frau Bertha, die in den Falten ihres Mantels den kleinen, zweijährigen Sohn Konrad barg, hatte sich sein Los nicht gewünscht, es war ihm zugefallen, aber er wußte, daß er sich ihm stellen mußte. Heinrich IV., König der Deutschen, war ein König ohne Land, ohne Heer, ohne Macht, im Banne des Fluches, aus der Kirche ausgestoßen, von seinen verräterischen Fürsten verlassen, ohne Ratgeber, ohne Freunde, auf dem Wege, seinem ärgsten, seinem mächtigsten Gegner von Angesicht zu Angesicht zu begegnen, dem Herrn der das Abendland umfassenden katholischen Kirche, welche niemals den Anspruch aufgegeben hatte, das Universum zu beherrschen und das Recht zu allen ihren Handlungen aus diesem Anspruch herleitete, – und Gregor VII. war der Mann, der entschlossen war, alle Ansprüche seiner Kirche durchzusetzen und sich zum Herrn der Welt zu machen.

Der Knabe Heinrich kannte den Mönch Hildebrand, er war im Hofe seines Vaters und später seiner Mutter immer dann aufgetaucht, wenn es galt, unausweichliche Entscheidungen zu treffen, und er hatte es verstanden, diese Entscheidungen immer zuungunsten der Königsmacht und zugunsten der Kirche herbeizuführen –, ein kleiner, scharfgesichtiger Mann mit der Intelligenz und der Geschmeidigkeit eines Buckligen, wie es dem Knaben Heinrich schien –, aber er hatte keinen Buckel. Fünf Jahre alt, war Heinrich – und immer, nahm er an, auf den Rat des

Hildebrand – mit Bertha von Turin verlobt worden und hatte sie, kaum daß er mündig war, im Zwang des geistlichen Regenten, des Erzbischofs Anno von Köln, heiraten müssen. Nach vier Jahren einer unglücklichen Ehe, 1069, hatte Heinrich die Trennung von Bertha angestrebt, aber ein päpstlicher Legat, Petrus Damiani, verweigerte die Scheidung, und Heinrich zweifelte niemals daran, daß dies auf Weisung des Archidiakons Hildebrand im Namen des Papstes Alexander geschah. Und war es nicht Hildebrand gewesen, der dem sechzehnjährigen König gleich bei seiner ersten politischen Handlung mit geradezu zermalmender Schärfe entgegengetreten war? In Mailand, der guten, unzweifelhaft dem deutschen König ergebenen Stadt – er war ja schließlich und endlich auch »Rex Romanorum«! –, war der Erzbischof Wido, von Heinrich III. eingesetzt, dem Druck der »Pataria« gewichen, der päpstlichen Partei; der junge König zweifelte keinen Augenblick an seinem Recht, einen ihm ergebenen Kleriker namens Gottfried als Erzbischof von Mailand einzusetzen – Alexander-Hildebrand aber berief einen gewissen Atto, und als der König auf Empfehlung seiner Ratgeber, die ja sämtlich ebenfalls Geistliche waren, an seinem Gottfried festhielt, sprach der Papst über fünf Räte des Königs den Bann aus, weil sie sich der Simonie schuldig gemacht hätten. Und da der König nicht daran dachte, gar nicht daran denken konnte, sich von diesen Räten zu trennen, stand er selber unversehens außerhalb der kirchlichen Gemeinschaft, nach Lage der Machtverteilung in einem unerträglichen Zustand – er war zu gleicher Zeit in die bitteren Machtkämpfe mit den aufsässigen Billunger Sachsen, mit dem Mächtigsten unter den Landesfürsten, mit Otto von Northeim, dem Herzog der Bayern und dessen Gefolge von Rattenfürsten verwickelt. Heinrich hatte ehrlich versucht, den neuen Papst Gregor VII., den Mönch Hildebrand, für sich zu gewinnen, ihm in der mailändischen Lage entgegenzukommen, aber die Absolution, die er von Gregor erhalten hatte, war verknüpft gewesen mit der Bedingung, sich einem päpstlichen Nationalkonzil zu unterwerfen, in welchem die Absetzung simonistischer Bischöfe und Priester und die Suspension beweibter Kleriker im Reich verkündet werden sollte. Der Nachfolger des Erzbischofs Adalbert von Bremen, Erzbischof Liemar, der Führer der Fronde der deutschen Kirchenfürsten gegen die Kurie, machte Heinrich klar, daß damit die Brandfackel in das von den deutschen Kaisern so mühsam errichtete Gebäude der deutschen Nationalkirche geschleudert werden sollte. Von Gregor nach Rom befohlen, folgten Liemar und die führenden Bischöfe des Reiches der Ladung des Papstes nicht, wiederum wurde über sie der Bann ausgesprochen; zähen Willens erneuerte Gregor die Gesetze über Simonie und Zölibat und erklärte zum ersten Male präzise und eindeutig die Investitur der Bischöfe durch den König für »prinzipiell unerlaubt« – offen lassend, ob sie praktisch weiterhin geduldet werde. Aber damit war die große Streitfrage endlich derart zugespitzt, daß Heinrich erkennen mußte, daß er ihr nicht mehr ausweichen konnte. Im Drange seiner bewaffneten Streitigkeiten mit den Landesfürsten suchte er die endgültige Auseinandersetzung hinauszuschieben, er bewog Liemar, nach Rom zu reisen, dem es auch gelang, sich von seiner Suspension zu lösen – gleichzeitig aber setzte Heinrich unbekümmert an Stelle des vom Papste abgesetzten Bischofs Hermann von Bamberg einen neuen ein, investierte in Italien statt des Erzbischofs Gottfried von Mailand, der sich gegen die Pataria nicht durchzusetzen vermochte, einen anderen Mann seiner Wahl, namens Tedald, – während Gregor an seinem Atto festhielt – und setzte auch in Fermo und Spoleto neue Bischöfe ein, wohl wissend, daß er damit den Rubikon überschritten hatte –, aber er konnte dem »prinzipiell unerlaubt« nur sein »prinzipiell erlaubt« in der Frage der Investitur entgegensetzen und tat es – er tat immer alles, was er tun mußte; versuchte zugleich, in langen Briefen voll scheinbarer Ergebenheit und Einsicht vorzeitige Entschlüsse des Papstes hinauszuschieben, – er hatte von seinen geistlichen Ratgebern die Methodik des Umganges mit der Kurie gelernt. Lange Episteln gingen hin und her, in den seinen stellte sich Gregor als den wohlmeinenden Älteren – und Mächtigeren – hin, dem es nur darauf ankam, den jungen Sohn des von Gregor so heiß geliebten Heinrich III. von seinen verderblichen Irrwegen zurückzulenken auf den rechten Weg, der nur durch die völlige Unterwerfung unter den Willen der Heiligen Kirche und des Nachfolgers Petri zu erreichen sei.

Am Neujahrstag 1076 erhielt Heinrich den letzten, für die Entschlüsse des Königs entscheidenden Brief des Papstes, in welchem Gregor nach den gewohnten Ermahnungen in Güte die Warnung in einer Drohung am Schluß des Schreibens zusammenfaßte: Heinrich solle bedenken, wie es Saul ergangen sei, als er sich seines Triumphes rühmte und die Mahnungen des Propheten nicht befolgte –, wie er vom Herrn verworfen worden und welche Gnade David zum Lohn für seine Demut zuteil geworden sei ..., und der päpstliche Legat, der den Brief nach Goslar gebracht hatte, war unterwiesen, die etwas dunkle Drohung zu präzisieren: Heinrich solle seine ausgeschlossenen Räte entfernen und Buße tun für seine »Verbrechen«, durch die er nach göttlichem und menschlichem Recht nicht nur den Ausschluß aus der Gemeinschaft, sondern die Absetzung verdient hätte ...

Damit aber hatte Gregor zum ersten Mal die Basis der Bemühungen um Heinrichs Seelenheil verlassen und die Kernfrage berührt, um die es in Wirklichkeit ging. Der junge König konnte, wenn es ihm beliebte, diese Botschaft als ein Ultimatum auffassen, – und es beliebte ihm. Sie wurde ihm überbracht an dem Tage, an dem er in Goslar seinen Triumph über das Rattengezücht der Landesfürsten feierte, das ganze Nest unter Kontrolle hatte und frei war, den nächsten Schritt zu tun – er tat ihn sofort. Er veröffentlichte das Schreiben des Papstes samt den mündlichen Erläuterungen und berief einen Reichstag in Worms ein, an dem drei Wochen später die weltlichen Fürsten und die große Mehrzahl der deutschen Bischöfe teilnahmen, auch je einer aus Burgund und aus Italien. Alle diese Fürsten, weltliche wie geistliche, hatten erkannt, daß es um die Frage ging, ob die deutsche Krone den Geboten des Papstes unterworfen sein sollte oder nicht. Aber nach Heinrichs Willen wurde auf diesem Reichstag davon nicht gesprochen, nicht vor diesem Forum. Heinrich war es vollkommen klar, daß Gregor die deutschen Bischöfe als das gleiche Rattengezücht verachtete wie er selber seine Landesfürsten. Nicht diese konnten über die höchste, die wichtigste Frage entscheiden, sie durfte nicht der Kompetenz dieser Leute unterworfen sein, die, weltlicher oder geistlicher Provenienz, ständig bereit waren, aus dem Streit der beiden Spitzen der Macht, Papst und Kaiser, unbedenklich eigenen Vorteil zu ziehen. Gregor war klug genug gewesen, den Streit auf der persönlichen Ebene zu führen – nicht das deutsche Königtum sollte sich bislang dem Gebot der Kirche unterwerfen, sondern Heinrich, der Irrende, dem väterlichen Papst. Heinrich sollte durch Gregor auf sein Maß zurückgeführt werden, also mußte es für den König gelten, Gregor auf sein Maß zurückzuführen. War Heinrich für Gregor der irrende junge Mann, so sollte also für Heinrich Gregor niemand anderer sein als der Mönch Hildebrand.

Heinrich war auf dem Reichstag von Worms kaum in Erscheinung getreten, er hatte sich darauf beschränkt, das Verhalten seiner so leicht zu jeglichem Verrat bereiten Landesfürsten mißtrauisch zu beobachten und die Angelegenheiten des Reichstages einem Manne zu überlassen, der vorzüglich geeignet war, die Rolle des Initiators der folgenschweren Entschlüsse der Versammlung zu spielen, dem Kardinal Hugo, genannt »der Weiße«. Dieser Mann hatte jahrelang dem Mönch Hildebrand in vielen geheimen und delikaten Missionen gedient, eine Art Geheimdienst aufgebaut, der dem Hildebrand viele kostbare Informationen lieferte, und er schrieb sich mit Emphase den Hauptteil des Verdienstes an den Vorgängen zu, die zu der turbulenten Inthronisierung Hildebrands als Papst geführt hatten. Hugo also, der Mann mit dem ominösen »nom de guerre« »der Weiße«, hatte das Schicksal all der Kreaturen seiner Branche geteilt: er erwartete Dankbarkeit von dem Manne, dem er zur Macht verholfen zu haben behauptete, er wurde aber nur als lästig empfunden, gerade weil er zu viel wußte, er verfeindete sich mit Gregor und stieß mit sicherem Instinkt zu dem Manne, von dem er wußte, daß er der einzige war, der wirklich für den undankbaren Papst gefährlich werden konnte – er leitete den Reichstag und »packte aus« gegen den Mönch Hildebrand, ganze Kübel von Schmutz, der sich in so trüber Quelle gesammelt hatte. Nach Hugos Mitteilungen war der Weg des Hildebrand zum Heiligen Stuhl gepflastert gewesen mit Intrigen, Treubrüchen, Lügen und Hinterhältigkeiten, auch mit Grausamkeiten und Gewalttat, mit Folterung und Mord und Zauberei, – und jedermann in der illustren Versammlung vernahm aus den Worten des geifernden Kardinals eben doch alles, was mit ihnen nicht gesagt werden sollte, den pfeifenden Ton der Peitsche des Simonie-Verbots. Alle diese deutschen Bischöfe waren ja nach einem Recht, das sie immer als Gewohnheitsrecht auch von der Kirche lässig geduldet empfunden hatten: durch Simonie zu ihren Pfründen gekommen. Die weltlichen Landesfürsten aber, in diesem Punkt nicht unmittelbar betroffen, bekamen Aufschluß über die sittliche Verkommenheit des Papstes, der »mit der Gattin eines anderen gelebt« habe und mit einem »Weibersenat« regiere, und die Fürsten entsannen sich, sonsthin in Fragen christlicher Moral in sexualibus gewißlich von prinzipieller Lässigkeit, des tragischen Schicksals ihres Standesgenossen, Gottfrieds II.

von Lothringen, dessen Vater Gottfried I., der Bärtige genannt, zu den ernstesten Widersachern Heinrichs IV. gehört hatte, durch die Heirat aber auch Herzog von Toscana geworden war und im Bestreben, diese seine Hausmacht in Italien für seine Erben zu bewahren, seinen Sohn, den Buckligen, mit Mathilde von Tuscien vermählt hatte, welche weiteres, erhebliches Heiratsgut in die Ehe brachte, sich aber von dem Buckel scheiden ließ –, mit Hilfe des Mönches Hildebrand, der nun eifrig die Ansprüche Mathildens auf den Allodial-Besitz der Toscana verfocht und mit ihr sicherlich eine tiefere Intimität pflog als die rein geschäftlich beratende. Gottfried II. war danach zu einem wütenden Parteigänger des Königs geworden, bis er ermordet wurde (Cui bono?). Aber die Landesfürsten blickten auch auf den schweigenden König, als das Lasterleben Gregors von Hugo dem »Weißen« genüßlich ausgebreitet wurde: War die Kaiserin Agnes, die Mutter Heinrichs, nachdem sie auf Anraten des Anno von Köln die wertvollsten Krongüter, Burgund und Schwaben und Kärnten und Bayern gar, an die aufsässigsten der Fürsten sie zu beruhigen, verteilt hatte – dort saßen sie beieinander, die Herzöge von Bayern, Kärnten, Schwaben und Burgund, denen Heinrich diese Güter streitig zu machen allen Grund hatte –, war also die unselige Kaiserin nicht schließlich vor dem Regenten Anno geflohen, nach Rom, um dort Schutz zu suchen, hatte aber nur den Rat gefunden, den Schleier zu nehmen, und kauerte nun, in jedem Punkt von Gregor abhängig, zu den Füßen des Papstes; Heinrich aber schwieg zu den Anschuldigungen, die seine leibliche Mutter betrafen, rätselhaft und, wie es schien, unbeteiligt. Welche Karten hatte dieser Knabe Heinrich noch in der Hinterhand? Nicht Heinrich, eine Synode der deutschen Bischöfe unter dem Vorsitz des Erzbischofs Siegfried von Mainz, eines Mitschülers des Gregor im Kloster von Cluny, faßte den Beschluß, den »Bruder Hildebrand« als Papst nicht mehr anzuerkennen – der König fügte

sich dem Beschluß, kündigte dem Mönch Hildebrand den Gehorsam und befahl ihm, vom römischen Stuhl herabzusteigen, den er unter Verletzung des eigenen Wahlgesetzes bestiegen hatte.
Ebenso schnell, wie der Schuß Heinrichs abgefeuert war, reagierte Gregor: er verhaftete die Abgesandten Heinrichs, die den Beschluß nach Italien tragen und dort verteilen sollten, und stellte sie vor die Synode, die alljährlich vor Beginn der Fastenzeit zu tagen pflegte. Sie wurden von der erregten Versammlung der Papstpartei sofort derart verprügelt und mißhandelt, daß Gregor eingreifen mußte, um sie davor zu bewahren, sogleich totgeschlagen zu werden. Die Fastensynode wurde zum Gerichtstag. Der Beschluß, den sie faßte, gipfelte in einem Gegenschuß, der ebenso genau gezielt war –, ein Meisterstück der Diplomatie, welches die Mitschuldigen untereinander aufspaltete und ihnen alle Wege einer Versöhnung offenließ, mit voller Wucht aber den einen traf: den König, ihn allein. Die Mutter des Königs in ihrem Nonnenschleier saß zu Füßen Gregors, als dieser das Urteil verlas: die Verdammung, die Verfluchung ihres Sohnes. Gregor hatte das Urteil in die Form eines Gebetes gefaßt, wandte sich an den heiligen Apostelfürsten Petrus und rief ihn, die Gottesmutter und den Heiligen Paulus zu Zeugen an, daß er nur gezwungen sein Amt übernommen habe ... »Deshalb, glaube ich, es gefalle Dir, daß das Dir im besonderen anvertraute Christenvolk mir als Deinem Stellvertreter im besonderen gehorche. Um Deinetwillen ist mir von Gott die Macht gegeben, zu binden und zu lösen im Himmel und auf Erden. Im Vertrauen hierauf untersage ich im Namen Gottes des Vaters, des Sohnes und des Heiligen Geistes kraft Deiner Vollmacht zu Ehren und Schutz Deiner Kirche König Heinrich, dem Sohne Kaiser Heinrichs, der sich gegen Deine Kirche in unerhörtem Hochmut erhoben hat, die Regierung des ganzen Königreiches der Deutschen und Italiens, befreie alle Christen von der Fes-

sel des Eides, den sie ihm geleistet haben oder leisten werden, und verbiete jedermann, ihm als König zu dienen. Und weil er als Christ es verschmäht hat zu gehorchen, nicht zu Gott zurückgekehrt ist, den er durch Verkehr mit Ausgeschlossenen verlassen hatte, meine Mahnungen verachtet, sich von Deiner Kirche getrennt und sie zu spalten versucht hat, so binde ich ihn an Deiner Statt mit der Fessel des Fluches, auf daß die Völker wissen und erfahren, daß Du bist Petrus, und daß auf Deinem Fels der Sohn des lebendigen Gottes seine Kirche gebaut hat und die Pforten der Hölle sie nicht überwältigen werden!«

Blitz und Donner! Die Gewitterwolke, die hundert Jahre über dem Abendland lastete, hatte sich entladen. Aber der Blitz schlug nicht ein, er entlud sich zwischen den beiden Polen. Die Beschlüsse beider Synoden, und beide waren mißbraucht, berührten die Frage nicht, um die es wirklich ging, mit keinem Wort waren Simonie und Investitur erwähnt. Gregor konnte jederzeit – und er tat es sofort – beteuern, sein Bann habe sich nicht gegen das deutsche Königtum gerichtet, sondern gegen den einen Heinrich, den Unwürdigen; und Heinrich konnte – er tat es ebenfalls sogleich – erwidern, nicht den Papst und dessen heiliges Amt habe er angegriffen, sondern den unwürdigen Usurpator dieses Amtes, den Mönch Hildebrand. Beide Kontrahenten rangen um das Urteil der öffentlichen Meinung, in Pamphleten und Flugblättern, in Briefen und Reden. In der Tat; zum ersten Male in der Geschichte der Deutschen entzündete sich eine weithinschallende Diskussion, in welcher plötzlich sich literarische und philosophische Talente zu Worte meldeten, in vorzüglichen Essays, spitzfindigen Erklärungen und geistvollen Untersuchungen, eine politische Literatur, allerdings in lateinischer Sprache, entstand zwischen Römern und Deutschen, sie schleppte sich fast ein weiteres Jahrhundert mit dem gleichen Thema fort, mit der Frage: Wer hatte recht, König oder Papst? Nun, die beiden Kontrahenten wußten, daß der Stärkere recht behalten werde, und wer der Stärkere war, mußte sich erweisen, der, dem es gelang, der eigenen, nur symbolischen Macht die stärkeren realen Hilfskräfte hinzuzufügen – und die des Gegners zu mindern. Beide mußten also auch den Angriff auf das Feld des Gegners vortragen. Die Hilfskräfte Heinrichs aber, um die es ihm gehen mußte, befanden sich in Italien, in der Lombardei und ihren immer zur Reichspartei neigenden fortschrittlichen Städten. Heinrich plante, Gregors Bann mit der Reichsacht zu erwidern und mit Heeresmacht nach Rom zu ziehen, um sich dort die Kaiserkrone zu erobern. Gregors beste Hilfskraft aber saß zu seinen Füßen; die Kaiserin Agnes übernahm es, die dringlichen Botschaften ihres geistlichen Herrn an die richtigen Adressen zu leiten, um so das Kraftfeld ihres Sohnes zugunsten Gregors zu schwächen.

Mit geringer Streitkraft bezog Heinrich in der Mitte des Oktober 1076 ein Lager in Oppenheim. Jenseits des Rheines hatte sich in Tribur ein »Fürstentag« versammelt, bei dem zwei päpstliche Legaten erschienen, der Patriarch von Aquileia und der Bischof von Passau. Heinrich wußte, was dies zu bedeuten hatte, er setzte sich sofort mit den beiden Legaten in Verbindung und versuchte, den drohenden Verrat des »Rattengezüchtes« zu verhindern, indem er den päpstlichen Gesandten versicherte, er sei unter gewissen Umständen bereit, sich dem Papste zu unterwerfen – es war schon zu spät: Im Fürstenlager hatte sich bereits eine Spaltung vollzogen, – da saßen sie, die Herzöge Welf von Bayern, Rudolf von Schwaben, Berthold von Kärnten, und Otto von Northeim natürlich – und es war den gefangenen Billunger Sachsenfürsten gelungen, aus der Haft zu entweichen, sie drohten mit einem neuen Aufstand –, und forderten die Absetzung des Königs und eine Neuwahl. Und der einzige Freund, den Heinrich unter den Fürsten gehabt hatte, Gottfried der Bucklige von Lothringen, war ermordet, die Mehrzahl der deutschen Bischöfe schien noch treu zu bleiben, doch der Passauer besaß großen Einfluß im päpstlichen Sinne, er trug in seiner Tasche die huldvollsten Gnadenerweise für die geistlichen Fürsten, die sich von Heinrich lossagen würden. Eine Neuwahl konnte Heinrich gerade noch verhindern, die Fürsten aber erklärten, sie würden Heinrich nicht mehr als König anerkennen, wenn es ihm nicht gelänge, sich bis zum Jahrestag der Exkommunikation vom Banne zu lösen. Und sie beschlossen, eine Gesandtschaft nach Rom zu senden und den Papst aufzufordern, selbst nach Deutschland zu kommen, um den Streit zwischen den Fürsten und dem König zu schlichten. Der Jahrestag der Exkommunikation war der 15. Februar 1077. Es war klar, der Papst würde das Angebot Heinrichs ablehnen und sich für die deutschen Fürsten entscheiden, wenn er nach Deutschland käme, wohin ihn eine Delegation der Fürsten mit einem starken Heergefolge geleiten sollte. Heinrich mußte den Papst früher treffen als die Fürsten. Da die deutschen Alpenpässe vereist waren, nahm Heinrich den längeren Weg über Burgund und den Mont Cenis. In Turin erfuhr er, daß Gregor Rom verlassen hatte, um am Fuß der Alpen die Fürstendelegation zu treffen.

Gregor war fünfzig Jahre alt, als er den Heiligen Stuhl bestieg, er war in Soana in der südlichen Toscana geboren, Abkömmling eines römischen Adelsgeschlechtes, wie seine Anhänger behaupteten, eines Langobardenfürsten, wie Heinrich glaubte, indes Hugo der »Weiße« beteuerte, Gregor sei mit den jüdischen Pierleonis verwandt, die seinen Aufstieg finanziert hätten. Auf jeden Fall war Gregor wenn nicht kriegerischen Geblütes, so doch Gemütes; der kleine, unscheinbare Mann ritt und focht, er liebte es, in eiserner Rüstung an der Spitze rasselnder Heerhaufen voranzureiten, und eine seiner ersten Taten als Papst war, die alte augustinische Idee des »bellum iustum«, des gerechten Krieges, erweiternd, die »militia sancti Petri« zu proklamieren, das Recht der Kirche, nicht nur den »Gottesfrieden« zu brechen, wenn ein »Heiliger Krieg« notwendig war, sondern auch diesen selber zu führen, ohne eine weltliche Macht damit betrauen zu müssen –, womit er die Idee der Kreuzzüge konzipierte, die sein Nachfolger Urban II. dann in die Tat umsetzte. Zu Gregors ersten Taten hatte es gehört, eben jenen Hugo den »Weißen« nach Südfrankreich zu schicken, wo dieser einen Feldzug gegen die Mauren in Spanien organisieren sollte –, was Hugo nicht gelungen war, der darum in Ungnade fiel. Zugleich hatte Gregor geplant, an der Spitze eines Ritterheeres nach dem Osten zu ziehen, die Türken zu schlagen, die soeben Byzanz besiegt und die heiligen Stätten der Christenheit in Jerusalem in Besitz genommen hatten. Das war nur möglich mit der Heerfolge der Normannen, aber diese hatten sich in Unter- und Mittelitalien derart festgesetzt, daß sie daran gehen konnten, sich weitere Stücke um den Kirchenstaat herum anzueignen – Gregor war genötigt, über Robert Guiscard und Richard von Capua, die ungetreuen Vasallen, den Bannfluch zu schleudern, worüber diese hartgesottenen Raubgesellen nur lachten. Was er in Italien verlor, versuchte Gregor andernorts durch lehnsrechtliche Ansprüche durchzusetzen, so in Ungarn und Dänemark, wo es ihm nicht gelang; in Kroatien und Dalmatien gelang es ihm. Diese lehnsrechtlichen Ansprüche waren keineswegs kurial, sie waren Ansprüche des Reiches – Gregor nutzte die Gelegenheit, den Knaben Heinrich ohne Land in seine Sachsenkämpfe verwickelt zu sehen. Nun aber hatte Heinrich den Blitz losgelassen, auf den der Donner Gregors folgte.

Aber die Alpenpässe waren vereist, und Gregor, der mit kleinem Gefolge davor auf die Ankunft des deutschen Heeres der Landesfürsten wartete, konnte sich ausrechnen, wie lange es dauern würde, bis diese kamen. Sie kamen überhaupt nicht, wer kam, war Heinrich. Durch die Lombardei mit ihren königstreuen Städten war die jubelnde, in den Ohren des Papstes höhnische Kunde gedrungen,

Heinrich komme mit einem Heer. Gregor ritt eilends durch die feindlichen Landstriche Oberitaliens zurück nach Toscana, in den Schutz der Herrin von Toscana, Mathilde, die in Reggio residierte.

Als Heinrich auf dem Wege nach Reggio an der Felsenfeste Canossa, am Nordabhang des Appenin, vorüberritt, ahnte er nicht, daß sein großer Gegner Gregor dort oben saß, ebenso vereinsamt wie der Reiter da unten. Erst in Reggio erfuhr Heinrich, wo Gregor war, und Mathilde, daß der König nicht gekommen war, Gregor gefangenzunehmen, sondern vor ihm Buße zu tun und sich von ihm den Bann lösen zu lassen. Und Heinrich machte sogleich Ernst mit seiner Absicht, er dachte gar nicht daran, sich vor der fassungslosen Mathilde auf lange Erklärungen einzulassen, er entledigte sich noch am Tage seiner Ankunft in Reggio seiner Rüstung, hüllte sich in das für Bußübungen vorgeschriebene »härene Gewand« und begab sich, nur von seiner ungeliebten, aber treuen und tapferen Frau Bertha begleitet, zur Burg von Canossa, wo Gregor mit des Königs Mutter, der Kaiserin Agnes, sich verborgen hatte.

So also standen sie sich gegenüber, die beiden höchsten Vertreter der beiden Mächte des Abendlandes, der geistlichen wie der weltlichen, der eine im Schutz des ungefügen Turmes, der andere vor dem Tore im Schatten einer Mauer des Burghofes. Der dort oben hatte sich die Tiara auf das Haupt gesetzt und die Gewänder und Insignien seines höchsten geistlichen Amtes angelegt. Der dort unten stand barhäuptig, von einem dünnen Tuch notdürftig gegen die Witterung geschützt, mit blaugefrorenen Füßen im Schnee, ohne die Rüstung, die Krone und Wehr eines deutschen Königs. Der Papst konnte seinen Gegner durch den schmalen Schlitz des Turmgemaches sehen, der andere verschwendete keinen Blick, das Auge seines Gegners zu suchen, er verrichtete schweigend seine Bußübungen, jene, welche die Kirche ihren reuigen Sündern vorgeschrieben hatte. Beide wußten von der einzigartigen Bedeutung dieses Augenblickes. Beide hatten ihre Synoden, die Versammlungen ihrer Anhänger, mißbraucht, um über einander zu Gericht zu sitzen. Nun standen sie sich allein gegenüber, der eine dort unten, bereit, jetzt über sich selbst Gerichtstag zu halten, der andere dort oben dadurch gezwungen, das gleiche zu tun. Aber der junge deutsche König hatte den Papst gestellt, nicht umgekehrt, für ihn war alles einfach, und er wußte, daß sein großer Gegner dies auch wissen mußte.

Heinrichs bloße Füße standen im Schnee, – auf dem harten, eisigen Boden der Tatsachen. Was er da unter seine Füße trat, war nicht das deutsche Königtum, dessen Ehre und Würde, sondern nur das Mystische an dieser Ehre und Würde, das ihn und das Reich an die Kirche band. Er stand hier, um sich von dem päpstlichen Bannfluch lösen zu lassen, nicht, weil er und die Ehre und Würde des deutschen Königtumes ohne den Segen der Kirche nicht leben konnten, sondern weil dieser Bannfluch den verräterischen deutschen Fürsten eine Waffe war, ihn zu stürzen. Der dort oben wußte das. Aber der Papst vertrat ein Prinzip, jenes, das der fromme Mann dem Heiligen Augustinus mit seiner »Civitas Dei« entnommen hatte, mit dem feurigen Willen, es bis zur Gänze durchzuführen. »Staat ist Sünde« hatte Augustinus verkündet, der Stellvertreter Gottes auf dem Stuhl Petri mußte aus diesem Satz folgern – und folgerte es –, daß die Landesfürsten des Teufels waren. Sich mit ihnen zu verbünden, hieß, sich mit dem Teufel verbünden gegen das Reich, welches im Sinne der Kirche, deren Herrschaft die Seelen der Menschheit zu retten berufen war, die Herrschaft über deren Leiber anzutreten hatte, um die Welt zu ordnen. Heinrich IV., Sohn und Enkel von deutschen Kaisern und Königen, war die Aufgabe, ebenso legitimiert durch Gottes Gnade, zugefallen, wie Gregors VII. Amt und Aufgabe allein durch Gottes Gnade legitimiert war. Der fromme Mann dort oben im

Turm, der sicherlich in tiefem Gebet um Erleuchtung rang, hatte nun seine Prinzipien zu durchprüfen, wie die einsame Gestalt dort unten an der Mauer ihre Realitäten, drei Tage und drei Nächte lang.
Aber der Papst war nicht allein. Geschäftig eilten die Frauen, die unermüdliche Mathilde von Tuscien und die zutiefst ergebene Agnes, hin und wieder –, zu Bertha und deren Mutter Adelheid, die von Turin herbeigeeilt war und zu vermitteln suchte, wo es nach Heinrichs wie Gregors Willen nichts zu vermitteln gab. Und wie ein unausweichlicher Schatten tauchte der derzeitige Abt von Cluny, der Taufpate Heinrichs, im Gemach des Papstes auf, mit immer neuen, vorzüglich ausgearbeiteten Bedingungen, denen Heinrich sich zu fügen hätte, wenn es dem Heiligen Vater gefiele, den Bann von ihm zu nehmen.
Doch Gregor VII. war kein Mystiker, wenngleich die Prinzipien, an die er sich gebunden fühlte, mystischer Natur waren. Er war zumindest ein ebenso großer Realist wie der da unten, und er wußte, daß Heinrich das wußte, sie waren sich bislang überhaupt nur auf der realistischen Ebene begegnet: Der König hatte ihn aufgefordert, als Papst zurückzutreten, das geschah gewissermaßen im Laufe kaiserlicher Gewohnheiten, denen er endlich entgegenzutreten den Mut gehabt hatte. Aber der Bannfluch gegen einen deutschen König, den Herrn des Heiligen Römischen Reiches Deutscher Nation, der war unerhört, die Welt hallte wider von diesem Ereignis, sie würde ebenso widerhallen, wenn sie erführe, daß der König sich gar unterworfen habe, ein völlig unbegreiflicher Akt für alle, die nicht wußten, auf welche Ebene der Entscheidung der da unten ihn gezwungen hatte, ihn, der sich auf den Weg begeben wollte, die Welt seiner Kirche zu unterwerfen. Ganz gewiß war Staat Sünde, der heidnische Versuch, die Völker ohne einen übergeordneten Sinn zu ordnen, das Glück der Menschen nicht im Bereiche ihrer Seelen, sondern in dem der Sinne zu finden, in denen der Teufel re-

gierte. Und ganz gewiß waren die Staaten der Landesfürsten doppelt des Teufels, da sie sich gar den Teufel um das Glück ihrer Völker scherten, sondern einzig und allein ihr eigenes in der Erweiterung ihrer Macht suchten. Das Reich aber war der Kreis, den die Kirche um das Kreuz gezogen hatte, in seiner Konstitution der weltliche Widerpart der Staaten, wie die Kirche in ihrem Aufbau der Widerpart der Teufel, der Götzen und Dämonen war.

Der da unten stand, in der Kälte und im Winde und so stolz in seiner verfluchten Demut, war kein armer Sünder, kein Fehlgeleiteter, kein irrender Knabe, den es auf den rechten Weg zu führen galt. Der stand da, wie das Reich da stand, dessen einziger legitimer Vertreter er war. Und der da oben um Erleuchtung rang, war kein Machtgieriger, kein Pharisäer, kein Heuchler, kein falscher Diener Gottes, der im Begriffe stand, sich zum Herrn göttlichen Willens zu machen –, er war der einzige legitime Vertreter der Kirche, auf dem Stuhle Petri, des Felsens, den die Pforten der Hölle nicht überwältigen werden. Der Bannfluch des Papstes, das einzige Machtmittel, welches dem Stuhl Petri zur Verfügung stand, hatte nicht den Mann da unten getroffen, sondern das Reich, das einzige Machtmittel, welches der Kirche diente, damit die Pforten der Hölle sie nicht zu überwinden vermochten.

Für Heinrich, der drunten an der hohen Mauer vor dem Burgtor gleichmütig seine Bußübungen verrichtete, sich mit ausgebreiteten Armen, das Symbol des Kreuzes verkörpernd, in den Schnee warf und wieder aufrichtete, wenn kein Zeichen zu ihm aus dem Turme drang, um sich den Schnee abzuklopfen, war es ziemlich gleichgültig, welche Entscheidung Gregor fällte. Löste er ihn vom Banne, nun, so würde er augenblicks aufbrechen, nach Deutschland reiten, den Landesfürsten die Waffe, die sie gegen ihn gezückt, aus der Hand winden und die Gewalt des Reiches weiterhin in seiner Person repräsentieren. Weigerte sich der Papst, ihn vom Banne zu lösen, so würde er spätestens

nach der zweiundsiebzigsten Stunde seiner Demütigung ebenfalls davonreiten, ein Heer aus seinen Anhängern in Oberitalien zusammenzurufen, die Alpen überschreiten, die Bürger seiner Städte um die Hilfe von deren Kriegsknechten angehen und die Landesfürsten möglichst einen nach dem andern schlagen, und sich in dem einen wie dem anderen Falle weder um die Abschaffung der Simonie noch des Investiturrechtes kümmern. Mochte der Heilige Vater sich entscheiden, wie immer er wollte, es mußte eine Fehlentscheidung sein, – ihn in diese Lage zu zwingen, war der einzige Grund seines Ganges nach Canossa gewesen.
Wenn Gregor den Heinrich nicht vom Banne löste, dann blieb er der Komplice der Landesfürsten, die des Teufels waren und im Begriffe, mit seiner, des Papstes Hilfe, nicht nur Heinrich zu vernichten, sondern auch das Reich. Keiner von ihnen konnte willens und fähig sein, so bis zur letzten Konsequenz den Gedanken des Reiches zu vertreten wie dieser Heinrich. Gregor mußte begreifen, daß er tatsächlich allein war mit seinem Bannfluch, daß die Kirche gar nicht geschlossen hinter ihm stand, am wenigsten die deutschen Kirchenfürsten, die eher noch als selbst die treuesten Vasallen des Königs zum Reiche standen, aus greifbaren Vorteilen der Simonie verhaftet und Nutzen ziehend aus dem Recht des Königs zur Investitur –, Rattengezücht im Grunde ebenso wie die Landesfürsten ... Keine Möglichkeit bot sich an, an Stelle der Deutschen ein anderes Volk für die Aufgaben zu gewinnen, die das Reich der Kirche gegenüber übernommen hatte. – Die Franzosen? Frankreich war kein Reich, wollte es gar nicht sein, seit den Karolingern herrschte dort das Geschlecht der Capetinger, einzig dieses, das von Anfang an die Politik verfolgte, die Großen des Landes von den Vorteilen eines geeinigten Staatswesens zu überzeugen, und damit unbegreiflichen Erfolg hatte. Frankreich hatte kaum die Möglichkeit, sich machtmäßig auszudehnen, es lebte in natürlichen Grenzen, zu sehr beschäftigt mit der einzigen, im-

mer blutenden Wunde der Normannenherrschaft im Norden, so wie Italien litt unter dem um sich fressenden Geschwür der grauäugigen normannischen Raubgesellen in Unteritalien, denen kein Heer widerstand als nur das deutsche. Freilich hatte das Land der Franzosen große und bedeutende Kirchenfürsten, vortreffliche Berater der französischen Fürsten und Großen –, aber mit Geschick und Eleganz ferngehalten von jedem ernsthaften politischen Einfluß; die Kirchenfürsten waren keine Landesfürsten, sie blieben eng an die Aufgaben der Kirche gebunden, über das seelische Wohl der französischen Bevölkerung zu wachen – keine leichte Aufgabe fürwahr, denn eben auf dem Wege zur Staatsbildung, die gleichzeitig mit dem Prozeß der französischen Volkwerdung erfolgte, zeigte es sich, daß der dortige Volkscharakter bereits einen fröhlichen Bund mit dem Teufel zu schließen bereit war, – bei aller christlichen Bereitschaft bemühte man sich sichtlich bedeutend mehr um die Ausbildung eines angenehmen Sinnenlebens als um eine vertiefte Sinngebung seines Daseins. Das begann bei den französischen Königen, die um recht sittenloser Gewohnheiten willen manchen Bannfluch auf sich nahmen –, um ihn dann lösen zu lassen gegen das Versprechen, der Kirche in ihren politischen Nöten, mit dem Reiche etwa, insofern beizustehen, als sie es lässig übernahmen, gelegentlich ihren Nachbarn, den Deutschen, durch ein Stirnrunzeln oder Zähneblecken anzukünden, daß sie möglicherweise bereit wären, an Stelle des Reiches die Aufgaben zu übernehmen, welche die Kirche diesem bisher zugedacht hatte: das Heidentum zu bekämpfen! Aber ernstlich war niemals ein französischer König bereit, sich selber ganz unnötigerweise Fesseln im Interesse der Kirche anzulegen – Frankreich war weder geeignet noch willens, das Schwert der Kirche zu sein. Kein Heide stand an seinen Grenzen. Viel eher als das Gewirr der deutschen Landesfürsten war Frankreich imstande, wirklich einen Staat aufzubauen, wobei es diesem

Volke wirklich völlig gleichgültig zu sein schien, ob dieser Staat nun des Teufels war oder nicht.
So weit Gregor auch um sich blickte – bei dem Phänomen Polen mochte er nur kurze Zeit verweilen –, es fand sich in dieser Situation keine Macht, die das Reich ersetzen konnte, und es fand sich im Reiche keine Macht, die den König Heinrich IV. in Souveränität und Legitimität erreichen konnte.
So blieb also nach Lage der Dinge nichts übrig, als den Bann von dem Verfluchten da unten zu lösen? Aber das bedeutete die Aufgabe des Prinzips, dem sich Gregor bis in das Innerste seines Glaubens hinein verpflichtet fühlte: ein Jahrtausend lang hatten die erhabenen Gestalten der Kirche, die großen Kirchenlehrer und Gelehrten, die frömmsten und reinsten Päpste, die Äbte und Verschworenen der Bewegung von Cluny um diese Prinzipien gerungen, Gregor hatte sein Amt übernommen als Erbe des höchsten Gutes, als Vollstrecker eines Testamentes. Er hatte die Lage geschaffen, in der endlich die Pest der Simonie ebenso überwunden werden konnte wie die Anmaßung der Könige, die Investitur der Bischöfe als gültiges Recht zu verteidigen. Von Anbeginn war und mußte das Ziel der Nachfolger auf dem Stuhl Petri sein, die Kirche wie eine Glocke über das Reich zu stülpen –, und nicht das Reich sich wie eine Glocke über die Kirche stülpen zu lassen, wie es die deutschen Kaiser immer und immer wieder in den hundert Jahren des Bestehens des Reiches mit ihrer »Nationalkirche« versuchten. Wie sorgfältig hatte Gregor es verstanden, den Streit um Simonie und Investitur außerhalb des Grundsätzlichen zu halten, solange es nicht gelingen konnte, im Reiche die Einsicht in die Notwendigkeit zu gewinnen. Im Knaben Heinrich unter dem Kuratel der Kirche schien der Ansatzpunkt gegeben –, und war der junge König nicht blind in die Schußlinie hineingelaufen, als er versuchte, ohne wirkliche Macht und ohne die Bedeutung des Kampfes offensicht-

lich zu begreifen, den Angriff auf die Position des Papstes persönlich zu führen, wie es seine Vorgänger, die ganze Macht ihrer Würde und Bürde hinter sich und schwache Päpste vor sich, getan hatten? Der da unten hatte es verstanden, eben mit den Mitteln der Simonie und der Investitur die deutschen Bischöfe hinter sich zu bringen und damit die Kirche und das Reich eng miteinander zu verzahnen, zu einer Einheit zusammenzuschweißen, die nur noch durch die rebellischen Landesfürsten gefährdet werden konnte, – und ihn, den ohnmächtigen Papst, jetzt noch zu zwingen, durch Lösung vom Bann auch von den Fesseln zu befreien, die ihn hinderten, zu guter Letzt mit den Teufeln fertig zu werden, die der Papst als seine Bundesgenossen gegen den König ins Feld zu führen im Begriffe stand? Die Frauen, die Mathilde und die Agnes, die Adelheid und die Bertha, verstanden nicht, warum er zögerte, sie schienen des Mitleids voll für den Mann, der sich da unten demütigte; vielleicht begriff der Abt Hugo von Cluny besser, was sich im Kopf des Heiligen Vaters abspielte, aber er riet zu einem Kompromiß, zu Kapitulationsbedingungen, die am Ende Bedingungen der Kapitulation des Papstes und nicht des Königs sein mußten. Die Weiber glaubten, den Kampf in der Brust des so hoch verehrten Mannes auf dem Stuhl Petri zu begreifen, des Hohen Priesters mit dem Amt, mit christlicher Demut der Demut des Rebellen zu begegnen, der höchsten Tugend des Priesters ... Aber Gregor wußte, daß es nicht Reue war, die den Mann da unten Buße tun ließ, auch als Priester konnte er dem Reuelosen die Absolution verweigern.

Genau nach zweiundsiebzig Stunden warf sich Heinrich noch einmal mit ausgebreiteten Armen in den Schnee, dann erhob er sich, schlug das Gewand um seinen Leib und ging davon. Die Weiber sahen das voll Entsetzen und eilten zu Gregor, ihn in letzter Stunde umzustimmen. Der Papst entschloß sich, er sandte Mathilde dem Davongegangenen nach, um ihn zurückzuholen. Heinrich kam. Er warf sich abermals mit ausgebreiteten Armen in den Schnee, Gregor eilte ihm aus dem Turm entgegen, hob ihn auf und segnete ihn weinend.

Nach der Messe, in welcher Gregor dem Heinrich das Sakrament des Altares reichte, versammelte sich im Turm die kleine Schar zu einer Mahlzeit, bei welcher sich der Abt von Cluny bemühte, Heinrich auf die Bedingungen festzulegen, unter denen der Heilige Vater den Bann gelöst habe. Diese Bedingungen waren Heinrich bekannt, der Abt hatte sie mit Herren des königlichen Gefolges in Reggio durchgesprochen. Aber Heinrich hatte mit keinem Wort geantwortet, – und auch jetzt antwortete er nicht. Er saß mürrisch und schweigsam seinem großen Gegner gegenüber, seine Fingernägel kratzten auf der eichenen Tischplatte. Sogleich nach dem »Versöhnungsmahle« erhob er sich und kehrte nach Reggio zurück – er verließ noch am gleichen Tage die Stadt und machte sich auf den Weg nach Deutschland.

In Canossa war der Bann gelöst, dies war das einzige Ergebnis; keines der Probleme, um die es in ihrer Tiefenwirkung ging, wurde gelöst – sie waren nicht zu lösen. Gerade die immerwährende Spannung zwischen Kirche und Reich, ihre Bipolarität, schuf die eigentümliche Kraft des abendländischen Machtgebildes, die über alle Grenzen hinausstrebte –, eine Erkenntnis, die von der Geschichte als zweites und letztes Ergebnis von Canossa notiert werden kann.

Gregor wartete ab, was Heinrich tun werde; er blieb noch mehrere Monate in Oberitalien, er kehrte erst im Juni 1077 nach Rom zurück, wo er bedächtig wenigstens seine Stellung in Frankreich zu festigen suchte: durch verstärkte Propaganda seiner Legaten gegen Simonie und Investitur –, aber dort lagen die Dinge ganz anders als in Deutschland, die päpstlichen Bemühungen scheiterten auch dort, und wiederum aus ganz anderen Gründen: Die Bischöfe waren in Frankreich keine Landesfürsten, der König und seine Vasallen hatten sich gehütet, ihnen weltliche Macht, größere Territorien und beträchtlichen Reichtum zuzubilligen, sie waren auf die Unterstützung der Kirche längst nicht in dem Maße angewiesen wie Kaiser und Reich.

Heinrich handelte. Die Landesfürsten, sehr enttäuscht über das Verhalten Gregors, gaben nicht auf. Sie wählten einen Gegenkönig, Rudolf von Schwaben, am 15. März 1077, der ausdrücklich auf die Nachfolge seines Sohnes und auf das Recht der Investitur verzichten mußte und Papst Gregor Gehorsam gelobte: womit er dessen Rolle als mutmaßlicher Schiedsrichter von vornherein diskreditierte. Heinrich sammelte schon in Oberitalien aus seinen Anhängern ein Heer, mit dem er über die Alpen zog, und setzte sogleich die drei süddeutschen Herzöge von Schwaben, Bayern und Kärnten ab – das schwäbische Herzogtum übertrug er 1079 an Friedrich von Büren, seinen Schwiegersohn, mit welchem das Geschlecht der Staufer in die Geschichte eintrat. In Bayern fand Heinrich Heeresgefolge im niederen Adel, in Franken stand die Ritterschaft dieser Dominal-Provinz zu ihm, in Schwaben spaltete sich der Adel – und wohin Heinrich sich in Oberdeutschland und im Rheingebiet auch wandte, überall unterstützte ihn die städtische und bäuerliche Bevölkerung und sandte ihm wehrhafte Mannschaft zu. Und überall, wo das Zölibat, das Gebot der Ehelosigkeit, auch für die niedere Geistlichkeit drohte, zwang es die Priester auf Heinrichs Seite, auf welche das Episkopat zögernd, aber zielbewußt folgte. Bei Melrichstadt in Franken, 1078, verhinderte eine erste Schlacht die Vereinigung der Heeresmacht Rudolfs mit den Schwaben – 1079 war Heinrich so stark, daß er einen Vorstoß nach Sachsen wagen konnte, wo sein hartnäckiger Gegner, Otto von Northeim, immer noch die beherrschende Figur gegen ihn darstellte. In der Nähe von Mühlhausen kam es am 27. 1. 1080 zu einer Entscheidungsschlacht, die nichts entschied – Heinrich konnte das Schlachtfeld nicht behaupten, aber das kränkte ihn nicht, eher wollte er sich zurückziehen, als noch mehr seines Heergefolges opfern.

Jetzt fand es Gregor an der Zeit, wiederum einzugreifen. Auf der Fastensynode 1080 sprach der Papst erneut den Bann über Heinrich aus und lobte Rudolf, den er als gehorsamen König anerkannte. Doch der nun schon abgebrauchte Fluch ging ins Leere, der größte Teil des lombardischen und des deutschen Episkopats bekannte sich zu Heinrich und sagte in zwei Synoden dem Papst den Gehorsam auf. Im Juni 1080 konnte Heinrich in aller Gemächlichkeit auf einer dritten Synode in Brixen Gregor absetzen und den Erzbischof von Ravenna, Wibert, als Clemens III. zum Papst wählen lassen, einen Mann von untadeligem Charakter, klug, überaus gebildet und überall hoch angesehen. Gegen diesen sollte sich Gregor wenden, der auf den deutschen und italienischen Synoden so übelbeleumdete Gregor mit seinen unsympathischen Neuerungen.

Und Gregor wandte sich gegen Clemens III. Da war Mathilde, die Herrscherin über reiche Territorien in Tuscien, die soeben ihr gesamtes Allodial-Vermögen dem Stuhl Petri geschenkt hatte und es prompt als Lehen wieder erhielt und glaubte, mit ihren Truppen stark genug zu sein, um in die Lombardei einzufallen. Gregor sprach den Fluch über Clemens aus und eilte mit seinen Truppen, im Kirchenstaat aufgeboten, von Süden her nach Ravenna, während Mathilde vom Norden her angreifen sollte. Aber am 15. Oktober 1080 wurde Mathilde bei Volta im Mantuanischen geschlagen, Gregor mußte zurück. Seine Partei, die einst so mächtige »Pataria«, zerstob, und ihr Name galt fürderhin als Bezeichnung für Ketzer.

Am gleichen 15. Oktober 1080 aber kam es auch tausend Kilometer weit entfernt in Hohenmölsen zu einer Entscheidungsschlacht. Auch hier konnte Heinrich das Schlachtfeld nicht behaupten, jedoch fiel sein Gegner, Rudolf von Schwaben: er verlor seine rechte Hand, jene

Hand, mit der er seinerzeit Heinrich Treue geschworen hatte, offenbar hatte hier ein Gottesgericht stattgefunden. Rudolf starb, niemand wagte, an seine Stelle zu treten. Und Heinrich eilte mit Heeresmacht nach Italien, niemand hinderte ihn, seine Anhänger zu sammeln. Niemand auch gehorchte mehr Mathilde, die man für verrückt hielt – sie zog sich auf eine ihrer Burgen zurück und ließ Heinrichs Heer vorüberziehen: in Richtung Rom.

Aber Rom war heiß, ein heißes Eisen mit dem sommerlichen, für Nordländer so gefährlichen Fieber und der Entschlossenheit der heißblütigen Römer, ihre Stadt und ihren Papst zu verteidigen. So zog es Heinrich vor, durch Italien kreuz und quer zu reisen, sein Heer, die Ewige Stadt beobachtend, zurückzulassen und mit kleinerem, aber immer noch gewichtigem Gefolge einen Umritt zu machen und überall in den Städten und Adelssitzen, in Klöstern und bei Granden Anhänger zu werben, er fand viele, unter ihnen den einflußreichsten, den Abt Desiderius des Urklosters Monte Cassino. Gregor, in Rom so gut wie eingeschlossen, streute gegen alle Abtrünnigen seine Bannflüche, Blitze, die wie fernes Wetterleuchten wirkten. Heinrich kassierte die Besitzungen der Mathilde, so weit sie ihm erreichbar waren – Mathilde selbst verfiel der »Reichsacht« –, und von Zeit zu Zeit sandte er Botschaften an die Römer, um sie – vergeblich – zum Abfall von Gregor zu bewegen. Aber die Nachbarn konnte Gregor nicht mehr halten, selbst sein Bundesgenosse Jordan von Capua, der Normannenherzog, fiel von ihm ab und suchte Verbindung zu Heinrich, um bei der Gelegenheit Monte Cassino an sich zu bringen, aber Abt Desiderius hatte schon vorgesorgt. Gregor ging langsam das Geld aus, eine Synode konnte er nicht mehr abhalten, so schritt er zur Beschlagnahme und Verpfändung allen kirchlichen Besitzes in Rom – und das hinwiederum entfremdete ihm die Römer. Gregors einzige Hoffnung blieb Robert Guiscard, aber dieser normannische Fürst hatte einen Krieg gegen

Byzanz begonnen, war sogar bis Durazzo vorgedrungen, doch Aufstände seiner ebenso unzuverlässigen Barone ließen ihn zurückkehren und beschäftigten ihn zu sehr, als daß er den Lockungen Gregors folgen konnte. Roberts Gegner, der Kaiser von Byzanz, sandte Heinrich Boten mit viel Geld, der deutsche Gegenkönig Heinrichs, Hermann von Luxemburg, nach Rudolf von Schwaben von den aufständischen Landesfürsten gewählt, konnte mit seinem Heer nicht über die von Heinrichs Truppen gesperrten Alpenpässe gelangen. Schließlich konnte 1083 Heinrich endlich in Rom einziehen und gegen hartnäckigen Widerstand wenigstens die Leonsstadt mit der Peterskirche einnehmen. Gregor flüchtete in die Engelsburg, verteidigte sich mit der Tapferkeit und Zähigkeit, die ihn so rühmlich auszeichneten, aber Heinrichs Bemühungen, mit viel griechischem Geld die römische Adelspartei zu gewinnen und durch sie Gregor zu bewegen, – letztes Angebot – Heinrich als Kaiser anzuerkennen, scheiterten an dem unbeugsamen Charakter Gregors, der jederzeit bereit war, seinen Fluch über Heinrich zu wiederholen. Zur Fieberzeit verzog sich Heinrich wieder nach Apulien, um die griechischen Wünsche auf Bekämpfung des Robert Guiscard zu erfüllen. Im März 1084 zog der König wieder nach Rom, zählte die durch Gregors Hartnäckigkeit verstimmten neuen Anhänger, versammelte Volk, Adel und Geistlichkeit, setzte »Hildebrand« erneut ab, ernannte Wibert erneut zu Papst Clemens III. – diesmal also gemäß den Regeln der Papstwahl –, setzte ihn im Lateran auf den Thron und weihte ihn in St. Peter. Eine Woche später krönte der neue Papst Heinrich zum römischen Kaiser – Gregor in seiner Engelsburg gab nicht nach. Jetzt endlich nahte auch Robert Guiscard mit seinem normannischen Heer von großer Stärke – der Abt von Monte Cassino warnte Heinrich, der sich mit seinem schwachen Heer schleunigst zurückzog. Robert Guiscard eroberte die Stadt, befreite Gregor, und seine Normannen nutzten die prächtige Gelegen-

heit, ihrer Gewohnheit gemäß, das reiche Rom gründlich auszuplündern und totzuschlagen, was sich weigerte, sich berauben zu lassen, die beutehungrigen Sarazenen in Roberts Heer wüteten gegen das »Mekka der Ungläubigen« und setzten ganze Stadtteile in Brand, darunter die Verpflegungslager, – und da nunmehr nichts weiter mehr zu holen war als eben Papst Gregor, der sie gerufen hatte, zogen sie wieder ab und nahmen Gregor mit sich – Robert Guiscard wies dem unbequemen Mann in seiner Hand Salerno als Wohnsitz an, es war eine schlichte Verbannung in die Stadt, die Gregor bislang dem Robert immer streitig gemacht hatte. Für Gregors Unterhalt sorgte Desiderius von Monte Cassino, damit sozusagen seine Schuld gegen Gregor löschend. Gregor sandte auch aus der Verbannung Fluch auf Fluch gegen Heinrich und Clemens und beschloß am 25. Mai 1085 sein tapferes Leben, mit seinem letzten Atemzug buchstäblich bekennend: »Ich liebte die Gerechtigkeit und haßte das Unrecht, darum sterbe ich in der Verbannung.« Aber auch Heinrichs Triumph führte den König und Kaiser keinen Schritt über Canossa hinaus. Fortan sollte ihm nichts mehr gelingen, nichts von alledem, was er sich von seinem Sieg über Gregor erwartet und erhofft hatte. Es blieb alles beim alten, die Feindschaften, die Freundschaften, der Knoten war nicht gelöst, er konnte auch nicht durch die gordische Methode gelöst werden.
Papst Clemens konnte im zerstörten Rom nicht regieren, er zog sich nach Ravenna zurück, die Handvoll Kardinäle, die erreichbar waren, wählten in ihrer Verlegenheit, einen Mann zu finden, der etwa vermitteln konnte, im Mai 1086 den Abt von Monte Cassino, Desiderius, einen hochgebildeten, heiligmäßigen Mann, zum Papst Viktor III. –, der vier Tage nach seiner Wahl, gegen die er sich lange wehrte, ohne die Weihen empfangen zu haben, Rom verlassen mußte; er kehrte in sein Kloster zurück, weil der Normannenherzog Roger von Apulien, der Sohn des eben verstor-

benen Robert Guiscard, gegen den Willen seinerzeit Gregors und dann der Kardinäle, die Viktor gewählt hatten, nach seinem Gusto einen Erzbischof von Salerno einzusetzen beabsichtigte und, um diesen Willen durchzusetzen, in Rom einen Aufstand angezettelt hatte. Nach zehn Monaten gab Viktor dem Herzog von Apulien nach und kehrte nach Rom zurück, – aber dort hatte sich inzwischen wieder Clemens festgesetzt; nur mit Waffengewalt konnte Viktor die Peterskirche erobern, um sich als Papst weihen zu lassen –, und kehrte wieder nach Monte Cassino zurück. Mathildes Truppen konnten das rechte Tiberufer in Rom besetzen, die Peterskirche aber nicht erobern, wo nun Clemens die Messe feierte. Schon war Viktor wieder herbeigeeilt, als er zum dritten Male in sein Kloster zurückkehren mußte, von wo aus er ein Konzil in Benevent einberief und Wibert-Clemens noch einmal nach Gregor mit einem Bannfluch belegte, – nicht aber Heinrich IV. Der schwer leidende arme Mann erkrankte während der Beneventer Synode, wurde nach Monte Cassino gebracht und starb. Erst nach einem halben Jahr konnte die Reformpartei einen neuen Papst wählen, einen französischen Edelmann aus der Champagne, Urban II. – und diese Wahl war freilich für die Reformpartei ein Gewinn. Urban verfolgte genau die Ziele Gregors VII., aber mit anderen Mitteln, geschmeidig und taktisch geschickt, wie er es als Prior von Cluny gelernt hatte. Zunächst verbarg sich der neue Papst auf einer Insel im Tiber, sozusagen im Niemandsland, als Mönch von Almosen lebend; von Clemens herausgefordert, erschien er nicht und ließ sich verurteilen, gemäß seiner Taktik, immer zuerst den Gegner sich ins Unrecht setzen zu lassen. In aller Stille aber ordnete er sozusagen außenpolitisch seine Beziehungen zu all den Mächten, die in diesem Hexenkessel von Widerstreitenden irgendeinen Einfluß haben könnten. So befreundete er sich mit dem Normannengrafen Roger, dem Bruder des verstorbenen Robert Guiscard, der soeben die Eroberung Siziliens vollendete und die letzten Sarazenen auf der großen und in jeder Hinsicht bedeutungsvollen Insel im Zentrum des Mittelmeeres unter seine Herrschaft zwang. Urban lockte nun den Kaiser Alexios von Byzanz mit der Wiederherstellung einer Einheit der Kirchen von Rom und Byzanz, welche Aussicht den Byzantiner beglückte, da er davon die Hilfe des Westens gegen das immer stärkere Andringen der Türken erhoffen konnte – hier wurde der Grund zu den Kreuzzügen gelegt, wenn es auch nach dem Widerstand der kirchlichen Würdenträger in Byzanz gegen des Kaisers Pläne im Augenblick zu keiner gültigen Abmachung kam. Den ersten Kreuzzug aber, sozusagen probeweise, führte Urban II. in Spanien erfolgreich gegen die Mauren durch. Auch hier ließ dieser Papst, wie in der Folge immer, andere für sich kämpfen, er selber kämpfte nie, er verhandelte.

Er verhandelte auch mit den deutschen Kirchenfürsten, die zu Heinrich standen. Ihnen gab er zu verstehen, daß sie volle Gnade erwarten konnten, wenn sie fürderhin der Kirche Gehorsam leisten wollten, – und er verhandelte mit eben jenen deutschen Landesfürsten, die mit Heinrich IV. in Konflikt standen, ob sie nun des Teufels waren oder nicht, wobei er auch hier die indirekten Wege bevorzugte, jene, auf denen Teufel am besten bekämpft werden konnten.

Heinrich IV., der sich nach Gregors Tod auf dem Gipfel der Macht fühlte, vermochte in einigen wenigen Zügen in Deutschland zu erreichen, was er sich vorgenommen hatte, zumal sein größter Gegner, Otto von Northeim, gestorben und der Gegenkönig Hermann von Salm im Kampf um Sachsen weichen mußte und ebenfalls bald darauf starb. Heinrich IV. konnte neue Freunde erwerben: er erhob den Herzog Wratislaw für seine Person zum König von Böhmen, er verkündete einen »Gottesfrieden« in Deutschland, wofür ihm das ganze, sehr friedensbedürftige deutsche Volk recht von Herzen dankbar war, und heiratete in zweiter Ehe eine russische Fürstentochter, Praxedis, die Witwe eines Markgrafen Heinrich von der Nordmark.

So blieb nur ein einziger grimmiger Gegner, der Herzog Welf IV. von Bayern, zu bekämpfen – und natürlich die Kaiserwürde in Italien in ihrem vollen Glanze wiederherzustellen. Ebendort aber hatte Urban soeben, 1089, auf seine Art überaus erfolgreich gewirkt: es war dem Papst gelungen, den siebzehnjährigen Sohn des Bayernherzogs Welf angenehm zu vermählen –, mit der unermüdlichen Mathilde von Tuscien, die nun dreiundvierzig Jahre alt war, aber keineswegs daran dachte, sich dem Räuber ihrer Allodien, Heinrich IV., zu beugen. Durch diese Verbindung war der Kaiser von der Lombardei abgeschnitten. 1090 also entschloß sich Heinrich, abermals gegen Rom zu ziehen. Vor den deutschen Kriegern wichen erwartungsgemäß die italienischen Heerhaufen, Heinrich konnte in Rom einziehen, und Urban mußte zu den Normannen flüchten. Aber genau in der Gegend von Canossa stellten sich die Truppen der Mathilde und des Welf, der sich Welf V. nannte, und der Kaiser erlitt eine Niederlage. Wieder hatte Urban andere für sich kämpfen lassen. Dem ersten Streich folgte ein zweiter, der Heinrich viel härter traf. In Mailand, der bislang immer kaisertreuen Stadt, ließ sich der Sohn Heinrichs, Konrad, durch Papst Urban zum Abfall bewegen –, der Knabe, der als Kleinkind den Vater, von seiner Mutter auf dem Schoß nach Canossa getragen, begleitet hatte, derselbe Sohn Konrad, den Heinrich als seinen Erben und Nachfolger sah und 1087 in Aachen vorsorglich zum König hatte krönen lassen. Er trat 1093 zur päpstlichen Partei über – in Mailand wurde er zum König von Italien gekrönt. Die gesamte Lombardei schloß sich Konrad an.

Dieser Schlag traf Heinrich tiefer als alle seine Niederlagen. Der Weg nach Deutschland war ihm abgeschnitten, er zog sich nach Venetien zurück, wo er fast fünf Jahre, beschränkt auf die Gebiete von Padua und Verona, die meiste Zeit einsam und untätig in einer Burg verbrachte, mit Selbstmordgedanken, wie Zeitgenossen zu berichten wußten, zumal ihn nun auch seine Gemahlin, Praxedis, verriet, die behauptete, durch Heinrich zu scheußlicher Unzucht verleitet worden zu sein, und sich in das Lager seiner Gegner begab –, um von Papst Urban Absolution zu erlangen.

Urban konnte in Rom einziehen und den Bann gegen Wibert-Clemens erneuern, den armen Gegenpapst – Konrad traf in Cremona mit Urban zusammen, leistete ihm einen »Sicherheitseid« und das »officium stratoris« – d. h. er führte das Pferd des Papstes Urban am Zügel, als Marschall also den Papst als Dienstherrn anerkennend –, wofür ihm Urban versprach, zu seiner Erhöhung zum Kaiser beizutragen, und er vermittelte darüber hinaus die Ehe Konrads mit Konstanze, einer Tochter des Grafen Roger von Sizilien.

Urban nutzte seine Zeit, indem er die Gregorsche These von der Idee des »Heiligen Krieges« vertiefte – Kaiser Alexios I., von den Seldschuken bedrängt, einem türkischen Kriegerstamm, bat durch eine Gesandtschaft um Hilfe, und Urban, wie stets bemüht, das Nützliche mit dem Angenehmen zu verbinden, sah die Möglichkeit, unbändige Fürsten und die Initiative des christlichen Rittertumes von sich und seinen eigenen Angelegenheiten abzulenken: auf einer Synode im November 1095 gelang es ihm, in Clermont-Ferrand durch eine »gewaltige Rede« das französische Rittertum für den Plan eines Kreuzzuges zu den heiligen Stätten der Christenheit zu bewegen. Er befreite durch diesen Kreuzzug zuerst die Fürsten Frankreichs von dem unangenehmen Drängen der Ritterschaft in sehr weltlichen Angelegenheiten und setzte damit zugleich eben jene Fürsten in die Lage, wenn sie selber für das Papsttum in unangenehme Bedrängnis gerieten, sich durch Teilnahme an den Kreuzzügen kleine Gegenleistungen der Kirche zu erkaufen.

Tatsächlich wurde das ganze Abendland schon beim ersten Kreuzzug nach den heiligen Stätten, die sich seit 1071 in den Händen der Ungläubigen befanden, durch die durchziehenden Heere in mannigfache Aufregung versetzt, welche sich, besonders im Rheinland, in den Bischofsstädten, vornehmlich in grausamsten Judenverfolgungen entlud, aber auch in ferneren Ländern, wie in Ungarn und Bulgarien, zu mannigfacher Plünderung und in der Folge zu erbitterten Kämpfen führte, ehbevor die stark dezimierten Kreuzfahrer der französischen Ritterschaft auf kleinasiatischem Boden durch die Türken geschlagen und vernichtet wurden. Heinrich IV. aber konnte eben durch diese Aufregung im Reiche seine Lage bessern. Dazu kam, daß bereits 1095 der kleine Welf V. sich durch Scheidung von der unwürdigen Verbindung mit Mathilde löste und Heinrich sich mit dessen Vater, Welf IV. in Bayern, in Hinsicht auf die Erbansprüche flugs versöhnte. 1097 konnte Heinrich nach Deutschland zurückkehren, sich mit den zunächst erreichbaren Landesfürsten von Bayern und Schwaben einigen und auf einem Reichstag in Mainz 1098 seinen Sohn Konrad der Krone für verlustig erklären und seinen siebzehnjährigen Sohn Heinrich zum König wählen und im folgenden Jahre krönen lassen –, gegen die durch einen Eid erhärtete Zusicherung dieses neuen Heinrich (V.), sich gegen den Willen des Vaters niemals in die Regierungsgeschäfte einzumischen.

Ganz zweifellos hätte Heinrich IV. mit dem geschmeidig klugen Papst Urban II. – der ja nie den Bannfluch Gregors gegen den Kaiser erneuert hatte – zu einem annehmbaren Verhältnis kommen können, aber Urban II. starb 1099, und sein Nachfolger, erneut ein Mönch von Cluny, doch diesmal einer von der harten Richtung, Paschalis II., war auch nach dem Tode des Gegenpapstes, des unglücklichen Wibert, (1100) zu einer Verständigung nicht bereit. Er sprach in schroffer Form wiederum den Bannfluch gegen Heinrich aus, und dieser nun – wie es geschienen hatte – doch schon recht abgebrauchte Blitz schlug tatsächlich an ganz unerwarteter Stelle ein. Gregors Bann erschien gerechtfertigt, insofern er mit Prägnanz gegen die Person Heinrichs gerichtet war; Gregor hatte seinerzeit zweifellos die Schwächen dieses Mannes erkannt, die eben nirgend anders zu suchen waren als in der Härte seines Charakters. Dieser Heinrich strahlte Kälte aus, er hatte zeitlebens aus Freunden sich Feinde gemacht, seine nächsten Anverwandten froren zu Eis in seiner Nähe und erstarrten in Haß gegen ihn. Es schien, daß dieser Mann, wenn er überhaupt die Fähigkeit gehabt hatte, sich glücklich zu fühlen, dies doch nur vermochte im Gefühl, recht viel Feinde zu haben. Kaum hatte er mit Hilfe des landesfürstlichen und reichsunmittelbaren Adels die aufrührerischen Landesfürsten gebändigt, so legte er sich aus ganz nichtigem Anlaß mit eben diesem Adel an, er griff ohne Not in einen Fehdefall ein. Nun aber war das Faust- und Fehderecht das einzige, welches die Beziehungen der Adeligen untereinander regelte, auch wenn es bedenklich dem einer Blutrache entsprach: hier war der Adel empfindlich, er witterte in der »Blutbannleihe« Heinrichs eine unziemliche Stärkung der Reichsgewalt gegenüber dem doch allzeit getreuen Adel und wurde aufsässig, lehnte sich auf, fand sich zu einem Aufstand zusammen. Diesem Heinrich konnte man nicht weiter dienen, sein eigener Sohn, zum König gekrönt als Heinrich V. und als Nachfolger ausersehen, gab das Stichwort: man konnte seinem gebannten Vater nicht dienen. Und 1105 erreichte der junge Mann von Papst Paschalis II. die Lösung von seinem Eide gegenüber dem Vater, der sich vergeblich mühte, zuerst väterlich, dann ergrimmt kriegerisch, seinen abgefallenen Sohn zur Vernunft zu bringen. Der junge König berief, was zweifellos noch nicht seine Sache war, wie in solchen Fällen üblich, einen Reichstag ein, diesmal nach Mainz, wo Weihnachten 1105 die Landesfürsten und päpstlichen Legaten den Streit entscheiden sollten. Als Heinrich IV. gewillt schien, auf diesem Reichstag zu erscheinen, zog ihm sein Sohn entgegen und nahm ihn gefangen – er sicherte ihm freies Geleit zu, schloß ihn aber in der Burg Böckelheim ein und verlangte von ihm die Aushändigung der Reichsinsignien. Aber während sich der Sohn tatsächlich in Mainz als König anerkennen ließ, gelang es Heinrich IV. zu entfliehen und in Lüttich mit Hilfe seiner wenigen Anhänger ein neues Heer zu sammeln. Heinrich V. versuchte, die Stadt Lüttich zu nehmen, an der Maasbrücke von Visé wurde er am Gründonnerstag 1106 vollständig geschlagen.

Offensichtlich war Heinrich V. von dem gleichen Kaliber wie sein Vater. Er gab nicht nach, er machte sich daran, wie sein Vater ein neues Heer zu sammeln – aber am 7. August 1106 starb Heinrich IV. in Lüttich, die tragische Gestalt unter den deutschen Kaisern, der Mann, der unter den schwierigsten Umständen hartnäckig wenn auch nicht die Würde, so doch die Macht des deutschen Königtums gegen alle seine Feinde verteidigt hatte, um noch bis in seinen letzten Willen hinein demonstrativ davon zu zeugen. Er wünschte, im Dom zu Speyer beigesetzt zu werden, der durch seine Initiative baulich vollendet wurde, wohl wissend, daß die Erfüllung dieses Wunsches den Papst zwingen werde, entweder den deutschen Kaiser vom Banne zu erlösen, oder aber in den Augen der Öffentlichkeit das schauerliche Widerspiel zwischen christlicher Milde und Macht bloßzulegen. Papst Paschalis zog die letztere Alternative vor. Fünf Jahre lang mußte der Sarkophag des Kaisers in einer ungeweihten Kapelle stehen. Erst auf Grund eines Vertrages zwischen Paschalis und Heinrich V., in welchem Heinrich die Kaiserkrönung versprochen war, 1111, fand Heinrich IV. im Dom zu Speyer eine endgültige Grablege. Heinrich V. mußte diesen Akt mit dem Versprechen erkaufen, in der Investiturfrage mit dem Papst nach einem Kompromiß zu suchen. Aber seit Canossa war jeder Kompromiß in dieser Sache mit dem Fluch der Tatsachen belegt. Heinrich war bereit, auf das

Investiturrecht des Königs zu verzichten, Paschalis bot ihm dafür alle Reichsgüter, die dem deutschen Episkopat, sei es durch Lehen, sei es durch Schenkung oder Stiftung, zugefallen waren. Die deutschen Bischöfe wußten nichts von der großzügigen Gabe des Papstes –, und als die beiderseitigen Urkunden in der Peterskirche am 12. 2. 1111 verlesen wurden, gab es einen ungeheuren Tumult, welche Gelegenheit Heinrich V. nutzte und nun das volle Investiturrecht und die Kaiserkrönung verlangte. Als der Papst dies verweigerte, setzte Heinrich V. den Papst und die Kardinäle der Kurie gefangen, ließ sie einige Monate schmoren und gab sie erst frei, nachdem sie dem König, und zwar nur diesem König, also in Form eines Privilegs, Kaiserkrönung und Investiturrecht, dieses aber erst nach der kanonischen Wahl der Bischöfe, jedoch vor ihrer Weihe, zugebilligt hatten. Kaum war Heinrich nun nach Deutschland zurückgekehrt, verwarf Paschalis unter dem Druck von Cluny die Abmachung als ungültig und bekannte sich feierlich wieder zu den Grundsätzen Gregors und Urbans. Immer wieder lag der Schatten von Canossa über dem politischen Spiel. Heinrich V. mußte wie sein Vater gegen die Landesfürsten kämpfen, immer wieder sich den Bedingungen des deutschen Episkopats in diesem Kampfe fügen, er mußte abermals nach Rom ziehen, abermals um das toscanische Erbe der unheimlichen Mathilde kämpfen, die Stadt Rom besetzen und aus ihr wieder vor Paschalis und den Normannen weichen ... und als Paschalis starb und die Reformpartei und das Kardinalkollegium einen Gelasius II. wählte, mußte Heinrich V. nach altem Brauch und Muster einen Gegenpapst aufstellen, der sich Gregor VIII. nannte – wie immer vermochten sich die beiden Päpste nicht gegeneinander durchzusetzen, bis, als beide Päpste verstorben waren, in Cluny der erste Weltgeistliche, Erzbischof Guido von Vienne, als Papst Calixt II. gewählt wurde, – ein Mann, von dem zu erwarten war, daß er versöhnlich gestimmt sein werde.

Aber erst elf Jahre nach der Abmachung in Rom und fünfzig Jahre nach dem Beginn des Investiturstreites konnte am 23. 9. 1122 als sogenanntes »Wormser Konkordat« feierlich verkündet werden: »Der König verzichtet auf die Investitur mit Ring und Stab und gesteht die kanonische Wahl und die freie Weihe bei den Kirchen des Reiches zu,« und was die Rechte des Königs betraf: »Der Gewählte sollte vom König durch das Szepter mit den Regalien belehnt werden.« Und das Ganze sollte nur für den Bereich Deutschland gelten –, sowie faktisch auch nur für Heinrich V., so daß im Grunde gar nicht von einem Konkordat, sondern höchstens von einem Interimsabkommen gesprochen werden konnte, zumal es sich bei dem ganzen Brimborium eben doch nur um die Festlegung von Formalien handelte, die mit dem eigentlichen Streit um die Investitur und die Simonie kein Ende machte. Heinrich V. war zu dieser Zeit, 42 Jahre alt, schon krebskrank, er starb am 23. Mai 1125; seine Nachfolger fanden nichts vor, was sie an dieses Konkordat binden konnte, außer der Tatsache, daß der Sohn Heinrichs IV. für seine Person auf alles, was sein Vater in Canossa für seine Person erreichte, Verzicht geleistet hatte. Alles blieb beim alten, der Streit zwischen Reich und Kirche, mit Päpsten und Gegenpäpsten, Königen und Gegenkönigen – noch gute hundert Jahre lang wiederholte sich das öde Spiel, bei dem die Kirche sozusagen »himmelhoch« überlegen schien, das Reich auf dieser Erde durch Fakten zu übertrumpfen versuchte, auf Kosten der Aufgaben in Deutschland. Es blieb die unselige deutsch-italienische Verstrickung, die das Konzept des Reiches bestimmt hatte.

Es ging um die Herrschaft

Mit dem Tode Heinrichs V., mit dem Aussterben des fränkisch-salischen Hauses, wurde offenbar, in welch brüchigem Zustand sich das Reich der Deutschen befand. Dieser war gekennzeichnet durch den absoluten Mangel an jeglicher rechtlich bindenden Verfassung, so daß sich das ganze merkwürdige Gebilde in ständiger Bewegung befand, der Raum dieser Bewegung aber sich für die einzelnen Mächte, die sich untereinander bekämpften, allmählich immer mehr einschränkte, und derart jede Bewegung den Charakter eines Auf-der-Stelle Tretens annahm, wobei jede Macht sozusagen der anderen auf die Füße trat. Karl der Große hatte sein Reich straff konzentrieren wollen, durch die Einsetzung der Ministerialen und die Einschränkung der Macht der Herzöge, die als Führer ihrer Stämme zwar den Personen dieser Stämme gebieten konnten, nicht aber über deren Boden, über den sie sich noch nicht geeinigt hatten – auch diese Stämme, groß und klein, waren damals noch in Bewegung und bildeten sich erst neu aus der ständigen Bevölkerung, die zumeist keltisch war, und Einschüssen durch erobernde Schichten wie auch durch die Massen, welche in der Völkerwanderung gewissermaßen heimatlos geworden waren. In den dreihundert Jahren seit Errichtung des Heiligen Römischen Reiches Deutscher Nation aber hatten sich die einzelnen Dynastien, ob sie nun aus Herzogsfamilien stammten oder aus denen groß gewordener Ministerialen – den Gaugrafen, den Pfalzgrafen, den Markgrafen –; machtmäßig nach oben geschoben, das König- und Kaisertum eingeengt und ihm die eigentliche Verwaltung fast ganz entrissen – es blieben der obersten Instanz eigentlich nur die außenpolitischen Aufgaben. Durch das Erblehens- und Geblütsrecht vermischten sich in gleichen Interessen der Macht die großen Familien, so daß von einer Bindung der Dynasten an einen Stamm der Bevölkerung kaum mehr gesprochen werden konnte; sie erbten und tauschten die Länder in ständigem Wechsel, die eigentlich staatlichen, die Verwaltungsaufgaben dem niederen Adel überlassend. Der Einfluß dieser Familien wuchs durch die Abgabe ihrer Töchter an die anderen Familien – und durch die Abgabe ihrer Söhne an die Kirche. Fast alle Erzbischöfe und Bischöfe, die Prälaten und Äbte stammten aus den landesfürstlichen Familien, wurden so selber zu Landesfürsten, die herrschenden Familien zu einem eigenen Stamm. Über diesen zu regieren, war den Königs- und Kaisergeschlechtern fast unmöglich geworden, ihnen blieb ein höchst ungewisses, hohes diplomatisches und politisches Geschick verlangendes Schiedsrichteramt, welches rechtlich fast nirgends umrissen war. Im Grunde war die Königswahl stets durch die Machtpositionen der Landesfürsten bestimmt; dem versuchten die Herrschergeschlechter auszuweichen, indem sie zu einem Gewohnheitsrecht zu installieren suchten, was ihnen nicht wohl bestritten werden konnte: Schon bei Lebzeiten versuchten die Kaiser ihre noch minderjährigen Söhne als Erben der Königswürde von den Landesfürsten wählen zu lassen, sozusagen zu passender Zeit in einem Akt der Überrumpelung: Heinrich III. wurde als achtjähriger Knabe bei Lebzeiten des Vaters als König anerkannt, Heinrich IV. lag noch in der Wiege, als ihm die Fürsten bereits vor der Wahl und Krönung huldigen mußten, und auch Heinrich V. wurde König als Knabe, nachdem der ebenfalls schon im Kindesalter zum König gewählte Bruder Konrad sich gegen seinen Vater, Heinrich IV., gewandt hatte, wie später der fünfte Heinrich seinerseits. Dieser hatte keinen Leibeserben; so bezeichnete er, der letzte aus salischem Hause, einen nahen Verwandten, den Staufenherzog von

Schwaben, Friedrich II., als seinen Erben und Nachfolger.

Den Kaiser Heinrich V. hatte sein Freund und Kanzler, der Erzbischof Adalbert von Mainz, zu dem Verrat an seinem Vater getrieben; nun verriet dieser Mann seinen Kaiser in dessen letztem Willen. Am 24. August 1125 versammelten sich, vom Erzbischof nach Mainz geladen, die deutschen Fürsten, ein jeder mit mächtigem Gefolge, um den neuen König zu küren. Adalbert, ein schlauer und geschickter Mann und vollkommen kundig der verwirrten Händel der Familienpolitik, stellte nun dem Favoriten der Kaiserpartei, dem Staufer, einen Mann seiner eigenen Wahl entgegen, den Herzog Lothar von Sachsen, der, Sohn eines minderen Grafen von Supplinburg, seine Herzogswürde von Heinrich V. zum Dank für seine Unterstützung im Kampf gegen dessen Vater erhalten hatte. Dem Erzbischof von Mainz hatte Lothar versprochen, im Falle seiner Krönung wesentliche Königsrechte zugunsten der Kirche zu opfern. So stand also bei dieser Wahl die kaiserliche Partei mit dem Staufer und seinem Anhang einer fürstlich-kirchlichen gegenüber, wobei die Fürsten dieser Partei, nach Anhörung eines päpstlichen Legaten, plötzlich Furcht vor einem allzu starken König und den Wunsch empfanden, die freie Königswahl wiederherzustellen, welche durch die Salier so geschickt eingeschränkt worden war. Das Zünglein an der Waage aber war Heinrich der Schwarze, ein Welfenfürst, dessen Eidam der Staufer war, so daß jedermann vermutete, er werde kräftig für den Herzog von Schwaben eintreten. Aber noch vor der Wahl versprach Lothar dem Sohne Heinrichs seine einzige Tochter Gertrud – Lothar war als Gatte der Erbin der Grafen von Northeim ein sehr reicher Mann und stellte seinem Schwiegersohn als Erben die Königskrone in sichere Aussicht. Heinrich der Schwarze, der Welfe, stand also vor der Entscheidung, ob er lieber seine Tochter als Kaiserin der Staufer oder aber späterhin seinen Sohn in der männlichen Linie des Welfenhauses als König und Kaiser sehen wollte; er stimmte gegen seinen Schwiegersohn, den Staufer, und König Lothar III. dankte es ihm.

Der Schwarze starb ein Jahr später; sein Sohn, Heinrich der Stolze, Schwiegersohn des Königs, vermählt 1126 mit der erst elfjährigen Kaisertochter Gertrud, wurde Erbe der reichen sächsischen Güter in Braunschweig und der westfälischen Güter an der Weser, deren Hauptstadt Northeim war, zudem besaßen die Welfen bereits Güter im Gebiet von Lüneburg – und ein Welf war Herzog von Bayern.

Lothar war zwar reich, aber er hatte keinen Anhang; die Fürsten hatten ihn gewählt, weil er eben kein mächtiger König war. Er bedurfte der Macht der Welfen. Die Staufer waren arm an Hausgut, aber reich an Anhang unter den schwäbischen und fränkischen Großen. Sie nahmen den Kampf gegen den König auf, als dieser von Herzog Friedrich, dem Durchgefallenen, die Herausgabe des Reichsgutes verlangte, das Heinrich V. seinem Erben zugesprochen hatte. Wie aber konnte das Reichs- und das Eigengut des Kaisers geschieden werden? Der Weigerung Friedrichs antwortete Lothar, indem er den Staufer in die Acht erklärte, ein Reichskrieg wurde gegen ihn beschlossen. Die zähen und kriegsgewohnten Schwaben nutzten die Gelegenheit, als Lothar bei einem Krieg gegen die aufständischen Böhmen – und diese neigten bei jeder passenden Gelegenheit zum Aufstand – fast sein ganzes königliches Heer verlor; die Schwaben besetzten die Städte Ulm und Nürnberg, gegen die nun Lothar und sein Schwiegersohn anrannten – letzterer gegen das Versprechen weiterer Güter in Sachsen und Nürnbergs selbst. Aber Nürnberg war nicht zu nehmen, Friedrich und sein Bruder Konrad rückten zum Entsatz heran und schlossen ihrerseits den König Lothar in Würzburg ein, während ein Einfall Heinrichs des Stolzen in die schwäbischen Lande von den beiden streitbaren Brüdern zurückgeschlagen wurde. Im Übermut des Sieges setzte sich nun Konrad von Schwaben die Königskrone auf das eigene Haupt. Jetzt ächtete Lothar auch diesen Staufer und suchte Beistand bei den Bischöfen, ihn auch in den Kirchenbann zu tun, worauf Konrad unverzagt sich nach Mailand begab, wo er als kaiserlicher Statthalter Tusciens wohlbekannt war und von dem Erzbischof von Mailand zum König von Italien gekrönt wurde. Aber Mailand war aus langer Tradition dem Kirchenstaat und der Macht der Kurie gegnerisch gesinnt. Papst Honorius II. sprach nun den Bannfluch gegen Friedrich und Konrad und alle Staufer aus. Konrad mußte nach Deutschland zurückkehren, dort hatte Lothar endlich mit Hilfe seines Schwiegersohnes die Festung Speyer, in welcher sich die zweite Gemahlin Friedrichs befand, sowie auch Nürnberg erobert; nun bannte auch Papst Innozenz II., der die Unterstützung Lothars gegen den Gegenpapst Anaklet erbat, die Staufer. So konnte Lothar die schwäbischen Burgen, eine nach der anderen, brechen und sich schließlich nach Rom aufmachen, um sich dort die Kaiserkrone auf das Haupt setzen zu lassen – die deutschen Angelegenheiten überließ er den starken Händen Heinrichs des Stolzen, des Herzogs von Sachsen und Bayern.

Zwar konnte Lothar in Rom von Innozenz gekrönt werden, doch vermochte er den Papst gegen dessen Gegenpapst Anaklet nicht zu schützen: die beiden Päpste waren das Produkt zweier sich bekämpfender Papstparteien in Rom. Innozenz mußte nach Pisa fliehen, Kaiser Lothar sich mit seinem kleinen Heer durch das aufrührerische Italien nach Deutschland durchkampfen. Herzog Heinrich der Stolze war beschäftigt, den letzten Waffenplatz der Staufer, Ulm, anzugreifen, als Lothar von anderer Seite her in das schwäbische Land einbrach und es auf die grausamste Weise verwüstete und verheerte – Heinrich nahm Ulm und zerstörte die Stadt, nicht aber die Kirchen. Die

Kaiserin Richenza und der päpstliche Legat vermittelten zwischen den streitenden Parteien. Auf dem Reichstag zu Bamberg, am 17. März 1135, mußte Friedrich II. vor der glänzenden Fürstenversammlung auf den Knien den Kaiser um Vergebung seiner Taten bitten. Auch Konrad mußte sich beugen – der Kaiser zeigte sich gnädig, er überließ den Staufern ihre früheren Besitzungen und ernannte gar Konrad zum »Bannerträger« des Reiches – seither rühmen sich die Schwaben, des Reiches Sturmbanner getragen zu haben. Die Fürsten genossen das Schauspiel, wie sie unbeteiligt den blutigen Kämpfen zwischen den Staufern und den Welfen zugeschaut hatten –, einem internen Familienkampf, in welchem, Verwandtschaft hin oder her, nur die Völker zu leiden hatten, die der ganze Streit durchaus nichts anging.
Kaiser Lothar hatte nun die Hände frei für einen erneuten Zug nach Italien, wo einzig die Normannen kräftig von den inneren Wirren profitierten. Sowohl Heinrich der Stolze, der Welf, wie Konrad, der Bannerträger und Staufer, begleiteten den Kaiser 1136 auf diesem Italienzug, der sich als Kaiser Lothars glänzendste Siegesfahrt erwies: die oberitalienischen Städte öffneten ihm die Tore – nur Cremona wehrte sich und verfiel der Reichsacht; Heinrich eroberte mit Leichtigkeit Tuscien, der Kaiser zog mit seiner Heeresabteilung an der adriatischen Küste entlang bis Bari, wo er seine Macht mit der Heinrichs vereinte. Bari fiel, und der Normannenherzog Roger bat um Frieden, wenn ihm Capua und Apulien als Reichslehen überlassen würden. Aber schon schaltete sich der Papst ein – bislang waren die beiden Fürstentümer formal als päpstliche Lehen angesehen worden. Die deutschen Ritter vertrugen die Sommerhitze nicht, und Lothar machte dem Hin und Her ein für seine Art zu handeln charakteristisches Ende: Kaiser und Papst ergriffen beide des »Bannerträgers« Lanze und ließen den Normannenherzog auf dieses Belehnungssymbol schwören. Heinrich der Stolze aber erhielt als Be-

lohnung ganz Tuscien, das Land der streitbaren Mathilde, mit allen ihren Gütern, auch den päpstlichen Allodien – sozusagen im Erbrecht des Welfensohnes, der die unwürdige Ehe mit Mathilde geschlossen hatte, die reichste Landschaft von ganz Italien. Kaiser Lothar erkrankte schwer und konnte die Alpen noch überschreiten, er starb in dem Dorfe Breitenwang bei Reutte in Tirol am 4. 12. 1137, nachdem er noch Heinrich dem Stolzen die Reichsinsignien übergeben hatte.

Die Kaiserin Richenza übernahm die Regierung der Interimszeit. Sie wünschte selbstverständlich, daß Heinrich der Stolze der Nachfolger ihres Mannes sei und zum König gewählt werde. In der Tat war Heinrich der mächtigste Landesfürst geworden, sein Machtgebiet reichte nun von der Nordsee bis tief nach Italien hinein, die drei Herzogtümer Sachsen, Bayern und Tuscien, dazu die in ganz Italien weit verstreuten mathildischen Erbgüter, waren jeweils nur durch schmale Streifen kleiner Herrschaften geschieden – und er war im Besitze der Reichsinsignien. Der stolze Heinrich war zu stolz, um überhaupt zu erwägen, irgendein anderer könne ihm die Königskrone streitig machen. Die Staufer waren in ihrem Stolze gekränkt, aber mit dem Recht der Erniedrigten und Beleidigten schlau. Sie spielten die Königswahl neu, diesmal aber mit vertauschten Rollen. Der verräterische Erzbischof Adalbert von Mainz, der bei der letzten Königswahl die Staufer so gekränkt hatte, war gestorben, – hatte nicht der Bischof Albero von Trier zu erkennen gegeben, daß er gerne der Nachfolger Adalberts auf dem kirchenfürstlichen Throne von Mainz zu werden wünsche? Albero von Trier wartete den mit den Fürsten vereinbarten Termin der Königswahl nicht ab, er berief vorerst alle jene geistlichen und weltlichen Fürsten, von denen bekannt war, daß der stolze Heinrich in seinem Hochmut sie verletzt hatte, oder daß sie fürchteten, nach dem gewalttätigen Heinrich V. nun einem schrofferen Heinrich VI. ausgeliefert zu sein. Und hatte nicht auch der päpstliche Legat Dietwin zu verstehen gegeben, daß Papst Innozenz III. dem unabhängigen und so selbstbewußten Stolzen bedeutend weniger Wohlwollen erweisen werde als dem angenehmen Konrad, dem Staufer, der während des Feldzuges in Italien als Bannerträger des Reiches so liebenswürdig nach allen Seiten aufzutreten verstanden hatte? Und war es nicht auch geradezu als ein Zeichen höchsten Willens zu betrachten, daß eben jetzt plötzlich der Markgraf von Brandenburg, der Askanier Albrecht der Bär, mit der Behauptung auftrat, er sei der eigentliche Erbe Sachsens, noch von den nun ausgestorbenen Billungern her? Bei so unklaren Erbansprüchen aber konnte Heinrich unmöglich als Kandidat bei der Königswahl erscheinen: am 7. März 1138 wählten in Koblenz die anwesenden Fürsten einstimmig Konrad zum König und brachen sofort nach der alten Königsstadt Aachen auf, wo der päpstliche Legat Konrad die Krone auf das Haupt setzte. Wie bei der letzten Königswahl hatte die kirchlich-fürstliche Partei gesiegt, nur daß sie diesmal den Staufer wählte, nicht den Sachsen – und nun fanden sich nach und nach auch die bei der Wahl abwesend gebliebenen Fürsten dieser Partei ein und bekannten sich zu Konrad –, das ganze Rattengezücht der Landesfürsten, mit Ausnahme Sachsens und Bayerns. Bischof Albero hatte sich wahrlich um den Erzbischofssitz von Mainz verdient gemacht –, aber nicht er wurde gewählt, sondern der Schwager des Herzogs Friedrich von Schwaben, dem es nach eifriger Bearbeitung wahlberechtigter Kleriker gelang, den getreuen Verwandten, Graf Albert von Zweibrücken, als Erzhirten in Mainz, dem wichtigsten der Erzstifte seit Bischof Hatto, zu installieren. Und zu Bamberg, dem Orte der einst tiefsten Erniedrigung der Staufer, sollte auf einem glänzenden Fürstentag der stolze Welfe gedemütigt werden und die Reichsinsignien herausgeben.

Diesem Schauspiel aber stellte sich der Stolze nicht. Er deponierte die Reichskleinodien in Nürnberg, der Festung, die ihm König Lothar geschenkt hatte – der listige Staufer mußte ihn dort einschließen, bedrängte gleichzeitig die arme Reichsverweserin Richenza, die dem von allen seinen Hilfsquellen abgeschnittenen Welfen den Vorschlag Konrads unterbreitete: die königlichen Abzeichen herauszurücken, dafür solle Heinrich in allen seinen Besitzungen bestätigt werden. Heinrich erklärte sich bereit, auf einem Reichstag in Regensburg, auf diesen Vorschlag einzugehen – die Belagerung von Nürnberg wurde aufgehoben, aber in Regensburg empfing den Gedemütigten der König nicht, sondern hieß ihn die Reichsinsignien einem Legaten übergeben, damit auf einem zweiten Reichstag in Augsburg über Heinrichs Ansprüche weiter verhandelt werden könne.

In Augsburg erschien Heinrich mit einem starken Heer, das jenseits des Lech und des königlichen Hauptquartiers lagerte – der König hatte nur eine kleine Truppenmacht, erwartete aber den Zuzug starker Kräfte der ihm doch so ergebenen Landesfürsten und konnte es wagen, auf die offensichtliche Herausforderung des Welfen mit der laut verkündeten Behauptung zu antworten, kein Fürst dürfe mit Recht zwei Herzogtümer haben, und von einer friedlichen Regelung könne keine Rede sein, wenn nicht Heinrich alle seine Besitzungen mit Ausnahme eines Herzogtumes herausgäbe.

Aber das Rattengezücht der Landesfürsten, wie diese einst Heinrich IV. zu bezeichnen genügend Anlaß hatte, besah sich mit stillem Vergnügen das Schauspiel, in welchem sich die beiden mächtigsten Geschlechter zu zermürben drohten – kein Heer kam dem einen oder anderen zur Hilfe, und schließlich nahm der König am Abend des dritten Tages der Verhandlungen wie gewöhnlich sein Mahl ein und ging dann, wie zum Ruhen, in sein Schlafgemach. Aber schon standen auf seinen Befehl heimlich die Pferde bereit, und ohne sich von den Fürsten zu verabschieden, sprengte er des Nachts aus Augsburg fort nach dem fast dreißig

Meilen davon entfernten Würzburg und verhängte dort in persönlicher Sicherheit über den Welfen die Reichsacht, verlieh das Herzogtum Sachsen an Albrecht den Bären und behielt sich vor, Bayern an einen um die Sache der Staufer wohlverdienten Landesfürsten zu übergeben.

Nun aber geschah ein Wunder, auf das keiner der Akteure dieses makabren politischen Schauspiels im Reiche der Deutschen gefaßt war. Seit Jahrhunderten hatten sich die verwirrenden Kriege der Dynasten ohne eine andere Beteiligung des Volkes abgespielt als die namenlosen Leidens. In aller Stille mußte, von den stolzen Dynasten ganz unbemerkt, unter der Kruste der Macht ein neues, an fast sagenhafte Zeiten anknüpfendes Bewußtsein der Völker wiedererwacht sein -- ein Stammesbewußtsein gegenüber den wahllos wechselnden Herrscherfamilien auf der einzigen Basis der Macht.

Albrecht der Bär, der Askanier, Markgraf von Brandenburg und außerehelicher Nachkomme des letzten Billunger-Sachsenherzogs, ein grimmiger Herr von jenem Schrot und Korn, dessen Art so wacker in die Blüte geschossen war, nahm sogleich die ihm zugesprochenen sächsischen Lande in Besitz. Er tat das wie gewohnt, er fiel mit seinem Heerhaufen, gedungenen Kriegsknechten aus dem Überfluß der fleißig Kinder erzeugenden bäuerlichen Bevölkerung, sowie mit seinen ritterlichen Vasallen und ihren Reisigen in Sachsen ein und »verheerte« das Land – eine Beschäftigung, zu der die ursprüngliche Aufgabe der Heere ausgeartet war. Die Haufen brachen plündernd, mordend und brennend in das Land ein, die Ritter aus dem Askanierland berannten die Burgen der Sachsen, begierig nach Beute und dem Zuwachs an Macht und Reichtum, den sie von ihrem Fürsten erhoffen konnten. Die Heerhaufen schäumten über das Land, sie brachen sich an einem unvermuteten Fels. Eine Frau, die Kaiserin-Witwe Richenza, rief zuerst ihre Vasallen auf, die getreuesten, den Grafen von Meißen und Sommereschenburg, den Rudolf von Stade und den trefflichen Grafen Adolf II. von Schauenburg, der bislang über die rauhen und wilden Holsteiner regiert hatte, die geübt waren in ständigen Kämpfen gegen die Warer, einen wendischen Stamm, der in der Grafschaft Wagrien hauste. Auch diese Vasallen der Richenza kämpften, wie sie es gewohnt waren, berannten Burgen und legten Feuer an feste Plätze und Verschanzungen –, doch Albrecht war stärker, er eroberte in wilden Kämpfen, schließlich von allen Seiten in das Land eindringend – und südlich damit die Verbindung zu den anderen Vasallen des Welfen abschneidend –, das sächsische Kerngebiet nebst Lüneburg, so daß König Konrad sich schon aufmachte, auf sächsischem Boden feierlich und zum zweiten Male das Herzogtum an Albrecht den Bären zu übergeben.

Jetzt aber erhob sich das Land. Jetzt bewaffneten sich die Bauern, jetzt rief Richenza sie auf, zu ihrem rechtmäßigen Herrn zu stehen. Sie standen zu Richenza, der tapferen Witwe Lothars des Sachsen, vor dem einst die fernen Staufer auf den Knien gelegen hatten, dieselben Staufer, die nun über Lothars Land und Familie nach Willkür zu schalten verlangten. Selbst die Holsteiner, die ihres gestrengen Grafen Adolf recht überdrüssig waren, nutzten jetzt die Gelegenheit, erneut gegen die Warer vorzugehen, mit denen sie so viele Hühnchen zu rupfen hatten. Es erhoben sich auch die Wenden in Wagrien, das Beispiel zündete, im ganzen Osten erhoben sich die Wenden, die Liutizen, die Serben und die Obotriden, ob sie nun schon christlich getauft waren oder nicht; sie scharten sich um die alten Götter und stürmten die Städte und Plätze Albrechts des Bären und seiner Vasallen, so daß es dieser schleunigst vorzog, lieber den Aufstand im eigenen Land niederzuschlagen als den in Sachsen.

Heinrich der Stolze war noch in Bayern; sein Bruder Welf VI. von Altorf, dem südschwäbischen Stammsitz der Welfen, eine ebenso rauhe und harte Kriegshaut wie der ferne Albrecht, ein Bär auch der Welf, war Heinrich zu Hilfe geeilt. Ihm überließ es Heinrich, in Bayern zu wirken, er schlug sich nach Sachsen durch, wurde begeistert begrüßt und zog, von Richenza unterstützt, nun auch die noch schwankenden sächsischen Großen, die sich schon in Goslar um Konrad gesammelt hatten, in seinen Bann – und zögerte keine Sekunde, an Albrecht fürchterliche Rache zu nehmen. Wie Albrecht in Sachsen, drang Heinrich nun in die Marken ein, verheerte sie, berannte die festen Plätze, strafte die Burgherren und Ritter der Askanier; die Rechnung ging auf, Albrecht mußte aus seinem Lande zu Konrad fliehen und die Hilfe des Königs erbitten. Ganz Sachsen aber, stolz auf die mit eigener Kraft eroberte Unabhängigkeit, nie wieder gewillt, sich nach Belieben verschenken zu lassen, bot nun dem Staufer die Spitze des Schwertes, mit der Aufforderung, seine Wahl zum König selber als nicht rechtmäßig zu erklären.

Der schlaue Konrad wich aus, ein schnell einberufener Reichstag nach dem anderen sollte seine Position festigen. In Regensburg übertrug er das Herzogtum Bayern seinem Halbbruder, dem Markgrafen Leopold von Österreich; zu Weißenburg und selbst in Straßburg sammelte der König an Fürsten, was ihm nur erreichbar war – die Bischöfe aus fast allen Diözesen waren herbeigeeilt und bewogen im Verein mit dem König die Fürsten zu einem allgemeinen Zug gegen die Sachsen, zu einem Reichskrieg mit einem unermeßlichen Heer. Sogar der Herzog von Böhmen wagte es nicht, seine Hilfe zu verweigern. Nur aus Bayern war kein Fürst erschienen, allein die Anwesenheit Welfs VI. eben dort zwang die bayrischen Großen zum Nachdenken und zu weislicher Zurückhaltung.

Das Heer, das Konrad schließlich aufbrachte, war lange nicht so groß, wie es nach den spontanen Versprechungen der Landesfürsten zu erwarten gewesen war. Die Sachsen zogen diesem Heer siegessicher entgegen, bewaffnete Bauernhaufen verwirrten die militärischen Gewohnheiten, der

Herzog von Böhmen überlegte sich seine Teilnahme an diesem Kriege, der ihn gar nichts anging, offensichtlich – und zwischen den beiden Heerlagern flatterten die Bischöfe, deren Amt es war, Frieden zu stiften, besonders angesichts peinlich offenbarer Machtverhältnisse. Schließlich gelang es dem von den Staufern um den Erzsitz Mainz betrogenen Bischof Albero von Trier und Herzog Sobieslaw von Böhmen bei Kreuzburg an der Werra im August 1139, einen vorläufigen Frieden herzustellen: Wenn die Sachsen Konrad als König anerkennen wollten, sollte die Entscheidung des Königs über Sachsen als nicht geschehen betrachtet werden. Bis zu Pfingsten 1140 sollten die Waffen ruhen und die Heere heimziehen: Heinrich nach Sachsen, der König nach Schwaben und Sobieslaw nach Böhmen. Und so geschah es, nicht ohne daß die Böhmen auf ihrem Rückmarsch durch die Grenzmarken Albrechts sich ihre Löhnung durch systematische Plünderungen holten.

In Bayern wirkte Leopold, der Österreicher, mit starker Hand –, mit zu starker Hand für die empfindlich gewordenen Bayern, deren Stammesbewußtsein sich an der Feindschaft zu dem so verwandten Stammesbewußtsein der Österreicher zu entzünden begann: das bayrische Volk scharte sich unzweifelhaft um Welf VI. – die Granden bekannten sich zu Leopold, der einzigen Stütze gegen eine vermutete Volkswut, wie sie in Sachsen und in den Grenzmarken wirksam geworden war. Leopold gelang es, ein Heer von geziemender Stärke zu sammeln und es in Augsburg, jenseits des Lech, einzuüben, eine Nachricht, die Heinrich in Sachsen bewog, seinerseits in Quedlinburg seine Rüstungen zu beschleunigen – ebendort aber raffte ihn ein plötzlicher Tod hinweg. Ganz Sachsen war sich einig, daß Konrad der Staufer Heinrich dem Welfen habe Gift zukommen lassen. »Heinrich wurde an der Seite seines Schwiegervaters zu Königslutter beigesetzt.« Ganz Sachsen, zum Stammesbewußtsein und partikularistischen

Stolz erwacht, erklärte sich mit der Kaiserin Richenza zum Vormund des zehnjährigen Sohnes Heinrichs des Stolzen, des neuen Herzogs von Sachsen, der später den Namen Heinrich der Löwe führen sollte.

Es ging um den Staat

Genau neunundneunzig Jahre nach dem Tage von Canossa, am letzten Januartage des Jahres 1176, fand, wiederum in Italien, in Chiavenna am Comer See, abermals eine Unterredung zwischen zwei mächtigen Persönlichkeiten statt, zwischen zwei Männern, die, an der Spitze der Macht, zugleich die kulminierenden Gestalten ihres Jahrhunderts waren.

Die beiden Männer waren leibliche Vettern, bis zum Tage von Chiavenna treue Freunde, die sich gegenseitig unterstützten, die sich beide aus der gleichen niederen Ebene ihrer Anfänge zu unerhörter Macht emporarbeiteten. Fünfundzwanzig Jahre lang, vom Tage der Wahl Lothars zum König an, hatten die erbitterten Kämpfe zwischen den Staufern und Welfen das Reich der Deutschen nicht zur Ruhe kommen lassen; fünfundzwanzig Jahre lang, vom ersten Auftreten des Sohnes Friedrich II. von Schwaben an, des späteren Königs und Kaisers Friedrich I. – genannt Barbarossa –, hatten Friede und Freundschaft zwischen diesem Manne, dem Staufer, und dem Herzog von Sachsen und Bayern, dem Welfen Heinrich – der Löwe genannt –, geherrscht. Nun, seit dem Tage von Chiavenna, sollten Deutschland und Italien wiederum, und abermals fünfundzwanzig Jahre lang, vom Kampfgeschrei »Hie Welf!« und »Hie Waibling!« widerhallen. Es ging zwischen den Staufern, die ursprünglich nach einer Stammburg die Waiblinger hießen, und den Welfen um zwei Prinzipien –, wie es einst hundert Jahre vorher, zwischen Papst Gregor und Kaiser Heinrich IV. in Canossa, um die Prinzipien der Vorherrschaft zwischen Kirche und Reich gegangen war; in einem Kampf, der durch die Prinzipienlosigkeit der deutschen Landesfürsten und des deutschen Episkopats zwingend geworden war. Zu Chiavenna trat dem Kaiser und dem Reich erstmals ein Landesfürst entgegen, der über die bloßen Machtansprüche der Länderdynastien hinaus gegenüber dem Konzept und der Idee des Reiches ein Staatsprinzip zu vertreten vermochte. Es war Heinrich dem Löwen zugewachsen als Resultat politischer Zwangsläufigkeiten, und er hatte dies Resultat gewonnen aus Einsicht und Ehrlichkeit gegenüber den Tatsachen.

Während Heinrich IV. als Knabe unter der Vormundschaft der schwachen Kaiserin Agnes, seiner Mutter, aufgewachsen war, die sich die Macht und die Regentschaft von ihren geistlichen Ratgebern hatte aus der Hand winden lassen, bestimmte die Kaiserinwitwe des Lothar, die kluge und energische Richenza, die Ausgangsposition des jungen Löwen. Heinrich IV. war als Knabe ein König ohne Macht gewesen, ohne Land und ohne Heer. Richenza aber stützte sich auf treue Vasallen und das erwachende Stammesbewußtsein der Sachsen.

Der Schauenburger Graf Adolf II. von Holstein hatte durch den Königsspruch Konrads sein plattes Land, besiedelt von den freien Holstenbauern, an Albrecht den Bären verloren, der einen seiner Vasallen, den unruhigen und kriegliebenden Heinrich von Badwide, mit der Grafschaft belehnte. Da die Rugier, Warer, Wenden und Obotriden, die erst jüngst unter ihren Fürsten zum Christentum bekehrt waren, die Wirren zwischen den Staufern und Welfen nutzten, sich wieder zu ihren alten Götzen bekannten und in wilden Aufständen das bebaute Land verwüsteten, vornehmlich aber Lübeck und die christlichen Zentren, die Klöster und Kirchen, niederbrannten, flüchtete der Bischof Vizelin von Lübeck mit seinen Geistlichen in die Schilfwaldungen des Traveufers und rief von dort Heinrich von Badwide in Segeberg um Hilfe an. Der machte nun seinerseits einen blutigen Einfall in das Slawenland und verheerte es plündernd und mordend von der Elbe bis zur Lübecker Bucht, um sich dann wieder in das feste Segeberg zurückzuziehen. Nun aber standen die Holsteiner Bauern auf, sie riefen ihren Grafen Adolf II. zurück, durchzogen die Halbinsel und belagerten den festen Platz Wagriens, Plön, und eroberten ihn. Damit war die Macht der Slawen in Nordalbingien für immer gebrochen.

Da starb die Kaiserin Richenza; ihre Schwiegertochter Gertrud belehnte den Heinrich von Badwide mit Wagrien, den Grafen Adolf wiederum mit seinem Holstein und strebte, ihre Regentschaft von Konrad anerkennen zu lassen.

Konrad aber hatte es in Bayern mit Welf VI. zu tun, dem starrsinnigen Onkel des jungen Heinrich, der keinen Augenblick daran dachte, die Rechte der Welfen auf Bayern aufzugeben. Im August 1140 konnte er den Babenberger Leopold IV., den von Konrad über Bayern gesetzten Österreicher, bei Valley an der Mangfall besiegen. So ging Konrad vorerst einmal gegen die schwäbischen Besitzungen des Welfen vor und belagerte das welfentreue Weinsberg. Schon war Welf VI. im Anmarsch, als sich Weinsberg ergeben mußte, unter der harten Bedingung, daß allein die Frauen der Stadt den Platz verlassen und von ihrer Habe nur das retten durften, was sie zu tragen vermochten. Die Weiber von Weinsberg bewahrten ihre Männer vor Tod und Gefangenschaft, indem sie diese auf dem Rücken aus den Toren trugen, und Konrad beließ es dabei. Wie aber konnte er mit Welf VI. fertig werden, der immer mehr Anhang gewann und nicht der Mann war, auf seine Rechte zu verzichten? Leopold starb, und es kam das Ersuchen der Mutter Heinrichs um Anerkenntnis ihrer Regentschaft in Sachsen. Konrad der Schlaue reagierte ganz auf seine Weise. Er setzte den Bruder des Leopold, wiederum einen Heinrich, der aber nach einer von ihm ständig benutzten beschwörenden Redensart »Jasomirgott« genannt wurde, zum Markgrafen von Bayern ein.

Gleichzeitig aber präsentierte der Kaiser diesen jungen, stattlichen Mann der jugendlichen Witwe des stolzen Heinrich, Gertrud, sie war erst sechsundzwanzig Jahre alt. Die Mutter des Löwen war bereit, zugunsten der Kinder, die sie ihrem Jasomirgott zu schenken beabsichtigte, für ihren Sohn Heinrich auf das Erbe in Bayern zu verzichten. Sofort meldete sich Welf VI., er bestritt Gertrud das Recht zu diesem Verzicht – und die arme Gertrud genoß das Glück ihrer Ehe nur ein kurzes Jahr, sie starb im Wochenbett –: kein Erbe für Bayern durch Jasomirgott. So vermochte es Kaiser Konrad lediglich, Albrecht den Bären zum Verzicht auf seine Ansprüche auf Sachsen zu bewegen, auf einem Frankfurter Fürstentag im Jahre 1142; der Bär erhielt aber seine Nordmark zurück. Und der klugen Politik Adolfs II. gelang es, Heinrich von Badwide davon zu überzeugen, daß er wenig Freude an seiner Belehnung mit dem trostlos verwüsteten, menschenleeren und verwilderten Wagrien haben werde, und überließ dem Bereitwilligen an Stelle von Wagrien die Grafschaft Ratzeburg, als Lehen des sächsischen Herzogs. So konnte sich nun auch Konrad seinen Pflichten gegenüber dem Reich widmen, das er um der staufer-welfischen Wirren so lange vernachlässigt hatte. Es befand sich in dem traurigsten Zustand seit seinem Bestehen. Im Innern Deutschlands flammten, gleichsam nach dem Vorbild des Staufer- und Welfen-Zwistes, überall die Erbstreitigkeiten auf; sie wurden mit den gleichen Mitteln ausgefochten, mit Krieg, Brand und Mord. In Lothringen schlug sich der Graf von Namur mit dem Erzbischof von Trier herum, in Bayern Welf VI. mit Jasomirgott, in Schwaben selbst focht mit Bravour und Grausamkeit der junge Sohn des Herzogs Friedrich von Schwaben, Friedrich – später Barbarossa genannt –, mit dem Grafen Konrad von Dachau und dem Herzog von Zähringen. Die Völker hatten den Weltuntergang vor Augen, und überall klagten die zeitgenössischen Schriftsteller über die Menge der Sünden, die Unbilden der stürmischen Zeiten, und kündeten die Greuel einer neuen Völkerwanderung an. Erbstreitigkeiten herrschten auch in Böhmen, Polen und Ungarn, deren Fürsten in einem nominellen Untertanenverhältnis zum deutschen König standen. Konrad konnte in keinem Falle helfen; er sandte Heere aus, die geschlagen wurden, sein Schiedsrichteramt hatte derart versagt, daß es sinnlos erschien, es anzurufen. In Italien wüteten Kriege zwischen den Städten, zwischen Venedig und Ravenna, Pisa und Luchesia, Florenz und Siena. In Rom vertrieb eine Papstpartei den Papst einer anderen, und ein dritter, Eugen III., mußte aus der Stadt fliehen.

Von allen diesen Zuständen profitierten allein die Normannen, die sich, im Besitz von ganz Unteritalien und Sizilien, anschickten, die Herrschaft über den gesamten Mittelmeerraum anzutreten.

Die große Bewegung von Cluny schien sich erschöpft zu haben. Die Kirche befand sich im gleichen Zustand wie das Reich, unterhöhlt und sichtbar einer Auflösung zustrebend. Der Untergang des Abendlandes schien gewiß, die ungeheure Anstrengung von Jahrhunderten vergeblich. Dabei bedrohte kein äußerer Feind das unglückliche Gebilde, die innere Not verlangte nach einem Messias.

Und er kam. Er kam aus der Bewegung von Cluny, aus einer ähnlichen Situation wie der, in welcher diese Bewegung angefangen hatte, noch nicht zu einer Reformpartei erstarrt gewesen war. Und er wirkte mit den gleichen Mitteln jener Situation, durch Aufrüttelung der Geister, er kam wie die Bewegung von Cluny aus dem Lande ewigen geistigen Aufruhrs, aus Frankreich, aus einem Kloster, dem von Clairvaux bei Langres, dessen Gründer und erster Abt, Bernhard von Clairvaux (1090 - 1153), nun seine Stimme erhob – die gewaltigste Stimme aus dieser Zeit und aus dieser Not, eine Stimme von dämonischer Eindringlichkeit, die überall gehört wurde, vom niederen Volke in seinem immerwährenden Elend wie vom blutigsten Kriegsfürsten, vom redenden Mönch bis zum Heiligen Vater, gehört und begierig aufgenommen wie eine Botschaft von Christus selbst. Dabei wußte diese Stimme nur einen Ausweg aus der Not, verkündete nur einen Rat: Bernhard von Clairvaux rief zu einem Kreuzzug auf.

Türken unter Sultan Zengi von Mossul hatten Edessa erobert, das östliche Bollwerk des christlichen Staates der heiligen Stätten, die von den französischen Rittern des ersten geglückten Kreuzzuges in jenen entlegenen Gegenden erobert worden waren. Hier war er nun, der äußere Feind, dessen Bedrohung des Abendlandes mit der inneren Not dieses Gebildes korrespondierte. Papst Eugen III., ein Schüler des Bernhard von Clairvaux, richtete eine dringende Bitte um Hilfe an den König Ludwig VII. von Frankreich, der nun Weihnachten 1145 alle Franzosen zu einer Kreuzfahrt aufrief. Bernhard von Clairvaux predigte gewaltig auch in Deutschland, mit dem höchst merkwürdigen Ergebnis, daß die Volksmassen in den rheinischen Städten das fromme Vorhaben mit blutig-grausamen Judenverfolgungen einleiteten. Überall wußte Bernhard mit glühender Zunge das Glück zu preisen, durch die Kreuzfahrt alle Sünden loszuwerden, alle Übel, die aus Sünden und sonstigen Sorgen resultierten. Fürsten und Grafen, eben noch in wilder Fehde miteinander verstrickt, hefteten sich das Kreuz an den Mantel, und König Konrad, die Judenverfolgungen mißbilligend, nahm sie zum willkommenen Anlaß, einen allgemeinen Landfrieden zu verkünden. In aller Geschwindigkeit ließ er seinen Sohn zum König wählen und nutzte die treffliche Gelegenheit, seinen Miseren durch seine persönliche Teilnahme an der Kreuzfahrt vorläufig einmal zu entgehen. Er forderte die Fürsten und Granden des Reiches auf, sich ihm und König Ludwig von Frankreich anzuschließen, und fast alle folgten ihm, auch Welf VI. und Herzog Jasomirgott, auch der Herzog von Böhmen. Nur einer folgte ihm nicht: Heinrich der Löwe.

Mit bescheidener Festigkeit hatte der achtzehnjährige Herzog dem König erklärt, daß er es für nützlicher halte, die aufrührerischen und heidnischen Slawen in seinen Grenzmarken zu bekämpfen als im fernen Syrien die Türken, die bedeutend eher Byzanz als dem Römischen Reiche gefährlich werden konnten. Konrad zögerte mit seiner Zustimmung für eine unkontrollierbare Extravaganz des Herzogs von Sachsen, der nach wie vor auch auf seinem Erbrecht in Bayern beharrte – jedoch Bernhard von Clairvaux unterstützte Heinrich mit seiner überraschenden Zustimmung: auch Heinrich solle einen Kreuzzug führen, entweder müßten die Slawen sämtlich das Christentum annehmen oder gänzlich ausgerottet werden. Und wer sich an diesem heiligen Kampf beteiligen wolle, solle nicht, wie die Wallfahrer nach Palästina ein einfaches, sondern ein auf dem Kreise stehendes Kreuz auf die Schulter heften –, womit denn symbolisch das Zeichen des Reiches, der Kreis um das Kreuz, in neuer Form fröhliche Urständ feierte. Auch Papst Eugen stimmte dem Nebenkreuzzug gegen die Slawen zu, und König Konrad fügte sich, wohl erwägend, daß unter der Kontrolle der an diesem Kampf lebhaft interessierten Bischöfe die Bäume des sächsischen Herzogs nicht in den Himmel wachsen würden.
Beide Kreuzzüge mißglückten, sie scheiterten an ihren inneren Widersprüchen. Graf Adolf II., wohl einer der klügsten Landesfürsten des Nordens und von großer politischer Vernunft, hatte Schwierigkeiten mit seinem Volk, den rauhen Holsten, die allesamt freie Bauern waren. Nun gehörte ihm ganz Wagrien mitsamt Lübeck, das er schon um des Hafens willen sogleich wieder aufzubauen gedachte. Aber Wagrien war wüst und leer, die Holsten drängten nach Landnahme, Graf Adolf wies den freien Bauern das Land zu; sie kamen, um dort neu zu siedeln. Doch es kamen auch sogleich freie Friesen, die keinen Fürsten über sich dulden wollten, und ließen sich in der Grafschaft nieder. Zugleich verband den Grafen Adolf eine

enge Freundschaft mit dem Obotridenfürsten Niklot, mit welchem er einen Bündnisvertrag abgeschlossen hatte, um den Besitz Wagriens zu sichern. Niklot bemerkte die Vorbereitungen der Sachsen zu einem Feldzug gegen die Wenden. Die »Wenden« war der Sammelname geworden für die zahlreichen Stämme der westslawischen Völker, die wiederum im Zuge der langsamen Volkwerdung den Großnamen »Slawen« von einem kleinen und fernen Stamm an den Pripjet-Sümpfen übernommen hatten. Niklot forderte Graf Adolf auf, sich mit ihm gemäß den getroffenen Vereinbarungen gegen Gewaltmaßnahmen zu vereinen. Das konnte Graf Adolf aber als Lehnsmann des Herzogs von Sachsen nicht, doch versprach er, einen Krieg, an dem teilzunehmen er gezwungen sei, vorher rechtzeitig anzusagen. Und Graf Adolf versuchte eilends, Heinrich den Löwen davon zu überzeugen, daß es nicht im Interesse der Landesfürsten liegen konnte, den von Bernhard von Clairvaux so radikal und blutrünstig formulierten Bedingungen des Kreuzzuges zu folgen. Bernhard war der mächtigste Förderer eines neuen Mönchsordens, der in einem gewissen Gegensatz zu dem von Cluny stand: der Zistersienser, deren Ordensregel vordringlich auf Rodung und Kolonisation gerichtet war, beides Anliegen, die sich nur im Nordosten des Reiches durchführen ließen.

Bei Heinrich fiel die Mahnung des Grafen Adolf auf guten Boden. Die Treue des Stammes der Sachsen zu ihrem Herzog verlangte Gegentreue. Im Unterschied zu allen anderen deutschen Landesfürsten außer Adolf II. begriff Heinrich, daß die Fürsten nicht nur über Menschen, sondern auch über den Boden ihres Landes zu gebieten hatten – eine Weisheit, die bei den slawischen Fürsten selbstverständlich war. Schon mußte Heinrich mit Sorge wahrnehmen, daß die geistlichen Fürsten, die Bischöfe des gesamten Nordens, ein weitaus größeres Heer unter Führung des Markgrafen von Brandenburg, Albrechts des Bären, gesammelt hatten, als es ihm selber zur Verfügung stand;

und auch seine eigenen Gefolgsleute, die sächsischen Fürsten sowie Konrad von Zähringen, konnten keinen Sinn in der Eroberung zerstörten und verwüsteten Landes unter Ausrottung der Bevölkerung erblicken – bislang hatten sie, sich vorsichtig ausdehnend, die slawische Bevölkerung als eine reiche Einnahmequelle betrachtet und sich in diese mit den befreundeten slawischen Fürsten geteilt. Es konnte ihnen an einer Vernichtung dieser Bevölkerung nichts gelegen sein. Niklot aber wartete eine Warnung des Grafen Adolf nicht ab. Er erschien mit einer starken Flotte in der Travemündung und benachrichtigte seinerseits den Grafen Adolf, daß der Krieg nun begonnen habe. Die Männer des Niklot nahmen Lübeck und den Hafen, ihre Reiterscharen durchstreiften ganz Wagrien, ließen die Holsten-Siedler in Ruhe, zerstörten aber geistlichen Besitz, wo sie ihn vorfanden. Einzig hundert Friesen leisteten Widerstand, sie zogen sich in Süsel zusammen und hielten den Angriff von 3000 Obotriden aus, bis Graf Adolf mit einem kleinen Holstenheer sie entsetzte und die Obotriden auf ihre Schiffe zurückjagte. Worauf der Dänenkönig sich an den Vorgängen in der deutschen Nordmark interessiert zeigte und mit seiner Flotte und einem Heer sich der wendischen Küste zuwandte, bereit, sich von dem großen Kuchen seinen Anteil abzuschneiden.

So setzten die beiden Kreuzfahrerheere sich also langsam in Bewegung. Kleine Scharen erreichten Stettin und schickten sich an, die Stadt zu belagern. Befestigte Plätze der Slawen erforderten weitere Heerhaufen zu ihrer Einschließung – blutige Ausfälle banden diese Heere, die großen Nachschub verlangten. Die slawischen Krieger gingen in die Wälder und Sümpfe des weiten Landes und führten von dort aus einen wilden und verwegenen Partisanenkampf gegen die Eindringlinge, der mehr blutige Opfer verlangte als die eigentlichen kriegerischen Handlungen. Als es schließlich den Ranen, einem slawischen Stamm an der Küste, gelang, die von den Dänen zurückgelassene

Flotte anzugreifen, die Schiffe großenteils zu nehmen und viele Gefangene zu machen, zogen sich die Dänen, die sich vergeblich um die Belagerung Dobbins mühten, eilig zurück, befreiten ihre Schiffe und fuhren nach Hause.

Aber auch die sächsischen Fürsten wollten nicht mehr. Sie sprachen mit den Brandenburgern und waren einer Meinung: das Land, das sie verwüsteten, war ihr Land, sie waren die Zerstörer eigener Einkünfte. Und sollten sich Dänen und herrschsüchtige Bischöfe mit ihren Klöstern und Kriegsknechten in Mecklenburg festsetzen, Leute, mit denen man sich weniger leicht verständigen konnte als mit den Obotridenfürsten, die schließlich an ihren Ländern das gleiche Interesse hatten wie die deutschen an den ihren? Die Obotridenfürsten waren zu einem Friedensschluß bereit, dessen Bedingungen ebenso vage und unentschieden waren wie der ganze Kreuzzug. Die Slawen sollten das Christentum wieder annehmen und die dänischen Gefangenen freigeben, die Sachsen aber aus dem Lande gehen. Für Heinrich den Löwen war diese merkwürdige Kreuzfahrt eine Lehre: Was er nun zu tun gezwungen war um seines Landes willen, das mußte er allein tun, ohne Geistlichkeit, ohne Dänen und Brandenburger und ohne das Reich.

Konrad war mit siebzigtausend Mann von Regensburg aufgebrochen, zog nach Vereinbarung mit dem Franzosenkönig durch Ungarn und Bulgarien nach Byzanz, und machte sich auf seinem Wege durch viel Gewalttat und Plünderung seines Heeres mißliebig. In Kleinasien schlossen selbst die griechischen Städte die Tore vor den Kreuzfahrern und verbündeten sich mit den Türken, lockten das Heer in die Wüste und in eine türkische Falle. Hunger und die Pfeile der türkischen Reiterei ließen nur den zehnten Teil des Heeres in fruchtbarere Gegenden zurückweichen. Die deutschen Kreuzfahrer wurden von den nachrückenden Franzosen zuerst mitleidig, dann verächtlich aufgenommen – und Konrad selbst folgte einer Einladung des Kaisers von Byzanz, Manuel, verließ sein Heer und reiste nach Konstantinopel, wo ihn Manuel für seine Pläne gegen die Normannen zu gewinnen suchte. Welf VI. aber, wohl ahnend, was sich da anbahnen sollte, löste sich ebenfalls vom Heere, reiste nach Sizilien und schloß mit Roger, dem Normannen, ein Bündnis – gegen Konrad und Byzanz.

Auch die Franzosen hatten kein Glück, sie zogen planlos durch das Heilige Land, vermochten weder Edessa wiederzuerobern, noch die eingeschlossenen Stützpunkte der ersten Kreuzritter zu entsetzen. Auch Ludwig VII. ließ seine Krieger im Stich und schiffte sich nach Antiochien ein, worauf sein Heer sich völlig auflöste. Die Griechen, Verbündete Konrads, nahmen Ludwig VII. gefangen, er wurde erst durch einen normannisch-sizilianischen Admiral befreit und nach Sizilien gebracht. Er schloß sich dem unnatürlichen Bündnis des Welfen und des Normannen an. Als Konrad endlich nach dem Scheitern des ganzen unrühmlichen Unternehmens in sein Reich zurückkehrte, fand er die Verhältnisse in Deutschland und Italien übler, als er sie verlassen hatte. Papst Eugen III. regierte in Deutschland wie in Italien, als gäbe es keinen Kaiser, er verfügte über Lehen und Bischofssitze wie ein weltlicher Oberherr, mischte sich in deutsch-polnische Händel als Schiedsrichter und reizte im übrigen den kleinen König Heinrich, der der geistlichen Gewalt und damit auch den königlichen Ministerialen hilflos ausgeliefert war, aber Manns genug, ein »echtes Stauferblut«, sofort Welf VI. entgegenzutreten, als dieser, kaum aus Italien eingetroffen, die schwäbischen Besitzungen Konrads zu besetzen suchte. Und der Knabe Heinrich schlug den rauhen Welf überraschend und überragend, so daß dieser, gerade noch davongekommen, nach Bayern flüchten mußte, um dort weiter zu intrigieren. In allen Wirbeln des Reiches aber stand wie ein Fels in der Flut ein einziger Landesfürst, der mächtigste unter ihnen: Heinrich der Löwe, Herzog von Sachsen.

In den zwei Jahren, die der König Konrad im fernen Land sinnlos vertan, hatte Heinrich Wagrien und Holstein an sich gebracht, den Obotridenfürsten Niklot zu seinem tributzahlenden Vasallen gemacht, die freien Dithmarscher und Friesen unter die Herrschaft eines seiner Grafen gestellt und die Dänen aus seinem Machtbereich hinausmanövriert. Die neuen Bistümer im bekehrten Wendenlande nahmen von ihm und nicht vom König oder den Bischöfen die Regalien entgegen. Über die freien Siedler der Holsten hinaus berief Heinrich die unfreien Bauern aus seinem Landesteil Westfalen, auch aus Flandern und Limburg, in die Grenzmarken, dort sollten sie frei siedeln, neben frei siedelnden Slawen – sie kamen in Haufen. Unbekümmert führte Heinrich den Titel »Herzog von Sachsen und Bayern«.

Dreimal berief der König den Heinrich zu einem Hofgericht, dreimal kam der Herzog nicht. Der König entwickelte die lebhafteste diplomatische Tätigkeit, um endlich doch alle die Ziele zu erreichen, die er sich gesetzt: die Welfen zu züchtigen, den Papst zu unterwerfen, die Normannen zu vernichten, sich endlich die Kaiserkrone auf das Haupt zu setzen und die Nachfolge seines Sohnes Heinrich zu sichern. Aber der junge Heinrich starb 1150, und Konrad, von einer schweren Krankheit ergriffen – wieder flüsterte man von Gift –, benannte seinen Neffen, Friedrich III. von Schwaben, als seinen Nachfolger und starb, am 15. Februar 1152. Am 8. Juli 1153 schloß Papst Eugen III. die Augen, wenige Wochen später Bernhard von Clairvaux, Roger im Jahre 1154.

So sehr waren die Geschicke des Abendlandes im Mittelalter bestimmt durch die großen Einzelnen, daß sich die Lage des Reiches mit dem Tode der ihre Zeit prägenden Gestalten mit einem Schlage vollständig veränderte.

Am 4. März 1152 wurde in Frankfurt am Main der Neffe Konrads, Herzog Friedrich von Schwaben, mit allen Stimmen der weltlichen Fürsten des Reiches zum König gewählt. Zum ersten Male fand in Frankfurt eine reguläre Königswahl statt; die urbane und geschäftige Stadt, durch die der Handel von West nach Ost und von Nord nach Süd gleichermaßen floß, verstand es, den Akt recht feierlich zu gestalten, und nach dem dort erfundenen Ritus sollten hinfort fast alle Königswahlen abgehalten werden, nach dieser ersten bis zum Ende des Heiligen Römischen Reiches Deutscher Nation noch dreiundzwanzig. Die Erhebung der beiden Vorgänger des neuen Königs, des Staufers Friedrich I., den ein rötlicher, aber immer kurz gehaltener Bartwuchs zierte, war durch Dirigenten der Kirche geschehen; bei dieser Wahl aber erfüllte sich eine Befürchtung nicht, nämlich die, der hervorragendste der Landesfürsten, Herzog Heinrich von Sachsen, werde sich als Gegenkandidat aufstellen lassen. Der neue König, zur Zeit der Wahl 30 Jahre alt, begegnete Heinrich, dem um sieben Jahre jüngeren Vetter, von Anfang an freundlich – die Mutter des Königs, Judith, war eine Schwester Heinrich des Stolzen, – und so erwartete jedermann, die Fehde zwischen Staufern und Welfen werde nun ein Ende haben. Wenige Tage später wurde Friedrich in Aachen gekrönt und gab die Grundlinien seiner Politik bekannt. Das Römische Reich sollte zu seiner alten Kraft reformiert, zuvor aber der innere Frieden wiederhergestellt werden. Damit war von Anfang an die unterschiedliche Zielsetzung Friedrichs I. und des Herzogs Heinrich klar gegeben und ausgesprochen: Der König wollte das Reich, der Herzog sein Land zu höchster Vollkommenheit ausbilden. Die beiden jungen Leute hatten sozusagen den widerspenstigen deutschen Stier bei den Hörnern gepackt, die Aussicht auf gemeinsame Anstrengung ließ von vornherein jeden Zweifel und jede anders interessierte Forderung verstummen.

Der neue König nutzte das Resultat der hundertjährigen Familienfehden der fürstlichen Geschlechter, er war so gut wie mit allen Mächtigen des Reiches, geistlichen wie weltlichen, irgendwie verwandt und ordnete die Querelen der

Angestammten wie der Senior eines weitverzweigten Geschlechtes, aber mit jugendlichem Elan: Heinrich von Sachsen lag mit Albrecht dem Bären in einem Erbanfallsstreit wegen zweier kleiner Grafschaften an den Grenzen beider Herrschaftsbereiche? Es war schon zu einer Fehde gekommen, bei der beide Fürsten die Ländereien des anderen verwüsteten? Nun gut, solchen Fehden mußte im Interesse des Ganzen ein Ende gemacht werden: Heinrich erhielt die Grafschaft Winzenburg, Albrecht die Grafschaft Plötzke – einverstanden? Der Erzbischof Hartwig von Bremen wollte gewisse bischöfliche Belehnungen wie die des Bischofs Vizelin durch den Herzog nicht anerkennen und verlangte die Investitur durch den König. Nun gut, der König übertrug hiermit sein Investiturrecht auf den Herzog – einverstanden? In Dänemark stritten sich drei Brüder, Sven, Knut und Waldemar, erbittert um die Herrschaft und hatten sich an Konrad, an Heinrich von Sachsen und an den Erzbischof von Bremen gewandt, ohne eine Hilfe erlangen zu können. Jetzt erwarteten sie, jeder für sich, Hilfe beim neuen deutschen König. Nun, wenn Sven dem römisch-deutschen Könige als Vasall huldigte, sollte er die dänische Krone empfangen, Knut als dessen Lehnsträger einige Provinzen, und Waldemar auch – einverstanden? So also wurde Dänemark plötzlich in aller Form Reichslehen. Welf VI. von Altdorf, der so tapfer und so rauh die Stellung der Welfen in Bayern hielt, hatte dem König in Frankfurt seine Stimme gegeben. Er erhielt, wenn er zugunsten seines Neffen, Heinrich von Sachsen, auf Bayern verzichtete, in den reichen italienischen Landen das Herzogtum Spoleto, die Markgrafschaft Tuscien, den ganzen Besitz der Gräfin Mathilde – einverstanden? (Dort konnte sich ja der streitbare Mann mit der Kurie auseinandersetzen, die den Allodialbesitz der Mathilde mit Heftigkeit für sich beanspruchte). Und Bayern? In Würzburg sollte auf einem Reichstag die Sache entschieden werden, Jasomirgott war geladen und erschien nicht,

wurde zum zweiten Male aufgefordert. Sollte er zum dritten Male sich nicht stellen, so werde Heinrich mit Bayern belehnt. Jasomirgott erschien in Worms, bezweifelte aber, daß er, der Herzog von Bayern, anderswo als in Bayern völlig gesetzmäßig vorgeladen werden könne. Nun gut, so werde er auf einem Reichstage in Regensburg erscheinen müssen, – aber dort lagen die bayrischen Großen in wütendem Streit, noch war er zwischen Welfen und Babenbergern ja nicht beigelegt. So sollte also, da es eben in Bayern nicht anging, auf dem Reichstage in Goslar die Entscheidung fallen. Jasomirgott erschien wiederum nicht, so wurde nun die Herzogswürde von Bayern an Heinrich den Löwen übertragen, in einem »Kontumazial-Urteil«, das den Kläger Heinrich in den Besitz zwar einwies, aber ihm noch nicht alle Rechte verschaffte, außer in dem wichtigsten Orte in Bayern, in Regensburg. Dort mochte der Streit zwischen Heinrich und Jasomirgott weiterschwelen, der König rüstete sich zu seiner ersten großen Italienfahrt.
Auch Friedrich I. konnte nicht auf den üblichen »Umritt« verzichten: das Reich hatte ja keine Hauptstadt, sollte nie eine haben – auch später: Wien war immer nur die Hauptstadt der Habsburger. Der neue König ritt in aller Eile die fürchterlichen Zickzackwege von Königshof zu Königshof, abwechselnd fanden die Reichstage, bei denen sich stets große Massen sammelten – die Fürsten mit immer zahlreicherem Gefolge –, in den verschiedenen Städten statt, welche die Ehre wohl zu würdigen wußten. Friedrich I. gründete auf seinen Wegen immer neue Königshöfe, kleine Verwaltungszentren der königlichen Macht inmitten der Gebiete der Landesfürsten; schließlich aber war die Kaiserpfalz Goslar doch die wichtigste, dorthin zog es diesen König wie alle anderen am meisten, dort war auch genügend Platz für die Menge an Gästen – und dort, mitten in Heinrichs Sachsen gelegen, waren auch die lukrativen Silber-, Erz- und Kupferminen, dort floß zusätzliches Geld in des Königs Kassen, in die sonst doch

nur das Geld aus dem Haus- und dem Reichsbesitz tropfte. Sinnend mochte Heinrich stehen, wenn er als Gast oder im Gefolge des Königs in Goslar weilte, der schönen Stadt am Fuße des Harzes, der ihm gehörte – er hatte keine Silberminen, er hatte nur Salz. Natürlich konnte Heinrich dem König, der seine Angelegenheiten so wohlwollend behandelte, die Heerfahrt nach Italien nicht verweigern, aber er nutzte die Zeit bis zum Beginn dieser Fahrt. Da war Lübeck, die wachsende und unter Adolf II. aufblühende Stadt mit ihrem Hafen, dem einzigen brauchbaren Zugang von Heinrichs Ländereien zur Ostsee, über den er sein Salz aus Lüneburg verschiffen konnte: Adolf hatte auch Salz, zu Oldesloe, und verschiffte es über Lübeck, während Heinrich sein Salz nur nach dem Westen liefern konnte. Aber Lübeck lag im Grunde nicht auf wagrischem Gebiet, sondern in der Landschaft Polabrien, auf die Adolf von Holstein kein Anrecht hatte. Konnte man nicht teilen? Stadt und Hafen, halbe-halbe? Graf Adolf machte eine säuerliche Miene, aber der kluge Mann wußte auch, daß sich alle seine Macht auf Heinrichs Sachsen gründete – also lieber die Hälfte als gar nichts, und Lübeck blühte auf, so daß Adolfs Anteil bald größer war als der ihm bis dahin zufließende Gewinn. In aller Eile aber gründete Heinrich nun ein Bistum nach dem anderen in den slawischen Ländern. Bei diesem Handel konnte die Kirche nur gewinnen, nämlich den Zehnten, den Heinrich den Bischöfen überließ, im Falle aber, daß sie ihm Schwierigkeiten zu machen sich unterfingen, kurzerhand in die eigene landesherrliche Kasse fließen zu lassen drohte; mochte sich die Kirche in Streitfällen dieser Art getrost an den König wenden.

Zu gleicher Zeit räumte der König eilends mit allerlei Unzuträglichkeiten minderen Ranges in Deutschland auf: Das Fehderecht der Adligen, der Ritter auf ihren Burgen, artete immer wieder zu schlichten Räubereien aus, zu Störungen des von dem König verkündeten Landfriedens;

sein Schiedsrichteramt hätte den König viel Zeit und Mühe gekostet, er wollte nach Italien und beschleunigte das Verfahren, indem er kreuz und quer durch die Lande zog und die Burgen und Festen der Widerspenstigen brach und die Verbrecher einfach aufknüpfte, besonders in West- und Süddeutschland, ein Verfahren, das Heinrich sehr imponierte.

Siebzehn Jahre lang war nun kein deutscher Kaiser oder König in Italien gewesen, war sich Italien sozusagen selber überlassen – und hatte davon ungemein profitiert. Der verunglückte Kreuzzug des französischen und des deutschen Königs hatte keinen einzigen der erhofften Vorteile gebracht; Frankreich und Deutschland wurden während der Abwesenheit der Könige und der Blüte ihrer Ritterschaft von der Kirche regiert: vom Papste Eugen III., der sich in Rom vor einer großen Volksbewegung nicht hatte halten können und nun in Frankreich residierte, und von der hohen Geistlichkeit, welche, da sie ja bislang schon die hohe Bürokratie mit ihren Kanzleien beherrschte, nun auch in die mittleren und unteren Verwaltungsbereiche eindrang und nach Belieben regierte –, sicherlich bedeutend mehr zu eigenem Nutzen und dem der Kirche als zu dem des Reiches. In Italien aber hatten zunächst die Seestädte – Venedig an der Spitze, dann Genua und wohl auch Pisa – den Transport des Nachschubs übernommen und standen so in direkter Verbindung mit Byzanz und dem ganzen nahen Orient; leer kehrten die Schiffe nicht in ihre Häfen zurück. Der einfließende Reichtum des Handels verteilte sich über die lombardischen Städte, auch die Städte Mittelitaliens, und mit dem Reichtum wuchs dort ganz natürlich auch das Selbstbewußtsein. Die sonst so streng kontrollierenden Deutschen waren in Kleinasien beschäftigt; die italienischen Städte machten sich in hohem Grade unabhängig, die Edlen, die Grafen und Markgrafen der umliegenden Ländereien begaben sich in den Dienst der Städte – und hatten diese nicht schon von Otto dem

Großen gegen bare Münze die Erlaubnis erhalten, sich selbst die Verfassung zu geben? Diese Verfassung war nach dem Muster von Venedig republikanisch: wenn auch ohne das Amt des Dogen, das fürstlichen Rang verlangt, so doch mit großem und kleinem Rat, die nun die Konsuln »berieten«, die ursprünglich vom Kaiser eingesetzten Administratoren, denen die Gerichtsbarkeit unterstand, wenn der Kaiser abwesend war. Nun war er abwesend, und die Städte nahmen den »Schutz«, den die Kaiser ihnen zugesichert hatten, folgerichtig in die eigene Hand: in jedem Viertel bildeten die reichsten und vornehmsten Bürger eine »schwere Reiterei«, die sich kaum von der Ritterschaft unterschied, außer, daß ihre Burgen nicht über der Stadt dräuten, sondern mitten in ihr; und die übrigen Bürger formierten sich zu Abteilungen schwerer, das heißt mit allen Waffen wohlversehener, Infanterie; die große Masse aller Bürger sonsthin war mit Schwert und Schild bewaffnet. Hier bildete sich ein Heer der allgemeinen Wehrpflicht, das sich um eine Fahne sammelte, um einen Fahnenwagen richtiger, den »Carroccio«, dem von acht Ochsen gezogenen Karren mit dem Banner der Stadt, und einer »Garde«, die dies neuartige Symbol kriegerischen Einsatzwillens zu verteidigen hatte. Diese Bürgerkompanien waren von glühender vaterstädtischer Begeisterung erfüllt, die nicht nur zur Eroberung der umliegenden Landstriche drängte, sondern natürlich auch nach einer Entladung gegen die konkurrierenden Nachbarstädte. So also waren mächtige und reiche Stadtrepubliken in dieser kaiserlosen, aber für Italien keineswegs schrecklichen Zeit entstanden, eine neue Macht unter den Mächten, die in Italien um die Herrschaft kämpften. Die oberste Macht aber, gegen die es zu kämpfen galt, war jetzt die Kurie und die hohe Geistlichkeit.

Auch Rom war von einer allgemeinen Volksbewegung ergriffen worden. Hier wirkte ein merkwürdiger Mann, Arnold von Brescia, der in jungen Jahren ein Schüler des Abälard gewesen war, jenes kühnen Geistes, der, zuerst im Verein mit Bernhard von Clairvaux, dann von diesem erbittert bekämpft, mit der kirchlichen Erneuerungsbewegung Ernst zu machen suchte und eine innere Wandlung der Kirche erstrebte. Arnold von Brescia sah diese Wandlung in einer Rückkehr zum Leben nach der Bergpredigt und des Urchristentums, er war sozusagen ein Protestant, ein unnachgiebiger Kämpfer gegen die Veräußerlichung des Christentumes durch Papst, Kurie und hohe Geistlichkeit, und stellte sich auf die Seite des Volkes von Rom, das sich gegen die Herrschaft des Adels und der Kurie erhob; das heilige Rom sollte hinfort von den römischen Bürgern, nicht aber von der weltlichen Macht des Heiligen Stuhles regiert werden. Papst Eugen mußte vor dieser Volkserhebung, die rigoros und blutig verlief, fliehen, nachdem er sowohl vom deutschen König wie auch von den Normannen vergeblich Hilfe verlangt hatte. Sein Nachfolger, ein alter Mann, Anastasius, der nur kurze Zeit regierte, hoffte auf das deutsche Bündnis, doch Friedrich I. mußte ihn auf einige Zeit vertrösten – als das deutsche Ritterheer endlich die Alpenpässe überschritt, war Hadrian IV. zum Papst erhoben worden, ein gebürtiger Engländer, der, Sohn eines englischen Priesters, als wandernder Scholar, als Bettelstudent, nach Italien gekommen war, ein kühler und trockener Diplomat, der seine Chancen wohl abzuschätzen wußte: er konnte sich mit dem deutschen König ebenso verbünden wie mit dem normannischen, um seine Zwecke zu verfolgen. Normannischer König aber, König über Unteritalien und Sizilien, war Wilhelm geworden, ein noch junger Mann, dem sehr bald aus einleuchtenden Gründen der Beiname »der Böse« gegeben wurde. Der böse Wilhelm hatte Unteritalien als päpstliches Lehen erhalten, während der deutsche König dies Land, das er aber auch faktisch nie wirklich besaß, hätte vergeben müssen. Auch Wilhelm hatte mehrere Trümpfe in der Hand, er konnte sich mit dem Papst gegen den deutschen König verbünden, aber auch mit dem Deutschen gegen den Papst; der dritte Trumpf war Byzanz; der Kaiser von Byzanz, Manuel, erhob Anspruch auf Unteritalien – die Normannen hatten es ihm abgenommen, die Bedrängung durch die Türken hatte Byzanz gezwungen, Hilfe bei dem deutschen König zu suchen. Es war alles noch in der Schwebe, als Friedrich I. endlich im Herbst 1154 mit 1800 Rittern und 6000 Mann die Alpenpässe überschritt – Heinrich der Löwe ritt an seiner Seite.

Ganz zweifellos war dieser erste Italienzug Friedrichs, den die Italiener sofort den »Rotbart« – »Barbarossa« – nannten, für Heinrich auch der erste Schritt auf dem Wege nach Chiavenna. Sein Interesse war eng gebunden an Friedrich, der ihm die Basis der eigenen Macht verschaffte und erhalten konnte, er allein. Aber Schritt für Schritt mußte Heinrich erkennen, wie sich sein Interesse von dem Friedrichs schied. Da waren zuerst einmal die lombardischen Städte. Ihre Bürger hatten sich gegen die Obrigkeit erhoben: gegen den Adel und die Kirche. Adel und Kirche waren während der gesamten italienischen Wirren immer die potentiellen Gegner der deutschen Kaiser – die lombardischen Städte galten stets als treue Verbündete der Kaiserpartei. Auch in den Mauern dieser Städte war jahrzehntelang das Kampfgeschrei erschollen: »Hie Guelf – hie Ghibelline«, der Streit zwischen den beiden Geschlechtern, den Staufern und den Welfen, in Deutschland hatte bis hierher seine Wellen geschlagen. Dabei war den vom Orte der Streitigkeit so weit entfernten Italienern offenbar der Sinn überquer gegangen, sie sahen den Streit aus ihrem Blickwinkel, und nach diesem waren die Waiblinger die Kaisertreuen, die Welfen folgerichtig die Partei der Gegner des Kaisers, und das waren in Italien Papst und Kurie – für Heinrich den Löwen eine überraschende Erfahrung. In ihrer Entwicklung hatten sich die Städte gewissermaßen aus Tradition in zwei große Lager gespalten, die sich mißtrauisch gegenüberstanden: Hier war Mailand, die größte und mächtigste Stadt der roncalischen Ebene, das Haupt eines Städtebundes, in dem nach langen Kämpfen die antikaiserlichen Elemente überwogen – Pavia war die Stadt, hinter der sich der Großteil der neuen Stadtstaaten sammelte, sie waren antipäpstlich. Nun aber hatten alle diese Städte bei ihrer Entwicklung zu Stadtstaaten notwendig ihr Territorium erheblich erweitern müssen, um die ländlichen Gebiete rund um die Städte, die sich aus diesen Gebieten ernähren mußten. Dabei war auch »Reichsgut« und »Reichslehen« an die Städte gefallen, gleichsam im Zuge einer Art Flurbereinigung. Die Städte waren reich geworden, sie konnten sich nicht nur eigene Heere leisten, sondern auch prächtige Bauten bürgerlichen Stils, sie konnten sich Kunst leisten, eigene Kultur, eigene Schulen und Universitäten. Schon der erste Augenschein belehrte die beiden jungen Leute, Friedrich und Heinrich; hier hatte sich etwas durchgesetzt, was in Deutschland bislang vergeblich erstrebt worden war: Reichtum und Kultur, weit hinaus selbst über das Maß der alten römischen Ordnung, und dies in wenigen Jahren. Friedrich und Heinrich waren arm, Reichs- und Landesgeld flossen dünn, Kreuzzüge und Italienzüge kosteten ungeheure Summen, die sich offenbar hier in der Lombardei nach den mannigfachen Handelsumwegen wieder gesammelt hatten. Für Heinrich war dies ein Phänomen, wert, darüber nachzusinnen. Was diese Städte erreicht hatten, das erhoffte er in seinen Städten, in seinem Sachsen; die Dinge waren studierenswert, sie mußten Resultate aus bestimmten Entwicklungen sein, die eine andere, in Deutschland nur in den freien deutschen Reichsstädten mit ihren Privilegien erahnte Art des Wirtschaftens mit dem Gelde gezeitigt hatten. Auch Friedrich sah und staunte. Er war ärmer noch als Heinrich. Die Reichsgewalt war ärmer als die Landesgewalt, die Kaiser lebten aus den Einkünften ihrer Hausmacht, der reichsfreien Ritterschaft und den Tributen unterworfener und mit Lehen begabter Fürsten und hat-

ten bedeutend mehr Unkosten der Repräsentation als die Landesfürsten, von den geistlichen Fürsten ganz abgesehen. Gedankengänge, wie sie Heinrich bewegen mochten, konnten Friedrich nicht kommen. In Roncalia, wo er sein erstes Feldlager nach der überaus mühseligen Alpenüberquerung hielt, erließ er am 5. Dezember 1154 eine sogenannte »Lehnskonstitution«, in welcher er bei schwerster Strafandrohung den italienischen Reichsvasallen gebot, ihren Pflichten gegenüber ihrem Lehnsherrn, dem deutschen König, nachzukommen. Praktisch bedeutete dies die Forderung, die von den Städten gewonnenen Reichsgüter und Reichslehen zurückzugeben, ein Ansinnen, das die bislang so kaisertreuen Städte mit ihren bürgerlichen Großräten hellwach werden ließ.
Heinrich kassierte seinerseits die Gebiete, die ihm für seine Teilnahme am Italienzug mit so großer Heerfolge – sie war nur um weniges geringer als die des Königs – von Friedrich zugesprochen worden waren: viele Güter in Tuscien und dem ganzen Lande zwischen Po, Etsch und Mincio, nachdem er sich mit Welf VI. darüber geeinigt hatte. Dabei aber ließ er die durch den Akt Friedrichs geschädigten Fürsten Este weiter im Besitze der nunmehr herzoglichen Lehen und verlangte nur eine Entschädigung von 400 Mark Silbers, so einen durchaus tragbaren Zustand in seinen neuen Landen herstellend.
Friedrich machte sich sogleich daran, seiner königlichen Gewalt widerstrebende Städte zu unterwerfen. Eine Bürgerdelegation der Stadt Genua war in das Lager des Königs gekommen, um ihm einen Eid der Treue zu leisten. Friedrich verlangte von den Genuesen volle Anerkennung seiner Obergewalt, Treueschwur, Geldunterstützung und Geiseln. Zum erstenmal stand hier Bürgerstolz vor Königsthron: die Genueser schlugen rundweg ab, in Genua errichteten sofort Männer, Frauen und Kinder aller Stände hohe Mauern um die Stadt und setzten sich in Verteidigungszustand. Für die Pläne des Königs lag die Seestadt

zu weit ab, er benutzte nun als Anlaß für weitere Unternehmen die Klage einiger Bürger von Lodi, einer kleinen Stadt nahe von Mailand, über mannigfache Unterdrükkung von seiten der stolzen Metropole, um Mailand mit starken Worten zurechtzuweisen. Die Mailänder, bei denen es sich herumgesprochen hatte, dieser neue, junge König sei durchaus empfänglich für klingende Münze, boten diesem 4000 Mark an, wenn er die Oberherrschaft Mailands über Como und Lodi bestätige. Ergrimmt und in seinem Stauferstolz zutiefst getroffen, zog Friedrich gen Mailand, lagerte bei dem von 500 mailändischen Reisigen besetzten Kastell Rosate und verlangte Lebensmittel zum Unterhalt seines Heeres. Das lehnte Mailand ab, so eroberte der König das Kastell und rückte nun gegen die Stadt selber vor. Die Mailänder zogen sich hinter die festen Mauern ihrer Stadt zurück, nachdem die deutschen Reiter viele der auf mailändischem Gebiet hausenden Bürger getötet und andere gefangengenommen hatten. Mailand ergab sich nicht, der König konnte nur mehrere Brükken, Forts und Kastelle zerstören. Aber das Beispiel Mailands vermochte, eine Reihe anderer Städte zu gleichem Tun zu verleiten. So zog der König durch die Lande, einige der Städte auf seinem Wege öffneten ihre Tore freiwillig, andere, wie Asti und Chieri, mußten erst in die Acht getan und dann erobert werden. Die Bewohner dieser beiden Städte flohen in die Berge, die Städte wurden den Soldaten des königlichen Heeres zur Plünderung freigegeben und zum großen Teil niedergebrannt. Andere Städte, wie Pavia, nutzten die Nähe des fürchterlichen Königs und beklagten sich über Mailand und die Stadt Tortona, die mit Mailand verbündet war. Auch Tortona wurde in die Acht getan, Friedrich zog zu der Stadt, sie zu bezwingen; die Bürger verteidigten sich tapfer und verbissen und warteten auf die Hilfe der Mailänder. Und sie kam – 100 Schwerbewaffnete und 200 Mann leichte Truppen, denen sich viele Edelleute aus der Mailänder

Gegend anschlossen, fielen Friedrichs Heer im Rücken an und brachten dessen Heerscharen in eine verzweifelte Lage, Friedrich selbst und mit ihm Heinrich der Löwe mußten eingreifen; Heinrich fiel die ehrenvolle Aufgabe zu, die Stadt im Sturm zu nehmen. Er nahm sie nicht, die Bürger von Tortona konnten sich in die Altstadt auf einer Bergkuppe des Appenin zurückziehen und führten den Kampf fort. Zwei Monate dauerte die Belagerung dieser kleinen Felsfeste; erst als ihr einziger Brunnen zerstört war und die vor Hunger ausgemergelten Bürger nicht mehr fähig waren, einem neuen Sturm des Löwen standzuhalten, ergaben sie sich. Die Verluste der Deutschen waren nicht viel geringer als die der Stadt, und Heinrich im Verein mit den anderen deutschen Fürsten hatte es schwer, Friedrich zu bewegen, daß er den Verteidigern freien Abzug gewähre. Aber die Stadt wurde geplündert und völlig durch die Flammen vernichtet. Nun freilich kamen, durch die unerhörte Härte und Grausamkeit des Königs erschreckt, Abgesandte vieler Städte, freigebig mit Treueschwüren und viel Geld. Der Rotbart feierte dies Ergebnis seines ersten Feldzuges in Italien in Pavia als einen gloriosen Sieg; Heinrich, der Getreue, muß Mühe gehabt haben, ein Kopfschütteln zu unterdrücken.
In Rom erwartete Papst Hadrian mit Kopfschütteln das Herannahen des deutschen Königs. Ihm kam die Kunde, daß der König in Pisa den Pisanern den Befehl gegeben habe, sogleich eine Flotte gegen Wilhelm von Sizilien auszurüsten. Hadrian, kühl kalkulierend, hatte wie manch anderer auch sehr wohl die Möglichkeit gesehen, daß sich die beiden Könige gegen ihn einigten – dieser Hitzkopf Friedrich hatte sich anders entschieden, er war nun näher als Wilhelm, es galt also, diesen fallen zu lassen und jenen zu gewinnen. Vorerst aber mußte Hadrian im eigenen Hause Ordnung schaffen. Da war dieser Arnold von Brescia, der, einem Bannfluch Hadrians zum Trotz, das Volk von Rom unbekümmert gegen die päpstliche Herr-

schaft aufhetzte –, derart aufhetzte, daß der Pöbel sogar einen Kardinal auf offener Straße erschlug. Nun belegte Hadrian die Stadt Rom mit einem Interdikt: selbst über die Osterfesttage blieben die Kirchen geschlossen. Fromme Bürger waren darüber so betrübt, daß sie Arnold festnahmen und dem Papst auslieferten: Arnold von Brescia hatte niemals einen Zweifel daran gelassen, daß er dem deutschen König anhänglich war. Kampanische Grafen, dem König ebenfalls anhänglich, konnten Arnold, den Evangelisten, den Schergen des Papstes entreißen und auf ein festes Kastell in Sicherheit bringen.

So mochte Hadrian die Möglichkeit sehen, die wahre Meinung und die Absichten des Königs zu erkunden. Er sandte mehrere Kardinäle dem König entgegen, die im Verlaufe vorsichtig geführter Verhandlungen die Auslieferung des Ketzers Arnold verlangten. Und der König lieferte tatsächlich den ihm so treu ergebenen Mann an die Kardinäle aus. Er wurde in Rom sogleich verbrannt und seine Asche in den Tiber gestreut.

Nun sandte Hadrian an den König eine Botschaft, in welcher er, bevor er selber dem König entgegeneilte, diesen darum bat, den Papst gegen das aufständische römische Volk zu schützen. Dies Volk war ja, wie Arnold selber, antipäpstlich, konnte also römischer Logik nach nicht anders als für den König sein. Friedrich ging in die Falle, wenn es eine Falle war, wie füglich angenommen werden konnte.

So verließ Hadrian das feste Kastell, in das er vor der Wut der Römer geflohen war und ritt dem König entgegen. Er traf diesen unweit von Sutri – dort stand der König, von seinen Vasallen umgeben. Der Papst war von seinen Kardinälen umgeben, die wie er beritten waren. Nun wartete Hadrian darauf, daß Friedrich nach dem seit dem Wormser Konkordat von 1122 üblichen Zeremoniell dem Papst den Marschalldienst leisten, dessen Pferd am Zügel führen und ihm beim Absteigen den Bügel halten werde. Aber Friedrich rührt sich nicht, er tut nichts dergleichen. Niemand rührt sich, bis die Kardinäle, von Panik ergriffen, glaubten, nunmehr persönlich bedroht zu werden und auf ihren Rossen davonstoben. Sie ließen den Heiligen Vater mit den schrecklichen Deutschen allein. Friedrich hieß ihn absteigen und bot ihm einen Sitz an. Dies wollte nun wiederum der Papst nicht. Ältere Fürsten bemühten sich um einen Ausweg, sie verhandelten den ganzen Tag mit dem Papst wie mit dem König. Endlich einigten sie sich, Heinrich sprach das entscheidende Wort: der Papst könne den Marschalldienst fordern, weil Lothar ihn seinerzeit dem Papste Innozenz geleistet habe. Also entfernte sich der Papst, kam mit seinem Gefolge am nächsten Tage wieder – ihm ritt Friedrich entgegen, sprang von seinem Pferde und führte den Gaul des Papstes bis zu einer vorher bestimmten Stelle, wo er dem Absteigenden den Bügel hielt. Es folgte der Fußkuß und die väterliche Umarmung, und mit dieser gespenstischen Szene war das Einverständnis des Heiligen Vaters kundgetan, den deutschen König zum Kaiser zu krönen.

Aber auch die Römer handelten; vor den Toren der Stadt kamen Abgesandte des römischen Senats dem endlich verbundenen Paar entgegen, sie versicherten, es sei dem Volk von Rom eine Ehre, daß der König von ihm die Krone und damit in der Hauptstadt der Welt die Herrschaft über die Welt erhalten werde – gegen die Anerkennung der nun wiederhergestellten alten römischen Verfassung und die Zahlung von 5000 Pfund Gold, die sonsthin der Papst bei seinem Regierungsantritt an Rom zu zahlen habe, die aber Hadrian nicht gezahlt hatte. Der König, vor Wut flammend wie sein Bart, antwortete in einem Tone, der die Gesandten veranlaßte, sich eilig nach Rom zurückzubegeben, um dort »neue Weisungen einzuholen«. Auf den Rat des Papstes sandte der König eine Truppe von 1000 jungen Leuten, die sich den Ritterschlag verdienen wollten, in die Stadt, wo sie noch vor der Ankunft der Gesandten in der Nacht die Peterskirche und die angrenzenden Befestigungen besetzen sollten. Am 18. Juni hielt der König seinen Einzug, der Papst und die Kardinäle traten ihm vor der Peterskirche entgegen und begrüßten ihn mit der Feierlichkeit, die unter diesen Umständen möglich war, und sogleich schloß sich die Krönung an – die eigentliche Stadt hatte ihre Tore geschlossen und dem Kaiser den Eintritt verweigert. Kaum war der Kaiser in sein Lager zurückgekehrt, brachen die Römer aus der Stadt über die Tiberbrücken in die Leostadt ein, um den Papst in der Peterskirche gefangenzunehmen. Dabei wurden alle Deutschen, die beim Papst geblieben waren und tapferen Widerstand leisteten, überwältigt und getötet. Der Kaiser kehrte auf diese Nachricht sofort um, es gelang ihm, bis zum Abend seines Krönungstages die Römer über den Tiber in ihre Stadt zurückzujagen – die Stadt selber zu stürmen aber gelang ihm nicht. Die Zeit für eine Belagerung der Stadt war denkbar ungünstig, das Fieber der Campagna, die Malaria, hatte schon mehr als ein deutsches Heer vernichtet. So ließ der Kaiser, der die Krönung erlangt hatte durch das Versprechen, Rom für den Papst zu erobern, diesen allein; Hadrian mußte in einem Kastell Zuflucht suchen. Aber dafür versprach der Kaiser Wilhelm, den Sizilier zu bekämpfen, der in den Kirchenstaat eingefallen war. Auf die Nachricht hin, daß der deutsche Kaiser nach Unteritalien aufgebrochen war, empörten sich die immer zum Aufruhr gegen Wilhelm geneigten Barone Apuliens gegen die Herrschaft ihres Königs und verbündeten sich mit den Griechen von Byzanz, die nie aufgehört hatten, auf Unteritalien einen Anspruch zu erheben. Nie war die Gelegenheit günstiger für Friedrich, gegen die Normannen vorzugehen. Doch nun rächten sich die Blutopfer, die bislang der Kaiser von seinem Heer für die vergeblichen Unternehmen verlangt hatte – das Heer bestand nur noch aus 1800 Mann, die erschöpft, ausgemergelt und zum großen Teil krank nach einem anstrengenden

Marsch über die sabinischen Berge und einem blutigen Gemetzel um Spoleto an der Ostküste bei Ancona anlangten. Die Fürsten im Gefolge des Kaisers stritten mit ihm über seine kühnen Pläne, sie verlangten den Abbruch des so mißglückten italienischen Feldzuges, während die Bischöfe den Kaiser zu weiterem Vorgehen gegen die Normannen zu ermutigen suchten. Die Bischöfe jedoch hatten kein Heeresgefolge, und Friedrich blieb nur die Wahl, sich nach Deutschland zurück durchzuschlagen oder mit dem Risiko der Vernichtung seines ganzen Heeres den Kampf mit Wilhelm aufzunehmen. König Wilhelm war, wie die Kunde besagte, schwer erkrankt, aber auf die Nachricht vom Anmarsch des deutschen Kaisers erholte er sich überraschend schnell, brach die Belagerung von Benevent ab und eilte nach Apulien. Dort hatten griechische Heere sich mit den aufständischen Baronen vereinigt, nahmen Brindisi und verbreiteten sich siegreich über ganz Apulien, eines hilfreichen Eingreifens des deutschen Kaisers gewiß. Aber der Kaiser hatte den Rückmarsch nach Deutschland angetreten; Wilhelm kam wie ein Gewitter über das Land, räumte es auf, hauptsächlich mit Hilfe seiner sizilianischen Araber, schlug das griechische Heer vernichtend und zog in Brindisi ein – dort nahm er furchtbare Rache an seinen Baronen, er blendete sie, er henkte sie – und erwarb so seinen Beinamen »der Böse«. Dem Papst, der eben noch den Apuliern zur Hilfe ein Heer aufgeboten hatte, blieb nichts anderes übrig, als sich nun seiner Bündnisverpflichtungen mit dem Kaiser zu entledigen und mit Wilhelm einen Vertrag zu schließen, der endlich und für alle Zeiten den Normannenstaat in Unteritalien als »Rückhalt und Schutzwehr des römischen Papstes« gegen alle Feinde anerkannte.

Der Rückmarsch Barbarossas nach Deutschland glich dem Rückzug eines schwer geschlagenen Mannes, der zu retten suchen muß, was noch zu retten war. Friedrich teilte das kleine Heer in drei Haufen, die unabhängig voneinander und auf verschiedenen Wegen zusehen sollten, wie sie nach Deutschland kamen. Heinrich blieb bei Friedrich, der, endlich vor Verona angekommen, in einem forciert feierlichen Akt die widerspenstige und niemals eroberte Stadt Mailand in die Acht erklärte und die einzig treu gebliebene Stadt Cremona zum Dank mit dem Münzrecht Mailands belehnte – und damit gleichzeitig die Rache Mailands an Cremona heraufbeschwor; über die Acht konnten die Mailänder nur hohnlachen, und ganz Italien lachte mit ihnen. Dieser Kaiser hatte sozusagen sein Gesicht verloren, selbst Verona wehrte ihm den Eintritt in die Stadt, und als der Kaiser auf seinem Wege nach Hause eine enge Schlucht mit schroffen Felsen auf der einen, der wildschäumenden Etsch auf der anderen Seite passieren wollte, hatten veronesische Partisanen die Klause besetzt und wollten von uneinnehmbarer Stelle aus dem Kaiser den Durchlaß nur gewähren, wenn jeder Ritter seine Rüstung und sein Pferd zurücklasse und der Kaiser ein bedeutendes Lösegeld bezahle... Otto von Wittelsbach rettete die Lage mit einem Trupp berggewohnter Bayern, die unbemerkt die schroffe Schlucht erstiegen und nun die Veroneser von hohem Feld bis auf den letzten Mann in die Etsch schleuderten.

Über den Brenner erreichte Barbarossa die bayrische Ebene und begab sich nach Augsburg, von wo aus er sich rühmte, niemals habe ein deutscher Kaiser mit einer so kleinen Streitmacht den Italienern den Herrn gezeigt. Aber ganz Italien feierte den Sieg über diesen Herrn; es war der Sieg des italienischen Volkes, das sich nun zum ersten Male nach der großen lateinischen Vergangenheit wieder einer Volkwerdung bewußt geworden war – in ersten Ansätzen fand sich die italienische Sprache aus verschiedenen lateinischen Mundarten zusammen –, und die Hoffnung wuchs, daß Italien und das italienische Volk sich aus eigener Kraft regieren würden. Dies war ein Ergebnis des deutschen Italienfeldzuges, das Friedrich nicht sehen wollte; aber Heinrich sah es und wußte darum, und seiner nüchternen Beobachtung konnte nicht entgangen sein, daß mit der Volkwerdung auch die Volkswirtschaft möglich war, ein Begriff, den Friedrich auch nur zu denken völlig außerstande blieb. Geld war dem Kaiser und der gesamten Reichsgewalt der ganzen Konzeption des Reiches nach Beute oder Tribut, wie für den Papst und die Kirche der Peterspfennig und die kirchlichen Allodien –, für beide Institutionen jedenfalls kein Mittel einer Volkswirtschaft, es diente Kirche und Reich nur zur Erweiterung und Befestigung der Macht. Der Kaiser hatte überhaupt keine Verbindung zum Volk, ihm begegnete es nur durch den Filter der Großen des Reiches, die ihrerseits kaum eine andere Verantwortlichkeit gegenüber ihren Völkern sahen als jene, die der Erhöhung der eigenen Macht diente. Der Aufschwung der lombardischen Städte, aber auch der verschiedener deutscher Reichsstädte mit ihren Privilegien, die sie erkauft hatten, mußte dem aufmerksamen Beobachter – und Heinrich der Löwe war in diesem Punkte überaus neugierig – zeigen, daß Geld auch eine Funktion hatte, die eng mit der Produktion und dem Handel verbunden war, die Funktion des Blutes im Körper. Heinrich hatte seinen Aufenthalt in Italien wohl genutzt, sich gleichzeitig dem Kaiser mit seinem sächsischen Heergefolge wie aber auch dem Papste durch mancherlei Vermittlung nützlich gemacht. Wie natürlich hatten sich die hohen Geistlichen Italiens an ihn gewandt, eingedenk des Rufes »Hie Guelf – hie Ghibelline« –, was in italienischer Sicht eben bedeutete, daß der Welfe Heinrich päpstlich gesinnt sein mußte. Heinrich nutzte dies bei passender Gelegenheit: Sein Todfeind, Erzbischof Hartwig von Bremen, hatte sich in Heinrichs Abwesenheit sogleich an Papst Hadrian gewandt und um Unterstützung gegen Heinrich gebeten, Hadrian hatte diese zugesichert, aber als nun Heinrich selber mit ihm sprach, opferte der Papst in lauterer Dankbarkeit für ihn den Erzbischof, indem er die nun langsam verödende Diskussion um das Investiturrecht von sich auf

Heinrich übertrug. So ausgerüstet, eilte Heinrich nach Sachsen, nachdem er in Bayern zumindest seinen Anspruch auf das Land gegen Jasomirgott erneut gefestigt hatte – Friedrich übernahm es, den Widerspenstigen zu zähmen und, mit der Zustimmung vieler, den Herzog von die Reichsmacht lockernden Privilegien auf die Herzogtümer in Österreich zurückzuverweisen. Die Friesen hatten die Abwesenheit ihres Herzogs ebenfalls genutzt und dessen Herrschaft in einem wilden Aufstand abgeschüttelt. Heinrich gab es bald auf, die grimmigen und tapferen und auf ihre Freiheit höchst Bedachten in ihren Sümpfen und Wäldern zu schlagen, er zog nach Bremen und nahm dort friesische Kaufleute als Geiseln fest, gleichzeitig dem Erzbischof klarmachend, daß er und nur er Landesherr sei –, mit päpstlicher Vollmacht. Der Erzbischof, fürchtend und wirklich in Gefahr, ebenso gefangengesetzt zu werden wie die friesischen Kaufleute, mußte angesichts des päpstlichen Dokumentes zähneknirschend nachgeben. Heinrich ermöglichte die Zurückweisung aller kirchlichen Ansprüche den Zusammenschluß aller sächsischen Stammesländer zu einem, das ihm und nur ihm unterstand; das bis dahin in viele, voneinander ganz unabhängige Territorien zerstückelte alte Sachsenland wuchs durch ihn und seine kluge Politik, welche das erwachte sächsische Stammesbewußtsein nunmehr gegen Territorialfürsten, auch geistlicher Art, Gaugrafen, Markgrafen und Grafen, immunisierte, zu einer grandiosen, im Reiche jedenfalls unerhörten Einheit zusammen. Zugleich aber suchte er auch die wendischen Fürsten mitsamt ihren wendischen Völkern dieser Einheit zu unterwerfen. Sachsen und Wenden sollten in den Marken gleichberechtigt sein, so verlangten es die willfährigen wendischen Fürsten; dem entgegen standen die Bischöfe, welche christianisieren wollten und Rechte erst nach vollzogener Taufe zuzubilligen bereit waren, – und die Dänen, die Heinrich in Kriegsfällen wohl in den wendischen Landen zu dulden geneigt war, denen er aber nie mehr als die Rolle einer bloßen Hilfsmacht zuzubilligen vermochte. In nur zwei Jahren wurde Heinrich mit allen seinen Problemen fertig: Seine Kassen waren leer, als er aus Italien zurückkam, er konnte nichts in seine Länder investieren als eine neue Ordnung. Er wollte keine Burgen bauen, sondern Städte. So nutzte er die Privilegien, die ihm Hadrian verliehen hatte, um Bischöfe von seinen Gnaden in Orte zu versetzen, deren Wirtschaft ganz darniederlag: Sollte die Kirche bauen, die reiche Kirche, was er nicht zu bauen vermochte; aber er vergab an die Neugründungen Rechte, Marktgerechtigkeiten und stattete sie mit Hufen Landes aus; so gründete er Eutin, Plön, Ratzeburg, indem er diese Orte mit Stadtrechten versah, die er selber entwarf, das gänzlich verlassene und verödete Oldenburg in Wagrien wurde wiederaufgebaut, Neumünster zu einem Zentrum des Handels entwickelt – unbekümmert darum, daß die Wenden nun ihre Toten auf bischöfliches Ersuchen nicht mehr nach slawischem Brauch verbrennen durften, sondern auf christlichen Friedhöfen begraben mußten. Wo sich die Wenden gegen die neue Ordnung wandten, wandten sie sich gegen die Bischöfe und nicht gegen ihn, der das Vertrauen der wendischen Fürsten besaß und im Grunde auch stets zu rechtfertigen suchte. Er verwandelte das Bollwerk Schwerin in eine Stadt, in ein Zentrum des Handels.

Entscheidend aber war die Regelung, die Heinrich nun mit Lübeck traf. Hatte sich Adolf II. bislang gegen den Vorschlag gewehrt, die Hälfte der Einkünfte aus dem Handel Lübecks mit Heinrich zu teilen, und hatte Heinrich durch Entziehung der Marktgerechtigkeit die Stadt in eine üble Lage gebracht, die notwendigerweise die Lübecker veranlassen mußte, ihren Adolf zu bitten, auf Heinrichs Vorschlag einzugehen, so war es nun an der Zeit – als nämlich ein großer Brand die Stadt verwüstete –, mit ihrem Wiederaufbau auch dem alten Lübecker Zwist ein Ende zu machen. Graf Adolf fügte sich der neuen Lage; Hein-

rich hob sofort seine über die Stadt verhängten hemmenden Bestimmungen auf; die Kaufleute kehrten zu Stadt und Hafen zurück und bauten in Kürze und mit eigenen Mitteln die Stadt wieder auf, und Herzog Heinrich unterstützte sie, indem er Boten in alle Ostseeländer sandte, die von der Auferstehung Lübecks schwärmten, was Heinrich nichts kostete, aber sofortige Wirkung auf den Handel zeitigte. Nun betrachtete Heinrich die Stadt als seine ureigene Schöpfung, stattete sie mit dem von ihm verfaßten Soester Stadtrecht aus und fütterte sie mit Weidewald und Fischereigerechtigkeit.
Lübeck wurde die größte und bedeutendste Stadt des deutschen Nordens, ohne daß dies das Reich eine einzige Anstrengung kostete; nur die Münzstätte und der Zoll, von Heinrich angelegt, bedurften der Zustimmung des Kaisers, der sie gerne gab — das Reich hatte endlich den ihm bis dahin versagt gebliebenen Zugang zur Ostsee.
Auch Braunschweig erhob Heinrich zur Stadt, auch Lüneburg, die Salzstadt, die bislang im Schatten des obotridischen Bardowiek gestanden hatte, und schließlich Winsen an der Luhe, die Salzstraße nach Lübeck zu sichern. Das Salz war im Grunde der einzige Rohstoff, den Sachsen in den Handel bringen konnte. Mit dem Salzhandel aber wußte Heinrich Bescheid. Nun, da er der Herrscher auch über Bayern war, gehörten ihm die Salzwerke von Reichenhall und Berchtesgaden. Von ihnen profitierte der Bischof von Freising, der an einer Brücke über die Isar bei dem Orte Föhring eine Zollstation und eine Münzstätte errichtet hatte: die Salztransporte gingen hier auf der Hauptstraße nach Augsburg und dem Westen über den Fluß. Heinrich besaß eine Stunde oberhalb Föhrings ein Gut »bei den Munichen«; dies Gut hatte früher zu Tegernsee gehört und war mit anderen Klostergütern als Herzogslehen den Grafen von Andechs und Wolfratshausen übertragen worden. Nun starb der Wolfratshausener, Heinrich zog das Lehen ein, baute eine Brücke über die

Isar, verlegte die Straße hierhin und errichtete eine Marktstätte, nachdem er die Brücke und Straße nach Föhring zerstört hatte, – kraft eigenen Rechts, wie er dem erbosten Bischof mitteilte. Kraft eigenen Rechtes handelte Heinrich in allen seinen Unternehmungen, das Reich kannte kein allgemeinverbindliches Recht, es kannte erhärtete Gewohnheiten und Gebräuche, die sogar stärker waren als die Sittengesetze, welche die Kirche lehrte. Der Bischof von Freising war – wie denn nicht, das waren so ziemlich alle deutschen Fürsten, geistliche wie weltliche – mit dem Kaiser verwandt –, der Bischof war der Oheim des Kaisers. In dem Rechtsstreit fällte nun Friedrich einen für Heinrich günstigen Schiedsspruch, der Herzog mußte von den Zolleinkünften der Stadt »München« ein Drittel des Ertrages dem Bischof überlassen. Die beiden anderen Drittel überließ Heinrich der Stadt, die später zur Hauptstadt des Landes Bayern aufsteigen sollte. Allen Städten, die Heinrich der Löwe gründete, billigte er eine große Zahl von bis dahin ungewöhnlichen Freiheiten zu: er gewährte den Bürgern seiner Städte die Selbstverwaltung, ließ ihnen die freie Wahl ihrer Pfarrer und des Stadtrates, das Recht einer eigenen Festsetzung ihres Stadtrechtes, den Neubürgern nach einem Jahr des Wohnens in der Stadt die Befreiung von allen Abhängigkeits- und Hörigkeitsverhältnissen, er gestand ihnen die eigene Wehrhoheit zu und eine Zollfreiheit innerhalb aller Gebiete, die dem Herzog unterstanden – und das waren mittlerweile beträchtlich viele –, die er zu einem geschlossenen Territorium zusammenzuziehen suchte. Er tauschte unbedenklich seine Besitzungen im fernen Schwaben gegen solche im Harz, in denen er bislang zwar die Jagdgerechtigkeit, nicht aber die Schürfrechte der dortigen Bergwerke besessen hatte, die ihm nun gleichsam nebenbei zufielen. Zugleich schien er auf der Suche nach einer Hauptstadt seines Landes zu sein. Da war Goslar, ein ansehnliches und schönes Städtchen, dessen Gebiet von lukrativen Bergwerken umgeben war –, Reichsgebiet und Kaiserpfalz, aber rings umschlossen von des Herzogs Territorium. Der Anspruch auf Goslar mußte ihn freilich in den schärfsten Gegensatz zu dem Kaiser setzen – so richtete er sich endlich 1166 in Braunschweig ein, gab der Stadt das »Hagenrecht«, das die Bürger Braunschweigs vom Elbzoll nach Lüneburg befreite, errichtete die Burg Dankwarderode im Kern der Altstadt neu und setzte vor die Burg den »Löwen«, sich selber sozusagen Denkmal und Hoheitszeichen errichtend.

Die übrigen Landesfürsten sahen die Unternehmungen des so überaus tätigen jungen Mannes mit wachsendem Mißtrauen. Die klügsten unter ihnen, die, welche in ihrer Herrschaft entschiedene Ziele verfolgten und um ihrer Erfüllung willen auch am meisten gefährdet waren, suchten den Herzog nachzuahmen, wie Albrecht der Bär und der Erzbischof Wichmann von Magdeburg, die den Kampf gegen die heidnischen Slawen im Süden der Marken des Löwen weiterführten, dessen Methoden anwendend. Brandenburg und Havelberg, wie auch Jüterbog, erhielten Stadtrecht, diesmal freilich Magdeburger Stadtrecht, und rund um die Stadtgebiete wurde begonnen, das Land mit Hilfe der Zisterzienserklöster urbar zu machen und zu kolonisieren.

Fast alles, was Heinrich tat, erwies sich für das Reich als ein Gewinn, freilich als einer, der mittelbar war, gefiltert durch Heinrichs Interessen.

Das wußte auch der Kaiser. Gerade im Nordosten seines Reiches, das er nach dem Kaiserkonzept des Heiligen Römischen Reiches Deutscher Nation in vollem Umfang wiederherzustellen versuchte, war noch der Rest des kirchlichen Auftrages zu erfüllen: den Heiden die fromme Botschaft zu überbringen und sie in den Schoß der Kirche aufzunehmen. Heidnische Völker gab es nur noch dort oben – wenn Heinrich der Löwe diesen Auftrag zu erfüllen suchte, nun gut. So ließ denn Barbarossa auch die dänischen Angelegenheiten in Heinrichs Hand. Der Herzog hatte das größte Interesse, seinen Einfluß auf die dänischen Angelegenheiten zu bewahren. Die drei dänischen Fürsten, Sven, Knut und Waldemar, lebten in ständigen Streitigkeiten miteinander, der Kampfhahn war Sven, und es gelang ihm, Knut und Waldemar in prekäre Situationen zu versetzen. Aber schließlich mußte Sven doch aus dem Lande fliehen, und er floh zu Heinrich. Der Löwe zog, Sven zu helfen, gen Norden, nahm Schleswig ein — Sven belegte die Stadt sogleich mit einer unerhört harten Kontribution — und rückte vor den Danewerk, dessen Verteidiger vor Heinrich die Tore der Verschanzung öffnete. So konnte Heinrich weiter vorrücken, mußte aber erkennen, daß vor Sven die Dänen flohen, statt sich ihm anzuschließen — so sehr liebten sie ihn. Heinrich drang nicht weiter vor, er nahm Geiseln aus Schleswig und Ripen mit und empfahl Sven, es mit den Wenden zu versuchen, deren Flotten bereit waren, dänische Inseln zu okkupieren. Vor dieser Drohung kapitulierten Knut und Waldemar, im Vertrage zu Laland teilte Heinrich den drei Fürsten das Land so zu, daß Waldemar Jütland, Sven Schonen, Halland, Blekinge und Bornholm erhielt, Knut das übrige. In aller Stille übte dergestalt Heinrich die Lehnshoheit auch über Dänemark aus. (Wenige Wochen nach diesem Vertrag lud Sven die beiden anderen Fürsten zu einem Versöhnungsgastmahl, bei dem plötzlich die Lichter erloschen und ein Haufen Mörder sich auf Knut und Waldemar stürzten. Knut wurde getötet, Waldemar, der älteste und auch bedeutendste unter den drei Königen, konnte entkommen, in Jütland ein Heer aufstellen und in einer Schlacht auf der Grateheide am 23. Oktober 1157 den ihm nachsetzenden Sven erschlagen. So blieb nur Waldemar übrig und wurde nach einer Wahl der alleinige König von Dänemark, nachdem er vorsorglich die Lehnshoheit Friedrichs, und nicht Heinrichs, anerkannt hatte.)

Trotz des Mißmutes der Landesfürsten ließ der Kaiser

Heinrich den Löwen in seinen dänischen Angelegenheiten gewähren, er nahm sogar die Gelegenheit wahr, seinerseits in polnische Angelegenheiten einzugreifen: Noch zur Zeit der Regierung Konrads hatte der polnische Herzog Boleslaw IV. im Verlaufe von Thronstreitigkeiten seinen Bruder Wladislaw vertrieben – der hatte sich um Hilfe an Konrad gewandt, welcher, gebunden durch seinen Kampf gegen die Welfen, nichts unternehmen konnte. Als nun Boleslaw sich auch weigerte, die Lehnshoheit des Reiches anzuerkennen und den schuldigen Tribut zu zahlen, zog Friedrich mit einem sächsisch-thüringischen Heer, also mit Hilfe Heinrichs, von Halle aus gegen Polen und drang schnell über die Oder bis Posen vor. Boleslaw, völlig überrascht, leistete schleunigst den Huldigungseid und zahlte eine Geldbuße, hielt aber nach Abzug der Deutschen sein Versprechen nicht ein, seinen Bruder zur Mitregierung in den schlesischen Herzogtümern zuzulassen. 1163 erreichte Friedrich die Herausgabe Schlesiens an die beiden Söhne des inzwischen verstorbenen Wladislaw, von denen der eine, Boleslaw – der Lange –, Breslau erhielt und der andere, Miseko, das Herzogtum Ratibor, während Boleslaw IV. über die übrigen Teile Polens regieren durfte. Die schnelle und, wie es schien, glückliche Lösung veranlaßte den König von Ungarn, Geza II., sich an den deutschen Kaiser zu wenden, damit er auch ihn in seinem Streit mit seinem Bruder Stephan unterstütze. Das tat Friedrich; gleichzeitig erhob er – was von entscheidender Bedeutung war – den Herzog von Böhmen, Wladislaw, zum König, seiner kaisertreuen Haltung wegen, die sich, wie Friedrich zuversichtlich hoffte, nunmehr desto sicherer den ständig unzuverlässigen Ungarn gegenüber bewähren werde.

Im übrigen schien des Kaisers ganzes Sinnen und Trachten auf einen Rachefeldzug gegen Italien gerichtet zu sein. Zunächst ordnete er seine persönlichen Angelegenheiten: er hatte sich von seiner ersten Gemahlin scheiden lassen, wegen zu naher Verwandtschaft, wie er angab – aber mit welchem fürstlichen Hause war er nicht verwandt? –, nun vermählte er sich mit Beatrix von Burgund, wobei ihm wiederum dies blühende Land als Erbschaft zufiel und als Gattin eine – wie die Zeitgenossen berichten – zauberhafte, tapfere, kluge und schöne Frau – die Burgunder waren reich an solchen Frauen; sie begleitete ihren Gemahl nun auch auf seinen verwegenen Kriegsfahrten. Den Anlaß zu seinem zweiten Italienfeldzug fand der Rotbart im Vorgehen des Papstes Hadrian, der ihm zwar die Scheidung bewilligt hatte, ihn aber nun durch sein zu Benevent mit Wilhelm von Sizilien gegen den deutschen Kaiser geschlossenes Bündnis geärgert hatte und jetzt auch noch in einem Streit um den vom Papst eingesetzten, vom deutschen Episkopat aber nicht anerkannten Bischof Eskil von Lund diesen als »Bischof des Nordens« bezeichnet hatte; Eskil war bei der Rückkehr von der Kurie in Burgund gefangengenommen worden. So sandte Hadrian im Oktober 1157 eine päpstliche Gesandtschaft zum Reichstag in Besançon, und zwar unter der Führung des päpstlichen Kanzlers Roland, eines harten Mannes, gegen den der Kaiser nunmehr einen seiner Berater, den ebenso harten Rainald von Dassel, einsetzte, der sofort und schlau einen Streit um Worte vom Zaune brach. In einem Schreiben hatte Hadrian den Kaiser daran erinnert, daß er ihm durch die Krönung die ganze Machtfülle des Kaisertums übertragen und noch manche andere »Beneficia« hatte zukommen lassen. Dassel übersetzte nun das Wort »Beneficia« mit dem Begriff »Lehen« und entfesselte erwartungsgemäß auf dem Reichstag einen Sturm der Entrüstung; der Kaiser mußte persönlich den Legaten vor Tätlichkeiten schützen. Trotz der vermittelnden Haltung Heinrichs des Löwen mußten die päpstlichen Legaten das Reich verlassen, und Hadrian war wiederum schlau genug, durch eine neue Gesandtschaft erklären zu lassen, das Wort »Beneficium« habe nicht die Bedeutung von »Lehen« (feudum), sondern von »Wohltat«. Aber Rainald von Dassel, von Barbarossa kurze Zeit darauf zum Erzkanzler erhoben und als Erzbischof von Köln eingesetzt, hatte schon durch zahlreiche Flugschriften die Unabhängigkeit des Kaisertumes von der Kirche proklamieren lassen: der Kaiser verdanke die Krone des Reiches allein der Gnade Gottes und der freien Wahl der geistlichen und weltlichen Fürsten des Reiches. Damit führte der Kaiser die Tradition Karls des Großen und der ersten deutschen Kaiser fort: die Deutschen seien die rechtmäßigen Erben des Römischen Reiches. Der Wiederherstellung der Reichsgewalt also sollte der zweite Italienfeldzug dienen, – an dem sich Heinrich der Löwe vorerst nicht zu beteiligen beschloß. Wer von den deutschen Landesfürsten, wenn nicht er, sollte begriffen haben, daß neben dem Rachedurst, den Herr von Dassel beim Kaiser schürte – ein Mann, der die alte Idee einer deutschen Reichskirche diesmal vertrat, mit sich selbst als oberstem Bischof und Erzkanzler –, den Kaiser vorwiegend wirtschaftliche und fiskalische Beweggründe leiten mußten.

Tatsächlich wandte sich der Kaiser, der nun ein »stattliches« Heer zusammengeworben hatte, mit seinen Kriegern sofort gegen die abtrünnigen lombardischen Städte; indes Dassel und der bayrische Pfalzgraf Otto von Wittelsbach, ein guter und getreuer Mann, zu diplomatischen Vorbereitungen vorausgesandt wurden – sie hatten angesichts der heranrückenden Heeresmacht leichtes Spiel. Barbarossa zwang nach mehrwöchiger Belagerung am 7.9.1158 das stolze und widerspenstige Mailand nieder, die Bürger mußten ihm den Treueid leisten, eine große Geldbuße zahlen und ihre Regalien zurückgeben. Nun brach auch der letzte Widerstand der Städte zusammen. Auf den roncalischen Feldern, oberhalb von Piacenza, trat auf den Befehl Barbarossas eine juristische Konferenz zur Feststellung der Regalien zusammen: Regalien waren für den Kaiser die Verfügung über die Herzogtümer, die Markgraf- und Grafschaften, die Hoheit über alle Verkehrswege, zumal über deren Einkünfte, das Münzrecht, die Erbauung von Pfalzen, die Reichssteuer, die sonstigen Abgaben und die Ausübung der Gerichtsbarkeit – ein ungeheurer Machtzuwachs für die Staufer; die jährlichen Einnahmen aus den Regalien ergaben über 30 000 Pfund Silbers, die nicht wieder als Lehen ausgegeben wurden, sondern von königlichen Beamten verwaltet werden sollten. Für die Städte bedeutete das die Aufgabe aller städtischen und ständischen Freiheiten und Privilegien, zumal ihrer seit Jahrzehnten erworbenen Selbstverwaltung. Barbarossa setzte sogenannte »Podestas« in den Städten ein – an Stelle der bisherigen Konsuln, und im Gegensatz zu diesen reine kaiserliche Zwingherren, welche selbstherrlich über die Regalien bestimmen konnten.

Die Städte fügten sich zähneknirschend und mit äußerstem Widerwillen dem neuen Gesetz, das eine produktive Entwicklung so rigoros rückgängig machte, alle Hoffnungen der aufblühenden Stadtstaaten zertrümmerte und diese auf den Status der alten Abhängigkeit von der Königsgewalt zurückdrückte. Nur Mailand mit seinem tapferen und seiner Bedeutung bewußten Stadtvolk widersetzte sich und baute stracks seine starken Befestigungen aus. Auch die kleine Stadt Crema fügte sich nicht, sie wurde belagert – die Belagerung begann im Juli 1159 und endete erst im Januar 1160 nach hartnäckigster Verteidigung. Die Stadt wurde auf Befehl des Kaisers dem Erdboden gleichgemacht. Mailands Widerstand blieb ungebrochen.

Die Regalienpolitik des Kaisers erstreckte sich aber auch auf Tuscien, wo Welf VI. sich wenig um die Verwaltung dieses immer noch vom Heiligen Stuhl beanspruchten Gebietes gekümmert hatte, sowie auch auf den Kirchenstaat. Hadrian beschwerte sich über die Übergriffe, der Kaiser über die Nichteinhaltung des Konstanzer Vertrages. Der Papst knüpfte neue Verhandlungen mit den Normannen und den lombardischen Städten an, der Kaiser sandte Otto von Wittelsbach nach Rom, der dort mit der aufrührerischen Stadtbevölkerung Verbindung suchen sollte. Da starb, noch bevor die unausweichlichen Feindseligkeiten begonnen hätten, am 1. September 1159 in Anagni Papst Hadrian, der zähe Engländer.

Schon eine Woche später wählte die Mehrheit der Kurie den bisherigen Kanzler Roland, den harten und klugen Mann – eine knappe Minderheit hatte für den Kardinal Oktavian gestimmt, einen Angehörigen des kaisertreuen italienischen Geschlechtes der Grafen Montizelli, den Kandidaten des Wittelsbachers. Bei dieser Wahl kam es zu Tumulten, bei einer Prügelei zwischen den beiden Papstanwärtern gelang es Oktavian, dem Roland den Papstmantel zu entreißen und sich selber damit zu bekleiden. Roland verließ Rom, wurde aber von seinen Anhängern als Papst Alexander III. geweiht, indes Oktavian den Namen Viktor IV. annahm.

Wiederum also standen sich ein Papst und ein Gegenpapst gegenüber, war die Kirche gespalten, war die Pest des Streites um Simonie und Investitur erneut ausgebrochen – und dieser Zustand sollte die nächsten achtzehn Jahre weiter bestimmend sein. Der Kaiser suchte dies Produkt der genialischen Politik des Rainald von Dassel zu seinem Vorteil auszubauen, indem er beiden Päpsten vorschlug, sich auf einer Synode in Pavia seinem Schiedsrichteramt zu stellen. Natürlich kam Alexander nicht, es kamen nur die Bischöfe aus Deutschland, Ungarn, Böhmen und Dänemark, sie anerkannten Viktor als rechtmäßigen Papst, verhängten den Bann über Alexander und verkündeten ihre Beschlüsse der Christenheit. Alexander seinerseits bannte den Kaiser, den Herrn von Dassel und den Gegenpapst Viktor.

Das Mittel der Bannflüche war mittlerweile ebenso abgebraucht wie die ganze gespenstische Konzeption, welche Reich und Kirche zusammenzwang – und jeder der Beteiligten wußte das. Die geniale Erfindung der Kreuzzüge hatte die Verkrampfung zunächst aufgelöst; aber nun zeitigten auch sie nicht mehr die erhoffte Wirkung. Der Kaiser von Byzanz, dem der Besitz der heiligen Stätten völlig gleichgültig war, nicht aber die Bedrängnis durch Türken, Araber und Normannen, hatte zu diesem Zeitpunkt durchaus Muße, Politik zu treiben. Politik war für alle Beteiligten das Gebot der Stunde, kalte, kluge und vor allem kurzfristig angelegte Politik. Hier war Barbarossa im Nachteil, wie er in der ganzen italienisch-deutschen Verstrickung politisch immer im Nachteil sein mußte. Zunächst mußte der deutsche Kaiser, um die Hände für Politik frei zu bekommen, Mailand niederringen –, die stolze Stadt, die gewillt war, sich, Vorbild für alle italienischen Städte, bis zum letzten Atemzug gegen die deutsche Oberherrschaft zu wehren. Die Belagerung von Mailand band alle militärischen Kräfte Barbarossas, sie dauerte über ein Jahr, er mußte alles an Mitteln einsetzen, um Mailand zu bezwingen. Immer wieder rannte er gegen die Stadt an, keine Blutopfer scheuend, er mußte Belagerungstürme bauen, von denen aus Sturmgeschütze Felsbrocken und Feuer in die Stadt spien – ganz Italien sah atemlos zu, der Kaiser, selber atemlos geworden, mußte sein Ziel, Italien als Reichsgebiet wieder völlig unter seine Hoheit zu bringen, immer weiter hinausschieben. Endlich fiel Mailand im März 1162, der Hunger überwältigte die Stadt – Barbarossas Rache war fürchterlich und wie alles Fürchterliche dumm. Er ließ den berühmten Mailänder Fahnenwagen vernichten, die Mauern der Stadt wurden niedergerissen, das kaiserliche Heer hielt einen demütigenden Einzug in die Stadt, die nun auf Befehl des Kaisers gänzlich zerstört wurde. Die Bewohner der Stadt wurden in vier Dörfern angesiedelt, hübsch rund um die ehemalige Stadt, damit die Mailänder immer das Resultat ihres Aufstandes gegen den kaiserlichen Willen vor Augen hatten – sie hatten nichts anderes vor Augen als den festen Willen, das Mal ihrer Schande bei der nächsten Gelegenheit wieder in eine feste und stolze Stadt zu verwandeln. Aber mit dem Fall Mailands unterwarfen sich auch die anderen Städte, die bislang Widerstand geleistet hatten, legten ihre Befestigungen nieder, lieferten ihre Kastelle aus und duldeten einen kaiserlichen Podesta in ihrer Stadt – und Rainald von Dassel konnte damit beginnen, den Kampf gegen die Normannen vorzubereiten.

Alexander hatte Italien verlassen, nicht ohne seine Beziehungen zu den Normannen wie zu Byzanz in Reserve zu kultivieren, er begab sich nach Frankreich, er hatte wohl begriffen, daß sich weder französische noch englische Legaten an der Wahl Viktors beteiligt hatten. Seiner überlegenen Politik gelang es, den französischen König Ludwig VII. mit dem englischen König Heinrich II., die beide mehr in Familienangelegenheiten – die ja immer mit der Frage eines Machtzuwachses zusammenhingen – feindselig einander gegenüberstanden, in dem Augenblick gegen den deutschen Kaiser zu einigen, als dieser, eilig und doch zu spät, in Frankreich auftauchte, um beide Könige auf seine Seite zu ziehen und die Anerkennung seines Papstes Viktor durchzusetzen. Auch in der hohen Geistlichkeit, in der englischen wie französischen, hatte Alexander willfährige Freunde gefunden, deren Einfluß bei beiden Königen, die sonst recht weise die Querelen der Kirche von sich ferngehalten und allenfalls zu ihrem eigenen politischen Vorteil genutzt hatten, wuchs. Sowohl der Erzbischof von Salisbury wie der Bischof Arnulf von Lisieux in der Normandie verbreiteten Texte, die fast gleichlautend den Standpunkt Alexanders vertraten und deren Inhalt etwa lautete: »... Wer hat die allgemeine Kirche dem Urteil einer einzelnen Landeskirche unterworfen? Wer hat die Deutschen zu Richtern über die Völker bestellt, wer diesen rohen und gewalttätigen Menschen die Befugnis verliehen, nach ihrem Belieben einen Fürsten zu setzen zu Häupten der Menschenkinder?«

Wer? Ja, wer? Da nahte Barbarossa, der Gewalttätige, bereit, sich zum Usurpator des gesamten Abendlandes aufzuschwingen, begleitet von jenem Dassel, dem der Ruf voranging, die gerissenste graue Eminenz seiner Zeit zu sein, und schlug vor, beide Könige und beide Päpste sollten sich an einem bestimmten Tage an der Saône-Brücke bei St. Jean de Lesne, einem Grenzort zwischen dem Reich und Frankreich, einfinden, um dort durch ein Schiedsgericht angesehener Männer und Juristen Entscheidendes über die Rechtmäßigkeit eines der beiden Päpste zu erfahren. Alexander wie Dassel machten sich sofort an ihre diplomatische Tätigkeit; Alexander aber erreichte, daß sich Ludwig, der Franzose, wie Heinrich, der Engländer, wenigstens in dem einen Punkte einigten, daß es besser sei, sich keinem von dem Wolf des Abendlandes inspirierten »Schiedsgericht« zu unterwerfen – sie ließen Kaiser, Kanzler und Gegenpapst vergeblich an der Brücke warten. Barbarossa kehrte nach Deutschland zurück, ohne mit seinem zweiten italienischen Feldzug einen anderen Erfolg für sich buchen zu können als den, der ihm schon im ersten vergönnt gewesen war.

Heinrich der Löwe hatte an diesem zweiten Feldzug nach Italien nur kurz teilgenommen, er war im Sommer 1159 mit seinem sächsischen Aufgebot erschienen, um dem Kaiser bei der Belagerung von Cremona beizustehen. Dann kehrte er schleunigst wieder nach Deutschland zurück, nicht ohne seinen grimmen Sachsen immerhin Gelegenheit zu tapferen Taten gegeben zu haben. Er nutzte die Abwesenheit des Kaisers von Deutschland, indem er im Verein mit dem König Waldemar von Dänemark die aufsässigen Obotriden unterwarf. Der Obotridenfürst Niklot fand in den Kämpfen vor Werle den Tod, seine Söhne Pribislav und Wratislaw mußten ihr Land dem Löwen überlassen, der auf den alten slawischen Burgen zunächst sächsische Ministeriale als seine Vögte einsetzte. Schwerin, Sitz des Statthalters Gunzelin von Hagen, wurde mit Stadtrecht versehen und auch der kirchliche Mittelpunkt des Landes.

Die Zisterzienser, rein französischer Herkunft mit ihrem Bischof Benno, sollten das Land unter Kultur nehmen. Friedrich I., deutscher Kaiser, blieb nur ein Jahr in Deutschland. Er hatte Ärger mit Mainz. Bürger der Stadt hatten den von ihm eingesetzten Erzbischof Arnold erschlagen. Alle Privilegien wurden der Stadt entzogen, ihre Mauern niedergelegt. Die Mainzer mußten, wie denn nicht, eine große Geldbuße zahlen. Dann setzte Friedrich die Wahl des Konrad von Wittelsbach zum Erzbischof durch, von dem er annahm, daß er ein treuer Anhänger der kaiserlichen Partei in Deutschland sei. Aber Konrad schlug sich Alexander zu – wie auch der Erzbischof von Salzburg. Friedrich kehrte mit einem kleinen Heer nach Italien zurück, nachdem er erfahren hatte, daß Alexander mit seiner Kurie Beziehungen zu Kaiser Manuel von Byzanz angeknüpft hatte, um mit ihm und Ludwig von Frankreich eine Liga gegen Barbarossa zu gründen – nichts war in der Politik unmöglich. Barbarossa plante, mit Hilfe der unterworfenen Städte einen Vorstoß gegen Rom und Sizilien zu unternehmen. Aber es kam nicht dazu. Am 20. 4. 1164 starb Viktor, der Papst des Kaisers. Friedrich war geneigt, sich nunmehr mit Alexander zu einigen. Aber ohne sein Wissen ließ Rainald von Dassel bereits zwei Tage später von den wenigen kaiserlich gesinnten Kardinälen einen neuen Gegenpapst wählen, einen Paschalis III. Diesem Papst aber konnte auch eine Anzahl der Anhänger des im Grunde braven und klugen Viktor nicht mehr folgen. Die Partei Alexanders gewann jetzt auch in Deutschland viele Anhänger, besonders, als Konrad von Mainz sich ihr offen anschloß. Gleichzeitig gründete die nach Mailand bedeutendste Stadt Italiens, die Seestadt Venedig, die mit kluger Politik sich bislang aus jedem Streit herausgehalten hatte, mit Verona, Vicenza und Padua eine Union gegen den Kaiser. Friedrich konnte durch große Zugeständnisse an andere Städte zwar deren Abfall verhindern, aber nur mit großem Risiko auf

ihre Hilfe rechnen. Barbarossa mußte nach Deutschland zurückkehren.
Barbarossa war politisch arg ins Hintertreffen geraten, nun versuchte er auf seine Weise aufzuholen. Da war der König von England – er war mit Thomas Becket, seinem getreuen Kanzler, in Streit geraten, seit dieser, zum Erzbischof von Canterbury ernannt, plötzlich eine der von ihm eingeleiteten widerstrebende Kirchenpolitik betrieb, zu Alexander floh und von diesem Unterstützung für seinen Plan erbat, der kirchlichen Gewalt gegenüber der staatlichen in England das Übergewicht zu verschaffen. Hier schien Rainald von Dassel der rechte Mann: er ging im Auftrag des Kaisers als Gesandter nach England und schlug dem britischen König Heinrich II. – einem seinem Gegner, Ludwig VII. von Frankreich, weit überlegenen Mann – vor, seine Tochter Eleonore mit dem noch nicht einjährigen Erstgeborenen des Kaisers Friedrich aus dessen Ehe mit Beatrix zu verloben, wogegen Heinrich II. nichts einzuwenden hatte; er wollte sogar, zum Zwecke einer noch engeren Verbindung, seine ältere Tochter mit einem deutschen Landesfürsten vermählen: mit Heinrich dem Löwen, dessen Ehe mit seiner Frau Clementia gerade geschieden worden war. Heinrich akzeptierte also Paschalis als Papst und sandte einen Botschafter zum Würzburger Reichstag, auf welchem nun Friedrich alle Anwesenden zu einem feierlichen Eid einlud, niemals Alexander anzuerkennen – der Kaiser schwur diesen Eid als erster und verlangte, daß innerhalb von sechs Wochen im ganzen Reiche von allen Vasallen dieser Eid geleistet werde, unter der Drohung, mit der Verweigerung dieses Eides sei der Verlust aller Ämter, der Lehen und des Eigentumes zugunsten des Kaisers verbunden. So geschah es mit Konrad von Mainz und mit Konrad von Salzburg – über sie wurde die Reichsacht verhängt. Und endlich holte Barbarossa am Weihnachtstage 1165 in Aachen die Gebeine Karls des Großen aus dem Grabe und ließ den Mann, dessen Reichs-

konzept von vor über dreihundert Jahren er damit feierlich endlich durchzuführen beschwor, durch Papst Paschalis heiligsprechen.
Alexander, nach Italien zurückgekehrt, antwortete sofort mit einem brillanten Gegenzug. Wilhelm der Böse von Sizilien war gestorben, der Papst hatte die Vormundschaft über dessen unmündigen Sohn Wilhelm II. übernommen und schlug nun dem Kaiser von Byzanz, Manuel, die Ehe des jungen Königs von Sizilien mit einer Tochter Manuels vor, womit der uralte Streit zwischen den Normannen und Griechen beigelegt wäre. Manuel ging in seiner Antwort weiter: er bot Alexander die Union der Kirche des Ostens mit der des Westens an und erklärte sich bereit, an Stelle Barbarossas die Kaiserkrone zu übernehmen.
Angesichts dieser atemberaubenden Perspektive, welche geeignet war, das gesamte Weltbild dieser Zeit mit einem Schlage grundlegend zu ändern, wußte Barbarossa kein anderes Mittel als wiederum einen seiner beliebten Blitzkriege, die immer siegreich waren und doch zu keinem Ergebnis führten. Er zog im Herbst 1166 mit einem großen Heer, das nun nicht mehr allein aus der Ritterschaft seiner Länder bestand, sondern auch Zuzug von brabantischen Söldnern erhalten hatte, also erheblich teurer geworden war, nach Süditalien, um Ancona zu belagern, das von Normannen und Griechen verteidigt wurde. Ein zweites Heer unter Rainald von Dassel zog auf anderen Wegen gegen Rom, und es gelang dem Kanzler zur gleichen Zeit, als Barbarossa Ancona einnehmen konnte, die Römer bei Tusculum vernichtend zu schlagen. Barbarossa eilte hinzu – nach heißem Kampf im heißen Juli konnten die Deutschen die Leostadt und die Peterskirche besetzen, während die Römer die Altstadt weiter hielten. In der niedergebrannten Peterskirche wurde also Papst Paschalis feierlich inthronisiert, und dieser krönte die Kaiserin Beatrix am gleichen Ort und unter ähnlichen Umständen wie Viktor einst den Barbarossa.

Nun glaubte sich Barbarossa unüberwindlich und auf dem Höhepunkt seiner Macht. Nichts konnte ihn mehr behindern, was Menschenmacht anging. Das deutsche Heer lagerte vor den Toren Roms in der glühenden Julihitze und wartete auf das Zeichen zum Sturm. Aber nicht Barbarossa gab das Zeichen, sondern wie die Römer triumphierend ausriefen: Gott! Ein katastrophaler Wolkenbruch verwandelte die Landschaft um Rom in ein feucht-tropisches Nebelland, in dem die Miasmen wogten – das Heer wurde von einer Malariaseuche heimgesucht, die es in kürzester Zeit fürchterlich dezimierte: über zweitausend der Ritter starben dahin, unter ihnen auch Rainald von Dassel, der Herzog Friedrich von Schwaben und Welf VII., der Sohn Welfs VI. – der Kaiser selbst erkrankte schwer, kaum vermochte er noch die Reste seines Heeres nach dem Norden zurückzuführen, nicht ohne jede lombardische Geisel, die ihm in die Hände fiel, aufzuknüpfen. Die Städte atmeten auf, sie einten sich zu einem großen »Lombardischen Städtebund« und erstrebten die völlige Beseitigung der deutschen Herrschaft in Italien, die Wiederherstellung der Städtefreiheit – die Mailänder zogen aus ihren vier Dörfern konzentrisch auf ihre zerstörte Stadt zu und bauten sie wieder auf. Auch Tortena wurde wieder aufgebaut und nahm zu Ehren des Papstes den Namen Alessandria an.

Auch Heinrich der Löwe hatte seine Sorgen. Im Obotridenland brach 1164 in einem neuen Aufstand des hartnäckigsten Slawenstammes die von dem Herzog geschaffene Organisation zusammen. In den Kämpfen, in denen der treffliche Adolf von Holstein fiel und die bis in das Pommernland hinein führten, kam Heinrich zu der Einsicht, daß es besser sei, diese Obotriden in den Formen zu regieren, in denen sie willfährig zu sein schienen. So setzte er den besiegten Pribislav, den Sohn Niklots, in sein väterliches Erbe ein und überließ ihm das Land als Lehen, als Lehen auch das Land Pommern dem polnischen Herzog

Bogislav – mochten beide Regenten, die ständig einen Druck aufeinander ausübten, sich bei ihren Streitigkeiten getrost an ihren Lehnsherrn als Schiedsrichter wenden. In der Tat hielt sich das Geschlecht der Obotridenfürsten in Mecklenburg bis zum November 1918.

So führte also auch Heinrich Blitzkriege, aber freilich nicht, um überholte Zustände zu erhalten, sondern um neue herbeizuführen. Auch Heinrich scheute vor Grausamkeit und Härte nicht zurück, doch nicht um zu bestrafen, sondern um seine Ziele durchzusetzen. Auch Heinrich zog Geld aus seinen Erwerbungen, aber um sie in die Wirtschaft fließen zu lassen, nicht jedoch um sie – wie der Kaiser – in das bodenlose Faß chimärischer Reichsvorstellungen zu schütten. Der Kaiser, der ständig um die Erhaltung seiner Königsmacht in Deutschland besorgt sein mußte, begann nun auch, Städte zu gründen und Stadtrechte zu verleihen, so in Ulm und Hagenau – die Gelder, die er aus diesem Vorhaben zog, verwandte er, um Kirchenlehen und Vogteien zu erwerben und mit dem Aussterben verschiedener Adelsgeschlechter deren Güter in sein Hausgut zu überführen, also eine Königslandschaft zu schaffen, eine Königsmacht durch Reichsterritorium, das dergestalt fester, als es gebräuchlich war, der Staufermacht zuwuchs. So fielen dem Kaiser Altenburg und das Pleißeland sowie das Egerland zu, eingeschlossenes Gebilde nunmehr; Chemnitz, Zwickau und Altenburg erhielten Stadtrecht. Reichsministeriale verwalteten nun wie bei Karl dem Großen als Beamte staufisches Reichs- und Hausgut. Im Juli 1169 ließ Barbarossa seinen zweiten Sohn Heinrich, den dreijährigen Knaben, einstimmig von den Fürsten zum König wählen und in Aachen krönen.

Heinrich von Sachsen sah dem Beginnen des Kaisers freundlich zu, heiratete aber 1168 Mathilde, die Tochter des Königs Heinrich II. von England, sicherte sich derart einen englischen Rückhalt und unternahm 1172 mit glänzendem Gefolge, sich gewissermaßen in seiner wirklichen

Bedeutung zu repräsentieren, eine »Pilgerfahrt« nach dem Heiligen Land. Er besuchte Jerusalem, den Sultan von Ikonium, mehrere andere mohammedanische Fürsten und Manuel, den Kaiser von Byzanz, und hinterließ allerseits den Eindruck, daß von ihm keinerlei unangenehme Ambitionen hinsichtlich kriegerischer Unternehmungen im Orient zu fürchten seien. Antipäpstliche Kreise in Rom aus der Volkspartei wählten im Herbst 1168 nach dem Tode des Papstes Paschalis II. prompt einen neuen Gegenpapst, Calixt III. – wenig darnach fragend, ob dieser Akt auch dem Kaiser genehm sei. Zu dieser Zeit waren zwei Zistersienseräbte, der von Clairvaux und der von Citeaux, damit beschäftigt, Alexander den Weg zu Verhandlungen mit dem Kaiser zu öffnen. Der hartnäckige Papst verlangte jedoch eine Einbeziehung der lombardischen Städte und Fürsten in jeden Friedensschluß, worauf Barbarossa 1170 seine Unversöhnlichkeit erneut beteuerte.
Barbarossa hatte sich in eine Lage hineinmanövriert, in der er handeln mußte, ohne genau zu wissen, wie. Er schien nach dem Tode Rainald von Dassels – der ein wütender Gegner Heinrichs des Löwen gewesen war – ziemlich ratlos, obwohl er den Erzbischof Christian von Mainz als Kanzler gewonnen hatte, einen guten Diplomaten ohne die gespaltene Schlangenzunge seines Vorgängers. Diesem gelang es, Venedig von seinem Bündnis mit den lombardischen Städten zu lösen – die Interessen dieser Stadt waren seewärts gerichtet, auch nach Byzanz, und Christian kam gerade von Byzanz, ohne dort allerdings etwas erreicht zu haben. So entschloß sich Barbarossa also, zu seinem fünften Italienzug aufzubrechen. Ihm standen diesmal nur 8000 Ritter seiner Hausmacht und der Reichsritterschaft in Franken zur Verfügung; seine Landesfürsten atmeten auf, als der Kaiser sie diesmal nicht zur Heerfolge verpflichtete, sie brauchten ihre Soldaten zu Hause, wo sie gerade, von Heinrich dem Löwen nicht unbemerkt, in Opposition zur steigenden Macht eben dieses

ihres Kollegen einen Fürstenbund gebildet hatten, an dem sich neben sächsischen Fürsten und anderen geistlicher und weltlicher Art natürlich Albrecht der Bär und der Erzbischof Wichmann von Magdeburg führend beteiligten. Also belagerte Barbarossa mit seinen Rittern die »Bundesfeste Alessandria«, die sich jedoch trotz langer Belagerung nicht ergeben wollte. Einem lombardischen Entsatzheer fühlte sich der Kaiser mit seinen Rittern nicht gewachsen, sie waren weder die rechte Truppe für eine Belagerung wie für den Kampf mit so vortrefflichen Fußtruppen, wie sie die Lombarden in die Schlacht schickten. So willigte Barbarossa in eine Art von Waffenstillstand, den er als »Vorfriede« bezeichnete, und schien zu freundlichen Zugeständnissen bereit.
Barbarossa brauchte Hilfe. Die Städte verweigerten nun ihrerseits einen Friedensschluß, in den nicht auch Alexander einbezogen war. Jeden Tag konnten die Kämpfe neu ausbrechen. Philipp von Köln warb Hilfskräfte in Deutschland, teure Söldner, die er mühsam zusammenzukratzen suchte. Sie mußten erst abgewartet werden. Philipp von Köln war ein Gegner Heinrichs des Löwen, ein eifriges Mitglied des gegen den Herzog agierenden Fürstenbundes. Und Heinrich befand sich in Bayern, wo er in aller Stille seine Gefolgschaft mobil machte, die Reserven hinter den Hügeln, falls es zum Kampfe mit dem Fürstenbund kommen sollte.
So war die Lage, als Barbarossa Heinrich den Löwen als den mächtigsten Landesfürsten unter den Deutschen Anfang 1176 bat, sich mit ihm auf halbem Wege, in Chiavenna nördlich des Comer Sees, zu treffen. – Niemand weiß zu sagen, was an jenem Tage von Chiavenna zwischen den beiden Männern gesprochen wurde. Die wenigen historischen Quellen flossen so gering und waren so widersprüchlich, daß verschiedene Historiker bezweifelten, ob eine solche Zusammenkunft zwischen Kaiser und Herzog überhaupt stattgefunden habe. Niemand auch vermochte

zu sagen, in welcher Sprache sich die beiden Mächtigen unterhalten haben, in der deutschen, die noch keine Literatur kannte, oder in der Sprache der Kirche, der Kanzleien und der Herrscher und Staatsmänner der verschiedenen Nationen: auf lateinisch. Die Quellen sind allesamt in lateinischer Sprache vernehmbar geworden, der Sprache der zeitgenössischen Historiker und Publizisten. Nur wenige Männer aus dem Gefolge der beiden Herren konnten Zeuge der so folgenreichen Begegnung gewesen sein, und sie waren sicherlich nicht bei der wirklich entscheidenden Aussprache zugegen, und wenn doch, so waren sie gehalten, aus wohlverstandenen Gründen zu schweigen. So konnte nur berichtet werden, die beiden Herren seien einander freundschaftlich und höflich begegnet, der Kaiser habe den Herzog gebeten, ihm mit seinen bewährten Truppen zur Hilfe zu kommen, und habe sich, als der Herzog dieses Ansinnen ablehnte, sogar auf die Knie geworfen und den Vasallen vergeblich angefleht. Die einzige Farbe zu dieser makabren Szene lieferte einer der rauhen Dienstmannen des Herzogs, der bekundete, bei dem Kniefall des Kaisers sei dessen Krone von seinem Haupte gerollt und zu Füßen des Herzogs liegengeblieben, der Zeuge habe sie aufgehoben und dem Herzog überreicht mit der naheliegenden treuherzigen Bemerkung, dies sei ein Zeichen, der Herzog möge sich die Krone selber aufsetzen – doch habe Heinrich der Löwe diesen Vorschlag mit einer Handbewegung abgewehrt und die Krone schweigend dem Kaiser überreicht.

Friedrich und Heinrich waren leibliche Vettern und gute Freunde. Es mochte dem Kaiser mit dem Stauferstolz wohl angestanden haben, in seiner Rolle als Bittender dem Herzog mit einer seiner impulsiven Art entsprechenden Kordialität entgegengetreten zu sein – dem Herzog und Welfen mußte es in seiner Lage als angemessen erschienen sein, wenn auch zögernd, so doch mit offenem Herzen und klarem Verstand sich auf die Basis einer freundschaft-

lichen Verständigung zu begeben. Daß die Krone des Kaisers bis vor des Herzogs Füße rollte, mußte auch diesem als ein symbolischer Akt erscheinen. Hier standen sich eben doch Staufer und Welfe gegenüber, Söhne der zwei Geschlechter, die so erbittert um die Königskrone gerungen hatten –, aber niemals hatte Heinrich in irgendeiner Form zu verstehen gegeben, daß er diese Krone begehre, und außerdem: es war die Eiserne Krone der Lombardei, die der Kaiser immer trug, wenn er in Italien war, und diese Krone begehrte Heinrich der Löwe ganz sicher nicht.
Hier standen sich die beiden Mächtigsten des Abendlandes gegenüber: der Kaiser, verpflichtet dem Heiligen Römischen Reich Deutscher Nation gemäß dem Konzept Karls des Großen und Ottos des Großen, und der Herzog, als mächtigster Fürst Deutschlands. Der dritte Mächtige fehlte, es ging offenbar nicht um ihn: um Alexander, den Papst, dem nur Deutschland nicht anhing, wohl aber das ganze übrige Abendland. Für Heinrich war dieser Papst, war das ganze Treiben um den Heiligen Stuhl chimärisch. Chimärisch auch das Römische und das Heilige im Reich Deutscher Nation. Er hatte die »geschorenen Kahlköpfe« nie geachtet, die Stellung des Papstes sich gewöhnt nicht anders einzuschätzen als die Könige von Frankreich und Italien, die sorgfältig darauf geachtet hatten, sich von den päpstlichen Querelen und denen der Kirche überhaupt möglichst unabhängig zu halten, zufrieden mit ihrem Königtum, und an einem durch die besonderen Segnungen des Papstes bestimmten Kaisertum durchaus desinteressiert. Heinrich prüfte die hohe Geistlichkeit, die Erzbischöfe, Bischöfe und Äbte seines Bereiches auf ihre Nützlichkeit und hielt sie in Schach, indem er jederzeit bereit war, sie durch den einfachen Entzug ihrer Regalien zu bändigen, wenn sie nicht nach seinem Willen zu agieren trachteten. Der Löwe von Braunschweig war Pragmatiker, er konnte sich jederzeit auf seine Erfahrungen berufen.
Der Kaiser war erfüllt von seiner Sendung. Heinrich

mußte zutiefst davon überzeugt sein, daß der Staufer, wäre er an seiner, des Herzogs Stelle, vernünftigerweise genau so hätte handeln müssen, wie er gehandelt hatte. Was aber hätte der Welfe getan, wenn er, und nicht der Staufer, zum deutschen König gewählt worden wäre? Nun, da gab es ein Beispiel, das jenes anderen Heinrich – Heinrichs I. –, dem zuerst der Beiname eines »Städtegründers« verliehen worden war und der keinerlei Sehnsucht verspürt hatte, Kaiser des Heiligen Römischen Reiches Deutscher Nation zu werden. Für Heinrich den Löwen wie für Heinrich I., den ersten, bislang einzigen deutschen Volkskönig, endete das Reich der Deutschen auf dem Kamm der Alpen im Süden, während es nach dem Osten zu offenstand. Heinrich hatte genug gesehen von dem, was sich in Italien begab und seit Beginn der deutsch-italienischen Verstrickung begeben hatte, um nicht davon überzeugt zu sein, daß es um des Deutschen Reiches willen notwendig sei, sich nüchtern um das deutsche Brot zu kümmern, und auf den italienischen Kuchen zu verzichten, samt allen deutschen Rosinen, wie selbst dem welfischen Tuscien und all den anderen deutschen Erbtümern in Italien –, die ohne Ausnahme strittig waren –, und deren Besitz – ob Lehen oder nicht – das Reich der Deutschen nur daran hinderte, sich wie Frankreich und England eine zentrale Macht zu schaffen, deren Aufgabe für die Deutschen im Norden und Osten lag, – im Einflußbereich des sächsischen Herzogs. Sollte doch der Papst in seinem ewig aufrührerischen Rom, in seinem durch die Normannen ständig bedrohten Kirchenstaat und bei dem Freiheitsdrang der italienischen Städte zusehen, wie er zurechtkäme, – und käme er zurecht, so läge das Interesse des Heiligen Stuhles trotz aller Mahnung, die Heiden zu besiegen, bedeutend mehr im Mittelmeer als in der Ostsee, die das Meer der Deutschen werden sollte nach Heinrichs des Löwen Konzept. Selbst wenn es dem Rotbart, zweifellos einem großen und tapferen Mann gelänge, ganz Italien zu

unterwerfen –, das reiche Land würde ihm stets nur als Beute zugefallen sein, ständig geschüttelt von Aufständen, Gegenangriffen und Fiebern, mit dem Zwang, immer wieder noch einen Schritt weiterzugehen im gesamten Mittelmeerraum, gegen Spanien, Arabien, Byzanz ... und im Osten lag das Land brach, forderte die Armut: Wirtschaft, Handel, Produktion und Kolonisation.
Aufgerufen von Friedrich, ihm in Italien zu helfen, erinnert an alle Freundschaft, die der Staufer dem Welfen immer wieder bewiesen hatte, gemahnt zur Dankbarkeit, mußte Heinrich dennoch »Nein« sagen. Hier standen sich nicht zwei Prinzipien gegenüber, sondern zwei Denkweisen konnten sich nicht zusammenfinden, mußten sich kreuzen – es war gleichgültig, was da gesprochen wurde: keiner konnte den anderen verstehen. So war kein Argument mehr gültig: Heinrich war zur Heerfolge durchaus nicht verpflichtet, da nicht alle Fürsten aufgerufen waren, ob Goslar, die Kaiserpfalz mit den ergiebigen Silber-, Kupfer- und Bleiminen, aber von Heinrichs Landesgebiet ganz umschlossen, nun Heinrich zugewiesen werden solle oder nicht, ob Heinrich nun auf die Unterstützung des Kaisers in seinen Streitigkeiten mit den Landesfürsten wie bisher jetzt auch in Zukunft würde rechnen können – all das konnte keine Rolle mehr spielen. Der Löwe mußte »Nein« sagen, und dabei blieb es.
Also geschah alles, wie es kommen mußte, und Heinrich wußte, daß es so geschehen werde. Erzbischof Philipp von Köln kam mit 2000 Rittern, er kam spät und mit viel zu kleinem Heer, aber er kam. Barbarossa hatte nur noch 1000 Ritter, und die 3000 ritten nun also gegen das Heer der Städte an. Bei Legnano am oberen Mincio kam es zur Schlacht, am 29. Mai 1176. Die deutschen Ritter trieben die städtischen Reiter in blinde Flucht, aber dann erschien das italienische Fußvolk: Herunter von den Pferden! Mailänder und brescianische Infanterie erdrückte das Ritterheer der Deutschen, mit großen Verlusten, gewiß, aber der

weitaus größere Teil der deutschen Ritterschaft wurde getötet, ertrank, fiel verwundet in Gefangenschaft: »Hängt sie auf, wie sie die Unsrigen aufgehängt haben!« Der Kaiser selbst lag unter einem Leichenhaufen, so hatten ihn Getreue zuletzt gesehen, Beatrix in Como legte Trauerkleider an; jedoch plötzlich erschien Barbarossa in Pavia, wohin er sich mit dem geschwungenen Schwerte durchgeschlagen hatte.

Ein tapferer Mann – er gab nicht auf. Er tat alles, was auch Heinrich der Löwe getan hätte in seiner Lage: er pochte immer noch auf den Schrecken, der seinen Namen begleitete, er machte sich stark mit dem Hinweis, daß das unerschöpfliche Reservoir tapferer Deutscher hinter ihm stand, und machte seine Gegner geneigt, sich mit ihm in Frieden zu einigen. Barbarossa mußte auf so gut wie alles verzichten, was er bislang unabdingbar gefordert hatte. Er mußte den Papst Alexander anerkennen, er mußte den lombardischen Städten die volle Freiheit wiedergeben, er mußte nach einer von ihm ausbedungenen Frist von 15 Jahren auf die tuscischen Allodialgüter der gespenstischen Mathilde verzichten, von einem Blitzkrieg gegen die Normannen war nicht mehr die Rede.

Am 24. Juli 1177 stand der Papst auf den Stufen der Markuskirche in Venedig, den reumütigen Staufer zu empfangen. Dem Kaiser entgegen schickte er mehrere Bischöfe und Kardinäle, um ihn zu bewillkommnen und ihn vom Banne zu befreien, ehe er mit dem Papst zusammenkäme. Laut und öffentlich sagte der Kaiser den früheren Gegenpäpsten ab und anerkannte den jetzigen; dann ward er feierlich vom Banne befreit und in den Schoß der Kirche wieder aufgenommen. Hierauf begaben sich Friedrich und seine Fürsten zu Wasser vor die Markuskirche. In der Erregung des Augenblicks warf Friedrich, als er aus dem Schiffe trat und die Gestalt seines mächtigen Gegners vor sich sah, seinen kostbaren Mantel ab und stürzte sich dem Papst zu Füßen, um diese zu küssen. Weinend hob der Papst ihn auf, küßte und segnete ihn. Da stimmten die Deutschen ein lautes und kräftiges Tedeum an, der Kaiser aber ergriff die Rechte des Papstes und führte ihn in die Kirche, wo er nochmals den feierlichen Segen empfing.

Venedig war ein zweiter Canossa-Gang, durch fast die gleichen Umstände herbeigeführt wie der erste. War Heinrich IV. durch das »Rattengezücht« der deutschen Landesfürsten zu diesem Gang gezwungen gewesen, – Friedrich I. sah sich nur einem, dem bedeutendsten unter ihnen, konfrontiert. Er unterlag, statt wie Heinrich IV. ein Remis zu erzwingen, dem Papst Alexander, der seinen Sieg nicht so sehr seiner überlegenen Politik verdankte als der emotionellen Mentalität seines kaiserlichen Gegenspielers. Für Heinrich den Löwen schien dieser Charakter unberechenbar. Der Herzog vermochte sich offenbar nicht vorzustellen, in welchem Maße der Rotbart von Rachedurst gegen den »abtrünnigen« Vasallen erfüllt war. Heinrich sah in Barbarossas italienischem Verzicht eine glückhafte Wendung der Reichspolitik, die er in Deutschland an der Seite des Kaisers ohne weiteres im deutschen Sinne zu unterstützen gewillt war. Ohne weiteres hätte er auch die Abwesenheit des Kaisers nützen können, um über seine übelwollenden nachbarlichen Landesfürsten herzufallen, sich mit seiner gesamten Macht ihrer Länder zu bemächtigen und ihnen jegliche Mittel zu nehmen, ihn zu bekämpfen. Er tat dies nicht, er schloß nur nach allen ihn erreichbaren Seiten Bündnisse ab, die ihn vor einem Überfall der Landesfürsten noch mehr Schutz gewähren sollten, vorzüglich in Bayern, wo er die Schar seiner Vasallen fester an sich zu ketten suchte – und wo Otto von Wittelsbach im Auftrag des Kaisers sein Tun aufmerksam beobachtete.

Barbarossa blieb nach dem Frieden von Venedig noch ein Jahr in Oberitalien, sozusagen, um Inventur zu machen, um zu sehen und zu festigen, was ihm noch geblieben war. Zugleich aber unternahm der Kaiser seinen ersten Schachzug gegen Heinrich, den des Staufers gegen den Welfen.

In Italien saß auf seinen neuerworbenen Gütern, die er dem Kaiser verdankte, der rauhe Krieger Welf VI., der so oft und so gründlich seine Rechte gegen die Staufer verteidigt hatte. Nun war in der Campagna bei der Belagerung Roms sein Sohn Welf VII. dem Fieber erlegen, der greise Welf hatte keinen Erben mehr, und mit ihm ging eine völlig überraschende Wandlung vor sich. Er erwachte gewissermaßen zu einem neuen Leben, zu einer Lebensfreude, die ihm bis in sein Alter versagt geblieben war. »Sein treues Weib Ute sandte er sogleich hinweg. Dann begann er ein lärmendes Treiben. Jagden, Feste, Turniere wechselten in seinen Pfalzen ... schöne Mädchen wurden von allen Seiten für ihn herbeigeschafft, und seine Gemächer ertönten ununterbrochen von den Liedern und Harfen der Minnesänger« –, wie diese zu berichten wußten. Als ihm bei diesem Treiben das Geld ausging, borgte er seinen Neffen Heinrich um eine für damalige Verhältnisse riesige Geldsumme an und versprach ihm dafür, ihn sofort zum Erben aller seiner Besitzungen einzusetzen. Heinrich, der Sparsame, zögerte, davon erfuhr der Kaiser, der andere Neffe des Welf, und machte seinerseits mit Onkel Welf das Geschäft, wodurch Barbarossa die Mark Ancona, Spoleto, Tuscien und Sardinien zufielen –, Gebiete, die Heinrichs Macht noch bedeutend vergrößert hätten: nun nahm sie Barbarossa öffentlich in Besitz, die mathildischen Allodien für 15 Jahre ...
Durch den Fußkuß von Venedig hatte Barbarossa das Andenken an zwei Gegenpäpste von seinen Gnaden, Viktor und Paschalis, geschändet. Der Bruch des eigenen heiligen Eides, den er als erster geschworen und zu schwören allen seinen geistlichen Fürsten aufgegeben hatte: Alexander niemals als Papst anzuerkennen, mußte Barbarossa nun Schwierigkeiten bei den deutschen Bischöfen befürchten lassen, die Heinrich, der neue große Widersacher, zu seinen Gunsten ausnützen könnte. Aber die deutschen Bischöfe schwenkten geschlossen auf Barbarossas Linie ein, sie fühl-

ten sich freilich offenbar nicht nur aus ihrem Eid entlassen, sondern auch aus Verpflichtungen Heinrich gegenüber. Der Erzbischof Philipp von Köln wie der Bischof Ulrich von Halberstadt drangen mit großen Streitmächten in die Länder des Herzogs ein, der eine von Westen über die Weser bis Hameln, der andere von Osten bis Horneburg, verwüsteten das Land und nahmen einige befestigte Plätze Heinrichs ein, der bislang nur auf Verteidigung eingerichtet war, sich aber nun kräftig wehrte.

Der Kaiser ließ sich Zeit bei seinen weiteren Vorbereitungen. Er zog von Italien zuerst nach Burgund, wo er sich in Arles von dem dortigen Erzbischof mitsamt Weib und Sohn Philipp feierlich zum König von Burgund krönen ließ, und hielt dann in Besançon einen großen »Hoftag« ab, an dem neben vielen anderen Fürsten auch Heinrich der Löwe teilnahm und der Kaiser mit großem Pomp als Sieger über alle seine Feinde gefeiert wurde. Hier fand Heinrich keine Gelegenheit, mit Barbarossa allein zu sprechen. Er eilte in seine Länder zurück, wo es überall zu schwelen begann, reichte aber unterwegs, zu Speyer, eine Beschwerde über die Übergriffe Kölns und Halberstadts an den Kaiser ein.

Der Kaiser antwortete, indem er für Anfang des Jahres 1179 in Worms eine Zusammenkunft aller an dem Streit mit Heinrich beteiligten Fürsten und Heinrichs selbst anberaumte. Schon vor diesem Tage aber ließ sich der Kaiser alle Klagen seiner Fürsten vortragen und sammeln, so daß Heinrich sich weigern mußte, nun nicht mehr als Kläger, sondern als Angeklagter vor diesem Forum zu erscheinen. Heinrich, zu einem zweiten Gerichtstag nach Magdeburg, wo Heinrichs ärgste Gegner saßen, aufgefordert, erschien auch diesmal nicht. Jetzt war die gesamte öffentliche Meinung gegen ihn. Bischof Ulrich tat ihn in den Kirchenbann, und sämtliche Fürsten meinten, wenn der Kaiser sich um des Reiches willen vor dem Papste gedemütigt hatte, um den Bann zu lösen, so könne Heinrich, dies entsprechend dem Kaiser gegenüber zu tun sich nicht weigern. Heinrich jedoch weigerte sich. Der Kaiser, so großmütig, wie er immer erscheinen wollte, bewilligte Heinrich eine Zusammenkunft in Haldensleben, einer herzoglichen Stadt, wenn Heinrich bereit wäre, vorher 5000 Mark Silbers zum Zeichen seiner Unterwerfung an den Kaiser zu zahlen. Heinrich war nicht bereit. Er erschien auf einem dritten Reichstag zu Kaina ebenfalls nicht. Nun wurde über ihn die Acht ausgesprochen, wurden ihm alle seine Reichslehen aberkannt.

Der Kaiser, entschlossen, sämtliche Rechtsmittel anzuwenden, denen Heinrich nicht, ohne sich von vornherein ins Unrecht zu setzen, ausweichen konnte, berief einen vierten Reichstag: zu Würzburg, wo Heinrich wiederum nicht erschien, gar nicht erscheinen konnte. Da die Mannen Ulrichs von Halberstadt weiterhin sein Land verwüsteten, ging Heinrich gegen diesen vor, vertrieb die Halberstädter aus seinem Gebiet und nahm Halberstadt selbst ein, wobei ein großes Feuer ausbrach, das die ganze Stadt mit allen ihren Kirchen und vier Klöstern in Asche legte – über tausend Menschen verbrannten in einer Kirche. Bischof Ulrich gab sich als Gefangener in des Herzogs Hände.

Nun aber brach der Sturm von allen Seiten los. Erzbischof Wichmann von Magdeburg von der einen Seite, von der anderen der von Köln mit dem Landgrafen Ludwig von Thüringen und vielen anderen Fürsten Ostsachsens – mit insgesamt fünfzehnhundert Rittern und zweitausendfünfhundert Fußsoldaten aus Lothringen und Burgund – fielen in Sachsen ein. »Verheerte Gefilde, brennende Dörfer, zerstörte Städte, aufgebrochene und ihrer Insassen beraubte Klöster, Leichname von Menschen und Tieren boten sich überall dort dem Blick, wo ein Erzbischof hindurchgezogen war. Selbst die Bräute Christi waren vor der Gier dieser Kirchensoldaten nicht sicher ...« berichteten die Chronisten. Herzog Heinrich bewog im Gegenzug die mit ihm befreundeten Slawen, in die Lausitz und

Brandenburg einzubrechen, diese eroberten Jüterbog, zerstörten die Stadt und schleppten die nicht Getöteten, wie es bei ihnen Sitte war, in die Gefangenschaft, um sie weiter nach Böhmen und Polen zu verkaufen. Woraufhin die streitbaren Bischöfe erschreckt in ihre Länder zurückkehrten. Heinrich folgte dem Wichmann und brach in dessen Länder ein, er gelangte bis dicht vor Magdeburg, was den gefangenen Bischof Ulrich bestimmte, den Herzog vom Kirchenbann zu lösen – er wurde daraufhin von Heinrich in seine Diözese entlassen.

Der Kaiser, mit der Gemessenheit, mit der er seine Haltung ausgezeichnet wissen wollte, mischte sich scheinbar in keinen Streit, versammelte jedoch alle Feinde des Welfen in Gelnhausen und begann die Verhandlungen, wie und an wen die Länder des Herzogs zu verteilen seien. Zwei päpstliche Legaten wohnten den Beratungen bei. Nun gingen die restlichen Freunde Heinrichs mit fliegenden Fahnen zum Kaiser über, an der Spitze der König von Dänemark. Aber auch der Schwiegervater Heinrichs, der König Heinrich II. von England, fand ein Haar in der Suppe: Könnte der Aufstand des Löwen, des Vasallen des Kaisers gegen seinen Lehnsherrn, nicht die eigenen Vasallen auf den Gedanken bringen, gegen den König von England aufzustehen? Heinrich II. mochte daher so wenig helfen wie der König von Frankreich – weder durch Unterstützung noch Vermittlung; der Löwe mußte kämpfen, um sich wenigstens einen annehmbaren Frieden zu sichern. Heinrich kämpfte in der Tat wie ein Löwe, er brach in die Kaiserstadt Goslar ein, verwüstete die Minen und Bergwerke, wandte sich dann gegen Thüringen, von wo ein Ersatzheer nahte, berannte und stürmte Nordhausen – auch diese Stadt verbrannte –, dann schlug er nacheinander die noch getrennten Schlachthaufen der Thüringer, der Anhaltiner und verfolgte sie bis Mühlhausen; die grimmen Sachsen waren im Zuge und verbrannten nun auch diese Stadt.

Unter der Führung der wenigen ihm treu Gebliebenen, Adolfs von Holstein, des Ratzeburger Grafen und des Gunzelin von Schwerin, zogen deren Heere in Eilmärschen nach Westfalen, schlugen auf dem Halerfeld, wenige Meilen von Osnabrück, die Westfalen vollständig, benahmen sich ebenso wild und blutrünstig wie alle anderen auch und sandten die gefangenen Fürsten, wie den Grafen von Tecklenburg, zu Heinrich, der sie durch Gnadenakte auf seine Seite zu ziehen versuchte – was ihm im Falle Tecklenburgs gelang. Die anderen Großen flohen zum Kaiser.

Barbarossa war diesmal nicht untätig geblieben. Ganz gegen seine Erwartung hatten die Vasallen Heinrichs in Bayern keinen Finger für ihren Herzog gerührt; der Kaiser ging nach Bayern, alle bayrischen Großen zu einem Fürstentag in Regensburg versammelnd. Hier wurde, wie in Gelnhausen das Land Sachsen, vor den Fürsten das Land Bayern verteilt. Otto von Wittelsbach, sicherlich der Würdigste unter den Vasallen des Kaisers, bekam den Löwenanteil zugewiesen, – sein Geschlecht regierte in Bayern bis zum 9. November 1918.

Dann sammelte der Kaiser ein großes Heer, mit dem er nach Sachsen aufbrach, um Heinrich gänzlich niederzuringen. Er forderte bei Strafe der Reichsacht alle Vasallen Heinrichs auf, sich von diesem bis zu einem nahen Zeitpunkt zu lösen – überall, wo des Kaisers Heer nahte, fielen Heinrichs Getreue von ihm ab.

Nun wehrte sich Heinrich in der Tat wie ein verwundeter Löwe, er schlug wild und planlos um sich, mißtraute den besten Freunden, beleidigte sie, bestrafte sie, drang in ihre Gebiete ein. Der Kaiser, mit dem Hauptquartier in Goslar, drang unaufhaltsam gegen ihn vor, jagte ihn durch die Lüneburger Heide, wo Heinrich sich mit wenigen Rittern nur vor der Gefangennahme retten konnte, weil er das unwegsame Gelände kannte. Heinrich kam bis Stade und mußte hilflos zusehen, wie seine vom Kaiser eroberten Länder von ihren neuen Besitzern aufgeteilt und besetzt wurden.

Nach dem Übergang über die Elbe widerstand nur noch ein Bollwerk dem Kaiser: die gute Stadt Lübeck. Sie wurde von eben dem Grafen von Tecklenburg verteidigt, den Heinrich nach dessen Gefangennahme begnadigt hatte, aber auch die Bürger Lübecks standen mit allen ihren Streitkräften treu zu ihrem Herzog. Die Stadt konnte nur durch einen Angriff vom Wasser her genommen werden. Von dort nahte Waldemar von Dänemark mit seinen Schiffen. So baten die Lübecker – sie ermangelten durch die Belagerung aller Nahrungszufuhr und fürchteten die Zerstörung ihres Hafens – ihren Bischof, gleichfalls namens Heinrich, bei dem Kaiser um einen Waffenstillstand nachzusuchen, während eine Delegation von Lübecker Bürgern in Stade bei ihrem Herzog anfragen wollte, was dieser seinen treuen Lübeckern rate. Der Kaiser glänzte durch Milde und Hoheit zugleich, er ging auf das Ersuchen des Bischofs ein; diesem selber, der an Fieber erkrankt war, ließ er durch den kaiserlichen Leibarzt jegliche Pflege zuteil werden.
In Stade konnte Heinrich die Lübecker nur auf seine Lage verweisen; er vermochte ihnen nicht zu helfen, er gab sie in ihren Entschlüssen frei. So zog der Kaiser, der Stadt große Wohltaten zusichernd, mit Tedeum und feierlicher Pracht in Lübeck ein.
Nur Lüneburg und Braunschweig waren noch zu belagern; in Lüneburg mußten dem Kaiser Heinrichs Weib und Kind und der Welfenschatz in die Hände fallen, mit Braunschweig die stolze Hauptstadt des Löwen.
Heinrich bat den Kaiser um freies Geleit nach Lüneburg, von dort aus die Friedensverhandlungen zu führen.
Barbarossa in Goslar hatte alles erreicht, was er wollte. Jede Milderung der Bedingungen mußte Heinrich nun als Gnade erscheinen. Aber Gnade wollten die Fürsten nicht, die sofort begannen, sich um ihre Beuteanteile zu streiten. Der Kaiser überraschte sie, als Heinrich in Erfurt und im Beisein der Fürsten sich dem Kaiser zu Füßen warf, wie in

Chiavenna der Kaiser vor Heinrich, Barbarossa aber den Vetter und Freund weinend in die Arme schloß und ihn auf den Mund küßte – eine Szene, die die Fürsten sofort mit großem Mißtrauen erfüllte und sie bewog, ihre Forderung, Heinrich solle aller Lehen verlustig erklärt werden, mit neuem Nachdruck zu stellen. Heinrich verlor alles bis auf die von seinen Vätern ererbten Allodien in Sachsen – das waren Braunschweig und Lüneburg, deren Bürger jetzt aus der Acht gelöst wurden. Der Löwe konnte sich als Gnadenerweis hinfort »Herzog von Braunschweig-Lüneburg« nennen. Auch er wurde von der Acht befreit, mußte aber geloben, drei Jahre lang von Deutschland fern zu bleiben. Auf seinem Wege nach England kam der Herzog an Bardowiek vorbei, einer Stadt, vier Meilen von Lüneburg entfernt, die einstmals großen Reichtum als Salzhandelsstadt besessen hatte. Dadurch, daß Heinrich den Salzhandel nach Lübeck umgeleitet hatte, war die Stadt verarmt. Die Bürger von Bardowiek schlossen bei Heinrichs Nahen die Tore, eilten auf die Mauern und verhöhnten den vorüberreitenden Herzog, indem sie die Hosen herunterließen und sich umwandten.

Es ging um Jerusalem

Viele Umstände mußten zusammentreffen, um den »Deutschen Ritterorden«, als Keimzelle des Gegenreiches, zum Kristallisationspunkt des ordnenden Denkens mit dem Ziel der Errichtung eines weltlichen Gemeinwesens, des Staates, zu bestimmen. Es begann die Suche nach einer geeigneten Form des Zusammenlebens über den Familienverband hinaus recht eigentlich mit den Anachoreten, den ersten Individualisten reinster Form, mit den Eremiten, Einsiedlern, die sich in die Einsamkeit zurückzogen, um dort durch Meditation zur Erkenntnis des Sinnes ihres Daseins zu gelangen. Fast alle Religionsstifter auf der Suche nach dem Telos, dem ersten Anliegen des Menschen, suchten Zuflucht, die Flucht zu sich selbst, in Höhlen und Zellen oder gingen wenigstens zeitweise in die Wüste, die absolute Einsamkeit, um dem Geheimnis der ihr Schicksal bestimmenden Mächte nachzuspüren – der Mächte, die ihnen als Dämonen entgegentraten und einzeln durch die Götter überwunden und gefesselt werden konnten, oder der Macht, die allein über Geburt und Tod des Menschen, über Anfang und Ende der Welt entscheidet: des einen Gottes, als Begriff bestimmt und vorausgesetzt und das gesamte All umfassend. Die einen suchten das *Wesen* Gottes zu ergründen, aus den Erscheinungen der Welt, der Natur und der Menschen, wie später die *Scholastiker*, die auf der Spur der allumfassenden und gebietenden Wahrheit den Beziehungen folgten, welche den einzelnen mit Umwelt und Menschheit verbanden, und aus diesen Beziehungen die Erkenntnis von Gesetzlichkeiten zogen – die anderen fragten nicht nach dem Wesen Gottes, das ihnen unergründbar zu sein schien, geradezu mit dem Kriterium der Unergründbarkeit ausgestattet: sie suchten den *Weg* zu Gott, wie später etwa die *Mystiker.* Wieder andere, die *Magier,* sahen in der Widersprüchlichkeit der Dinge die Summe aller in ihnen enthaltenen Möglichkeiten, von denen nur ein Teil zu erkennen, der Rest aber zu erforschen und schließlich in einem »Stein der Weisen« zu entdecken sei, der die Geheimnisse der Welt entschlüssele.

Immer aber schlossen sich die Einsiedler, von Höhle zu Höhle, von Zelle zu Zelle, zu kleinen Gemeinschaften zusammen, in vorchristlicher Zeit war es der Buddhismus gewesen, der seine Gemeinsamkeit im Zusammenschluß der gleicher Askese und Meditation Hingegebenen im Mönchtum gewonnen hatte, der eigentlichen Basis buddhistischer Lebensführung und Sinngebung. Im Urchristentum verteilten sich die Apostel über die ganze ihnen offen stehende Welt – rund um das Mittelmeer –, die sogenannten Judenchristen jedoch, die im jüdischen Lebensbereich verblieben, zogen sich, insoweit sie nicht als Proselyten gelten wollten, anachoretisch in die Einsamkeit zurück, einem Beispiel vieler ägyptischer Eremiten folgend. Erst das koptische Christentum, nach dem Vorbild des Antonius, des »Vater des Mönchtums« – der als Eremit im Kampfe gegen die »Dämonen« in der ägyptischen Wüste begonnen hatte, Einsiedlerkolonien zu gründen –, weitete diesen Entschluß auf Gemeinden aus – die erste geregelte Klostergemeinschaft von Christen entstand, aus welcher die morgenländische Kirche in ihrer Hierarchie ihre lebendigsten Impulse von unten empfing, einzig geistlicher Kraft verpflichtet und unter Verzicht auf weltliche Herrschaft. Nicht vor dem vierten Jahrhundert n. Chr. verbreitete sich das Mönchtum auch im Bereiche des christlichen Abendlandes, Vorposten weltlicher Gewalt der Kirche, um etwa im irisch-schottischen Mönchswesen mit seinem missionarischen Charakter seinen ersten Höhepunkt zu finden. Die gültige Regel gab aber im Gegensatz zur allmählich überholten Missionsaufgabe der abendländischen Kirche Benedikt von

Nursia bei der Gründung des Benediktinerordens – einen kulturbildenden Faktor ersten Ranges für Kunst, Wissenschaft und Erziehung. Zeitweiliger Entartung dieser Regel wirkte die Erneuerungsbewegung von Cluny mit der Bildung von neuen Orden entgegen, wobei neben der religiösen Erneuerung stark politische und wirtschaftliche Elemente in Erscheinung traten.

Mit der Explosion des Islam traten auch im arabischen Kulturbereich Ordensverbindungen in Erscheinung, Gebilde, die dank der glückhaften Einheit religiösen und politischen Denkens, im Gegensatz zu den christlichen Ordensgemeinschaften, durchaus weltlichen Aufgaben dienten. So unterstanden die arabischen Kriegerkasten in den Kalifaten Herrschern, die als Stellvertreter Mohammeds sowohl die Religion zu schützen als auch den Islam militärisch und politisch auszubreiten hatten. Unter den Nachfolgern des Propheten schwankten naturgemäß je nach den Aufgaben, welche die Kalifate zu bewältigen hatten, die religiösen wie die politischen Elemente in ihrem Vorrang: In den ersten dreißig Jahren nach dem Tode Mohammeds überwog in Medina die geistliche Bedeutung des Islam, das Bestreben, den Glauben mehr zu befestigen, als ihn auszubreiten –; unter den Omaijaden, einem neuen Geschlecht von Kalifen, die nicht mehr der unmittelbar verwandtschaftlichen Nachfolge des Propheten angehörten, gewann das Reich des Islam seine größte Ausdehnung, bis hin nach Mittelasien und Indien, Nordwestafrika und Spanien, Sizilien, Unteritalien und die Provence; nach hundert Jahren folgte eine Gegenströmung wiederum betont religiöser Art, getragen von mehr oder weniger legitimen Nachfolgern aus der Familie Mohammeds, die zu einem Gegenkalifat führte, vor welchem die kriegerischen Omaijaden, geschlagen, auswichen, indem sie ihre Herrschaft in Spanien allein konsolidierten, gewissermaßen eine Kolonie der arabischen Welt.

Die Araber waren 711 von den Söhnen des Königs Witika

von Spanien zu Hilfe gerufen worden, der vom Grafen Roderich 710 ermordet worden war. Es geschah dies im Verlaufe eines Streites unter den Westgoten, die, aus Frankreich geflüchtet, die Alanen, Vandalen und Sueven vertrieben hatten, mit ihnen geflohene Restscharen aus der Zeit der Völkerwanderung, die ihrerseits über die Ureinwohner und Iberer Spaniens nicht zu herrschen verstanden hatten. Die Araber zerschlugen kurzerhand die in sich zerstrittene und zerrüttete Westgotenherrschaft und besetzten ganz Spanien außer der schmalen Nordküste, die von den unbezähmbaren und wild um ihre Unabhängigkeit kämpfenden Basken besiedelt war. Reste der Goten hielten sich in Asturien.

Die Araber in ihrem Omaijaden-Reich hielten sich in Spanien bis 1263, also rund 650 Jahre. Aber während dieser ganzen Zeit war ihre Herrschaft umstritten. Bereits 718, sieben Jahre nach ihrer Landung, begann der Prozeß der Rückeroberung, gleichzeitig mit dem Beginn der Zerschlagung des Omaijaden-Kalifats durch die religiös fanatisierten Gegenkalifen aus dem Geschlechte Mohammeds; der Islam war fortan in die Sekten der Sunniten und Schiiten gespalten, wobei letztere die religiösen Fanatiker waren, die Sunniten von größerer Toleranz und eher kriegerischen Geistes.

Die Araber in Spanien, von den Christen hier Mauren genannt – im übrigen Mittelmeergebiet sprach man von den Sarazenen, die Araber nannten sich selber niemals so–, waren mit ihrer Speerspitze der Kriegerkaste Sunniten. Sie ließen in »ritterlicher« Weise in ihren Herrschaftsgebieten anfangs Sprache, Religion und Gesetze der christlichen Bevölkerung unangetastet, sie blieben tolerant gegenüber den Juden, die in Spanien von den Christen verfolgt und bedrückt und in ihrer Betätigung gehemmt worden waren, sie suchten nicht nur die unteren Klassen, die einsässigen Bauern und Fischer, für sich zu gewinnen, sie boten auch den christlichen Grundherren freigebig die Möglichkeit, es sich unter ihrer Herrschaft wohlsein zu lassen – einer Herrschaft, die sich im Grunde stolz darauf beschränkte, die hohe eigene Kultur in ihrer Blüte zu manifestieren und werbend für sich sprechen zu lassen. Der letzte, vor den Abbassiden, den »Mohammedanern«, geflüchtete Omaijaden-Sproß Abd er Rahmân, gründete das Kalifat von Córdoba, das Zentrum der maurischen Macht, schmückte die Städte mit Moscheen und Gärten – in Córdoba allein hinterließ er an die 3000 Moscheen – und mit herrlichen Palästen in maurischem Stil, darunter den Alcazar in Toledo, in Granada die Alhambra. Bibliotheken und Akademien wurden auch in den kleinen Provinzstädten gegründet, die sorgten für vortrefflichen Unterricht, pflegten die Wissenschaften, überlieferten die Lehren der Antike in unvoreingenommenem Geist, sie brachten in dem Volk von 25 Millionen Handel, Gewerbe und Ackerbau zu einer Blüte, die es später kaum mehr erreichte.

Die Eroberung der iberischen Halbinsel durch die Mauren war mitten in den Prozeß der spanischen Volkwerdung hineingestoßen. Alle die Völkerschaften – Keltiberer, Karthager, Phönizier, Römer, Restscharen aus der Völkerwanderung und schließlich die Westgoten – formten sich recht eigentlich erst unter dem maurischen Druck zu einem einheitlichen Volk aus, wobei die Verschmelzung mit den Mauren selber bedeutenden Anteil hatte. So aber mischten sich auch im spanischen Volkscharakter alle die Widersprüche und Verschiedenheiten, die sich in den einzelnen Provinzen gemäß der jeweils vorherrschenden Völkerschaft herausgebildet hatten.

Nicht also das spanische Volk war die Energiequelle im langsamen, jahrhundertlangen Prozeß der Rückeroberung, sondern allein die Kirche, die das Christentum gegen den Islam setzte, nicht also nationale, sondern religiöse Elemente bestimmten den Kampf. In diesem Kampf hatte die Kirche in der iberischen Halbinsel keine weltliche Macht hinter sich, die Geistlichkeit stand gegenüber dem in sich

zerrissenen Adel und den sich untereinander befehdenden Kleinfürsten allein da; das Kreuz hatte kein Schwert, besonders, nachdem Carolus Magnus mit seinem Roland im Kampfe gegen die Mauren gescheitert war. Zudem befand sich die Kirche just in jenen Jahrhunderten im bebenden Zustande einer inneren Schwäche, die schließlich zur Herrschaft der Pornokratie auf dem päpstlichen Stuhl führte.
Die Kirche konnte sich in Spanien auf nichts verlassen als auf ihre intelligente Politik, die in der maurischen Toleranz auch die maurische Schwäche erkannte und dementsprechend die eigene Kraft im Gegensatz suchte und fand: in der zutiefst im eigenen Glauben verwurzelten Intoleranz, durch die sie in allen Spaltungen siegreich geblieben war. Es war wiederum die religiöse Erneuerungsbewegung von Cluny, welche schließlich die gloriose Wende brachte. Ein Mönch von Cluny wurde im Zuge dieser Bewegung Papst, Urban II. (1040–1099), der als Nachfolger Gregors VII. dessen Investiturstreit mit den deutschen Kaisern fortsetzte und den deutschen Kaiser Heinrich IV. ebenso mit einem Bannfluch bedachte wie den ehebrüchigen und widerspenstigen König Philipp von Frankreich, im Bestreben, so seine beiden mächtigsten Gegner auszuschalten, um die anderen alle zu gewinnen. Dazu aber bedurfte es einer passenden Gelegenheit – sie bot sich in Spanien.
Der Apostel Jacobus sollte auf seinen Missionsreisen bis an einen bestimmten Ort in Spanien gelangt sein, wo er begraben worden sei – der Legende nach. Dieser Ort jedenfalls war nach dem Namen des Apostels benannt: Santiago de Compostela in der spanischen Provinz Coruña, für gläubige Christen von Anfang an ein beliebter Wallfahrtsort. Mit Hilfe der Klöster, welche als Etappenorte der Pilgerfahrten auf den Wegen nach Santiago dienten, organisierte die Kirche eine Art Überschwemmung Nordspaniens durch fromme Pilgerscharen, eine Gewaltdemonstration der wiedererwachten Macht des Christentums. Angesichts dieser Hunderttausende von übrigens waffenlosen Pilgern

aus dem ganzen Abendlande, die das Kreuz durch Spanien trugen – wofür ihnen eine gewisse Nachsicht gegenüber vergangenen Sünden versprochen war – endete allerdings die Toleranz der maurischen Herrschaft, die zweifellos die politische Absicht der Kirche erkannt haben mußte. Schon hatte die Herrschaft der Mauren in Spanien durch den Mangel an Nachschub arabischer Völkerschaften zu zerbröckeln begonnen – nun rückten unter dem Kreuz die Massen aus dem Abendlande in Spanien vor, eine friedliche Invasion, natürlich, aber mit bösen Absichten offenbar. Das konnte die maurische Herrschaft nicht dulden, ohne sich selber kampflos aufzugeben.

Aus dieser Lage heraus vollzog sich die klassische »Eskalation«: der Fanatismus der einen Seite weckte den der anderen. Aus Schikanen erwuchsen »Maßnahmen«, spontane Aktionen begegneten organisiertem Widerstand; was als reiner Glaubenskrieg begonnen hatte, weitete sich, in vielfältigen Wirren, zum Bürgerkrieg im noch lange nicht gefestigten Volke der Spanier aus, Interessengruppen bildeten sich in Fehden mit anderen, um sich gegen Dritte wieder zu vereinen, Partisanen kämpften zuerst um die eigene Existenz, dann untereinander, dann gegen jegliche andere Macht. Jedwedes im Bürgerkrieg wirksame Motiv mit seinem Anspruch grub sich in den spanischen Volkscharakter, der sich schließlich bis heute in einer nationalen Heldengestalt legendär kristallisierte: im »Cid« – einem spanischen Granden namens Ruy Diaz de Vivar, der, um 1050 geboren, nacheinander als Feldherr zwei tödlich verfeindeten Kleinkönigen diente, dann aber in maurische Dienste trat und der Legende nach auch dabei zahllose Heldentaten verrichtete, im Grunde jedoch immer nur den eigenen Interessen nachjagte, tapfer und erfindungsreich die maurische Herrschaft ebenso betrog wie die spanischen Granden, alle Verträge brach, schließlich 1094 die Stadt und Provinz Valencia eroberte, um sich dort bis zu seinem Tode 1099 mit barbarischer Grausamkeit zu behaupten.

Durch die Pilgerfahrten sahen sich die Mächte des Abendlandes mehr oder minder in die spanischen Wirren hineingezogen.

Zweifellos aber war der Schlüssel zu den spanischen Wirren eben doch im Glaubenskrieg zu sehen. Verwahrloste Mönche, die nach Zerstörung ihrer Klöster nach Frankreich zurückfluteten, gaben Wilhelm von Aquitanien Anlaß, die Abtei von Cluny zu gründen. Und eine der ersten Aufgaben von Cluny war es, den Krieg als ein »unvermeidbares Übel« mit der friedliebenden und gewaltlosen Lehre Christi in Einklang zu bringen. Augustin hatte die Lehre vom »bellum iustum« entwickelt, vom »gerechten Krieg« – die Araber des Islam verbanden ihre Eroberungsabsichten stets mit der Auffassung eines »Heiligen Krieges«; der frühere Mönch von Cluny, Papst Urban II., griff, sozusagen als Testamentsvollstrecker seines Vorgängers, des Papstes Gregor VII., das Bekenntnis zur Lehre des Augustin auf und präzisierte den gerechten Krieg als »Heiligen Krieg«, wenn er nämlich gegen die Heiden geführt werden mußte, als Verteidigungskrieg notabene gegen die einzigen »Heiden«, welche die Kirche angriffen, und die Mauren waren in christlicher Sicht natürlich Heiden, welche christliche Klöster niedergebrannt hatten. Gregor VII. hatte mit dem Begriff des »bellum iustum« das Recht für die Kirche verbunden, einen solchen Krieg auch mit eigenen Kräften zu führen – etwa mit den Mannschaften des Kirchenstaates –, ohne gezwungen zu sein, die Hilfe weltlicher Fürsten in Anspruch zu nehmen. Tatsächlich führte Gregor einige Kriege mit Truppen des Kirchenstaates. Urban aber verfügte über keine eigenen Truppen, er mußte sie anwerben.

Cluny hatte zwar schon in der frühesten Phase seines Wirkens die sogenannte »Gottesfrieden-Bewegung« eingeleitet, um den fortwährenden Übergriffen der weltlichen Mächte untereinander und auch gegen die Kirche ein Ende zu machen; bei den unter den ständigen Kriegen und Fehden der Ritter leidenden Völker des Abendlandes hatte die Propaganda für einen solchen Frieden ein mächtiges Echo gefunden. Gerade die Könige, welche bislang als einzige verantwortliche Träger des Krieges gegolten hatten, fanden sich bei ihren Streitigkeiten mit dem zum Rittertum reifenden Kriegerstand durch die Gottesfrieden-Bewegung der Kirche erleichtert und unterstützt. Zu der Zeit aber, als Urban die Notwendigkeit empfand, den Heiligen Krieg gegen die Mauren zu verkünden, sah sich der Papst auch genötigt, gegen den König Philipp von Frankreich den Bannfluch zu schleudern, da dieser nicht geneigt war, seine privaten Interessen zugunsten der Kirche in Spanien zu opfern – der König lebte mit einer Geliebten zusammen und hatte sich von seiner Gemahlin gegen den Widerspruch der Kirche selbstherrlich geschieden. Als Urban II. 1095 auf den Kirchenversammlungen in Piacenza und Clermont zum »Heiligen Krieg« gegen die Mauren aufrief, die Massen durch seine feurige Beredsamkeit begeisternd, versprach er gleichzeitig den durch die Gottesfrieden-Bewegung für ihre gewohnte Tätigkeit nun frei gewordenen Rittern und allen, die diese auf ihrem Zug nach Spanien begleiten wollten, Straflosigkeit ihrer Sünden und Erlaß ihrer Bußstrafen – die gleichen Gnadenerweise, welche bislang auch für die frommen Pilger nach Santiago gegolten hatten. Zahlreiche französische Ritter folgten dem Ruf.

Inzwischen hatten asturische und kastilische Fürsten die maurische Macht weit in den Süden zurückgedrängt, aber Berber eilten den maurischen Kriegern zu Hilfe, und diese wußten nichts mehr von Toleranz. Mit dem »Heiligen Krieg« der abendländischen Ritter konnte nun allmählich und sehr langsam Spanien »zurückerobert« werden, in langen mühseligen Feldzügen; Städte und Provinzen wurden »entsetzt«, und die Eroberungen mußten gesichert werden, wie Portugal, das sich im Verlauf der Kämpfe selbständig machte. Schritt für Schritt und mit großen Unterbrechungen konnte schließlich die einzige intakte Heeresmacht aus Spanien verdrängt werden, welche der zersplitterten maurischen Herrschaft zur Verfügung stand: die nomadisierte Kriegskaste der Araber, die, an vielen Orten gleichzeitig engagiert, ihrem ganzen Wesen nach ungeeignet war, sich in Städten und Bollwerken zu verschanzen oder sie zu erobern. Córdoba wurde erst 1236, Sevilla 1248 und Murcia 1263 von den Kastiliern besetzt, nachdem die Balearen 1229 vom König von Aragonien erobert worden waren.

In diesen hundertfünfzig Jahren des »Heiligen Krieges« der Rückeroberung war Spanien das Experimentierfeld für kriegerische Taktik und Eroberungsstrategie, die zurückkehrenden »heiligen« Krieger hinterließen ein verwüstetes und zerstörtes Land, in welchem sich die treibende Kraft, die Kirche, in einem Maße installierte, wie es bislang in keinem anderen Gebiet des Abendlandes erreicht war. Spanien wurde, nachdem alle Freiheiten der Granden und deren Geschlechter unter die politische Einsicht der Kirche gestellt waren, ein wahrer Hort der geistlichen Macht und blieb es durch alle Schwankungen seiner glut- und blutvollen Geschichte bis zum heutigen Tag.

Hatten schon die legendären Gebeine des Apostels Jacob in Santiago de Compostela die religiöse Phantasie bis zum Fanatismus angefacht, um wieviel mehr mußte der Gedanke zünden, daß die heiligen Stätten der Christenheit in Palästina sich in den Händen der »Heiden« befanden. Noch im gleichen Jahre 1095 eskalierte Papst Urban von einer Kirchenversammlung zur anderen, von Piacenza nach Clermont, den »Heiligen Krieg« mit einem Aufruf zu einer Kreuzfahrt nach Jerusalem.

Die Ausgangslage war fast die gleiche wie in Spanien. Seit Jahrhunderten hatten fromme Pilger, ausgerüstet mit Stab und Tasche, doch unbewaffnet, in langen Zügen die heiligen Stätten aufgesucht, von den Arabern in ihrem Vorhaben nirgends gehindert. Nun aber hatten die Seldschuken, ein kriegerischer Türkenstamm, den Byzantinern ganz Kleinasien bis zum Bosporus abgenommen – und den Arabern Palästina. Als der Bischof von Bamberg mit etwa achttausend Pilgern angewandert kam, wurden diese unbarmherzig dezimiert und konnten nicht bis Jerusalem gelangen, wo die dort ansässigen Christen zudem über Unterdrükkung klagten. Auf der Tagung von Clermont kündigte Urban für den 27. November eine große Rede an, die wegen des gewaltigen Andrangs auf ein freies Feld außerhalb der Stadt verlegt werden mußte. »Urban II.«, so berichten Chronisten, »der als Franzose über eine beträchtliche forensische Beredsamkeit verfügt zu haben scheint, malte in glühenden Farben die angebliche Bedrükkung der christlichen Kirchen des Ostens. Die Seldschuken hatten Kleinasien besetzt, die Kirchen und heiligen Orte der Christenheit waren zerstört und durch die Heiden geschändet worden; auch Antiochia, die Stadt Petri, war besetzt worden. Hier lagen für die durch den Gottesfrieden in ihrer Aktivität begrenzte christliche Ritterschaft noch große Aufgaben, und übrigens hoffte man, daß durch die Hilfe für die christlichen Brüder im Osten, zu der der Papst im Namen des Herrn in beschwörendem Tone Reiche und Arme aufrief, der Frieden in der Christenheit einkehren werde, weil dann nicht mehr wie bisher der Bruderkampf im Abendland tobe, Witwen und Waisen bedrückt und Kirchen und Klöster durch räuberische Adelige bedroht würden ... « »›Deus le volt, Gott will es‹, so brach der Ruf aus der Masse hervor. Der Bischof Adhémar von Puy nahm als erster das Kreuz, und viele der Versammelten taten es ihm nach. Gewänder mußten zu Stoffkreuzen zerschnitten werden, die die einzelnen sich bei der Kreuznahme in der Nachfolge Christi auf die Schulter hefteten.« Zu seiner Überraschung mußte der Heilige Vater, der in seiner Rede ja manche politische Katze aus dem religiösen Sack gelassen hatte, erfahren, daß nicht die französische Ritterschaft, wie im Falle Spaniens, sofort auf den Aufruf reagierte, sondern die nur nebenbei angesprochenen Armen.

Zwei im Grunde obskure Gestalten, ein Eremit Peter, der zerlumpt auf einem Esel durch die Lande ritt, sowie ein Ritter Walter von Habe, vom Volksmunde Ritter Habenichts genannt, machten sich predigend sofort auf die Reise, dem einfachen Volke die Vorteile der Kreuzfahrt vor Augen führend – Hunderttausende folgten diesen beiden Führern, zumeist unbewaffnet und in der Pilgertasche nichts.

Deutschland war bis dahin mit dem Kreuzzugsgedanken wenig bekannt geworden; das sollte sich nun mit dem Einbruch der wilden Pilgerscharen auf schreckliche Weise ändern. Vor den Kreuzzügen lebten die Juden in Deutschland unangefochten, sie waren vom Grundbesitz nicht ausgeschlossen, in den Städten angesehene Bürger und Steuerzahler, besonders in den reichen und blühenden Landstrichen am Rhein, welche schon zur Zeit der römischen Verwaltung eine höhere Kulturstufe erreicht hatten als die Länder westlich des Rheines. Der Bischof Rüdiger von Speyer, sehr interessiert an dem für den Säckel angenehmen Wohlergehen der fleißigen und tätigen jüdischen Bevölkerung, gab in seinem Sprengel den Juden gegen das kanonische Gesetz des Papstes Gregor VII. eigene Gerichtsbarkeit, um sie an die Stadt zu fesseln, und legte einen eigenen Stadtteil für die jüdischen Mitbürger an, um sie vor dem Neide und der Verfolgung des Pöbels zu schützen; sie zahlten für diese Privilegien jährlich mehrere Pfund Goldes, und Kaiser Heinrich IV. bestätigte diese Privilegien und regte an, sie auch in anderen Städten einzuführen. Durch ein besonderes Diplom hatte dieser Kaiser den Juden zugesichert, kein Jude dürfe zur Taufe gezwungen und bei gerichtlichen Streitigkeiten die übliche »Feuer- und Wasserprobe« nicht angewandt werden. So sammelten sich die jüdischen Gemeinden in bestimmten Wohnvierteln, Gettos genannt, die ihrem Eigenleben dienten: in Mainz, Trier, Worms und Köln, aber auch bald in den Orten rechts des Rheines, wuchsen und blühten diese Gemeinden.

Als Peter der Eremit mit seinen Wallfahrern, die sich zuerst Wallgänger, dann Wallbrüder nannten, nach Köln kam, begannen die einzelnen Trupps, um Unterkunft und Verpflegung bangend, ziemlich wahllos bei den Einwohnern zu plündern, merkten aber bald, daß bei den jüdischen Bürgern mehr zu holen war, und schon begründeten sie ihr Tun mit der Kampfparole: »Die Juden haben unsern Heiland gekreuzigt, sie müssen sich zu ihm bekehren oder sterben.« Der Walter von Habenichts mit seinen geweihten Streitern kam über Trier nach Worms und Speyer mit der folgerichtigen Erweiterung der Parole: »Der Kreuzzug beginnt hier: Macht mit den Juden den Anfang!« Einer der Führer der französischen Wallfahrer, ein französischer Ritter, Wilhelm »der Zimmermann« genannt, hatte bis Trier nur die Bauern geplündert, um seine Schar auszurüsten; diese Bauern aber wurden von ihren Rittern und Fürsten beschützt. Von Trier war Kaiser Heinrich IV. weit entfernt, in Italien unter dem Bannfluch mit dem Papst in böse Händel verstrickt; der Bischof Egilbert von Trier, schwankend zwischen Kaiser und Papst, vermochte die jüdische Gemeinde nicht anders zu schützen als mit dem Rat: »Bekehrt euch, so schütze ich euch; bleibt ihr verstockt, so wird mit eurem Leib auch eure Seele untergehen.« Die Juden von Trier traten zu einer Beratung zusammen und beschlossen, das Christentum zum Schein anzunehmen. In Speyer aber drangen die Haufen der Kreuzfahrer plötzlich in die Stadt ein, sperrten im ersten Anlauf eine Anzahl angesehener Juden in eine Kirche und wollten sie unter Androhung des Todes sogleich taufen. Die Juden weigerten sich standhaft und wurden hingeschlachtet, sie galten als die ersten Märtyrer – die anderen Juden in ihrem Wohnviertel beschlossen, sich zu verteidigen, ihnen sprang der Bischof von Speyer bei und ließ einige der Plünderer hinrichten, worauf der Haufe weiterzog, um sich unter dem Namen »Wölfe der Wüste« nach Worms zu wenden, wo der dortige Bischof die reichsten und angesehensten Bürger der jüdischen Gemeinde in seinen wohlbefestigten Palast aufnahm, die anderen aber ihrem grausamen Schicksal überließ: sie wehrten sich anfangs tapfer gegen die Übermacht der »Wölfe«, dann aber gaben sie sich, Männer und Frauen, selbst den Tod und schlachteten ihre Kinder. Auf diese Nachricht hin gaben sich auch die im Palast versammelten Juden selber den Tod. Die Wölfe hausten in der Stadt blutgierig wie die Tiere, deren Namen sie übernommen hatten, plünderten und brannten nieder. Nach dem Abrücken der Kreuzfahrer zählte der Totengräber über achthundert Tote. Ein jüdischer Jüngling, der seine Stammes- und Glaubensbrüder rächen wollte, hatte einen Neffen des Bischofs erstochen, als ihm, der angeblich zum Christentum übertreten wollte, das Sakrament gereicht werden sollte. Die Wölfe hatten ihn zerfleischt und seine Tat zum Anlaß für das Massaker von Worms genommen. Sie zogen nun nach Mainz, wo ein Graf von Leiningen, ein Verwandter des Erzbischofs, die Führung des Haufens übernahm. Der Erzbischof war ein entschiedener Gegner des Kaisers Heinrich IV. und lud auf Betreiben des Leiningen die gesamte jüdische Gemeinde in seinen Palast, mit der Auflage, ihr sämtliches Hab und Gut dorthin mitzubringen. Über dreizehnhundert Juden mit ihren Schätzen lagen eine Nacht im Gebet in den weiträumigen Gewölben des Palastes; gegen Morgen drangen die Kreuzfahrer in den Palast und erschlugen alle dreizehnhundert. Nur wenige konnten entfliehen, sie flüchteten in die Synagoge und setzten sie in Brand, um in den Flammen umzukommen. Der Brand dehnte sich aus und zerstörte einen großen Teil der Stadt. Die jüdischen Schätze übernahm der Erzbischof. Nur in Köln versuchte der Erzbischof, Hermann III., die Juden zu retten, er forderte die Kölner Bürger auf, Juden in ihrer Wohnung Zuflucht zu gewähren und führte selbst einen großen Teil seiner jüdischen Bürger nach Neuß und in weiter entfernte Orte, die seiner landesfürstlichen Hoheit unterstanden.

Doch entgingen auch die Juden in Neuß nicht ihrem Schicksal.
So zogen die verschiedenen Haufen der frommen Pilger auf verschiedenen Wegen quer durch Deutschland, von der aufgeschreckten Bevölkerung schleunigst weitergeleitet und von Kloster zu Kloster untergebracht und verpflegt, so daß die geraubten Güter auf diesem Wege in die Kassen der Kirche zurückflossen – um in Böhmen und Ungarn wieder nach ihren im Rheinland erprobten Methoden zu verfahren, wobei der dritte Haufen, vornehmlich aus deutsch-rheinischem Gesindel gebildet, von den empörten Ungarn niedergemetzelt wurde und niemals Konstantinopel erreichte, während der Eremit und der Habenichts wegen zuchtlosen Verhaltens von byzantinischen Soldtruppen angehalten und nach großen Verlusten schließlich bis vor Konstantinopel geleitet wurden. Der Kaiser von Byzanz, Alexies, hatte zuerst die vor der Stadt lagernden Pilger herzlich und festlich empfangen, mit dem guten Rat, ritterliche Kreuzfahrer abzuwarten, bevor sie nach Kleinasien übersetzten. Aber der Habenichts drängte, und als der Kaiser von Byzanz Nachricht von den Zuständen im Lager der Pilger erhielt – sie hatten begonnen, die Vorstädte zu plündern –, legte der Kaiser ebenfalls großen Wert darauf, daß diese Leute ihren Weg möglichst bald fortsetzten. Die Haufen drangen nach dem Übergang über den Bosporus in türkisches Gebiet ein und wurden am 21. Oktober 1096 von türkischen Truppen eingeschlossen und völlig aufgerieben. Die Kreuzfahrt des niederen Volkes war zu Ende.
Kaiser Alexios war 1081 als General aus kleinasiatischem Landadel durch eine Militärrevolution auf den Thron von Byzanz gekommen. Byzanz war immer gezwungen, seine vielfältigen Interessen in allen Himmelsrichtungen durch eine mehrschichtige Politik zu verfolgen, die vor allem darauf gerichtet war, die absolute Herrschaft über den Seehandel des Mittelmeeres und des Schwarzen Meeres zu sichern. Die Ausgangslage für die Politik des Alexios war

durch den Zerfall des großarabischen Reiches gegeben. In der Welt des Islam wurden starke nationale Kräfte frei; die Seldschuken, ein türkischer Stamm aus Buchara, hatte Turan und Iran erobert, dann in den Jahren 1063 bis 1072 Syrien und Kleinasien, die asiatischen Besitzungen von Byzanz. Nun regierte der Sultan Malikschah vom Ägäischen und Roten Meer bis nach Kaschgar hin, ein gelehrter und politisch sehr geschickter Mann, mit dem sich Alexios verbinden konnte, um – im Jahre 1083 – mit Hilfe der Seldschuken die Normannen aus Thessalien zu vertreiben. Die Normannen waren sozusagen der Hecht im Karpfenteich, ein Raubvolk zur See und auf dem Lande. Sie hatten die Griechen aus Unteritalien vertrieben und die Sarazenen aus Sizilien, mit denen sie, gerade eben zum Christentum übergetreten, einen »Heiligen Krieg« führten, was sie auf die Seite der Päpste brachte, die ihrerseits eine Ausdehnung des deutschen Kaiserreiches südlich des Kirchenstaates mit Hilfe der Normannen zu verhindern hofften.
Die Katastrophe des Bamberger Pilgerzuges benutzte Alexios dazu, um sowohl beim Papst Urban wie beim deutschen Kaiser Heinrich IV. diplomatisch vorzufühlen; dem Kaiser stellte er Hilfe gegen die Normannen in Aussicht, dem Papst die Möglichkeit, durch einen »Heiligen Krieg« um die heiligen Stätten, die von den Seldschuken besetzt waren, ähnlich wie in Spanien die französische Ritterschaft gegen die deutsche auszuspielen. Gegen diese Absicht protestierte sofort die hohe Geistlichkeit der griechisch-orthodoxen Kirche, aber diese stand von Anfang an unter der Suprematie der byzantinischen Reichsgewalt, und die heiligen Stätten des Christentums waren unter der toleranten Araberherrschaft der geistlichen Oberaufsicht beider christlicher Kirchen unterstellt. Als Urban II. den Kreuzzug proklamierte, hatte Alexios ein kleines, aber tapferes Kontingent französischer Ritter erwartet, die im Verein mit seinen byzantinischen Kerntruppen sich den Weg durch Kleinasien nach Jerusalem bahnen konnten, wobei das

Seldschukenreich natürlich wieder an Byzanz fallen mußte. Nur kurze Zeit nach der Vernichtung der wilden Pilgerhaufen des minderen Kreuzfahrervolkes trafen aber nach und nach nicht weniger als fünf Kreuzritterheere in Konstantinopel ein: drei französische, unter Gottfried von Bouillon, mit seinen Lothringern, dem Grafen Raimund von Toulouse, mit Provenzalen und Burgundern, dem Grafen Hugo von Vermandois, dem Bruder des französischen Königs – und zwei normannische: das nordnormannische unter Robert II. von Flandern, dem Herzog von der Normandie, und dem Grafen Stephan von Blois, normannische Ritter und wildes flämisches Fußvolk –, und das süditalienische Heer unter dem normannischen Feudalherrn Boemund von Tarent, einem Sohn Robert Guiscards, begleitet von seinem Neffen Tankred, einem überaus ehrgeizigen jungen Mann.
Alexios konnte es nicht wagen, diese Ritter nach Konstantinopel hereinzulassen, die stolzen Herren mußten in dem Lager vor der Stadt kampieren, in dem sich die Pilgerhaufen des Eremiten und des Habenichts so übel aufgeführt hatten; doch verteilte der Kaiser reiche Geschenke, sehr wohl erkennend, daß von diesen Fürsten mit ihren Herren jeder ein eigenes, von denen der anderen sehr unterschiedliches Ziel mit seiner Kreuzfahrt verband. Zwei von ihnen, Gottfried von Bouillon und Raimund von Toulouse, schienen die Absicht zu haben, nicht nach Frankreich zurückzukehren, beide hatten ihre Besitzungen zu Geld gemacht und damit ihre Heere finanziert; Graf Hugo mußte die Lehnshoheit des Königs zu wahren suchen – Papst Urban aber hatte als »Oberbefehlshaber« des von ihm inaugurierten Kreuzzuges den Legaten Adhémar als seinen Vertreter gesandt, der darauf achten sollte, daß dieser Kreuzzug vom Papst geleitet wurde und von niemanden anders. Was von dem südnormannischen Boemund zu erwarten war, einem 40jährigen Mann von großem Ehrgeiz und eindeutiger Skrupellosigkeit, dem jedes Mittel recht

schien, war klar: normannische Macht an allen Punkten des Mittelmeeres zu installieren. Was aber die Nordnormannen betraf, so war von ihnen anzunehmen, daß sie gemäß der von ihnen und bis in alle Zukunft geübten Politik, sich in alle Händel der Welt zu mischen, solange dort etwas zu holen war, getreu zu handeln entschlossen waren – hier unterstützten sie zweifellos ihre südnormannischen Vettern.
Eine einheitliche Führung dieses Kreuzzuges war von diesen Fürsten nicht zu erwarten, und so beschloß Alexios, sein eigenes byzantinisches Heer nur zur Beobachtung der kriegerischen Vorgänge einzusetzen und jedem der Heerführer einen Eid abzuverlangen, das byzantinische Eigentum, den Anspruch und die Interessen von Byzanz zu achten und in Palästina den Status der griechisch-orthodoxen Kirche zu wahren. Mit jedem einzelnen der Fürsten mußte dieser Eid ausgehandelt werden, am längsten weigerte sich Raimund ihn zu schwören, er schwor erst, als die anderen Fürsten ihn bedrängten; Kaiser Alexios hatte allein die Flotte zur Verfügung, um die Heere über die Meerenge nach Anatolien überzusetzen, und weigerte sich, dies zu tun, ehbevor nicht alle Fürsten den Eid geleistet hatten – Raimund war schließlich der einzige, der seinen Eid auch hielt. Ende April 1097 waren die Kreuzfahrerheere endlich übergesetzt. Gottfried von Bouillon zog sofort nach Nicäa – die Hauptstadt des Seldschukensultans Kilic Arslan kontrollierte die Hauptverbindung durch Anatolien, sie lag an einem See, und zweihundert Türme schützten den seldschukischen Staatsschatz. Kilic, die Kreuzfahrerheere als die wilden Haufen der Pilger des Eremiten einschätzend, war nicht zugegen. Gottfried belagerte die Stadt, die nicht erobert werden konnte, solange sie nicht auch vom Wasser her blockiert wurde. Kilic lieferte den Belagerern, zu denen nun auch das Heer der Nordnormannen gestoßen war, eine offene Feldschlacht, bei der es sich zeigte, daß die gepanzerten Ritterscharen in die aufgelösten Reiterscharen der Türken fuhren wie heute Schlacht-

schiffe in eine Fischerboot-Flotte. Jetzt sandte Kaiser Alexios Schiffe über Land, die vor Nicäa wieder flott gemacht wurden – Nicäa wurde vom Wasser her genommen, der byzantinische Admiral Butunites besetzte sie, und von einer Plünderung der Stadt durch die Kreuzritter konnte keine Rede sein. Die Kreuzritter, an ihren Eid erinnert, murrten, aber zogen weiter. In vier Wochen, so hoffte Stephan von Blois, werde man in Jerusalem sein. Es sollte zwei Jahre dauern.

Auf dem Wege nach Antiochia, in glühender Sommerhitze und unter großem Mangel an Wasser und Lebensmitteln, zeigte es sich, daß die Märsche der einzelnen Heere nach einzelnen Zielen auf verschiedenen Wegen doch zusammen einen strategischen Sinn ergaben, solange die einzelnen Heere in offener Feldschlacht angegriffen wurden und die anderen zu Hilfe eilen konnten. Diese Strategie zerbrach aber sofort, wenn die einzelnen Heere auf Punkte stießen, in denen Beute gemacht werden konnte. Am 29. Juni hatte Boemund mit seinen Südnormannen Feindberührung mit Kilic, der ein größeres Heer zusammengerafft hatte und nun den Ritterblöcken mit einem Schauer von Pfeilen von allen Seiten beizukommen suchten. Hier kam dem Boemund Gottfried von Bouillon zu Hilfe, der den Türken in den Rücken fiel. Als auch Raimund herbeieilte, mußten die Türken in Panik fliehen und ließen das türkische Lager mit reicher Beute zurück. Die Heere trennten sich wieder und suchten ihre mühseligen Wege entlang dem Taurusgebirge, um Ikonum und Tyana einzunehmen. Auf dem Wege nach Syrien schlugen die Heere im Zusammenwirken entgegengeeilte türkische Streitkräfte, zogen über die kilikische Pforte, den engen Paßübergang des Taurus in die kilikische Ebene, und über das Amanosgebirge in das syrische Orontestal, von wo aus sie wieder verschiedene Wege verfolgten.

Das Hauptheer nahm, da ihm der Paß über die kilikische Pforte zu beschwerlich war, den Weg nordöstlich bis Caesarea und von dort scharf südöstlich über den Antitaurus nach Maraş. Dort war das Land von Christen und christlichen Armeniern besiedelt, die von den Byzantinern aus Armenien vertrieben worden waren. Hier wurden die Kreuzfahrer begeistert aufgenommen. Sie standen nach viermonatigem mühseligen Marsch am 21. Oktober vor Antiochia.

Antiochia, einst die drittgrößte Stadt des römischen Weltreiches, war der Schlüssel zum nördlichen Syrien – und das eigentliche Ziel des Boemund, eine fast uneinnehmbare Festung mit riesigen Mauern und 400 Türmen am Berghang, mit einer im wesentlichen christlichen Bevölkerung von Griechen und Armeniern. Um seinen Anspruch auf diese Stadt zu legitimieren, entsandte Boemund seinen Neffen Tankred mit nur achtzig Rittern, um das in Klein-Armenien gelegene Tarsus zu nehmen, was diesem tapferen jungen Mann sofort gelang. Aber Balduin, der Bruder des Gottfried von Bouillon, witterte die Absicht des Boemund und zwang Tankred, ihm die Stadt Tarsus wieder abzutreten; doch hatte auch er keineswegs die Absicht, die Stadt dem byzantinischen Kaiser zurückzugeben, es war weit und breit kein Byzantiner zu sehen. Er überließ die Stadt einer Schar seiner Ritter und einem französischen Piraten, der, fernab von jeder Kreuzfahrer-Idee außer jener des Kreuzens zum Zwecke der Piraterie, zufällig vor Tarsus kreuzte. Tankred eroberte zum Ausgleich mit Hilfe eben dieses Piraten die Stadt Alexandretta und vereinigte sich wieder mit dem Hauptheer Boemunds vor Antiochia, das Boemund nun im Sturm nehmen wollte; er wurde von den anderen Fürsten daran gehindert, die ihm zu beweisen suchten, ein Sturm dezimiere das Kreuzfahrerheer derart, daß es niemals bis nach Jerusalem dringen könnte. Boemund begann nun die Stadt zu belagern, welche Gelegenheit Balduin, der Bruder des Gottfried von Bouillon, benutzte, um sich in den armenischen Gebieten festzusetzen. Er eroberte die Festungen Ravendel und Turbessel und ließ sich, überall von den Armeniern begeistert begrüßt,

von dem Stadtkommandanten Toros der wichtigsten Festung, Edessa, einladen, auch diese Stadt zu besetzen – Toros war selber Armenier, bei diesen aber als türkischer Vogt sehr unbeliebt. Mit nur achtzig Rittern traf Balduin im Februar 1098 in Edessa ein, wo Toros ihn nach armenischer Sitte durch Einhüllen in seinen Mantel adoptierte, wodurch Balduin Mitregent der Stadt und des Landes wurde. Als armenische Patrioten den Toros lynchten, rührte Balduin keinen Finger, seinen Adoptivvater zu retten – er übernahm am 10. März 1098 die Herrschaft in Edessa und gründete damit den ersten Kreuzfahrerstaat, die Grafschaft Edessa; er dachte weder daran, seinem Eide gemäß, das Land an Byzanz abzutreten noch das Kreuzheer bei einem weiteren Zug nach dem Süden zu unterstützen.
Antiochia ließ sich weder stürmen noch regelrecht belagern, ähnlich wie in Nicäa konnte die Seeseite nicht blokkiert werden. Der Winter war hart, und bitterer Mangel an Lebensmitteln veranlaßte Stephan von Blois, der die Regelung des Nachschubs übernommen hatte, mit Boemund einen Vorstoß ins Orontestal zu unternehmen, um der Nahrungsmittelnot ein Ende zu machen. Doch die Kreuzfahrer stießen mit einem damaszenischen Entsatzheer für Antiochia zusammen, konnten dieses zwar zurückwerfen, aber Lebensmittel nicht in genügendem Maße herbeischaffen. Im Belagerungsheer herrschte bald bittere Hungersnot; wilde Flamen, Überreste des Eremitenhaufens, mußten der Menschenfresserei angeklagt werden. Und nun nahte das Hauptheer der Seldschuken unter ihrem Kriegshelden Kerboga von Mosul, um Antiochia zu entsetzen. Für Boemund war diese neue Gefahr der Anlaß, die übrigen Fürsten zu überreden, ihm die Herrschaft über Antiochia zu überlassen, wenn es ihm gelänge, die Stadt vor dem Eintreffen des Kerboga durch einen Handstreich zu nehmen. Der Normanne hatte Verbindung mit einem Verräter in Antiochia aufgenommen, der ihn in die Stadt einschleusen wollte – und es auch tat. Boemund gelangte mit einer

Handvoll seiner Ritter in die Stadt, in den frühen Morgenstunden des 3. Juni 1098, tötete alle Türken, deren er habhaft werden konnte, und erschlug den Kommandanten der Festung auf der Flucht – dessen Sohn aber gelang es, in die Zitadelle zu flüchten, in welcher er mit der Besatzung dem Angriff Boemunds standhielt.
Kerboga kam, besetzte die Zitadelle, von wo aus er die Kreuzfahrer dauernd belästigen konnte, schloß mit seinen zahlreichen Truppen einen Ring um die Belagerer und machte so die Belagerer zu Belagerten in einer vom Hunger gequälten Stadt.
Das Kreuzfahrerheer zersetzte sich in erschreckendem Maße, zahlreiche Deserteure schlugen sich durch die Linien und suchten das Weite. Als einer der ersten setzte sich Stephan von Blois ab, er sah seine Aufgabe als Nachschuborganisator offenbar unter diesen Umständen als gelöst an. Auf dem Rückweg traf er auf Kaiser Alexios, der im Begriff stand, nun selber in Syrien einzufallen und dort seine Rechte zu wahren. Stephan von Blois wußte dem Kaiser die Lage so eindringlich in ihrer ganzen Düsternis zu schildern, daß der Kaiser beschloß, sein Unternehmen abzubrechen. Das gab dem Boemund den Anlaß, sich von seinem Eide entbunden zu fühlen. Stephan von Blois wurde in seiner Heimat als Deserteur und Feigling empfangen – sogar seine Frau weigerte sich, den Heimkehrenden willkommen zu heißen.
Die Lage vor Antiochia rettete keiner der Kreuzritter, sondern der Legat Adhémar von Puy, dessen Aufgabe es war, den religiösen Fanatismus im Kreuzritterheer erneut zu wecken. Just zur rechten Zeit fand der päpstliche Legat in der Peterskathedrale von Antiochia die Lanze, mit welcher der römische Hauptmann auf dem Berge Golgatha Christus in die Seite gestochen hatte. Diese Lanze hob die Moral der christlichen Ritter ungeheuer – am 28. Juni machte Boemund einen von Kerboga unerwarteten Ausfall, er sprengte die Türken auseinander und eroberte die Zita-

delle, aus der Kerboga flüchten mußte. Die Fürsten feierten zwar Boemund als den Mann des Tages, fanden es aber nicht zuträglich, in der glühenden Sommerhitze den Marsch nach dem Süden anzutreten, sondern beschlossen, sich eine Erholung zu gönnen; sie schlugen den 1. November als den Tag des Abmarsches vor – Boemund hingegen war gewillt, auch an diesem Tage sein Antiochia nicht zu verlassen.

Am 1. August wurde der päpstliche Legat Adhémar vom Tode ereilt; die Fürsten richteten einen Brief an den Papst, in dem sie den Tod des wackeren Mannes mitteilten und den Papst aufforderten, nun selbst nach Antiochia zu kommen, um die Streitigkeiten unter den Fürsten zu schlichten – und sich selbst an die Spitze des Kreuzzuges zu setzen. Auf die nie eintreffende Antwort des Papstes wartend, verbrachten die Kreuzfahrer ihre Erholungszeit, indem sie sich vollständig zerstritten – besonders Boemund mit Raimund; Boemund hatte vor dem frommen Provenzalen spöttelnde Bemerkungen über die Auffindung der heiligen Lanze nicht unterdrücken können. Am 5. November versammelten sich die Fürsten zum letzten Male in der Peterskathedrale und beschlossen unter dem Druck der unruhig gewordenen Ritter den Marsch nach Jerusalem. Sie einigten sich erst um Weihnachten herum, dem Ältesten unter ihnen, dem Grafen Raimund von Toulouse, den Oberbefehl zu übertragen. Am 13. Januar 1099 endlich marschierte Raimund, als Pilger gekleidet und barfuß, seinem Heere voran, die anderen Heere außer dem des Boemund folgten dem Sechzigjährigen beschämt. Im Vergleich zu den bisherigen Schwierigkeiten, Strapazen und Kämpfen erfolgte der Marsch nach Jerusalem ohne Zwischenfalle. Die kleinen Emirate auf dem Wege des Heerzuges leisteten kaum Widerstand und lösten sich von der Eroberung mit Geldzahlungen. Nördlich von Tripolis wurde die Küste des Mittelmeeres erreicht, Tortesa und Maraclea wurde von kleinen Truppeneinheiten genommen, Tripolis kaufte sich frei.

Der Marsch ging nach Beirut, Sidon, Tyrus, Akkon und Haifa nach Jaffa. Tankred besetzte am 6. Juni 1099 Bethlehem, über der Geburtskirche ließ er sein Banner aufziehen. Am 7. Juni marschierten die Kreuzfahrer über einen Berg, von dessen Kamm aus sie Jerusalem sahen, die hochgebaute Stadt.

Sie zog sich an einem Steilhang empor, eine starke Festung, und konnte nur vom Norden und vom Südwesten her angegriffen werden. Der Gouverneur Jerusalems hatte vorsorglich alle Christen aus der Stadt ausgewiesen; Wasser und Lebensmittel waren reichlich vorhanden. Die Kreuzfahrer griffen die Stadt am 13. Juni verwegen an und wurden mit blutigen Verlusten abgewiesen. So begannen sie, Belagerungstürme zu bauen, beschafften sich Holz aus Samaria und Bauwerkzeug aus Jaffa. Die Brunnen außerhalb der Stadt waren zerstört, es herrschte eine glühende Hitze, welche die Ritter in ihren Panzern fast ersticken ließ – und es wurde der Anmarsch einer ägyptischen Armee gemeldet. Die Kreuzritter glaubten, sie müßten ihre religiösen Pflichten gründlich ernst nehmen, dann werde ihnen Gott gewißlich beistehen, so fasteten sie mehrere Tage lang und formierten sich zu einer Prozession rund um die Stadt, die auf dem Ölberg endete. Nach vier Wochen waren drei der Belagerungstürme endlich fertig, in der Nacht vom 13. auf den 14. Juli begann der Sturm auf die Stadt. Raimund konnte als erster seinen Turm an die Stadtmauer heranbringen, aber Gottfried von Bouillon gelang es, den seinen so zu plazieren, daß er in der Nähe des Blumentores die Brücke von oben herunter über die Mauer schieben konnte – ein flämischer Ritter stürmte als erster, gefolgt von Gottfried und seinen Lothringern, über die Brücke und über die Mauer. Der unermüdliche Tankred folgte. Die Lothringer öffneten von innen das Tor, Tankred stürmte zum Tempelplatz und besetzte die El-Aksa-Moschee. Der Gouverneur rettete sich in den Davidsturm, die stärkste Festung am Jaffator, und ergab sich Raimund gegen die Zusicherung freien Geleites. Die Stadt war erobert.

Der Chronist berichtete: »Außer dem Gouverneur und seinem Gefolge kam kein Muslim mit dem Leben davon. Der Rausch des Sieges, der religiöse Fanatismus der Kreuzfahrer und die aufgestaute Erinnerung an die durchstandene Mühsal von drei Jahren entlud sich in einem entsetzlichen Blutbad, dem unabhängig von Religion und Rasse jedweder zum Opfer fiel, der den metzelnden Kreuzfahrern vor die Klinge geriet. Bis an die Knöchel watete man im Blut, und die Straßen waren mit Leichen bedeckt, deren Beseitigung die erste Sorge der Kreuzfahrer nach dem Ende des Wütens war. Die Lothringer taten sich wenigstens dadurch hervor, daß sie keine jüdischen Frauen schändeten. Die kostbare jüdische Gemeindebibliothek entging der Vernichtung und wurde von den Franken für viel Geld nach Ascalon verkauft ...«

Es ging um das Geschäft

Der Satz des preußischen Generals von Clausewitz: »Der Krieg ist die Fortsetzung der Politik mit anderen Mitteln« setzt umgekehrt voraus, daß mit einem errungenen militärischen Siege der Punkt erreicht ist, von welchem aus nun planmäßig die Politik fortgesetzt werden kann. Hatte Papst Urban eine klare Vorstellung von dem Gebot, was nach einer Eroberung Jerusalems geschehen sollte, als er den »Heiligen Krieg« proklamierte -- was füglich bezweifelt werden darf —, das eigenmächtige Vorgehen der fürstlichen Heerführer, von denen jeder suchte, sich zuerst einmal einen eigenen Staat zu gründen, mußte diesen Plan gründlich durchlöchert haben. Jerusalem war erobert — was nun? Während es die biederen Kreuzfahrer als vordringlich empfanden, die Leichen wegzuräumen und die zerstörten Brunnen wieder herzurichten, entdeckte der Kaplan Arnulf des nordnormannischen Robert, daß der griechisch-orthodoxe Patriarch von Jerusalem nach Zypern geflohen war — und er starb dort bald danach —, und drang darauf, daß sofort ein römisches Patriarchat für Jerusalem eingerichtet werde. Aber bei den Südfranzosen hatte sich dieser Arnulf ebenso unbeliebt gemacht wie Boemund: auch er hatte über die heilige Lanze gespottet — doch Eile schien immerhin darin geboten, vor der Konsolidierung der geistlichen Gewalt die weltliche zu fundamentieren. Die Barone wünschten, die Kreuzfahrerstätten unter einem König von Jerusalem zu vereinen, als Kandidaten für dies Amt mit eigener Lehnshoheit — und auf diese kam es den christlichen Kreuzfahrern an — boten sich nur zwei der Großen an: Raimund von Toulouse, der fromme Mann, war klug genug, zu erklären, wo Christus gelebt habe, wollte er nicht König sein –, so blieb nur Gottfried von Bouillon, der einzige von den Standesherren, der sich den ewigen Streitereien stets zu entziehen gewußt hatte, ein braver Mann, in seinem Heer hochgeachtet – es bestand zur Zeit nur noch aus dreihundert Rittern und etwa zweitausend Mann Fußvolks. Gottfried wiederum war klug genug, Raimund zu überspielen, und lehnte ab, sich als König wählen zu lassen, entschloß sich wohl aber, die Herrschaft als »Beschützer des Heiligen Grabes«, als eine Art Vogt also, zu übernehmen. Dem stimmten die Barone zu; Raimund zog ärgerlich ab, um Jericho zu erobern und sich am Jordan zum Zwecke der Errichtung eines eigenen Staates umzusehen. Nun war der Weg frei für den Kaplan Arnulf, der mittlerweile sich qualifizierte, indem er – wie einstmals Adhémar von Puy die heilige Lanze gefunden hatte – nunmehr für die Wiederauffindung des wahren Kreuzes sorgte. Arnulf wurde Patriarch von Jerusalem, freilich ohne die Bischofsweihe empfangen zu haben.

Die Probe um die Anerkenntnis als Vogt über Jerusalem bestand Gottfried von Bouillon, als er die anderen Fürsten aufforderte, einem herannahenden ägyptischen Heer mit ihm zusammen entgegen zu marschieren. Sowohl Raimund wie der Normanne Robert eilten Gottfried zu Hilfe, am 12. August 1099 konnten die Kreuzritter das ägyptische Lager auf einer Ebene vor der Seefestung Ascalon überfallen und die ägyptische Armee vollständig aufreiben. Das christliche Abendland jubelte und feierte die Helden im fernen Palästina, aber die Helden selber sahen sich gezwungen, die Lage sehr nüchtern zu betrachten. Das Land, das sie erobert hatten, war keineswegs eine Gegend, in der Milch und Honig floß, wie es ihrer biblischen Vorstellung entsprochen hatte, es war ein unwirtliches, zum großen Teil unfruchtbares Land; die Provence und die Normandie mußten den Rittern erheblich verlockender in Erinnerung geblieben sein, – und sie »besaßen« dies Land nur im

eigentlichen Sinne des Wortes, nämlich nur dort, wo sie gerade mit ihrer Heeresmacht weilten; die vielen kleinen Emirate des Landes, die untereinander ebenso zerstritten waren wie die Fürsten der Kreuzfahrer, ermöglichten es diesen sicherlich, das Land zu erobern und zu beherrschen, aber nur von festen Stützpunkten aus, die das Heer errichten mußte, stark ausgebauten Burgen, in die sich die Ritter mitsamt ihrem Fußvolk zurückziehen konnten. Die Wege zur Küste waren ihnen so gut wie versperrt; nur Jaffa, eine offene Reede, konnte als Nachschubweg für Jerusalem dienen, aber die Kreuzfahrerstaaten verfügten über keine Flotte, die byzantinische Flotte stand ihnen nunmehr so wenig zur Verfügung wie die Landwege nach Byzanz, nachdem die Eide von Konstantinopel so schmählich gebrochen worden waren. Mäuseheere überfielen das Land, Heuschreckenschwärme, die das Kulturland vernichteten und die Herden dezimierten. Die einheimischen Araber verweigerten den Kreuzrittern jegliche Unterstützung, die Türken und Ägypter bekämpften sie, und von Aleppo und Damaskus führten die einzigen Verbindungen zum Meer mitten durch Palästina und sollten von den »Franken« offen gehalten werden.
Raimund von Toulouse – achthundert Jahre später sollte ein Mann aus seinem Geschlecht weltweiten Künstlerruhm gewinnen, nachdem er sich den Beinamen »Lautrec« zugelegt hatte – ließ sich, immer noch beleidigt, aus Westpalästina verdrängen und zog nordwärts, um sich mit Boemund über den Besitz der von diesem noch nicht eroberten byzantinischen Hafenstadt Latakia, südlich von Antiochia, zu streiten. Der wackere Tankred schloß eine Lücke zwischen den Kreuzfahrerstaaten, indem er sich von Gottfried mit Tiberia belehnen ließ und später das Fürstentum Galiläa gründete, einen Besitz, den jeder dem armen, abenteuerlustigen Kriegshelden gönnte. Aber Gottfried von Bouillon vereinsamte in Palästina und hatte Ursache, über die Gründung zu verzweifeln.

Rettung kam durch den Erzbischof Daimbert von Pisa. Die Seestädte Italiens, Genua, Pisa und Venedig, hatten sich an der französischen Kreuzfahrerei desinteressiert gezeigt, die Kunde vom Kreuzzuge drang überhaupt erst langsam durch Italien – nun aber witterten die Kaufleute von Pisa zuerst die Möglichkeiten guter Geschäfte. Sie rüsteten eine Flotte aus für ihren Erzbischof, die vom Papst gesegnet wurde, jedoch keinen Auftrag erhielt, als der Erzbischof ausfuhr, um seinerseits politische Geschäfte zu betreiben – er war wie Boemund gegen die Griechen eingestellt. Daimbert erkannte sehr wohl, daß ohne Flotte die Ägypter nicht aus den Hafenstädten des Heiligen Landes zu vertreiben waren, und daß der byzantinischen Flotte nun andere Aufgaben winkten, Aufgaben, die gegen die Kreuzfahrer gerichtet waren. Mit der Hilfe der pisanischen Flotte konnte die Belagerung von Latakia aufgehoben werden. Der Erzbischof erinnerte Boemund wie Balduin von Edessa an ihr Gelübde und reiste mit ihnen nach Jerusalem, damit die beiden Fürsten endlich am Heiligen Grabe beten konnten, was sie bislang versäumt hatten. Der Erzbischof setzte sogleich den Patriarchen Arnulf ab und sich an dessen Stelle ein. Gottfried mußte sich bequemen, seine Herrschaft als Lehen zu nehmen, ebenso Boemund. Mit dem Segen des Papstes, jedoch ohne dessen Auftrag, erhob der tüchtige Erzbischof das Konglomerat von Kreuzfahrerstaaten zu einem lateinischen Staat, außer dem Kirchenstaat das einzige Territorium, das der unmittelbaren Lehnshoheit des Heiligen Stuhles unterstand.
Die Kaufleute von Pisa, und sogleich nach ihnen auch die von Genua und besonders Venedig, erfaßten die Lage: sie übernahmen nun mit ihren Flotten Nachschub und Handel gegen Privilegien, die ihnen bedeutende Rechte verschafften. Venedig wurde im Laufe der nächsten zweihundert Jahre reich durch den Handel mit dem einzigartigen Handelsgut, das die Herrscher von Palästina exportieren konnten: mit den Devotionalien aus dem Heiligen Lande.

Venedig hatte Gottfried geradezu erpreßt: er konnte zwar mit Hilfe der venezianischen Flotte Akkon erobern, den einzigen natürlichen Hafen an der Küste des Landes – er zahlte jedoch dafür mit zollfreiem Handel der Seestadt Venedig, Marktrecht an allen Orten und einem Drittel der Einkünfte aller Häfen, die dank der Unterstützung durch die venezianische Flotte erobert worden waren.
Kurze Zeit nach dem mit Venedig abgeschlossenen Vertrag starb Gottfried von Bouillon, am 18. Juli 1100; seine Barone beeilten sich, den Bruder Gottfrieds, Balduin von Edessa, zu seinem Nachfolger zu wählen, der einen Vetter, Balduin von Le Bourg, zum Fürsten von Edessa einsetzte und nun, in Anbetracht der veränderten Lage, keine Bedenken mehr hatte, sich von Erzbischof Daimbert zum König krönen zu lassen. Daimbert hatte versucht, den Akt der Königswahl durch die Lothringer zu verhindern und Boemund um Hilfe gebeten – diesen aber erreichte der Ruf nicht, er war bei einer Expedition zum Zwecke der Ausdehnung seines Landes Antiochia im Norden in die Hände eines danismenditischen Emirs gefallen und verschleppt worden. Daimbert mußte sich fügen, aber er krönte feinsinnig König Balduin zwar zu Weihnachten 1100, doch nicht in der Grabeskirche, dem religiösen Mittelpunkt des lateinischen Staates im Vorderen Orient, sondern in der Geburtskirche von Bethlehem. Damit war eine »Rechtslage« entstanden, welche in kleinem Maßstabe jene wiederholte, die zwischen Kaiser und Papst bestand, Quell ewiger und unlösbarer Konflikte. Der Nachfolger des Papstes Urban, Paschalis, versäumte nicht, davon zu profitieren.
Papst Urban war gestorben, bevor ihn bei den schwierigen Kommunikationsmöglichkeiten jener Zeit die Nachricht von der endgültigen Eroberung Jerusalems erreichen konnte. Paschalis II. scheute sich nicht, die vielen heißen Eisen anzufassen, die Urban in der Schmiedeglut liegen gelassen hatte. Als nun auch Daimbert, vom Papst zwar bestätigt, aber außerhalb Jerusalems, starb, sandte Paschalis einen

neuen päpstlichen Legaten, Mauritius von Porto, der mit einer genuesischen Flotte nach dem Heiligen Lande kam, die Kirche von Jerusalem endgültig der Herrschaft des Papstes zu unterwerfen und fest in das römische System einzugliedern. Daimbert hatte gleich zu Beginn seines Patriarchats die Griechen vom Gottesdienst am Heiligen Grab ausgeschlossen und von Gottfried, dem Vogt, über das christliche Viertel von Jerusalem hinaus auch ein Viertel von Jaffa, dann die Zitadelle von Jerusalem und schließlich ganz Jerusalem und Jaffa gefordert – nur der lebenslängliche Nießbrauch sollte Gottfried bleiben. Balduin, der König, hatte sich gegen diese Forderungen Daimberts gewehrt, beim Tode Daimberts waren und blieben sie »strittig«. So hatte Paschalis genügend Gründe, die Kreuzpredigt fortzusetzen; dieser »Heilige Krieg« mußte Sache der Kirche und der Päpste bleiben: Die drängenden Bitten der ritterlichen Kreuzfahrer um Nachschub und Hilfe hatten lebhafte Bewegung ausgelöst – zuerst bei den Lombarden, die am Seehandel recht interessiert waren und nun unter Führung des Erzbischofs Anselm von Mailand ein großes Heer ausrüsteten. Der Kreuzprediger in Frankreich drängte nun jene Ritter und Großen, die durch ihre vorzeitige Rückkehr vom ersten Kreuzzug ihr Gelübde nicht erfüllt hatten, abermals sich das Kreuz auf die Schultern zu heften, und Stephan von Blois, sowie der Bruder des Königs, Hugo von Vermandois, fühlten sich füglich angesprochen, nun aber auch viele der Großen sonsthin im leichtlebigen Frankreich, die Gründe genug hatten, zu wünschen, ihnen würden ihre Sünden nachgelassen: der Graf Wilhelm von Nevers, der Herzog Otto von Burgund und der Graf Stephan von Burgund, ihnen gesellten sich die Bischöfe von Paris, Laon und Soissons und der Erzbischof von Besançon bei. In Bayern und Österreich veranlaßte der fortdauernde Investiturstreit zwischen dem Papst und Kaiser Heinrich IV. viele an diesem Streit Beteiligte, an der Spitze den alten Welf IV., den Herzog von

Bayern, die Markgräfin Ida von Österreich sowie den Erzbischof Thiemo von Salzburg, den Bischof Ulrich von Passau und viele Äbte, das Kreuz zu nehmen und ein Heer auszurüsten. Im Herbst 1100 schon brachen die Lombarden auf und erreichten im Frühjahr Konstantinopel, im Sommer trafen die beiden anderen Heere dort ein. Dem Kaiser von Byzanz, der diese Kreuzfahrer nicht gerufen hatte, blieb nichts anderes übrig, als auch diesen Heerführern den byzantinischen Eid abzunehmen, und, als er erfuhr, es sei die Absicht vor allem der Lombarden, zunächst den Normannen Boemund zu befreien, der in Neocaesarea gefangen saß, den tapferen Heerscharen einen guten Weg und viel Erfolg zu wünschen und sie so schnell wie möglich über den Bosporus zu setzen – ihm war vollkommen klar, was ihnen blühte.

Die Lombarden vereinigten sich in Nikomedia mit Stephan von Blois und seinen Burgundern und drangen in Nordanatolien ein. Sie trafen auf das vereinigte Heer des Sultans Kilic, der Danismenditen und Ridvans von Aleppo und wurden in einer mehrtägigen Schlacht vollständig aufgerieben, obgleich ihnen Raimund von Toulouse zu Hilfe geeilt war. Nur kümmerliche Reste gelangten nach Konstantinopel zurück.

Das Heer des Grafen von Nevers wurde, von Nordanatolien nach Süden abbiegend, bei Heraclea vernichtet – Wilhelm konnte sich allein nach Antiochia retten. Die Bayern und Österreicher folgten der Straße des ersten Kreuzzuges. Auch ihnen wurde Heraclea zum Schicksal, sie gerieten dort in einen türkischen Hinterhalt und wurden vollständig geschlagen. Ida von Österreich und Thiemo von Salzburg gerieten in Gefangenschaft – man hörte nie wieder von ihnen, sei es, daß sie ermordet wurden oder aber das Leben bei den reichen und hochkultivierten Türken angenehmer fanden als in ihrer Heimat, wie die Legende zu berichten wußte. Die Herzöge von Aquitanien und der Welf konnten mit wenigen Begleitern ebenfalls nach

Antiochia gelangen, wo der wackere Tankred an Stelle Boemunds die Herrschaft übernommen hatte. Boemund wurde nach einigen Jahren von den Türken gegen eine hohe Summe Lösegeldes freigelassen.
Dieser zweite Kreuzzug, der von der Historie nicht mitgezählt wurde — er galt als Bestandteil des ersten —, nahm dem Abendlande vorerst die Lust zu weiteren Kreuzfahrten. Hatte Heinrich IV. gehofft, seinerseits sich durch einen Sühnekreuzzug vom Banne zu lösen, so wurde seine vage Absicht durch den Aufstand seines Sohnes gegen ihn im Keim getötet. Gottfried von Bouillon war von dem gebannten Kaiser Heinrich IV. als Herzog von Niederlothringen eingesetzt; gewißlich hatte er sich zur Kreuzfahrt entschlossen, mit dem Ziel, in Palästina zu bleiben, um einer schweren Gewissensnot zu entgehen, die nicht dadurch aufgehoben werden konnte, daß sowohl Kaiser wie Papst in ihren Unterwerfungsschwüren sich direkt an Gott wandten, um dann mit Reichsacht und Bann den vor Gott gleichwertigen Gegner auszuschalten. Als »Vogt« über die heiligen Stätten hatte Gottfried die Anerkenntnis der Lehnshoheit des Papstes geschickt umgangen; sein Bruder Balduin aber war Lehnsmann des französischen Königs, der von keinem Bann betroffen war und seinerseits keine Reichsacht kannte — als König von Jerusalem war Balduin unzweideutig Lehnsmann des Papstes, dessen Werk die Kreuzfahrt war und blieb, und der Kreuzfahrerstaat mithin Lehen des Heiligen Vaters, die lateinische Kolonie im Osten und zugleich Vorposten Roms und der römischen Kirche gegen Byzanz und das griechisch-orthodoxe Christentum. Die Kreuzfahrerstaaten waren von französischen Granden und Rittern erobert worden — Boemund, der süditalische Normanne, freilich sah sich in anderer Lage und fragte nach Lehnshoheiten überhaupt nicht. Aber es konnte nicht ausbleiben, daß der französische König Anspruch auf die Lehnshoheit der von französischen Vasallen eroberten Länder erheben werde. Dies heiße Eisen mußte

einmal angefaßt werden, aber sowohl der Papst wie der König von Frankreich hüteten sich wohl, es zu berühren, solange es noch glühte. Und da war noch Byzanz!

So mochte es gekommen sein, daß die Kreuzfahrerstaaten gute fünfundvierzig Jahre – von 1100 bis 1145 – völlig auf sich allein gestellt blieben, ohne nennenswerte Hilfe von irgendeiner Seite erwarten zu können. Der Besitz der heiligen Stätten in römisch-christlicher Hand lockte in diesen Jahren keine großen Pilgerheere mehr an, einzelne Pilger kamen über See; an Nachschub für die gelichteten Heerhaufen trafen einzelne ein, meist durch verwandtschaftliche Bande an die Kreuzritter Gebundene. Im Grunde aber täuschten die großen Pausen zwischen den einzelnen nun folgenden Kreuzzügen – den großen Pilgerzügen mit der bewaffneten Speerspitze von Fürsten und Rittern – darüber hinweg, daß es sich bei diesen Zügen um einen einzigen »Heiligen Krieg« handelte, der sich etwa vom Tage der Eroberung von Akkon bis zum endlichen Verlust dieses wichtigsten Hafens über fast zweihundert Jahre ausdehnte –, um einen Krieg mit sieben oder acht Feldzügen, die Hilfe und Nachschub für die bedrängten Kreuzfahrerstaaten bringen sollten –, doch zum größeren Teil scheiterten, – und unzähligen Kämpfen der Kreuzfahrerstaaten gegen mannigfache Gegner und sogar untereinander, wobei christlich-moslemische Bündnisse nicht ausgeschlossen blieben. Dieser erste Kreuzzug nach dem Heiligen Land entließ aus sich gemäß den eigenen Voraussetzungen mit ihrer Wirrnis der Motive eine Folge von »balkanischen« Wirren, in welche die Großmächte immer wieder hineingezogen wurden.

Am Weihnachtsabend des Jahres 1144 gelang es dem Sultan von Mosul, Zengi, die Stadt und Hauptfestung Edessa nach vierwöchiger Belagerung zu nehmen, – ohne daß einer der übrigen Kreuzfahrerstaaten bereit und fähig war, diesen wichtigsten Stützpunkt, dem östlichen Bollwerk dieser Staaten, zu Hilfe zu eilen. Das Ende der ganzen Unternehmung schien gekommen, und nicht nur die Kreuzfahrerstaaten, auch die anderen, vom Islam bedrohten Völkerschaften wie die Armenier und Byzantiner, appellierten an den Heiligen Vater, Eugen III., der Anfang 1145 Papst geworden war, aber durch den Volksaufstand des Arnold von Brescia Rom hatte verlassen müssen. Dieser Papst konnte, ohne an Prestige noch mehr zu verlieren, als er sowieso von Anfang an verloren hatte, sich dem Ruf nicht entziehen -- im Dezember 1145, also fast ein Jahr nach dem Fall von Edessa, rief er den König von Frankreich, Ludwig VII., zu einem neuen, dem offizieller Zählung nach zweiten Kreuzzug auf. Sofort wandte sich Roger II., kurz zuvor König von Sizilien geworden, ebenfalls an Ludwig und war bereit, an diesem Kreuzzug teilzunehmen, der dadurch eine Spitze gegen Byzanz erhalten mußte, was dem Heiligen Vater in Rom gar nicht in das Konzept passen konnte, da der neue Kaiser von Byzanz, Manuel I., vermählt mit einer Schwägerin des deutschen Kaisers Konrad III., mit dem Reich ein Bündnis suchte, das sich durch die Teilnahme der Normannen an einem päpstlichen Kreuzzug gar leicht zu einem Bündnis gegen den Papst entwickeln mochte. Auch König Ludwig VII. von Frankreich – der wohl schwächlichste König aus dem ruhmreichen Geschlecht der Capetinger, das nun seit drei Jahrhunderten unangefochten über Frankreich herrschte – hatte ein Prestige zu wahren: seine Großen empörten sich gegen den Gedanken, daß die Blüte der französischen Ritterschaft in einem päpstlichen Krieg für eine lateinische Provinz im Orient verbluten sollte, wie im ersten Kreuzzug als Vasallen nicht des Königs, sondern des Papstes.

In dieser Lage entschloß sich Eugen III. die Entscheidung in die Hände des zur Zeit angesehensten Mannes des Abendlandes zu legen, des Bernhard von Clairvaux, der den gordischen Knoten in der Tat zerschnitt, nicht mit dem Schwerte, denn er hatte keines, sondern mit »glühen-

der Beredsamkeit«; dieser Mann war bereit, die Rolle eines »ehrlichen Maklers« zu spielen, und seiner Kunst gelang es, alle streitenden Parteien wirklich unter den einen Hut zu bringen, unter die päpstliche Tiara. Aber auch Bernhard von Clairvaux hatte ein Prestige zu verteidigen: Kaum hatte sich die Nachricht von dem Fall von Edessa im Abendland verbreitet, hatte ein Zistersiensermönch namens Radulf trotz Predigtverbotes auch schon begonnen, die Volksmassen aufzuwiegeln und, ähnlich wie im ersten Kreuzzug der Eremit Peter und der Ritter von Habenichts, mit dem Erfolg, daß abermals im Rheinlande die wüstesten Pogrome stattfanden, die weder König Konrad noch die Erzbischöfe von Köln und Mainz goutieren mochten. So wandte sich Bernhard von Clairvaux ausdrücklich nicht an die Volksmassen, sondern an die Ritterschaft – und er mußte nun auch die deutsche Ritterschaft einbeziehen und Konrad klarmachen, daß die Teilnahme des deutschen wie des französischen Königs an dem segensreichen Werk des Kreuzzuges nicht nur zu einer Beilegung eines gewissen Streites zwischen seinem Grafen von Namur und dem Erzbischof von Trier führen mußte, der die deutsch-französischen Beziehungen, die sonst vortrefflich waren, zur Zeit belastete, sondern auch im Streit der Staufer gegen den Welfen dem König Gelegenheit gäbe, Heinrich dem Löwen den Kreuzzug gegen die Obotriten im Nordosten zu gestatten und ihn dadurch von einem Angriff auf das Reich abzuhalten. Im Mai 1147 endlich war es soweit: Konrad und Ludwig brachen von Regensburg und Mainz zu ihrem Kreuzzug auf.
Ganz sicher aber waren es nicht die politischen Komplikationen, aus denen der Kreuzzug zustande kam, sondern wirklich die religiöse Anrede, die der »doctor mellifluus«, der »honigfließende Doktor«, von Clairvaux an die Seelen der Fürsten und Ritter zu richten verstand. In einem Briefe an den Bischof von Speyer, der den Bernhard aufgefordert hatte, zu den Untaten des religiösen Banditen

Radulf Stellung zu nehmen, sind die Worte überliefert, die als Funken in das dürre Holz der sündigen Seelen fuhren und es zu Flamme und Glut entfachten: »Seht denn, Ihr Brüder, die willkommene Zeit, die heilerfüllten Tage. Erschüttert werden die Lande und erbeben, weil der Gott vom Himmel sein Land zu verlieren begann. Sein Land sage ich: dort sah man ihn das Wort seines Vaters lehren, dort wandelte er über dreißig Jahre unter den Menschen ... Jetzt schaffen es unsere Sünden, daß dort die Feinde des Kreuzes ihr weiheloses Haupt erhoben haben: mit dem Zahn des Schwertes verheeren sie das Land der Verheißung ... Was tut Ihr, tapfere Männer? Was tut Ihr, Diener des Kreuzes? So wollt Ihr das Heiligtum den Hunden und die Perlen den Säuen geben? ... Doch was dünkt uns, Ihr Brüder? Ist denn der Arm des Herrn zu kurz oder zur Rettung zu ohnmächtig geworden, daß er zu Schutz und Rückgewinn seines Erblandes uns winzige Würmer aufruft? Kann er denn nicht mehr denn zwölf Legionen seiner Engel schicken ... und die Erde ist frei? Allerdings, er kann das, wenn er will: aber ich sage Euch: es versucht Euch der Herr, Euer Gott: er blickt auf die Menschenkinder, ob denn keiner begreife und erfrage und erleide, was geschieht ... Seht an, mit welcher Kunst er Euch retten will, und erstaunt, blickt in den Abgrund seiner Güte und vertraut, Ihr Sünder ... Er sucht eine Gelegenheit nicht wider Euch, sondern für Euch. Denn einzig dies ists, eine erlesene und allein für Gott auffindbare Gelegenheit der Rettung, wenn nun die Allmacht Totschläger, Räuber, Ehebrecher, Meineidige und Verbrecher aller Art, als hätten sie immer das Rechte getan, ihres Dienstes zu erinnern geruht. Mißtraut nicht, Ihr Sünder, gütig ist der Herr ... Er will als Schuldner gelten, um seinen Truppen als Sold den Nachlaß ihrer Vergehen und ewige Herrlichkeit zu zahlen. Selig nenne ich das Geschlecht, dem so volle Nachlaßzeit zukommt, dem dies Gott wohlgefällige Jahr, dies wahre Jubeljahr begegnet ist ... Du, tapferer Ritter, Du,

Mann des Krieges: jetzt hast Du eine Fehde ohne Gefahr, wo der Sieg Ruhm bringt und der Tod Gewinn. Bist Du ein kluger Kaufmann, ein Mann des Erwerbs in dieser Welt: einen großen Markt sage ich Dir an; sieh zu, daß er Dir nicht entgeht. Nimm das Kreuzeszeichen, und für alles, was Du reuigen Herzens beichtest, wirst Du auf einmal Ablaß erlangen. Die Ware ist billig, wenn man sie kauft; und wenn man fromm für sie bezahlt, ist sie ohne Zweifel das Reich Gottes wert.«

In der Tat, Sünder waren sie alle, die da standen und die Worte hörten, die Fürsten und Großen und Ritter und auch die Kaufleute, ohne die der Kreuzzug nicht zu organisieren war. Hier war jeder einzelne direkt angesprochen: Du Totschläger! Du Räuber! Du Ehebrecher, Du Meineidiger ... Jeder wußte, er war direkt gemeint, keiner ausgelassen, und hatte sich das Temperament auch nur in allzuviel Fehde Luft verschafft in einer Ordnung, die jeden einzelnen mit einer Sündenlast vollpackte, die zu ersticken drohte. Und nun winkte der Ablaß, das befreiende Wort, das nicht nur die vergangenen Sünden vergessen ließ, auch alle, die auf der Kreuzfahrt noch zu begehen so mancherlei Gelegenheit war ... Erlaubt war, was gefiel, und es gefiel, was Spaß machte im großen Abenteuer, in dem die Leidenschaften freigelassen waren, ob man ein Held war oder nicht. Ein Held war, wer unter dem Kreuzeszeichen den Tod fand, und ihm ward der Lohn, er durfte die Herrlichkeit des Himmels schauen ...

Bernhard von Clairvaux hatte an alles gedacht, und er durfte es nach seinem Ermessen regeln. Die Fürsten, die Ritter, die Kaufleute mußten die Heerfolge aus eigenen Mitteln finanzieren; wo sie das nicht konnten, schoß ihnen die Kirche vor und nahm deren Güter als Pfand an. Klöster in hinreichender Anzahl etablierten sich an den einzelnen Etappen, die müden Wanderer aufzunehmen und zu verpflegen, durch sie floß das Kostgeld zurück. Die Kaufleute zahlten hoch für Lizenzen und stifteten Hospitä-

ler aus dem Gewinn. Die italienischen Seestädte stellten ihre Flotten bereit.
Konrad und Ludwig wählten den Weg über Ungarn und den Balkan, wie die Kreuzritter des ersten Kreuzzuges, die Straße wurde so zum »Heiligen Weg«, und alles wiederholte sich, was auf dem ersten Kreuzzug geschehen war: Plünderungen und Raub in Ungarn und Griechenland; auf dem Balkan aber gab es nichts zu plündern, nur Mühsal und Not zu erdulden. Manuel empfing wegen der Übergriffe der Kreuzfahrer in byzantinischen Gebieten den deutschen König nicht, als dieser im September vor Konstantinopel eintraf. Roger II. von Sizilien schloß sich dem Kreuzzug an, er wählte den Seeweg und benutzte die Gelegenheit, Korfu zu plündern und in Theben und Korinth die Seidenwebereien zu vernichten. Erst zwei Jahre später gelang es Manuel, die ungebetenen Normannen aus Griechenland zu vertreiben – er mußte sich zu diesem Zwecke mit Venedig verbünden, der Seestadt, die niemals dulden konnte, daß der Weg aus der Adria durch ein feindliches Korfu gesperrt werde. Dem deutschen Heere folgte das französische; entgegen dem ursprünglichen Plan drängte es Konrad, die Franzosen nicht abzuwarten, sondern über die Meerenge vorzustoßen und direkt Edessa anzugreifen. In Nicäa spaltete sich das deutsche Heer, der kleinere Teil unter dem Bischof von Freising zog es vor, an der Küste entlang nach dem Heiligen Lande zu ziehen, doch weigerte sich der Bischof, den großen Troß mit sich zu führen. Übermäßig belastet, kam Konrad nur langsam voran – bei der ersten Feindberührung mit den Seldschuken wurde er geschlagen und begab sich auf den Rückzug, der zur Flucht ausartete. Nach Nicäa zurückgekehrt, löste sich das Heer Konrads auf, allzuviele der Streiter zogen es vor, sich heimwärts abzusetzen. Der Bischof von Freising wandte sich vor einem wilden Angriff der Türken am Lykos wieder ganz der Küste zu; dort aber wurden seine Truppen gänzlich aufgerieben, der Bischof entkam mit ge-

ringem Gefolge zu Schiff nach Syrien. Das französische Heer wurde in Konstantinopel von Manuel freundlich empfangen, doch bildete sich bei den Franzosen entgegen dem Willen des schwächlichen Ludwig eine antibyzantinische Front unter dem päpstlichen Legaten Gottfried von Langres, der schlichthin Konstantinopel für Rom erobern wollte. Manuel schloß schleunigst einen Waffenstillstand mit den Seldschuken, die ihm angenehmer schienen als die römischen Christen. Zugleich ließ Manuel das Gerücht von einem großen Sieg der Deutschen ausstreuen, so daß auf Drängen Ludwigs der Übergang über die Meerenge auch für die Franzosen beschlossen wurde: die Deutschen sollten die Beute nicht allein für sich beanspruchen. Manuel sperrte sich, das französische Heer mit Nachschub und Lebensmitteln zu versorgen, solange die Beziehungen des Königs von Frankreich mit dem byzantinischen Reich nicht geregelt seien. Ludwig versprach dem Kaiser von Byzanz, diesem keine Städte wegzunehmen, die Barone beugten sich mißmutig unter eine Lehnsherrschaft von Byzanz. In Nicäa vereinigte sich die französische Heermacht mit den Resten der deutschen unter Konrad und brach zum Marsch über Smyrna nach Ephesus auf. Dort erkrankte Weihnachten 1147 der deutsche König Konrad und kehrte nach Konstantinopel zurück, wo ihn Manuel hegte und pflegte und den König sich durch wohltätige Gespräche über eine Allianz erholen ließ. An der gleichen Stelle, an der Otto von Freising geschlagen wurde, bei Laodicäa am Lykos, wurde auch das französische Heer zusammengehauen; der Rest davon schlug sich an die Küste nach der byzantinischen Stadt Adalia durch, bat Byzanz um Schiffe, die auch kamen, aber in so geringer Anzahl, daß sie nur vom König, der Geistlichkeit und einigen Baronen bestiegen werden konnten. Das übrige Kreuzfahrervolk versuchte, sich auf dem Landweg durchzuschlagen, wurde aber schon unweit Adalia erneut geschlagen, während Ludwig mit seinen Begleitern nach Antiochia entkam.

Rund um die Kreuzfahrerstaaten warteten sowohl die Muslims wie die Franken auf das Eintreffen der stattlichen Kreuzfahrerheere. Der Fürst von Antiochia, Raimund, hoffte, diese Heere würden ihn nach Norden entlasten. Doch Ludwig kam ohne Heer und verbrachte seine Zeit damit, seine Gattin Eleonore eines Liebesverhältnisses mit ihrem Onkel Raimund zu bezichtigen. Verstimmt zog er weiter nach Süden, um sich mit Otto von Freising und Konrad III. bei Akkon zu vereinigen; Konrad war so weit genesen, um wieder eingreifen zu können. Die Könige und der Bischof besuchten zwar kurz die heiligen Stätten und hatten also formell ihr Kreuzfahrtgelübde erfüllt, aber sie hatten keine Heere mehr – Konrad wartete auf Nachschub aus dem Reiche und Ludwig auf provenzalische Hilfstruppen. Inzwischen trieben sie kurzweilige Politik.

Da Edessa zweifellos verloren war und niemals wiedererobert werden konnte, beschlossen die neuen Kreuzfahrer zum Entsetzen der Barone der Kreuzfahrerstaaten, Damaskus anzugreifen. Denn Damaskus war der einzige Verbündete der Kreuzfahrerstaaten gegen Aleppo, den Konkurrenzstaat von Damaskus – Damaskus hatte ein lebenswichtiges Interesse an einem direkten Zugang zum Meer, der ganze Handel des Hinterlandes ging über Damaskus zum Mittelmeer – und Venedig lebte von diesem Handel gleichermaßen, die Sache mit den Devotionalien hatte sich längst erschöpft. Der König von Jerusalem war ein Knabe und stand unter dem Regiment seiner Mutter, – Mutter und Sohn konnten sich in dieser Lebensfrage von Jerusalem und Palästina nicht gegen die neuen und hochmächtigen Kreuzfahrer durchsetzen.

Am 24. Juli 1148 begannen die aufgefrischten Heere die Belagerung von Damaskus, sie kämpften in den westlich der Stadt gelegenen Obstplantagen, an deren Erhaltung die palästinensischen Barone ein großes Interesse hatten. Sie bewogen die Könige, von dort abzuziehen und den Kampf im Südosten der Stadt neu zu beginnen – in einer heißen und wasserlosen Wüste –, der Angriff mißlang am ersten Tage, und die Belagerung mußte aufgegeben werden. Natürlich schoben die neuen Kreuzfahrer alle Schuld auf die Palästinenser und bezichtigten sie des Verrates; nicht ohne Grund, hatten diese doch von vornherein das Bündnis mit Damaskus nicht gefährden wollen, konnten sich aber auch der Hoffnung auf eine Hilfe und Nachschub aus dem Abendlande nicht entschlagen – was übrig blieb, war der Verrat. König Konrad verließ, wie erzählt wird, »verbittert« das Heilige Land am 8. September 1148, schiffte sich nach Griechenland ein und schloß im Oktober einen Vertrag mit Manuel, ein antinormannisches Bündnis. Ostern 1149 folgte ihm Ludwig VII. der, vornehmlich unzufrieden mit seiner Gemahlin, von der er sich wegen ihres Minnehofes scheiden ließ, nach Frankreich zurückkehrte.

Dieser zweite Kreuzzug also endete mit Schmach und Schande für alle Beteiligten, auch für das politische Genie Bernhard von Clairvaux, aber er hatte ein positives Ergebnis von großer politischer Bedeutung – für England. Auch englische, flämische, normannische und friesische Ritter waren zu Schiff nach Palästina aufgebrochen, doch segelte diese Flotte 1147 den Tejo hinauf und nahm Lissabon den Mauren ab. Lissabon wurde die Hauptstadt des neu gegründeten Königreichs Portugal und blieb in angenehmer und für beide Teile nützlicher Kooperation mit England bis auf den heutigen Tag.

Es ging um Unmögliches

Die »Schande« des zweiten Kreuzzuges, das deutliche Gefühl, durch eigenes Verschulden versagt zu haben, löste für die nächsten vierzig Jahre im Abendland für Kirche und Reich, aber auch für Frankreich und das Königreich Jerusalem, den französischen Kreuzfahrerstaat in der lateinischen Kolonie, ein Trauma aus, welches die Frage der »Schuld« in der öffentlichen Meinung allenthalben zum Gegenstand hatte; während dieser vier Jahrzehnte lähmte diese Frage jede Initiative, der offenbaren Not der Kreuzfahrerstaaten zu steuern – die Mächte des Abendlandes ließen sie einfach im Stich, im ohnmächtigen Gefühl, die Folgen der Schuld nicht bewältigen zu können. Der Stern des Bernhard begann rapide zu sinken, das blendende Licht dieses Mannes verglühte, als er, von allen Seiten angegriffen, zu seiner Verteidigung den schmählichen Ausweg suchte, zu behaupten, er habe nur die Befehle des Heiligen Vaters ausgeführt.

Ein Blick auf die Karte mußte deutlich machen, daß dies schmale Küstengebiet von Antiochia im Norden bis Jaffa im Süden, sechshundert Kilometer lang und nirgends mehr als hundert Kilometer breit, militärisch nicht zu halten war ohne ständige, starke militärische Reserven – und politisch nicht ohne bedingungslosen Zusammenhalt der künstlichen Staatsgebilde und nicht ohne die Zersplitterung der feindlichen islamischen Kräfte. Die Reste der zerschlagenen Heere des zweiten Kreuzzuges, die im Lande blieben, konnten die militärische Macht nicht auffüllen, der Nachschub an Kriegern und Rittern erfolgte hinfort sozusagen privat: Jüngere Brüder der Ritter kamen einzeln und auf dringende Hilferufe, die Pilger, die im Heiligen Lande, aus welchen Gründen auch immer, bleiben wollten, wurden als willkommene Arbeits- und auch Reservekräfte für Kriegsfälle einmal angesiedelt – sie bildeten bald eine Art von Bourgeoisie in den Städten, im Dienste der italischen Flotten und des Handels, und in der Verwaltung der Lager und Materialien. Die bäuerlichen Siedler wurden zu Vasallen der Feudalen, die allmählich eine Oberschicht von wenigen großen Grundbesitzerfamilien bildeten, der Baronie, die sich in ständigen Machtkämpfen mit den Fürsten und dem König erprobten; die einfache Ritterschaft, gebildet aus den ersten französischen und nun auch deutschen Kreuzrittern, blieb in den Burgen kaserniert, in immer mächtigeren Bollwerken, um die herum sich nun Dörfer und Marktflecken bildeten, die vornehmlich von der niederen Pilgerschaft bevölkert wurden. Der ärgste Mangel für die Ritterschaft war der an Frauen. Denn außerhalb der ziemlich eng begrenzten, wenn auch weit verstreuten Siedlungsgebiete der »Franken«, wie die Einwanderer von den Muslims insgesamt genannt wurden, lebte ein buntes Völkergemisch ohne politische Rechte, wobei die religiöse Zugehörigkeit die Abgrenzung zur herrschenden Oberschicht der Franken abgab. Die Abkömmlinge aus türkisch-griechischen oder fränkisch-syrischen Ehen, Mischlinge also, »Pullanen« genannt, besaßen die Chance zum sozialen Aufstieg, aber eben nur, wenn die Partner beide sich zum Christentum bekannten. Fränkische Siedler konnten sich mit getauften Sarazeninnen vermählen, doch Ehen mit Fremdgläubigen waren streng verboten – und ein Konkubinat eines Franken mit einer Muhammedanerin wurde auf Beschluß des Konzils von Nabulus (1120) mit Entmannung und dem Abschneiden der Nase bestraft. Eine Vermischung mit der eigentlichen Urbevölkerung, den Juden, blieb unmöglich, weil die Juden selber sie strikte ablehnten. Das Judentum wurde jedoch sozial nicht einschränkenden Lebensbedingungen unterworfen, es besaß in den Küstenstädten eine Art Monopol für Wollfärberei

und Glasfabrikationen, die einzigen Handwerkszweige, mit deren Produkten die Staaten Handel mit Venedig betreiben konnten. Von Zeit zu Zeit überfielen Mäuseheere und Heuschreckenschwärme das Land, Jahre der Dürre und der Hungersnot wechselten in einem schon in den biblischen Zeiten beobachteten Rhythmus mit Jahren, deren Ernte die Vorratshäuser füllen mußten. Die Staaten verschuldeten, sie mußten zu hohem Zins Anleihen bei den Kaufleuten der Seestädte und denen, die den Handel mit den Staaten betrieben – hamburgischen, bremischen, lübischen Firmen –, aufnehmen. Hilferufe bei den Mächtigen des Abendlandes verhallten, Päpste und Kaiser fanden sie zu Zeiten lästig, zu anderen Zeiten konnten sie sich über eine wirksame Hilfe nicht einigen.
Ratten, in die Enge getrieben, suchen nicht mehr nach Löchern, durch die sie entweichen können, sie beißen wild und planlos um sich und liefern den Grund, sie einfach totzuschlagen. Nach dem Tode Zengis, des Siegers von Edessa, drückte Nur-al-Din im Norden, im Besitz von Aleppo und Edessa, nunmehr auf Antiochia; diesem Staat konnte der König von Jerusalem nicht zu Hilfe eilen, Palästina war von Antiochia durch einen Streifen Landes bei Tripolis getrennt, der sich in türkischen Händen befand. Nur-al-Din ging gegen die antiochische Festung Inab vor und schlug den Raimund von Toulouse vernichtend – Raimund kam bei diesem Kampfe um. Nur-al-Din betrachtete sich nach diesem größten Sieg über die Franken nun als den Vorkämpfer einer Einigung des Islams. Er bekannte sich zum orthodoxen Glauben der Muslim, er predigte den »Heiligen Krieg«, durch den der ganze Islam geeinigt werden sollte. Helden, die in diesem Kriege fielen, versprach er das Paradies – den blumenreichen Garten, den nicht geschlechtslose Engel, sondern die schönsten Huris bevölkerten. Bislang hatten die Muslim den Charakter der Kreuzzüge als eines »Heiligen Krieges« der Christenheit nicht begriffen, in der Vielvölkerschaft der »Franken« mit den

verschiedenen Kriegszielen nur verbündete und führungslose, feindliche Nationen gesehen, die es in regulären Kriegshandlungen einzeln zu schlagen galt. Die Franken kämpften nach lateinischer Tradition um Land, die Muslims nach nomadischer Sitte um Wege – hier sperrte das Land die Straßen zur Küste.
Antiochia konnte durch den Patriarchen Amalrich mühsam gegen Nur-al-Din gehalten werden; der Patriarch regierte zur Hilfe der Witwe des Raimund, Konstanze, Raimund war erbenlos gestorben. In Palästina führte die Königin Melisendis die Regentschaft für ihren nun zwanzigjährigen Sohn, Balduin III., der es aber jetzt an der Zeit fand, selber zu regieren. Er stützte sich auf die Mehrzahl seiner Barone, die mit einer Frauenregentschaft nicht einverstanden waren – aber er mußte seine Mutter regelrecht bekriegen und in ihrer Residenz belagern, in Jerusalem, wo seit 1150 der Königspalast war. Melisendis mußte sich ergeben und zog sich in ihr Kronlehen Nabulu zurück. Der König hatte nun ihr gegenüber die Hand frei, nicht aber gegenüber den Baronen. Um seine Stellung zu befestigen, brauchte der junge König einen spektakulären Erfolg. Er fand ihn im Süden: er belagerte und eroberte Ascalon in der Landschaft Gaza, 1153, und fand dort reiche Beute. Er hatte da aber auch die Aussicht auf noch bedeutend mehr Beute: vor ihm lag Ägypten, das reiche Land mit dem einzigen Mangel befestigter Plätze. Schon allein die Hoffnung auf die Eroberung dieses Landes verschaffte dem schwer verschuldeten König neuen Kredit bei den Kaufherren der Seestädte. Aber bevor deren Unterstützung angefahren kam, erfolgte der Gegenzug Nun-al-Dins: er eroberte Damaskus, die Konkurrenzstadt von Aleppo, die nach dem zweiten Kreuzzug das Bündnis mit Jerusalem leid geworden war. Es geschah also genau das, was die Barone von Palästina mit allen Mitteln, auch mit denen des Verrats, hatten verhindern wollen. Von den abendländischen Mächten war keinerlei Unterstützung zu erwarten, mehrere Legationen,

zurückgekehrt, konnten, in Rom, in Paris wie in London abgewiesen, eindringlich davon berichten. Und in das Vakuum schob sich Byzanz.

Den Anlaß zu der nach allem, was vorgefallen war, überraschenden Verbindung von Jerusalem und Byzanz gab, wie so oft, der Normannenstaat Antiochia. Dort hatte die Witwe des Raimund, Konstanze, sich unter allen Bewerbern um ihre Hand einen armen, aber tapferen und bedenkenlosen Ritter, Rainald von Châtillon, auserwählt, einen draufgängerischen Abenteurer, dessen erste Heldentat nach der Hochzeit darin bestand, den wackeren Patriarchen, dem Konstanze ihren Thron verdankte und der natürlich mit diesem Heiratskandidaten nicht einverstanden war, zu verhaften und mit honigbestrichenem Kopf der heißen Sonne und den Fliegen auszusetzen. Kaum im Besitze der ganzen Macht als Fürst von Antiochia, verbündete er sich mit dem armenischen Fürsten Toros und unternahm einen Raubzug nach der reichen, byzantinischen Insel Zypern, wo er drei Wochen lang »eine einzige Orgie der Verwüstung, des Mordes und des Raubes« inszenierte. König Balduin III. beeilte sich, dem Kaiser Manuel von Byzanz seinen Abscheu über die Untaten des Rainald auszudrücken und Verhandlungen einzuleiten, die 1158 zu einer glanzvollen Fürstenhochzeit führten: Der junge König Balduin III. heiratete die blutjunge Nichte des Kaisers Manuel, die Prinzessin Theodora, die mit einer reichen Mitgift ausgestattet war. Worauf Manuel mit einem Heer aufbrach, Zypern zurückeroberte und die Armenier vollständig überraschte und schlug – Fürst Toros gelang es allein, in die Berge zu flüchten. Rainald wartete Niederlage und Strafe gar nicht erst ab, sondern zog wie ein Büßer barfuß und barhäuptig dem Kaiser entgegen und versprach, ihm die Zitadelle von Antiochia zu übergeben. 1159 zog Manuel in Antiochia ein. Acht Tage später schloß er mit Nur-al-Din einen Waffenstillstand ab, der allen beteiligten Mächten zugute kam, ein Musterbeispiel byzantinischer

Staatskunst: ein Gleichgewichtssystem kompliziertester Art legte sich über die Politik des Nahen Ostens, in welchem keiner der Beteiligten den anderen ohne Schaden von dritter Seite angreifen konnte, – und dies System hielt über Jahrzehnte hinweg, bis 1176, bis zu dem Tage der Schlacht bei Myriokephalon, wo Manuel von den anatolischen Seldschuken, welche dem Block des Gleichgewichts nicht angehörten, vernichtend geschlagen wurde.
Natürlich benutzten sämtliche der am Status quo beteiligten Mächte die Zeit der byzantinischen Gleichgewichtspolitik, um die eigene Position zu stärken. Nur-al-Din rang mehrere aufständische syrische und armenische Kleinfürsten nieder, und Balduins Bruder, Amalrich I., der dem kinderlosen König folgte, errichtete nach einigen Kämpfen und einer Belagerung von Alexandria in Oberägypten eine Art fränkischen Protektorats mit einer fränkischen Garnison in Kairo und nutzte die überaus reichen Schätze des Landes, eine hochentwickelte Landwirtschaft, Fischfang, Indigo- und Alaunvorkommen, Seife, Salben, Elfenbein – und den sudanesischen Sklavenhandel. Verwaltet wurde Oberägypten durch zwei zerstrittene Wesire der dekadenten Dynastie der Fatimiden, die wechselseitig bemüht waren, Nur-al-Din gegen Amalrich aufzubieten und umgekehrt, sodaß am Rande des Gleichgewichtssystems ein politischer Brennpunkt entstand, aus welchem jederzeit Flammen schlagen konnten. Auch Amalrich heiratete eine Großnichte des Kaisers Manuel, Maria Komnena, und lieh sich die Hilfe von Byzanz zu dem Plane einer Eroberung von ganz Ägypten. Bei einer voreiligen Expedition aber trat den beutegierigen Baronen der beste Feldherr Nur-al-Dins entgegen, ein berühmter Krieger namens Sirkuh, der an Stelle der Franken in Kairo einzog, am 2. Januar 1169. Zwei Monate später aber starb Sirkuh, nach ihm übernahm sein Neffe Saladin das Amt eines ägyptischen Wesirs, ein Mann, der den großen Nur-al-Din und seine Pläne bewunderte – und dessen Ruhm über den des Verehrten hinaus-

strahlen sollte. Nur-al-Din starb am 15. Mai 1174 in Damaskus, ihm folgte Saladin als Sultan, der sich bis dahin bereits um die heilige Sache Nur-al-Dins verdient gemacht hatte und nun dessen Witwe heiratete. Auch Amalrich starb, am 11. Juni, an einer Dysenterie, sein Erbe war ein dreizehnjähriger, schwerkranker Knabe. Ein schweres Erdbeben hatte 1170 ganz Antiochia und Tripolis in Schutt gelegt – als Manuel 1176 von den anatolischen Seldschuken geschlagen wurde, war Jerusalem ärmer und hilfloser denn je. Saladin festigte planmäßig seine Stellung, richtete vorerst seine Energie gegen seine islamischen Rivalen, verbündete sich mit dem Seldschukensultan und verhinderte eine gegen ihn gerichtete Vereinigung von Aleppo und Mosul. 1185 verschaffte ihm ein Waffenstillstand mit den Franken die Freiheit zu einer Unterwerfung von Mosul, worauf er die Heere der alliierten und unterworfenen Staaten zu einem großen Heer vereinigte; 1187 war der militärische Aufmarsch gegen die Frankenstaaten vollendet; dem Kaiser Manuel von Byzanz war der überaus lateinerfeindliche Kaiser Andronikos Komnenos gefolgt, mit ihm schloß Saladin das entscheidende Bündnis.

Der unglückselige Rainald von Châtillon lieferte dem großen Sultan Saladin den gewünschten Kriegsgrund: er überfiel während des noch laufenden Waffenstillstandes eine sarazenische Karawane, die auf dem Wege von Damaskus nach Ägypten war, nachdem er schon früher Pilgerzüge nach Medina belästigt hatte. Die Sicherung der Wege war für die nomadischen Muslims lebensnotwendig. Saladin verlangte von Rainald Wiedergutmachung des angerichteten Schadens; als dieser sie verweigerte, erklärte der Sultan den Krieg.

Die Kreuzritter wußten: dies war die Entscheidungsschlacht. Trotz allen Unmutes über Rainalds Verhalten schlossen sie sich zum ersten Male nach langer Zeit eng zusammen. Ihr Heer umfaßte 18 000 Mann darunter aber nur 1200 gepanzerte Ritter und etwa 4000 leicht-

bewaffnete Ritter. Saladin führte 12 000 Berittene in das Feld.
In der offenen Feldschlacht war erfahrungsgemäß die gepanzerte Phalanx der Franken den aufgelösten Reiterschwärmen der Muslims überlegen. Saladin stieß am Feldlager der Franken vorbei und bedrohte Tiberias. Die Franken ließen sich aus ihrer sicheren und wasserreichen Stellung herauslocken, sie zogen in glühender Sonnenhitze Saladin nach, um Tiberias zu Hilfe zu kommen. Am 3. Juli 1187 fanden sich die Franken nach einer schrecklichen Durstnacht in wasserloser Gegend, bei Hattin, von den Kriegern Saladins umstellt. Nur Raimund von Tripolis gelang mit wenigen seiner Leute der Ausbruch. Es war die größte Niederlage in der Geschichte der Kreuzzüge. »Viele Ritter blieben tot auf dem Schlachtfeld, der Rest geriet in Gefangenschaft, unter ihnen der König, der Templermeister und Rainald von Châtillon, dem Saladin mit eigener Hand den Kopf abschlug. Die kostbare Reliquie des Heiligen Kreuzes ging endgültig an die Sarazenen verloren und kam nie wieder zum Vorschein.«
Saladin besetzte in einem Zuge zweiundfünfzig Städte und Burgen. Das Land hatte keine wehrfähige Schicht mehr. Saladin nahm Akkon und Ascalon, er begann am 18. September 1187 die Belagerung von Jerusalem, der hochgebauten Stadt, die unter der Führung einer Frau, der Königin Sibylle, und eines Patriarchen, des Eraklin, stand. Bußübungen sollten die Heilige Stadt retten. Die unbekleideten Töchter der fränkischen Oberschicht mußten auf dem Kalvarienberge öffentlich kalte Wannenbäder nehmen, wobei ihnen das Haupthaar geschoren wurde. Aber es kam keine Hilfe vom Himmel. Am 2. Oktober kapitulierte Jerusalem.

Es ging um den Bart

Die Nachricht von dem Fall Jerusalems und dem Verlust der heiligen Stätten traf Westeuropa wie ein Schlag; aber es war kein Schlag, der die Verkrampfung im Gesamtbereich der unbewältigten Schuldprobleme zu lösen vermochte, sondern einer der neuen Betäubung. Nicht die politischen Folgen der Ereignisse in der lateinischen Kolonie, den Kreuzfahrerstaaten, waren geeignet, die Phantasie zu erregen, sondern die mehr menschlichen. Nach altem orientalischen Brauch verlor der Besiegte das Roß, die Rüstung – und die Frau. Die tapferen Krieger des Sultans Saladin fanden in Palästina zwar auch ihre heiligen Stätten wieder, die Aksa-Mosche wurde wieder dem Islam übergeben, aber von den christlichen Kirchen wurden nur die Kreuze entfernt, und am Heiligen Grabe durften syrische Priester weiter christlichen Gottesdienst halten; bedeutend mehr interessierte die Muslimritter das Paradies auf Erden mitsamt den Huris, die ihnen nun in Gestalt der fränkischen Frauen zur Verfügung standen. Sie wurden entweder in die Harems der Großen übernommen oder auf den Sklavenmarkt gebracht – oder aber, besonders wenn sie noch Jungfrauen waren, also höher im Handelswert, gegen gewaltiges Lösegeld feilgeboten. Die französischen Familien konnten freilich dies Lösegeld nicht zahlen; aber die Seestädte Italiens, die keineswegs auf ihre Handelsbeziehungen nach Palästina verzichten wollten, erboten sich, Lösegelder vorzuschießen – schließlich war ja auch unter dem Protektorat der Franken in Ägypten der Sklavenhandel ein lukratives Geschäft gewesen. Nun drohten sizilische Flotten am großen Seehandelsgeschäft teilzunehmen, sie retteten Antiochia und Tripolis durch Zufuhren: diese beiden

Städte konnte Saladin mit seinen Reitern nicht nehmen. Auch Tyrus belagerte der Sultan vergeblich: dort war die Stadt unter dem Kommando eines unbeugsamen Kriegers, des Markgrafen Konrad von Montferrat, nicht bereit, sich zu ergeben, im Gegenteil, Konrad erfocht einen glänzenden Seesieg gegen die Ägypter – und wurde so zum leuchtenden Beispiel für abendländischen Kriegergeist, die Hoffnung aller, die noch an eine Rückeroberung des Heiligen Landes zu glauben vermochten.

Aber die Mächte des Abendlandes schienen wie gelähmt. Die Kirche verbrauchte während der Notrufe aus dem Heiligen Lande mehrere Päpste, alte, ehrliche und weise Männer, welche die Lage der Kirche genau erkannten und deren Aufrufe zu einem neuen Kreuzzuge ungehört und ohne jede Wirkung verhallten. Der König von Frankreich war in der Zwischenzeit in gewichtige Händel mit England verstrickt, dessen König Heinrich es gelungen war, den größeren Teil Frankreichs, die Herzogtümer Normandie, Bretagne und Aquitanien, sowie die Grafschaften Maine, Anjou, Marche, Poitou und Auvergne, zumeist durch geschickte Erbteilungspolitik, unter seine Herrschaft zu bringen; wobei die Söhne des französischen Lehnsmannes, als welcher der englische König weiterhin galt, als Herzöge in diesen Teilen Frankreichs regierten. Durch die Anjous war der König von England nun mit den Königen von Jerusalem verwandt. Aber der Kampf zwischen den englischen Plantagenets und den französischen Capetingern ließ es weder dem einen König noch dem anderen ratsam erscheinen, an einem Kreuzzug teilzunehmen – und die eigene Macht im eigenen Lande dadurch zu schwächen.

Im Reiche aber war Barbarossa dabei, seine Kaiserherrschaft nach der Besiegung Heinrichs des Löwen zu konsolidieren und in einem Zuge die Machtbereiche der einzelnen Landesfürsten auf etwa gleiche Größe zu reduzieren, so daß ihm keiner mehr gefährlich werden konnte. Im November 1184 weilte Barbarossa in Verona, um von

dort aus auch seine italienischen Angelegenheiten in Ordnung zu bringen, wobei es sich vornehmlich um nichts anderes handelte als um die immer noch strittigen Güter der unsterblichen Mathilde von Tuscien – und um eine Eheschließung seines Sohnes Heinrichs VI. mit Konstanze, der Tochter Rogers II. und Tante des regierenden Königs von Sizilien und Unteritalien, Wilhelms II. In Verona aber erschien eine Delegation aus dem Heiligen Lande bei Barbarossa, um ihn zu einer Teilnahme an einem neuen Kreuzzug zu bewegen, und Barbarossa war geneigt, einen solchen für das Jahr 1186 ins Auge zu fassen. Die Delegation reiste weiter; in Frankreich schob sie der König nach England ab, wo Heinrich II. seinen guten Willen bezeugte, aber dennoch, ebenso wie Philipp in Paris, der Delegation die angebotenen Schlüssel der Stadt Jerusalem zurückgab. Tatsächlich schrieben sowohl der englische wie auch der französische König eine Kreuzzugssteuer aus – der Verbleib dieser Gelder aber wurde nie aufgeklärt.
Auf die Nachricht von der Entscheidungsschlacht von Hattin hin hielt der neugewählte Papst Gregor VIII., dessen Pontifikat nur zwei Monate dauerte, eine eindringliche Kreuzzugspredigt, auf welche hin nur Richard Löwenherz das Kreuz nahm, Graf von Poitou, der älteste Sohn Heinrichs II. von England und mit Vater und Bruder zerstritten; er nahm das Kreuz gleichsam im Affront, veränderte damit aber auch die politische Lage, er schwamm auf einer Woge allgemeiner Sympathie, besonders bei den Franzosen, die wiederum mit dem Erzbischof Philipp von Köln, einem erbitterten Gegner des Kaisers Barbarossa, sympathisierten. Der Kaiser suchte ein englisches Gegengewicht und machte Heinrich dem Löwen, dem Schwiegersohn Heinrichs II. von England, das Angebot, seinerseits an dem Kreuzzug teilzunehmen, wodurch seine Verbannung aufgehoben würde. Aber der alte Löwe kehrte lieber wieder in die Verbannung nach England zurück. Durch den Tod Heinrichs II. – sein Erbnachfolger war Richard Löwen-

herz – nahm der kalte Krieg zwischen England und Frankreich ein Ende; nun war auch Philipp von Frankreich bereit, das Kreuz zu nehmen. Das aber hätte Barbarossa in seinem Ansehen als Kaiser des Reiches, das er unbedingt wiederherstellen wollte, gekränkt, und so entschloß sich der Kaiser, obwohl an die heiligen Stätten nur durch das zarte Band seiner Beziehungen zu Byzanz – und gegen die Normannen in Unteritalien – gebunden, sich an die Spitze des Kreuzzuges zu stellen. Auch sein Sohn, Herzog Friedrich von Schwaben, war gewillt, an dem Kreuzzug teilzunehmen. Bevor aber der Kaiser aufbrach, setzte er seinen Erstgeborenen, Heinrich VI., zum Regenten ein und erzwang seine Wahl zum deutschen König – der sich nun mit seiner Konstanze von Sizilien vermählte.

An der Spitze des nun wohl größten Kreuzzugsheeres brach der 66jährige Kaiser Friedrich I., Barbarossa genannt, zweifellos wieder die mächtigste Persönlichkeit des Abendlandes, und gewillt, dieses zu bleiben, von Regensburg aus auf, begleitet von seinem Sohn Friedrich von Schwaben, von neun Beschöfen und neunundzwanzig Grafen aus allen deutschen Gauen; das Gros bildeten die schwäbischen Ritter seiner Hausmacht und die fränkischen seiner Dominal-Provinz. Der Kaiser wählte den alten Weg zu Lande; Herzog Leopold von Österreich, die Kölner, die Friesen, der Erzbischof von Bremen und der Landgraf von Thüringen entschieden sich für den Seeweg. Über hunderttausend Mann sollte dies größte Kreuzzugsheer umfassen. Der Marsch durch Ungarn ging ohne Zwischenfälle vonstatten; sobald aber byzantinisches Gebiet erreicht war, ergaben sich Schwierigkeiten: Byzanz hatte seine Erfahrungen mit den Kreuzzüglern nicht vergessen. Barbarossa drohte kurzerhand, Konstantinopel zu besetzen, der schwächliche Kaiser von Byzanz gab nach, und im Vertrag von Adrianopel sicherte er den Übergang über die Meerenge von Gallipoli zu – Konstantinopel wurde dadurch nicht berührt. Dem ungefügen Heer stellte sich ein

Schwiegersohn des Saladin entgegen, er wurde aber geschlagen, worauf sich der eigentliche Herrscher Kleinasiens, Sultan Kilic Arslan II., Vater des ungebärdigen Saladinschen Schwiegersohnes, mit Barbarossa arrangierte und ihm freien Durchzug gestattete. Das Heer zog unter großen Strapazen weiter, durchstieg den Taurus und verharrte an dem kleinen, aber reißenden Fluß Salef. Barbarossa stieg, um ein Beispiel zu geben, als erster in den Fluß, wurde von der Strömung mitgerissen und ertrank – am 10. Juni 1190.

Für die Mehrzahl der deutschen Großen war mit dem Tode des Kaisers der Kreuzzug sinnlos geworden. Das Heer zerstreute sich und suchte auf verschiedenen Wegen zu den kilikischen und syrischen Häfen zu gelangen, um dort die Heimreise anzutreten. Herzog Friedrich von Schwaben als Stellvertreter des Kaisers gelang es nur, seine schwäbischen und die fränkischen Ritter zusammenzuhalten und sie nach Antiochia zu führen, wo eine Seuche das Heer dezimierte. Die Ritter trennten das Fleisch von den Gebeinen der Leiche Barbarossas und bestatteten es in der Peterskirche – die ausgelösten Gebeine des Kaisers hofften sie in Jerusalem beisetzen zu können; in der Kathedrale von Tyrus fanden sie schließlich ihr Grab. Friedrich zog weiter und kam am 7. Oktober 1190 mit den Resten des einst so stolzen Heeres vor Akkon an und traf dort die zur See gekommenen Deutschen, die, nach der Abreise auch des Landgrafen von Thüringen, ziemlich trotzig beschlossen, wenigstens vor der Stadt Akkon zu bleiben, die von den letzten Rittern des Königs Guido von Jerusalem, der von Saladin aus der Haft entlassen worden war, belagert wurde. Saladin hatte versäumt, auf den Ratschlag seiner Wesire die stolze Seestadt, die einzige, die einen natürlichen Hafen besaß, restlos zu zerstören: seine Reitertruppen waren auf eine Verteidigung gegen Belagerer nicht eingerichtet, aber die Garnison war bedeutend stärker als das Heer der Franken, und Saladin versuchte immer wieder, die Franken aus ihren Befestigungen herauszulocken und sie in offener Feldschlacht zu schlagen. Erst am 20. April 1191 landete König Philipp II. von Frankreich vor Akkon, sieben Wochen später folgte ihm Richard Löwenherz. Die Deutschen hatten an den Folgen des Kreuzzuges keinen Anteil mehr, aber doch geschah vor Akkon etwas, das für die Deutschen von entscheidender Bedeutung war. Vor Akkon wurde der Deutsche Ritterorden gegründet.

Hundert Jahre lang hatte nun schon die lateinische Kolonie um ihre stets gefährdete Existenz gekämpft — weitere hundert Jahre sollten die Kämpfe noch fortdauern; dabei ging es wesentlich um die Frage, wem die Kolonie eigentlich gehörte. Rom und Byzanz erhoben den natürlichen Anspruch, ohne aber besondere Einsätze zu wagen — die blieben der abendländischen Ritterschaft überlassen. Die französische Ritterschaft hatte sich dabei ausgeblutet, die deutsche ohne Sieg und Ziel gekämpft, die italischen Normannen auf Kosten einer großen Schwächung ihrer Herrschaft in Unteritalien und Sizilien den Raub kaum halten können. Die Verstrickung der Kolonie mit den Mächten des Abendlandes hatte sich zunehmend ebenso zerstörerisch ausgewirkt wie die deutsch-italienische Verstrickung des Reiches.

Bevor Frankreich und England ihr vage gegebenes Kreuzzugsversprechen erfüllen konnten, waren diese beiden Mächte erneut in einen Krieg miteinander verwickelt, in den Jahren 1188/89, zu einer Zeit also, als Barbarossa sich unter großen Mühen und Verlusten vergeblich nach Palästina durchzukämpfen suchte. Dazu kam, daß sich Richard Löwenherz mit seinem Vater, Heinrich II. von England, völlig zerstritt, bis dieser im Juli 1189 starb. Richards erste Tat als König war, daß er England verließ, um sich auf den Kreuzzug zu begeben: er hatte erfahren müssen, daß der französische König schon aufgebrochen war, sein politischer Gegner — die beiden vertrugen sich

auch persönlich nicht und verfolgten durchaus verschiedene Methoden, die eigene Macht zu festigen: Philipp, 25jährig, war ein Staatsmann von vorsichtiger, aber ausdauernder Energie, Richard, 32jährig, ein Held, tapfer und grausam, jederzeit dem Augenblick hingegeben. Philipp war arm, Richard stand der reiche Staatsschatz Englands zur Verfügung. Philipp zog mit 650 Rittern und 1300 Knappen – und Wein für vier Monate – nach Genua, um sich dort für 5850 Mark Silber nach dem Heiligen Land verfrachten zu lassen. Richard zog nach Marseille, auf ihn wartete dort die englische Flotte, etwa 20 Kriegsschiffe und 100 Frachter. Beide Flotten überwinterten in Messina – Richard, dessen Auftreten die heißblütigen Sizilianer mit Haß erfüllte, mußte die Stadt mit einem Blitzsieg erobern; er geriet sofort mit Philipp in Streit wegen der Beute, erbost brach Philipp schon am 30. März 1191 von Messina auf, Richard folgte ihm am 10. April, nahm sich aber noch die Zeit, im Mai die byzantinische Insel Zypern zu erobern und auszuplündern. Erst die Ankunft des Löwenherz vor Akkon beschleunigte auch entscheidend die Ereignisse, nachdem die französischen Belagerungsmaschinen vom »griechischen Feuer« der Belagerten, Naphtabränden, die nur mit Essig zu löschen waren, hatten zerstört werden können.
So konnte sich Richard Löwenherz sofort nach dem Falle der ausgehungerten Stadt am 12. Juli 1191 zum eigentlichen Herrscher und Oberbefehlshaber in Palästina aufschwingen: er verlangte von Saladin gegen die Auslieferung der gefangenen Besatzung die Freilassung von 1500 christlichen Gefangenen des Sultans und 200 000 Gold-Byzantinern, sowie die Rückgabe des Heiligen Kreuzes. Als Saladin in Verzug geriet, ließ Richard die 3000 Gefangenen ermorden. Auf seiten der Franken hatte die Belagerung den Tod der Königin Sybille, des Patriarchen Eraklius, von 5 Erzbischöfen, 6 Bischöfen, 2 Herzögen, einem Landgrafen, 10 Grafen und weiteren 30 hohen Adligen, zumeist Franzosen und Deutschen, gekostet, »die Verluste der

kleinen Ritter und des Fußvolkes ungezählt«, berichtet der Chronist.

Richard mußte noch ein ganzes Jahr lang gegen Saladin kämpfen, bis der Sultan einsah, daß es klüger war, sich auf die Behauptung Jerusalems zu konzentrieren und im übrigen die Versorgungslinien der Kreuzfahrer zu bedrohen. Saladin hatte gegen Auflösungserscheinungen im eigenen Heer zu kämpfen, die arabischen Nomadenvölker waren auf spontane Aktionen, nicht aber langdauernde Kriege gedrillt. Als Richard, ein großer Feldherr, wie sich erwies, mit einer kombinierten Aktion von Heer und Flotte Jaffa nahm, wobei seine englischen Bogenschützen die Reiterei Saladins energisch abzuwehren verstanden, bequemte sich Saladin zu orientalisch-langwierigen Verhandlungen, die er mit dem Vorschlag begann, Richards Schwester mit Saladins Bruder zu verheiraten, und die mit einem Frieden endete, der die feindlichen Heere in ihren Positionen beließ – Jerusalem blieb also in den Händen der Muslims, Jaffa, nach wechselhaften Kämpfen auch während der Verhandlungen, im Besitz Richards – der Pilgerverkehr zu den Heiligen Stätten sollte ungehindert bleiben.

Philipp, der eilends nach Europa zurückkehrte, sah in der Herrschaft Richards im bislang doch französischen Kreuzfahrerstaat Palästina gute Gelegenheit, in Frankreich die Abwesenheit Richards zu nützen, um die Normandie anzugreifen. Aber am 9. Oktober 1192 verließ auch Richard das Heilige Land. Sein Bruder, »Johann ohne Land«, hatte mit dem König von Frankreich »hochverräterische Verhandlungen« wegen des Besitzes der Normandie angeknüpft. Richard scheute sich, auf dem Wege, auf dem er gekommen war, durch Frankreich über Marseille, zurückzukehren; er wählte den Seeweg nach Venedig, doch sein Schiff strandete in Aquileia, und er mußte sich entschließen, verkleidet durch Österreich zu reisen: Auch Herzog Leopold von Österreich war mit Richard Löwenherz verfeindet, der englische König hatte vor Akkon das Banner des Babenbergers von einer der von diesem eroberten Bastionen gerissen. Richard wurde verraten, Leopold konnte ihn gefangennehmen und auf der Feste Dürnstein festsetzen, der Herzog forderte das horrende Lösegeld von 50 000 Mark Silbers; und als Richard sich weigerte, es zahlen zu lassen, verkaufte Leopold den Gefangenen für die strittige Summe an den Kaiser Heinrich VI., den Sohn und Nachfolger Friedrich Barbarossas, der mit Philipp von Frankreich übereingekommen war, den Richard auf seiner Heimreise gefangenzusetzen. Erst 1194 entließ Heinrich, nunmehr gegen ein Lösegeld von 150 000 Mark Silber, den rechtmäßigen König von England unter der weiteren Bedingung, daß Richard die Lehnshoheit des Kaisers über England anerkenne—was zweifellos den König von Frankreich nicht recht beglücken konnte, da er, bislang Lehnsherr des Engländers, im Besitze der Normandie Vasall des deutschen Kaisers werden mußte. Es kam nun darauf an, ob Richard in seinem Kampf mit dem französischen König Sieger bleiben würde. Richard kehrte also nach England zurück, strafte seinen Bruder und begann sogleich den endlosen Streit um die Normandie und die anderen englischen Besitzungen in Frankreich fortzusetzen; der Krieg blieb ohne Resultat: Richard Löwenherz fiel 1199 im Kampf gegen Philipp II. August von Frankreich. Sein abenteuerliches Leben gab den Stoff für viele englische Sagen her.

Auch Friedrich Barbarossa blieb im geschichtlichen Bewußtsein der Deutschen eine sagenhafte Gestalt. Im Gedenken an die überaus kühnen und weitgreifenden Pläne dieses deutschen Kaisers schrieb ein Chronist jener Zeit über den abrupten Tod in einem kleinen Flüßchen im fernen Syrien: »An dieser Stelle und bei diesem traurigen Berichte versagt unser Griffel und verstummt unsere Rede.« So blieb also die Gestalt des Barbarossa ein Torso, um den sich die Sagen ringelten wie der, übrigens immer sorgfältig kurzgehaltene,

Bart durch jenen steinernen Tisch. Seine kühnen und weitreichenden Pläne aber wurden allesamt von seinem Sohne Heinrich VI. fortgeführt.
Napoleon übernahm von Cromwell den Satz: »Der wird nicht weit kommen, der von Anfang an weiß, wohin er geht.« Barbarossa scheint einer der großen Träumer der Weltgeschichte gewesen zu sein, der die Problematik und die Möglichkeiten seines Weges, einschließlich der seines baldigen Todes, höchst realistisch einschätzte; als er, aus welchen Gründen auch immer, sich entschloß, »das Kreuz zu nehmen«, hinterließ er seinem 25jährigen Sohn Heinrich, den er vorsorglich zu seinem Stellvertreter und Nachfolger bestimmt hatte, Pläne und Absichten seiner Politik, und zugleich Einsicht und Rat angesichts der Hindernisse, die Heinrich auf seinem Wege vorfinden werde. Tatsächlich handelte Heinrich VI., vom ersten Tage seiner Regentschaft bis zu seinem Tode nach zehn Jahren, in allen Punkten sozusagen absolut im Geiste seines Vaters –, vielleicht mit etwas mehr Vehemenz, aber sicher nicht mit dem Willen zu einer Abweichung von der von seinem Vater verfolgten Linie. –
Im Oktober 1189 – Barbarossas Heerzug wälzte sich schwerfällig durch Ungarn auf Byzanz zu – war Heinrich der Löwe, unter Bruch seiner Versprechungen, aus der Verbannung nach Deutschland zurückgekehrt, um sich und das Haus der Welfen wieder an die Macht zu bringen. Fast alle seine mächtigen Feinde begleiteten Barbarossa auf seinem Kreuzzug, seine Freunde kehrten sich ihm sofort wieder zu. Das letzte Bild, das der Löwe aus seiner sächsischen Heimat auf dem Weg in die schmähliche Verbannung hatte mitnehmen müssen, war der Anblick der übermütigen Bürger von Bardowiek gewesen, die auf den Mauern ihrer wohlbefestigten Stadt ihrem scheidenden Herzog den unanständigen Ausdruck ihrer Wertschätzung darboten. Das erste, was der Löwe nun unternahm, – nachdem er seine Gefolgsleute zusammengerufen hatte: aus Lübeck, Braun-

schweig, Segeberg und Lüneburg, – war ein Feldzug der Rache. Bardowiek wurde eingeschlossen, die Bürger verteidigten sich tapfer auf ihren festen Mauern – aber die Stadt war zur Ilmenau hin nicht durch Mauern, sondern eben nur durch den Fluß gesichert. Ein Bulle aus Bardowiek, der in der belagerten Stadt seine gewohnte Nahrung nicht fand, begab sich, wie das Tier es gewohnt war, in das Wasser der Ilmenau, um die gewohnte Weide auf der anderen Seite des Flusses aufzusuchen. Die Lüneburger Heinrichs beobachteten dies, erkannten, daß der Bulle eine Furt benutzte, von der die Belagerer bislang nichts wußten, sie drangen über den Fluß auf dem Wege des Bullen ein und eroberten die Stadt – sie wurde geplündert und zerstört, bis auf das letzte Haus, die wehrhaften Bürger allesamt niedergemacht. Nur Dom und Stift ließ Heinrich bestehen, brachte aber an dem Dom die Inschrift an: »Vestigium leonis« – »Die Spur des Löwen.« Die muntere Salzhandelsstadt erholte sich niemals wieder von diesem Schlage – an Stelle dieser Stadt blühte das ursprünglich viel kleinere Lüneburg auf. Bis heute werden die Bardowieker gern von den Lüneburgern mit der Frage nach dem Wohlergehen des Bardowieker Bullen geärgert. Heinrich VI. sagte auf dem Reichstag zu Merseburg im Oktober 1189 die Heerfahrt gegen den Löwen an, aber es dauerte bis zum Frühjahr 1190, bis der »Reichsfeind« so in die Enge getrieben war, daß er vor Lübeck und Segeberg hätte vernichtet werden können. Der Löwe wurde gerettet, wenn auch in seine Schranken gewiesen; in weiter Ferne, in Sizilien, starb der König Wilhelm II. kinderlos. Die Tante des Königs, Konstanze, war die Frau Heinrichs VI., und dieser dachte nicht daran, auf seine Erbansprüche zu verzichten, die ihm von den sizilianischen Großen bestritten wurden, er mußte nach Sizilien eilen. So einigte sich Kaiser Heinrich mit Heinrich dem Löwen; im Juli 1190 – soeben war die Nachricht vom Tode Barbarossas eingetroffen – wurde in Fulda der lange Streit zwischen Welfen und

Staufern vorläufig beigelegt: der Löwe erhielt das Anrecht auf den Kern seiner Landesmacht, Braunschweig und Lüneburg – in beiden Städten mußten allerdings die Mauern niedergelegt werden –, in Lübeck erhielt der Löwe die Hälfte der dortigen Reichseinkünfte, und der Löwe mußte seine Söhne Lothar und Heinrich dem Kaiser als Geiseln stellen; Sohn Lothar starb bald, Sohn Heinrich begleitete den Kaiser auf seinem Italienzug – er heiratete heimlich im Gefolge des Kaisers die Tochter des staufischen Pfalzgrafen Konrad, Agnes – als der Löwe 1195 starb, mit dem Kaiser versöhnt, fügte sein Sohn Heinrich dergestalt zu den Welfenländern Braunschweig und Lüneburg nun auch das staufische Erbe der rheinischen Pfalzgrafschaft hinzu.

Es ging um Sizilien

In Italien aber hatte sich mit dem Tode Barbarossas die Lage verhärtet. Richard Löwenherz, auf dem Wege zum Heiligen Land, hatte seinen Aufenthalt in Sizilien dazu benutzt, die Stellung des normannischen Großen Tankred als Thronanwärter von Sizilien zu stärken, die normannische Herrschaft gegen Heinrich VI. also zu festigen. Heinrich wollte auch im Punkte des Erbkaisertumes die Politik seines Vaters verfolgen; Barbarossa hatte ja im Kampf mit dem mächtigen Löwen eine Neuordnung der landesfürstlichen Mächte vorgenommen, um das Erbkaisertum der Staufer zu zementieren, und zu diesem Zweck die Herrschaftsgebiete der Fürsten allesamt so aufgegliedert, daß nicht einer sich aus der gleich starken Masse zu einer den Staufern gefährlichen Machtstellung emporschwingen konnte. Notwendig wurde nun, daß Heinrich VI. auch vom Papste zum Kaiser gekrönt werde. Aber der Papst war gestorben; sein Nachfolger, der 85jährige Cölestin III., als ältester der Kardinäle auf den Grundsatz der Kurie festgelegt, niemals eine Umklammerung des Kirchenstaates durch die Deutschen, im Norden wie im Süden, zu dulden, wollte Heinrich VI. hinhalten, bis sich Tankred in Sizilen durchgesetzt hatte, und verzögerte seine eigene Konsekration – auch hier folgte Heinrich der schlauen und treulosen Politik Barbarossas: er gab die stets kaisertreue und der römischen Clique unerbittlich feindliche Stadt Tusculum an die Römer preis und zog von dort die kaiserliche Besatzung ab, die Römer besetzten jubelnd die Stadt und zerstörten sie. Unter dem Druck der römischen Partei ließ sich Cölestin am Ostersonntag 1191 konsekrieren und krönte tags darauf Heinrich zum Kaiser, nicht ohne ihn

beschworen zu haben, seinen Heerzug nach Sizilien nicht fortzusetzen.
Aber Heinrich begann sofort mit der Belagerung Neapels, die nicht gelang, der verläßliche Verbündete der sich hinhaltend verteidigenden Stadt war wiederum das Fieber der Sommermonate, dem kein deutsches Heer widerstand. Der Kaiser erkrankte selber an der Malaria und mußte im August mit seinem Heer in die gesünderen Gefilde der Lombardei zurückkehren. In Salerno aber hatte er seine Gemahlin Konstanze zurücklassen müssen, sie begab sich in die Hände Tankreds, da sie einer irrtümlichen Nachricht vom Tode ihres Gemahls vertraut hatte. Und Cölestin erkannte Tankred als König an, den Normannenfürsten mit Sizilien belehnend. In Deutschland hatte sich inzwischen die Erkenntnis von der wahren Folge der von den Staufern geübten Politik der gleichmäßigen Machtverteilung durchgesetzt. Besonders die sogenannte »Pfaffengasse am Rhein«, die sich wie in einer Perlenkette aneinanderreihende Folge von geistlichen Fürstentümern, schloß sich gegen den Kaiser zusammen, als dieser in einem Wahlstreit im Bistum Lüttich als Schiedsrichter die Häupter beider der streitenden Parteien verwarf und einem dritten, ihm genehmen Mann das Bistum übertrug. Diesen wiederum verwarf Cölestin, und nun vereinten sich fast alle deutschen Fürsten, ob geistlich oder nicht, zu einem antikaiserlichen Bündnis, so daß recht eigentlich nur das Herzogtum Schwaben, der Herzog Leopold von Österreich und die staufischen Reichsministerialen zum Kaiser hielten – aber gerade die kriegerischen Gefolgsleute dieser Herrschaftsgebiete, insbesondere die der Dominal-Provinz Franken, weilten vor Akkon im Heiligen Lande und verließen sich auf das mehrfache Versprechen des Kaisers, ihnen mit einem neuen Kreuzzug zu Hilfe zu kommen.
Vielleicht ist es gerade das Abenteuerliche in der Politik der Staufer, was diesem Herrschergeschlecht in der Geschichte den eigentümlichen Glanz verleiht. Wie so oft die

staufischen Herrscher, hatte sich nun auch Heinrich VI. in eine fast aussichtslose Lage hineinmanövriert. Aber wie so oft auch änderte sich durch Stauferglück und Staufertrick die Lage mit einem Schlage, als Richard Löwenherz in die Hand Heinrichs fiel. Richard Löwenherz kaufte sich frei, indem er die Lehnshoheit des deutschen Kaisers über England anerkannte und indem er eine hohe Summe zahlte – mit dieser Summe und der Lehnshoheit über England kaufte hinwiederum sich Heinrich frei von dem Druck seiner Fürsten, die einen Rückhalt bei England gesucht hatten, frei vom finanziellen Druck, der Heinrich bislang gehindert hatte, zu einem Kreuzzug zu rüsten, mit welchem er den Papst auf seine Seite zu zwingen vermochte, und schließlich auch frei von demütigenden Bedingungen, die der König von Frankreich in der Frage eines Bündnisses mit dem Kaiser stellen zu können gehofft hatte. Die rheinische Opposition brach zusammen, das Bündnis mit Philipp von Frankreich wurde perfekt. Zu Heinrichs besonderem Glück starb nun auch Tankred und hinterließ einen unmündigen Sohn. Der Kaiser konnte zu seinem zweiten Italienfeldzug aufbrechen – er eroberte Palermo, hielt dort am 20. November 1194 seinen Einzug und wurde am Weihnachtstage feierlich zum König von Sizilien gekrönt – am nächsten Tage gebar seine Frau Konstanze den Sohn und kaiserlichen Erben, der in der Taufe den Namen Friedrich erhielt. Zu allem Überfluß begünstigte das dynastische Erbprinzip Siziliens die Einführung des Erbkaisertums in Deutschland. Heinrich etablierte sich ganz im Sinne der ausgeprägten Familienpolitik der Staufer: seine Konstanze wurde zur Regentin von Sizilien für Friedrich bestimmt, ein Staufer, bereits auf dem Thron von Spoleto, zum Statthalter und Heinrichs jüngerer Bruder Philipp zum Herzog von Tuscien und Verwalter der mathildischen Güter, die nach wie vor und gewissermaßen unabdingbar den Ballast im Schiff der Reichspolitik gegen die Päpste bildeten.

Macht türmt sich auf Macht, Erfolg zeitigt Erfolg. In Palermo liefert die Königin Sybille dem Kaiser den Normannenschatz aus, den sagenhaften Schatz, zusammengeraubt in einem Jahrhundert der Raubzüge in den reichen Ländern des Mittelmeeres – der Staufer läßt den Schatz sogleich in seine schwäbische Veste Trifels bringen: Stauferschatz! Mit Sizilien fallen Heinrich die afrikanischen Besitzungen der Normannen zu: Tunis und Tripolis. Oströmische Vasallen, Leo von Armenien, und der König von Cypern, Amalrich von Lusignan, erbitten von ihm Belehnung. Und in Palermo weilt Irene, die Tochter des Kaisers von Byzanz, des Isaak Angelos, die mit dem verstorbenen Sohn Tankreds verlobt war: Heinrich verlobt sie sogleich mit seinem Bruder Philipp. Kaum war dies geschehen, wurde Kaiser Isaak durch einen Putsch seines Bruders, des Usurpators Alexios, in Byzanz abgesetzt und geblendet. Flugs meldet Heinrich seine Erbansprüche an, als Wahrer der Rechte Irenens. Der deutsche Kaiser als Herrscher auch über Ostrom – das ist eine Aussicht, welche die Kurie in lähmendes Entsetzen verfallen läßt. Und der Kreuzzug, zu dem der Kaiser nun voll gerüstet ist? Was hatte Barbarossa zum Kreuzzug getrieben? Doch nichts anderes, als mit der Besetzung der lateinischen Kolonie sein Oberlehnsrecht zu qualifizieren, als der Vollstrecker des Heiligen Krieges! Jerusalem, die Heilige Stadt, noch in den Händen des Muslim Saladin, mußte fallen, der Staufer würde nun auch König von Jerusalem sein! Vor Akkon stehen vierhundert deutsche Ritter unter Heinrichs Bruder Friedrich von Schwaben als Reserve bereit. Das Heer des Kaisers steht gerüstet in Messina, die Flotten von Genua und die von Pisa kreuzen vor der Stadt. Schon hatten die Vorhuten Cypern besetzt, schon waren unter Führung einer stattlichen Anzahl deutscher Fürsten und Bischöfe die ersten Ersatztruppen vor Akkon eingetroffen ... Alles, was Barbarossa in seinen kühnen Träumen konzipierte – Heinrich hatte es erreicht. Nichts stand mehr der Vollendung des großen Stauferzieles, der absoluten Herrschaft über die abendländische Welt, entgegen, – nichts als der Tod.

In Messina starb Kaiser Heinrich VI., Sohn des Barbarossa und Vater des nun dreijährigen Friedrich II., an den Folgen der Malaria vor Neapel, noch nicht 32 Jahre alt. Er wurde in Palermo beigesetzt.

Es ging um das Erbe

Kaiser Heinrich VI. war am 28. September 1197 gestorben, sein milder Gegner, Papst Cölestin III., folgte ihm am 8. Januar 1198 im Tode nach. Auch die Kaiserin Konstanze starb ein Jahr nach dem Tode ihres Gemahls. Aber in den wenigen Monaten zwischen dem Tode des Kaisers und dem des Papstes hatte Konstanze, die Normannentochter und nunmehrige Königin von Sizilien, mit Cölestin ein Konkordat abgeschlossen, und in ihrem Testament übertrug sie dem neuen Papst, Innozenz III., die Regentschaft im Königreich Sizilien sowie die Vormundschaft für den noch nicht vier Jahre alten Sohn Friedrich II., der doch auch König von Deutschland war und den sie von Faligno im Herzogtum Spoleto nach Palermo brachten. So war also Sizilien nun unstrittig Lehen des Heiligen Stuhles geworden, der deutsche König sizilianischer Vasall des Papstes – ein rechtlicher Zustand, wie er nun schon zum Unglück beider Nationen zwischen England und Frankreich so lange Jahre bestand und zu ständigen Kriegen führte. Der neue Papst, Innozenz III., den die Geschichte der Kirche als einen der bedeutendsten Päpste preist, vor seiner Wahl ein Graf Lothar von Segni, war nicht der Mann, der darauf verzichtete, aus den Blüten der verwirrten Lehnsverhältnisse seinen Honig zu saugen. Durch seine Regentschaft in Sizilien hatte er praktisch ganz Unteritalien in seiner Hand, aber es war klar, daß ihm die Lehnsoberhoheit vom Reiche her bestritten werden würde, solange der deutsche König unmündig und ganz in der Hand des Papstes war. Diese Ausgangsposition mußte dem Papst die Möglichkeit verlockend erscheinen lassen, die Lehnsoberhoheit über das Reich zu gewinnen, das eigentliche Ziel der päpstlichen Politik vom

ersten Jahr des Heiligen Römischen Reiches Deutscher Nation an. So verzichtete der Papst als Regent von Sizilien darauf, dort auch zu regieren – in dem Königreich herrschte reine Anarchie. Die Reste des Kreuzfahrerheeres unter ihrem Truppenführer, dem Reichstruchseß Markward von Anweiler, dachten mit gutem Instinkt nicht daran, Italien zu verlassen; Markward war von Heinrich VI. als Regent über das Königreich eingesetzt, und sein Anspruch war vom Bruder des Kaisers, Philipp, bestätigt worden; diesem galt es, das Südreich für das staufische Haus zu retten. Markward schlug sich also mit allen Gewalten herum, die in Sizilien um die Macht stritten, mit den Anhängern der normannischen Barone, mit den Sarazenen, den Truppen päpstlicher Legaten – und mit denen der Städte Genua und Pisa, die an den Reichtümern der Insel und dem Handel interessiert waren. Es gelang Markward schließlich im Jahre 1201, Palermo in seinen Besitz zu bringen – wobei sich der Knabe Friedrich temperamentvoll gegen den Mann wehrte, der gekommen war, ihn zu befreien, ohne dazu ein Rechtsdokument vorweisen zu können.
Seinen Rechtstitel verteidigte Papst Innozenz, ohne sich freilich um den Knaben zu kümmern, der im schönen Palermo einsam blieb und ganz im Sinne päpstlicher Anweisungen erzogen wurde –, in der Stadt, in welcher sich so verschiedene Kulturen, Sprachen und Religionen begegneten, und wo Griechen, Araber, Juden, Sizilianer, Normannen und Deutsche nebeneinander lebten. Innozenz konzentrierte sein Interesse auf den Herzog Philipp, einen jungen Mann, den der Papst nicht unterschätzte, und der im Rufe stand, schnell und richtig zu handeln. So war Philipp sofort nach der Nachricht vom Tode seines Vaters, Heinrich VI., nach Italien aufgebrochen, um den Knaben Friedrich von Foligno nach Aachen zu bringen, wo er, schon zum König der Deutschen gewählt, dort auch gekrönt werden sollte – die Regentschaft im Reiche wäre somit Philipp zugefallen. Noch schneller aber handelte die

Kurie. Der Erzbischof Adolf von Köln war seit je ein erbitterter Gegner des von den Stauferkaisern so emsig betriebenen Erbkaisertumes. Die erbittertsten Gegner der Staufer aber waren nun schon seit hundert Jahren die Welfen. In England weilte, am dortigen Hof aufgewachsen, der jüngere Bruder des Rheinpfalzgrafen Heinrich von Braunschweig, Otto, von seinem Oheim Richard Löwenherz zum Grafen von Poitou erhoben, der zwar kein Reichsfürst war und nur auf ein Drittel des so schmal gewordenen Welfenerbes Anspruch hatte, auch Deutschland kaum kannte – aber in der Frage des Erbkaisertumes der Staufer galt der alte Ruf: Hie Welf, hie Staufer noch immer als ein Kampfruf, der geeignet war, die Reichsfürsten um die jeweiligen Banner zu sammeln. Und die Staufer hatten nicht verstanden, bei den Reichsfürsten uneingeschränkte Sympathien zu sammeln. Auf Betreiben des Kölner Erzbischofs wurde Otto am 9. 6. 1198 zum König gewählt und am 12. VII. in Aachen gekrönt.

Philipp der Staufer verlor auf diese Nachricht hin keinen Augenblick Zeit, er ließ den Knaben Friedrich, wo er war, und galoppierte in Deutschland von Ort zu Ort, seine Anhänger unter den Reichsfürsten sammelnd, und er hatte deren genug, im Staufersüdwesten, in Bayern, Österreich, selbst in Thüringen, auch die meisten Bischöfe, die mit der Politik des ehrgeizigen Kölner Adolf nicht einverstanden waren, standen auf seiner Seite. Außerdem war Philipp im Besitz der Reichsinsignien, der Königskrone und – des Stauferschatzes in der Veste Trifels.

Philipp ließ sich also im Umherreisen wählen; zum König wurde er vom Erzbischof von Burgund am 8. 9. 1198 in Mainz gekrönt.

Die gleiche Anarchie wie in Sizilien herrschte nun auch im Reich. Otto stieß ebenso vergeblich mit seinen Truppen nach Südwesten und Goslar vor, wie Philipp gegen Köln und Braunschweig. Der Schatz von Trifels, der Normannenschatz, speiste die Kriegszüge des Philipp, die des Otto die englischen Geldquellen des Löwenherz. Gegen das Bündnis Englands mit den Welfen setzte Philipp das der Staufer mit Frankreich. Auf deutschem Boden wurde nunmehr der englisch-französische Krieg ausgetragen, mit allen seinen sinnlosen Wechselfällen, bis Richard Löwenherz am 6. 4. 1199 verwundet starb, just nachdem Otto sich gerade mit dem Capetinger, dem König von Frankreich, über einen Waffenstillstand geeinigt hatte – Philipp einigte sich über Kreuz mit dem Bruder des Löwenherz, mit dem »Johann ohne Land« . . . am Ende blieb Otto nichts anderes übrig, als sich an den Papst um Hilfe zu wenden.

Innozenz III. hatte bis dahin die deutschen Querelen aufmerksam, keinen Anlaß zum Eingreifen verspürend, beobachtet. Der neu ausbrechende Konflikt zwischen Welfen und Ghibellinen, der sich in Italien dahin auswirkte, daß auch in den lombardischen Städten Partei genommen wurde, mußte dem Papst sehr gelegen sein. In allen lombardischen Städten waren starke Parteien – wobei die Guelfen als päpstlich gesinnt galten – am Kampf um die Macht beteiligt, in den kaisertreuen Städten kämpften die Guelfen, in den papsttreuen die Ghibellinen um die Macht, die bald der einen wie der anderen Partei zufiel. So folgerte der Papst, es müßten zuerst einmal alle die verschiedenen Ansprüche in ganz Italien sorgsam geprüft werden – und damit beschäftigte er sich –, um zu erfahren, wie der Kirchenstaat »in seinen berechtigten Ansprüchen wiederherzustellen sei«, wobei als Ergebnis der päpstlichen Forschungen die sogenannte »Recuperation« des Kirchenstaates rechtlich, bei den unscharfen Abmachungen der Kaiser mit den Päpsten, mit zutunlicher Logik ganz Italien umfaßte. Dem sogestalten »Befreier Italiens«, Innozenz III., widerstanden praktisch und gegen das gefundene Recht nur die Romagna von Bologna, wie Ravenna und die zu einem Bund vereinten toscanischen Städte, während die lombardischen Städte in sich uneins waren; aber auch diese mochten sich verpflichten, ohne päpstliche Zustimmung künftig keinen Kaiser oder deutschen König als Herrn anzuerkennen. Spoleto und – ach – die mathildischen Güter waren Rechtsansprüche der Päpste, wie nun also auch Sizilien und die Mark Ancona, die Markward, der Reichstruchseß, verlassen hatte, um sich in Palermo widerrechtlich niederzulassen. Alle die vergleichsweise geringen Mächte, die sich solchermaßen der »Einheit Italiens« entgegenstellten, mußten klein beigeben, wenn es dem Heiligen Vater gelang, im Reich, in Deutschland, und infolge der Verquickung mit England und Frankreich auch von diesen Nationen nicht als Partei, sondern als Schiedsrichter angerufen und anerkannt zu werden.

Die Abwertung der Kaiser und Könige durch die politischen Tatsachen mußte notwendig zu einer Aufwertung der päpstlichen Universalmacht führen. Daß die Kreuzzüge Barbarossas und des Kaisers Heinrich VI. nur dem Prestige der deutschen Kaiser hatten dienen sollen, lag klar auf der Hand. Schon kurze Zeit, nachdem er auf den Heiligen Stuhl gelangt war, 1198, forderte Innozenz III. zu einem neuen Kreuzzug auf. Aber diese Aufforderung richtete sich eindeutig nur an die hohe Geistlichkeit des Abendlandes – sie enthielt scharfe und in der Tat berechtigte und überzeugende Angriffe gegen die Machenschaften der Könige, welche die Idee der Kreuzzüge um der eigenen Interessen willen verfälscht hätten, und die dabei notwendig auch keinen bleibenden Erfolg haben könnten. Der neue Kreuzzug sollte die Reinheit der Absicht des Heiligen Stuhls beweisen, die Berechtigung des Papstes, auf der obersten Leitung des Unternehmens zu bestehen, und damit auch den Anspruch auf die lateinische Kolonie in Jerusalem bestätigen. Nicht die Könige mit der ihnen gefügigen Ritterschaft sollten hinfort den Geist der Kreuzzüge vertreten, sondern gerade die Armen, die ebenso wie die Großen einer reinigenden Buße bedurften – allerorten hatten sich schon die Bettelorden gebildet, die sich von den Methoden der Zisterzienser weltflüchtig abwandten und als Vertreter des demütig, arm und wehrlos leidenden Christus dem Gekreuzigten nachzueifern nun Gelegenheit hatten. Aber der Aufruf des Papstes fand bei den Angesprochenen nur wenig Echo. Innozenz III. mußte eine Kreuzzugssteuer erheben, – gegen die sich prompt die Zisterzienser wandten, die ja mit ihren Klöstern an den Etappenstraßen der Kreuzzüge viel bessere Mittel der Finanzbeschaffung gefunden hatten. Nur die Könige hatten die Geldmittel, um einen neuen Kreuzzug zu finanzieren, aber sie verstanden sehr wohl – es war ja deutlich genug ausgesprochen –, daß die national geführten Kreuzfahrten die Schuld am Scheitern der erhabenen Idee zu tragen hatten. So meldeten sich zur Rekrutierung vornehmlich die »armen Ritter«, unter Führung ehrgeiziger Grafen und Fürsten minderen Ranges, zu denen nun wieder ein Ludwig von Blois und gekränkte Grafen der Champagne gehörten, und: die Seestädte!

Die Seestädte waren freilich an jeder Art von Kreuzzug interessiert. Aber mit ihnen begann von vornherein sich die Tragödie in die Farce zu verwandeln. Natürlich waren es wiederum Franzosen, die sich zum Hauptheer zusammenschlossen, in ihrer Sicht war Jerusalem eine französische Kolonie; ihr Heer sollte sich in Marseille einschiffen, hauptsächlich aus Südfrankreich stammten die Teilnehmer an dieser neuen Kreuzfahrt. Die Nordfranzosen – Normannen also – schlossen einen Vertrag mit dem Dogen von Venedig, Enrico Dandolo, nach welchem Venedig den Schiffsraum und die Verpflegung auf ein Jahr für immerhin 4500 Ritter, 9000 Knappen und 20 000 Fußsoldaten zu stellen habe, bis zum April 1202. Aber zu diesem Termin waren nur etwa 10000 in Venedig versammelt. Da stimmte die Gesamtkalkulation freilich nicht. 34 000 Mark mußten die armen Ritter dem Dogen schuldig bleiben. Doch Dandolo war ein großzügiger Staatsmann: er schlug den Anführern dieses Heeres ein Moratorium vor, wenn sie bereit wären, auf ihrem Wege zum Heiligen Land die 1186 von

Venedig abgefallene Stadt Zara zurückzuerobern; Zara, an der dalmatinischen Küste gehörte dem König von Ungarn— und war außerdem eine christliche Stadt! Tatsächlich wurde Zara im November 1202 eingenommen – nach lebhaftem Einspruch des Papstes, wie sich versteht – gegen welchen nun hartnäckig die französischen Barone und das dortige Zisterzienserkloster eiferten. Das gesamte Kreuzfahrerheer von Venedig wurde prompt exkommuniziert – doch wurde den wenigen Deutschen und den zahlreichen Franzosen, nicht aber den Venezianern, die Fortsetzung des Kreuzzuges gestattet, eines Kreuzzuges, zu dem eben der durch die Eroberung Zaras tief beleidigte König von Ungarn ebenfalls rüstete. Das Heer überwinterte in Zara.
Jetzt sah der deutsche Gegenkönig Philipp seine Chance. Just im rechten Augenblick tauchten seine Gesandten – Staufertrick, Staufergluck – in Zara auf, begleitet von Alexios IV. Angelos, dem Sohn des geblendeten und von seinem Bruder Alexios III. vom Thron verstoßenen Isaak II. Angelos, des immer noch rechtmäßigen Kaisers von Byzanz. Die Schwester des Alexios IV. war Irene, die Frau des Herzogs und Gegenkönigs Philipp von Schwaben. Alexios versprach den armen Rittern das Blaue vom byzantinischen Himmel herunter: Kirchenunion mit Rom, hohe Geldzahlungen und Unterstützung des Kreuzzuges mit zehntausend byzantinischen Soldaten, wenn das Kreuzheer von Zara dem Thronprätendenten zur Macht in Byzanz verhelfen werde. Viele Barone widerstrebten dem Vorschlag; als aber Alexios die große Masse der armen Ritter mit der Aussicht auf eine unermeßliche Beute köderte – mit der Schilderung der großen Menge von Reliquien, die in Byzanz zu finden waren, dem immer noch begehrtesten Handelsartikel – segelte die Flotte von Zara ab und ankerte am 24. Juni 1203 vor Chalcedon, gegenüber von Konstantinopel. Die armen Ritter sprengten in Galata die Kette, welche die Hafeneinfahrt ins Goldene Horn sperrte und stürmten gegen die Stadt, die nur von

der warägischen Garde – kriegsgefangenen und ins Heer übernommenen Normannen aus Dänemark und England – verteidigt wurde. Der Usurpator Alexios III. floh, und Isaak und sein Sohn Alexios IV. besetzten wieder den Thron von Byzanz, nicht für lange Zeit: beide wurden im Januar 1204 durch einen Aufstand der Bevölkerung vom Thron gefegt und ermordet; ein Alexios V. mit absolut lateinfeindlicher Gesinnung glaubte, die Stadt retten zu können – das Kreuzfahrerheer, um die vertraglich ausgemachten Geldmittel betrogen, stürmte im April die Stadt, »drei Tage herrschte ein unbeschreibliches Morden und Plündern in der Stadt«, wie die Chronik berichtet. Die Venezianer brachten die berühmte Quadriga nach Hause, die heute noch die Front des Markusdomes in Venedig ziert. Und die Chronik berichtete weiter eine Geschichte, die bis auf den heutigen Tag bemerkenswert geblieben ist: Ein römischer Abt erzwang von einem griechischen Priester die Herausgabe eines Reliquienschatzes; der Abt »tauchte beide Hände eilig und begehrlich hinein, und kräftig geschürzt, wie er war, füllte er den Bauch der Kutte mit dem heiligen Kirchenraub, um die Beute dann fröhlich lachend zum Schiff zu bringen, – eine Spur vom Blute des Herrn, ein Stück vom wahren Kreuz Christi, einen nicht geringen Teil des Heiligen Johannes, einen Arm des Heiligen Jakobus« – zu dessen Grab in Santiago de Compostela in Spanien die frommen Pilger wanderten – »einen Fuß des Heiligen Kosmas, einen Zahn des Heiligen Laurentius und Reliquien von 28 männlichen und 8 weiblichen Heiligen, sowie Reste, Steinbrocken, von 16 heiligen Stätten«.

Der kühle Kalkul des Dogen von Venedig zerlegte das byzantinische Reich. Mit drei Vierteln der Beute wurden die venezianischen Forderungen abgegolten, ein Wahlkonzil aus sechs Venezianern und sechs Franzosen wählte einen neuen Kaiser, natürlich den Favoriten der Venezianer, einen Balduin von Flandern, der mit byzantinischem

Gepränge, aber nach lateinischem Ritus in der Hagia Sophia zum ersten Kaiser von Romania gekrönt, aber durch Verzicht auf Lehen an der Bildung einer Hausmacht gehindert wurde; die Lehnshoheit über die 600 Lehen behielt sich Venedig vor und nahm, klug und genau um die eigenen Interessen wissend, sämtliche Stützpunkte von Byzanz in der Adria, im Peloponnes, auf den Inseln Lesbos, Chios und Samos in Besitz, damit die venezianische Seeherrschaft sichernd, vor allem den Seeweg von Venedig nach Byzanz, dazu Kreta, wichtige Häfen am Hellespont und am Marmarameer, sowie drei Achtel der Stadt Konstantinopel. Die Franzosen unter ihrem Führer Bonifaz erhielten Gebiete in Makedonien und Thessalien, das »Königreich Thessalonike«.

Damit war dieser »Kreuzzug« zu Ende, von einer Hilfe für das Heilige Land konnte keine Rede mehr sein. Innozenz vernahm zuerst mit Freude, dann mit Entsetzen – über die Greuel bei der Besetzung von Konstantinopel – die Kunde, dann arrangierte er sich mit den neuen Mächten von Byzanz, indem er dafür sorgte, daß die griechischen Prälaten durch lateinische ersetzt wurden.

Das »fränkische Griechenland«, wie das machtmäßig zerfetzte Byzanz nunmehr genannt werden sollte, hatte keinen langen Bestand. Das Ende dieses absurden Gebildes begann mit dem Ende der Lateinerherrschaft in Konstantinopel. Ein Feldherr des in Nicäa an die Macht gekommenen Palaiologenkaisers Michael entdeckte durch Zufall bei einem Marsch nach Thrakien, daß Konstantinopel nur schwach besetzt war, und eroberte die Stadt kurzerhand, am 25. Juli 1261. Kaiser Michael zog in die Stadt ein, seine Dynastie regierte Byzanz bis 1453.

Aber selbst das eigentliche Querlaufen auch dieses Kreuzzuges konnte praktisch wie im Gemüt des Abendlandes den Kreuzzugsgedanken noch nicht disqualifizieren. Innozenz III. nahm den Sieg der Könige von Kastilien, Aragon und Navarra in der Schlacht bei Las Navas de

Tolosa 1212 – bedenkend, daß dieser bedeutendste Sieg der »Reconquista« in Spanien ein Erfolg eben der Kreuzzugsidee sei – zum Anstoß, nunmehr auch die Ketzer durch einen »Heiligen Krieg« zu bekämpfen – jene Albigenser, die sich, Anhänger der Katharer, im Languedoc gegen die römische Kirche empörten. Die religiöse Leidenschaft, durch die Predigten gegen die Albigenser erst recht entfacht, zeitigte seltene und überraschende Früchte. Im März und Mai sammelten sich plötzlich am Rhein und in Niederlothringen große Scharen von Kindern, von zehn- bis achtzehnjährigen Knaben unter der Führung eines 16jährigen Knaben Nikolaus und begannen, nach Süden »zu Gott« zu ziehen. In wütender Verachtung der Mächtigen dieser Erde, denen es nicht gelungen war, das Heilige Grab wiederzuerobern, marschierten sie, ohne Waffen, ohne Geld und ohne Organisation, aber beschwingt von dem Gedanken, die unschuldig ermordeten Kinder von Bethlehem zu rächen, los, im Glauben, zum Triumph der Idee von den Ärmsten und Reinsten auserwählt zu sein. Auch in Frankreich brachen Kinder auf, unter Führung eines Knaben Stephan, dem Christus als armer Pilger erschienen war. Doch diese französischen Scharen kamen nur bis Paris, es gelang dem König, sie aufzulösen und heimzusenden. Die deutschen Kinder zurückzuhalten, gelang nicht, entsprechende Versuche einiger Kleriker der »Pfaffengasser«, die genau wußten, daß dieser »Kreuzzug« nicht auf den Segen der Kirche rechnen konnte, wurden von der deutschen Laienbevölkerung verhindert. Es gelang den Kindern, unter fürchterlichen Entbehrungen und in getrennten Marschkolonnen die Alpen zu durchqueren und bis an die See zu gelangen. »Ein Teil soll in zwei Schiffen von Pisa abgesegelt sein, ohne daß man je wieder etwas von ihnen hörte ...« Einzelne gelangten bis Brindisi, der große Rest zog wieder über die Alpen zurück nach Hause, »von denselben Leuten verlacht, die ihren Hinzug begeistert umjubelt hatten ...« Eine Delegation der Kinder zog nach

Rom, um ihr Gelübde vom Papste lösen zu lassen, doch der Papst hatte sie nie unter Eid genommen. In Marseille aber »sollen die Kinder von Marseiller Kaufleuten in sieben Schiffen verfrachtet worden sein, von denen zwei bei Sardinien untergingen, während die Passagiere der anderen fünf auf den Sklavenmärkten Nordafrikas und Ägyptens verkauft wurden ...« – auf dieser Schiffahrtslinie hatte der Sklavenhandel seit je geblüht.
Da dieser Kinderkreuzzug nicht den Segen des Papstes hatte, so folgerten die Chronisten der Kurie, mußte er ein Werk des Teufels gewesen sein. Innozenz, dessen Vorfahren schon zur Zeit Ottos I. als Grafen der Campagna hervorgetreten waren, hatte in Paris Theologie und in Bologna die Rechte studiert. Mit den Methoden der Wissenschaft studierte er nun als Papst, ähnlich wie Gregor VII., über die Ansprüche des Reiches in Italien hinaus das Phänomen des »Reiches« überhaupt, das erst durch die Staufer betont den Beinamen des »Heiligen« erhalten hatte – und gelangte zu den gleichen Resultaten wie Gregor VII. Aber Gregor hatte es mit einem Heinrich IV. zu tun, der von den Königen des Westens nicht bedroht war und dessen Stellung in Italien gesichert schien. Nun aber stritten sich Welf und Staufer um die Herrschaft in Deutschland, Otto und Philipp, deren beider Anspruch zumindest juristisch nichts gelten konnte gegenüber dem des deutschen Königs und Königs von Sizilien, des Knaben Friedrich, der Vasall und in der starken und strengen Hand des Papstes war, eines Papstes, der – anders als Gregor VII. – wirklich Herr über die Kirche war und das Episkopat auch in Deutschland fügsam gemacht hatte, wozu nicht zuletzt das zunehmende »Ketzertum« beitrug.
Wurde bislang der Papst »Stellvertreter Christi« genannt – Innozenz III. bezeichnete sich als »Statthalter Christi«, des »Stellvertreters Gottes auf Erden«, und trat somit auch als Sachwalter des Abendlandes auf, dessen erste Tat logischerweise die Festigung seiner absoluten Autorität

über die nächste Umgebung war: Die ewig aufrührerische Stadt Rom mußte sich seinem Willen unterwerfen, er baute die Verwaltung des Kirchenstaates um und legte sie in die Hände päpstlicher Rektoren, wobei er in Rom wie im übrigen Kirchenstaat die Parteien des Aufruhrs und der Tradition gegeneinander ausspielte, um sich endlich als Schiedsrichter zu etablieren. Das Schiedsrichteramt war auch die erste Stufe in seinem Kampf um das Reich. Weder Otto, der Welfe, noch Philipp, der Staufer, zeigten große Neigung, sich um die Gunst des Papstes zu bemühen, der den Streit um die deutsche Krone dazu nützte, um ganz Italien in den Kirchenstaat einzubeziehen. Aber als nach dem Tode des Löwenherz sich Otto mit dem Papst in Verbindung setzte, konnte Innozenz es sich leisten, seinen Preis zu machen. Otto IV. sollte versprechen, den Kirchenstaat in seinem jetzigen und auch in dessen späterem Umfang, also praktisch ganz Italien, als Besitz des Papstes anzuerkennen –, mit der hübschen Klausel, daß Otto auf seinem Zug zur Krönung durch Italien Verpflegung kostenlos zustehe. Ferner sollte Otto die Kirche im Besitz des Königreiches Sizilien schützen und den Rechtszustand in der Stadt Rom aufrecht erhalten helfen, den Papst auch in seinen Bemühungen um die Herrschaft über die toscanischen und lombardischen Städte mit Geld unterstützen. Und das sollte Otto im geheimen feierlich geloben und bei der Kaiserkrönung öffentlich wiederholen. Der Papst aber verpflichtete sich nur, seinen Einfluß bei den deutschen Landesfürsten zugunsten Ottos geltend zu machen. Otto IV. schwor den geheimen Eid, der Welfe fühlte sich in der Nachfolge Heinrichs des Löwen, der ja gerade wegen der deutsch-italienischen Verstrickung des Kaisertums seinen Streit mit Barbarossa und den Staufern begonnen hatte. Aber der Papst erreichte mit seinen Sendschreiben und Legaten bei den deutschen Fürsten das Gegenteil von dem, was er beabsichtigt hatte. Von Otto fielen die Anhänger des Welfen ab, sie strebten nunmehr entschieden dem Philipp zu. Zahlreiche Fürsten vereinten sich zu einem Protest gegen die Einmischung des Papstes und erklärten, sie würden den Staufer zur Kaiserkrönung nach Rom geleiten – mit einem stattlichen Heer, versteht sich. Erst als Innozenz begriff, daß die Fiktion seines Schiedsrichteramtes nicht aufrecht zu erhalten war – er hatte nicht versäumt, auch geheime Verbindungen mit Philipp aufzunehmen, die durch den Aufstand der Landesfürsten abgerissen waren –, entschied er sich. Am 3. Juli 1201 rief der päpstliche Legat, das Handschreiben des Innozenz vorweisend, »in Unserem und des Hl. Petrus Namen« Otto IV. als rechtmäßigen König aus, befahl jedermann, ihm zu gehorchen und drohte, jeden, der sich widersetzte, aus der Kirche auszuschließen.

Aber dieser »Bann« war ein Schlag ins Wasser. Immer mehr Fürsten stellten sich auf die Seite des Staufers, der sofort wieder den Kampf aufnahm. Nun aber entschieden sich auch zahlreiche geistliche Landesfürsten gegen Otto IV. – nicht weil sie irgend etwas gegen Verpflichtungen einzuwenden hatten, die Otto im geheimen unter nun auch urkundlich und feierlich beschworenem Eid eingegangen war, sondern weil sie keinen Augenblick daran zweifelten, Otto werde seinen Eid brechen – brechen müssen.

Otto geriet in schwere Bedrängnis, als nun auch sein Verbündeter, der König von England, »Johann ohne Land«, Bruder des verstorbenen Löwenherz, vom König von Frankreich, Philipp II., aus der Normandie, Anjou und Poitou vertrieben wurde. Jetzt fiel auch der Erzbischof von Köln, eben jener Adolf, der überhaupt auf den Gedanken gekommen war, Otto zum deutschen König zu küren, von eben diesem Otto ab, weil er für sein westfälisches Herzogtum – früher welfisches Erbgut – fürchtete; er lief zu Philipp über, der sich von ihm noch einmal in Aachen krönen ließ, um dann mit Waffengewalt gegen die Besitzungen Ottos vorzugehen. In einem Gefecht bei Wasenberg, westlich von Köln, am 27. 7. 1206 wurde

Otto besiegt und verwundet und zog sich in sein braunschweigisches Erbland zurück.
Zu dieser Zeit aber hatte Innozenz schon wieder geheime Verhandlungen mit Philipp angeknüpft: der junge Staufer hatte die Kühnheit besessen, Truppen gegen das Italien des Papstes zu schicken, die sich mit den päpstlichen Truppen herumschlugen. Geheime Verhandlungen aber fanden auch mit Otto statt, der auf den Thron verzichten sollte, wenn Philipp, vom Bann befreit, Verständigungswillen zeigen würde. So geheim verhandelten Bevollmächtigte beider deutscher Könige in Rom, daß bis heute nur gemutmaßt werden kann, was sich dort wirklich abspielte. Ein einziger zeitgenössischer Chronist, Propst Burchard von Ursberg, wagte eine Deutung, welche bei der genauen Kenntnis des Chronisten von den damaligen Sitten und Gebräuchen nach Erbrecht und Lehnsrecht und der besonderen Struktur politischer Verhandlungen der Wahrheit sehr nahe zu kommen scheint: »... eine Tochter Philipps habe den Brudersohn des Papstes heiraten und der Papst auf Toscana, Spoleto und die Mark Ancona verzichten sollen, in der Hoffnung, daß diese Gebiete durch die geplante Heirat in den Besitz seines Neffen kommen würden ...« – um sie dann wie seinerzeit die gute Mathilde mit ihren Gütern dem Heiligen Stuhl zu übergeben, wie zu vermuten steht. Tatsache schien, daß schon im Jahre 1200 bei der Niederlage des Markward in Sizilien im Gepäck des Geschlagenen eine Art von Testament Heinrichs VI. gefunden und dem Papst ausgehändigt worden war, wonach der Kaiser, um endlich zum Frieden mit dem Heiligen Stuhl zu gelangen – und in Ruhe in Sizilien seine Macht festigen zu können –, eben die genannten Gebiete als Lehen des Papstes anerkannt wissen wollte – zweifellos wurde bei den geheimen Verhandlungen dieses angebliche Testament den Bevollmächtigten Philipps vorgelegt. Tatsache aber war, daß die beiden Legaten, die auf dem Wege nach Deutschland waren, um das Ergebnis der Verhandlungen

den beiden Königen zu übermitteln, in Mantua erfuhren, Philipp sei am 21. Juni 1208 in Bamberg ermordet worden. Mit eben jener Tochter Philipps, die angeblich den Neffen des Papstes hatte heiraten sollen, war Otto von Wittelsbach verlobt, der bayrische Pfalzgraf, der wie alle Wittelsbacher stets zu den Getreuesten der Staufer gehört hatte. In seiner »Ehre gekränkt«, hatte der Wittelsbacher den König mit dem Schwert niedergeschlagen. Die beiden Legaten kehrten nach Rom zurück.

»Ein Gottesurteil« ... so urteilte der Papst.

Otto IV. war durch dies »Gottesurteil« gerettet. Er heiratete jetzt die Tochter des Staufers Philipp und wurde am 11. 11. 1208 in Frankfurt »noch einmal und einmütig« zum König gewählt.

»Deine Ehre ist die Unsere«, schrieb Innozenz III. mit der Eleganz seines honigreichen Stils an Otto IV., den Welfen; durch seine Heirat mit der Tochter Philipps von Schwaben, die der Papst trotz naher Verwandtschaft genehmigte – Otto und Philipp, Welf und Staufer, waren Vettern zweiten Grades –, hatte Otto IV. nicht nur die fast völlige Einheit des Reiches erlangt, sondern auch die Verfügung über das gesamte staufische Hausvermögen, wobei der Heilige Vater die Ansprüche seines Mündels Friedrich, des einsamen Knaben von Palermo, vollkommen vergessen zu haben schien. »Mit dem Herrn dürfen Wir Uns rühmen: Wir haben den Mann nach Unserm Herzen gefunden. Sieh da, teuerster Sohn, so sehr ist Unsere Seele mit der Deinen verschmolzen und Dein Herz mit dem Unsern, daß wir in allen Stücken dasselbe wollen und fühlen, gleichsam ein Herz und eine Seele sind. Welcher Nutzen daraus entstehen wird, kann die Feder nicht beschreiben, die Zunge nicht aussprechen und der Geist nicht ausdenken. Denn uns beiden vornehmlich ist die Regierung der Welt übertragen; sind wir einig und einträchtig im Guten, so werden, wie der Prophet bezeugt, Sonne und Mond in ihrer Ordnung stehen, das Krumme wird gerade und das Rauhe glatt werden. Denn uns beiden wird mit Gottes Hilfe niemand entgegentreten noch widerstehen können, da wir die zwei Schwerter führen, von denen der Herr gesagt hat: es ist genug.«

Freilich erwartete Innozenz III., daß Otto nun auch, bevor er zur feierlichen Krönung nach Rom aufbrach, über seine geheimen eidlichen Verpflichtungen hinaus seine Bereitwilligkeit durch weitere Zugeständnisse bezeugte, die im Ganzen alle geistlichen Angelegenheiten im Reich an dem Heiligen Vater ausliefern würden. Otto vollzog fröhlich die Urkunde zu Speyer, am 22. März, sammelte ein stolzes Heer zu Augsburg, das ihn nach Italien begleiten sollte, überschritt im August den Brenner und langte im September am Po an. Innozenz eilte ihm beunruhigt nach Viterbo entgegen: auf seinem Wege hatte Otto den Statthalter Philipps, den Patriarchen Wolfger von Aquileja, in seinem Amt bestätigt und dieses ausdrücklich auf die Gebiete ausgedehnt, die nun doch zum Kirchenstaat gehören sollten: Romagna, Spoleto und die Mark Ancona. Auf die Vorhaltungen des Papstes in Viterbo versprach Otto zu tun, was er schuldig sei; erst aber müsse er zum Kaiser gekrönt sein – die Urkunde von Speyer könne bis dahin im Kasten bleiben. Innozenz hatte eine Schlange an seinem Busen genährt. Er bebte vor dem Gedanken zurück, seine ganze Kaiserpolitik könne scheitern; das Kardinalkolleg warnte, aber der Heilige Vater vollzog am 4. 10. 1209 in Rom die Kaiserkrönung Ottos IV., in der Stadt gerieten die Römer mit den Deutschen während der Feier in blutiges Handgemenge. An so gefährlichem Ort, gab der neue Kaiser zu verstehen, sei schlecht zu verhandeln. Er marschierte ab, nordwärts, wie der Papst aufatmend feststellte – heimwärts, wie er dachte.

Nordwärts marschierte der Kaiser mit seinem Heer: bis Pisa. Dort erreichten ihn die Hilferufe deutscher Kapitäne aus Apulien und Sizilien und die der Statthalter aus allen dem Kirchenstaat zugeteilten Gebieten; selbst normannische

Barone meldeten sich, welche mit der Herrschaft des päpstlichen Statthalters in Sizilien nicht einverstanden waren. Das Heer blieb in Pisa, ergänzte sich mit Truppen aus den lombardischen Städten, in denen noch kaiserliche Beamte wirkten, Otto verfügte über Spoleto und die Mark Ancona und machte sich im Herbst 1210 nach dem Süden auf, brach den kärglichen Widerstand päpstlicher Truppen und befand sich an der Südspitze Kalabriens, als ihn der Bannfluch des Papstes erreichte. Gleichzeitig erreichte ihn auch der Vorschlag des Heiligen Vaters, seinerseits gewisse päpstliche Recuperationen preiszugeben, um Sizilien zu retten. Doch Otto war entschlossen, nach Sizilien überzusetzen, er wartete nur auf die Flotte von Pisa.

Das Abendland hielt den Atem an vor diesem Spiel der beiden betrogenen Betrüger. Innozenz III. verschärfte am Gründonnerstag den Bann und löste alle dem Kaiser geleisteten Eide. König Philipp II. August von Frankreich gab der Kurie den besten Rat: Niemand anderes als der König von Sizilien, der Staufersohn Friedrich II., konnte Otto IV., dem Welfen, entgegengestellt werden. Im September 1211 versammelten sich einige vom König von Frankreich und hohen deutschen Prälaten aufgewiegelte deutsche Reichsfürsten aus dem Stauferanhang in Nürnberg und vollzogen die Wahl Friedrichs II. zum Kaiser – nach dem Willen des Papstes.

Otto IV. brach sofort seine Zelte in Kalabrien ab und kehrte mit seinem stolzen Heer schleunigst nach Deutschland zurück, um zu retten, was noch zu retten war.

Friedrich, der Staufersohn in Palermo, war mit Vollendung seines 14. Lebensjahres nach sizilianischem Recht mündig geworden und konnte, da mit dem gleichen Datum die Regentschaft des Papstes Innozenz endete, selbst die Regierung übernehmen. Aber der stets planende Papst suchte auf seine Art seinen Einfluß auf sein Mündel weiter zu behalten. Um eine Ehe des nun mannbar gewordenen Knaben mit einer deutschen Fürstentochter zu verhindern, betrieb er die Eheschließung Friedrichs mit der Schwester des Königs Peter II. von Aragon, einer Konstanze wiederum, der Witwe des Königs Emerich von Ungarn. Sie war zehn Jahre älter als Friedrich, aber mit fünfhundert spanischen Rittern in Palermo am 15. August 1209 gelandet, die Hochzeit fand statt, und Friedrich hoffte, mit Hilfe dieser Ritter nun das süditalienische Festland zurückgewinnen zu können, – doch dieses Ritterheer erlag einer Seuche. Einen Aufstand sizilianischer Barone vermochte der junge König niederzuschlagen, ganz allein, mit eigenen Truppen und ohne den Papst um Hilfe zu bitten – Innozenz mußte erleben, daß der selbstbewußte junge Mann nun auch den Vertrauensmann der Kurie, den Kanzler Walter von Palearia, zu entlassen wagte, der bislang als Stellvertreter der päpstlichen Zentralmacht die Regentschaft in Sizilien ausgeübt hatte. »Der Caesaren Mannhaftigkeit tritt vor der Zeit ein«, mußte Innozenz resigniert bekennen.

Es ging um die Erfüllung

Der Knabe Friedrich nahm die Wahl zum deutschen König sofort an. Er rief den Kanzler von Palearia zurück und übertrug die Regentschaft über Sizilien seiner Gemahlin Konstanze, – und gleichzeitig ließ er vorsorglich seinen einjährigen Sohn Heinrich (VII.) auf Wunsch des Papstes zum sizilianischen König krönen und beschwichtigte damit zugleich die Besorgnisse des Papstes wie der sizilianischen Großen. Noch standen die Truppen Otto IV. überall in Italien verstreut, Friedrich schlich sich mit wenigen Begleitern im Laufe eines Monats bis nach Rom, wo er nur wenige Tage verbrachte. Zum ersten und einzigen Male trafen sich Vormund und Mündel, Papst und König, zu einer Unterredung, deren Ergebnisse geheim bleiben sollten. Bekannt wurde, daß Friedrich den Lehnseid für Sizilien leistete, – aber das Volk von Rom glaubte mehr zu wissen und akklamierte Friedrich überall, wo er auftauchte, als seinen Kaiser, besonders da, wo der junge Staufer in Rom am liebsten zu weilen schien: vor den Monumenten alter römischer Caesarenherrlichkeit.

Zu Schiff begab er sich von Rom nach Genua, von der Flotte der welfentreuen Stadt Pisa bedroht, von Genua suchte er sich auf Schleichwegen an den lombardischen Städten vorbeizumogeln – es galt ständig, zu erforschen, welche Stadt im Augenblick guelfisch oder ghibellinisch beherrscht wurde, wobei freilich wiederum sich die Dinge insofern verkehrt hatten, als in dieser Situation die guelfischen Parteien plötzlich als die der Reichsherrschaft, die ghibellinischen als die der Kirche zu gelten hatten. In Verona mußte Friedrich feststellen, daß der Übergang über den Brenner gesperrt war – auf schwierigen Pässen überschritt er durch das Engadin die Alpen und gelangte nach Konstanz, wo ihm der Bischof von Konstanz die Tore öffnete: drei Stunden später sollte Otto mit einem kleinen Heer in Konstanz sein. Die Konstanzer jubelten Friedrich zu, und Otto zog sich zurück, um bei Breisach den Rheinübergang zu sperren. Die Bürger von Breisach erhoben sich gegen ihn und zwangen ihn zum Abzug. Friedrich aber strömten auf seinem Wege die Anhänger zu. Dem »Kind von Apulien« schloß sich ganz Süddeutschland unter seinen Fürsten und Prälaten an; seine welfischen Gegner nannten ihn darum verächtlich den »Pfaffenkönig«. Schwankende Fürsten kaufte Friedrich – mit französischem Geld. Er traf in Toul mit dem französischen Kronprinzen Ludwig VIII. zusammen, am 19. November 1212 wurde das alte staufisch-capetingische Bündnis gegen England und Otto erneuert: Friedrich bekam 20 000 Silbermark. Im Dezember konnte sich das »Kind von Apulien«, der »Pfaffenkönig«, in Frankfurt nochmals wählen und in Mainz krönen lassen; die Fürsten mußten schwören, auch im Falle von Friedrichs Tod niemals wieder Otto IV. zu wählen.

Otto mußte sich zurückziehen, zuerst bis Köln, dann nach Sachsen, in sein »angestammtes« Land, von wo aus er gezwungen war, gegen den abtrünnigen Erzbischof von Magdeburg und gegen den Landgrafen von Thüringen zu kämpfen.

Ein halbes Jahr nach seiner Krönung zum deutschen König, am 12. Juli 1213, ließ Friedrich in Eger »die Katze aus dem Sack«. Kaltblütig lüftete er den Schleier um das Geheimnis der Unterredung mit dem Papst in Rom, in welcher er sich zu den gleichen Zugeständnissen für das Reich verpflichtet hatte wie sein Onkel Philipp, der Staufer, und sein Gegner Otto, der Welfe. Und darüber hinaus hatte Friedrich seinem vorsorglichen Vormund und Lehnsherrn noch in allen kirchenpolitischen Forderungen zugestimmt, die Innozenz III. gestellt hatte: Verzicht auf die Mitwirkung bei Bischofs- und Abtswahlen und Verzicht auf das Spolien- und Regalienrecht. Verzicht aber auch auf Widerspruch zu den umfangreichen territorialen Ansprüchen der römischen Kirche in Italien – einschließlich der »mathildischen Güter« selbstverständlich.

Das war die Konkurserklärung der kaiserlichen Politik seit Otto I. – das Ende des hundertjährigen Streites um Investitur und Simonie und um das Wormser Konkordat. Das war das Ende auch der deutsch-italienischen Verstrikkung, die Heinrich der Löwe so bekämpft hatte, das Ende im Grunde des gesamten Konzeptes vom Heiligen Römischen Reich Deutscher Nation.

Und die deutschen Fürsten in Eger stimmten dem einhellig zu. Sie jubelten dem sonnigen Knaben zu, der da jung, strahlend, blond, lächelnd und gelöst vor sie getreten war, wie ein Bote wenn nicht des Himmels, so doch des Lichts, wie ein Sieger und Held, dem alle Herzen zufliegen mußten in diesen trüben und düsteren Zeiten voller Wirrnisse.

In solchen Zeiten hoffen die Völker auf den Beginn eines tausendjährigen Reiches, träumen von einem Zeitalter des Glanzes und der Freude, einem Himmel auf Erden. Und sie rufen nach einem Messias, dem Erlöser, wie jener es war, der einst auf einem Esel reitend in Jerusalem einzog, den Palmenwedel des ewigen Friedens in der Hand, und Worte des Segens auf den Lippen für die Armen und Einfältigen.

Zu gleicher Zeit, als Friedrich II. dem Abendlande aufleuchtete wie der Morgenstern, hatte die innere Unruhe zweifellos die christlichen Völker ergriffen, und zwar alle Schichten in Kirche und Reich, wobei sich die Ober- und die Unterschichten begegneten. Das Laienvolk setzte diese Unruhe in politische Bestrebungen um: die Bürger von Breisach und Konstanz waren die ersten »Bürger«, welche es wagten, sich gegen eine kaiserliche Macht zu empören, wenn es sich dabei wie bei Otto IV. auch um eine umstrittene Macht handelte. Das Kirchenvolk reagierte diesmal anders als die Erneuerungsbewegung von Cluny, die eine Erneuerung der Kirchenobrigkeit erstrebte und errang – es waren nun Bettelorden, die sich bildeten: die Dominikaner und die Franziskaner – der Heilige Dominikus und der Heilige Franz von Assisi predigten den Völkern und gewannen gewaltigen Zulauf von Anhängern. Dem Druck von unten mußten sich unwillkürlich die staatstragenden Schichten wie das Rittertum und die Kanzleien fügen – auf dieser breiten Welle schwamm das einsame Kind von Apulien, der ritterliche Pfaffenkönig mit dem Segen des Heiligen Vaters dem Kaiserthron entgegen, einem neuen Thron auf neuer Basis, wie es schien – eine Lichtgestalt aus dem Dunkel, ein Held des Friedens und Sieger in keiner anderen Schlacht als der um die Herzen des Volkes.

Otto IV. konnte diesem Phänomen gegenüber keine Chance haben, mußte aber in seinem Welfentrotz zuerst gebrochen und geschlagen werden. Im Herbst 1213 hatte Friedrich II. genügend Kräfte um sich gesammelt, um in das sächsische Kernland Ottos IV. vorzustoßen. Hier hatte Innozenz ausgezeichnet vorgesorgt. Im französisch-englischen Streit hatte der Papst in seinem Bestreben, sich in nationalen Konflikten als Schiedsrichter auszuweisen, immer nur in kirchenpolitischen Fragen votiert. Nun schien es Innozenz an der Zeit, in einer mehr als rein innerkirchlichen Angelegenheit – es handelte sich um eine Bischofswahl – Stärke zu demonstrieren: er gab drei englischen Bischöfen den Auftrag, dem englischen König Johann, – dem »ohne Land«, dem Bruder und Nachfolger des Löwenherz – den päpstlichen Kandidaten aufzuzwingen und im Falle einer Weigerung über ganz England die Sperre von Gottesdienst und Sakramenten zu verhängen, ja selbst den König mit dem Bann zu belegen, bis er »Vernunft annimmt« und sieht, daß das englische Volk klug genug ist, »zu unterscheiden, was Caesars und was Gottes ist«. Johann »erwiderte mit noch fürchterlicheren Drohungen, schwor, bei Gottes Zähnen, alle Geistlichen auszuweisen, alles Kirchengut einzuziehen, allen Römern die Nasen abschneiden zu lassen« – Reaktionen, die man gelernt hatte, den Plantagenets ohne weiteres zuzutrauen. Und Johann wie der Papst handelten genau nach ihren Versprechungen, als tatsächlich am 23. März 1208 über England die geistliche Sperre verhängt wurde. Die Kirchen wurden geschlossen, die Sakramente nicht gespendet, die Toten nicht beerdigt; Johann rüstete zum Kriege und zog die Kirchengüter ein, um diese Rüstungen zu bezahlen und die Söldner zu entlohnen, die es anzuwerben galt. Willkommen als Söldnerführer aber mußte Otto IV. sein. Im Januar 1213 war es so weit, daß Innozenz über Johann den Bann aussprechen und in einem Schreiben an König Philipp II. August von Frankreich diesen auffordern konnte, den Johann aus seinem Lande zu vertreiben und es selber in Besitz zu nehmen – wobei jeder, der ihm folge, »alle Vorrechte und den vollen Gnadenlohn der Kreuzfahrer« genießen sollte. Völlig überraschend für den Papst gab Johann nach. Er ging auf alle noch so strengen Bedingungen des Papstes ein, und England hätte sich gewissermaßen unter der Lehnsoberhoheit des Papstes eines göttlichen Friedens erfreuen können, wenn nicht nunmehr Philipp von Frankreich ebenfalls Unsummen für seine Rüstung ausgegeben hätte und sich seinerseits daran machte, England in Besitz zu nehmen. Mühelos drang sein Heer in Flandern ein – der Graf von Flandern war der stärkste Verbündete Johanns auf dem Festlande –, das Land sollte ihm als Operationsbasis für den Einfall in England dienen. So sammelte also auch Johann ein Heer und ließ die Flotte in der Mündung des Zwyn, im heutigen Zeebrügge, vor Anker gehen. Von dieser Flottenbasis aus gelang es den Engländern, die französischen Schiffe zu vernichten oder zu kapern. Philipp mußte weichen, seine Flotte im Stich lassen, seine Verpflegungslager aufgeben ...

Das Jahr 1214 brachte die Entscheidung. Johann hatte sein Heer vermehrt – die Vasallen aus Poitou und Aquitanien, die Bundesgenossen aus den Niederlanden und Kaiser

Otto IV. mit einer kleinen Schar deutscher Ritter, der letzten, die der unglückliche Otto hatte aufbieten können, stießen zu ihm — und Johann griff das königliche Frankreich von der Loiremündung aus an, Otto und die Niederländer sollten von Norden her auf Paris vordringen. Der französische Thronfolger stieß gegen die Loire vor und zwang Johann zum Rückzug, Philipp wandte sich nach Flandern — mit seinem zahlenmäßig unterlegenen Heer gewann er am 27. Juli 1214 bei Bouvines nach heißem Hin und Her die Schlacht, zersprengte das Heer Ottos und trieb es in die Flucht, wandte sich nach Süden, vereinigte sich mit dem Thronfolger und rückte gegen Johann an. Johann mußte das Spiel aufgeben, er schloß am 18. September 1214 mit Philipp einen Frieden auf fünf Jahre, durch den er bis auf einen schwachen Rest seine französischen Lehen verlor. Otto IV. aber mußte resignieren. Er zog sich in seine Stammlande zurück, nach Braunschweig, er starb am 19. Mai 1218 einsam, aber von Friedrich ungestraft, auf der Harzburg. Das klein gewordene Welfenerbe fiel einem Neffen Ottos zu, »Otto dem Kind«, es blieb in der Hand der Welfen bis zum November 1918.

Geschlagen und gekränkt mußte »Johann ohne Land«, päpstlicher Vasall, dem englischen Volke die Rechte und Freiheiten zubilligen, welche die Stände, die Barone, die Bürger und Prälaten schon lange von ihm gefordert hatten — in der »Magna Charta« von 1215, durch die England zur Nation wurde und seine moderne Form erhielt.

Das Königtum der Capetinger hatte nun also doch über seine mächtigen Kronvasallen gesiegt, die Angel-Anjous vom Boden Frankreichs verdrängt, und Philipp konnte sich daran machen, nun auch in die inneren Wirren im Süden Frankreichs einzugreifen, die durch die Albigenser entstanden waren: ein mächtiger Schritt zur nationalen Konzentration Frankreichs war damit getan.

Die deutschen Thronstreitigkeiten wurden durch die englisch-französische Auseinandersetzung entschieden, nicht durch deutsche Anstrengungen. Ganz gewiß war die innere Entwicklung der beiden an der Schlacht von Bouvines beteiligten Nationen durch päpstliche Politik beeinflußt, wenn auch die Resultate dieser Politik nicht den Hoffnungen und Zielen entsprachen, auf die hin sie gerichtet waren. Aber nun wurde sichtbar, daß das Reich, dieser ewig gärende Fladen, allein durch sein Dasein und enormes Gewicht, die umliegenden Nationen des Abendlandes zwang, sich in eine Richtung zu entwickeln, die es ihnen ermöglichte, unabhängig von den Geschicken des Reiches, die eigene Machtposition zu bestimmen. Ein Zeitgenosse schrieb nach der Schlacht von Bouvines: »Seitdem wurde der Name der Deutschen bei den Welschen mißachtet«, und was bei den Welschen fortan galt, mußte schließlich auch bei den Slawen, bei den Griechen und Italienern gültig werden.

Konnte also Friedrich II. sich das Verdienst, Otto IV. gestürzt zu haben, bedeutend weniger zurechnen als Innozenz III., so zog er doch die ihm dienliche Konsequenz: er ließ sich am 25. Juli 1215 in Aachen nochmals zum König krönen und setzte sich bei dieser Gelegenheit auf den steinernen Thron Karls des Großen, sicherlich zum Entsetzen des Papstes, das wohl auch kaum gemildert wurde, als er erfuhr, daß der Knabe Friedrich, nur 21 Jahre alt, gewissermaßen in seiner Hochstimmung »das Kreuz nahm« und seine Fürsten und Ritter aufforderte, das gleiche zu tun.

Innozenz III., der in Rom saß wie die Kreuzspinne im Netz – er hatte während seiner ganzen Amtszeit keinen Fuß außerhalb der Grenzen seines Kirchenstaates getan –, hatte nach dem Fiasko »seines« Kreuzzuges, der in Konstantinopel endete statt in Jerusalem, das Prestige, das er der Würde und Macht seines Amtes schuldig zu sein glaubte, nicht erringen können. Innozenz hatte trotz des Sieges der fünf Könige von Spanien bei Las Navas de Toledo, des bislang größten Sieges der »Reconquista«, unverzüglich einen neuen Kreuzzug zu den heiligen Stätten geplant. Die Könige von Aragon, Kastilien, Portugal und Navarra hatten sich ohne den Zuspruch des Heiligen Vaters mit dem König von Leon geeinigt, der sich bislang geweigert hatte, die Mauren weiterhin zu bekriegen – diese Könige dankten es Innozenz nicht, daß er in Frankreich den »Heiligen Krieg« gegen die Mauren predigen ließ, sie glaubten, der Sieg sei ihr eigenes Verdienst, und lehnten es einmütig ab, der Hilfe von Franzosen zu bedürfen. Stolz waren die Spanier und auf dem Wege, wie England und Frankreich sich zum einheitlichen Nationalstaat zu entwickeln; der Papst und die Kurie mußten nach neuen Möglichkeiten ihrer spanischen Politik suchen, um ihren bestimmenden Einfluß zu behalten. So also mußte Innozenz III. noch einmal – er ahnte wohl seinen baldigen Tod – eine großartige Heerschau der kirchlichen Macht und der Größe des Papsttums veranstalten: Im November 1215 auf dem vierten Laterankonzil in Rom wurden in feierlicher Form nur wenige und geringe Glaubensentscheidungen, wie sie eigentlich Sache solcher Kongresse waren, – so auch der neue Kreuzzugsentschluß des Papstes – verkündet, desgleichen die Wahl Friedrichs II. zum deutschen König bestätigt, dieser aber sogleich eindringlich an sein Versprechen erinnert, den Ketzergesetzen Geltung zu verschaffen und ihre Durchführung zu übernehmen –, womit so ganz nebenbei die Staatsgewalt im Kampf gegen die Ketzer zum Werkzeug der Kirche erklärt war, nach dem Grundsatz, Staatsgesetze hätten allgemein vor dem Recht der Kirche zurückzutreten. Darin aber war auch das Verbot für die Oberlehnsherren, also für alle Könige, eingeschlossen, Geistliche zu besteuern; wie selbstverstandlich nahm weiter auf diesem Konzil der Heilige Vater das Recht für sich in Anspruch, nicht nur den Aufstand der englischen Barone zu verurteilen, sondern auch das neue englische Staatsgesetz der Magna Charta für null und nichtig zu erklären. Die geistlichen Streitkräfte hatten den

Befehlen des Papstes zu gehorchen wie Soldaten ihren Feldherren – kurz, der Papst sprach als unumschränkter Herr und Gebieter über Kirche und Welt, und das Konzil stimmte jubelnd zu.

Zwei Wochen vor seinem Tode – Papst Innozenz III. starb am 16. Juli 1216 – ließ sich der Papst von Friedrich noch einmal versprechen, nach der Kaiserkrönung zugunsten seines Sohnes Heinrich auf Sizilien zu verzichten. Die Regentschaft während der Dauer der Unmündigkeit des nun 5jährigen Knaben sollte natürlich durch einen päpstlichen Verweser übernommen werden. Friedrich II. hatte es eilig; sofort nach dem Todes Papstes ließ er seinen Sohn Heinrich nach Deutschland bringen, übergab ihm das Herzogtum Schwaben – Staufergück und Staufertrick –, und ließ ihn als deutschen Reichsfürsten vorsorglich im April 1220 in Frankfurt zum deutschen König krönen – das immer noch nicht erreichte Ziel der Staufer, das Erbkaisertum, dergestalt umgehend. Den neuen Papst, einen braven und getreuen Beamten der Kurie – deren langjähriger Kämmerer, nun Honorius III. –, verwirrte er durch die Behauptung, sein Versprechen an Innozenz, als Kaiser auf Sizilien zu verzichten, sei einfach dadurch wertlos geworden, daß sein Sohn doch beide Kronen tragen werde.

Unwillig, aber um den geplanten Kreuzzug seines Vorgängers nicht zu gefährden, gab Honorius sich mit der Zusicherung zufrieden, daß trotz der Personalunion das Königreich Sizilien staatsrechtlich niemals zum Imperium gehören werde, und krönte Friedrich II. am 22. November 1220 in Rom.

So sicher war sich Friedrich seines Weges, daß er noch vor der Abreise nach Rom den Erzbischof Engelbert von Köln zum Reichsverweser ernannte – er kehrte erst nach fünfzehn Jahren nach Deutschland zurück, um der nach der Ermordung des Engelbert im deutschen Reich herrschenden Anarchie und der Rebellion seines Sohnes Heinrich ein Ende zu machen.

Es ging um Ägypten

Honorius III. war ein wirklich frommer Mann, dem die Befreiung der heiligen Stätten in Jerusalem am Herzen lag, und der im Gegensatz zu seinem Vorgänger keineswegs sich um solche politischen Finessen, wie es irgendein »Prestige« war, zu kümmern schien und darum im Ernst damit rechnete, Kaiser Friedrich werde den Kreuzzug anführen. Friedrich rechnete damit nicht. Was ihm von Hermann von Salza aus dem Heiligen Lande, aus der lateinischen Kolonie berichtet wurde, konnte den Kaiser unmöglich davon überzeugen, daß der Kreuzzug eine wichtigere Aufgabe sei als die, sein Königreich Sizilien in Ordnung zu bringen, die immer brodelnden Rebellionen niederzuschlagen und die große, schöne und fruchtbare Insel von oben bis unten in eine nach absolut neuen Gesichtspunkten durchorganisierte Verwaltung, in eine Verfassung zu bringen, die vorbildlich für ganz Italien werden sollte. Innozenz III. hatte bezüglich seiner Kreuzzugspläne die merkwürdige Wirkung spüren müssen, daß durch seine außenpolitische Betriebsamkeit die Zahl der Interessenten an einem neuen Kreuzzug sich stark verminderte. Die Männer und Mächte, deren der Papst am meisten bedurfte, waren anderweitig beschäftigt, ihre Gelder flossen in andere, in nationale Unternehmen. So hatte der Papst verfügt, daß die gleiche »Plenarindulgenz«, das heißt die gleichen kirchlichen Gnadenerweise wie die Kreuzfahrer erhalte, wer, statt selber das Gelübde zu erfüllen und sich auf die Kreuzfahrt zu begeben, einen anderen ausrüste. Jedermann also konnte sich durch eine Geldzahlung von seinem Gelübde loskaufen, was sicherlich zur gleichen Pervertierung religiöser Verpflichtungen führen mußte wie später der Ablaßhandel. Ritterlicher Tugend, an welche die Päpste so oft und eindringlich zu appellieren wußten, mochte dieser Handel zuwider sein, das Heilsinstrument der Kreuznahme nicht mehr sittenwert – mochte das gemeine Volk, wie im ersten Kreuzzug, glauben, es könne die Speerspitze der Heerfahrt bilden.

Es war dieser Kreuzzugsplan kein gutes Erbe des Innozenz, das Honorius antreten mußte und wollte. Er fand wenig Unterstützung bei den Mächtigen und wenig Willige – der König von Frankreich war in die Kämpfe mit den Albigensern verstrickt, deren Vernichtung von Innozenz als eine Aufgabe des »Heiligen Krieges«, als ein Kreuzzug also, anbefohlen war – aus Frankreich waren wenig Kreuzfahrer zu erwarten, so wenig wie aus England, Spanien, Deutschland und Italien. Schließlich erklärten sich nur der Herzog Leopold VI. von Österreich und der König Andreas II. von Ungarn begeistert für den Kreuzzug – und die Venezianer, die sich zum Transport der ungarischen Truppen bereit erklärten – gegen die endgültige Abtretung von Zara. Nur wenige Franzosen meldeten sich in Brindisi; als dies Kreuzfahrerheer im Herbst 1217 in Akkon landete, führten die Verhandlungen mit dem König von Jerusalem, dem Fürsten von Antiochia und dem König Hugo von Zypern sowie den Baronen und Ordensmeistern weder zu einem einheitlichen Oberbefehl noch zu einem Kriegsplan und Kriegsziel. »Verärgert«, wie es hieß, fuhr der ungarische König im Januar 1218 ab, um über Anatolien heimzureisen. Mit ihm gingen der König von Antiochia und der König von Zypern, welcher aber starb, bevor er nach Hause kam.

So mühten sich die Kreuzfahrer mit Leopold von Österreich lässig, Befestigungen auszubauen, und warteten Verstärkungen ab. Sie kamen im April und Mai des Jahres, Niederrheinische und Friesen, deren Kampflust den Plan entstehen ließ, die Stadt Damiette im Nildelta anzugreifen, von wo aus man das »islamische Machtzentrum« in Ägypten vernichten und dann desto leichter Jerusalem angreifen zu können glaubte.

Längst hatte sich in den hundertjährigen Kämpfen selbst im gläubigsten christlichen Kreuzfahrer die Irrmeinung von der Minderwertigkeit der »heidnischen« Muselmanen in Respekt vor der überlegenen Kultur, vor der religiösen Tendenz und der ritterlichen Tapferkeit der islamischen Gegner verwandelt. Längst war aber auch der christliche Abscheu der Kreuzfahrerkönige, sich etwa mit mohammedanischen Fürsten zu verbünden, machtpolitisch orientierten Wünschen gewichen. So erschien das Allianzangebot des anatolischen Seldschukensultans Kaikaus nicht nur akzeptabel, sondern sogar hochwillkommen, Aleppo anzugreifen und seinem Reiche einzuverleiben. Im Norden also wie im Süden gingen die Verbündeten vor: die Kreuzfahrer gelangten bis vor Damiette und konnten die Stadt nicht nehmen, der Seldschuk bis vor Aleppo, das er ebenfalls nicht nehmen konnte.

Das Reich des Sultans Saladin war nach seinem Tode unter seine Söhne und seinen Bruder al-Adil aufgeteilt. Aber dieser Bruder des großen Sultans erwies sich als dessen geistiger Erbe, er hatte es verstanden, seine Neffen unter sich zu vereinen, und er regierte nun den »abiyubidischen« Gesamtstaat als anerkannter Oberherr, seine Kämpfe um die Macht hatten den Kreuzfahrerstaaten so lange Ruhe verschafft.

Sultan al-Adil war durch den Angriff der »Franken« völlig überrascht, er hatte ja in seinem großen Reich viele Grenzen zu decken und mußte nun erst Truppen heranziehen. Aber Damiette war eine starke Festung und wohlbesetzt, so daß der Sultan wenigstens ein Lager am Ostufer der durch den Nil geteilten Stadt aufschlagen konnte. Die stärkste Befestigung von Damiette war der berühmte Kettenturm, von dem aus die starken Sperrketten durch den Nil zum Ostufer liefen. Die fränkischen Ritter liefen Sturm gegen diesen Kettenturm, setzten Steinprojektilmaschinen ein; endlich nach vielen vergeblichen Versuchen wurde eine Belagerungsmaschine gebaut – zwei Koggen wurden zusammengebunden, auf ihnen vier Mastbäume errichtet, die an der Spitze eine hölzerne Anlage mit einer durch Flaschenzüge befestigten Fallbrücke trugen. Mit Hilfe dieser neuartigen und viel bestaunten Maschine gelang es endlich, am 24. August 1218, trotz erbitterter Abwehr vermittels »griechischen Feuers«, die Zinnen und dann die obersten Stockwerke des Turmes zu erstürmen, wonach sich die Besatzung ergab; die Sperrkette konnte gekappt und die Pontonbrücke, die nach Osten zur Stadt führte, zerstört werden. Sultan al-Adil starb, vor Kummer, wie die Nachricht lautete – die Ereignisse vor Damiette erregten großes Aufsehen in der abendländischen wie morgenländischen Welt. Jetzt traten zwei neue Gegenspieler auf. Der älteste der Neffen des al-Adil, der als Sultan al-Kamil nun die Oberherrschaft über das Abiyubidenreich antrat, gruppierte seine Streitkräfte um – er schwächte dabei trotz großer Besorgnis die Front, die sein Onkel gegen drohende Gefahren in Mesopotamien und Georgien aufgebaut hatte –, eine Maßnahme, die sich später als weltpolitisch bedeutungsvoll erwies.

Papst Honorius aber, laufend über die Ereignisse unterrichtet, sandte einen Legaten, den portugiesischen Priester Pelagius von Albano, mit Kreuzfahrern, meist Söldnern aus Italien, Frankreich, England und Spanien. Dieser Pelagius, ein energischer, ja starrköpfiger Mann, wie sich zeigen sollte, machte kurzen Prozeß mit den Streitigkeiten im Lager der Franken; mit Hilfe seiner so bunt zusammengewürfelten Söldnerschar setzte er sich an die Spitze des Unternehmens und dokumentierte damit den päpstlichen Anspruch auf die Führung des Kreuzzuges und der lateinischen Kolonie. Pelagius, der Priester, glaubte die Ursache der nur sehr langsam voranschreitenden Operationen in der Uneinheitlichkeit auch der militärischen Führung unter Johann von Brienne erblicken zu müssen, und begann sehr bald, auch die kriegerischen Angelegenheiten in die eigene, energische Hand zu nehmen. Und es gelang ihm tatsächlich und überzeugend, am 5. Februar 1219, das Lager des Sultans zu überfallen, der damit beschäftigt war, eine Verschwörung ägyptischer Emire niederzuschlagen. Der Sultan mußte fliehen, das Lager enthielt reiche Beute, und die Stadt Damiette konnte nunmehr auch von Osten her eingeschlossen werden.

Sultan al-Kamil beschloß, dem »Heiligen Krieg« des Papstes seinerseits den »Heiligen Krieg« aller Muslims entgegenzusetzen; angesichts seiner militärischen und politischen Lage versuchte er, sich alternativ mit den Kreuzfahrern zu arrangieren. Sein Angebot war horrend: Waffenstillstand auf dreißig Jahre, Rückgabe des ganzen ehemaligen Königreiches von Jerusalem, außer Transjordanien, für das er aber, immer noch an religiöse Motive bei den Kreuzfahrern glaubend, 30 000 byzantinische Christen auszuliefern vorschlug.

Pelagius sah in diesem Angebot des Sultans eine Schwäche von dessen Position, er lehnte im Widerspruch zu den »alten« Kreuzfahrern ab; der Krieg ging weiter, immer noch zum Vorteil der »Franken«. Aber nun setzte ein, wenn auch dünner, Strom von Rückfahrern ein, viele Ritter kehrten heim, endlich auch Leopold von Österreich, auch er »verärgert«, wie die Chroniken zu berichten wußten.

Der Sultan wehrte sich tapfer gegen die von Pelagius vorgetragenen Angriffe, er nutzte seine Erfolge in der Abwehr, indem er Pelagius ein neues Angebot unterbreitete: er wollte die vorsorglich geschleiften Festungen und Stadtmauern von Jerusalem auf seine Kosten wiederaufbauen und – das Heilige Kreuz zurückgeben, das sich angeblich in seinen Händen befand. Pelagius antwortete mit neuen Angriffen, Damiette hungerte, und die Nilüberschwemmung blieb aus, des Sultans Land war durch eine Mißernte bedroht. Außerdem begriff der Legat Pelagius sehr wohl,

daß der Sultan mit der Preisgabe von Palästina nur Ägypten retten wollte, das Zentrum seiner Macht. Damiette aber verlangten die italienischen Kontingente für sich als neuen Kreuzfahrerstaat.
Während der Verhandlungen tauchte auch der Wanderprediger Franz von Assisi im Lager der Kreuzfahrer auf. Nur mit Bedenken ließ Pelagius den frommen, den Frieden predigenden Mann ins Lager des Sultans ziehen. Der Sultan unterhielt sich lange Zeit mit dem sonderbaren Heiligen über sein hohes Ziel der Armut und bewies, daß er in vielen Punkten weitaus christlicher zu empfinden verstand als die Franken – wollte er ihnen doch ihre heiligen Stätten ohne Schwertstreich übergeben ... Franz von Assisi sah nach diesen Gesprächen Möglichkeiten einer erfolgreichen Heidenmission im Morgenlande und kehrte mit dem Vorsatz in seine Heimat zurück, sie mit seinem Franziskanerorden in die Wege zu leiten.
Damiette wurde durch den Hunger besiegt. Am 5. November 1219 drangen die Franken in die Stadt ein, vertrieben die Bevölkerung, versklavten die jungen Männer und Frauen, ein Schicksal, dem nur die Kinder entgingen, wenn sie sich taufen ließen. Und sofort begann der Streit unter den Großen der Kreuzfahrer um den ferneren Besitz der Stadt. Pelagius wartete auf das Eintreffen des Kaisers Friedrich II., der ja versprochen hatte – und nun vom Papst daran erinnert wurde –, sich am Kreuzzug zu beteiligen. Aber Friedrich kam nicht.
Nun also führte Sultan al-Kamil wirklich seinen »Heiligen Krieg«; er raffte alle Kräfte zusammen und es gelang ihm, zuerst Damiette zu Lande und zu Wasser von allen Zufuhren abzuschneiden, die Deiche des Nils zu durchstechen, alle Straßen unter Wasser zu setzen – Entsatzversuche der verzweifelt kämpfenden Kreuzfahrer blieben im Morast stecken; am 8. September 1221 zog er als Sieger in Damiette ein. Den Kreuzfahrern wurde freier Abzug aus Ägypten gewährt, ein Waffenstillstand auf acht Jahre

geschlossen; Jerusalem blieb nun selbstverständlich in der Hand des Sultans, dessen großzügige Angebote von Pelagius so schnöde zurückgewiesen worden waren.

Es ging um die Ritterschaft

Während der dreihundert Jahre der deutsch-italienischen Verstrickung, in welcher die ersten drei deutschen Kaiserhäuser doppelhändig, jeweils also nur halb regierten, blieb Franken, das urtümliche Kernland des Deutschen Reiches, zwar von direkter machtpolitischer Einwirkung so gut wie unberührt, wurde aber wohl in seiner inneren Entwicklung wesentlich durch die Impulse der zu groß geratenen geschichtlichen Ereignisse bestimmt. Gerade weil das Land auch nach dem Willen der Kaiserhäuser seinen Charakter als Dominal-Provinz des Reiches beibehielt, also keinem Landesfürsten unterstand, blieb es auch im Sturmgewoge und im Wellengang der unablässig tobenden Kämpfe der Landesfürsten untereinander und gegen die Kaiserhäuser eine Insel im Meer der politischen Streitereien –, unberührt von dem Ehrgeiz und der Machtgier der regierenden Häuser während der kaiserlichen Abwesenheit; während der kaiserlichen Anwesenheit in Deutschland auch unberührt von den Auswirkungen der Reichspolitik, insbesondere der des Barbarossa, der nach der Entscheidung gegen Heinrich den Löwen bestrebt gewesen war, die einzelnen fürstlichen Machtbereiche immer mehr zu beschränken.

Franken war arm, die Bauern produzierten gerade so viel, daß sie die fränkischen Städte mit ihren Produkten beliefern konnten, die Ritterschaft nur so viel, daß sie selber gerade existieren konnte. Die Ländereien, welche der Kirche gehörten, und das kirchliche Territorium wuchsen ununterbrochen, besonders seit der Bischof von Würzburg die Grafenrechte erworben und sich das ganze Grabfeld fast geschlossen einverleibt hatte –, dienten mit ihren Produk-

ten der Macht und der Herrlichkeit der Kirche. Nur sehr langsam im Verhältnis zu anderen Ländern und der wachsenden Einwohnerzahl folgte die Gründung größerer Städte, als es die kleinen, burgartig umschlossenen Siedlungen Heinrichs I. waren. In Nürnberg entstand erst 1050 rund um die Burg eine Ansiedlung, die ihr Marktrecht 1062 und erst durch den häufigen Aufenthalt der Könige 1219 den Namen einer königlichen Stadt erlangte, während Bamberg und Würzburg ihren Charakter als Bischofsstädte bewahrten. Aber nicht nur in diesen größeren Städten, auch in den kleinen, burgartig umschlossenen Landstädtchen bildeten sich notwendig Manufaktur und Handel aus. Die Voll- und Spießbürger, unter denen sich nun auch in die Städte zum Zwecke der Verwaltung der ritterlichen Territorien abgesprengte Adelige fanden, hatten allein Anteil am Genuß der Stadt gehörenden Grundeigentumes, sie bildeten um Jahrhunderte später als die römischen Städte, insbesonders auch die lombardischen, ein Patriziat nach dem Muster des alten Rom, kleine Republiken im staatlichen Sinne mitten im Reich. Durch die Kriegsläufte der deutsch-italienischen Verstrickung aber zogen sich allmählich die Fäden der Handelsverbindungen zwischen den deutschen, auch den fränkischen Städten und denen Italiens. Die Kirche mit ihren weltweiten Verbindungen förderte den Handel, auch in ihre Kassen floß der Überschuß und ermöglichte den Ausbau ihrer Macht.
Die Ritterschaft Frankens bedurfte der Dienste des städtischen Gewerbes, ohne diese sich selber nutzbar machen zu können. Der Dienst der Ritterschaft, um Reiche, Zoll und Abgaben einzuziehen, setzte sich so in natürlichen Widerspruch zu den Interessen des städtischen Handels; der Widerspruch wandelte sich in den Widerstand der Städte gegen die Ritterschaft. Taktische Maßnahmen auf beiden Seiten führten zur Anwendung des Faust- und Fehderechtes, das ursprünglich eine gesellschaftliche Besonderheit strikte innerhalb des Ritterwesens, also unter Gleich-

berechtigten, war. Die Ritterschaft kannte keinen anderen Besitz als den landwirtschaftlichen. Das Lehen mußte das Geld aufbringen. Mangels der immer mehr dahinschwindenden Arbeitskräfte, die in die Städte abwanderten, blieb die Arbeit des Ritters auf dem Felde ehrenhaft: ein Edelmann mochte vormittags zu Acker gehen und nachmittags Turniere reiten. Die Turniere, ursprünglich Kampfspiele der einzelnen Ritter gegen jeweils nur einen anderen im Zweikampf, dienten nun zum Austrag der Fehde – bei Streitigkeiten untereinander zogen die Ritter mit ihren Mannen gegen feindliche Ritter mit deren Leuten. Wenn alle Mittel einer Schlichtung des Streites erschöpft waren, wurde feierlich und mit dem Zeremoniell des Werfens eines gewappneten Handschuhs die Fehde angesagt. Die stärkere Faust also entschied die Fehde.
Hatten nun aber einzelne Ritter eine strittige Angelegenheit mit einer Stadt, begann diese in der Regel damit, daß die Handeltreibenden der Städte, die auf Messen und Märkte zogen, sich weigerten, Zoll zu zahlen. Dann legten sich die Ritter in einen Hinterhalt, lauerten den Warenzügen auf, nahmen den Bürgern das Gut weg und hielten sie so lange in den zum Teil recht unangenehmen Verliesen ihrer Burgen gefangen, bis sie mit der fälligen Summe losgekauft wurden. Daraufhin ließen die Handeltreibenden ihre Züge von bewaffneten Knechten und geworbenen Kriegsknechten der Städte begleiten – sie waren stets zahlreicher als die wenigen Mannen im Dienste der Ritter. Darüber hinaus bestand für die Ritter kaum eine Aussicht, die wohlbefestigten Städte selber anzugreifen, sie gar zu belagern; dazu wäre höchstens ein Aufgebot der gesamten Ritterschaft imstande gewesen, aber ein solches Aufgebot konnte nur im Auftrag des Reiches erfolgen im Falle einer gegen das Reich aufsässigen Stadt. Und niemals lehnte sich eine Stadt derart gegen das Reich auf – es war bequemer und mit bedeutend weniger Risiko verbunden, wenn die Bürger ihre Fähnlein Reisiger gegen die einzelnen Ritter,

mit denen eine Stadt in Fehde lebte, ausziehen ließen, um deren Burgen zu berennen.
Während so die beiden Faktoren Kirche und Bürgertum sich allmählich zu voller Kraft entfalten konnten, schwächte sich die fränkische Ritterschaft. Die landesfürstlichen Herrscherhäuser konnten ihre Fehden untereinander, die zumeist durch die vielfach verzweigten Verwandtschaftsverhältnisse den Charakter von Erbfolgestreitigkeiten hatten, nur mit der eigenen, jeweiligen Hausmacht, die aus der landesfürstlichen Ritterschaft, den kleinen Vasallen, bestand, austragen. Auch die kaiserliche Gewalt vermochte die für das Reich insistierende Entscheidung nur durch ihre jeweilige Hausmacht zu erzwingen. Aber die Gesamtheit des Reiches war ständig auch von außen bedroht – oder bedrohte selbst Länder außerhalb des Reiches; in den Kriegen, die das Reich führte, verweigerten sich die Landesfürsten aus eigenstem Interesse dem Aufgebot ihrer Ritterschaft, so weit es eben anging. Die freie, allein dem Reich verpflichtete fränkische Ritterschaft blieb so das einzige Reservoir, aus dem sich die Kriege des Reiches speisten.
In fünf Kriegen zogen die Ritter Frankens unter Heinrich II. in die Gebiete zwischen Elbe und Oder, die Mark Meißen zu retten. Sie zogen in jedem Heerzug mit nach Italien, berannten die lombardischen Städte, kämpften in Rom und in Mailand, gegen Sarazenen und Normannen – die Gräber der fränkischen Ritter säumten die Pässe der Alpen, die Straßen in ganz Italien, die Blüte der fränkischen Jugend war ein Opfer des römischen Fiebers geworden. Und immer wieder zogen sie als Speerspitze den Pilgerzügen voran, die den heiligen Stätten der Christenheit zustrebten, durchquerten immer wieder die balkanischen Länder, die von Byzanz und Kleinasien ...
Die fränkische Ritterschaft blutete sich in all diesen Kriegs- und Kreuzzügen aus. In Franken verarmten die Adelsgeschlechter in jenen dreihundert Jahren durch die Kosten der Kriegsausrüstung wie durch die jahrelange Abwesenheit

gerade der führenden Kräfte des Standes. Viele Familien erloschen ganz, und ihre Güter fielen der Kirche und den Klöstern zu, die den schwärmerisch-aufgeregten Kriegsgeist der Ritter weislich benutzt hatten, sich für den Todesfall der ausgezogenen Ritter entweder im voraus oder durch sanften Druck auf die trauernden Hinterbliebenen deren Güter vermachen zu lassen, den Witwen und Waisen dafür eine Heimstatt in Klöstern oder geistlichen Stiftungen bietend. Der spätere große Reichtum der Kirche in Franken und vieler fränkischer Klöster begann in dieser Epoche.

Die Burgen verödeten. Zurück blieben nur die älteren Burgherren, die Jugend der Ritterschaft zog in die Ferne. Die ungefüge errichteten Burgen verfielen und konnten nicht erneuert werden. Durch die Fensterschlitze fuhr der kalte Wind der Berge, die teuren Kerzen, die jedes Bürgerhaus erhellten, mußten durch beizend qualmende Kienspäne ersetzt werden. Der Wein im Keller ging aus, das Wildbret blieb die einzige Nahrung, Feldfrüchte konnten nicht geerntet werden. Nur die Mäuse vermehrten sich und blieben ungeschoren, denn, wer weiß, vielleicht waren sie wirklich die Seelen der in fernen Landen Verschiedenen – die Katzen, die Mäusejäger, galten plötzlich, wenn sie über den Weg liefen, für unheilverkündend. So blieb an den langen Winterabenden dem Burgherrn kaum ein anderes Vergnügen, als recht zeitig unter die Bärenpelzdecken zu kriechen und den mehr denn je notwendigen ehelichen Verpflichtungen zu genügen. Auch mochte zu jenen Zeiten das »ius primae noctis«, wie es bei vielen Naturvölkern üblich war, hierorts geübt worden sein: das Recht des Burgherrn, bei der Verheiratung weiblicher Höriger diesen zuerst beizuschlafen. Füglich konnte der erste Sohn in die Familie des Herrn aufgenommen werden, erzogen werden wie ein Ritter – aller Samen wurde an den Krieg gesetzt.

Am meisten litten freilich die adligen Jungfräulein, Ehefrauen und Witwen, deren Männer und »Liebgesellen«

in den fernen Landen dahinstarben oder auch mit den anmutigen Töchtern der durchstreiften Länder dahinzuleben geneigt waren. Die edlen Damen kannten ein Leid, das den munteren Bürgermädchen nicht beschieden war. Auch der Burgpfaffe vermochte nicht sie zu trösten, mit dem zart getönten Hinweis auf die Wonnen der himmlischen Liebe im Frieden der Klosterzelle. Sie begehrten viel mehr der Liebe als Leidenschaft, der ›l'amour passion‹, als der christlich-mystischen Liebe in jenen durch die Leidenschaften des Krieges bewegten Zeiten. Nicht nur die religiösen, auch die profanen Impulse kamen aus Frankreich. Dort waren es die Troubadoure, die von einer Burg zur anderen zogen, um den verlassenen edlen Damen in fröhlichen Liedern den Kummer zu vertreiben und die irdische Liebe in hohen Tönen und mit edlen Worten zu preisen. Sie kamen aus der Armut, und wenn es verarmte Ritter waren, so waren sie verarmt durch ihre ritterlichen Ausflüge ins Heilige Land und somit fähig, die Heldentaten ihres Standes in wohlgesetzten Worten zu besingen – und wenn sie gar keine heldenmütigen Ritter waren, so nahmen sie den wohlklingenden Namen ihres Heimatortes an, wie es so viele der edlen Geschlechter auch getan. Sie erfaßten die Liebe als Basis und Impuls der Kunst, die irdische Liebe, wie die frommen Mönche die himmlische. In Franken erschienen nach dem Beispiele der Troubadoure die Minnesänger, sie kamen zumeist aus den östlichen und südlichen Marken Deutschlands, und ihre Lieder hatten den weichen und zärtlichen Klang, welcher den deutschen Idiomen jener heiteren Gegend anhaftete. Viele dieser Weitgereisten wußten auch allerlei zu erzählen. Sie waren mit den Kreuzfahrern mitgezogen, zumeist im Gefolge der tapferen Fürsten, die sich das Kreuz auf den Mantel genäht hatten; ihre profanen Lieder waren von Anfang an auf die mannigfachen Heldentaten ihrer hohen Gönner gerichtet; nach Deutschland zurückgekehrt, wußten sie viel von fremdartigen Geschehnissen und Dingen zu berichten, mit denen anders bekannt zu werden die Daheimgebliebenen nie hoffen konnten, sie brachten Nachrichten schlechthin von Burg zu Burg und waren darum immer willkommen und wohlaufgenommen. Und schließlich wußten sie sich sehr wohl auf den Grad und die Art der Neugierde ihrer Zuhörerschaft, also vorzüglich der edlen Damen, einzustellen und ihnen eben das zu verkünden, was diese am liebsten zu hören schienen. Walther von der Vogelweide, eine Zierde der Kreuzritter mit Leier und Schwert, errang schließlich die Meisterschaft mit seinem bald überall gesungenen »Unter der Linden – auf der Heide ...«

Die Lieder der Minnesänger wurden zum Zeugnis der ersten profanen Literatur der deutschen Sprache. Die Namen der Sänger wurden bekannt, man stellte sie den edlen Namen gleich; die fahrenden Ritter zogen von Burg zu Burg, bald auch von Schloß zu Schloß, sie wurden bei Hofe ebenso freundlich empfangen wie in den Kemenaten der Witwen und Waisen. Auf der Wartburg im Sängersaal endlich will die Sage sie versammelt sehen zu edlem Sängerwettstreit, bei dem es um die Frage ging, ob das Hohelied der irdischen oder der himmlischen Liebe des ersten Preises würdig sei; Sieger wurde, wem es gelang, in der Liebe als höchstem Maß die Vereinigung der seelischen mit der geistlichen Lauterkeit zu besingen – Tannhäuser pries die leibliche Liebe und fiel durch –, mit welchem Ergebnis die Epoche der ersten deutschen Dichtkunst ein Ende nahm. Wirklich aber waren es die Minnesänger, welche die Kunst zum ersten Male der Bevormundung durch den Klerus entzogen.

Auch im Bürgertum erwachte die Lust, von den eigenen Lüsten zu künden; in den Städten erschollen zu Lob und Preis der eigenen Tugenden die Gesänge der Meistersinger. In den Dörfern aber, und von Bauernhof zu Bauernhof, zogen gleich ihren edlen Vorbildern und nicht minder wohlaufgenommen zu Tisch und Bank und Bett die Bänkelsänger, die ersten Barden des Volksliedes, Vaganten, fahrende Gesellen, heidideldumdei. Die Männer, die nach Jahren der Abwesenheit, in denen sie Garnisondienst in den Kreuzfahrerburgen des Heiligen Landes geleistet, oder die sie in türkischer oder arabischer Gefangenschaft verbracht hatten, wieder in die fränkische Heimat zurückkehrten, fanden eine veränderte Welt vor. Sie fanden ihre Frauen und Töchter verändert, und diese konnten befriedigt feststellen, daß sich auch ihre Gatten und Väter verändert hatten. Roh und mit rauhen Sitten, ohne jeglichen Drang zu höherem Aufschwung waren sie ausgezogen, zu einem Kriegszuge, der im Gegensatz zu den Kriegen um die Macht doch eine höhere ideale Bedeutung um sich wob, durch einen höheren Sinn die völlige Sinnlosigkeit verbarg. Sie waren mit den Rittern fast aller Nationen des Abendlandes zusammengekommen, mit denen sie sich vergleichen konnten, nicht ohne die eigenen Tugenden der bloßen Tapferkeit überhöhen zu müssen. Die französischen, die italienischen und englischen Ritter vermochten in ihrem Umgang mit den Deutschen ihre höhere Bildung, ihre feineren Sitten sehr wohl zum Ausdruck zu bringen. In Griechenland, in Kleinasien und Syrien waren sie durch Länder gestreift, die schon früh eine eigene Blüte der Kultur erfahren hatten – selbst im Kampfe mit den Arabern und Türken und den Seldschuken mußten sie eine geschliffenere Art des Fechtens lernen als das stumpfe Hauen und Stechen, in dem sie sich bislang geübt hatten. Sie sahen die edlen Pferde der Araber und konnten sie mit den eigenen schweren Rössern und Schindmähren vergleichen, sie lernten das leichte und geschmeidige Kettenhemd statt ihres ungefügen Panzers kennen, endlich auch die Damaszenerklingen aus bestem Stahl. Und sie mußten die Erfahrung machen, daß die Treue zum gegebenen Wort, daß die Toleranz gegenüber dem anderen Glauben, daß die Gastfreundschaft der Nomaden und ihre höfliche Beweglichkeit Tugenden waren, die auf einer höheren Ebene als der eigenen zu mancherlei Vorteilen des Umgangs miteinander führten. Sie sahen die großen und glänzenden Bibliotheken, die prachtvollen Bauten, den beglückenden Schimmer einer hohen Kultur, die sich mit allen Materien befaßte, von der Kunst köstlicher Miniaturen bis zur Beobachtung und Berechnung des Sternenhimmels – und bis zu der Kunst der Erzählung und der Liebe in 1001 Nacht. Geschlagen und immer wieder geschlagen in den Kämpfen, die sie so tapfer ausfochten, als es ihnen eben möglich war, mußten sie anfangen, sich nach dem Sinn ihres Tuns zu fragen, und es blieb ihnen im Grunde nichts als der Stolz, zu Nutz und Diensten des Reiches ihres eigenen Unterganges würdig zu sein.

Nichts mag natürlicher erscheinen, als daß die fränkische Ritterschaft, und mit ihr die durch die Herrschaft der Staufer ebenso beanspruchte schwäbische, bestrebt war, aus den Besonderheiten ihrer Erfahrungen nun auch die Besonderheit ihrer Stellung herzuleiten. Sie gab sich, als sie, heimgekehrt, einen so großen Teil ihres Besitzes und ihrer territorialen und herrschaftlichen Ansprüche von den daheim gebliebenen Institutionen, insbesondere denen der Kirche, usurpiert vorfand, eine eigene Verfassung, sie etablierte sich als eigene Macht. Die Ritter nannten sich nun »Freiherren«, sie usurpierten also ihrerseits und für sich eine höhere Adelsstufe, eingehandelt gegen ihre Schwächung durch den Tod der zahlreichen fränkischen Ritter, deren Gräber nun auf dem Wege nach Jerusalem und in den Ebenen Oberitaliens die Straßen säumten. Damit begann die eigentliche Hochblüte des Ritterwesens – im Deutschen Reich wie im ganzen Abendland. In Frankreich und in England wurden die Ritter des niederen, des Kreuzzugadels von ihren Königen belohnt durch die Einführung der Baronie, in die besonders verdienstvolle Geschlechter erblich aufsteigen konnten. Von dort also kam auch der Brauch, die deutschen Freiherren Barone zu nennen, ein Brauch, der sich bis heute erhalten hat. Aber die deutsche Ritterschaft kannte keine Baronie, sie verdankte ihr Frei-

herrentum keiner königlichen Gunst und Gnade, sondern lediglich ihrer eigenen Verfassung, einer notwendig gewordenen Machtnahme.
Die fränkische Ritterschaft schloß sich zu einer Art Genossenschaft der freiherrlichen Adelsgeschlechter zusammen. Diese führten nach dem Beispiel der gräflichen Geschlechter auf ihren Gütern das Majorat ein, das Erstgeburtsrecht, mit dem die eigene landesherrliche Macht befestigt und auf Dauer eingerichtet wurde. Und sie gründete das Nutznießungsrecht für Geschlechter, die mehrere Güter besaßen, so daß Burgen und Schlösser zwar nicht im Eigentum, aber in der Nutzung den verschiedenen Mitgliedern der Familien oder sogar – im Falle des Aussterbens eines Geschlechtes – der Genossenschaft selber erhalten blieben. Ein Geflecht von Nebenlinien hielt das Gebilde zusammen, es verhinderte, daß vom Gesamtbesitz der Ritterschaft und ihrem Territorium etwas verlorengehen konnte. So bildete die fränkische Ritterschaft in ihren Gauen, vorzüglich auch im Grabfeld, ein Territorium im Territorium – gegen Grafen und Bischöfe. Als Gesamtbesitz der Ritterschaft erhielt es sich bis heute.
Sehr bald aber erwies es sich, daß diese eigentümliche Machtnahme der Ritterschaft der Dominal-Provinz fast wie von selbst mit der politischen Formung die gesellschaftliche verband. Die Hochblüte des Ritterwesens setzte erst nach den Kreuzzügen ein und schuf mit der eigenen Ehre auch den eigenen Stand. Alles diente dazu, diesen Stand zu festigen, gegen die Mächte der Kirche und der Landesfürsten gewiß, zu dem Zwecke aber, über das gewöhnliche Machtstreben hinaus die Funktion des Standes im Dienste einer allgemeingültigen Ordnung zu bedenken – und jene gleichzeitig in der eigenen Ordnung vorzudenken. Die Ordnung, die sich der neue Stand gab, war eine, die nur ursprünglich den eigenen Zwecken diente, die Rechte und Pflichten der einzelnen Mitglieder festlegte, ungeachtet der Unterschiede in der Bedeutung dieser einzelnen, gemäß

einem Prinzip, das demokratisch genannt werden kann, und geradezu mit sozialen Bezügen – innerhalb der Aristokratie.

Als die letzten fränkischen Ritter in ihre Heimat Franken zurückkehrten, waren unter ihnen nicht die zweiten und jüngeren Söhne – die hatten bereits eine neue Heimat gefunden, im »Deutschen Orden«.

Es ging um die Orden

Während der zehn Jahre der Herrschaft Kaiser Heinrichs VI. lagen die etwa vierhundert deutschen Ritter aus dem Heer des Barbarossa so gut wie untätig vor den Mauern von Akkon. Die kläglichen Reste von Palästina wurden im ganzen von etwa 3000 Rittern und ebenso vielen Söldnern und Siedlern gegenüber der vielfachen Übermacht des Saladin verteidigt. Die deutschen Ritter hatten, außer den Knappen und Reisigen des persönlichen Gefolges, keine Söldner und Siedler zur Verfügung, sie hatten weder Sold noch Siedlung zu ihrer Unterstützung, und ihre Unterstützung des Restheeres der lateinischen Kolonie wurde nicht einmal von diesem geachtet und begehrt. Herzog Friedrich von Schwaben, der Bruder des deutschen Kaisers, durfte mit seinen deutschen Rittern zwar eine Landverbindung zwischen Sidon und Tiberias erkämpfen, was diese mit gewohnter Tapferkeit taten — im übrigen fühlten sie sich als das, was sie wirklich waren: als ein verlorener Haufen, als eine möglicherweise für einen Machtanspruch des deutschen Kaisers zurückgehaltene Reserve, und als eben diese sollten sie auch von den französischen und normannischen Rittern Palästinas und der übrigen lateinischen Kolonie angesehen werden. Sie hatten »das Kreuz« genommen, als sie unter Barbarossa aufbrachen, aber sie waren von »Barbarossa« aufgeboten, nicht etwa von einem anderen inneren Drang getrieben als von dem der Pflichterfüllung, — zumeist schwäbische Ritter der staufischen Hausmacht und fränkische der deutschen Dominal-Provinz. Ihr Kreuz war der Schwertgriff, die heiligen Stätten lagen nicht innerhalb der Machtsphäre des Deutschen Reiches, ihr Lehnsherr, der Kaiser, übte keine Lehnshoheit in

Palästina aus, wie sie der Papst innehatte und, in lässigem Widerstreit mit ihm, die Könige von Frankreich und England und Sizilien, deren Vasallen die Könige und Fürsten der Kreuzfahrerstaaten waren. Was wollte der deutsche Kaiser mit seiner Reserve in der lateinischen Kolonie? So fragten sich die Ritter der Kreuzfahrerstaaten, und so fragten sich die deutschen Kreuzritter auch. Die Heere vor Akkon, in Akkon und rund um Akkon, die Heere der Verteidiger wie der Angreifer, wurden von furchtbaren Seuchen heimgesucht. Die hohe Kunst der arabischen Ärzte bei den Streitkräften Saladins war von den Pflegern der christlichen Hospitäler nicht zu verlangen; die Johanniter, die sich seit fünfzig Jahren der Pflege der Kranken annahmen, billigten den deutschen Rittern eigene Hospitäler nicht ohne weiteres zu: Italienische Kaufleute hatten schon 1070 ein christliches Hospital gegründet, das, in der Nähe eines benediktinischen Klosters in Jerusalem gelegen, einem alexandrinischen Patriarchen, Johannes dem Almosengeber, geweiht war. Unter dem Druck der Päpste löste sich das Hospital vom Patriarchen und vom Kloster, Ritter übernahmen es 1155, sie unterstellten sich, Ritter aller am ersten Kreuzzug beteiligten Nationen, direkt den Päpsten und nahmen die Form eines ständisch exklusiven Ritterordens an, wobei im Laufe der Zeit sich Johannes der Almosengeber unmerklich in Johannes den Täufer verwandelte. Eifersüchtig wachte dieser Ritterorden mit seiner an die Augustinusregel angelehnten Lebensordnung über seine ausschließlich der Krankenpflege gewidmeten Privilegien.

Vor Akkon aber war eine Handelskogge der Bremer und Lübecker Kaufleute gestrandet. Die Handelsherren stifteten großmütig die Segel dieser Kogge, die, kunstvoll zusammengesetzt zu einem Zelte, der Aufnahme von Kranken und Verwundeten der deutschen Ritterschaft vor Akkon dienen sollten. Tatsächlich fanden so die deutschen Ritter bis zur Einnahme von Akkon im Juli 1191 eine

befriedigende Tätigkeit in der Krankenpflege des Hospitals und nannten es »Hospital St. Mariens der Deutschen zu Jerusalem« – nach jenem ersten deutschen Hospital, das nach der Einnahme von Jerusalem dort zur Aufnahme und Pflege deutscher Pilger gestiftet und 1143 auf Betreiben des Johanniterordens diesem übergeben worden war. An Stelle des Zeltes wurde nach der Einnahme von Akkon das Hospital innerhalb der Stadtmauern errichtet.
Gerade die Feindseligkeit der Johanniter gegenüber dieser Hospitalgründung aber veranlaßte die deutsche Ritterschaft unter Führung des Herzogs Friedrich, von sich aus diejenigen Ritter, die sich der Krankenpflege widmen wollten, ähnlich zu organisieren, wie es bei den Johannitern der Fall war. Zwei Gefolgsleute des Herzogs, ein Kaplan namens Konrad und ein Kämmerer Burchard, bildeten eine Ordensgenossenschaft mit Gelübden und mit der Verpflichtung zum Krankendienst, mit einer kirchlichen Bestätigung im Februar 1191 in der üblichen Form der »Aufnahme in den Schutz des hl. Petrus« und also selbstredend auch dessen Stellvertreters auf dem päpstlichen Stuhl. Papst Cölestin III. gewährte den Brüdern am 21. Dezember 1196 die allgemeinen Ordensprivilegien. Genau ein Jahr später, im Dezember 1197, traf die Nachricht vom Tode Kaiser Heinrichs VI. im Heiligen Lande ein. Die deutschen Prälaten und Fürsten in der Führung der deutschen Ritterschaft in Palästina verwandelten, selber zur Heimkehr entschlossen, den sogenannten »Deutschen Orden« in einen Ritterorden, was im Frühjahr 1198 geschah: »Im Hause der Templer kamen elf Bischöfe, neun weltliche deutsche Reichsfürsten und die Großmeister der Templer und Johanniter zusammen. Sie bestimmten, der Deutsche Orden sollte von nun an die Regel der Templer für die Kleriker, Ritter und die anderen Brüder beobachten, die Regel der Johanniter für die Armen und Kranken.«
Wieder war es ein Franzose gewesen, dem es gelungen war, aus einer offenbaren Not durch eine betonte Tugend eine

neue Wirklichkeit zu schaffen: Ein Ritter aus der Champagne, Hugo von Payens, der das Kreuz genommen hatte, um im Heiligen Lande eine neue Heimat zu finden, begriff unter dem Zwang der harten Umstände, in welche die Ritterschaft durch die Kreuzzüge geraten war, die Notwendigkeit, mit grundsätzlich neuen Ordnungen das Machtgefüge des Abendlandes wie des Heiligen Landes von unten her umzugestalten und allmählich zu erneuern. Wie es der Kirche gelungen war, durch die Bewegung von Cluny und durch den Eifer des Bernhard von Clairvaux tatsächlich dem Gesamtorganismus zu neuer Kraft und Erfolg zu verhelfen, so konnte und sollte die weltliche Macht von »unten«, und das hieß von der eigentlich staatstragenden Schicht der Ritterschaft her, die Möglichkeit zu neuem Aufschwung erhalten. Der Gedanke lag nahe, die gleichen Formen der Erneuerung aufzunehmen, wie sie in den Mönchsorden ausgebildet worden waren, also mönchische Lebensformen mit den ritterlichen zu vereinen und damit auch die mönchischen Tugenden den ritterlichen hinzuzugesellen. Das mußte den Rittern im Heiligen Lande um so leichter gelingen, als die geforderten Tugenden schlichtweg den Erfordernissen der realen Lage entsprachen. Das Gelübde des Gehorsams erschien zwingend angesichts der verworrenen Machtverhältnisse, das der Armut war der einzige Entschluß, der möglich war, nämlich der, aus dieser wirklichen Not eine große Tugend zu machen. Und das Gelübde der Keuschheit war bei dem evidenten Frauenmangel in den Kreuzritterheeren der lateinischen Kolonie auf der gleichen Ebene zu verstehen. Das vierte Gelübde, den Pilgern auf der Straße von Jaffa nach Jerusalem ritterlichen Schutz zu gewähren, lag auf der Hand. So also etablierte Hugo von Payens im Einverständnis mit dem damaligen König von Jerusalem, Balduin II., seinen Ritterorden, den ersten des Abendlandes in dieser Art — es geschah im königlichen Palast, dem sogenannten »Templum Salomonis«, wo der neuen Gemeinschaft Räume zugewie-

sen wurden – sie nannte sich demgemäß »Templer«. Dies war im Jahre 1119 geschehen – der Templerorden bestand nun also schon hundert Jahre.
Der Orden hatte es anfangs schwer – erst als Bernhard von Clairvaux in seiner Schrift »Vom Lob der neuen Ritterschaft« auf den Orden aufmerksam machte, erfolgte auch in Frankreich ein reger Zustrom. Bernhard hatte »das Ideal des Gott dienenden Ordensritters gegenüber dem räuberischen weltlichen Ritter« gepriesen. Aber die »räuberischen weltlichen Ritter« Frankreichs begriffen sehr wohl, daß es hier mit der Gründung des Ordens der Templer um eine Sache ging, welche der gesamten Ritterschaft Frankreichs diente. Der Ordensmeister Hugo von Payens konnte in ganz Frankreich sozusagen einen Staat im Staate bilden! Das Heer im Heiligen Lande vermochte sich von den geistlichen und weltlichen Mächten unabhängig zu machen, die in der lateinischen Kolonie um ihre Interessen und Privilegien stritten, es fand in ganz Frankreich die Stützpunkte, Etappeneinrichtungen, Rüstungsmagazine und Rekrutendepots, die es brauchte, um unbeeinflußt von den vorgeordneten Mächten und Lehensträgern eine eigene und der Sache dienende Politik treiben zu können. Die Ritterschaft des Landes unterstützte demgemäß ihre Speerspitze im Heiligen Lande durch Schenkung und Stiftung; besonders die ritterliche Jugend formierte sich zu Ersatz-Bataillonen, nahm mit dem Kreuz den weißen Mantel als Tracht an, die erste Uniform eines somit stehenden Heeres – jenen weißen Mantel, der nach dem Vorbild der Zisterzienser von den Templern getragen und durch ein rotes Kreuz von den Mänteln anderer Kreuzritter unterschieden werden sollte. Der Orden unter seinem Ordensmeister umfaßte die Klassen der Ritter, der dienenden Brüder und der Ordenskapläne und erlangte nach langen und schwierigen Kämpfen schließlich eine kirchliche und weltliche Eigenständigkeit sowie ein eigenes Territorium, mithin eigenes Vermögen und Unabhängigkeit von Königen und Bischö-

fen. Der Orden der Johanniter folgte in Organisation und Aufbau dem Beispiel der Templer – endlich auch der Deutsche Ritterorden.
Allenthalben siedelten sich in diesem letzten Jahrhundert des Hochmittelalters in den Hohlräumen unter der Kruste der herrschenden Mächte neue Korporationen an, Organisationsformen einer neuen Zeit. In Spanien, dem Lande, in welchem nun schon seit vierhundert Jahren die Kriege der »Rückeroberung« tobten, organisierten sich fast gleichzeitig nach dem Vorbild der Templer zuerst freibeuterische Rittertrupps, welche die Aufgabe hatten, die Pilgerzüge zu schützen, zu ordensähnlichen Korporationen, deren Triebkraft neben den allgemeinen religiösen Motiven, die in der Aufgabe lagen, einfach der Korpsgeist war, die rückgratbildende Kraft auf sich selbst gestellter Gemeinschaften. Der König von Portugal gründete um 1145 die »Nova Militia« mit einer von den Zisterziensern übernommenen Ordensregel, die späteren »Ritter von Aviz« mit dem Ordenssitz in Aviz seit 1212. Es entstanden aus Ritterschaften der Kreuzzugsheere in Spanien die »Ritter von Alcantara« und die von Calatrava, ebenfalls nach den Statuten der Zisterzienser. Aber die Gründung dieser Ritterschaften belebte auch das Mönchsordenswesen. Allenthalben entstanden neue Mönchsorden mit verschiedenen Zielen, die Bewegung von Cluny weiterführend und ablösend. Einige der spanischen Ritterorden gingen später in dem der Templer auf, wie umgekehrt Cluny in den Zisterziensern und später anderen Orden aufgegangen war. Jetzt erst begann die eigentliche Blütezeit des Ritterwesens mit eigenwilligen Zielen und eigenständigen Sitten und Bräuchen.
Das Phänomen der Bildung neuer Ordenskerne wirkte bis in die Tiefen der Völker des Abendlandes. Unterhalb der staatstragenden Schicht der Ritterschaft formierten sich in den Städten, im erwachenden Bürgertum die Vertretungen der verschiedenen Interessen in Gilden und Zünften, be-

sonders aber dort, wo allgemeine Bedürfnisse nach Ausbildung besonderer Meisterschaft verlangten. So etablierten sich die »Bauhütten« in ausgesprochen ordensmäßigen Formen, in denen die Baumeister, die Architekten und die Handwerker, die Steinmetzen und die Maurer sich nicht nur korporationsmäßig, sondern auch mit eigener Sittengesetzlichkeit zusammenschlossen. Während Kaiser und Päpste die ganze Kraft des Reiches und des Kirchenvolkes im Kampf um die Vorherrschaft einsetzten, strömten so die Kräfte des Aufschwunges von unten her in die Hohlräume der Macht. Männer, denen die Schlüssel der Macht von dieser niemals in die Hand gegeben worden wären, tauchten plötzlich auf und behaupteten allein durch ihre Erkenntnis eines neuen, drängenden Willens ihren führenden Rang im Leerlauf des bislang alleingültigen Getriebes der Macht.

Einer von diesen Männern war Hermann von Salza.

Zehn Jahre lang lebte der Deutsche Ritterorden im Heiligen Lande in aller Stille dahin, ein Pfahl im Fleische der brüchigen Kreuzfahrerstaaten, die sich mühsam genug in ihren Stützpunkten an der Küste hielten. Ein Angriff auf Jerusalem erschien aussichtslos, jede kriegerische Tätigkeit hatte zwar zur Voraussetzung, ständig zu ihr gerüstet zu bleiben, fand aber keinen sinnvollen Anlaß außer gelegentlichen Plänkeleien mit den Muslims. Freilich litt auch der Orden der Templer unter diesen Umständen, dort aber wirkte durch die ständige Verbindung mit den heimatlichen Stützpunkten des Ordens der Wille zur allgemeinen inneren Erneuerung, zu einer geradezu mystischen »Verinnerlichung«. Der Orden der Templer zählte sehr bald etwa 20 000 Ritter mit 9000 Komtureien, Balleien und Templerhöfen in allen Teilen des Abendlandes, vornehmlich in Frankreich und Spanien; im Heiligen Lande aber hatte die »Speerspitze« dieses Ordens Gelegenheit genug, langsam wachsende Erkenntnisse an ihre Etappenorte auszustrahlen, welche über die Sinnlosigkeit des Verharrens im Heiligen Lande hinwegzutäuschen vermochten. In den Reihen der jungen Mannschaft der »Speerspitze« bildeten sich sonderbare Kulte auf der Suche nach neuen Symbolen aus, so die Verehrung des »Baphomet«, eines angeblich geheimen Sinnbildes der Tempelherren, materialisiert durch die metallene Abbildung eines Menschenhauptes, das angebetet, verehrt und bei der Aufnahme in den Orden geküßt werden mußte – erste mythische Ahnung von der Möglichkeit, die gültigen Maße der Welt nicht von Gott, sondern von Menschen setzen zu lassen, dreihundert Jahre vor dem Beginn des philosophischen Humanismus. Zugleich führte das Gelübde der Keuschheit in dieser männlichen Gesellschaft zu erotischer Verbundenheit – die »Anbetung fremder Götter« und die »widernatürliche Unzucht« waren hundert Jahre später in Paris die Anklagepunkte König Philipps IV. des »Schönen« gegen den Orden, aber eher der willkommene Anlaß, die immens reichen Güter des Ordens, der im »Temple« residierte, zu Händen des Königs zu kassieren. Geständnisse wurden 1310 durch die Folter erpreßt, vierundfünfzig Ritter verbrannt, der Orden von Papst Klemens V. verboten und aufgelöst; seine Güter fielen in Frankreich, Spanien und England an die Krone, in Deutschland an den Deutschen Orden und die Johanniter.

Die Johanniter beschränkten sich im Heiligen Lande, von dort ins ganze Abendland ausstrahlend, immer mehr streng auf die Krankenpflege, eine Art Vorläufer des heutigen »Roten Kreuzes«. Der Deutsche Ritterorden wartete in den ersten zehn Jahren nach seiner Gründung einfach ab, er lebte von kargen Schenkungen: hier ein Haus in Tyrus, dort ein Weinberg bei Jaffa, Niederlassungen in Ascalon und Gaza, in Rama und Zamsi – »alles merkwürdigerweise Orte am Südrande des christlichen Machtbereiches«. Einzelne Hospitäler in Deutschland bekannten und benannten sich als Häuser des »Deutschen Ritterordens«. »Im Jahre 1200 waren Ordensbrüder mit dem Bau eines Hospitals zu Halle a. d. Saale beschäftigt.«

Die ersten Groß- und Hochmeister oder, wie sie sich auch nannten, Magister des Ordens blieben so gut wie unbekannt, die bekannten Namen verwehte der Wind. Nicht einmal der genaue Zeitpunkt des Auftauchens eines Hermann von Salza als Hochmeister des Deutschen Ritterordens steht fest: im Oktober des Jahres 1210 oder im Frühjahr des folgenden Jahres? Fest steht auch nicht – die Gelehrten streiten sich noch heute –, ob dieser Hermann von Salza zu irgendeiner Zeit vorher an einem der Kreuzzüge teilgenommen, ob er bis dahin je einmal im Heiligen Lande gewesen war, ja, ob er zu der Zeit, als er Hochmeister war, überhaupt in einer der Niederlassungen des Ordens weilte. Zeit und Ort der Geburt dieses Mannes sind unbekannt geblieben; man wußte, daß er einem thüringischen Geschlecht entstammte, doch wurde nicht bekannt, ob er ein sogenannter »Edelfreier« oder ein »Ministerialer« war, ein hoher Beamter also, jedoch in wessen Diensten? Unklar blieb auch, wer ihn wann und wo zum Hochmeister des Ordens wählte – aber als er ins Heilige Land kam, brachte er einen Sack voll Gaben mit: Stützpunkte, Balleien, Komtureien im Reich, mit deren Schenkungen und Stiftungen, er mußte also vorbereitend mit Eifer gewirkt haben. Er unternahm im Jahre 1211 seine erste Visitationsreise durch sämtliche Ordensbesitzungen im Orient und besuchte dabei die Großen im Lande, so den König Leo von Armenien, den Hermann von Salza kurzerhand zum »Ehrenmitglied« des Ordens machte und dafür reiche Schenkung empfing, das Schloß Adomadana samt vier Landgütern und das Lehen Cambothior, sowie die Erlaubnis, auch im Machtbereich des Königs Niederlassungen zu gründen, so viele er wollte. Er verstand sich ausgezeichnet mit den Oberen der Templer und Johanniter und erwarb sich eine Menge Freunde unter den arabischen Großen und Gelehrten, die ihm erreichbar waren. Die Chronik jener Zeit weiß zu berichten, daß Hermann von Salza im Jahre 1216 mit Kaiser Friedrich in Nürnberg zusammengetroffen ist. Der junge Kaiser muß von diesem doch wohl erheblich älteren Manne eine hohe Meinung gehabt haben: er schenkte ihm für den Orden zweihundert Unzen Gold aus Zolleinnahmen. Gleichzeitig aber, so weiß die Chronik, reiste Hermann von Salza nach Rom zum Laterankonzil, wo er an der großen Papstbulle vom 16. Dezember 1216, also wenige Tage nach seinem Zusammentreffen mit dem Kaiser, mitgearbeitet hat und die Neigung des Papstes gewann. Fortan, so berichten die Chronisten, bestand sein größtes politisches Verdienst, in den Augen der Zeitgenossen und später vieler Historiker, nicht so sehr in der geschickten Leitung des Deutschen Ordens, als vielmehr in seiner Vermittlungstätigkeit zwischen Kaiser und Papst, die er unentwegt und unverdrossen auszuüben vermochte, von beiden Kontrahenten geschätzt und geehrt. Sicherlich profitierten die beiden in ihren Schicksalskampf verstrickten Mächte und Männer von dieser Tätigkeit des Hermann von Salza; am meisten aber profitierte er selber für seinen Orden, für den er immer erlangte, was er nach sorgfältiger Planung und geschickter Verhandlungsführung nur erreichen konnte – ein großer Staatsmann also als Hochmeister eines Ordens, der noch kein Staat war, aber nach dem Willen Hermanns – das scheint unzweideutig – einer werden sollte, von vornherein in seiner besonderen Struktur gesehen und geplant. Dazu gehörte vor allem die Erringung eines eigenen Territoriums, das in Palästina selber bei dem Stand der Dinge kaum zu erreichen und zu erhalten war. Das muß Hermann von Salza bei seiner Reise durch die traurigen Überreste der lateinischen Kolonie im Heiligen Lande klar geworden sein. Tatsächlich beließ er die Situation der Ordensritter um Akkon, wie sie war, er beschäftigte sich mit dem Bau einer stolzen Ritterburg, Montford oder Starkenburg, dicht bei Akkon, welche im Notfall das gesamte Ritterheer des Deutschen Ordens aufnehmen konnte, aber als Hochsitz des Ordens gedacht war, ein Akt mehr symbolischer Natur, denn Hermann von Salza übte wie die deutschen Könige und Kaiser das Gewerbe im Umherziehen aus. Im gleichen Jahre 1211 schloß er mit dem König Andreas II. von Ungarn ein Abkommen, nach welchem es die Aufgabe des Deutschen Ritterordens sein sollte, in Siebenbürgen die ständig Ungarn heimsuchenden Kumanen zu vertreiben und das Land vor ihren Einfällen zu sichern. Für Hermann von Salza bot sich hier die langgesuchte Gelegenheit zu einem eigenen Territorium des Ordens – der König von Ungarn freilich glaubte, in dem Abkommen nicht ausdrücklich über eine Schenkung des Landes verhandelt zu haben, machte aber Versprechungen, die Hermann von Salza wohl glauben ließen, von nichts anderem könnte die Rede gewesen sein. Und er machte sich sogleich und mit aller Energie an die Arbeit. Die Kreuzritter in Palästina ließ er, wo sie waren, er rekrutierte die Männer, die nach Ungarn gehen sollten, aus den schon gegründeten Balleien und Komturen im Reiche.

Die Lage in Ungarn mußte freilich einen Mann besonders reizen, der eine Aufgabe suchte, die gleichzeitig dem Reiche dienen mochte. Das Land, der Raum zwischen der Save, den Karpaten und den Transsylvanischen Alpen, war zuerst im Zuge der Völkerwanderung durch die Awaren, ein mittelasiatisches Volk tatarischen Ursprungs, zu einer politischen Einheit zusammengefaßt worden, nachdem es diesem Volk gelungen war, die dort verweilenden Gepiden und Langobarden zu verdrängen. Das awarische Reich – »Pannonien« – bestand etwa zweihundertfünfzig Jahre lang, es wurde 796 von dem Sohn Karls des Großen, Pippin, und 803 durch den Bulgarenfürsten Krumm besiegt und verschwand. Im Raum verblieben neben sparlichen Resten der Awaren und Gepiden langsam, aber stetig eindringende slawische Völker, Verwandte der Slowaken und Südslawen, aber auch »Sarazenen«, Kriegsgefangene und Zigeuner, und – im Teil zwischen Donau und Save unter der Oberherrschaft des ostfränkischen Reiches – bayrische Ko-

lonisten. Der Nordwesten gehörte zum großmährischen Reich, der Osten blieb Einflußgebiet der Donaubulgaren.
Der politischen und volklichen Vielgestaltigkeit machten zu Beginn des 10. Jahrhunderts die Magyaren ein Ende. Sie kamen aus der Gegend des Flusses Kama, eines linken Nebenflusses der Wolga, ein Reitervolk, das sich offenbar zu einer Art privater Völkerwanderung entschlossen hatte. Die Sprache der Magyaren war, wie die Gelehrten feststellten, »finnisch-ugrisch«, und es wird angenommen, daß sich schon etwa 1000 Jahre vor Christi Geburt das finnisch-ugrische Volk verzweigte, die Ugrier also an die Kama und dann langsam weiterzogen, zur Zeit der Völkerwanderung auch mit bulgaro-türkischen Völkern zusammenkamen; von den Petschenegen gedrängt, besetzten sie um 900 das heutige Ungarn. Von dort verbreiteten sie sich in wilden Kriegszügen nach Westen, nach Deutschland, Frankreich, Italien, Böhmen und den Balkan, wobei sie, wie besonders übel vermerkt wurde, massenhaft Frauen und Kinder raubten und nach Ungarn schickten. Otto I. machte dem Spuk, der etwa sechzig Jahre den Westen bedrohte, mit der Schlacht auf dem Lechfeld 955 ein Ende. Die Ungarn zogen sich in den Raum zurück, der mit großen Steppengebieten und bebauterem Land wie geschaffen war, den Bedürfnissen eines Nomadenvolkes zu dienen, das zu fester Ansiedlung entschlossen war. Die Ungarn hatten das Glück, von einem Herrschergeschlecht, den Arpaden, regiert zu werden, das sich in jeder politischen Lage als besonders geschickt erwies. Der Großfürst Geisa – er starb 997 – vermählte seinen Sohn Waik mit Gisela, einer Schwester des Bayernherzogs Heinrich, der später als Heinrich II. deutscher Kaiser war. Dieser Sohn Waik wurde also römisch getauft und bekannte sich zum Abendland, obgleich ihn nach der Lage des ungarischen Raumes die Ostkirche sehr wohl hätte verlocken können, ein Umstand, der für die weitere Entwicklung Ungarns von großer Bedeutung war: dies Volk, aus dem Osten kommend, hätte große

Aussichten zur Selbstbehauptung gewonnen, wenn es seiner Herkunft nach sich als Vorfeld des Ostens in der Verbindung mit Byzanz gegen den Westen etabliert hätte. In der Tat wünschten viele Große des neuen Reiches eben diese Tendenz nach Osten; sie wurden von Waik mit Hilfe deutscher Ritter unter den Fahnen des Heiligen Georg und des Heiligen Martin im Jahre 1000 in der Schlacht am Plattensee besiegt und gedemütigt. Papst Sylvester II. wußte diese Einstellung des ungarischen Fürsten wohl zu schätzen, er übersandte ihm die »Stephanskrone«, mit der Waik nun als »apostolischer König« namens Stephan gekrönt wurde.

Das Abendland hatte im Osten weiche, fließende Grenzen: im Norden der Ostgrenze war Großpolen in Umfang und Macht ständigen Verwandlungen unterworfen, im Süden der donau-bulgarische Raum – in der Mitte nun bildete Ungarn den festen, auch geographisch gesicherten Kern, der sich in der inneren Verwaltung die Verfassungszustände des Reiches zum Vorbild nahm, gegliedert in »Komitate«, wie die Grafschaften des Reiches, denen ein »Gespan« vorstand; so wurde der große Adel in den Dienst des Staates eingespannt, der kleine Adel saß auf Burgen, die, wie im Reich, mit der »Burghörigkeit« der umwohnenden Bevölkerung die Gliederung der niederen Verwaltung darstellte und Kriegsdienste leistete. Bayrische Münzen waren im Umlauf. Aber das Land war zu jenen Zeiten menschenarm, die Arpaden ließen es offen für jede Art von Siedlern – sie drangen von allen Seiten ein, Slawen und Deutsche, die auf Siedlungen stießen, die von den Kriegsgefangenen der Ungarn gegründet worden waren, wobei das ungarische Volk eine erstaunliche Aufsaugefähigkeit bewies, gemäß dem Grundsatz, den Stephan I., der spätere »Heilige«, verkündet hatte: »Haltet unsere Gäste in Ehren, sie sind eine Zierde und Stütze des Thrones, denn ein Reich von *einer* Sprache ist schwach und gebrechlich.« Otto von Freising, der Geschichtsschreiber des Barbarossa, schilderte das Ungarland und seine Verfassung: die weite Ebene sei schön anzusehen, reich an Wald und Wasser und fruchtbarem Boden, aber wenig von der Pflugschar aufgelockert, arm an Bauten und Siedlung; die Bewohner unterlägen starker Königsgewalt und fest geordneter Wehrpflicht, die Gerichtsbarkeit sei streng, Münze und Zollerhebung ganz einheitlich, in der Schar, die den König umgebe, dienten viele Fremde, Söldner, die waffengeübt seien nach Ritterart.

Die Christianisierung des ungarischen Volkes erfolgte langsam, der Venezianer San Gerallo, ungarisch Gellert genannt, wurde zum zweiten Heiligen des Landes, das er planvoll und mühselig missionierte, die neu gewonnenen Seelen vor der Verführung durch Byzanz bewahrend. In der Tat hatte Ungarn versucht, nur zögernd und vergeblich, sich nach Osten auszudehnen, in östliche Wirren einzugreifen etwa oder überhaupt Beziehungen zu östlichen Mächten zu pflegen. Der nächste Nachbar war das Großreich der Kumanen, eines nomadischen Turkvolkes, das, ähnlich wie die Petschenegen, die weiten Steppen durchschweifend, den Raum nördlich des Schwarzen Meeres vom Pruth bis über den Don hinaus beherrschte, zeitweilig über Galizien und bis Kiew vordrang und in unregelmäßigen Raubzügen auch das Königreich Ungarn heimsuchte.

Die Kumanen suchten in des Wortes eigentlichem Sinne das Land heim: das Land südlich von Siebenbürgen wurde nach dem Bach Burzen, der es durchfließt, das Burzenland genannt, es war Steppenboden, und es war die Tendenz aller Steppenvölker, alles, was Steppe war, als Heimat zu betrachten. Der Steppengürtel Asiens von der Wüste Gobi bis hin nach Ungarn war nicht etwa nur Durchzugs-, sondern auch ständiges Lehnsgebiet der großen Nomadenvölker, der Hunnen, wie der sonstigen Turkvölker, auch der Magyaren also; sie standen, umherschweifend, dem Zuge ihrer Herden nach Weideplätzen folgend, in ständiger Verbindung mit anderen Nomadenvölkern der Steppe, sie alle von gleichen Impulsen getrieben und auf jeden Druck, selbst den fernsten, in einer Weise reagierend, wie sie den Bauernvölkern des Westens völlig unbegreiflich war.

König Andreas II. von Ungarn, getreu der Tradition seiner Väter und des Arpadengeschlechts, hatte sich ganz dem Westen, dem Abendlande zugewandt; er vermochte in den sich plötzlich mehrenden Angriffen der Kumanen auf das Burzenland, die, immer wieder die fünf Karpatenpässe überschreitend, bis in das hauptsächlich von Deutschen besiedelte Siebenbürgen vordrangen, nichts anderes als übermütige Raub- und Eroberungszüge zu sehen, deren er sich mühsam genug zu erwehren versuchte. Er bat, in einem wenn auch noch so losen Lehensverhältnis zum Reiche stehend, um Hilfe aus dem Reich, aber das war in seine eigenen Streitigkeiten verstrickt; selbst die Bereitwilligkeit des ungarischen Königs Andreas II., sich durch eine Teilnahme an einem Kreuzzuge als Abendländer zu qualifizieren, steigerte nicht das Interesse, ihn in seinen ungarischen Nöten zu unterstützen. Also wandte er sich an die einzige Macht im Reiche, die, eben neu geschaffen, für solche Aufgaben geradezu konzipiert zu sein schien — eben an den Deutschen Ritterorden, in seinem Vorhaben diesmal von Hermann von Salza lebhaft unterstützt.

Der Islam, gegen dessen Ausweitung sich das Abendland in Spanien und in Palästina nun seinerseits aggressiv gewandt hatte, war auch weit bis in den Osten, bis Asien vorgedrungen; an seinen äußersten Grenzen im Osten spürte die mohammedanische Welt den gleichen fernen Druck, nahm ihn sozusagen ebenso seismographisch auf wie die Turkvölker der Steppe. Seit etwa 1204 vermochten die Muslim im Heiligen Lande — und es war Palästina für die islamische Welt wie für das Judentum gleichermaßen ein heiliges Land — nicht mehr die volle Gegenkraft gegen die Kreuzfahrer der lateinischen Kolonie einzusetzen; starke Truppenteile waren zur Bewachung der östlichen Grenzen vorgesehen und konnten angesichts der vom Abendland überhaupt nicht wahrgenommenen Ereignisse im Fernen Osten keinesfalls verringert und zur Verstärkung gegen die Kreuzfahrerstaaten herangezogen werden.

Hermann von Salza sandte seine deutschen Ordensritter, die junge Mannschaft aus dem ganzen Reiche, vornehmlich aber wieder aus der Dominal-Provinz Franken, nach Ungarn – es waren etwa vierhundert Ritter mit ihren Knappen und Reisigen: zum militärischen Einsatz im ungarischen Grenzschutz gegen die »heidnischen« Kumanen. Die Ritterschaft des Ordens packte ihre Aufgabe ganz im Sinne der militärischen Gebote an: sie errichtete, von Siebenbürgen ausgehend, Burgen in gleichmäßigen Abständen, sehr wehrhafte Bauten, und suchte in den nun also derart geschützten Zwischenräumen die Überschüsse der deutschen Siedler anzusiedeln und ebenfalls »wehrhaft« zu machen. Es zeigte sich in der Tat sehr bald, daß die Reiterschwärme der Kumanen sich Welle auf Welle vor den Burgen brachen, bis endlich der Orden seine Burgen strategisch richtig dicht vor den fünf Karpatenpässen errichtete und damit die Kumanen hinderte, die Steppe »heimzusuchen«. Die Burgen waren stattliche Bauten, geeignet, in Fällen der Gefahr auch die Siedler aufzunehmen – es waren vornehmlich »Flandrer«, die von den Königen Ungarns zum Zwecke der Siedlung und Bebauung aus dem Reiche herbeigerufen worden waren, und Flandern galt als »sächsisches Land«, aber es kamen auch »Sachsen« aus den Bergbaugebieten vormals Heinrichs des Löwen, Bergknappen, welche die Bergwerke Ungarns fachgerecht auszubauen hatten.

Je mehr aber nun das Burzenland, in nur zehn Jahren, zum deutschen Siedlungsgebiet rund um die Burgen des Ordens anwuchs, desto stärker wurde das Bedürfnis des Ordens, sich zum Herrn des »Territoriums« zu machen, in Ungarn also einen eigenen Ordensstaat zu errichten, die mancherlei Privilegien, die ihnen der König zugebilligt hatte, nicht nur voll ausnutzend, sondern nach Bedarf und Lage der

Dinge auch rücksichtslos erweiternd; der Orden nahm Rechte in Anspruch, die der König von Ungarn kaum zu bewilligen vermochte, ein eigenes Münzrecht unter anderem, kurz, der Orden errichtete nach Meinung des Königs ein souveränes Staatsgebilde in dem Lande, das ein solches Vorhaben im Interesse des Lehensstaates Ungarn nicht dulden konnte.

Hermann von Salza, der selber Ungarn und seinen Ordensstaat nie besuchte, unterbaute die Staatsbildung des Ordens sorgfältig und unerwartet durch die Sonderstellung, die der Deutsche Orden gleichwie die anderen Orden innerhalb der kirchlichen Hierarchie und Gerichtsbarkeit besaß, das heißt: der Orden trat aus der Gliederung der Kirche in Bistümer und Kirchenprovinzen ebenso heraus wie aus der Gliederung des Reiches, er unterstellte sich dem Papst unmittelbar, wie er sich unmittelbar dem Reiche unterstellte, dem Kaiser also. Dazu gehörte freilich, daß Hermann von Salza es verstand, zwischen den beiden Mächten und Mächtigen zu vermitteln – und das verstand er tatsächlich. Die Ordensbrüder wurden der Rechtsprechung des Bischofs entzogen, übten den Gottesdienst in ihren Ordenskirchen von den Bischöfen unabhängig aus, erhoben den Zehnten innerhalb ihres Ordensgebietes – und machten sich in gleicher Weise unabhängig vom Aufgebot des Kaisers; dadurch aber war sowohl der Kaiser, je reicher und unabhängiger der Orden wurde, in seiner Stellung gegenüber den Landesfürsten, und der Papst in seiner Stellung gegenüber dem Episkopat gestärkt. Der Orden arrangierte sich sozusagen als verbündeter Souverän mit den Spitzen der Macht, mit Kaiser und Papst, zu beider Vorteil. Dem König von Ungarn blieb nichts anderes übrig, als sich dem Gebot der obersten Mächte zu fügen. Daß er das Kreuzfahrerheer in Akkon »vorzeitig und verärgert« verließ, war ein Zeichen seines Unmutes, von Kaiser und Reich in seinem Kampf gegen den Ritterorden im Stiche gelassen zu sein – die er rief, die Geister, wurde er nicht mehr los.

Aber er schien entschlossen, diese Geister loszuwerden, sobald sich eine Gelegenheit bot.
Es mag geradezu als ein Kriterium der Zeiten des Überganges zwischen zwei geschichtlichen Epochen erscheinen, daß in diesen Menschen und Mächte sich erneut und mit einer gewissen Radikalität auf die Ausgangspunkte ihrer Prinzipien besinnen und das Erreichte mit hartnäckiger Konsequenz zu verfechten und endlich zum ersehnten Ziele zu führen versuchen — indes neue Ideen wiederum aus dem Untergrund der banal gewordenen alten Weisheiten sprießen und mit Vehemenz zum Lichte drängen. In diesen Zeiten überlappen sich die Ideen und die Realitäten räumlich und zeitlich, die Elemente verschlingen sich gegenseitig oder aber sie umschlingen sich, und etwas absolut Neues wird auf diese Weise erzeugt.
Solche Zeiten erscheinen wirr und in ihren Abläufen schwer zu erfassen. Die Werke der bedeutenden Männer, der Gestalten der alten und der neuen Zeit, müssen anders gewertet werden, als sie den Zeitgenossen erschienen. Größe verwandelt sich im Nachhinein in Verbrechermentalität, dunkle Gestalten mögen gerechtfertigt werden. Tragik wandelt sich im Maße der Wandlung der geschichtlichen Moral.
Papst Honorius III. gehörte im Gegensatz zu seinem Vorgänger, dessen Politik er einfach fortzusetzen entschlossen war, zu den »frommen« Heiligen Vätern — seine Wahl war das Produkt einer Kurie, die schon seit langem die Stetigkeit der großen kirchlichen Aufgaben garantiert fand in einem annehmbaren Wechsel der päpstlichen Mentalitäten. Honorius III. empfand mit tiefem Schmerz das immer erneute Scheitern der Kreuzzüge und setzte alle Mühen seiner Amtszeit vordringlich daran, die Kreuzzüge bis zu ihrem glücklichen Ende fortzuführen. So war er angenehm berührt von der überraschenden, fast lässigen Bereitschaft Friedrichs II., zum Zwecke seiner Krönung zum Kaiser, die im 5. November 1220 stattfand, auf alle die Dinge zu verzichten, um die es in dem nun schon dreihundertjährigen

Streit zwischen den deutschen Kaisern und den Päpsten ging. Aber Friedrich II. hatte schon im Jahre 1215 im Überschwang der Gefühle, als er sich auf den Thron Karls des Großen in Aachen setzte, »das Kreuz genommen« und auf seinen Mantel geheftet. Nun, just zur Zeit seiner Krönung, waren die üblen Nachrichten von den Vorgängen bei Damiette in Rom eingetroffen; die Kreuzfahrer in Ägypten warteten auf das Eingreifen neuer Kräfte – sie wie der Heilige Vater warteten auf die Initiative des Kaisers. Jetzt oder nie, so mochte die Parole geheißen haben – der Heilige Vater war im Besitz des Berichtes eines Bischofs Jakob von Vitry aus dem fernen Indien, der eine sonderbare und glückhafte Botschaft enthielt: in ganz Indien sei die Rede von einem christlichen König, der sich mit einem riesigen Heer aufgemacht habe, um den Kreuzfahrern zu Hilfe zu kommen, der Islam zittere vor seinem Nahen. Dieser neue König David, den die Christen in fernen Missionen sofort als einen Johannes erkannten, von Gott gesandt, um allen Nöten des Abendlandes mit Feuer und Schwert ein Ende zu machen und das tausendjährige Reich der Kirche zu sichern, ließ seinen Reiterscharen Fahnen voranwehen, die das Zeichen des Kreuzes trugen. Schon habe er das mächtige Perserreich besiegt! Das ganze christliche Abendland jubelte bei dieser Botschaft auf. Und nicht nur das christliche. Aus Indien kam die Nachricht, daß es sich um einen Rex Indorum handelte; in den jüdischen Gemeinden wurde sofort begriffen, daß hier ein Übertragungsfehler vorliegen mußte: es mußte natürlich Rex Judorum handeln, einen jüdischen König, der gekommen war, das Heilige Land zu befreien, Jerusalem, das religiöse Zentrum des in der qualvollen Zerstreuung lebenden jüdischen Volkes, und um das jüdische Volk aus dem Exil in seine Heimat Palästina zurückzuführen. Der päpstliche Legat Pelagius sog aus dieser Botschaft die Nahrung für seine Hartnäckigkeit gegenüber den sonsthin unbegreiflich entgegenkommenden Angeboten des Sultans.

Jetzt, gerade jetzt, als die Dinge im Nildelta eine unheilvolle Wendung zu nehmen drohten, sollte und mußte der neue, junge Kaiser eingreifen. Friedrich II. erklärte sich bereit, sofort den Kreuzfahrern zu Hilfe zu kommen, indem er eine Flotte ausrüstete und auf den Weg sandte, mit Verstärkung und Lebensmitteln; aber er selber war leider unabkömmlich, er mußte sich um sein Königreich Sizilien kümmern, das sich in völliger anarchischer Auflösung befand. Honorius sah dies ein und ließ sich das Versprechen des Kaisers geben, zu einem bestimmten, nahen Termin selber nach dem Heiligen Lande aufzubrechen.
Sizilien war ursprünglich von zwei Stämmen, den Sikelern im Osten und den Sikanern im Westen, besiedelt. Phönizische Kaufleute trieben mit ihnen Handel und gründeten an den Küsten Handelskolonien. Ihnen folgten seit dem 8. Jahrhundert v. Chr. chaldikische Griechen, die das ganze Küstengebiet hellenisierten. Dabei verlief die Entwicklung der inneren hellenischen Verhältnisse in Sizilien parallel zu jenen in Griechenland: aus der Aristokratie ging auch hier die Tyrannis hervor. Die Tyrannen besiegten 480 v. Chr. die eindringenden Karthager, die sich aber von ihrem Waffenplatz Agrigent langsam immer weiter ausdehnten, die Streitigkeiten zwischen den Tyrannen und Athenern klug benutzend. Nach dem ersten Punischen Krieg gewannen die Römer Sizilien und eroberten im zweiten Punischen Krieg auch Syrakus, den Sitz der Tyrannei. Sizilien, nunmehr römische Provinz, wurde zur Kornkammer Roms, und die Römer holten sich vom Aetna und seinem ewigen Schnee das Speiseeis. Die römische Wirtschaft, ganz auf die Sklaverei aufgebaut, litt unter blutigen Sklavenaufständen; und 827 n. Chr. landeten die Sarazenen in der Folge der gewaltigen Explosion des Islam. Im Verlaufe der Eroberungskriege von 1061–91 hatten die Normannen unter Roger I. den Sarazenen das Land entrissen, Roger II. vereinigte 1130 Sizilien mit dem Festland Unteritalien zu einem Königreich.

In der Zeit der Abwesenheit ihres neuen Königs Friedrich II. hatten alle die so verschiedenen Mächte, die sich in Sizilien bevölkerungsmäßig aneinanderrieben, das Fehlen einer starken Staatsmacht dazu benutzt, die eigenen Interessen voranzutreiben, vorab die normannischen Barone, die sich durch den Staufer mit Recht in ihrer Herrschaft bedroht sahen. Aber auch die Sarazenen, die von den Normannen in unwegsame Gebirgsgegenden zurückgedrängt worden waren, suchten in blutigen Aufständen gegen die Barone ihre Freiheit und das Land zurückzugewinnen. Die wenigen deutschen Truppen in Sizilien vermochten nur mühsam ihre Position zu halten, und schließlich lag eine einheitliche Führung Siziliens nur bei der Kirche, bei den einundzwanzig Erzbischöfen, denen der König in seinen Abmachungen mit dem Papst bedeutend mehr Macht zugebilligt hatte, mehr Macht und mehr Territorium, als irgendeiner im Abendlande.
In der Tat also mußte Friedrich II. die Sicherung seines Erbes, der einzigen Hausmacht, die er besaß, vordringlich erscheinen – was gingen ihn die Kreuzfahrerstaaten an, sie waren Sache des Papstes, der ihm die Kaiserkrönung mit so harten Bedingungen verkauft hatte. Und hier erwies es sich, daß die mancherlei Überlappungen der Mächte und der Methoden, des Geistes und der Realitäten im Wesen Friedrichs ihre Möglichkeiten hatten, in der Differenziertheit der Aufgaben, die er für sich erkannte; darin war er ein echter Sohn seiner Zeit: in seiner Person vollzog sich diese Zeit, mehr nicht, aber nicht weniger.
In zehn Jahren gelang es Friedrich II., Sizilien vollständig umzuwandeln. Er hatte ein Konzept, das dem des Hermann von Salza verteufelt ähnlich sah. Hermann von Salza hatte seinen Orden, der ihm ermöglichen sollte, dies Konzept zu verwirklichen, aber Friedrich hatte seinen Staat, sein Territorium, in welchem er nach seinem Gutdünken vollziehen konnte, was zu vollziehen war. Eine seiner ersten Taten war, die Sarazenen aus ihren Gebirgen her-

auszulocken und sie in Apulien anzusiedeln, in seinen Gebieten dicht vor der Insel – er gab ihnen das, was sie sich wünschten, die Freiheit, sich dort nach ihren Gewohnheiten und den Sitten ihrer Religion einzurichten. Er baute ihnen gewaltige Turmfestungen, die Bollwerke, hinter denen sie sich und Sizilien zu schützen vermochten, und er ehrte die Sarazenen, indem er aus den tapferen, moslemischen Kriegern, zum Entsetzen des Heiligen Vaters und der sizilianischen Episkopate, seine Leibgarde bildete, mit den wenigen deutschen Truppen eine Heeresmacht von beachtlicher Stoßkraft.
Die normannischen Barone bändigte er, ohne mit ihnen geradezu in blutige Konflikte zu geraten, indem er – ein unerhörtes Faktum zu jener Zeit – die Lehen nahm, sie dafür aber in Ehre, Amt und Würde setzte, sie wurden Beamte, nicht mehr durch die ungewissen Erträgnisse ihrer Lehen bezahlt, sondern durch sichere und hohe Gehälter. Alle Privilegien und alles entfremdete Krongut, alle in der Zwischenzeit von den Baronen und von den Städten usurpierten Rechte und Einkünfte forderte er schon 1220 in seinen »Assisen von Capua«, in seinen Hoftagsbeschlüssen, zurück; sie kamen unter die Verwaltung seiner Beamten, die nun in der von ihm gegründeten Universität Neapel ihre Ausbildung erhielten, nur an der Universität von Neapel durften seine Untertanen studieren. Die Hochburgen der Baronie wurden zerstört oder zugunsten des Staates enteignet. Das Land war reich –, arm geworden nur durch die Mißwirtschaft, nun wurde die Produktion durch straffe Steuern und Zölle erfaßt, eine eigene Flotte organisierte den Handel, der bisher in den Händen der privilegierten Genuesen und Pisaner gelegen hatte. Mit dem Bau zahlreicher Kastelle ermöglichte Friedrich II. die Unterhaltung seiner stehenden Truppen – kurz, er schuf den ersten Beamtenstaat des Abendlandes, straff zentralisiert und einzig dem Willen des Herrschers unterworfen, eine absolute und aufgeklärte Monarchie, die erste seit Bestehen des

Reiches, den ersten in sich geschlossenen souveränen Staat überhaupt.

Und diese beispiellose innere Umwälzung in Sizilien geschah wie selbstverständlich, fast ohne jede Anwendung von Gewalt. Den einzigen Widerstand bekam Friedrich II. durch das Episkopat zu spüren, das sich mehrfach flehentlich an den Papst wandte. Es konnte gar nicht ausbleiben, daß Übergriffe der Beamten gegenüber der Kirche erfolgten; zuviel der Rechte und Privilegien hatten sich überlappt. Die klugen Männer des Episkopats, jahrhundertelang geschult, wußten, daß die Kirche nur regieren konnte mit der Schwäche der Staaten: hier erlebten sie die Geburt eines wahren Staates, der nur regieren konnte mit der Schwäche der Kirche. Aber der Papst hatte gerade, wie so viele seiner Vorgänger, vor den aufsässigen Römern nach Tivoli entfliehen müssen; er hatte kein anderes Mittel, als den Kaiser, der sich als König von Sizilien so ungebärdig benahm, aufzufordern, endlich mit seinem Kreuzzug zu beginnen – er mußte einen neuen Termin nach dem anderen ansetzen. Friedrich II. hatte in seinem tüchtigen Freund Hermann von Salza einen im ewigen Spiel zwischen Kaiser und Papst unerhört geschickten diplomatischen Vermittler, welcher dem Papst den Zusammenhang zwischen dem Machtzuwachs des Kaisers und dem unausbleiblichen Entschluß, den geplanten Kreuzzug wirklich zu führen, klarmachte; außerdem schien es richtig, das Nahen des neuen Königs David, des Ritters und Retters aus dem fernen Osten abzuwarten ...

Unterdessen hatte Friedrich in Sizilien nach genauem Studium der das Episkopat betreffenden Partikel mancher Verträge und Abmachungen die Möglichkeit entdeckt, bei der Neuwahl von Erzbischöfen seine Zustimmung so lange zu verweigern, bis mit dem Einverständnis des Heiligen Vaters zu rechnen sei. Er besetzte vakant gewordene Sitze einfach auch nicht neu, sechs der einundzwanzig hatte er schon auf diese Weise und seiner Ansicht nach rechtlich einwandfrei vollständig lahmgelegt, die alten Herren Erzbischöfe begannen in der Tat, den eigenen Tod zu fürchten. Aber schließlich, im Juli 1225, verpflichtete sich Friedrich feierlich und bei Strafe des Bannes, spätestens im August 1227 zum Kreuzzug nach Palästina aufzubrechen; zu gleicher Zeit heiratete er – seine spanische Konstanze war 1222 gestorben – die 14jährige Isabella, die Erbtochter Johanns von Brienne, – die schon 1228 bei der Geburt des Sohnes Konrad IV. starb – und verblüffte ihren Vater, der 1210 die Erbin des Königreiches Jerusalem geheiratet hatte und nun als König von Jerusalem ohne Jerusalem wirkte, mit der Mitteilung, daß er dessen Krone alsbald für sich beanspruche, wodurch Friedrich einen gewichtigen Anlaß zu seinem Entschluß, den Kreuzzug zu führen, zu erkennen gab.

Es ging um Asien

Inzwischen aber war die Weltgeschichte ihren eigenen, nicht mit der des Abendlandes identischen Gang gegangen. Das Abendland war durch die Problematik zwischen Kaiser und Papst, zwischen Reich und Kirche politisch introvertiert. Es wußte so gut wie nichts von der übrigen Welt, die im Osten sich in unheimliche Weiten verlor, im Süden und Südosten durch das ebenso unheimliche Phänomen des Islam verdeckt wurde, so daß es unvorstellbar erscheinen mußte, zu erfahren, was sich im Rücken der arabischen Wüste in dem so gut wie unbekannten Afrika vollzog, und die über das Wasser nur von den vorzüglich nach Eroberung und Beute begierigen Normannen in Küstennähe erforschbar war. Der Kompaß wurde erst um das Jahr 1200 herum in Gebrauch genommen – die Magnetnadel als nautischer Wegweiser war den Chinesen schon in der Mitte des 2. Jahrhunderts v. Chr. bekannt, auch den Abendländlern, als chinesische Erfindung. Daß es ein Indien gab, war seit Alexander dem Großen bekannt, von China kam mit den Hunnen der Völkerwanderung gewisse Kunde, die bald als Legende weiter wob. Die islamische Welt trieb Handel mit China über die schon den Römern bekannte Seidenstraße, die aber dem Abendländler so gut wie versperrt war.

Das Volk der Chinesen war das Stammvolk der chinesischen Erde, es bildete also seine Kultur vollkommen selber aus. Jü der Große war etwa 2200 Jahre v. Chr. der Gründer der ersten Dynastie Hia, unter welcher China also in den Bereich der Geschichte trat, ein schon damals ackerbautreibendes, kultiviertes Land mit feudalistischer Verfassung; es umfaßte die heutige Provinz Honan und Süd-

Schansi, dehnte sich allmählich und natürlich auch unter mancherlei inneren Kämpfen über die ganze chinesische Erde aus. Gerade in Zeiten der Not wurde dem chinesischen Volk weiser Zuspruch durch philosophische Schulen, die des Laotse und des Konfuzius. Im Jahre 221 v. Chr. einte ein Fürst von Tsin als »erster erhabener Kaiser« das Land zum Reich, diesem Reiche zugleich den eigenen Namen gebend. Er wandelte die Lehensgebiete in Provinzen um, führte den Freihandel ein, hob den Gemeindebesitz des Ackerlandes auf und verwandelte ihn in festliegendes Privateigentum. Der Handel fand fast unblutig seine Wege zu den Nachbarländern und gelangte bis Indien. Äußere Feinde beunruhigten das große Reich nur im Norden, von wo Nomadenstämme aus der Wüste Gobi gelegentlich in das Land einbrachen, um dort Beute zu machen. Gegen diese sicherte sich der große Kaiser durch den Bau eines 3000 km langen Grenzwalles, der ständig verstärkt und neu befestigt wurde, der »Großen Chinesischen Mauer«, des riesenhaftesten Verteidigungswerkes der Erde. In den 1500 Jahren seiner Kulturentwicklung unter den verschiedenen Dynastien gelangte der indische Buddhismus mit anderen indischen, persischen und auch griechischen Kulturgütern in das Reich; wachsender Großgrundbesitz ließ das Volk verarmen und zwang es zu Aufständen, die zeitweilig auch das Gefüge des Reiches zerrissen — aber alle Krisen waren sozusagen innerchinesischer Art, sie wurden stets im Prozesse einer neuen Einigung des Reiches und mit einer neuen Verteilung des Ackerlandes gelöst. Während der Notzeiten in das Land eingedrungene Völkermassen türkischer und tungusischer, auch tatarischer, Herkunft wurden vom chinesischen Volke aufgesogen und übernahmen ohne Schwierigkeiten die Segnungen des ältesten und beständigsten Kulturvolkes der Erde, das sich das der »Söhne des Himmels« nannte.

Um das Jahr 1200 n. Chr. war China in zwei Teile geteilt, die aber doch lose miteinander verbunden waren: im Norden das Reich der Chin-Tataren-Dynastie, in Südchina hatte sich die Sung-Dynastie zu halten vermocht. Im Jahre 1206 meldete der General an der Großen Mauer dem Kaiser von China, daß in den Ländern jenseits der Mauer völlige Ruhe herrschte. Das war eine ganz ungewohnte Nachricht, die den greisen Kaiser Tschang-tsun mehr zu beunruhigen geeignet war als die bislang gewohnten Berichte von Angriffen der verschiedenen Nomadenstämme. So sandte der Kaiser seinen Neffen, den Fürsten Yün-chi, in die fernen Länder, unter dem Vorwand, von einem tributpflichtigen Nomadenfürsten den schon lange fälligen Tribut einzumahnen. Auf dem Wege traf Yün-chi Abordnungen der verschiedensten Stämme, die alle, mit Geschenken beladen, einem einzigen Ziele zustrebten: dem »Ordu«, der zeitweiligen Residenz eines Mongolen-Chans namens Temudschin. Fürst Yün-chi nahm den gleichen Weg.

Er durchquerte die Wüste Gobi, fand aber, als er sich dem Oberlauf des Onon-Flusses näherte, schon tagelang vor dem Ziel große Zeltstädte, in denen reges Leben herrschte: zahllose Pferde- und Rinderheere, Männer, welche die Stuten molken, und Frauen, die aus der Stutenmilch »Kumys« herstellten, ein berauschendes Getränk, Frauen molken auch die Kühe und bereiteten aus der mehrfach destillierten Kuhmilch den »Arjka«, einen glasklaren Milchschnaps mit erheblicher Wirkung. Der chinesische Fürst erfuhr hier, daß sich im Ordu des Fürsten Temudschin ein großer »Kuriltai aller in Filzhütten wohnenden Völker«, also aller Nomadenvölker der Steppe, vorbereite.

Temudschin, ein Mann von vierzig Jahren, empfing den Gast aus dem fernen China nicht mit der ganzen Aufmerksamkeit, die er den Abordnungen der Nomadenvölker widmete, in einem riesigen weißen Zelt in der Mitte des Ordu, das in einem großen, freien Platze stand und innen mit Brokatstoff ausgeschlagen war. Er überreichte dem chinesischen Fürsten kostbare Geschenke von genau dem gleichen Werte wie die Gaben, die der Chinese ihm dargeboten hatte –, Pferde und Kamele, mit Fellen und Pelzen beladen, aber so schnell gesattelt, daß Fürst Yün-chi verstand, er sei ein ungebetener Gast, und sich beeilte, heimzukehren, um seinem Kaiser zu berichten, daß es dem Mongolenfürst Temudschin gelungen war, sämtliche Nomadenstämme, einschließlich der Onguten, die in der nächsten Nähe der Großen Mauer mit den Chinesen Handel trieben, unter der Herrschaft der Mongolen zu einen, und im Begriffe war, sich im »Kuriltai« zum Herrscher eines neuen, nomadischen Großreiches wählen zu lassen, zum Cha-Chan – Chane hießen die Stammesfürsten, Cha-Chane galten als Herrscher über andere Herrscher; Temudschin nannte sich Tschingis-Chan, eine Namensverbindung, die bislang unbekannt war und dem Sinne nach angab, dieser sei nur vom Himmel dazu bestimmt, über *alle* Völker zu herrschen.

Kaiser Tschang-tsung war dessen ganz zufrieden: es war ihm lieber, es einmal mit einem einzigen Manne und seinem Reiche zu tun zu bekommen, als sich ständig an der Mauer mit regellosen Nomadenherden herumschlagen zu müssen. Temudschins Vater war ein Mongolenfürst, der über 40000 Zelte gebot und eine Macht darstellte in den ständigen Kämpfen der Nomadenvölker, in denen es, recht blutig, um die Weideplätze ging. Zwar hatte jeder Nomadenfürst seinen »Ordu«, seine Residenz, jedoch wechselte diese oftmals und bei passenden Gelegenheiten den Ort. Die Residenz des Mongolenfürsten lag ziemlich gesichert und abgeschirmt hinter der Wüste Gobi, aber diese mußte auch in qualvollen Märschen durchschritten werden, bevor es gelang, neue Weideplätze zu finden. Der Reichtum der Nomaden waren ihre Herden, vorzüglich aber ihre kleinen, struppigen, doch zähen und schnellen Pferde, die gewohnt waren, im Winter sich mit ihren Hufen die Moose unter dem Schnee emporzustampfen. Temudschins Vater hatte einen Tatarenfürsten namens Temudschin besiegt, als sein Sohn geboren wurde; so nannte er diesen, da sein Gegner

ein besonders tapferer Mann war, auf den Rat seines Schamanen, des Zauberpriesters, ebenfalls Temudschin. Dieser Knabe Temudschin wurde der größte Eroberer der Weltgeschichte, sein Name Tschingis-Chan galt als der einer »Gottesgeißel« vom Mittelländischen Meer bis zum Stillen Ozean, von der sibirischen Taiga bis zum Himalaya.
Sein Vater war, als der dreizehnjährige Knabe auf der Brautsuche bei den Chungiraten weilte, einem Nomadenstamm südlich der Wüste Gobi, von Tatarenfürsten bei einem Gastmahle vergiftet worden, sein »Ordu« zerstört, seine Mutter und die Geschwister in tatarischer Gefangenschaft, das Volk der Mongolen verstreut und um die Weideplätze gebracht. Der Knabe Temudschin konnte sich auf nichts mehr verlassen als auf seine Kraft. Aber die hatte er. Er begann mit kleinen Räubereien, traf Komplizen, traf verstreute Mongolen, die sich sofort unter sein Kommando fügten, er griff jene Tatarenfürsten an, überfiel sie und befreite seine Familie, überall dort, wo er beleidigt worden war, sich fürchterlich rächend. Auf den Ruf seiner Tapferkeit hin strömten ihm ganze Stämme zu, deren Feinde er angriff und besiegte. Er vertraute auf nichts als eben auf die Kraft, und seine Scharen so kampfkräftig wie möglich zu machen, erfand er eine absolut neue Kriegskunst mit einer vor allem bei den Nomaden gänzlich unbekannten und überraschenden Organisation seines Heeres, wie auch seines Gemeinwesens. Das ganze Volk der Mongolen war eine einzige Kriegerkaste geworden, welche das Reich regierte, in einer Art Hierarchie, welche die Staatskunst allein Temudschin überließ, die Kriegskunst seinen Feldherren — anfangs nur seinen Brüdern —, den Lebensunterhalt den zwar besiegten, aber ihm nun willig folgenden Nomadenvölkern unter ihren Chans. In allen Zeltlagern wurden je neun Zelte einem zehnten unterstellt, diese Zehnergruppen handelten geschlossen verantwortlich und bekamen ihre Aufgaben. Keine Zehnergruppe durfte einen der Ihren verwundet oder gefangen im Stich lassen. Das

Heer gliederte sich in Tausendschaften, in Bataillone also, es wurde taktisch wie strategisch eingeübt, von der Gruppe von neun Mann unter einem zehnten an bis zu einer Streitmacht von vierhunderttausend Mann, alles Mongolen, an der Spitze der Tausendschaften aber auch besonders tapfere und ergebene Führer besiegter oder befreundeter Stämme. Ein Generalstab der fähigsten Kriegshelden arbeitete vor jedem Feldzug, auch dem kleinsten gegen aufständische Stämme, einen Kriegsplan aus, der genau eingehalten wurde. Dem Cha-Chan Temudschin unterstand direkt eine Garde von zehntausend Mann, mit welcher der oberste Feldherr entscheidend eingriff, eine Leibwache von tausend Mann, jeder im Offiziersrang, sowie eine Nachrichtenabteilung, die sich der Cha-Chan ohne Vorbild selber geschaffen hatte, die sogenannten »Pfeilboten«.

Die Räume, in denen sich die Mongolen zu bewegen hatten, wuchsen im Laufe der Zeit zu wahren Großräumen und umfaßten die ganze Steppe, die nach der festen Überzeugung der Nomaden überall ihre ureigenste Heimat war. Der Herrscher der Mongolen mußte alles wissen, was in seinem Reiche geschah und an den Grenzen. In jedem Bezirk, bei jedem Stamm, in jedem benachbarten Land hatten sich Pfeilboten-Zentren gebildet; auch die geringfügigste Neuerung oder Veränderung mußte sofort dem Herrscher mitgeteilt werden, auf dem schnellsten Wege. Die Pfeilboten hatten nicht nur die besten Pferde, auf ihrem Eilwege mußte ihnen jedermann das beste seiner Pferde zur Verfügung stellen, selbst Fürsten waren von dieser Pflicht nicht ausgeschlossen – sie ritten, Leib und Kopf bandagiert, Tag und Nacht und brachten über viele hundert Kilometer Nachrichten in zwei Tagen, die sonst Monate benötigten. Wer einem Pfeilboten unterwegs irgend etwas zuleide tat, wurde mit dem Tode bestraft.

Ein solches Heer mit solchen Mitteln und solcher Organisation mußte unbesiegbar sein. Die Herden, die Frauen, die Zelte, die Lager wurden in Kriegszeiten abseitsgeführt und von den Mannschaften der Zehnerzelte geschützt, auch die Frauen in Waffen ausgebildet und als Wachen aufgestellt. Die Krieger auf ihren schnellen Pferden — jeder mußte mindestens zwei in seinem Besitze haben — waren ausgerüstet mit ihren Krummschwertern, mit Lanzen und Lassos und mit Bogen und Pfeilen, sie wurden täglich in ihren Waffen geübt. Sie ritten getrocknetes Fleisch unter ihren Sätteln mürbe, sie führten kleine Karren mit sich, die mit Zelten, Schmiedewerkzeugen und Ersatzwaffen bestückt waren, sie blieben in jedem Gelände beweglich und agierten mit unglaublicher Geschwindigkeit. Der Proviant lag immer vorn — beim Feinde — und mußte erobert werden.

Dem Herrscher flatterte die weiße Fahne der Mongolen voran, auf welcher ein Falke abgebildet war und Roßschwänze. Falken und Roßschwänze waren quer auch auf den Feldzeichen der einzelnen Heeresteile befestigt, an Lanzen — in Kreuzesform.

Auf dem »Kuriltai«, auf dem sich Tschingis-Chan zum Herrscher über alle Völker ausrufen ließ — es war des blauen Himmels Wille, wie der Schamane verkündete —, überreichten Abgesandte aller nomadischen Stämme kostbare Geschenke, das kostbarste aber war ein neues Siegel, aus Jade geschnitzt, mit seltsamen Zeichen versehen, das Tatatungo, ein Ujgure, überreichte. Tschingis-Chan beauftragte sofort diesen des Lesens und Schreibens Kundigen, eine »Jassa«, eine Gesetzessammlung, die der neue Herrscher schon hatte vorbereiten lassen, aufzuschreiben und allenthalben zu verbreiten. Das Gesetz beruhte auf zwei Grundsätzen: ein erzwungenes Zeugnis galt nichts — und: ein Mongole konnte nur dann für schuldig erkannt werden, wenn er auf frischer Tat ertappt oder geständig war. Mord, Raub, Diebstahl und Ehebruch wurden streng bestraft; Schuldigen schien es zutunlich, sich dem Richter selber anzuzeigen. Als dieses Gesetz unter dem Jubel der Mongolen auf dem Kuriltai verkündet wurde — die ujgurische Schrift, tatarischen Ursprungs, wurde von allen Stämmen zum Zwecke einer gemeinsamen Verständigung angenommen –, beendete Tschingis-Chan die feierliche Verkündigung des Gesetzes mit dem lapidaren und jedermann verständlichen Satz, der ein für allemal die Herrscherstellung des Tschingis-Chan umriß: »So soll von nun an mein einfaches Wort mein Schwert sein!«

Das Schwert des Tschingis-Chan hieß Krieg, und Krieg hieß Beute. Wo war die Beute zu holen? Pfeilboten schwirrten nach allen Seiten aus: sie hatten jede Einzelheit zu beobachten, die Brunnen der Wüste Gobi zu besuchen und Bericht über ihren Zustand zu geben, sowie eine Tafel mit ujgurischer Schrift anzubringen, daß Urinieren in den Brunnen mit der Todesstrafe verbunden sei. Die Große Mauer der Chinesen, auf der sechs Reiter nebeneinander reiten konnten, war 2000 km von dem Ordu des Tschingis-Chan entfernt, sie hatte einige schwache Stellen, wie die Pfeilboten berichteten, die Ablösung der Wachen betreffend. Die Mauer wurde vornehmlich von Infanterie bewacht, aber der Kaiser von China verfügte über ein wohleingeübtes Heer von über hunderttausend Mann, die Sold bezogen und in Garnisonen untergebracht waren –, Infanteristen, mit Lanzen, Schwertern und Armbrüsten bewaffnet, aber da waren auch schnelle Streitwagen und vor allen Dingen sonderbare Maschinen, die ein vernichtendes Feuer mit großem Getöse zu schleudern vermochten. In China blühten Städte, so groß und dicht bevölkert, daß in einzelnen von ihnen mehr Menschen lebten, als es überhaupt mongolische Krieger gab, aber es waren prächtige Städte, mit hohen Mauern umgeben und voll der Kostbarkeiten. Dort also war die Beute, die leichter zu erobern war als im Handel zu gewinnen.

Die Generalstäbler arbeiteten die Pläne aus, sie stießen auf einen unsicheren Faktor: die Städte. Noch nie hatten die Reiterheere gegen befestigte Städte gekämpft. So rieten sie dem Herrscher, das Heer vorerst in einem Manöver einzuexerzieren. Da war das Reich der Tanguten, eines großen Nomadenstammes, der aber bereits im Norden des Himalaya, in Tibet, seßhaft geworden war, mit China in den besten Beziehungen stand und von der überlegenen Kultur der Chinesen nicht nur im Handel profitierte. Dieses Tangutenreich hatte sich bislang Tschingis-Chan nicht unterworfen, einem obskuren Nomadenhäuptling, und: — im Tangutenreich blühten Städte wie in China, wohlbefestigt und volkreich.

Also griff Tschingis-Chan ein Jahr nach seiner Thronbesteigung das Tangutenreich an, schlug das ihm entgegengestellte Heer und stand alsbald vor der ersten Festung: Wolohai. Die Mongolen stürmten und scheiterten kläglich. So ließ Tschingis-Chan die Stadt belagern, um sie auszuhungern, aber das war für die schnellen Reiter seines Heeres ein mühseliges Geschäft, sie drängten den Herrscher zu einem neuen Sturm. Doch Tschingis-Chan ließ den Kommandanten der Festung wissen, er werde abziehen, wenn dieser ihm tausend Katzen und zehntausend Schwalben liefere. Der General ging achselzuckend auf das sonderbare Angebot ein, er lieferte die Tiere, nachdem sie eingefangen waren, ohne die Tore zu öffnen, über die Mauer an die Mongolen aus. Tschingis-Chan ließ an die Schwänze der Tiere Feuerbrände befestigen, und Katzen wie Schwalben, freigelassen, strebten sofort zu ihren Heimstätten zurück. Sie setzten die ganze Stadt in Brand, der Mongolensturm begann, die Stadt wurde genommen, — und Tschingis-Chan zog sogleich wieder ab. Er hielt also sein Versprechen, und seine Parlamentäre versicherten dem Herrscher von Hsia-Hsia, wie sich das Tangutenreich nannte, die Mongolen würden das Land verlassen, wenn der Tangutenherrscher einen milden Tribut zahle. Dieser ging auf den Rat seiner Generäle ein und sandte den Tribut. Tschingis-Chan kehrte mit seinem gesamten Heer in seinen Ordu zurück.

Drei Jahre lang wertete Tschingis-Chan die Erfahrungen

seines Manövers aus. Der Generalstab wurde einberufen, die Meister eines Handwerkes zusammengefaßt, Kurse eingerichtet: es wurde der Gebrauch von Sturmleitern eingeübt, von Sandsäcken, riesige Schilde mußten gebaut werden, fahrbare Türme. In mehreren verstreuten Etappenorten wurden Arsenale errichtet, in welchen die von den einzelnen Stämmen hergestellten Rüstungsmaterialien aufbewahrt werden sollten, unter strenger Bewachung, bis zu ihrer Verteilung. Jedoch gelang den Experten nicht die Herstellung jener sagenhaften, feuerspeienden Maschinen; es glückte zwar, eine in Feuer aufgehende Masse herzustellen, aber die treibende Kraft dieser Masse blieb ein chinesisches Geheimnis.

Das Heer beschäftigte Tschingis-Chan zweckentsprechend, indem er es in drei mächtige Armeen teilte, deren jede er einen seiner Söhne befehligen ließ, ihnen standen erfahrene Kriegsleute zur Seite. Seinen Erstgeborenen, Dschutschi, ließ er nach Nordwesten aufbrechen, um dort eventuelle Ruhestörer zu beseitigen, ein zweiter Sohn, Dschebe, stieß mit seiner Armee gen Südosten, wo er längs des chinesischen Grenzflusses Amur bis zum Stillen Ozean vordrang, ohne sonderlichen Widerstand zu finden. Dschutschi aber räumte auf: er durchzog das Land der Naimanen und zwang rechts wie links seines Weges mehrere unbotmäßige Stämme zum Gehorsam. Er gelangte bis zum Altai-Gebirge und stieg von dort, wieder Steppe vorfindend, in eine breite Ebene, die von mehreren Kirgisenvölkern bewohnt war, Nomaden, die sich leicht unterwerfen ließen – einzelne kirgisische Stämme aber flüchteten in westlicher Richtung in das Land der Alanen, ebenfalls eine Nomadensiedlung. Die Alanen drückten auf ihre westlichen Nachbarn: die Kumanen.

Das war der Beginn der Kumaneneinfälle ins Burzenland. Aber nun hatte Dschutschi kehrtgemacht, überstieg das Sajan-Gebirge und verfolgte die Merkiten in die Wälder, aus denen sie gelegentlich in die Steppe eingefallen waren, und verbündete sich mit jenen Stämmen, welche unter den Zügen der Merkiten zu leiden hatten. Die Merkiten wurden in einer Entscheidungsschlacht geschlagen und einverleibt. Als Dschutschi zu seinem Vater zurückgekehrt war, schenkte ihm der stolze Herrscher das ganze »Reich«, das er erobert hatte, zum Lehen, somit eine neue Dynastie gründend, die nun über ein neues »Westreich Kiptschak« herrschte; die Mongolen dieses Reiches nannten sich die »goldene Horde«.

Inzwischen aber war – so kam die Kunde nach dem Onon – der alte Kaiser von Chin, Tschang-tsung, gestorben, sein Nachfolger war dessen Neffe, der Fürst Yün-chi, jener Gesandte zum »Kuriltai«, an den sich Tschingis-Chan stets mit einem Lächeln in seinen grünen Katzenaugen entsann. Nun schien es dem Mongolenherrscher an der Zeit, in einem zweiten großen Manöver zu erproben, ob seine Kraft ausreichen werde, China anzugreifen. Da der Herrscher von Hsia-Hsia offenbar vergessen hat, seinen Tribut pünktlich zu zahlen, bricht Tschingis-Chan abermals in das Tangutenreich ein, schlägt das ihm entgegengesandte Heer, nimmt auch das inzwischen wieder aufgebaute Bollwerk, die Stadt Wolohai, erobert eine zweite Festung, schlägt ein zweites Heer, das sich nun nach Hoang-hsing-fu flüchtet, dem heutigen Ning-hsia, der Hauptstadt des Landes. Tschingis-Chan belagert die Stadt. Er läßt alle Tanguten zusammentreiben, deren er habhaft werden kann, sie müssen ein mächtiges Wehr bauen, welches das Wasser des Hoang-ho von der Stadt ableiten soll. Aber das Wehr bricht, das Wasser überflutet das Lager der Mongolen – vor dem Wasser, welches die ganze Ebene überschwemmt, muß Tschingis-Chan ins Gebirge flüchten. Aber außer der Hauptstadt hat Tschingis-Chan das ganze Land fest in der Hand. So ist der König von Hsi-Hsia höchst überrascht, als der Mongolenherrscher ihm zwar harte Bedingungen für einen Abzug der Mongolen stellt, jedoch zum Zeichen seines guten Willens bittet, ihm seine Tochter zur Frau zu geben. Die Hochzeit wurde prunkvoll gefeiert, und Tschingis-Chan zog mit seiner Frau davon, in der Gewißheit, vom Gebiet der Tanguten aus die Große Mauer bequem umgehen zu können.

Aber auch der neue Kaiser von Chin, der sich Wai-wang nannte, der frühere Fürst Yün-chi, hatte nichts vergessen. Er sandte eine Botschaft an den Tschingis-Chan, die diesen unterwegs antraf – diese Botschaft des »Sohnes des Himmels« an den Herrscher über alle Völker sollte nur überreicht werden können, wenn sich der Empfänger durch einen Kotau, eine tiefe Verbeugung in Richtung Pekings und des kaiserlichen Palastes, der Ehre durch Demut würdig erwies. Tschingis wandte sich sogleich gen Süden, statt des Kotaus aber spuckte er dreimal aus und erklärte der entsetzten Gesandtschaft, wenn ein Schwachsinniger sich als Sohn des Himmels bezeichnen könne, so sei er es nicht wert, daß man sich vor ihm verneige.

Dieser unerhörte Affront forderte vom Kaiser von Chin, sich sofort zu rächen – andernfalls hätte er für alle Zeiten sein Gesicht verloren. Wai-wang sandte einen General mit einem Heer, mit dem Auftrag, den anmaßenden Rebellen in seinem Schlupfwinkel aufzusuchen und den Schimpf zu sühnen. Angesichts der Wüste Gobi und der mannigfaltigen Sicherungen der Wege durch das gefürchtete Gebiet begnügte sich der General, die Ongutenstämme zu überplündern, die Vasallen des Chinreiches waren und mit China friedlichen Handel trieben. Davon erfuhr der Tschingis-Chan durch seine Pfeilboten, einige Zehntausendschaften, noch auf dem Marsche nach dem Ordu begriffen, schwenkten ein, überfielen die chinesischen Truppen, vernichteten sie und gewannen in den Onguten heimliche Verbündete.

Tschingis stellte drei große Heere auf, welche – das strategische Geheimnis seiner Siege – getrennt marschierten und vereint schlugen. Das eine der Heere gelangte über das Tangutenreich nach China, das zweite verwandte eine alte und oft geübte List der Reitervölker: es wandte sich nach dem ersten, vergeblichen Sturm gegen eine Befestigung, in diesem Falle die »Große Mauer«, zu wilder Flucht und verlockte so die Gegner, den Flüchtenden triumphierend nachzusetzen. In einem entscheidenden Augenblick machten dann die »Flüchtenden« geschlossen und »wie auf ein Kommando« kehrt und hieben die zerstreut folgenden Gegner zusammen, um mit den flüchtenden Resten zugleich durch die Ausfallbresche in die Befestigung zu gelangen. Die Hauptarmee unter Tschingis selber hatte es am leichtesten, sie erschien vor einer Stelle der Großen Mauer, die von Onguten-Söldnern besetzt war. Diese ließen die Mongolen durch und vereinigten sich mit ihnen. Nun überschwemmten die Heere des Mongolenherrschers die nördlichen Provinzen südlich der Mauer, schlugen jeweils einzeln oder vereint die sich ihnen entgegenstellenden Heere der Chinesen und kassierten auf dem Wege nach Peking viele der kleineren Städte. Den Chinesen nützten die Streitwagen nichts, die Reiter Tschingis-Chans waren schneller und ließen die Wagen einfach durch, um sie später zu überwältigen. Die anstürmenden Reiter überschütteten die dicht geschlossene chinesische Infanterie mit einem Hagel von Pfeilen, und umschwärmten sie so lange, bis sie sich auflösten und wichen. Die feuerspeienden Geschütze der Chinesen vermochten wohl Mauern zu brechen, fanden aber in den Schwärmen der Reiter kein Ziel. Die chinesische Panzerkavallerie ritt in geschlossenen Attacken an, vor denen sich die beweglichen Reiterschwärme einfach teilten, um dann die erschöpften Massen der feindlichen Kavalleristen zu zersplittern und die Versprengten zu vernichten. Doch Peking, die riesige Stadt mit seiner zahlreichen Bevölkerung und seinen ungewöhnlich starken Befestigungswerken, widerstand dem Ansturm der Mongolen lange Zeit. Diese Stadt sollte durch eine Palastrevolution von innen her zermürbt werden. Ein vom Kaiser von Chin gemaßregelter General erhob sich gegen ihn, ermordete ihn und

setzte einen Mann seiner Wahl zum Kaiser ein. Dieser aber, seiner Macht unsicher, flüchtete angesichts der Gefahr durch die Mongolen und wohl auch in Furcht vor dem General, der ihn zu so hohen Ehren gebracht, aus der Stadt, um, wie er erklärte, am Gelben Fluß eine neue Verteidigungslinie aufzubauen. Sofort setzten in der Stadt Kämpfe um den kaiserlichen Palast ein.
Der Tschingis-Chan war schon bereit gewesen, vor Peking abzumarschieren, seine Heere neu zu ordnen und zu überwintern. Nun konnte er die Stadt Peking besetzen. Aber was sollte er mit ihr? Die Beute war ungeheuer. Schon seit der Eroberung der reichen Provinz Schan-si zogen täglich große Karawanen, die Kamele und Pferde vollbeladen mit Kostbarkeiten, mit Gold, Juwelen und Kunstwerken, mit Seide und Brokat, nach dem Ordu: die Gesamtbeute fiel auf einen Befehl des Herrschers einem Staatsschatz zu, keiner der Reiter durfte ein Stück der Beute behalten; sie nach Verdienst zu verteilen, stand allein dem Tschingis-Chan zu, und jedermann hatte sich seinem Gerechtigkeitssinn zu fügen. In Peking begann Tschingis den Reichtum zu fürchten. Die Kraft seines Volkes beruhte auf der Bedürfnislosigkeit. Die Beute durfte nur dem Staate dienen, indem aus ihr die Besten belohnt wurden, sie damit so eng wie möglich an den Staat zu binden. Die Produkte des Mongolenreiches, Wolle, Pferde und Vieh, sollten ferner dem Handel dienen, das Lebensnotwendige einzuführen. Schätze, wie sie sich in der Beute fanden, hatten keinen Handelswert, sie konnten nur als Geschenke gegen Geschenke ausgetauscht werden.
Offenbar hatte Tschingis bis zur Eroberung von Peking keine Vorstellung von den Menschenmassen, die es nun zu ernähren galt, um sie beherrschen zu können; Seuchen mußten verhindert werden, sie konnten auf die Mongolen übergreifen. Diese großen Städte, aber auch die von Menschen überfüllten, an Produkten reichen Provinzen, wirkten auf die Mongolen als feindliche Elemente; sie waren

eine andere Lebensform gewohnt, sich der chinesischen anzugleichen, bedeutete den Untergang der mongolischen Kraft. So dehnte Tschingis zwar seine Herrschaft über das nördliche Chin-Reich bis zur Grenze des südlichen Sung-Reiches aus, in welches sich die restlichen chinesischen Heere zurückgezogen hatten, nahm die vorzügliche chinesische Beamtenschaft in den eigenen Dienst und ließ sie das eroberte Land weiter verwalten; er stationierte aber nur einen Teil seines Heeres im Lande, stark genug, feindlichen Armeen aus dem Reiche Sung so lange zu widerstehen, bis er zu Hilfe kommen konnte, mit der Geschwindigkeit, die seine Reiterheere auszeichnete, und verließ das Land.

Seine, des Tschingis, Beute, bestand in brauchbaren Menschen. Von Anbeginn sortierte er in den eroberten Städten aus der Bevölkerung die angesehensten Gelehrten und Künstler aus, die nun seinem Hofstaat angeschlossen wurden — alle Ingenieure und Techniker aber, die er finden konnte, mußten mit ihm ziehen, sie wurden dem Generalstab als nützliche Werkzeuge übergeben. Der Generalstab übergab Tschingis auch die unzähligen kaiserlichen Gestüte, das Pferdereservoir der chinesischen Kavallerie. Drei Jahre lang hatte Tschingis in drei Feldzügen im nördlichen Chin gewütet, die kleineren Städte verwüstet und verbrannt, das Land neu organisiert und durch einen Friedensschluß mit dem geflüchteten Kaiser Hsüan-tsung, der nun mit dem Mongolenherrscher in einem Vasallenverhältnis stand, gesichert. Nun verließ er das Land, um selber nie wieder chinesischen Boden zu betreten.

Zweihunderttausend mongolische Reiter hatten ein Fünfzig-Millionen-Volk besiegt, aber Tschingis befand sich noch nicht auf dem Höhepunkt seiner Macht — er rechnete nach den Maßen seiner Kraft, und seine Kräfte hatten nicht genügt, ganz China zu erobern und es zu beherrschen. Da wirkte in diesem Lande eine geheimnisvolle Kraft, welche er, scharf rechnend, der seinen hinzufügen mußte. Die chinesischen Gelehrten, Philosophen, Ärzte und Künstler mußten ihm Auskunft geben. Tschingis nahm regulären Unterricht in chinesischer Ethik, in buddhistischer Weisheit — die erlesenen Kunstwerke aus dem kaiserlichen Palast, die ihm der Feldherr nach der Einnahme von Peking in sein großes Zelt sandte, ließen ihn die mangelnde Fähigkeit seines Volkes stark empfinden, solche Dinge mit einem Wert, den er wohl spürte, aus einem ihm fremden Bereich symbolischer und bindender Natur zu schaffen: das einzige Kunstwerk, das er besaß, war das Siegel aus Jade, das ihm Tatatungo, der Ujgure, mit den ujgurischen Schriftzeichen überbracht hatte. Tschingis nahm Unterricht in Religionen, die des Islam eingeschlossen; es befanden sich auch Moslims unter den Gelehrten, die er in seinen Hofstaat aufgenommen hatte. Ein chinesischer Weiser und Sterndeuter namens Yeliu-Tschutsai gewann sein Vertrauen, dieser Mann wurde sein Ratgeber, sozusagen sein Kanzler, der ihn in allen Fragen beriet, auf die er bei der Suche nach dem Geheimnis der Kraft fremder Völker stieß. Dieser Yeliu-Tschutsai lehrte ihn die Toleranz gegenüber jeder Religion, da offenbar jede auf der gleichen Suche nach Wahrheit war, und die Wahrheit war die Grundlage der Kraft. Die Schamanen, die Zauberpriester, an ihrer Spitze jenen Göktschu, der mit dem blauen Himmel zu sprechen wußte und der ihn zum Tschingis-Chan erhoben hatte, wie er sich rühmte, hatte er so lange geduldet, bis die Mitglieder der Familie dieses obersten Schamanen sich intrigierend gegen Mitglieder der Familie des Tschingis gewandt hatten. Tschingis verkündete eines Tages öffentlich, daß »der Schamane Göktschu die Brüder Tschingis-Chans verleumdet und daß der Himmel ihm zur Strafe sowohl das Leben als auch den Körper genommen« habe, denn der Himmel schütze den Cha-Chan und sein ganzes Geschlecht und vernichte jeden, der sich dagegen vergehe. Ein Schamane aus des Tschingis Geschlecht wurde zum Oberhaupt aller Schamanen bestimmt.

Die Mongolenkrieger waren reich geworden, reich an Beute,

an Sklaven, an Frauen, Pferden und Kamelen. Aber Tschingis sagte: »Das höchste Gut im Leben des Menschen ist es, seine Feinde zu besiegen und sie vor sich zu treiben, auf ihren Pferden zu reiten und ihnen alles zu nehmen, was sie besessen haben, die Gesichter, die ihnen teuer waren, in Tränen zu sehen und ihre Frauen und Töchter in seine Arme zu pressen ...« so berichtete die »geheime Geschichte«, die zeitgenössische Chronik. Die Mongolen jubelten über diese Worte begeistert, sie drängten zu neuen Heldentaten.

Da war ein Naimanen-Prinz, Gütschlük, der vor den Mongolen zum Kaiser von Kara-Chitan, geflüchtet war, eine Enkelin des Kaisers geheiratet, dann den Kaiser in seine Gewalt gebracht hatte und nach dessen Tode das mächtige Reich, das sich über zwanzig Längengrade erstreckte, grausam beherrschte. Als Lamaist verfolgte er nun die Moslims, schloß ihre Moscheen und legte starke Garnisonen in die Städte, in denen die Moslims beheimatet waren. Er regierte in der Hauptstadt Kaschgar am Fuße des Pamir in einem Reiche, durch welches der große Handelsweg, die Seidenstraße, führte, im heutigen Ostturkestan.

Der Tschingis-Chan betrachtete jeden Fürsten eines Stammes, den er besiegt hatte, als seinen Vasallen, auch wenn er geflüchtet war; dann war sein Verbrechen, sich der Vasallenpflicht entzogen zu haben. Gegen das mächtige Kara-Chitan sandte er im Jahre 1218 seinen Feldherrn Dschebe mit nur zwanzigtausend Mann, aber mit gutem Rat versehen. Kaum hatte Dschebe die Grenze überschritten, da ordnete er die Öffnung aller Moscheen an und verkündete, daß er nicht gegen friedliche Stadtbewohner, sondern lediglich gegen Gütschlük kämpfe. Sobald sich mongolische Reiter vor einer Stadt zeigten, brachen in ihr Aufstände los, und die Tore wurden für die Mongolen geöffnet. Gütschlük versuchte sich in einer Entscheidungsschlacht, er wurde geschlagen, da die mohammedanischen Truppenteile sofort zu den Mongolen übergingen — Gütschlük flüchtete in das Hochland von Pamir, wo er von einheimischen Jägern gefangen und an Dschebe ausgeliefert wurde. Dschebe sandte seinen Kopf und tausend weißmäulige Pferde an den Tschingis-Chan – die Städte wurden nicht geplündert. Und Dschebe drang in das Hochland von Pamir ein, nach Stämmen suchend, die noch nicht bereit waren, Vasallen seines Herrn zu werden. Er fand keine.

Aber die Nachricht vom Auftauchen der Mongolen – als Freunde der Moslim – erregte die ganze islamische Welt.

Es ging um den Islam

Daß die Geschichte – jener merkwürdige Vorgang der menschlichen Suche nach neuen, gültigen Ordnungen – sich in einem bestimmten Rhythmus bewegt, in einem Wellengang von Zeitenwenden, mag eindringlich gerade an den politischen und geistigen Abläufen jenes 13. Jahrhunderts unserer Zeitrechnung, also in den hundert Jahren zwischen 1200 und 1300, zu belegen sein. Nicht nur in dieser entscheidenden Epoche des introvertierten Abendlandes überlappten sich die Ideen und Realitäten, die Mächte und Gegenmächte und die Bestrebungen der alten und neuen Gestalten, auch in der just angegriffenen islamischen Welt wie in jener des Fernen Ostens. Nach der großen Explosion, die von Mohammed und Mekka ausgegangen war, im sogenannten Nahen Osten, hatte sich politisch mehrfach der islamische Bereich, sich in seiner Gesamtheit immer weiter ausdehnend, in verschiedene »Herrschaftsgebiete« geteilt. Mit diesen wechselten auch die Schwerpunkte der islamischen Welt, geschaffen durch die großen Eroberer, die an die Stelle jener Herrschergestalten traten, deren Geschlecht im Dienste einer religiösen Idee und ihrer Ausbreitung sich verzehrt hatte.

Wie im Fernen Osten ein beliebiger Temudschin aufstand, um als Tschingis-Chan ein riesiges Reich zu gründen, so war im Nahen Osten, im Bereiche des Islam ebenfalls und zur gleichen Zeit ein großer Eroberer und rucksichtsloser Machthaber zum Gründer eines neuen Reiches geworden, Der Abkomme eines türkischen Sklaven wurde etwa zur gleichen Zeit, als Temudschins Vater noch ein Herr über 40 000 Zelte, ein Nomadenfürst unter anderen, gleichwertigen Nomadenfürsten war, vom Sedschukensultan zum

Statthalter der Provinz Choresm ernannt, vermochte diese Provinz am unteren Amu-Darja zu einem selbständigen Choresm-Reich zu erweitern, das sich schließlich vom Kaspischen Meer bis Buchara und vom Aralsee bis zur persischen Hochebene erstreckte. Der Sohn Muhammed dieses erfolgreichen Mannes vermochte das ererbte Reich nach allen Seiten zu erweitern, bis es sich von den kirgisischen Steppen bis zum Persischen Golf ausdehnte, ein großes Reich mit Steppe und Wüste und wilden Gebirgen, aber inmitten der Ödnis eben doch mit blühenden, reichen Kultur-Oasen, großen und prächtigen Städten und weitreichenden Handelsstraßen nach allen Seiten, die sich in der Mitte des Reiches Choresm knoteten. Ganz zweifellos war dies Reich mächtiger als eines jener arabischen Fürsten, die am Mittelmeer residierten, und selbst Kleinasiens, und wenn eine Macht innerhalb der islamischen Welt den Rechtsanspruch erheben konnte, den ganzen Bereich unter ihrem Zepter zu einen, so war es dies Reich Choresm.

Geistiges und geistliches Oberhaupt des gesamten Islam aber war ein Kalif, der in Bagdad residierte, im Zweistrom-Land Mesopotamien also, einer Art Kirchenstaat wie jener der römischen Päpste. Der Kalif Nasir li-Din-Illai vermochte jenen Muhammed, den Eroberer in seinen Machttendenzen sehr wohl begreifend, nicht als den Einer der weltlichen Mächte des Islam anzuerkennen und verweigerte ihm den Sultanstitel samt der geforderten Unterwerfung. Hier wiederholte sich also der latente Kampf zwischen den Kaisern und den Päpsten. Bei der Eroberung Afghanistans fiel dem »Schah Muhammed« eine Anzahl von Briefen in die Hände, in denen der streitbare Kalif die noch unabhängigen Fürsten aufforderte, sich mit ihm gegen den Eroberer zu verbünden. So berief, wiederum nach dem römisch-deutschen Beispiel, der Sultan von Choresm ein moslemisches Konzil ein, welches einen Gegen-Kalifen einsetzte, dessen Bestreben sein mußte, den Kalifen

in Bagdad mit Waffengewalt zu beseitigen. Muhammed rüstete gegen Bagdad.
Muhammed hatte kaum eine Vorstellung von dem, was sich im Fernen Osten begeben hatte, er kannte keinen Nomadenfürsten namens Tschingis-Chan, und seine Handelsbeziehungen zu den Nomadenhorden waren kaum nennenswert: Felle, Wolle und Vieh besaß er selber. Tschingis-Chan aber war durch seine Pfeilboten ausgezeichnet informiert über die Vorgänge im Reiche Choresm, und was dort zu holen war: alles Dinge, die für den militaristischen Staat des Tschingis-Chan von Wichtigkeit waren, Helme und Schilde aus Stahl, Kettenpanzer, die berühmten Säbelklingen der krummen Schwerter. Er sandte an Muhammed eine Deputation mit sorgfältig ausgewählten Geschenken, die aus der unermeßlichen Beute genommen waren und den Sultan wohl reizen mochten: Jade, Pelze, Silber- und Goldbarren ...
Schon war Muhammed sehr wohl geneigt, Handelsbeziehungen aufzunehmen, als er erfuhr, was auch der Kalif in Bagdad erfahren hatte – und später noch der Heilige Vater in Rom –: daß nämlich im Fernen Osten ein christlicher König, ein neuer König David, aufgestanden sei, bereit, mit einem mächtigen Heer nach dem Westen aufzubrechen, um die Kreuzfahrer in ihrem Kampf um die heiligen Stätten in Palästina gegen die Muslims zu unterstützen. Nestorianische Christen, jener kleinen christlichen Sekte angehörend, die zwischen der göttlichen und menschlichen Natur Christi scharf unterschied und in Maria nicht die Gottesmutter, sondern nur die Mutter nach Christi menschlicher Natur verehren wollte, – die Nestorianer lehnten, den Lehren ihres ersten Patriarchen Nestorius von Konstantinopel folgend, Bilderverehrung, Ohrenbeichte und Zölibat ab, waren auf dem Konzil von Ephesus im Jahre 431 als Häretiker gebannt worden, auch von Byzanz nicht anerkannt, und lebten nun verstreut, in kleinsten Gemeinden missionierend in ganz Asien bis nach China hin. Auch

über sie war Tschingis-Chan genau informiert, nur schätzte er das gesamte Christentum nach dieser Sekte ein. Wie bei den Juden in der Diaspora war auch bei den Nestorianern offenbar die Hoffnung auf einen Erlöser besonders stark ausgebildet: jener Bischof Jacob de Vitry war ein Nestorianer.

Nicht nur für das Abendland und die Israeliten, auch für den Kalifen von Bagdad, den Sultan von Ägypten und den Muhammed im Reiche Choresm galt der Mann aus dem Fernen Osten als ein Christ, der das Kreuz trug gegen den Islam und für die Kreuzritter, mit denen der Islam in so hartem Kampfe stand. Und als nun auch die große Handelsstraße, die Seidenstraße, die am Hochland von Pamir vorüber nach dem Osten führte, plötzlich gesperrt war von schnellen Reitern, die auf ihren Feldzeichen ein Kreuz führten, brach Muhammed alle seine Vorbereitungen gegen Bagdad ab und rüstete sich gegen Osten, den »König David« würdig zu empfangen – er kam zwar nicht aus Indien, doch Indien war im Bewußtsein aller Völker seit Alexander dem Großen ohnehin das eine große Reich des Ostens, dem sicherlich auch das sagenhafte China unterstand.

Wie um zu beweisen, wer er sei, ließ er eine mongolische Karawane, die durch sein Gebiet ziehen wollte, gefangensetzen und ihre Begleiter, mohammedanische Kaufleute wie mongolische, als »christliche« Spione hinrichten. Tschingis-Chan schickte sofort eine Gesandtschaft an den Sultan Muhammed nach Samarkand, Rechenschaft zu fordern. Auch diese Gesandtschaft ließ Muhammed sofort hinrichten – es war seine erste Demonstration als Einer der islamischen Welt.

Die mongolischen Pfeilboten galoppierten durch das ganze Reich, sie riefen die Völker Asiens vom Altai bis zum Gelben Meer zum Vergeltungskrieg auf.

Als der Sultan von Ägypten den Kreuzfahrern von Damiette den freimütigen Vorschlag machte, ihnen Jerusalem auszuliefern, hatte ihm der Kalif von Bagdad bereits mitgeteilt, daß der sagenhafte »König David« schon an den Grenzen Mesopotamiens stand. Papst Honorius III. erhielt die frohe Botschaft des nestorianischen Bischofs – des Häretikers – später als der Sultan, reagierte aber wie dieser der Situation gemäß. In der Tat, Tschingis-Chan hatte bereits das ganze Reich Choresm erobert, die Landschaften von der kirgisischen Steppe über Afghanistan bis zum Persischen Golf, vom Indus bis zum Kaspischen Meer. Seine drei Heere waren zu Beginn des Jahres 1219 an drei verschiedenen Stellen ins Reich Choresm eingedrungen. Es waren insgesamt etwa 250 000 Mann, aber sie bildeten die modernste Heeresmacht der Weltgeschichte bis zu diesem Augenblick. Die Armeen waren bis ins letzte durchorganisiert mit Nachschub, Nachrichtendienst, einer alles übertreffenden Kavallerie, aber nun auch mit vorzüglicher Infanterie, Lanzenträgern und Bogenschützen – und mit chinesischen Pionieren und chinesischer Artillerie, die ausgestattet war mit Feuerschlünden, welche glühende Vollkugeln gegen Mauern zu schleudern vermochten.

Muhammed verfügte über 400 000 Mann, auch seine Mannschaften und Ritter waren trefflich ausgebildet, nach bisherigen Begriffen überaus tapfer – aber Muhammed wußte nicht, wo der Angriff der Mongolen einsetzen werde, und versammelte sein Heer in einem einzigen Winkel um die Hauptstadt Samarkand, eine starke, wohlausgerüstete Festung, von wo aus er in jede für den feindlichen Einbruch mögliche Richtung operieren konnte. Jedes feindliche Heer – aber er vermutete nur eines – mußte über 1500 Kilometer seinen Weg über hohe Gebirge, dichte Wälder und über reißende Ströme nehmen und – im Norden – durch eine berüchtigte Hungersteppe, eine wasserlose Wüste; alle strategischen Grenzpunkte waren zudem durch starke Festungen gesichert.

Die Heere Tschingis-Chans kamen an zwei Stellen über das Gebirge, die Hauptmacht durch die Wüste, nachdem sie den in den Aralsee mündenden Fluß Syr-Darja überschritten hatte. Dschutschi kam als erster durch das Fergana-Tal vom Hochland von Pamir herab, eroberte mehrere Festungen und tauchte vor der Hauptmacht Muhammeds auf. 400 Kilometer südlich bricht Dschebe mit seiner Heeresmacht ein. Muhammed geht mit seiner Hauptmacht gegen Dschutschi vor, der bricht sofort die Belagerung der Grenzfestung Chotschent ab und flüchtet ins Gebirge zurück, Muhammed erreicht die Flüchtenden, schlägt sie sogar mit seiner großen Übermacht, kann sie aber nicht vernichten – er kehrt um und schickt seine Reserven dem Dschebe entgegen, der wie Dschutschi nur über eine kleine, vorfühlende Truppe verfügt. Tschingis-Chan mit dem Hauptheer aber rückt unaufhaltsam von Westen gegen Buchara und Samarkand vor.

Muhammed vertraut auf die Stärke seiner Festungen, die er mit starker Besatzung zurückläßt, er weicht nach Süden aus, in der Hoffnung, Dschebe nicht zu begegnen, um neue Heere aufzustellen. Er vertraut auf die Unfähigkeit der Nomaden, Festungen und gar befestigte Städte mit so hoher Einwohnerzahl und Garnison zu belagern und zu nehmen; aber Tschingis-Chan hat nun seine chinesischen Techniker, Buchara ergibt sich angesichts der Einheiten, die vor den Mauern und Wällen ihre Mittel einsetzen, und öffnet dem Mongolen-Chan die Tore. Auch die Zitadelle wird genommen, in blutigem Kampf, in dessen Verlauf die halbe Stadt in Flammen aufgeht. Und die Mongolen ziehen weiter nach Samarkand.

Samarkand hat über 500 000 Einwohner und eine Garnison von 100 000 Mann. Tschingis-Chan umreitet die Stadt in weitem Umkreis, so, wie er es in Peking tat; er hört, daß Muhammed aus der Stadt geflohen ist: was ist ihm Samarkand? Er hetzt seine beiden besten Heerführer, eben Dschebe und Ssubutai, sowie seinen Schwiegersohn Togutschar, mit insgesamt 30 000 Mann hinter Muhammed her. Das Reich Choresm erstreckt sich über Tausende von Kilometern, mit Dutzenden von Städten wie Buchara, aber: in diesem Reich wohnen zahlreiche verschiedene Völker, die erst vor sieben Jahren von Muhammed unterworfen und tributpflichtig gemacht worden sind, — und Muhammed ist ein Tyrann! Tschingis-Chan gibt den Befehl: Kehrt nicht zurück, bevor ihr ihn nicht gefangengenommen habt. Wenn er vor euch flieht, verfolgt ihn durch alle seine Gebiete, wohin er sich auch wenden mag. Schont jede Stadt, die sich unterwirft; wer sich aber in den Weg stellt und Widerstand leisten will, den vernichtet. Muhammed ist nichts als ein gejagtes Wild, er ist von wenigen Getreuen begleitet — schließlich aber ist er ganz allein, als er die Küste des Kaspischen Meeres erreicht. Als Ssubutai und Dschebe das Ufer erreichen, sehen sie in der Ferne ein einsames Boot davontreiben. Auf einer kleinen Insel im Kaspischen Meer stirbt Muhammed, in solcher Armut, daß er von einigen Fischern ohne Leichentuch, in seinen zerfetzten Kleidern, beerdigt wird.

Die Belagerungsmaschinen zertrümmern die Mauern von Samarkand. Die Belagerungsarbeiten werden unter dem Pfeilhagel der Belagerten von den Handwerkern und mannbaren Gefangenen ausgeführt, die Tschingis-Chan in allen eroberten Städten vor deren restloser Zerstörung mit den Gelehrten, den Künstlern und Ärzten aussortiert hatte. Die Beute war unermeßlich, das Land in allen Provinzen erobert. Aber verwaltet war es durch die Mongolen nicht. Anders als in China war keine willige Beamtenschicht da, die Bevölkerung in den Provinzen, die sich widerstandslos ergeben hatten, zwar eingeschüchtert, aber in höchstem Grade erbittert über die barbarische Herrschaft des nackten Terrors, der mongolischen Soldateska. Und Muhammed hatte einen Sohn, der nach dem Tode seines Vaters sich zum Schah des Reiches erklärte, Dschelal-ud-Din, den jedermann im Reich Choresm als einen tapferen Mann kannte und besonders schätzte, weil er häufig gegen die Methoden seines Vaters, des Tyrannen, opponiert hatte. Der Kronprinz entfachte, mit nichts an Macht hinter sich als seinem Namen, einen gewaltigen Aufstand. Als Tschingis-Chan davon hörte, befahl er nur »Vernichten!« Aber wenn nun auch das Land in seiner Breite wirklich auf die grausamste Weise »vernichtet« wurde – »Ich bin die Gottesgeißel« verkündete Tschingis-Chan in Buchara, wie es schon vorher der Hunnenkönig Attila und später der Madjarenfürst Arpad verkündet hatten, als Ausdruck des Sendungsglaubens der nomadischen ErobererVölker –: von allen Seiten strömten die streitbaren Moslems dem neuen Schah zu, der sich zuerst in Afghanistan verschanzte, dem es sogar gelang, in offener Feldschlacht einen der Heerführer der Mongolen zu schlagen, der aber schließlich, von allen Seiten bedrängt, nach unerhört tapferen Verzweiflungstaten, aufgefordert, sich zu ergeben und der Gnade des Tschingis-Chan gewiß zu sein, seine schon verlorene Fahne allein aus dem Haufen der Feinde holte, um sich dann mit ihr auf einem Streitroß das zwanzig Meter hohe Ufer des Indus hinabzustürzen und, mit der Fahne in der Hand, das gegenseitige Ufer des Grenzflusses zu erklimmen. Tschingis-Chan verbot, den Schwimmenden mit Pfeilen zu beschießen. Diesen Gegner hätte der Mongolenkaiser gern zum Freunde und Verbündeten gehabt.

Auch Samarkand fiel in die Hand des Tschingis-Chan. Aber dies Land, dies Reich Choresm hatte er erobert, um zu vergelten, nicht um es zu beherrschen und damit seine Kräfte zu zersplittern. Ihm stellte sich das gleiche Problem wie in China. Er sandte seinen vortrefflichen Dschebe und den listenreichen Ssubutai mit den 30 000 Mann, die den Muhammed gejagt hatten, nach Norden, mit dem Auftrag, längs der Ufer des Kaspischen Meeres einen Weg zu finden, auf dem die Steppen des Westens, bewohnt von den Nomadenvölkern der Alanen und Kumanen, zu erreichen seien und Botschaft zu bringen, welche machtpolitischen Verhältnisse dort, auf dem »heimatlichen« Boden der Steppe, wirksam waren.

In einem abenteuerlichen Zuge über den Kaukasus gelangten tatsächlich die beiden Heerführer in die Steppe. Sie schlugen zuerst die Kumanen, dann mit ihnen die Alanen, dann rückten sie gegen merkwürdige Bundesgenossen der Nomadenvölker, gegen russische Heere vor, die von Kiew her versuchten, einem weiteren Vorgehen der Mongolen Einhalt zu gebieten. Die Russen waren in großer Überzahl, aber sie waren der Taktik und Strategie der Mongolen nicht gewachsen, sie wurden geschlagen – doch sie wurden nicht verfolgt: Dschebe und Ssubutai hielten sich genau an den Befehl, zu erkunden, nicht zu erobern. Am Indus waren im Heer des Tschingis-Chan Seuchen ausgebrochen, die Pfeilboten des Dschebe berichteten von den Ergebnissen und Gegebenheiten in den Steppen des Westens. Getreu seiner Gewohnheit, keinen Krieg zu beginnen, ohne ihn genauestens vorbereitet zu haben, entschloß sich Tschingis-Chan, ein kleines Heer im Reiche Choresm zurückzulassen und mit der Hauptmacht nach seinem Ordu zu eilen, von wo aus er die Lage seines nun wiederum gewaltig erweiterten Reiches zu überprüfen und sowohl in China wie im fernen Westen, in den Steppen südlich der russischen Großfürstentümer und östlich Ungarns, den letzten ungeheuren Eroberungskrieg vorzubereiten hatte.

Es ging um den Osten

Die »geheime Chronik« der Mongolen berichtet, gefangene Kumanen hätten dem General Ssubutai, der so dick und schwer war, daß er, statt zu Pferde, auf einem Eisenkarren stehend seine Schlachten dirigierte, erklärt, daß hinter den Karpaten »harte Völker« seien. »Das sind Leute, die, wenn sie ergrimmen, durch ihre eigenen Schwerter sterben.« Und sie hausten in starken Burgen, nicht in volkreichen Städten, deren Einwohner zur Übergabe drängen. Zur gleichen Zeit aber gaben gefangene Kumanen dem Ungarnkönig kund, daß sie nicht Aggressoren seien, sondern Flüchtende –, vor den Mongolen, welche keineswegs einen christlichen Eindruck machten, und die kumanischen Fürsten baten den König um Asyl im Burzenland.
Hatte König Andreas noch vor Damiette geglaubt, er könne durch seine Teilnahme am Kreuzzug die Hilfe von Kaiser und Papst gegen die hochfahrende Herrschaft der deutschen Ordensritter in Ungarn erlangen –, in Siebenbürgen mußte er einsehen, daß er die deutschen Ritter nicht mehr entbehren konnte: in immer größeren Haufen hatten die Kumanen versucht, ins Burzenland einzudringen. Nun erfuhr der König, daß die Mongolen, welche die Kumanen vertrieben hatten, plötzlich abgezogen seien – die in ihre Steppengebiete zurückkehrenden Kumanen würden aber zweifellos weiterhin für Ungarn und das Burzenland eine große Gefahr bedeuten. Gewährte er aber den Kumanen das erbetene Asyl, konnte er sie im Burzenlande als seine Untertanen halten, so würde der Ritterstaat des Deutschen Ordens nicht nur überflüssig werden –, der König hätte in den kriegerischen Kumanen sogar Hilfstruppen, die unbequemen Ordensritter zu verjagen. König Andreas II. von

Ungarn verdoppelte seine Anstrengungen, den Orden der deutschen Ritter zunächst auf friedlichem Wege loszuwerden, wobei ihn die Bischöfe Ungarns kräftig unterstützten — sie sahen getreu der Missionsidee des Heiligen Gellert lieber bekehrenswerte Heiden in ihren Sprengeln als hochfahrende und kirchlich eigenwillige Rittergemeinschaften.

Das konnte einem so scharfsinnigen und kühl planenden Manne wie Hermann von Salza nicht verborgen bleiben. Er übersah von seinem Hochsitz in Palästina aus die außenpolitische Lage besser als der gekränkte König von Ungarn, hatte den ersten Mongolensturm, der ja die Grenzen des Reiches eben nur in Ungarn und in Palästina, und an beiden Stellen nur indirekt, erreichte, unter erweiterten Gesichtspunkten beobachten können. Mit den größeren Aspekten wuchsen dem Deutschen Orden größere Möglichkeiten zu. In Ungarn hatte es der Orden vermocht — auch im Rahmen seiner Aufgabe —, die Kumaneneinbrüche abzuwehren, durch die umfangreiche und planmäßige Kolonisation deutscher Wehrbauern ganz Siebenbürgen und den bebaubaren Teil des Burzenlandes zu einem geschlossenen Siedlungsgebiet zu machen, das sich in den von der Ritterschaft errichteten Burgen und Befestigungen auch nach dem Abzug des Ordens sehr wohl zu verteidigen vermochte. So leistete der Ordensmeister gegen die Politik des ungarischen Königs hinhaltenden Widerstand und sah sich nach anderen, auf seiner Linie liegenden Aufgaben für den Orden um.

Das Streben des Ordens nach Territorium konnte nur die Basis abgeben für die Errichtung eines Staates mit landesfürstlicher Souveränität, der aber gegenüber den anderen landesfürstlichen Gebieten eine andere, neue Konstruktion besaß. Aus der nüchternen Erkenntnis der Bipolarität zwischen Kirche und Reich, zwischen Kaiser und Papst, mußte die Kraft des Deutschen Ordens wachsen, gerade aus den Spannungen heraus mußte der Orden in seinen Aufgaben fruchtbar werden. So mochte er von der Kirche die mönchischen Tugenden übernehmen, die Kraft des inneren Aufbaus und der Gemeinschaft; vom Reiche her aber mußten die Ziele gesetzt werden. Der Kaiser, Friedrich II., hatte in engster Verbundenheit mit Hermann von Salza seine eigene Aufgabe eindeutig bestimmt: vom neuen Staatswesen Sizilien aus Italien ebenso zu organisieren, um es schließlich mit Deutschland neu zu verbinden.

Der Kaiser hatte Deutschland weitgehend sich selbst überlassen. Zum Reichsverweser hatte er den Erzbischof Engelbert von Berg bestellt, der auch das Vertrauen des jungen Königs Heinrich besaß: er hatte den Sohn des Kaisers am 8. Mai 1222 zu Aachen gekrönt. Engelbert regierte im ganzen recht wohltätig, er suchte die verworrenen Verhältnisse zu ordnen, unter den Fürsten zu vermitteln und den Bestand des Reiches mit friedlichen Mitteln zu wahren, mit hinreichend diplomatischem Geschick – und zur beiläufigen Zufriedenheit des Kaisers, der ganz in seine italienischen Pläne verwickelt war und einen Termin nach dem anderen verstreichen ließ, ohne endlich zum gelobten Kreuzzug aufzubrechen.

In einen gewissen Konflikt geriet Engelbert nur mit dem König Waldemar II., einer Gestalt, in welcher sich die Ideen und Gegebenheiten der Zeitenwende ebenso überschnitten wie in allen bedeutsamen Erscheinungen jenes Jahrhunderts. Dänemark war zu Zeiten Heinrichs des Löwen und wesentlich durch ihn fast zu einem Vasallenstaat »herabgesunken«: erst König Waldemar I. hatte durch den verdienstvollen Kirchenfürsten, Feldherrn und Staatsmann Absalon – der als Erzbischof von Lund eine Burg errichtete an der Stelle, auf welcher heute Kopenhagen steht – Bogislaw I. von Pommern unter dänische Oberlehnherrschaft gebracht und nach 1160 Rügen, Holstein und Teile von Pommern und Mecklenburg unterworfen, die innerdeutschen Wirren ebenso ausnutzend wie sein Sohn Knut I., der nun ein großes Ostseereich gründete, das

er sich von dem bedrängten deutschen Gegenkaiser der Welfen, Otto IV., garantieren ließ. Der Bruder Knuts, Waldemar II., König seit 1202, vollendete die Unterwerfung der norddeutschen Gebiete südlich der Eider bis nach Danzig, eroberte 1255 Dagö und Ösel, 1210 das Land der Pruzzen und Samland, um 1219 auch Estland unter seine Lehnsherrschaft zu zwingen, wobei in der Schlacht bei der Estenburg, dem heutigen Reval, eine Flagge, rot mit weißem Balkenkreuz, vom Himmel fiel, der »Danebrog« ...
Am 6. Mai 1223 weilte König Waldemar II. zur Jagd auf der kleinen, fast unbewohnten Insel Lyö im Kleinen Belt. Zu Gast war bei ihm nur der Graf Heinrich von Schwerin, ein obotridischer Großer auf kleiner Grafschaft. König Waldemar hatte bei der Landnahme Mecklenburgs vorsorglich nicht versäumt, Erbansprüche für seinen Enkel zu stellen, durch die auch Teile der Grafschaft Schwerin betroffen waren. Graf Heinrich löste das Problem auf seine Weise. Er nahm in der Nacht mit seinen Gefolgsleuten den König mit dessen kleinem Sohn gefangen und transportierte ihn über das Wasser nach dem Festland, um ihn in Dannenberg an der Elbe festzusetzen. König Waldemar II. – »der Sieger« genannt – war offenbar zu groß für sein kleines Land. Er fand in Dänemark keinen Großen, der imstande war, ihn zu befreien oder aber in seiner Abwesenheit die Politik Waldemars fortzusetzen und zum Erfolge zu führen. Erzbischof Engelbert verhandelte mit den Dänen über die Freilassung des Königs. Aber es kam zu keinem greifbaren Resultat. Die deutschen Fürsten griffen zur Selbsthilfe, besonders der Erzbischof Gerhard II. und der Schauenburger Graf Adolf IV., die beide erhebliche Rechtsansprüche und Machtinteressen in Holstein hatten. Ihre Truppen setzten am 20. Dezember 1224 über die Elbe und leiteten damit die Rückeroberung Nordelbiens ein, sofort aber erhoben sich auch die anderen »Geschädigten« des Reiches, Lübeck an der Spitze, das sich an der Belagerung von Ratzeburg beteiligte und sich zwecks beson-

derer Ansprüche die Mithilfe von den beteiligten Fürsten bescheinigen ließ. Graf Adolf nahm Hamburg; der einzige Fürst, der Dänemark zu verteidigen wagte, der Graf von Orlamünde, wurde im Januar 1225 bei Mölln geschlagen. Da entscheidende kirchliche Interessen im Spiele waren, mahnte der Papst die deutschen Fürsten ab, und gab zu verstehen, daß er König Waldemar zu unterstützen geneigt war. Der Kaiser aber, im fernen Sizilien, sandte seinen besten Mann, den Hermann von Salza, nach Dannenberg, um die Interessen des Reiches zu wahren. Und der Hochmeister des Deutschen Ordens schlug vor, Waldemar möge Nordalbingien und die westelbischen früheren Reichsgebiete zurückgeben und die deutsche Lehnsoberhoheit anerkennen. Und da die Dänen an Rom appelliert hatten und der König bereit war, eine Kreuzfahrt zu geloben, so sollte Waldemar also auch seine Teilnahme an dem Kreuzzug zusagen.
Graf Heinrich von Schwerin aber, der fürchten mußte, durch das Eingreifen von Papst und Kaiser werde ihm das eigene Konzept verdorben, ließ sich von seinem gefangenen Lehnsherrn Waldemar versichern, daß dieser auf seine Erbansprüche verzichte, machte mit ihm ein hohes Lösegeld aus und ließ den dänischen König frei. Das Verhalten des Schwerin wurde keineswegs mißbilligt, sowohl die Gefangennahme des Königs durch seinen Lehnsmann wie auch die Lösegelderpressung entsprach durchaus den Sitten der Zeit, dem Faust- und Fehderecht. Aber es gab offenbar eine Grenze des politischen Handelns, die nicht überschritten werden durfte. Der Erzbischof von Köln, Engelbert, nahm das Erbe seines Bruders, des Grafen Adolf von Berg, der 1218 als Kreuzfahrer vor Damiette gestorben war, in Anspruch, verfeindete sich aber dadurch mit seiner Limburger Verwandtschaft; er brachte besonders seinen Vettersohn, Friedrich von Isenburg, gegen sich auf, sowohl die bergische wie die Limburger Verwandtschaft wehrte sich gegen die wachsende Herzogsgewalt des Erz-

bischofs, der zugleich Reichsverweser war – am 7. XI. 1225 wurde der Erzbischof am Gevelsberg, zwischen Hagen und Schwelm, von dem Isenburger überfallen und erschlagen. Der Mörder wurde sofort sowohl in den Bann des Papstes wie in die kaiserliche Reichsacht getan, mitsamt seinen Brüdern und Komplizen, den Bischöfen von Osnabrück und Münster – der Isenburger wurde ein Jahr später in Köln gerädert, seine Brüder ihrer Bistümer beraubt.

Hermann von Salza aber hatte bei Gelegenheit der Waldemar-Affäre für seinen Orden eine neue Möglichkeit des Wirkens gefunden. Sein Vermittlungsvorschlag, der überraschend milde für den Dänenkönig ausgefallen war, berücksichtigte einen höchst wichtigen Punkt in der ganzen Angelegenheit: die Existenz eines anderen deutschen Ordens, des Schwertbrüderordens in den baltischen Ländern. Im 12. Jahrhundert, etwa um das Jahr 1170 herum, war die Kraft des heidnischen Restlandes östlich der Elbe bis an die Weichsel so gut wie gebrochen: die wendischen Stämme, die Obotriden in Mecklenburg wie in der Mark Brandenburg die Liutizen, waren »christlich« geworden unter dem Ansturm Heinrichs des Löwen, der Dänen, der Askanier von der einen und der Polen von der anderen Seite her. Die von Berhard von Clairvaux gegründeten Zisterzienserabteien hielten die Länder in fester geistlicher Hand, die Mönche rodeten, siedelten und bauten ihre Kirchen und Klöster wie Bastionen des Christentumes aus, besser und wohltätiger als die deutschen, dänischen und polnischen Fürsten, welche diese Länder mit dem Schwerte erobert hatten. Das grausige Wort des Bernhard von Clairvaux: »Tod oder Taufe!« schien vergessen. Aber da war, über die Weichsel hinaus, das sogenannte Ostbaltikum, in welchem Stämme nicht slawischer, sondern eben baltischer Abstammung hausten, sehr kriegerische Stämme: die Pruzzen, die Kuren und Liven, die Semgaller, die Letten, die Esten und die Litauer, sehr heidnische Völker auch, ein jedes mit eigener Sprache, mit eigenen Göttern und Kulten, die sich untereinander ebenso heftig bekriegten wie die Nomadenvölker, aber es waren bäuerische Völker, daneben Jäger und Fischer; soweit diese Völker Handel trieben — den Bernsteinhandel unter anderem —, tendierte dieser Handel allein nach Süden und nach Norden, nach Kiew und Nowgorod, nach Dänemark und Schweden. Durch den Ost-West-Handel Lübecks, den Heinrich der Löwe vorsorglich über die ganze Ostsee geplant und durchgeführt hatte, kamen die ersten Missionare in jene Länder an der Ostseeküste —, Missionare verschiedener Klöster aus Altenkamp am Niederrhein, aus Loccum, Reinfeld bei Lübeck und schließlich aus Bremen. Mit der Kaufmannsflotte kamen die frommen Mönche nach Livland, tauften die Liven-Ältesten, verbesserten deren Felder und begannen, ihre Kirchen zu bauen — es ließ sich alles recht gut an. Dann aber brachen plötzlich Aufstände aus, die sich zuerst nur gegen die Missionare, dann aber auch gegen die Kaufleute richteten.

Die heidnischen Völker fühlten sich durch die Missionare betrogen. Sie wollten sich gerne der Gottheit des Friedens und der Verständigung, der Nächstenliebe und der Versöhnung unterwerfen, aber, nachdem sie bereitwillig hatten die Taufe über sich ergehen lassen, mußten sie bemerken, daß die christliche Moral die Einehe verlangte. Diese Völker kannten alle nur die für die bäuerisch-kriegerischen Völker so nützliche Vielweiberei, welche für einen zahlreichen Kriegsnachwuchs und eine rentable Arbeitsteilung unter den Frauen sorgte. Die empörten Weiber waren es, welche ihre Männer zum Sturm auf die Klöster und Kirchen trieben, sie fürchteten mit Recht die großen Nachteile der Einehe für ihre Familien und den Besitz. Viele Klöster und Kirchen in Livland gingen in Flammen auf, die Missionare wurden erschlagen oder mußten flüchten und das neugegründete Bistum Üxküll im Stiche lassen. Ein Domherr von Bremen, Albert, entschloß sich, nach Livland zu reisen und die Lage zu erkunden. Zurückgekehrt, erwirkte er vom Papst den Aufruf zu einem Kreuzzug im Norden. Aber das Reich litt unter den Wirren des Thronstreites – Albert bemühte sich, genügend Interessenten zu sammeln, die »das Kreuz nehmen« und gen Ostland ziehen wollten, da so viele das Kreuz schon für Palästina genommen hatten. Albert, nun Bischof von Livland – später Erzbischof von Bremen –, hatte einen Handelsplatz an der Düna, die Stadt Riga, gegründet; er suchte sich seine Mannschaft aus den Kauffahrern zusammen, aus allen deutschen und christlichen Bewohnern des Landes, den Siedlern und zur Siedlung bereiten deutschen Rittern, aber auch unter schwedischen und dänischen »Kreuzfahrern«. Fast gleichzeitig mit der Gründung von Riga, im Jahre 1202, fast gleichzeitig auch mit der Gründung des Deutschen Ritterordens im fernen Palästina, rief eine Handvoll Männer den »Schwertbrüder-Orden« ins Leben. Tatsächlich vermochte dieser Schwertbrüder-Orden, der für den inneren Zusammenhalt die Ordensregel der Templer annahm, jedoch weder vom Reich noch von der Kirche anders privilegiert war, als es die Notwendigkeiten ergaben, die christliche und deutsche Stellung in den baltischen Ländern zu halten, in erbitterten, langjährigen Kämpfen. Die Pruzzen aber, die dem Herzog von Masovien benachbart, doch vom christlichen Geist am wenigsten durchdrungen waren, fielen ständig in die polnischen Besitzungen ein, besonders im sogenannten Kulmer Land – ähnlich wie die Kumanen in Ungarn.

Herzog Konrad von Masovien war durch die Erbteilung Polens ein polnischer Teilfürst geworden, der sich an die anderen polnischen Teilfürsten nicht um Hilfe wenden konnte – sie standen alle in Bedrängnis durch die russischen Großfürsten an ihren Grenzen und gegen die Litauer, die sich ihrerseits mächtig auszudehnen suchten. Auch strebte die griechisch-orthodoxe Kirche nach einer Missionierung der einzig noch im Abendlande existierenden Heidenländer im Baltikum nach Westen wie die römische nach Osten. Der Herzog stand in einem losen Lehnsverhältnis zum Reiche, konnte von dort aber ebenso wenig Hilfe erwarten; das Reich war offensichtlich in Fäulnis übergegangen. So vermochte er eigentlich nur seine Hoffnung auf den baltischen Schwertbrüderorden setzen.

König Waldemar hatte in seinem zumindest geographisch und traditionell durchaus legitimen Verlangen, sich zum Herrn der Ostsee und des östlichen Handels zu machen, Estland besetzt. Der Schwertbrüderorden arbeitete eng und ziemlich reibungslos mit den Dänen zusammen, bis durch die Gefangennahme des Königs Waldemar für den Orden sich die Notwendigkeit ergab, sich anders zu orientieren. König Waldemar hatte sofort nach seiner Freilassung gegen Lösegeld durch den Grafen von Schwerin begonnen, ein Heer zu sammeln und sich nun mit Gewalt zu holen, was ihm vom Reiche und den deutschen Landesfürsten des Kolonialgebietes zwischen Elbe und Oder bestritten worden war. Aber am 22. 7. 1227 wurde König Waldemar bei Bornhöved von den Lübeckern und Hamburgern, den Grafen von Schauenburg und Schwerin, dem Bremer Erzbischof und dem Herzog Albrecht von Sachsen entscheidend geschlagen – damit war der dänische Anspruch auf Beherrschung des Ostseeraumes endgültig gescheitert. Auch Estland mußte von Dänemark aufgegeben werden. Hermann von Salza hatte schon während seines Vermittlungsversuches in Dannenberg mit dem Herzog Konrad von Masovien politischen Kontakt gesucht; Konrad hatte die Karte »Deutscher Ritterorden« in der Hinterhand – mit der Aufgabe Estlands durch die Dänen war der Schwertbrüderorden hinreichend in Estland engagiert. So entschied sich Herzog Konrad, ernsthaft mit Hermann von Salza in Verhandlungen einzutreten, zumal dieser vorsorglich für den Schwertbrüderorden eine kaiserliche Urkunde erwirkte, welche diesem Orden die Besitzungen in Livland bestätigte und das Bergregal verlieh.Gleichzeitig hatte der Hochmeister den Kaiser bewogen, Lübeck die Stadtrechte zu verleihen und mit »Stadtfreiheit« unmittelbar dem Reiche zu unterstellen – und legte damit den Grund für eine planmäßige Ostpolitik der deutschen Handelsstädte, an der Spitze Lübecks, die wenig später zur Gründung des Städtebundes der »Hanse« führte. Angesichts der Erfahrungen, die Hermann von Salza mit seinem Orden in Ungarn gemacht hatte, war es nur natürlich, daß der Ordensmeister gegenüber dem Herzog Konrad die Stellung des Ordens rechtlich so präzise wie nur möglich absicherte. Während er Zug um Zug seine Ritterschaft aus dem Burzenland abzog, um sie schon im Pruzzenland und im Kulmer Land einzusetzen, erreichte er in langwierigen und zähen Verhandlungen mit den beteiligten Mächten – dem Herzog Konrad, dem Papst und dem Kaiser – die Privilegien, die auf der Basis der sogenannten »Goldenen Bulle von Rimini« – im März 1226 – zu erreichen waren. In dieser »Goldenen Bulle« war der Orden zur Herrschaft in dem zur »monarchia imperii« gehörigen Land ermächtigt, in einem Lande, das der Orden vom Herzog von Masovien erhalten und im Kampf gegen die Pruzzen gewinnen werde. Der Hochmeister, im Besitze aller landesrechtlichen Hoheitsrechte gleichwie ein Reichsfürst, blieb frei von allen Diensten und Verpflichtungen für das Reich – der Ordensstaat blieb also autonom. Es dauerte einige Jahre – bis zum Vertrag von Kruschwitz im Jahre 1230 –, bevor Herzog Konrad sich zu einer Übereignung des Kulmer Landes verstand, das von den aufständischen Pruzzen so gut wie besetzt war. Und ebenso lange dauerte es, bis die Ansprüche des Bischofs Christian im Pruzzenlande auf eine entscheidende Mitbestimmung in Angelegenheiten des Ordensstaates zurückgewiesen waren. Erst im Jahre 1234 nahm auch Papst Gregor IX. das Ordensland als »Recht und Eigen D. Peters« unter päpstlichen Schutz und verlieh es dem Orden zu »ewig freiem Besitz«.

Sofort nach dem Vertrag von Kruschwitz, also 1230, konnte der Landmeister des Ordensstaates, Hermann Balk, mit den ersten Rittern und bald nachfolgenden Kreuzfahrern von der Weichsel her, wo die Ritter schon bereitgestanden hatten, die Eroberung des Pruzzenlandes beginnen. Sie errichteten 1231 in Thorn, 1232 in Kulm, 1233 in Marienwerder ihre Ordensburgen, um welche herum sofort deutsche Bürger angesiedelt wurden. Mit der »Handfeste« gab der Orden schon 1233 ein Stadtrecht für Kulm und Thorn heraus, nach dem Vorbild Magdeburgs – sowie ein höchst verlockendes Siedler- und Lehnsrecht für Adel, Bürger und Bauern, mitsamt einer einheitlichen Münz- und Maßordnung. Nur die Küstenstädte erhielten lübisches Recht: lübische Kaufleute und immer neue Kreuzfahrer aus Mitteldeutschland wirkten vom Frischen Haff her bei der Anlage von Städten wie Braunsberg, Königsberg und Memel mit. So arbeiteten städtische Interessen und die des Ordensstaates einander in die Hand. Aber es dauerte sechzig Jahre der grausamsten Kämpfe gegen die immer wieder aufständischen Pruzzen, bis aus dem Pruzzenlande ein Preußenland entstand, in welchem unter der Herrschaft des Ordens die christlich und friedlich gewordenen Pruzzen sich in »Preußen« verwandelten.

Hermann von Salza war, der umgetriebene Mann, ununterbrochen auf Reisen, in allen Ländern des Abendlandes – nur in Ungarn und im preußischen Ordensstaat selbst war er nie. Seine eigenartige Vermittlertätigkeit zwischen Kaiser und Papst ließ ihn allerorten unentbehrlich erscheinen, ein unermüdlicher Reisender in politischen Geschäften, sicher nicht ohne eigene Interessen, aber ein ehrlicher Makler – immerhin. Daß er dem Kaiser besonders und bis zur Freundschaft verbunden war, darüber ließ er keinen Zweifel. Aber gerade dies sicherte ihm das Vertrauen aller, daß er niemals von sich aus dem Kaiser die Initiative abnahm, sondern stets »dadurch, daß ich ihm die verschiedenen Vernunftgründe aufzeigte ...«, wie er selber schrieb, der ungezügelten Phantasie Friedrich II., die diesen so oft auf falsche Wege führte, aus der Klemme half.

Es ging um den Bann

Friedrich II. hatte die beiden Ausgangspositionen seines Machtstrebens: die Kaiserwürde und die des Königs von Sizilien, nur erlangen können, indem er – ziemlich bedenkenlos, wie es allerseits den Anschein hatte – auf alle jene Bedingungen eingegangen war, die – jedermann wußte es – gar nicht eingehalten werden konnten. Selbst der gütige Greis auf dem Heiligen Stuhl, Honorius III., mußte jeden Schritt, den der Kaiser tat, mit einigem Mißtrauen betrachten. Dieser fromme Papst faßte sein hohes Amt als das eines geduldigen Priesters auf, der die Zwangslage seines Beichtkindes wohl erkannte, aber dem nach liebreichen Ermahnungen als Buße für die freimütig eingestandenen Sünden immer nur – der »Kreuzzug« aufgegeben werden konnte. Der Kreuzzug als Buße, also auch als Strafe über die Nichteinhaltung des Gelübdes hinaus – damit war aber der ursprüngliche Charakter des Kreuzzuggedankens vollständig verfälscht. Längst schon war der Wandel zum Handel von den Völkern des Abendlandes erkannt worden, sowohl von den frommen Pilgern als besonders auch von den Fürsten und der Ritterschaft; die beständigen Aufrufe des Heiligen Vaters zu einem neuen Kreuzzug zum Zwecke der Befreiung der heiligen Stätten in Palästina fanden weithin kein Echo mehr. Die Kreuzzugssteuer war von allen Abgaben die unbeliebteste, sie diente nirgends mehr einem als sinnvoll erkannten Zwecke, sondern einem Handel, der zu nichts führte, als die Händel zu verdecken, in welche sich die Kreuzfahrer in der Colonia latina verstrickt hatten.

Das mußte König Johann von Jerusalem erfahren, der, König ohne Land und Schwiegervater des Kaisers, nach dessen Hochzeit mit Jolante betont den Titel des Königs von Jerusalem vor den seinen eines Königs von Sizilien setzte. Johann hatte eine schlechte Position, als er in seiner Erbitterung dem Kaiser in wilden Szenen vorwarf, dieser behandle seine Gemahlin schlecht und betrüge sie mit anderen, attraktiveren Damen – was übrigens gemäß den Sitten jener Zeit durchaus glaubhaft schien. Papst Honorius III., bei dem sich König Johann beklagte, wußte sich keinen anderen Rat, als diesen zu allen Völkern des Abendlandes zu senden, um für den Kreuzzug zu werben – indem er offen ließ, wem Jerusalem gehören werde, wenn es erst einmal erobert wäre.

Aber der eifrige König Johann stieß bei seiner Werbung kaum auf Gegenliebe: England und Frankreich standen sich wieder einmal zähnefletschend gegenüber, Spanien hatte seine eigenen Sorgen mit eigenen Kreuzzügen, selbst die geistlichen Fürsten zuckten bedauernd die Achseln, wenn sie, die ohnehin keine Mannschaft senden konnten, namhafte Geldsummen locker machen sollten. So gaben sich zu dem Zwecke, für den Kreuzzug zu werben, nur mindere Geister her, niedere Prediger und Mönche von schlechten Sitten und mit unehrlichen Phrasen, denen kein Ritter, und auch kaum ein Pilger, Glauben schenken konnte.

Friedrich II. hatte im Gegenzug den Hermann von Salza beauftragt, im Reiche nicht nur für den Kreuzzug nach dem Osten, sondern auch für den nach Palästina zu werben – auch dieser stieß auf Widerstand bei den deutschen Fürsten und auf wenig Gegenliebe bei Pilgern und Rittern. Er kehrte ohne großen Erfolg, jedoch mit vortrefflichen Plänen zurück.

Die gute Position des Kaisers beruhte darauf, daß er keinen Augenblick dem Zweifel Raum ließ, er werde sein Gelübde nicht halten. Seine Ehe mit Jolante, der Tochter des Königs von Jerusalem, und der Titel, den er demzufolge angenommen hatte, konnten sehr gut als Beweis für die Ernsthaftigkeit seiner Absichten angesehen werden, wie Hermann von Salza dem Papste mitteilte. Tatsächlich war Hermann von Salza davon überzeugt, daß Kaiser Friedrich wirklich den Kreuzzug durchführen werde, – und niemand anders als er, nur eben auf eine besondere Weise. Der deutsche Kaiser war der einzige, der ihn überhaupt durchzuführen imstande war – und der in der Frage des Kreuzzuges bislang jedes Versprechen, das er dem Papste gegeben, auch gehalten hatte – bis auf den Termin. Immer wieder hatte der Kaiser Mittel aufgebracht, Schiffe, die in den Häfen Siziliens lagen, bereit, 2000 Ritter mit ihren Pferden und eine beliebige Anzahl frommer Pilger aufzunehmen. Aber die Pilger kamen nicht, und es kamen auch die Truppen nicht, welche in den lombardischen Städten zum Kreuzzug aufgeboten waren – und ohne die der Sieg im Heiligen Lande nicht errungen werden konnte. Nicht einen Augenblick hatte allerdings der Kaiser auch aufgehört, von seiner nun gesicherten Machtposition in Sizilien aus den Plan zu verfolgen, ganz Italien unter seinem Zepter zu einigen – um von dieser Position aus dann endlich auch im Deutschen Reiche eine gültige Ordnung zu schaffen, in Italien wie in Deutschland, nach den Prinzipien, die in Sizilien so reichen Erfolg hatten.

Das stärkste Hindernis auf dem vorgesehenen Wege waren für den Kaiser die lombardischen Städte, ein ständiges Ärgernis aber auch für den Heiligen Vater. Der lombardische Städtebund, geschlossen vor fünfundzwanzig Jahren, hatte die Städte reich und mächtig, freilich aber auch recht anmaßend gemacht. Die Städte hatten sich zu ganzen Stadtstaaten entwickelt, ausgeweitet durch eine großzügige Landnahme, von Gebieten, die sowohl dem Reiche wie auch dem Papste lehnspflichtig waren, deren Eigentum gar, wenn auch stets umstrittenes. Nun stritten sich die Städte untereinander, sie führten Kriege miteinander, Adel und Volk befehdeten sich in ihren Mauern, wie die Parteien, die sich Guelfen – Päpstliche – und Ghibellinen –

Kaiserliche – nannten. Ihre Oberhäupter vertrieben sich wechselseitig, mit Mord und Plünderung, in diesen Fehden der Städte, zeitweilig kämpften Mantua und Cremona, Rom und Viterbo, Asti und Alessandria, Ravenna und Ferrara, Venedig und Genua, Genua und Pisa, Mailand und Florenz miteinander in blutigen und grausamen Kriegen – Erdbeben erschütterten das Land, die Pest wütete im Jahre 1225, Mäuseheere kündeten davon ... Der Heilige Vater sprach mangels anderer Machtmittel den Städten gütlich zu, er ermahnte sie, am Kreuzzug teilzunehmen. Friedrich II. fühlte sich stark genug, mit seinen neapolitanischen Truppen, durch Spoleto ziehend, die Städte zu bändigen – ein deutsches Heer sollte über die Alpen ziehen und die Städte im Rücken fassen. Es lag im beiderseitigen Interesse, wie Hermann von Salza Honorius III. mitteilte, wenn der Papst dem Kaiser die Möglichkeit ließ, jene Ordnung zu schaffen, die notwendig war, um wirklich und mit Erfolg den von beiden Seiten so ersehnten Kreuzzug auszuführen.

Aber kaum hatten die Städte von den Plänen des Kaisers gehört – durch den Herzog von Spoleto, der sich geweigert hatte, das alte und unbezweifelbare Recht des Kaisers anzuerkennen, durch das Herzogtum hindurchzuziehen, das die einzige Verbindung nach dem Norden darstellte –, da feierte der lombardische Städtebund wieder fröhliche Urständ. Gemeinsam ergriffen die Städte kriegerische Maßnahmen, untersagten alle Gemeinschaften mit den Städten, die nicht dem Bunde beitreten wollten, und erließen an alle das Verbot, vom Kaiser irgendwelche Befehle oder Geschenke anzunehmen. Truppen des Städtebundes besetzten die Engpässe der Etsch bei Verona und zwangen tatsächlich die Vorhuten des zu erwartenden deutsches Heeres umzukehren.

Was sollten hier Acht und Bann? Acht und Bann hatten gewissermaßen nun auch die Städte gegen Kaiser und Papst ausgesprochen, mit unvermuteter Wirkung. Papst

Honorius suchte in einem Schiedsspruch zu vermitteln: »Beide Teile entsagen allem Zorne und Haß und aller weiteren Verfolgung ...« Einziges praktisches Ergebnis war die Forderung: »Die Lombarden stellen dem Kaiser zwei Jahre lang auf ihre Kosten 400 Reiter zum Kreuzzuge ...« und: »Beide Teile sollen die Ketzer den bestehenden Gesetzen gemäß verfolgen.«
Mit dieser diplomatischen Meisterleistung erschöpfte sich das Wirken des Papstes Honorius III. Er starb am 18. März 1227. Und schon am folgenden Tag wurde sein Nachfolger gewählt: Papst Gregor IX. Auf den gütigen und geduldigen Greis Honorius folgte abermals ein Greis, schon über achtzig Jahre alt, doch die Kurie wählte anscheinend mit Bedacht nach dem Zarten das Herbe, wie es nun schon Gewohnheit geworden war. Gregor IX. hatte schon als Kardinal Hugolinus die Mönchsorden der Dominikaner und Franziskaner ungemein gefördert, offenbar, um sie politisch zu nutzen, sozusagen als Ersatz für die Reformbewegung von Cluny, die ziemlich abgebraucht erschien. Die Dominikaner waren ein Predigerorden, vornehmlich sie wurden zur Werbung für die Kreuzzüge eingesetzt, dann aber auch zur Bekämpfung der Ketzer: es gab keine heidnischen Völker mehr an den Grenzen des Abendlandes, die es zu missionieren galt. Aus dem Orden der Franziskaner war einer der Minoritenbrüder geworden, welcher geradezu märchenhaft schnell anwuchs und dessen Mönche als Apostel der Armut große Volkstümlichkeit erlangten. Mit diesen beiden Orden, deren Gründern Dominicus und Franz von Assisi Gregor IX. als Papst die Ehre der Heiligsprechung zuteil werden ließ, schuf er sich eine einsatzbereite Schar von Vorkämpfern der päpstlichen Allmacht, auch gegenüber den Bischöfen, welche keine beschöfliche Gewalt mehr über diese Orden besaßen.
Gregor IX. war ein Neffe des Papstes Innozenz III. – und er ließ keinen Zweifel daran, daß er mit der gleichen Strenge und theologischen Akribie zu regieren gedachte wie

dieser. Friedrich II. war Gregor IX. wohlbekannt: als päpstlicher Legat hatte der Bischof Hugolinus von Ostia dem blutjungen »Kind von Apulien« in Aachen das Kreuzzugsgelübde abgefordert und erhalten.

Sogleich nach seiner Wahl sandte der neue Papst an den Kaiser ein Schreiben, in welchem er die Erfüllung des Kreuzzugsgelübdes anmahnte und eine Warnung hinzufügte: »... erwarten aber auch, daß Du Dich und Uns nicht in jene Verlegenheit setzest, aus welcher Wir Dich schwerlich würden befreien können, wenn Wir auch wollten ...«

Der Kaiser erwiderte mit einem höflichen Glückwunschbrief, den Hermann von Salza überreichte, und erinnerte den Papst daran, daß sehr wohl er, nicht aber die lombardischen Städte die Urkunden unterzeichnet hatten, welche die Annalen des Schiedsspruches von Papst Honorius enthielten. Gleichzeitig konnte Hermann von Salza darauf verweisen, daß die Kreuzfahrer auf den Straßen Italiens bereits dem Hafen Brindisi entgegenströmten: deutsche Kreuzfahrer, 2000 Ritter mit ihrem Gefolge; die 400 lombardischen Ritter waren noch nicht aufgetaucht – die große Sommerhitze, welche bekanntlich die deutschen Ritter so schlecht vertrugen, mochte bei den lombardischen Rittern wohl keine Ursache ihres Zögerns sein.

Die große Sommerhitze Italiens hatte in der Tat, wie es die Deutschen nun schon seit drei Jahrhunderten zu erfahren bekamen, ansteckende Krankheiten im Gefolge. Auf dem Wege nach Brindisi starben viele der Ritter, mehr noch des »gemeinen Pilgervolkes« und auch einige Große, darunter die Bischöfe von Augsburg und Anjou, sowie der begleitende Kardinal-Legat. Zwei »Staffeln« waren zu Schiff schon nach Palästina abgefahren, in die dritte schiffte sich der Kaiser am 9. September 1227 ein, in seiner Begleitung der Landgraf von Thüringen. Das Schiff war schon zwei Tage unterwegs, da starb der Landgraf an der Seuche. Der Kaiser, dem selber unwohl war, kehrte um und lan-

dete in Otranto, bestieg aber nach der Beisetzung des Landgrafen wiederum das Schiff und machte sich abermals auf den Weg. Er erkrankte jedoch nun selber so schwer, daß ihn seine Umgebung bewog, auf die Überfahrt zu verzichten. Während Friedrich II. in den Bädern von Puzzuoli Heilung suchte, erschien den Vorausgefahrenen der ganze Kreuzzug ohne die Führung des Kaisers sinnlos — sie vertrauten der Führung des Kaisers mehr als der Gottes: ein großer Teil von ihnen kehrte gleichfalls zurück. Friedrich II. hatte, ohne sein Verschulden, den so feierlich gelobten Termin zum Kreuzzug versäumt. Papst Honorius hätte angesichts der eindrucksvollen Beweise der kaiserlichen Bereitwilligkeit sicherlich einen neuen Termin anberaumt; Gregor aber antwortete auf das Schreiben des Kaisers, in welchem dieser die Gründe des Scheiterns seines Zuges darlegte, mit der Ausschließung des deutschen Kaisers und des Königs von Jerusalem und Sizilien aus der Kirche, — mit dem Bannfluch, den er am 29. September 1227 der ganzen Welt verkündete.
Der ganzen Welt bis in die nächste Umgebung des neuen Papstes war es vollkommen klar, daß der Papst den Streit mit dem Kaiser gesucht und nach dem ersten Anlaß, der sich bot, gefunden hatte — um die leidige Frage nach der Oberhoheit über die Christenheit, welche nun schon seit dreihundert Jahren immer wieder die Beziehungen zwischen Reich und Kirche trübte, nun endgültig zu entscheiden. Gerade die höchsten Kirchenfürsten der Kurie versuchten, Gregor zu bewegen, er möge den Bannfluch unter schicklichen Umständen zurücknehmen, aber alle Bemühungen um die Erhaltung des Friedens — und einer Möglichkeit, den Kreuzzug doch durchzuführen — scheiterten an der Eigenwilligkeit des Papstes, der im Gegenteil seinen Bannfluch wiederholte, gleich zweimal, am 11. November und am Weihnachtsfeste, dem Feste, das unter dem Zeichen stand: Friede auf Erden allen, die guten Willens sind.

Kaiser Friedrich II. nahm sofort den Handschuh auf. Er sandte ein Schreiben, das schon durch seinen kraftvollen Stil der Wirkung des päpstlichen Bannspruches gleichkam. »Hinter widerlichen Redensarten, wo Honig über Honig, Öl über Öl zur Mehrung der Süßigkeit und Milde aufgetragen ist, verbirgt sich die unersättliche Blutsaugerin, und während sich der römische Hof, als sei er die wahre Kirche, meine Mutter und Ernährerin nennt, übt er stiefmütterliche Taten und ist der Ursprung und die Wurzel aller Übel. Gesandte gehen unaufhörlich durch alle Lande, nach Willkür bindend, lösend, strafend; nicht damit der echte Samen und das Wort Gottes ausgestreut werde und emporwachse, sondern damit diese in Schafskleider gehüllten Wölfe alle Freien unterjochen, alle Friedlichen beunruhigen und überall Geld erpressen. Weder die heiligen Kirchen noch die Zufluchtsorte der Armen noch die Wohnungen der Geweihten, welche unsere Väter mit frommen und einfachem Sinne gründeten, werden jetzt verschont ...

Jene erste Kirche, welche Heilige in so großer Zahl erzeugte, war auf Armut und Unschuld gegründet worden, und einen anderen Grund, als den unser Herr Jesus Christus gelegt hat, kann niemand auffinden und legen. Jetzt aber, da die angebliche Kirche sich in Reichtümern wälzt, auf Reichtümern einherschifft, nur durch Reichtümer erbaut: steht zu befürchten, daß das ganze Gebäude zusammenstürzt! Wenn das römische, zur Erhaltung der Christenheit bestimmte Reich von Feinden und Ungläubigen angefallen wird, so greift der Kaiser zum Schwerte, und weiß, was sein Amt und seine Ehre erheischt. Wenn aber der Vater aller Christen, der Nachfolger des Apostels Petri, der Stellvertreter Christi, uneingedenk, daß wir einst seinen Vorgänger aus den übermütigen Händen Ottos erretteten, uns überall Feinde erweckt: was sollen wir da hoffen, was beginnen? Strecken nicht die Ausgearteten, die Unedlen in ihrem Wahnsinne verwegene Hände nach Königreichen und Kaisertümern aus? Möchten sie nicht,

damit die ganze Welt sich verwirre, Kaiser, Könige und Fürsten zu ihren Füßen sehen?
Diese wissen also, was der Papst von ihnen verlangt, und auch den Untertanen ist nicht verborgen geblieben, was sie von kirchlichem Beistande zu erwarten haben, wenn sie sich von ihrer rechtmäßigen Obrigkeit abtrünnig machen lassen. Deshalb vereinige sich die Welt zur Vernichtung dieser unerhörten Tyrannei, dieser allgemeinen Gefahr: denn niemand wird dem Untergang entrinnen, welcher einem widerrechtlich Bedrängten beizustehen unterläßt und vergißt, daß da, wo das Feuer schon des Nachbars Wand ergriffen hat, stets von der eigenen Rettung die Rede ist . . .!«
Dieser »offene Brief« Friedrichs II. war ganz das Werk des temperamentvollen Kaisers, er war zweifellos nicht von Hermann von Salza redigiert: der Hochmeister des »Deutschen Ordens« weilte schon auf seiner Burg Montfort bei Akkon, inmitten der kleinen Schar seiner Ordensritter.
Aber dennoch paßte der Vorstoß des Kaisers in das politische Kalkül seines trefflichen Ratgebers. Denn nun ließ Friedrich II. sozusagen den Nadelstichen den Schwerthieb folgen: er begann sofort, seine Streitkräfte zu ordnen, seine Truppen zu sammeln und in Richtung Brindisi zu eben jenem Kreuzzug zu dirigieren, um dessen Verzögerung willen er den Bann des Papstes auf sich hatte nehmen müssen. Gregor IX. versuchte sofort, den Kaiser an seinem offensichtlich gewordenen Vorhaben zu hindern, er entband alle Beamten und Gefolgsleute des Kaisers von ihrem Treueid und verbot schlechthin jedermann, dem Gebannten durch Zuzug oder Geld in irgendeiner Form behilflich zu sein. Damit aber sabotierte der Papst das ureigenste Werk aller Päpste, eben den Kreuzzug, für den er traditionsgemäß als ein päpstliches Unternehmen eifrig geworben hatte. Das hatte Konsequenzen, die Gregor sicher nicht vorhergesehen hatte. Der Papst setzte die eigenen Anhän-

ger in Verwirrung, die seinen strengen Befehlen gehorchen wollten – der Kaiser aber berief sich gerade auf die Notwendigkeit einer strengen Befolgung aller kirchlichen Vorschriften und ließ der hohen Geistlichkeit die Beischläferinnen wegnehmen, welchem Befehle die Anhänger des Kaisers nur zu gerne nachkamen.

In diesen Tagen starb die Kaiserin Jolante an den Folgen ihres Wochenbettes – dem Kaiser wurde der Sohn Konrad geboren und sogleich zum Erben des Königreiches Sizilien bestimmt; König Johann hatte gegeifert, Jolante sei als Märtyrerin ihrer Ehe gestorben, und damit sei der Erbanspruch des Kaisers auf die Krone von Jerusalem, sowieso strittig, nun gänzlich erloschen. Der Papst bannte den Kaiser am 27. März 1228 in der Peterskirche zum vierten Male und erklärte das apulische Reich für verwirkt. Diesen Bann begleiteten Schmährufe und Tätlichkeiten der Anhänger des Kaisers, – der Papst konnte mit knapper Not ihren Mißhandlungen entfliehen.

Auf diesen vierten Bann in gleicher Sache antwortete der Kaiser mit dem Aufbruch zum Kreuzzuge. Er landete am 7. September 1228 in Akkon. Hermann von Salza konnte den Kaiser über die Lage und die Verhältnisse in Palästina genau unterrichten. Sie waren ebenso verworren wie in Italien und im Reich. Die Christen des Morgenlandes befehdeten sich, verfolgten einander und »bannten« sich gegenseitig wie die im Abendlande. Die Templer und Johanniter standen gegen die deutschen Ordensritter, hohe Geistliche gegen hohe Geistliche –, die Lombarden gegen alle anderen, die Venetianer, Genuesen und Pisaner von Fall zu Fall. Und Papst Gregor, als er erfahren hatte, der Kaiser sei tatsächlich zum Kreuzzuge aufgebrochen, bannte ihn zum fünften Male und sandte seine Bettelmönche, die Vorreiter der päpstlichen Vorhaben, die Franziskaner, die nun allerorten die Verwirrung steigerten.

Aber Hermann von Salza vermochte aus all diesen giftigen

Blüten Honig zu saugen. Die Lage auf der Gegenseite, bei den Mohammedanern, war ebenso verworren. Der Sultan von Ägypten, Kamel, der mit seinem Heere dem kleinen in Trümmer zersplitterten Häuflein der Kreuzfahrer entgegenstand, war zerstritten mit seinem Neffen Nasr David, dem Sultan von Damaskus, der jederzeit bereit schien, sich lieber mit den Kreuzfahrern zu verbünden als mit seinem Onkel gegen die Kreuzfahrer.

Hermann von Salza hatte genau das getan, was zu tun seiner Art gemäß war: das Naheliegende. Er hatte sich mit Kamel in Verbindung gesetzt und erreicht, daß dieser in einer geheimen Botschaft den mit dem Papst zerstrittenen Kaiser, also einem Manne, der ebenso geschwächt erschien wie Kamel selbst, einlud, ins Morgenland zu kommen. Die päpstlichen Sendboten hatten nun verbreitet, der Kaiser komme mit einem mächtigen Heer, was den Sultan seine Einladung schon bereuen ließ. Aber der Kaiser kam mit seiner Leibwache, den islamischen Sarazenen, nach Joppe, wo sich die Heere der Kreuzfahrer und des Sultans gegenüberstanden, — und sogleich übersandte der Kaiser dem Sultan bedeutende Gastgeschenke, die dieser gewissermaßen aufatmend sofort erwiderte: Kamele, Elefanten und Affen. Und alsbald setzten sich die beiden Großmächtigen zu freundlicher Unterhaltung in einem Zelte zusammen. Es mögen diese Stunden in jenem Zelte zu den wenigen Sternstunden der Geschichte gezählt werden, in denen Weisheit und Vernunft regierten. Beide Männer waren in hohem Grade gebildet, im Besitze der höchsten Kulturgüter, welche ihnen die Epoche zu liefern vermocht hatte. Beide sprachen mehrere Sprachen fließend — im Zelte des Sultans sprach der Kaiser arabisch —, beide Männer konnten sich als ihresgleichen betrachten, Spitzengeister ihrer Welten, erhaben über die sinnlosen Händel aus sinnlos gewordenen Prinzipien. Sie sprachen über ihre gegenseitigen Interessen, legten einander die Lage klar, wie jeder von ihnen sie sah, in voller Aufrichtigkeit, und suchten gemeinsam nach einer Lösung. Er sei, erklärte der Kaiser, keineswegs aus Ländersucht ins Morgenland gekommen – keiner der Kreuzfahrerstaaten sei deutsch –, er habe nur vor, sein Gelübde einzulösen und die heiligen Orte zu besuchen. Sollte es ihm gelingen, die eigentliche Triebfeder der Kreuzzüge: die Freigabe der heiligen Stätten der Christenheit für die Pilger zu erlangen, könne er in das Abendland zurückkehren, als König von Jerusalem und in alle Zukunft verantwortlich für den religiösen Frieden der heiligen Orte.

Kamel erklärte ruhig, daß er die Lage des Kaisers wohl erkenne, auch einkalkuliere, daß der Kaiser zur Erreichung seines Zieles ebenso gut sich mit dem Sultan von Damaskus verbünden könne wie mit ihm, dem Sultan von Ägypten, der aber, weitsichtiger als der Neffe in Damaskus, die Notwendigkeit einer Einigung der moslemischen Welt erstreben müsse –, da an den Grenzen Mesopotamiens ein mächtiges Mongolenreich lebhaften Appetit auf den »Kirchenstaat« des Islam, auf das Kalifat in Bagdad, verspüre. Den Islam zu einigen, sei aber Jerusalem, in welcher Stadt sich ja nun auch die heiligen Stätten des Islam befänden, im Besitze der Mohammedaner ebenso wichtig und bedeutsam wie der Besitz der heiligen Stätten für die Einheit des Abendlandes.

So blieb eigentlich nur die Frage zu klären, wieviel es dem Sultan wert war, einen aufrichtigen Freund im Abendland zu besitzen – und wieviel dem Kaiser, einen treuen Verbündeten im Morgenland ...

Am 18. Februar 1229 einigten sich die beiden großen Fürsten über folgende Punkte: »Jerusalem, Bethlehem, Nazareth, Rama und das Land zwischen Akkon, Tyrus und Jerusalem wird den Christen überlassen, mit Ausnahme von vier Burgen ... die Menschen bleiben unverletzt, und die Mohammedaner erhalten Zutritt zu dem Tempel, welchen sie ebensosehr verehren wie die Christen, nur müssen die Mohammedaner unbewaffnet erscheinen und außerhalb

Jerusalems wohnen ... und das Abkommen dauere zehn Jahre des Waffenstillstandes ...«

Am Sonnabend, dem 17. März 1229, zweiundvierzig Jahre nach der Eroberung durch Saladin, ritt Kaiser Friedrich II. an der Spitze seiner Sarazenen und deutschen Getreuen in Jerusalem ein. In diesem Kreuzzug wurde kein Schwert gezogen, keine Lanze gefällt, kein Pfeil schnellte von seiner Bogensehne. Getroffen wurde nur Papst Gregor IX. – Friedrich II. hatte päpstlicher gehandelt als der Papst. Der Gebannte wohnte dem feierlichen Gottesdienst zum Tage der Lösung seines Gelübdes nicht bei. Aber am nächsten Tage ging Friedrich II. in die Kirche, »nahm die Krone vom Altar und setzte sie sich selber auf das Haupt ...«, wie weiland der erste Kaiser des Abendlandes, Carolus Magnus.

In deutscher Sprache verlas Hermann von Salza eine Erklärung des neuen Königs von Jerusalem, in welchem dieser sein Vorgehen rechtfertigte und den Papst entschuldigte, der sich über die Person des Kaisers und seine Absichten im Irrtum befunden habe: »Gewiß werde ich alles tun, was zur Ehre Gottes, der Kirche und des Kaisertumes gereicht, damit sich meine aufrichtige Friedensliebe offenbare; gewiß werde ich alle Versehen und alles, was die Meinen etwa gegen die Kirche getan haben, wiedergutmachen, damit die offenbaren Feinde Christi und die falschen Freunde Christi, welche sich über die Zwietracht freuen, durch den hergestellten Frieden und die Einigkeit zuschanden werden. Ich will nicht der Hoheit gedenken, die mir auf Erden zuteil geworden ist, sondern mich vor Gott, dem ich meine Erhebung allein verdanke, demütigen, und um Gottes Willen auch vor dem, den er als seinen Statthalter auf Erden bestellt hat.«

Aber am nächsten Tage erschien der Erzbischof von Caesarea und belegte im Namen des Patriarchen Gerold nicht den Kaiser, wohl aber die Kirche des Heiligen Grabes und alle heiligen Orte mit dem Bann.

Das Heer der Kreuzfahrer kümmerte sich nicht um den Bann, wohl aber die Tempelherren: sie ließen dem Sultan die Nachricht zukommen, daß der Kaiser mit geringem Gefolge eine Wallfahrt an den Taufort Christi am Jordan plane, wo der Sultan ihn leicht gefangennehmen und töten könne. Sultan Kamel übersandte das Schreiben der Templer unverzüglich an den Kaiser, der daraufhin strenge verfügte, kein Orden könne von nun an ein vom Könige unabhängiges Heer bilden und kein Tempelherr ohne ausdrückliche Erlaubnis in Jerusalem aus- und eingehen; einige Bettelmönche, welche den Kaiser beschimpften, erlitten körperliche Strafe.

Der Kaiser verließ Jerusalem, als er erfahren hatte, ein päpstliches Heer sei in Apulien eingebrochen, und überließ die Verwaltung seines Königreiches Jerusalem einem getreuen Beamten.

Auch Apulien, auch seine übrigen Besitzungen in Italien hatte er während seiner Abwesenheit beamteten Statthaltern zur Verwaltung überlassen. Zwei dieser Männer, zwei Brüder, der eine Statthalter von Spoleto und der andere von Tuscien, waren sofort, als sie erfuhren, der Papst habe ein Heer nach Apulien gesandt, von zwei Seiten in den Kirchenstaat eingebrochen, wo sie sehr hart, ja mit erwiesenen Grausamkeiten gegen widerspenstige Priester und Burgbesatzungen, die sich nicht ergeben wollten, vorgingen – Sarazenen besorgten dies blutige Geschäft mit großer Begeisterung. Der Papst, im Glauben, der Kaiser habe dies angeordnet, schleuderte nun Bannflüche gegen die beiden Statthalter und suchte, neue Truppen aufzubringen, um sie zu strafen.

Hier boten sich sofort die lombardischen Städte an. Gregor IX. konnte zwei Heere aufstellen, das eine unter König Johann, dem unermüdlichen Jerusalemer, das die Kaiserlichen aus dem Kirchenstaate drängen, das andere unter einem Kaplan Pandolfo von Anagni, welches in Neapolitanien eindringen sollte. Obgleich ein weiterer Beamter, der Großrichter Heinrich von Morra, nun alle Getreuen des Kaisers zu sammeln und Pandolfo wieder in den Kirchenstaat zurückzudrängen vermochte, gelang es den beiden päpstlichen Heeren doch, sich zu vereinigen und den Großrichter einzuschließen, woraufhin einige Grafen und Barone vom Kaiser abfielen – allmählich lag ganz Italien offen für den Papst, und Bettelmönche als Vortrab zogen mit päpstlichen Handschreiben durch die Länder und Städte mit der Mitteilung, Kaiser Friedrich II. sei im Morgenlande verstorben.

Desto größer war der Schrecken, als nun kaiserliche Sendboten mit Schreiben Friedrichs ebenso die Lande durchzogen und mitteilten, der Kaiser sei glücklich bei Ostuni gelandet. Sofort begann das päpstliche Heer auseinanderzulaufen, die lombardischen Truppen nicht, ohne vorher die Auszahlung des schon lange fälligen Soldes zu fordern, so daß einige hohe geistliche Anführer Kirchenschätze angriffen, um die Ungeduldigen bei der Stange zu halten. Die Reste des päpstlichen Heeres mußten sich allein auf die Ankündigung eines Vormarsches des Kaisers bis hinter den Volturno zurückziehen.

Sogleich nach seiner Ankunft hatte der Kaiser den Hermann von Salza zu Gregor gesandt, um eine Versöhnung zustande zu bringen. Aber Gregor argumentierte zu lange hin und her – je länger er sich sträubte, desto mehr mußte er sich davon überzeugen, daß seine Macht und seine Autorität nicht nur bei seinem Heere, sondern auch bei den lombardischen Städten, bei den Fürsten des Landes und bei der hohen Geistlichkeit langsam, aber sicher dahinschwand. Überall, wo der Kaiser mit seinen Getreuen und mit seinen Sarazenen auftauchte, wich das päpstliche Heer, bald hatte der Kaiser das ganze neapolitanische Reich von den Päpstlichen gesäubert, er hütete sich aber, den Kirchenstaat anzugreifen – auf den Rat des Hermann von Salza hin: »um den Frieden nicht zu erschweren ...«

Erst am 28. August 1230 konnte dieser Friede geschlossen

werden. Der Kaiser und seine Anhänger wurden in Gegenwart vieler Fürsten und einer ungezählten Menge Volks feierlich vom Banne gelöst. Bei einer in freundschaftlichem Tone geführten Unterredung zwischen Kaiser und Papst schob der Heilige Vater alle Schuld an dem Geschehenen auf seine bösen Ratgeber, die ihn am Ende in seiner Not verlassen hätten: König Johann war nach Konstantinopel abgereist, um dort die Vormundschaft für den jungen lateinischen Kaiser Balduin zu übernehmen.

Das geschah zu San Germano, – und Kaiser Friedrich II. fürchtete lange Zeit, es werde dem Kaiser dieser Ort, ähnsich wie seinerzeit Canossa Heinrich IV., als eine unnötige und wider die Würde gehende Demütigung angelastet werden. Friedrich II. war zu keiner Buße bereit, zu keiner irgendwie an eine Reue und Buße gemahnenden Geste. Aber dafür mußte er Bedingungen politischer Art eingehen, um vom Banne gelöst zu werden –, von jenen Bannflüchen, die Friedrich II. durch sein ganzes Verhalten und den siegreichen Kreuzzug längst als eine überholte Farce entlarvt hatte. Nun doch mußte er sich verpflichten, wiederum alle Ansprüche auf den Kirchenstaat fallen zu lassen und ihn zu räumen, in Sizilien freie Bischofswahlen und Steuer- und Gerichtsfreiheit des Klerus zu gewähren sowie die vermittelnden Reichsfürsten dafür bürgen zu lassen, daß er den Frieden nicht bräche – und dabei blieb in diesem Vertrage die Frage der lombardischen Städte völlig außer Betracht. Der Kaiser wurde also zwar vom Banne gelöst, aber von nichts sonst: alle Probleme blieben in der Schwebe, also tatsächlich wie in Canossa – im Grunde konnten zwei Jahrhunderte Geschichte der Kaiser und der Päpste betrachtet werden als eine einzige in den Methoden und der Problematik sich immer wiederholende Auseinandersetzung zweier prinzipieller Antagonisten.

In der Frage der lombardischen Städte, die sich in den Geburtswehen einer eigenen und unabhängigen Staatswerdung befanden, waren Kaiser und Papst gleich stark engagiert, oder gleich schwach, nur jeder von einer anderen Seite. Als Friedrich II., ganz konsequent auf seinem Wege, versuchte, auf einem Reichstag in Ravenna 1231 eine Neuordnung Norditaliens ins Werk zu setzen, erschienen die lombardischen Städte nicht, sie rüsteten vielmehr ein stattliches Bundesheer aus – sie waren dem Kaiser wie dem Papst finanziell weitaus überlegen, und in ihrer Politik auch. Dem Kaiser blieb nichts anderes übrig, als sie in die Reichsacht zu erklären, einem offenbar ebenso abgebrauchten Mittel wie die päpstlichen Bannflüche. Aber es gelang dem Kaiser wenigstens, den Papst auf seine Seite zu ziehen – es war dieser wie sein Vorgänger schließlich bereit, als Schiedsrichter in der Frage der Städte zu fungieren, die stets gesonnen waren, die päpstliche Oberherrschaft genau so zu bekämpfen wie die kaiserliche – auch Rom befand sich in ständigem Aufruhr gegen den Papst als Stadtherrn, und die Römer versuchten immer wieder, die benachbarten Städte des Kirchenstaates sich zu unterwerfen, wie es ihnen schon mit Tusculum und Tivoli gelungen war, nun war Viterbo dran. Der Papst war also nicht einmal Herr in seinem eigenen Kirchenstaat – es gab für ihn keinen anderen Ausweg als jenen, die weltliche Macht des Kaisers einzusetzen, ein Ausweg, der von der Kirche schon lange rechtlich vorbereitet war: ganz lässig und wie nebenbei war jeglicher Verpflichtung eines Fürsten und auch des Kaisers zu einem Kreuzzug seit einiger Zeit die stereotype verpflichtende Klausel angefügt, auch die Ketzer zu bekämpfen. Im deutschen Reiche gab es so gut wie keine Ketzer; in Mailand, besonders in Mailand, doch auch in allen anderen lombardischen Städten, war die Ketzerei ziemlich verbreitet, Mailand galt gar als Herd des Ketzertumes – hier mußte der Kaiser dem Papst den weltlichen Arm zur Verfügung stellen, die Ketzer sollten nicht nur bekämpft und geächtet, sie sollten zum Feuertod verurteilt werden, höchst unangenehme Aufgaben, keine rühmlichen also, von der Kirche klug auf die weltliche Macht abgewälzt, welche die Frage der Ketzerei gar nichts anging. Schließlich formulierte Hermann von Salza den Schiedsspruch: der lombardische Städtebund wurde zu der Buße verurteilt, nunmehr fünfhundert Ritter für einen demnächst zu planenden Kreuzzug, gleich welcher Art, zu stellen. Und der Papst forderte 1234 die Städte auf, den Zuzug deutscher Fürsten und Truppen nach Italien nicht zu verhindern.

Aber auch die lombardischen Städte waren nicht müßig gewesen: sie antworteten auf den Schiedsspruch des Papstes, dem sich der Kaiser unterwarf, mit einem Trumpf, auf den Tisch geknallt: mit einem Bündnis mit – König Heinrich von Deutschland, dem Sohn des Kaisers, der sich nun gegen seinen Vater empörte wie weiland der Sohn Heinrichs IV. gegen diesen.

Es ging um die Ketzerei

Das Reich der Deutschen befand sich in den siebzehn Jahren, in denen sein Kaiser Friedrich II. keine Gelegenheit fand, es aufzusuchen, in einem Zustand fortschreitender Dekomposition. Nach der Ermordung des Kölner Erzbischofs Engelbert versuchten sich mehr schlecht als recht zwei weitere Erzbischöfe in der Regentschaft, sie genossen aus Gründen eigensüchtiger Politik weder bei dem jugendlichen König Heinrich noch bei den übrigen Landesfürsten und den Städten und Ständen das Vertrauen, so daß bald einige der deutschen Landesfürsten die Regentschaft für sich erstrebten, so ein Babenberger – aber schließlich wurde dessen Gegenkandidat, Herzog Ludwig I. von Bayern, zum Reichsgubernator bestimmt. Mit diesem nun vertrug sich der junge König – der nur Jahre jünger war als sein Vater – so wenig, daß es im Juli 1229 zu kriegerischen Auseinandersetzungen an der Donau kam. Der Herzog mußte sich unterwerfen und Treue schwören; in der Folge aber ließ er auch den Kaiser in dessen Streit mit dem Papst im Stich. Zwei Jahre später wurde der Bayernherzog, als er auf der Rheinbrücke von Kehl spazieren ging, erdolcht. Da kein Täter zu ermitteln war, glaubten viele, der Mörder müsse entweder von König Heinrich oder vom Kaiser selbst gedungen gewesen sein.

Endlich der Regentschaft eigensüchtiger Gubernatoren ledig, begann der achtzehnjährige König, eigene Politik zu treiben. Aber er besaß keine Hausmacht, die schwäbischen Reichsministerialen unterstanden dem Kaiser und schienen mißtrauisch gegenüber jedem eigenmächtigen Vorgehen des deutschen Königs. Aber da waren die als Hausmacht noch niemals geforderten Städte und Stände, die einzig gesunden Korporationen, neu in ihren Machtansprüchen, doch im Besitze reichlicher Mittel und voll Hoffnung auf eine zu schaffende Ordnung im Reich, die es ihnen ermöglichen konnte, sich frei zu entwickeln. Noch befanden sie sich im Kampfe mit ihren Stadtherren – der Zwist zwischen dem Kaiser und dem Papst schien es Heinrich zu erlauben, das aufstrebende Bürgertum zuerst einmal gegen die bischöflichen Stadtherren zu unterstützen, zumal sich diese in vielen Fällen zur päpstlichen Partei bekannten. Aber die übrigen Reichsfürsten begriffen sehr wohl, daß diese Zuneigung zu den freiheitlichen Elementen gegenüber den bischöflichen Stadtherren nur zu leicht zu einer generellen Kampagne gegen die Stadtherren landesfürstlicher Prägung ausarten müsse. Den Fürsten waren – und schließlich waren die geistlichen Fürsten im gleichen Boote – soviel eigenmächtig erworbene staatliche Vorrechte verbrieft worden, daß sie ihnen kampflos nicht wieder genommen werden konnten. Nachdem Kaiser Barbarossa, um Heinrich den Löwen zu bändigen, die Territorien aller Landesfürsten so klein gehalten hatte, daß eine überragende landesfürstliche Hausmacht für das Kaisertum nicht mehr zu befürchten schien, sah sich der junge König Heinrich plötzlich in eben die Rolle des so strenge befehdeten Welfen gedrängt, der ja ebenfalls eine Vergrößerung seiner Macht und eine fortschrittliche Politik im Sinne einer Neuordnung durch Förderung der Städte und des Bürgertums angestrebt und damit genau das getan hatte, was Barbarossa aus seiner Verstrickung in die italienischen Wirren hatte retten sollen. Nun aber war auch der Vater des deutschen Königs,. der Kaiser Friedrich II., vollständig und mehr noch als Vater und Großvater im Netz der italienischen Machtkämpfe gefangen, wie es dem jungen Heinrich erschien. Der Kaiser starrte auf die zur Freiheit strebenden lombardischen Städte, die er unter die Herrschaft des Reiches zu zwingen ausgezogen war, und zwar mit Hilfe der Reichsfürsten, die er sich in gleichen Städteangelegenheiten

nicht zu Feinden machen konnte. So hatten die Reichsfürsten eine gute Position, als sie in zwei Wormser Reichstagen dem König entgegentraten und ihn in die Schranken weisen konnten: durch Fürstenspruch entschieden sie, daß »in keiner Stadt die Bürger Einungen, Eidgenossenschaften und Bündnisse schließen« durften, und auch der König durfte sie in derartigen Bestrebungen nicht unterstützen. Die Grundlage dieses Fürstenspruches war das sogenannte »Statutum in favorem principum« des Kaisers, wonach der König »die Ausübung seiner Hoheitsrechte über Gericht, Geld, Münze und Zoll, Burgen- und Städtebau im Gebiet fürstlicher Landesherren verbriefen und den Städten verwehren soll, der fürstlichen Territorial-Bildung entgegenzuwirken durch Markt- und Straßenzwang und durch Aufnahme adliger und kirchlicher Eigenleute oder außerhalb der Stadt wohnender Pfahlbürger in die bürgerliche Rechtsgemeinschaft.«
Dies Dokument, vom Kaiser bestätigt auf dem Reichstag von Ravenna Ende 1231, auf welchem Heinrich nicht erschienen war, schien die Bedeutung einer gültigen Verfassung zu haben und wirkte noch über ein Jahrhundert lang rechtsbindend – obwohl diese »Verfassung«, die erste, die dem deutschen Reiche geboten wurde, wirklich nichts anderes darlegte als eben die Verfassung, in welcher sich das Reich befand; der gerade gültige Zustand des Deutschen Reiches wurde also für die Zukunft starr fixiert und somit jede dynamische Entwicklung verhindert.
Damit war allen deutschen Städten kaiserlicherseits zugunsten der Landesfürsten verboten, »eigenmächtig Stadträte und Bürgermeister einzusetzen, Innungen und Zünfte zu bilden ...«, kurz, sich Selbstverwaltungsorgane zu schaffen. Auf diese Weise war die Entwicklung des Städtewesens nicht nur gehemmt, sondern schlichtweg zurückgeworfen: der erste Städtebund nördlich der Alpen, der von Worms, Speyer, Mainz, Bingen, Frankfurt, Gelnhausen und Friedberg, schon 1226 aufgelöst, mußte zum

Zwecke der Besiegelung seines Verzichts auf alle derartigen Bestrebungen die von den Städten errichteten Rathäuser niederreißen. Das war das Ende des Ansatzes einer fortschrittlichen Politik, die der junge König einzuführen gehofft hatte. Heinrich wurde zu seinem Vater nach Cividale zitiert; er mußte vor den Fürsten schwören, seinem Vater in Zukunft gehorsam zu sein, andernfalls seien die Fürsten von ihrem Treueid gegenüber dem deutschen König entbunden. Und damit er begreife, was in der großen Weltpolitik eigentlich vor sich ginge, mußte Heinrich, in seinem jugendlichen Überschwang derart gebändigt, den Papst, mit dem der Kaiser sich ja versöhnt hatte, »bitten, ihn sofort zu bannen, wenn er seinem Vater ungehorsam würde ...«

Eben dies »Statutum« ließ die lombardischen Städte begreifen, was der Kaiser gegen sie vorhabe, was er den deutschen Städten zuzumuten für recht und billig hielt. Die Schlinge, welche den Kaiser und den Papst im Kampfe gegen die Unabhängigkeit der lombardischen Städte aneinanderband, war die Verfolgung der Ketzer. In Deutschland aber gab es so gut wie keine Ketzer. Was mochte also im deutschen Reiche Kaiser und Papst aneinander binden? Zumindest der Papst mußte vorsorglich an die Zeit denken, in welcher nach Besiegung des lombardischen Städtebundes der Kaiser erneut an den Papst zu fesseln war. Wo es keine Ketzer gab, mußten solche aufgespürt werden. Der junge König sah sich nach seinem Verzicht auf eigenwillige Politik in unfruchtbare Untätigkeit versinken. Er mußte nach neuen Kräften suchen, die den anderen Mächten entzogen waren. Und er glaubte, sie gefunden zu haben, als der eigentümliche Überlappungsprozeß dieses Jahrhunderts sich in einem besonderen Phänomen offenbarte.

Schon früh hatte ein Papst mit durchdringendem Verstand und in akribischem religiösen Eifer die Bedeutung des Phänomens, der Häresie, erkannt und sofort begonnen, es politisch zu nutzen: Papst Innozenz III. Häresie — das war jegliche Abweichung christlichen Glaubens von der Lehre der katholischen Kirche. Als früheste Häretiker wurden die Katharer erkannt, ihr erstes Auftreten löste in der Bewegung von Cluny die politische Gegenbewegung mit der Aufgabe einer inneren Erneuerung der Kirche aus. Die Katharer, auf griechisch »die Reinen« — aus der italienischen Übersetzung auf deutsch zu »Ketzer« verballhornt —, waren eine Sekte, die, vom Orient herstammend, sich bald über ganz Mitteleuropa, besonders aber in Südfrankreich, ausdehnte; sie übte Askese, verwarf Tiertötung und stellte sich gegen den Besitz, zum Teil auch gegen die Ehe als Sakrament, und lehnte überhaupt jede kirchlich-hierarchische Ordnung ab. Die religiösen Gebräuche waren einfach und jedermann verständlich, die Predigt bildete den Hauptteil ihres Gottesdienstes. Zur Zeit des Innozenz III. hatten die Katharer vornehmlich in Mailand, der stets gegen die Vormacht der Kirche aufrührerischen Stadt, ein Asyl gefunden. Aber aus dieser Bewegung gingen weitere Sekten hervor, die Albigenser und Waldenser. Die südfranzösische Stadt Albi war der Ursprungsort dieser Sekte, unter deren Namen bald alle Sekten ähnlichen Charakters zusammengefaßt wurden. In Lyon gründete ein reicher Bürger namens Petrus Valdez, bald Waldus genannt, im Jahre 1170 eine christliche Genossenschaft, welche die Kirche in ihrer apostolischen Reinheit und Armut wiederherzustellen suchte; trotz harter Verfolgung — und von Papst Lucius III. gebannt — verbreitete sich diese Sekte bald von Frankreich ausgehend über die Schweiz bis in die Ostmarken des Reiches.

Als im Jahre 1208 ein päpstlicher Legat auf dem Gebiet der Grafen von Toulouse ermordet wurde, schob Papst Innozenz III. den Albigensern die Schuld an dieser Mordtat zu, belegte, als Graf Raimund zögerte, die Albigenser blutig zu bestrafen, diesen mit den Bann und rief die französischen Fürsten und den König von Frankreich zum

»Heiligen Krieg« auf, die gleichen Gnadenerweise zusagend, wie sie für die Teilnehmer an den Kreuzzügen zur Befreiung der heiligen Stätten in Palästina üblich waren. Das Kreuzheer verwüstete in langjährigen »Albigenserkriegen« Raimunds Länder – der König von Frankreich hatte einen plausiblen Grund gefunden, gegen die Albigenser derart beschäftigt, am Kreuzzug ins Heilige Land nicht teilzunehmen. Erst 1229 konnte sich Raimunds Sohn vom Banne lösen: er mußte große Teile seines Gebietes an den König von Frankreich ausliefern.
Es war dies der erste Kreuzzug, der sich nicht gegen die »Heiden« wandte, nicht gegen die Götzendiener, die sich nicht bekehren lassen wollten, und nicht gegen die »Ungläubigen« – Monotheisten wie die Mohammedaner und Juden –, sondern gegen »Häretiker«, also solche Christen, welche dem Dogmengebäude der Kirche mit Bewußtsein die Bibel entgegenstellten. Alle diese Sekten lebten von der Bergpredigt, von einer Quelle göttlicher Offenbarung, die jedermann auch unter Umgehung der Kirche zugänglich sein müsse. Sie bekannten sich alle zur »Reinheit« der Lehre und zur »Armut in der Nachfolge Christi«, zu welcher die Kirche als Machtfaktor und Herrschaftsgebilde in oft so fühlbarem und sichtbarem Gegensatz stand. Folgerichtig mußten diese Sekten »radikal« – das heißt, sich auf die Wurzel der religiösen Bestimmung besinnend – die Mittel der kirchlichen Macht, ihre Riten, den Ablaß, das Fegfeuer und die Seelenmesse, wie endlich die Messe überhaupt, mitsamt den kirchlichen Festen, das ganze hierarchische Gebäude mit den geistlichen Fürsten und dem Papst an der Spitze vom Gewissen her verwerfen. Folgerichtig aber auch mußten sich die Tugenden der Reinheit und der Armut ebendort finden lassen, wo sie miteinander in Verbindung standen, bei den »Niederen« nämlich, in den unteren Schichten, die keinen Anteil an den notwendigen Sünden der Macht hatten.
Die Kirche war gewohnt, daß ihre Erneuerungsbewegun-

gen von unten stammten. Zur Zeit des Papstes Innozenz III. stand die Kirche auf dem Höhepunkt ihrer Macht – die innere Unruhe wurde von den Bettelmönchen getragen, von den von Papst Gregor IX. begründeten und begünstigten Orden der Franziskaner – der Minoriten-Brüder – und der Dominikaner, den Predigermönchen. Auch sie drangen auf eine Erneuerung der Kirche, wie seinerzeit die Bewegung von Cluny. Diese Sekten aber forderten nicht die Erneuerung der Kirche, sondern, um der Reinheit ihres Glaubens willen, deren Abschaffung. So mußten die Bettelorden, welche die Armut zu ihrer Regel erhoben, sozusagen auf der gleichen Ebene mit den Häretikern den Kampf ausfechten.

Tatsächlich gab es im Machtbereich der Kirche, im Abendlande, keine Heiden mehr außer jenen wilden und aufständischen Pruzzen, die nun der deutsche Ritterorden sachgemäß bekämpfte. Es gab im Inneren des Reiches nichts mehr zu missionieren. Das Volk der Deutschen hatte es der Kirche im Verlauf der Jahrhunderte nicht leicht gemacht: es hatte den christlichen Glauben nur langsam und nach schweren Kämpfen angenommen, besonders da, wo die Reichsgewalt vermittels der Landesfürsten keine unmittelbare Herrschaft auszuüben vermochte: im Nordwesten des Reiches, wo der Apostel der Deutschen, Bonifatius, erschlagen worden war, und wo Carolus Magnus Tausende von Sachsen geschlachtet hatte ...

Im Norden des Reiches hatten sich in den Marschengebieten noch wenige deutsche Bauernstämme frei halten können, während im ganzen übrigen Reiche die Bauern durch das Krebsgeschwür der Lehnswirtschaft längst mehr oder minder zu Hörigen geworden waren. Die Friesen, die Dithmarscher und die Holsten siedelten in Gebieten, die niemand haben wollte: in den Sumpf- und Moorlandschaften – sie hatten sich diese Gebiete »erobert«, indem sie durch die Kunst der Entwässerung und der Bedeichung verstanden, den Boden fruchtbar und bebaubar zu machen:

zu »Marschen«. Diese Bauernstämme, Restbestände aus der germanischen Völkerwanderung, hüteten eifersüchtig ihre »Freiheit«, das heißt sie wachten über ihr Recht, das Land, das sie sich erarbeitet hatten, auch in eigener Ordnung zu halten, in einer gewachsenen »Bauerndemokratie«. In diesen Gebieten hatten keine Klöster gerodet und gesiedelt; so weigerten sich die Bauern, der Kirche den Zehnten zu zahlen, wenn ihre Ländereien auch zufällig in einem Sprengel lagen. Die Stedinger kamen auf ihrer Ostwanderung in ein Gebiet, welches die Erzbischöfe von Bremen, gewarnt durch das Verhalten der Dithmarscher und Holsten, vorsorglich, als es noch völlig im Urzustande war, bereits nach dem holländischen »Hollerrecht« aufgeteilt hatten, so daß die Siedler aber so gut wie frei waren und außer dem sogenannten Hollerzehnten, dem Grundzins, keine Abgaben zu leisten hatten. Gegen jedes weitere Herrschaftsrecht, sei es, daß es von den Klöstern ausging oder von landesfürstlicher Grundherrschaft, wehrten sich die Friesen, recht streitbare Leute, die vorsorglich einen Gürtel unüberschreitbaren Sumpflandes um ihr Gebiet unbebaut gelassen hatten.

So scheiterte der erste Versuch des Erzbischofs von Bremen, sich das Gebiet ebenso einzuverleiben wie einst die widerspenstige Stadt Bremen. Mit Hilfe einiger Ministerialen, deren Burgen am Rande der Unterwesermarsch lagen, rückte er gegen die Stedinger vor — es kam zu einer blutigen Schlacht am Weihnachtsabend 1229, in welcher der Führer des erzbischöflichen Heeres, Gerhards eigener Bruder, erschlagen wurde, sowie kurz vorher ein zweiter Bruder, der Bischof Otto von Münster, auf dem Meere von Coevorden besiegt und getötet, ein dritter endlich, der Propst von Deventer, gefangen worden war. Offensichtlich sehr unchristliche Gefühle der Blutrache ließen den Erzbischof alle Kräfte mobilisieren, um sich nun an den Stedingern zu revanchieren, er fand sie nicht nur beim Adel mit ihrem Faust- und Fehderecht, auch in der allgemeinen

Bewegung gegen die Häresie, welche die Dominikaner allerorten so eifrig zu entfachen suchten. Nachdem bereits im Bistum von Münster »das Kreuz« gegen die Friesen gepredigt worden war, stellte der Erzbischof von Bremen 1230 durch eine Synode fest, »daß die Stedinger die Lehre der Kirche für Tand hielten, Geistliche erschlagen und angefallen hätten ...« – nämlich die Brüder des Erzbischofs –, »den Leib Christi in der Hostie verspotteten, dagegen sich ihrerseits wächserne Bilder bereiteten, von bösen Geistern Auskunft begehrten und von Frauen wahrsagen ließen ...«, was sicherlich stimmte. Waren die Stedinger Heiden geblieben? Aber die frohe Botschaft mußte doch zu ihnen gekommen sein, wenn sie die Hostie verspotteten; und wer diese vernommen hatte und ihr doch nicht folgte, der war schlimmer als ein Heide, ein Häretiker also, wenn auch ohne weitere Anzeichen der Häresie, der mußte verketzert werden, ihn hatte nach den päpstlichen Beschlüssen die weltliche Gewalt zu verfolgen.
Der junge König Heinrich, der VII. seines Namens, voll des Dranges, sein hohes Amt gerecht zu verwalten, vermaß sich, durch Vermittlung des Hermann von Salza gegen die Ketzerverfolgung 1232 einzutreten, – auf jenem vielgesichtigen Reichstag von Ravenna, auf dem sein Vater, Kaiser Friedrich II., erleben mußte, wie die lombardischen Städte hohnlachend die Versammlung verließen, nachdem sie erfahren hatten, was der Kaiser mit seinen deutschen Städten vorhabe; und gerade hatte der Papst sich erboten, die geplante Heirat des Kaisers mit einer Tochter des Königs von England zu fördern, – nicht ohne um des »europäischen Gleichgewichtes« willen den französischen König gegen dies Projekt zu stimmen. So also war Friedrich an den Papst gebunden – dieser donnerte seinen Bann gegen die Häretiker und rief zum »Heiligen Krieg« gegen die Stedinger Bauern auf, der Kaiser klappte mit seiner Reichsacht hinterher – und Heinrich wurde in Cividale gedemütigt.

Den ersten Kreuzzug, geführt von Bremen und dem Oldenburger, schlugen die Bauern zurück. Da folgten 1233 neue Kreuzscharen, aus den sächsischen und wendischen Diözesen, sie »drangen zu Wasser und zu Lande in das Oststedinger Land ein ...« – in das bereits voll kultivierte und blühende Land der Stedinger –, »plünderten, brannten Gehöfte und Ortschaften nieder, erschlugen Weiber und Kinder ...«, wie die Sachsenchronik erzählt. In Weststedingen aber, am Hemmelskamper Walde, siegten die Bauern abermals, »Graf Burchard von Oldenburg und zweihundert Erschlagene ritterlichen Standes bedeckten die Walstatt.« Im Herbst ließ der Erzbischof von Bremen die Deiche durchstechen, um die Stedinger zu ersäufen. Aber sie befestigten die Deiche sofort und ersoffen nicht. Im Frühjahr 1234 zogen die Dominikaner »wie schwarze Wolken« durch das Rheinland, durch Westfalen, Holland, Brabant und Flandern und predigten »den Glaubenskrieg«. »Und mit den Beutelustigen kamen die Grafen und Fürsten, die von Ravensberg, Geldern, Cleve, Berg, Jülich, Holland und Brabant und andere, stritten sie auch größtenteils aus Haß der Bauern, nicht um der Kirche Dank. Bei Altenesch zwischen den Flüssen Ollen, Lintow und Ochtum standen die Bauern, bewaffnet mit dem Schwert, Knotenspieß und lederbezogenem Schild wider die eisernen Ritter. Herzog Heinrich von Brabant führte den Angriff; im Rücken des Kreuzheeres stand die massenhaft mitausgerückte Geistlichkeit mit Kreuz und Fahne, das berühmte St. Galler Lied »Media vita in morte sumus«, das sie sang, tönte durch das Dröhnen und Klirren der Schlacht und hielt Nerven und Mordlust der Ritter in Spannung. Sechstausend Stedinger wurden getötet, entronnen sind wenige ...« – am 27. Mai 1234.
Wieder war es der treffliche Hermann von Salza, der in dieser Angelegenheit beim Papste zu vermitteln suchte, was offenkundig machte, daß auch Friedrich II. gegen diese Auslegung seiner Pflicht, die Ketzer zu verfolgen, Ein-

wände hatte. Ketzer erlitten den Tod nicht durch das weltliche Schwert, sondern durch das geistliche Feuer, in dem ihre Seelen geläutert und gerettet wurden. Papst Gregor aber hatte durch die Einrichtung der Inquisition geantwortet und bestimmte zum Inquisitor in Deutschland den eifrigen Kreuzzugsprediger Konrad von Marburg, der als Prämonstratenser nunmehr Dominikanerpflichten übernahm.

Dieser Mann war früher der Beichtvater der Landgräfin Elisabeth von Thüringen gewesen; sie lebte und wirkte von 1207 bis 1231. Diese Dame, eine Tochter des ungarischen Königs Andreas II. – des Gegenspielers von Hermann von Salza im Burzenlande – war in dem noch kindlichen Alter von vierzehn Jahren dem Landgrafen Ludwig von Thüringen angetraut worden, jenem Manne, der bei dem ersten Kreuzzugsversuch des Kaisers Friedrich II., 1227, auf dem Schiffe des Kaisers erkrankt und gestorben war. Ihre Mutter Gertraud stammte aus dem Geschlecht der Grafen von Andechs, welche Herzöge von Meran geworden waren. Die Schwester der Gertraud, Hedwig mit Namen, also die Tante Elisabeths, die um 1174 auf Schloß Andechs geboren war, heiratete den Herzog Heinrich I. von Schlesien, eines Landes, das seit 1146 unter deutscher Lehnshoheit stand. Es war dies Schlesien ein recht armes Land, die Landwirtschaft litt unter dem rauhen Klima und die Bodenschätze waren noch nicht gehoben – Hedwig, von Natur fromm und gottesfürchtig, begriff ihr Amt als das einer »Landesmutter«, eine Bezeichnung, die sich erstmalig mit ihr verband, sie lebte in der Nachfolge Christi, war ungemein wohltätig und milderte die Armut in Schlesien, auch Kunst und Sitte vermittelnd, so daß sich bald um ihr Leben und Treiben die Legende wob – sie lebte seit 1209 in dem von ihr gegründeten Zisterzienserinnenkloster Trebnitz und wurde von der jungen Elisabeth lebhaft bewundert.

Auch wenn die junge Elisabeth von ihrer stolzen, hochgebauten Wartburg herniederstieg, fand sie im rauhen Thüringen große Armut vor, obgleich vielleicht nicht gerade verbunden mit einer großen Reinheit der Sitten. Der Legende nach, die sich sehr bald auch mit ihr befaßte, war sie ein frohes Kind mit sonniger Natur, die angesichts des Elends, das sie umgab, aus vollem Herzen und mit vollen Händen spendete, selber aber in strenger Askese lebte.

Konrad von Marburg mußte das seltsame Gebaren seines hohen Beichtkindes mit großer Sorge betrachten: »Reinheit und Armut« – das wurde von den Ketzern gepredigt, hier wurde es von einer frommen Fürstin gelebt! Mußte das gemeine Volk in seiner frommen Naivität hier nicht notwendig falsche Schlüsse ziehen? Vergeblich suchte Konrad von Marburg der naiv-frommen Elisabeth das Verwerfliche ihres Tuns klarzumachen: es war eine falsche Wohltätigkeit, die sie übte, sie verteilte ihre Geschenke direkt an die Bedürftigen, die Armen und Notleidenden, statt sich der Vermittlung der Kirche zu bedienen; das Gut, das sie verschenkte, war im Sinne der Kirche »gestohlenes Gut«. (Landgraf Ludwig von Thüringen hatte vor seiner Kreuzfahrt dem Beichtvater seiner Frau die Ausübung seiner Patronatsrechte übertragen.) Die Legende von der Heiligen Elisabeth hat sich im naiv-frommen Gemüt des einfachen Volkes entsprechend weitergebildet: Als die Landgräfin eines Tages wieder einmal trotz strengen Verbotes von der Wartburg zu Tal stieg, um armen Leuten in ihren Hütten Nahrung zu bringen, überraschte sie der Landgraf bei diesem Vorhaben – aber Elisabeth öffnete ihre Schürze, und siehe da, alles, was sie in der Schürze getragen, hatte sich in Rosen verwandelt.

Nach dem Tode des Landgrafen wurde Elisabeth von ihrem Schwager, einer obskuren Gestalt namens Heinrich Raspe, von der Wartburg verdrängt – und sicherlich war es dieser neue Landgraf, von dem die Legende berichtete, nicht der fromme und gütige Gemahl der Elisabeth – ihr wurde Marburg als Wohnsitz angewiesen, und sie setzte dort ihr asketisches Leben fort: sie pflegte die Kranken im dortigen Leprahospital – diese entsetzliche Krankheit hatten Kreuzfahrer aus dem Orient eingeschleppt, und so wurde dies Spital auf Wunsch der Elisabeth nach ihrem Tode auch dem Deutschen Ritterorden übereignet.

Konrad von Marburg aber begann seinen Kampf gegen das Ketzertum, er besaß dazu alle Vollmachten von seiten des Papstes, aber auch des Kaisers. Das Verlangen des Papstes an die weltlichen Mächte hatte ursprünglich gelautet, die Ketzer zu verfolgen – und zwanzig Jahre lang wurde von den Kreuzfahrern in Südfrankreich der Kampf gegen die Albigenser und Waldenser mit unglaublicher Grausamkeit geführt, wobei die Bevölkerung ganzer Städte vernichtet wurde. Der päpstliche Legat, der die Verfolgung überwachte, hatte die Parole ausgegeben: »Tötet alle, Gott wird in jener Welt die Seinen herausfinden!« Die Inquisition aber deutete diesem Wort gemäß den Begriff der Verfolgung überall da, wo sich Ketzer nicht in Massen versammelt hatten, zum Beispiel in Deutschland, als eine Aufgabe, diese Ketzer »aufzuspüren«. Konrad von Marburg spürte die Ketzer auf. Es genügte der kleinste Verdacht, die einfachste Denunziation, um Ketzer ohne Ansehen der Person zu verhaften und unter Anwendung der Folter zu Geständnissen zu zwingen. Die Verurteilten wurden der weltlichen Macht übergeben –, unter dem Namen des Kaisers Friedrich II. öffentlich verbrannt.

Die Dominikaner unter Konrad von Marburg nannten sich »die Spürhunde« des Herrn. Sie verbreiteten sich wie eine schwarze Wolke über alle deutschen Länder, mit schwarzen Umhängen über ihren weißen Kutten, und predigten mit fanatischem Eifer. Sie predigten nicht über christliche Tugenden wie Reinheit und Armut, sie predigten gegen den Teufel und seine Machenschaften.

Die Häretiker, die aus der Seligsprechung der Armut in der Bergpredigt zur Reinheit der ursprünglichen Glaubenslehre strebten, stammten vornehmlich aus den Schichten, in denen die Armut Kennzeichen ihres Standes war, aus dem »gemeinen« Volk, der riesigen Basis des hierarchischen, aber zwiegeteilten Machtgefüges. Die christlichen Tugenden der Armut und Reinheit waren innerhalb des Ritterstandes nur in den Ritterorden angenommen worden, die zur Erfüllung ihrer Aufgaben im Kampf gegen die Ungläubigen und Heiden strikte im Rahmen der Glaubenslehren der Kirche, wohl aber außerhalb des Episkopats der Kirche dienten –, wie die Mönchsorden, die ihren besonderen Obern unterstanden. Die Übermittlung der Glaubenslehren an das gemeine Volk geschah durch die weltliche Priesterschaft in der Messe und durch die Predigt. Zu predigen war den Mönchsorden bislang – vorab den Benediktinern, dann aber auch praktisch wirkenden Orden, wie den Zisterziensern, und schließlich sogar den Bettelorden der Franziskaner und Minoriten – nicht gestattet, nur die Dominikaner hatten das Privileg der Predigt zu einem besonderen Zweck. So also hatte das gemeine Volk keinen direkten Zugang zu den Glaubenslehren der Kirche, die durch die Theologie in feste Formen gebracht waren; das Lesen der Bibel – die noch niemand in die deutsche Sprache übersetzt hatte (und auch die Buchdruckerkunst war im Abendlande ja noch unbekannt) – war nur den oberen Schichten möglich, die des Lateinischen als der Kirchen- und Kanzleiensprache mächtig waren. Zudem blieb die Kunst des Lesens und Schreibens der großen Masse noch lange unbekannt, den Bauern und Handwerkern, den eigentlich produktiven Schichten also, deren Tätigkeit allein schon nicht dem Abstrakten, sondern dem Gegenständlichen zugewandt blieb.

Die Herzogin Hedwig von Schlesien und die Landgräfin Elisabeth von Thüringen, waren unter den Landesfürstinnen offensichtlich Ausnahmefiguren, lebendige Beispiele also, um die sich aus der Phantasie des Volkes schon bei deren Lebzeiten die Legende wob. Konrad von Marburg hatte genugsam Gelegenheit, die Wirkung des Gegenständlichen im Tun und Leben seines Beichtkindes auf die Anteilnahme des Volkes zu studieren. Für ihn konnte dies Phänomen nicht ein Problem der Psychologie bedeuten, sondern einzig nur der Moral. Eine Glaubenslehre, welche von vornherein alle Möglichkeiten des »Guten« nur in der Seele der Menschen erkannt hatte und alle Möglichkeiten des »Bösen« nur in deren Körpern, mußte notwendig in den Gläubigen zu einer Art Schizophrenie führen, eine Krankheit im Sinne der Psychologie, im Sinne der Moral die Basis des Genialischen. Die Hedwig von Schlesien, die Elisabeth von Thüringen mußten entweder arge Sünderinnen sein, oder aber Heilige. Die Heiligen waren dem Volke nah, sie waren bekannt durch ihr Leben und ihre gegenständliche Tätigkeit, dem Herzen des Volkes dergestalt nahegebracht. Sie hatten in sich, aber offensichtlich, den Widersacher alles Guten besiegt, den Teufel ...! Auch der Teufel war so dem Volke gegenständlich – für Konrad von Marburg mußte er nur den Menschen im Menschen gezeigt werden. Und er zeigte ihn.

Schon war Thomas von Aquino geboren – er lebte von 1225 bis 1274 –, dessen Lehren sich so intensiv eben mit der Bipolarität der Glaubenslehre befaßten, dem Widerstreit zwischen Vernunft und Offenbarung, den er zu schlichten trachtete durch eine Lösung einer »doppelten« Wahrheit – eine Lösung, die sich bis heute im sogenannten »Pantheismus« erhalten hat. Aber für Thomas von Aquino – seit 1240 Dominikaner – war in Konsequenz seiner Lehre auch die Wirklichkeit der Dämonen und der Magie gegeben. Nach ihm existierten die Dämonen wirklich als Verkörperung des Lasters und konnten wirklich Schaden stiften.

In der berühmten Bulle des Papstes Gregor IX., in welcher dieser zum Kreuzzug gegen die Ketzer aufrief, war auch der Teufel und sein Wirken gegenständlich und den Sinnen begreifbar gemacht – und folgendermaßen wurde beschrieben, wie ein Neuling zum ersten Male mit den Jüngern des

Teufels in Berührung kam: »Er begegnet zuerst einem Mann von wunderbarer Blässe mit schwarzen Augen, so abgezehrt und mager, daß alles Fleisch geschwunden und nur noch die Haut um die Knochen zu hängen scheint ...« – einer Erscheinung also, die wir unschwer mit der Vorstellung eines Intellektuellen unserer Tage verbinden können. »Diesen küßt der Neuling und fühlt, daß er kalt wie Eis ist, und nach dem Kuß verschwindet alle Erinnerung an den katholischen Glauben aus seinem Herzen ... Hierauf setzt man sich zum Mahle, und wenn man sich nach demselben erhebt, so steigt aus einer Bildsäule ein schwarzer Kater von der Größe eines mittelgroßen Hundes rückwärts mit emporgehobenem Schwanz hervor. Der Neuling küßt ihn auf den Hintern ...« –, und dann wird eben das Licht augelöscht, es kommt zu wüsten sexuellen Orgien, und am Ende, am Höhepunkt der perversen Ausschweifung, erscheint der Herrscher der Unterwelt, der Teufel persönlich. Da aber der Teufel jedem einzelnen in anderer Gestalt begegnet, ist seine Erscheinung nur durch das Geständnis der von ihm beherrschten und verwandelten Person zu beschreiben.

Der Teufel, so vorgestellt, hatte eine unheimliche Wirkung. Der Kuß, die erste sinnliche Begegnung mit dem Laster, löschte die Erinnerung an den katholischen Glauben aus: die Ketzerei, das schlimmste aller Vergehen, jenes gegen den Heiligen Geist, geschah also von diesem Augenblick an ohne weitere Schuld des Ketzers; der Feuertod war keine Strafe, sondern eine Läuterung der Seele, ihre Befreiung von der Verführung durch den Teufel. Jedermann also konnte schon mit der ersten Begegnung mit einem Laster unbewußt zum Ketzer geworden sein. Jedermann war sich zumindest der Möglichkeit eines Lasters ständig bewußt und konnte sich im Grunde das Geständnis durch die Folter ersparen. Jedermann war ein potentieller Ketzer, er mußte nur als solcher erkannt werden. Des Teufels List war unbeschreiblich wie sein Aussehen. Er war nur zu erkennen durch den Haß, den er ausstrahlte. Wer gegen einen anderen einen Haß verspürte, mußte notwendig von dessen Haß-Ausstrahlung berührt worden sein, er konnte sich nur davon reinigen, indem er den gehaßten Hassenden der Inquisition überlieferte. So einfach war das, so einleuchtend und so gegenständlich: Jedermann kannte einen Nachbarn und hatte einen Feind. Schuldlos war jener, und schuldlos war der, welcher den anderen über die Inquisition die Seele retten ließ.

Das ganze gemeine Volk, derart angesprochen, ergab sich der gewaltigen Welle des Denunziantentums. Gerettet war der, welcher zuerst denunzierte. Dergestalt stiegen Verwirrung und Unwesen, daß zuletzt das Weib den Mann, der Bruder die Schwester, der Knecht den Herrn anklagte, daß nur Lügen und Bestechung das Leben erhielt, Wahrheit hingegen den Tod brachte. Die Scheiterhaufen brannten, ihr Rauch qualmte reinigend zum Himmel. Konrad von Marburgs Eifer kannte keine Grenzen, er wurde zum Herrn über Leben und Tod des ganzen Volkes –, des gemeinen Volkes, das war die Grenze, die sein Eifer und seine Logik überschritten, es war auch die Grenze seines Wirkens und seines Lebens. Er wurde von seinen Gegnern »Konrad der Wahnsinnige« genannt, und diese Gegner hatten begriffen, daß nicht nur jedermann des gemeinen, des »geringen« Volkes, wie die Ausdrucksweise war, sondern auch der recht eigentlich staatstragende Stand der Ritterschaft, daß auch die Fürsten, daß auch die hohe Geistlichkeit, und daß auch schließlich der Kaiser Friedrich II. jederzeit der Ketzerei bezichtigt werden konnten. Und schon hatten sich fanatische Stimmen erhoben, die verlauten ließen, daß der Kaiser, der so oft Gebannte, leichthin ebenfalls der Ketzerei verdächtigt werden konnte und somit auch jederzeit der Inquisition unterworfen sein mußte. Tatsächlich waren auch »ehrbare Bürger in den Städten und deren Frauen, dann aber auch Geistliche, Edle und endlich gar angesehene Grafen der Ketzerei beschuldigt« worden, »so die Grafen Sayn, Henneberg, Solms, die Gräfin von Lotz und andere . . .« Die Verwirrung stieg nun auch in den Städten beim Adel und der Geistlichkeit. Der Erzbischof von Mainz, dann auch die Erzbischöfe von Trier und Köln, sogar einzelne Dominikaner standen schließlich gegen Konrads Verfahren auf. Diese Gelegenheit benutzte auch der junge König der Deutschen, Heinrich VII., um Tagungen in Mainz und Frankfurt einzuberufen, wo nun der Graf Sayn, der zuerst, »vom Sturm der Wütenden« überwältigt, sogar seine »Schuld« bekannt und durch das beschimpfende Scheren seines Haupthaares sich der Inquisition unterworfen hatte, »so mannhaft gegen jenes Unwesen eintrat«, daß seine Ankläger sich beschämt zurückzogen, und der König ihn mit vielen anderen unschuldig Angeklagten lossprechen konnte. Auf diesen Tagungen erreichte der König, daß Papst Gregor aufgefordert wurde, dem Treiben der Ketzerrichter ein Ende zu bereiten und die Ankläger zu bestrafen. Aber der Papst zögerte mit einer Entscheidung; schließlich hatte er selber ja die »Spürhunde Gottes« losgelassen; und bevor er entschied, war er der Entscheidung ledig: Ein einfacher Ritter, ein kleiner Haudegen, theologisch ganz ungebildet, stellte den Konrad von Marburg zur Rede, da gute Freunde und Verwandte auf dem Scheiterhaufen geendet hatten, und weil Konrad diesem Ritter heftig widersprach, erschlug er ihn und seinen Begleiter, einen Minoriten, am 30. Juli 1233 auf offener Straße, und ganz unbekümmert über die Strafe, die ihn erwartete. Der Papst legte ihm als Buße auf, er solle »mit einem Strick um den Hals und einer Rute in den Händen nach Palästina pilgern, jedem Priester sein Vergehen beichten und von jedem öffentlich gegeißelt werden«, was der edle Ritter nicht tat.

Dieser Ritter wurde weiter nicht verfolgt. Aber Dominikus und Franz von Assisi, sowie die Herzogin Hedwig von Schlesien und die Elisabeth von Thüringen, wurden heiliggesprochen. Die Inquisition ging dennoch weiter. Sie

dehnte sich nach dem Kreuzzug gegen die Stedinger noch in anderer Richtung aus: Während ein Reichsbeschluß durch König Heinrich VII. nun allen Ketzern »billige Behandlung nach rechtlichen Formen« zugesichert hatte, blieb die Denunziation der »Hexen«: auch sie waren, wenn nicht durch Armut und Reinheit, so doch durch ihren Umgang mit dem Teufel reinigungsbedürftig geworden. Der Hexenwahn erhielt sich bis in unsere Tage – zumal beim »geringen Volke«. Hier erweiterte sich die sinnliche Begegnung über den Kuß hinaus durch die geschlechtliche Vereinigung mit dem Satan, die nach den vielmals auch freiwillig und ohne Folter gemachten Geständnissen der von sündiger Geschlechtslust gepeinigten Frauen und Mädchen in allen Einzelheiten geradezu mit wissenschaftlicher Akribie erforscht und dargestellt werden konnte. Nach über zweihundertjähriger Verfolgung der Hexen, deren Verfehlungen bislang sozusagen über den Daumen gepeilt erkannt wurden, erschien – im Jahre 1487 und bis 1669 noch 28mal nachgedruckt – der »Hexenhammer«, der nunmehr in den Hexenprozessen als Gesetzbuch galt.
Heinrich VII. aber, der knabenhafte König der Deutschen, sah sich plötzlich gerade durch seine Haltung gegenüber der Ketzerverfolgung von vielen Seiten in seinen Absichten bestätigt, zuerst von den Städten, dann aber auch von der Ritterschaft und vielen weltlichen und geistlichen Fürsten, und vor allen Dingen von den Ministerialen der Stauferheimat, Schwaben, die sich ebenso wie deren König gegen die italienische Verstrickung aussprachen und dem König die so lang ersehnte Hausmacht zu garantieren schienen. Sein Vater, der Kaiser, schien wie hypnotisiert auf die lombardischen Städte zu blicken und alles andere, zumal sein deutsches Reich, über diesem Problem zu vergessen, mit dem Papst in ein Katz- und Mausspiel verwickelt, bei welchem es dem Kaiser wie dem Papst niemals klar wurde, wer jeweils die Katze oder die Maus war. So sah sich der junge König, wie in der Nachfolge Heinrichs

des Löwen, veranlaßt, guelfische Politik zu treiben, das heißt, die Städtepolitik des Löwen wieder aufnehmend: auf seiten der Städte der Lombardei. Er gab – am 13. November 1234, also ein halbes Jahr, nachdem die Stedinger Bauern geschlagen worden waren und ihre Reichsunmittelbarkeit verloren hatten – zwei seiner Getreuen, seinem Marschall Anselm von Justingen und dem Würzburger Volker von Tanuhr, Vollmacht, mit den lombardischen Städten einen Vertrag abzuschließen, auf den im Dezember in Mailand die Vertreter der Städte Punkt für Punkt eingingen.

Mit diesem Schritt aber war es Heinrich nur gelungen, den Kaiser und den Papst wieder in eine Linie zu zwingen. Kaiser wie Papst sandten augenblicks Briefe an ihre Anhänger und ebenso an die Schwankenden und jene, die sich so voreilig auf die Seite des Königs gestellt hatten. Als Heinrich nun sogar wagte, bei Oppenheim ein kleines Heer zu sammeln und Worms anzugreifen, dessen Bischof auf seiner Seite stand, kämpften die Wormser Bürger entschlossen – nicht gegen den jungen König, sondern gegen ihren unbeliebten Bischof, der nun seinerseits den König schleunigst verließ, als die Botschaft kam, Kaiser Friedrich II. werde gleich nach Ostern 1235 in Deutschland erscheinen.

Heinrich verließ sich darauf, die Lombarden würden den Kaiser auf seinem Wege nach Deutschland aufhalten, und sicherlich hätten diese sich auch bemüht, wenn der Kaiser sich mit einem Heer genaht hätte. Aber Friedrich kam ganz ohne Heer nach Deutschland, nur von seinem Hofstaat begleitet, einem sehr fremdartigen Hofstaat, mit sarazenischen und äthiopischen Leibwächtern, mit Kamelen, Leoparden, Affen und anderem fremdländischen Getier, sie waren gleichsam die Zeugen seiner Macht, die sich über so viele Länder erstreckte. Und nun wiederholte sich der Siegeszug des »Kindes von Apulien«. Er wurde überall begeistert empfangen, die letzten Anhänger des jungen Königs fielen von diesem ab. Hermann von Salza vermittelte zwischen Vater und Sohn, Heinrich bot seine Unterwerfung an, indem er in Wimpfen seinem Vater zu Füßen fiel. Aber diesmal war der Kaiser unerbittlich, er hielt in Worms im Juli 1235 mitsamt den Fürsten Gericht über seinen ältesten Sohn – den seiner ersten ungeliebten Frau. Heinrich wurde entthront und nach Apulien in Gefangenschaft gebracht, wo er jahrelang die Gefängnisse wechselte – er starb 1242, wahrscheinlich durch Selbstmord, ein Mann, der immer das Rechte wollte und das Falsche tat.

Es ging um die Städte

Papst Gregor hatte sich während des Streites zwischen Vater und Sohn vorsichtig, aber doch bereitwillig auf die Seite des Kaisers gestellt; denn er hatte wieder einmal selber Streit mit den stets zur Aufsässigkeit neigenden Römern, die ihn aus der Stadt vertrieben und Kirchengüter mitbeschlagnahmt hatten. Der Papst hoffte auf die versprochene Unterstützung des Kaisers.

Friedrich II. suchte so schnell wie möglich in Deutschland die Ordnung zu schaffen, die er im Augenblick so dringend benötigte. Auf einem Reichstag zu Mainz verkündete er das Gesetz über den Landfrieden, in welchem er zuerst harte Strafen androhte gegen jeden Sohn, der sich gegen seinen Vater empörte, dann jeden bedrohte, der sich Burgen baute ohne die Erlaubnis des Kaisers, im übrigen aber die Gesetze bekräftigte, die sein Sohn auf das Betreiben des Kaisers schon einmal selber erlassen hatte: der Besitz der Landesfürsten blieb unangetastet. Der Kaiser suchte die Unterstützung der Fürsten zu dem geplanten Feldzug gegen die lombardischen Städte, und er erhielt sie zugesichert. Damit war zwar die Macht des Kaisers gestützt —, die des deutschen Königs in seiner Stellung aber erheblich eingeschränkt. »Der König war nicht mehr König schlechtweg, sondern König im Fürstenparlament, und soweit er sich mit demselben in Einklang zu halten wußte«, urteilte ein zeitgenössischer Chronist; mit diesem Akt war »eine Umkehr zu den alten Formen des deutschen Kaiser- und Königtumes und des Reiches unmöglich« geworden. In den übrigen Punkten dieses »Landfriedens« aber drohte Strafe gegen jene Gesetzesbrecher, die vorzüglich im Münz- und Zollwesen die Einkünfte des Kaisers zu schmälern suchten.

Papst Gregor vermochte aus diesem Landfriedensgesetz sowie anderen Verlautbarungen des Kaisers auf einem späteren Reichstag zu Augsburg, in denen der Kaiser seine schwäbische Hausmacht zu sichern suchte, nichts anderes herauszulesen als das, was sie wirklich bedeuteten. Die Absicht des Kaisers war klar: er wollte nunmehr mit Hilfe eines von den deutschen Fürsten aufgestellten Heeres die lombardischen Städte niederzwingen und damit eben das erreichen, was der Papst unter allen Umständen zu verhindern suchen mußte: den Kirchenstaat von Norden und Süden einkesseln und damit seiner Gewalt völlig unterwerfen. Schon bevor es dem Kaiser gelungen war, seinen Sohn gefangenzunehmen, hatte Gregor in zahlreichen Rundschreiben an die Fürstlichkeiten und das Episkopat aller Länder der Christenheit eindringlich gebeten, ihm Geld und Mannschaft nach Italien zu senden –, zur Unterstützung seines Kampfes gegen die Römer. Es kamen weder Geld noch Mannschaft, aber die Römer, einigermaßen erschrocken über diese energische Initiative des Papstes, waren zu einem Waffenstillstand mit ihm bereit. Nun aber rief der Papst zu einem neuen »Heiligen Krieg« auf, welchem Geld und Mannschaft dienen sollten. Er verwies auf die Zustände im Heiligen Lande, in welchem Templer und Geistlichkeit, die Kreuzritter aller Kreuzritterstaaten in allgemeiner Zwietracht verharrten und sich öffentlich gegen den Kaiser und König von Jerusalem auflehnten. Der Kaiser selber war also aufgefordert, zu einem Kreuzzug ins Heilige Land aufzubrechen. Friedrich verwies darauf, daß der von ihm geschlossene Waffenstillstand noch nicht abgelaufen sei und daß überhaupt ein Kreuzzug nur Erfolg haben könne, wenn die Verhältnisse in Italien sicher und geordnet erschienen.

In Worms wurde der Kaiser von den Fürsten sehr gefeiert, zumal er dort festlich die Isabella von England heiratete – eine Eheschließung, die der Papst zwar eingeleitet hatte, nun aber unter diesen veränderten Verhältnissen nur ungern sah. Unermüdlich warb Friedrich in Deutschland um Freunde und Bündnisse; mit der Kirche gelangte er in das beste Einvernehmen durch seine Teilnahme an dem feierlichen Begräbnis der heiliggesprochenen Elisabeth. »In prachtvoller Kleidung, die Krone auf dem Haupte, nahte der von den höchsten Geistlichen umgebene Kaiser und hob den Stein vom Grabmale. Dann krönte er die Heilige mit einer kostbaren Krone, ließ sie neu kleiden und schmücken und in einem schöneren Grabmale beisetzen« – in der Kirche der Heiligen Elisabeth in Marburg am 1. Mai 1236. Sehr gelegen kam dem Kaiser das Verhalten Friedrichs des Streitbaren von Österreich, der es verstanden hatte, nach dem Tode seines Vaters sich mit seinem Adel und andern Dienstmannen zu entzweien und sie mit unbestreitbarer Härte zu unterwerfen, seine Geistlichkeit zu beleidigen und sich gründlich mit dem König von Böhmen, den Herzögen von Bayern und Kärnten sowie den Bischöfen von Passau und Bamberg zu verkrachen –, ferner auch noch den aufsässigen Sohn des Kaisers, den unglückseligen Heinrich VII., zu unterstützen. Der Kaiser lud den streitbaren Herzog zum Reichstag nach Augsburg und tat ihn, als er nicht erschien, in die Acht. Gleichzeitig übertrug er den gekränkten Fürsten die Vollziehung der Acht – sie bekamen das Land Österreich bald in ihre Hände. Zwei Jahre später kehrte der Kaiser, mitten aus seinem Feldzug gegen den lombardischen Städtebund, für kurze Zeit nach Deutschland zurück: er nahm das Land Österreich als Reichslehen und ließ seinen neunjährigen Sohn Konrad zum deutschen Kaiser wählen, der nun in Österreich eine eigene Hausmacht hatte, aber bis zu seiner Mündigkeit dem Erzbischof von Mainz unterstellt und erst nach dem Tode seines Vaters gekrönt werden sollte. So hatte Friedrich seinen Aufenthalt in Deutschland gut genutzt, so gut, daß er es nicht mehr für notwendig befand, noch einmal das Deutsche Reich zu besuchen.

Papst Gregor hatte sich gegen die Absichten des Kaisers

wohlgerüstet; andere Mittel als politische und geistliche standen ihm nicht zur Verfügung, aber diese – und das Geld, das ihm durch die Kreuzzugssteuer zufloß – wußte er trefflich zu nützen. Da es ihm gelungen war, seinen »Schiedsspruch« in Sachen der lombardischen Städte zu verschieben, erteilte er, um diesen Schiedsspruch überhaupt einmal fällen zu können, eben diesen lombardischen Städten für alle Zeit die Erlaubnis, »sich gegen einen aus Deutschland anrückenden Kaiser zum Schutz ihres Rechtes eidlich zu verbinden « – und Anfang November 1235 erneuerten zehn kaiserfeindliche Städte, an der Spitze Mailand, Brescia und Bologna, ihren Bund und forderten Ferrara auf, sich dem Bund anzuschließen und den kaiserlichen Truppen die Straßen und die Wasserwege zu sperren. Gleichzeitig sandte der Papst an den Kaiser, aber auch an andere Königshöfe, ein Schreiben, in welchem er dem Kaiser »in öffentlicher Klage« vorwarf, den Bruch des Friedens vorzubereiten.

So gab Hermann von Salza seine Bemühungen um einen »Schiedsspruch« des Papstes auf. Er kehrte zum Kaiser nach Deutschland zurück und riet ihm, die öffentliche Klage durch eine öffentliche Klage zu erwidern. Das Schriftstück des Kaisers, an die Königshöfe wie auch an den Papst gesandt, schloß mit den Worten: »Ihr aber, Könige des Erdkreises, öffnet eure Ohren und Augen und beachtet wohl, welche Ermutigung allen Unbotmäßigen zuteil würde, wenn das Römische Reich bei dieser Empörung Schaden erlitte! Schärfet euren Blick, ob es euch frommte, wenn dort, wo ihr die Frechheit eurer Untertanen zähmen wollt, ein Auswärtiger sich in eure Angelegenheiten mischte und eine Handhabe fände, euer Vorhaben zu verhindern oder zu stören!« Das waren Sätze, die der Königin-Regentin Bianca von Frankreich, der Mutter des nachmaligen König Ludwig IX. von Frankreich, auf deren Hilfe der Papst am meisten gehofft hatte, sehr zu denken gaben.

Kriege wurden schon im Altertum durch Kriegserklärungen eingeleitet, die mit feierlichen Zeremonien verbunden waren. Das mittelalterliche Fehderecht kannte die Herausforderung durch das Werfen des Fehdehandschuhs. Heinrich IV. hatte sich 1085 durch Gregor VII. die Erklärung des »Gottesfriedens« aufzwingen lassen, wonach außer den ausdrücklich zu »Heiligen Kriegen« der Kirche erklärten Kriegen, den Kreuzzügen, blutige Auseinandersetzungen zwischen den weltlichen Mächten eigentlich ausgeschlossen bleiben mußten. So gewöhnten sich eben diese weltlichen Mächte daran, ihre Kriege ohne ausdrückliche Kriegserklärung zu beginnen – zwingende Gründe ließen sich »zur Verteidigung« immer finden. Auch Barbarossa achtete den »Gottesfrieden«, erfand aber zu seinen Zwekken die »Absage«, nämlich den Abbruch der politischen Beziehungen. Friedrich II. war im Falle seines Krieges gegen den lombardischen Städtebund mit der Erklärung schnell zur Hand, hier handele es sich nicht um einen »Krieg«, sondern um die Unterdrückung einer Rebellion der Städte gegen die in ihrem Recht geschmälerte kaiserliche Macht.

Papst Gregor IX. zog dem gegenüber die Konsequenz und schlug sich eindeutig auf die Seite der Rebellion: er schuf sich auf seine Weise ein Heer, das der Partisanen nämlich, der guelfischen Parteien in den ghibellinisch treuen Städten, – und unterbaute deren rechtliche Stellung, indem er kurzerhand die kaisertreuen Noblen und Verwaltungsbeamten zu »Ketzern« erklärte. In einem entscheidenden Falle aber versagte die Taktik des Papstes und kehrte sich gegen ihn: Verona war die schier unbezwingliche Sperrfestung jenes Alpenpasses, über den das deutsche Heer des Kaisers anrückte. In Verona kämpften die zwei Parteien um die Herrschaft, geführt von zwei großen Grafengeschlechtern, den San Bonifazio und den Romano, die einander innig befehdeten. Der Papst erklärte den alten kaisertreuen Grafen Romano zum Ketzer – er war in der Tat Waldenser – und predigte den Kreuzzug gegen ihn und seine Nach-

kommenschaft. Aber der Zufall wollte es, daß im Mai 1236 gerade Hermann von Salza sich in Verona aufhielt, der den tatkräftigen Sohn des alten Grafen sofort unterstützte, indem er fünfhundert deutsche Ritter herbeiholte: Verona öffnete bereitwillig seine festen Tore dem Kaiser, der nun mit seinem deutschen Heer in diese treffliche Ausgangsposition einrücken konnte. Zum Kaiser, dem »Oberketzer«, bekannten sich nun die kaiserlichen Parteien in allen Städten, auch denen der Liga, in fester Haltung, gerade durch die strengen Strafpredigten des Papstes dazu gedrängt.
Von Verona aus konnte die östliche Po-Ebene leicht unterworfen werden; zwar blieb Mantua unbezwungen, weil der Kaiser in den Angelegenheiten Friedrichs des Streitbaren Anfang 1237 noch einmal nach Österreich zog – aber dann mußte sich auch Mantua unterwerfen, nachdem von Hermann von Salza geführte Unterhandlungen in Piacenza durch das Eingreifen Venedigs auf seiten der »Liga«, wie sich der lombardische Städtebund nun nannte, gescheitert waren; und am 27. XI. 1237 wurden die Mailänder mit ihren Verbündeten bei Cortenuova so geschlagen, daß sie zu Friedensverhandlungen unter großen Zugeständnissen bereit waren. Aber der Kaiser verlangte vollständige Unterwerfung, er wollte mit den »Rebellen« nicht mehr paktieren, er behandelte die Besiegten aller Städte mit großer Grausamkeit und förderte dadurch den erbitterten Widerstand der »Partisanen« auch und gerade in den bereits eroberten Städten. Die Methoden des Kaisers wie des Papstes waren einander wert. Nach einem Siegeszug bis Turin trotzten nun noch sechs Städte, unter ihnen besonders Mailand, selbst Brescia. So sammelte der Kaiser sein vor den einzelnen Städten zerstreutes Heer, hielt in Verona einen überaus glänzenden Hoftag ab und rückte dann mit gesammelter Heeresmacht Ende Juli 1238 nach Brescia, um diese kleine Stadt, die Bergfestung Mailands, zu berennen. An den Mauern dieser kleinen Festung aber scheiterte der Heereszug: die Stadt verteidigte sich

so erbittert, daß die Belagerung im Oktober wieder aufgehoben werden mußte; das Beispiel Brescias ließ den Widerstand der »Partisanen« überall im Rücken des Heeres derart aufflammen, daß der Papst daran denken konnte, die Seestädte Genua und Venedig, bis dahin bitter in Fehde miteinander, zu verbünden und ihre Flotten gegen Sizilien einzusetzen.

Immer noch hatte der Papst offiziell seine Beziehungen mit dem Kaiser nicht abgebrochen. Aber als Friedrich II. seinen natürlichen Sohn Enzio mit der Erbin Sardiniens vermählte und »als König des Papstlehens« titulierte, wählte der Papst dies zum Anlaß des vollständigen Bruchs. Am Palmsonntag, dem 20. März 1239, verhängte er über den Kaiser den Bann, von dem dieser sich nie mehr zu lösen vermochte. Und begleitete diesen Bann mit einem Manifest, in welchem er den Kaiser der schlimmsten Verbrechen bezichtigte, ihn als Kirchenfeind und Freigeist verketzerte, als apokalyptisches Untier verunglimpfte, als Vorläufer des Antichrist. Der Kaiser antwortete im gleichen Ton, die Person Gregors angreifend, der seines Amtes unwürdig sei, da er die Ketzer von Mailand in ihrem Kampf unterstütze; auf gleicher Ebene der persönlichen Beschimpfung trafen sich Gregor IX. und Friedrich II. wie weiland Gregor VII. und Heinrich der IV. – aber ein Canossa war nicht mehr möglich. Am gleichen Tage, da der Papst seinen Bannfluch schleuderte, starb Hermann von Salza in Salerno, wo er Heilung von einem Leiden gesucht hatte. Der Endkampf zwischen Kaiser und Papst begann – aber fortan sollte es keinen Erfolg des Kaisers mehr geben, nur jeweils weitere Schritte zu seinem Untergang.

Es ging um das Abendland

Nach der gloriosen Schlacht bei Cortenuova sah das ganze Abendland – mit Ausnahme des Papstes und der wackeren Bürger hinter den Mauern von Brescia – den Kaiser als Sieger, auf dem Gipfel der äußersten Macht. Unter vielen Gesandtschaften, die den Kaiser zu preisen nach Verona gekommen waren, befand sich auch eine Delegation des ägyptischen Sultans: sie ehrte den siegreichen Kaiser mit vielen Geschenken und bat ihn, ja, sie flehte ihn geradezu an –, den moslemischen Völkern zu helfen, »gegen schreckliche Barbaren«, die, »alles vernichtend und verwüstend«, vom Osten her in ihre Länder eingefallen waren. Der Kaiser, von seinen »Sarazenen« umgeben, war mit Hermann von Salza wohl geneigt, seinem ägyptischen Freunde zu helfen, aber er mußte bedenken, daß nun »seit zwei Jahrzehnten das ganze Abendland erfüllt war von der Hemmung des Kampfes der Christenheit gegen die Moslems« – es mußte einfach die Vorstellungswelt eben dieses Abendlandes übersteigen, wenn er nun den Moslems gegen deren Feinde beistehen würde. Als die ägyptische Gesandtschaft beteuerte, wenn die Moslems die Invasion der Barbaren nicht aufhalten könnten, werde es nichts mehr geben, was diese hindern könnte, auch die Reiche des Abendlandes zu vernichten, lieferte sie dem Kaiser den Grund, jede Hilfe abzulehnen: die Moslems sollten sich niemals rühmen können, Verteidiger des christlichen Abendlandes zu sein.

Die ägyptische Delegation zog enttäuscht weiter, sie trug ihre Bitte dem französischen König, Ludwig, dem späteren Heiligen, wie dem englischen, Heinrich III., vor, wurde freundlich angehört und lässig abgewiesen: es gab keine

Gefahr für die Christenheit von irgendwelchen Barbarenreitern im fernen Osten, noch weit hinter den moslemischen Ländern ... Dann aber kam aus dem fernen Rußland die sonderbare Kunde, dort hätten fremde Reiterheere Städte verbrannt, Burgen zerstört, Frauen geschändet, Greise und Kinder hingeschlachtet – Schreckensnachrichten, die nur allzusehr Greuelmärchen ähnelten, wie sie vor gut fünfzehn Jahren schon einmal – ältere Leute vermochten sich noch daran zu erinnern – das Abendland ganz unnötig beunruhigt hatten. Aus Rußland kamen die Nachrichten? Also waren die Moslems gar nicht bedroht? Also war dies alles Lug und Trug? Ersonnen von Interessenten, die von den Auseinandersetzungen zwischen Kaiser und Papst abzulenken wünschten? Und richtig: die Zweifel waren berechtigt, im Frühjahr des Jahres 1238 ging das Gerücht, die ominösen Reiterheere seien umgekehrt und wieder in den weiten Steppen des Ostens verschwunden. Nachrichten, die sich dergestalt als falsch erwiesen, wurden hinfort »Tartaren-Nachrichten« genannt. Die ersten Nomadenstämme, mit denen die Kumanen in Berührung kamen, waren Tataren, die Vorhut der Mongolen. Im lateinischen Sprachgebiet bürgerte sich der Begriff der »Tartaren« ein, nach dem Wort »tartarus«, gleich: aus der Unterwelt stammend. Die Kumanen waren es auch, die nun eine weitere Nachricht an die Grenzen des Abendlandes brachten. Da war ein alter Kumanen-Chan Kotjan, der schon den ersten Mongoleneinfall erlebt hatte, den Erkundungsritt Ssubutais – damals waren viele Kumanen nach Ungarn geflüchtet und hatten um Asyl gebeten, und König Andreas von Ungarn hatte es ihnen gewährt, um auf solche Weise den so unbequemen deutschen Ritterorden loszuwerden. Aber diese Kumanen-Horden hatten den König enttäuscht. Sie gerieten bei ihrer Ansiedlung in Konflikt mit den deutschen Bauern-Siedlern, ihre Herden zertrampelten bebautes Bauernland, und sie waren ganz ungeeignet, die von den Rittern verlassenen

Burgen zu besetzen und zu verteidigen. Nun nahte der Kumanen-Chan mit seinem ganzen Volke, das in den fruchtbaren Gebieten nördlich des Schwarzen Meeres umhergezogen war. Als er den Druck der Mongolen neuerlich verspürte, sammelte er sein Volk und zog mit allen seinen Kriegern, mit Weib und Kindern und allem Vieh und Zelt und Wagen nach Ungarn, um dort dem König Bela von Ungarn, dem Nachfolger des verstorbenen Königs Andreas, seine Unterwerfung anzubieten. Er war sogar bereit, mit seinem ganzen Volke das Christentum anzunehmen ...

Was war geschehen? Der große Chan-Chan, der Tschingis-Chan, war 1227 gestorben. Sein ganzes Volk hatte sich dem Brauche gemäß in seinem Stammlande versammelt, um einen neuen Chan-Chan zu wählen. Dieser Kuriltai, die Wahlversammlung, fand in Karakorum statt, einem ursprünglichen Karawanen-Umschlagplatz am Rande der Wüste Gobi: dort erhob sich ein prächtiger Kaiserpalast nach dem Muster von Peking; in einem gewaltigen, ummauerten Viereck standen der Palast und die Regierungsgebäude, die Schatzkammer und Lagerräume für die Waren, die zu tauschen bestimmt waren. Rund um diesen Platz aber waren auf der endlosen Steppe die Gestüte aufgebaut, dort weideten die riesigen Hammel- und Rinderherden, dort erhoben sich die Zelte der aus allen Teilen des riesigen Mongolenreiches herbeigeeilten Völker.

Tschingis-Chan hatte vier Söhne, der älteste, Dschutschi, war ebenfalls 1227 gestorben, aber da war noch Tschagatai, Ugedai und der jüngste, Tuli. Die drei ältesten Brüder hatten schon alle ihre großen und mächtigen Reiche, das des Dschutschi, das der »Goldenen Horde«, regierte jetzt dessen Sohn Batu. Tuli hatte die Aufgabe, das Stammland zu schützen. Tuli, der in Karakorum residierte, wäre praktisch der Geeignetste, die Herrscherstelle Tschingis-Chans einzunehmen, aber würden die Älteren dem Jüngsten gehorchen?

Doch da war noch Yeliu-Tschutsai, der chinesische Gelehrte, ein Staatsmann von hohem Range, des großen Chan-Chan treuester Freund und Berater, ein Mann von großem Wissen und hoher, chinesischer Kultur. Ihm schien Ugedai, der energische und gutem Rat am ehesten fügsame Mongolenfürst, am besten geeignet, die Nachfolge seines Vaters anzutreten. Yeliu-Tschutsai schlug mit großer Beredsamkeit und guten Argumenten Ugedai vor, — und seine Brüder fügten sich sofort. Ugedai wurde der Chan-Chan. Tschingis-Chans Vermächtnis war: die Eroberung der Welt. Sie sollte sich in drei Etappen vollziehen: China sollte ganz erobert werden, dann ganz Vorderasien über das Reich Choresm hinaus, und endlich dieser merkwürdige Zipfel Asiens, der sich »Abendland« nannte: Europa.
Und so geschah es. Ugedai zog in den Krieg nach China, sein Kanzler blieb in Karakorum als Regent und bereitete die Organisation des ganzen Landes nach dem Grundsatz vor: »Man kann wohl ein Reich vom Rücken des Pferdes erobern, aber man kann es nicht vom Sattel aus regieren.« Er befahl die Trennung der militärischen und der zivilen Verwaltung, für welch letztere er überall Gelehrte suchte, um sie nach öffentlichen Prüfungen zu Beamten zu ernennen. Er tat eben das, was der ihm gänzlich unbekannte Kaiser Friedrich II. in seinem Königreich Sizilien durchgeführt hatte: er setzte ordentliche Gerichte ein, welche alle Vergehen abzuurteilen hatten, ohne Ansehen der Person, — auf Unterschlagung und Verschwendung öffentlicher Gelder stand die Todesstrafe. Er führte feststehende Maße und Gewichte ein, regulierte die Steuern, setzte an Stelle des Geldes und der Münze Papiergeld ein und führte eine Volkszählung in allen Provinzen durch. In allen Provinzen auch wurden Schulen eingerichtet: Die Kinder lernten nach chinesischem Muster Geographie, Geschichte, Mathematik und Astronomie, Lesen und Schreiben wurden obligatorisch. Und er machte sich bei den stolzen Mongolenfürsten sehr unbeliebt.

Ugedai war 1230 mit der ganzen Heeresmacht nach China gezogen. Nur je dreißigtausend Mann, drei »Tuman«, wurden nach Choresm geschickt und nach der Wolga. In vier Jahren hatte Ugedai das ganze China, Chin und Sung, erobert, er kehrte 1234 nach Karakorum zurück. Dort überfielen den Herrscher die unzufriedenen Großen mit ihren Klagen über die Verwaltungsreform des Yeliu-Tschutsai. Doch dieser zeigte dem Chan-Chan »die wohlgefüllten Schatzkammern, die Speicher voll Korn, die riesigen Herden«, er verwies auf die ständige Postverbindung zwischen Karakorum und China und auf das von ihm geschaffene Wegenetz, auf dem »täglich aus allen Teilen des Chin-Reiches und der fernen Provinzen fünfhundert Wagen mit Lebensmitteln, Getränken und Kostbarkeiten« kamen. Und Ugedai war dessen zufrieden: Die zweite Etappe der Eroberung der Welt konnte beginnen, sie konnte sogleich mit der dritten verbunden werden.

Von Choresm aus sollte das Heer nach Persien und, dies Reich durchstoßend, bis nach Kleinasien vordringen; bis an die Küsten des Mittelmeeres. Es geschah, und die Gesandtschaft des Sultans von Ägypten fand beim deutschen Kaiser und den Königen des Abendlandes kein Gehör. Zwischen dem Uralgebirge und dem Aralsee sammelte sich 1236 die Blüte der kampfbegierigen mongolischen Jugend. Batu führte den Oberbefehl über 150 000 Reiter, sein »Stabschef« war der berühmteste Feldherr der Mongolen, der alte Ssubutai: sein Kriegsplan sah achtzehn Jahre für die Eroberung Europas vor. Die Reiterscharen seiner Vorhut trieben den Kumanen-Chan nach Ungarn. Er erfuhr, daß Ssubutai noch während der Sammlung seiner Streitkräfte östlich der Wolga alle Völker auf seinem Wege unterjochte, ihre Städte zerstörte, ihre Männer aber gefangennahm und den Sommer über in mongolischer Kampfesart drillte und in sein Heer einreihte.

Der erfahrene Feldherr führte seine Scharen im Dezember 1237 über das Eis der Wolga, wandte sich aber nicht nach

Westen in die südrussische Steppe, sondern rechnete mit einer Flankenbedrohung aus den Wäldern Nordrußlands, – also stieß er mit drei Säulen seines mongolischen Heeres in diese Wälder hinein, ganz entgegengesetzt der sonsthin gewohnten Taktik der Steppenvölker, welcher die Wälder wegen ihrer Unwegsamkeit für ihre Reiter mieden. Aber ganz ihrer Taktik gemäß ritten Boten den mongolischen Heersäulen voraus und forderten die russischen Fürsten auf, ihre Städte zu öffnen – und ein Zehntel ihres Besitzes und ihrer Mannschaft den Mongolen auszuliefern. Das war ein Grund für die russischen Fürsten, sich hinter ihren Festungsmauern zu verbarrikadieren; nach ihren Erfahrungen waren die Nomadenkrieger unfähig, Festungen einzunehmen. Sie igelten sich also ein und riefen die Bürger zu den Waffen.

Eben dies erlaubte den Mongolen, die einzelnen Heeressäulen zwischen den Festungen zu durchbrechen und sie mit kleineren Einheiten einzuschließen, um das weiter nördlich sich sammelnde Heer des Großfürsten anzugreifen und in offener Feldschlacht zu vernichten. Dann wurden die Festungen, zuerst Rjasan, dann das damals noch unbedeutende Moskau und schließlich die Hauptstadt Wladimir eingenommen – im Februar hatten die Mongolen ein gutes Dutzend der russischen Bollwerke erobert, im März existierten die russischen Fürstentümer nicht mehr, – mit Ausnahme des nordrussischen Fürstentumes von Nowgorod, der »Wiege Rußlands«.

Und eben Nowgorod griffen die Mongolen nicht an; sie hatten auf ihrem Ritt durch die vereisten Wälder den russischen Winter kennengelernt, nun fürchteten sie die Zeit der Schneeschmelze, welche alle Wege unpassierbar machen mußte – sie erhielten sich ihre Beweglichkeit, indem sie schnurstracks wieder zurückeilten, nun aber nicht mehr zu ihren Ausgangspunkten an der Wolga, sondern bis zum Unterlauf des Don, um sich dort zu weiteren Taten erneut zu sammeln. Diese Bewegung löste im Abend-

land die »Tartaren-Nachricht« vom unvermuteten Abzug der Mongolen aus.
Die gleiche »Tartaren-Nachricht« aber führte im hohen Norden zu einer bedenklichen politischen Fehlentscheidung des Deutschen Ritterordens. Dieser hatte im Pruzzenlande gegen die Aufstände der Pruzzen ebenso heftige Kämpfe zu bestehen wie der Schwertbrüderorden gegen die Litauer. Als der Schwertbrüderorden im September 1236 in einer großen Schlacht bei Saule – dem heutigen Schaulen – von den Litauern geschlagen und fast bis zur Vernichtung dezimiert worden war, mußte Hermann von Salza wohl oder übel die Reste dieses Ordens mit dem seinen vereinen. Damit aber übernahm er nicht nur die schwere Erbschaft des aufsässigen Litauen, er mußte auch die Lehnshoheit des Rigaer Bischofs über ein Landdrittel dulden – das Gebiet der Schwertbrüder, das im Gegensatz zu dem des Deutschen Ritterordens eben nicht reichs- und kirchenunmittelbar war. In der Tat, kaum war Hermann von Salza gestorben, hatte der päpstliche Legat Wilhelm von Modena die politische Initiative ergriffen: er veranlaßte Papst Gregor, zum Kreuzzug gegen die Tataren aufzurufen – auf die »Tartaren-Nachricht« hin, daß diese abgezogen seien, sah der Bischof angesichts der durch den Mongoleneinfall geschwächten Macht des Großfürsten von Nowgorod, eine Möglichkeit, vorzugehen gegen die »Wiege Rußlands«, gleich begehrenswert als reicher Handelsplatz wie auch als Zentrum der byzantinischen Mission in den angrenzenden Heidenländern. Wirklich ließen sich deutsche Ordensritter im Verein mit einem schwedisch-finnischen Heer auf das Abenteuer ein und rückten über Pleskau gegen Nowgorod vor. Aber die Nowgoroder riefen den Sohn eines Großfürsten von Susdal namens Alexander zur Hilfe, und dieser schlug am 15. VII. 1240 die Schweden, Finnen und Deutschen an der Newamündung zurück. Er verdiente sich damit den Ehrennamen Alexander Newski; am 5. IV. 1242 wurde die Entscheidungsschlacht

auf dem Eise des Peipussees geschlagen: Fürst Newski vernichtete das kleine Ordensheer, das sich ihm mit estnisch-livisch-lettischen Hilfstruppen gestellt hatte, völlig. Dem Deutschen Ritterorden war damit mehr als eine Wunde geschlagen. Er versuchte nie mehr, über die durch den Peipussee bestimmte Grenze hinaus vorzudringen – ja, vom Tage dieser Schlacht an bis zum Ersten Weltkrieg von 1914 bis 1918 sind deutsche Truppen niemals mehr in Rußland aggressiv eingedrungen. Alexander Newski aber mußte die Oberhoheit der Mongolen auch über seine Herrschaft in Susdal anerkennen. Mit seinem Namen trat recht eigentlich Rußland in die Geschichte ein; wenn auch die »Goldene Horde« zwei Jahrhunderte lang das Gesicht Rußlands prägte, so kam dieses nach dem Abzug der Mongolen doch in urtümlich russischer Wesensreinheit wieder zum Vorschein. Durch den Vorstoß des Deutschen Ordens in Livland während der mongolischen Bedrohung aber war Rußland von der Ostsee und damit von einer natürlichen und direkten Verbindung mit dem Abendland abgedrängt und sollte hinfort seine eigentümliche Rolle als europäisch-asiatische Großmacht spielen.

Die »Tartaren-Nachricht« vom Abzug der Mongolen wirkte sich im Abendlande, ähnlich wie seinerzeit die vom Nahen eines Königs David aus dem Osten, nicht nur im hohen Norden mit der Schlacht am Peipussee, sondern auch im tiefen Süden, im Heiligen Lande, in ungeheuerlichen Fehlentscheidungen aus. Längst schon war der ursprünglich tiefreligiöse Gedanke von einer Befreiung der heiligen Stätten zu einem Politikum ersten Ranges geworden: Da die Kirche mit ihrem »Gottesfrieden« den weltlichen Mächten nur die eigenen Kriege als »Heilige Kriege« als Kreuzzüge zu führen überlassen mußte, hatten die Päpste neben dem Bannfluch, der Ausschließung aus der Kirche, im politischen Kampfe mit den weltlichen Mächten, zumal mit dem Reich und den Kaisern, jeweils lediglich die Aufforderung zu einem Kreuzzug in eigener Hand, – in politischen Entscheidungsmomenten das beste Ablenkungsmanöver. So wurde dies auch im ganzen Abendlande und von allen Fürsten begriffen, aber eine gegenteilige Aktion wie die Verweigerung von Truppen und von Mitteln war der Initiative der Päpste zu einer »Kreuzzugssteuer« gewichen. Je hartnäckiger die Kreuzfahrten verweigert wurden, desto stärker speicherten sich bei der Kirche wie bei den Mächten die Mittel, die in Rechnung standen: einmal mußte die Rechnung beglichen werden, sie wurde von den Päpsten jeweilig vorgelegt, wenn sie sich selber in ihrem politischen Kampfe mit weltlichen Mächten bedroht fühlten. Alle Streitigkeiten zwischen Gregor und Friedrich waren immer überschattet von der Möglichkeit, eine bedrohliche politische Entscheidung durch einen schnell erfundenen neuen Kreuzzug zu überdampfen. Friedrich II. hatte durch seine geschickte Taktik der Verzögerung und ihre strategische Krönung mit dem unblutigen Sieg von Jerusalem seinem Gegner, dem Papst, das Machtmittel aus der Hand gewunden. So hatte Gregor mit einem Kreuzzug nach Konstantinopel aufs neue versucht, den Kaiser in die Enge zu treiben, und so hatte Friedrich II. das alte Spiel der Verzögerung mit dem gleichen Argument beginnen müssen – mit dem Hinweis, er müsse zuerst die innere Krise im Reich und in der Lombardei überwinden, und der segensreiche Waffenstillstand mit dem Sultan von Ägypten dauere ja noch an. Das Bündnis des Papstes mit den lombardischen Städten, mit der »Liga«, das eindeutig gegen den Kaiser gerichtet war, hatte nicht nur dem Papst und dem Kaiser, es hatte dem ganzen Abendlande deutlich gemacht, daß sich hier eine »weltpolitische« Entscheidung angebahnt hatte, – vorausgesetzt und damals nicht anders empfunden, daß nämlich die Welt nur aus dem Abendlande bestand. Die Gesamtkonstruktion dieses Abendlandes beruhte auf dem Konzept Karls des Großen und der ersten deutschen Kaiser, nach welchem die weltliche Macht von der Kirche durch das Schwert einer Nation, der deutschen, und das von dieser getragenen Reiches ausgeübt werde. Die hartnäckige Behauptung der Staufer, zumal Friedrichs II., die Festigung dieses Reiches diene der Kirche und dem Christentum des Abendlandes auch im Kampfe gegen machtgierige Päpste, mußte beinahe zwangsläufig bei Gregor zu dem Versuche führen, eben das Konzept: das ursprüngliche, fast mythische Bündnis der Kirche mit dem Reich endlich aufzulösen und eine andere Macht an die Stelle zu setzen, welche ihren Ruhm, ihre Ehre und ihre Größe der Aufgabe verdanke, nunmehr das »Schwert der Kirche« zu sein. Da bot sich Frankreich geradezu an, das in sich gefestigte Königtum der Franzosen unter einem überaus frommen Ludwig IX. —, der später »Ludwig der Heilige« genannt werden sollte. Aber Ludwig IX. zögerte lange und mit guten Gründen. Der Feind Frankreichs mit dem Willen dieses Landes und der Konzeption der Capetinger zu einem starken Nationalstaat war nicht und niemals das Reich, das allein durch seine Existenz und durch die überaus enge Verbindung mit der Kirche die umliegenden Machthaber geradezu zur Bildung eines Nationalstaates zwang und sich dabei unheilvoll genug selbst verzehrte — der Feind Frankreichs und seiner Könige war England, waren die englischen Vasallenstaaten von der Normandie bis zu den Pyrenäen, deren Ländereien durch die geschickte Hausmachtpolitik der Engländer zeitweilig im Umfange größer waren als das gesamte Königsgut der Capetinger. Just jenen frommen König von Frankreich langsam auf den von der Kirche ersehnten Weg zu zwingen, bedurfte es vieler geschickter Schachzüge Gregors, der sich der hohen Geistlichkeit in Frankreich wie auch in England sicherer war als der geistlichen Fürsten des Reiches. Allein die überaus blutigen Kämpfe gegen die Ketzer, die immer wieder aufflammten und Hunderttausende von Menschenleben kosteten, hatten in Frankreich wenigstens, wo es ebenso viele Ketzerherde gab, dem König zu einer erheblichen Erweiterung seines Königsgutes verholfen und zu einer Schwächung der französischen Granden, deren von den Ketzern gesäubertes Land nunmehr dem König zufiel. Kaiser Friedrich hatte zwar die Ausrottung der Ketzer beschworen und damit sogar Ernst gemacht und die Inquisition geduldet und unterstützt zum Schaden seiner Stellung als Kaiser seinen Landesfürsten gegenüber, – aber die Ketzergefahr war in Deutschland nur gering, wie sich erwiesen hatte. Papst Gregor verstand es, nach jedem erneuten Aufflammen der Ketzergefahr in Frankreich die Notwendigkeit eines neuen Kreuzzuges dringlich erscheinen zu lassen – nach dem Kreuzzug gegen die Ketzer nun den ins Heilige Land: er mußte einen großen Schritt vorwärts, hin zu dem hoffnungsvollen Konzept eines engen Bündnisses der Kirche mit Frankreich tun, – um diesem zu einer Machtstellung im Abendland zu verhelfen, die es Frankreich erlauben würde, England und die englischen Trabanten in Frankreich in Bedrängnis zu führen. Zudem war die Colonia Latina sowieso und seit dem ersten Kreuzzug ins Heilige Land ein französisch geprägtes Gebilde, der mächtige Orden der Templer, neben dem französischen Herrschern der Kreuzfahrerstaaten die treibende Kraft, höchst unzufrieden mit der fast »sizilianisch« anmutenden Statthalterschaft des deutschen Kaisers und seines Bündnisses mit dem ägyptischen Sultan. Ein französisches Ritterheer also, ausgestattet mit dem Segen des Königs, brach auf, als jene Nachricht kam, die Mongolen seien aus dem fernen Rußland verschwunden, wie sie aufgetaucht waren, und höchstens noch eine Bedrohung von Choresm her gegen die islamische Welt. Viele Großen von Frankreich, der Graf der Champagne – der den Königstitel von Navarra erheiratet hatte –, der Herzog von Burgund, die Grafen der Bretagne und von Mâcon, engliche Vasallen also zum Teil, »nahmen das Kreuz« – sie zogen in zwei Heeren los, im Jahre 1239, – das eine durch Deutschland und Ungarn gegen Konstantinopel, das andere zu Wasser von Marseille über Sizilien nach Syrien. Vor Konstantinopel hatte das Heer Erfolg, die Griechen, welche die Stadt belagerten, konnten geschlagen werden – Konstantinopel war wieder in französischer Hand. Aber das Heer in Syrien erlitt am 19. November 1239 bei Ascalon eine schwere Niederlage, in deren Folge auch Jerusalem verloren wurde. Aber die erbitterte Feindschaft zwischen Kairo und Damaskus, durch die das islamische Reich gespalten wurde, erlaubte es, nachdem der Graf von Cornwall mit einem englischen Kreuzfahrerheer eingetroffen war, den Waffenstillstand von 1229 erneut zu verlängern: das Königreich Jerusalem konnte wiederhergestellt werden, ohne daß der König von Jerusalem, Kaiser Friedrich II., einen Finger dazu gerührt hatte. Eine vollständige Rückeroberung Palästinas war gescheitert, nie wieder kam eine Gelegenheit, die politische Basis des Heiligen Landes, die Colonia Latina, neu aufzurichten.

Der Tag der Schlacht von Ascalon lag genau zwischen den beiden Schlachten am Peipussee. Niemand im Abendlande hatte auch nur eine leise Ahnung von dem, was sich bei den Mongolen zutrug, die in aller Ruhe ihre Heere zwischen dem Don und der Wolga ordneten. Wohl aber wußten die Mongolen genau Bescheid über alles, was im Abendlande geschah. Die mongolischen Chans bereiteten ihren neuen Feldzug so sorgfältig vor, wie sie es gewohnt waren. Sie kannten sich bis in die Familienbeziehungen der europäischen Herrscher aus, mit den Zuständen, in denen sich das Reich befand, mit den Machtverbindungen der einzelnen Fürsten im abendländischen Osten besonders. Sie wußten, wo der Punkt war, von dem aus sie das ganze Machtgefüge des Abendlandes im Osten aus den Angeln heben konnten – es war genau die Stelle des schwächsten Widerstandes.

Aber es war auch genau die überlegene Strategie des alten Ssubutai, nicht sofort den Angriff auf das eigentliche Ziel anzusetzen, sondern zuerst für eine sichere Flankendeckung

zu sorgen, -- und gleichzeitig die kriegerische Auseinandersetzung mit scheinbar diplomatischen Mitteln einzuleiten. In Ungarn erschien kurze Zeit nach der Einverleibung und Verteilung der kumanischen Stämme über das Land eine mongolische Gesandtschaft. Sie war überraschenderweise geführt von einem Engländer, einer jener abenteuerlichen Gestalten, wie sie in der Geschichte Englands bis auf den heutigen Tag in der ganzen Welt aufzutauchen pflegen und für mancherlei politische Aufgaben, gleich in wessen Dienste, besonders begabt erscheinen. Vor dem ungarischen König Bela erklärte dieser Mann, daß es durchaus Sitte der mongolischen Herrscher sei, Angehörige der von ihnen besetzten Länder als mongolische Staatsangehörige zu betrachten, gleichgültig, ob sie in andere Länder geflüchtet waren oder nicht. Er forderte kurzerhand die »Herausgabe« der Kumanen und die Anerkenntnis der Oberherrschaft des mongolischen Herrschers, dem ja bekanntlich »der Himmel alle Länder der Erde zu eigen gegeben« habe. Natürlich lehnte König Bela diese »Unverschämtheit« ab – der Engländer konnte aber ungehindert abreisen, eben weil er kein Mongole, sondern ein Engländer war. Er tauchte niemals wieder auf.
Ende November 1240 jedoch überschritt das mongolische Heer den vereisten Dnjepr und stieß nicht gegen Ungarn, sondern gegen Kiew vor. Die Großfürsten von Kiew ließen zwar die mongolischen Parlamentäre, die zur Übergabe der schönsten und wichtigsten Stadt Südrußlands aufgefordert hatten, von der Höhe der Stadtmauern herabwerfen, – aber am 6. Dezember existierte diese Stadt nicht mehr. Ein Flüchtlingsstrom ergoß sich nach dem Westen, die russischen Fürsten und ihr Gefolge suchten Schutz in Ungarn und in Polen, während das mongolische Heer sich im Stromgebiet des Dnjestr und des Bug und im Bereich der Wolhynisch-Podolischen Seenplatte seine Operationsbasis aufbaute. Ssubutai teilte sein Heer in drei Kampfgruppen, die Nordgruppe fesselte die polnischen und schlesischen Truppen,

die Südgruppe sollte in Ungarn einfallen, um die lokalen Kräfte zu binden, Ssubutai selber wollte den Hauptangriff auf die Hauptstädte Pest und Gran führen, unter dem Chan-Chan Batu. Im Februar drangen die Vortruppen Batus gegen Sandomir vor, zerstörten die Stadt wie Kiew und setzten die Welt durch ein, wie es schien, sinnloses Wüten in Angst und Schrecken. Die Mongolen »mordeten, brannten und schändeten«, von den Städten blieb nichts übrig als das, was den Mongolen nützlich war: »junge Frauen, geschickte Handwerker und kräftige Sklaven.« Der Schrecken gehörte unbedingt zur mongolischen Kriegsführung: er lähmte die Kraft der zu erobernden Länder, die sich von ihren Truppen und Einwohnern entblößten. Im März begann der Großangriff der drei Heeresgruppen, die zusammen nicht mehr als 150 000 Reiter zur Verfügung hatten: der Schrecken vermehrte ihre Zahl in der Vorstellung der Feinde zu riesigen Truppenmassen, denen niemand widerstehen konnte, – der Schrecken und die Schnelligkeit, mit welcher sich die mongolischen Heere bewegten.

»Kadan berennt die Moldau und die Bukowina, Batu stürmt die Karpatenpässe, und Kaidus Reiterscharen ergießen sich durch Polen.«

Kaidus Raid, der Kriegszug der Nordgruppe, holte am weitesten aus. Drei polnische Heere wurden von ihm geschlagen, am 24. März wurde Krakau niedergebrannt, Anfang April die Gegend um Breslau verheert – am 8. April 1241 steht die Heeresgruppe wieder vereint vor Liegnitz.

Kaiser Friedrich II. war zu dieser Zeit beschäftigt, lombardische Städte mit seinem Heer zu erobern, um sie dann in seinem Rücken wieder durch die Aufstände der »Partisanen« zu verlieren. Papst Gregor bangte um die heiligen Stätten in Palästina, das introvertierte Abendland war unfähig, den Osten zu schützen.

Herzog Heinrich II. von Schlesien, der Sohn der heiligen

Hedwig, hatte alles zusammengerafft, was an Streitkräften in seinem Lande vorhanden war, die Barone und Edlen, die Ritter des Templerordens mit ihren Reisigen und städtisches Fußvolk, aus Schlesien und Polen, Bergknappen aus Goldberg und fränkische Ritter, die aus Franken und Thüringen herbeigeeilt waren, aus Mähren und Oppeln die Kriegsmannschaften des Markgrafen und des Herzogs jener Länder — der Schwager des Herzogs Heinrich, der König Wenzel von Böhmen, nahte mit einem Heer von fünfzigtausend Mann ... Den Böhmen beschloß der Herzog entgegenzumarschieren, er verließ Liegnitz.

Aber Kaidu war über alles informiert. Wenige Kilometer südlich von Liegnitz stellte er das Heer Heinrichs zur offenen Feldschlacht, — auf einem weiten Feld, das später den Namen die »Wahlstatt« erhielt. Am 9. April 1241 griff Kaidu an. »Schweigend, ohne das übliche Feldgeschrei, ohne den damals üblichen Trompetenlärm stürmten die Mongolen auf ihren struppigen, zähen Pferdchen an, nur durch Fähnchen dirigiert. Mann und Pferd hatten Monturen aus festem, in mehreren Schichten fest aufeinander gepreßtem Rindleder; die Reiter trugen krumme Säbel, Lanzen, Streitkeulen, aber ihre gefährlichste Waffe waren Pfeil und Bogen, mit denen sie unfehlbar trafen und sogar auf der Flucht, rückwärts schießend, ihren Verfolgern schwere Verluste beibrachten.«

Anfangs schien es, als ob die schwerbewaffnete, eisengepanzerte Ritterschaft dem feindlichen Ansturm erfolgreich begegne. Nach einem mörderischen Pfeilhagel wandten sich die Mongolen zur Flucht. Aber das entsprach eben der Reitertaktik der Mongolen. Bei der Verfolgung zogen sich die kompakten Ritterhaufen zu einer langgestreckten Linie auseinander, sie wurden plötzlich von allen Seiten von den Mongolenreitern umschwärmt, welche ihre Pfeile nicht auf die eisernen Rüstungen der Ritter, sondern auf ihre weniger geschützten Pferde abschossen. Das Fußvolk des Herzogs eilte den Rittern zur Hilfe, aber, wie berichtet wird:

»... plötzlich hob sich auf einer langen Stange ein bärtiger Menschenkopf von gräßlichem Aussehen und spie übelriechenden Qualm und Rauch, der das Heer Heinrichs in Schrecken und Verwirrung setzte und die Tataren vor ihren Augen verbarg ...« – der erste Gasangriff der Geschichte, wie es scheint.
Herzog Heinrich fiel auf dem Schlachtfeld, mit ihm die meisten Edelleute und Ritter, der Großteil des Fußvolkes, – die Chronik berichtet von 30- bis 40 000 Gefallenen. »Dem Herzog schnitten sie das Haupt ab und trugen es auf der Lanzenspitze vor die Mauern der Burg Liegnitz ...« Bis heute erhielt sich die Überlieferung, daß die Mongolen jedem Gefallenen ein Ohr abschnitten und neun Säcke, mit Ohren gefüllt, ihrem Heerführer brachten – Liegnitz, die Tausendohrenschlacht.
Nur einen Tagesmarsch war König Wenzel mit seinen 50 000 Mann von der Wahlstatt entfernt. Nun macht er mit seinem ganzen Heere kehrt, in der Hoffnung, sich mit weiteren angeblich anrückenden Aufgeboten des Landgrafen von Thüringen und des Herzogs von Sachsen vereinen zu können. Mongolische Spähtrupps mit »Pfeilboten« folgten ihm und schwärmten bis vor die Tore von Magdeburg. Aber das Heer des Kaidu wandte sich überraschend nach Süden: Batu hatte gemeldet, daß er, zwei Tage nach der Schlacht bei Liegnitz, das Heer des Königs Bela von Ungarn völlig vernichtet habe. Nun rief Kaidu sein nördliches Streifkorps zurück, das in der Zwischenzeit ein litauisches Heer geschlagen hatte, in Ostpreußen eingefallen war und nun durch Pommerellen und Westpolen nach Liegnitz eilte. Kaidu fällt in Mähren ein, – und König Wenzel mit seinem Heer muß abermals kehrtmachen, um Böhmen zu schützen. Er findet seine Städte Troppau, Mährisch-Neustadt, Freudenthal und Brünn »gestürmt und gebrandschatzt« – Kaidu hat sich mit Batu vereint.
König Bela hatte alles getan, was er tun konnte, die Karpatenpässe besetzt und alle wehrhaften Männer zum Kriegs-

dienst aufgerufen. Aber schon am 10. März hatten die Mongolen Batus die Pässe gestürmt und am 15. März befand sich die erste mongolische Tuman, eine »Zehntausendschaft«, vor Pest. Batu hatte mit seinen Reitern in drei Tagen dreihundert Kilometer zurückgelegt. Hinter ihm brannten die Städte und Dörfer. Im Süden operierte die dritte Heeresgruppe der Mongolen unter Kadan und war durch die Moldau und Bukowina in Siebenbürgen eingedrungen.

In Pest zogen »Pöbelhaufen« vor das Schloß des Kumanen-Chans Kotjan, stürmten es und rissen Kotjan mit seinem ganzen Gefolge in Stücke: »Er ist es, der die Tataren nach Ungarn gebracht hat!« Das Gerücht von dieser Untat ließ die Bauern im ganzen Lande gegen die Kumanen aufstehen, die gerade nach Pest eilen wollten, um die Stadt des Königs Bela vor den Mongolen zu schützen. Die Kumanen, so angegriffen, sammelten sich und vergalten Gleiches mit Gleichem: sie griffen die Ungarn an, plünderten die Dörfer und Städte, raubten das Vieh und zogen sich nach Bulgarien zurück.

So war das ganze Land von den mongolischen Heeresfluten überspült. Aber König Bela war ein tapferer Mann. Er sammelte aus den Trümmern seiner Streitkräfte ein Heer, das stark genug war, den Mongolen zu widerstehen. Als er etwa zehntausend Mann beisammen hatte, wollte er sich nicht in Pest einschließen lassen, – aber die offene Feldschlacht konnte er auch nicht wagen. So beschloß er, die beiden Unmöglichkeiten zu einer Möglichkeit zu verbinden: Er sammelte Wagen, mit denen er seine Mannschaft aus Pest vorrücken ließ, bis er das Lager Batus erspäht hatte. Das war an der Mündung des Sajo-Flusses in die Theiß, geschützt und durch Wälder verdeckt. Nur eine einzige Brücke führte über den Sajo, über diese wollte er Batu locken, um dann dessen Heer vor dem ungarischen Ufer zu stellen und die über die Brücke strömenden Mongolen in den Fluß zu werfen. In einiger Entfernung von

dem Fluß richtet Bela sein Lager auf der Heide Mohi her: eine Wagenburg, die einzelnen Wagen mit Stricken und Ketten dicht an dicht gekoppelt, das Lager mußte das Schlachtfeld beherrschen.
Noch am selben Abend berichten russische Überläufer, daß die Mongolen sich tatsächlich rüsten, den Fluß zu überschreiten. Bela und sein Bruder Koloman stürzen sich um Mitternacht auf die Mongolen, welche die Brücke überschreiten, und wirft sie in den Fluß. Dann läßt Bela eine starke Brückenwache zurück und verschanzt sich mit der Hauptmacht in der Wagenburg.
Doch noch zur selben Nacht setzen die Mongolen ihre Artillerie ein, die »unter Donnergetöse und Feuerschein« einen Steinhagel auf den Brückenkopf schleudert. Und dann sah die Besatzung des Brückenkopfes im morgendlichen Dämmerschein, daß »die Tataren wie Heuschrekken aus der Erde hervorsprudelten«, in Massen auf dem diesseitigen Ufer erschienen. Bela führte sein Heer aus der Wagenburg und schlug sich erbittert mit den Angreifenden herum – nach zwei Stunden mußte er ins Lager zurück, denn Ssubutai hatte im Süden mit neuen Massen den Fluß durchschwommen und auf einer schnell errichteten Notbrücke überschritten und stieß gegen das Lager Belas vor, das, nun eingeschlossen, stundenlang von der mongolischen Artillerie mit Steinen, Pfeilen und brennendem Naphtha beschossen wurde. Zweimal wagten die Ungarn einen Durchbruch, sie wurden blutig zurückgewiesen. Koloman und der Erzbischof Ugolinus waren schwer verwundet. Auf engstem Raum in der Wagenburg zusammengepreßt, erwarteten Belas Truppen den mongolischen Generalangriff. Aber der erfolgte nicht.
Die Mongolen zogen ab. Immer mehr lichtete sich der Ring um das Lager. Bela konnte sich das nicht anders erklären, als daß ein ungarisches Hilfsheer herbeigeeilt war. Wie befreit stürzten sich die Belagerten in die Lücken des Umfassungsringes, den Mongolen in den Rücken zu fallen.

Aber Bela kannte die Kriegstaktik der Mongolen nicht. Sie ließen die Haufen der Ungarn durch, dann aber machten sie kehrt: plötzlich waren sie da, umschwärmten die ausgebrochenen ungarischen Haufen. Trupps, die sich tapfer wehrten, wurden sofort zusammengeschossen, flüchtenden Haufen geschah nichts, bis sie sich in Sicherheit wähnten. Dann aber waren auch sie umzingelt, sie lösten sich auf, jeder suchte einzeln sein Heil in der Flucht, — sie warfen die Waffen weg, die Rüstungen, alles, was sie beschwerte, — die mongolischen Reiter sammelten die reiche Beute. Das ungarische Heer, völlig aufgelöst, wurde in seinen einzelnen Abteilungen gejagt und gehetzt, »sie säbelten die Erschöpften nieder, sie jagten die Reiter in Sümpfe und Moräste, sie stürmten die Dörfer und Kirchen, in die sich die Geflüchteten gerettet hatten, und zündeten sie an.«
König Bela konnte auf schnellem Roß unerkannt fliehen. Sein Bruder Koloman erreichte Pest. Die Bürger von Pest waren bereit, ihn zu schützen und zu verteidigen. Aber er setzte über die Donau und erreichte Kroatien, wo er seinen schweren Wunden erlag. Der Erzbischof und viele Barone wurden auf der Flucht getötet.
Am gleichen 11. April 1241 beendete die mongolische Südarmee die Eroberung Siebenbürgens, nachdem sie in drei Schlachten die deutschen Kolonisten geschlagen hatte: Bistritz, Klausenburg, Großwardein waren genommen worden, nun wurde Hermannstadt gestürmt. Ganz Ungarn war in der Hand der Mongolen. Und mit Ungarn nun auch das ganze Gebiet von der Ostsee bis zur Donau, Polen, Litauen, Schlesien, Mähren, die Bukowina, die Moldau und die Walachei —, in einem einzigen Monat erobert und verwüstet — nun konnte geplündert werden.
König Bela von Ungarn aber erlitt das gleiche Geschick wie weiland der Choresm-Schah Muhammed, der gleiche Ssubutai hetzte ihn zu Tode. Es war Bela gelungen, bis Preßburg zu fliehen. Herzog Friedrich von Österreich lud ihn auf eine seiner festen Burgen, nicht um ihn zu schützen,

sondern um die Begleichung einer alten Schuld zu erpressen: Bela mußte alles, was er an barem Geld, an Gold und Silber mit sich trug, an den Herzog ausliefern, – er wurde erst freigelassen, als er dem Herzog als Pfand für die Restsumme drei an der österreichischen Grenze liegende Komitate überlassen hatte.

Seine Hilferufe an das Reich, an den Papst, an die Fürsten Europas verhallten. Der Papst wollte für ihn beten, wenn er weiter tapfer gegen die Tataren kämpfe, der Kaiser ließ sich einen Lehnseid schwören, für das Versprechen, Bela beizustehen, wenn er erst die lombardischen Rebellen gestraft habe. Und König Ludwig der IX. von Frankreich, der Fromme, antwortete: »Uns bleibt der himmlische Trost, daß, wenn diese Tartaren kommen, wir sie entweder in den Tartarus zurückschicken werden, dem sie entstiegen sind, oder selber in den Himmel eingehen, um die Freuden der Auserwählten zu empfangen«. In Merseburg versammelten sich die deutschen Fürsten, in Herford die deutschen Bischöfe, zu einem Kreuzzug gegen die Mongolen aufgerufen. Sie sahen ihre Aufgabe in den Beratungen erfüllt, wie sie bei einem Tatareneinfall die eigenen Länder zu schützen hätten. In jenen Tagen entstand das Wort vom »Bollwerk Ungarn gegen den Osten«, ein Wort, das bis heute die Ungarn nicht hören können, ohne bitter zu lachen.

Im Sommer und im Herbst ruhten sich die Mongolen in Ungarn aus und organisierten sich, zu neuen Taten bereit. Das Abendland bebte vor einem neuen Vorstoß. Aber Kaiser Friedrich stritt sich mit dem Papst herum. Er rückte mit dem Heer, welches an der Donau nötig gewesen wäre, in die Campagna ein, in den Kirchenstaat. Papst Gregor gelang es, die beiden traditionell verfeindeten Seestädte Venedig und Genua zu verbünden, die vereinigten Flotten sollten in Sizilien einfallen, das Erbkönigreich Friedrichs. Dann berief der Papst eine Kirchenversammlung ein, zu der nur erklärte Gegner des Kaisers geladen waren. Der

Kaiser bestritt dem Papst das Recht, auf einer solchen Kirchenversammlung über ihn urteilen zu lassen, und verbot allen Kirchenfürsten seines Machtbereiches, an ihr teilzunehmen. Zugleich wandte er sich an die eingeladenen Prälaten: »Alle Küsten, alle Häfen, alle Wege sind besetzt. Des Kaisers Seemacht bedeckt das Meer, und von seiner Strenge, welche des eigenen ungehorsamen Sohnes nicht schonte, habt ihr das Äußerste zu befürchten!«

Papst Gregor aber zog die vereinigte Flotte der Venezianer und Genuesen von den Küsten Sizilien und Apuliens ab und dirigierte sie nach Genua, wo die Prälaten aus England, Frankreich, Spanien und Italien an Bord gehen wollten, um sich auf dem Seewege nach Ostia und Rom bringen zu lassen. Die Flotte stach am 25. April 1241 von Genua in See und segelte die Küste entlang. In Porte Venere kam die Nachricht, daß siebenundzwanzig kaiserliche und vierzig pisanische Schiffe bei Pisa ankerten. Der genuesische Admiral Uuriacchi, zu deutsch »Trunkenbold«, suchte die Schlacht. Am 3. Mai 1241 wurde die Flotte des Papstes bei der Felseninsel Maloria, südwestlich von Livorno, vernichtend geschlagen — drei Schiffe versenkt, zweiundzwanzig genommen, 4000 Mann gefangen. Drei Kardinäle, drei Erzbischöfe, fünf Bischöfe, die Äbte von Cluny und Clairvaux und die meisten Abgeordneten der lombardischen Städte fielen in des Kaisers Hand, dazu große Geldsummen, die aus den Kreuzzugssteuern der geistlichen Fürsten stammten. Einen Vorgeschmack von des Kaisers Strenge erfuhren die armen Prälaten schon auf der Reise nach Neapel. Sie erlitten »so viel Hartes und Unwürdiges von dem rohen Schiffsvolk, ... daß die Haft, welche ihnen auf dem festen Lande zuteil wurde, dagegen fast wie ein Erlösung erschien«.

Der Kaiser selbst rückte nun ganz in den Kirchenstaat ein, eroberte alle Städte, darunter die Burg, welche Gregor von dem Gelde der Kreuzfahrer zu seinem Schutze erbaut hatte, und schloß Rom ein.

Diesmal lähmte die gewaltige Hitze dieses Sommers in der ungesunden Stadt nicht die deutschen Ritter – es waren hitzegewohnte Sarazenen, die in den Sümpfen rund um Rom lagerten –, sondern den fast hundertjährigen Papst Gregor IX. Er starb am 21. August 1241.

Der Kaiser glaubte nun endgültig gesiegt zu haben und schickte 4000 Reiter mit allem Fußvolk, das er nun entbehren zu können meinte, nach Deutschland, damit sie unter seinem Sohne, König Konrad, gegen die Mongolen kämpfen konnten.

Am Weihnachtstage 1241 überschritt das mongolische Heer die vereiste Donau und stürmte die letzten, stark befestigten Städte Buda und Gran. König Bela hatte in Agram in Kroatien Schutz gesucht. Aber er mußte erfahren, wie weiland Muhammed, der Choresm-Schah, daß, wer immer ihn auch schützte, mit der Gefahr rechnen mußte, von den Mongolen fürchterlich bestraft zu werden. Ssubutai hatte den Prinzen Kadan beauftragt, den ungarischen König zu jagen, und Kadan jagte ihn. Bela flieht an die adriatische Küste, Kadan verfolgt ihn nach Dalmatien. Die Königsjagd geht weiter, die Küste entlang, im März ist Bela in Spalate, von dort aus sucht er Zuflucht auf der Insel Trau. Trau ist stark befestigt und nur von See her zu nehmen, aber es ist die letzte Zuflucht. Und Kadan requiriert Schiffe ...

Inzwischen hatten mongolische Vortrupps die Donau überschritten. Sie drangen bis Korneuburg im Nordwesten Wiens vor und bis Wiener Neustadt im Süden. In Wien erwartete sie das Heer Konrads und des Herzogs Friedrich von Österreich, des Streitbaren, dem der Kaiser verziehen hatte. In Böhmen hatte König Wenzel sein Heer aufgestellt, um dem erwarteten Großangriff Batus in der Flanke zu begegnen. Ganz Europa hielt den Atem an: Hier, vor Wien, mußte sich das Schicksal des Abendlandes entscheiden. Man konnte hoffen, man war gerüstet.

König Konrad konnte seinem Vater von einem großen

Siege melden, von einer gewonnenen Schlacht. Aber es gab gar keine Schlacht. Die Mongolen waren plötzlich verschwunden.

Über zehntausend Kilometer waren die Pfeilboten geritten, um Batu mitzuteilen, daß der Cha-Chan Ugedai gestorben war. Das mongolische Gesetz befahl, daß nach dem Tode des Herrschers alle Nachkommen Tschingis-Chans in die Mongolei zurückzukehren hatten, um auf einem Kuriltai den neuen Herrscher zu wählen. Batu brach den Feldzug ab, Kadan ließ Bela auf seiner Insel. Die Mongolen verschwanden, sie waren einfach nicht mehr da — nur die »Goldene Horde« blieb für die nächsten zweihundert Jahre als Herrenschaft in Rußland. Europa war gerettet.

Es ging um die Bilanz

Welches Europa?

Dies lächerliche, vielgegliederte, in sich zerrissene Anhängsel Asiens hatte den politischen Charakter seiner geographischen Gestalt. Es war angelegt wie ein Mikrokosmos, seine Geschichte vollzog sich im Kleinen und Kleinsten, seine Völker hausten in Tälern zwischen Bergen, Wäldern und Strömen, in Grenzen eingeengt, die weder nach wirtschaftlicher noch nach politischer Ausdehnung verlangten. Jede naturgegebene Konzentration strebte nach Autarkie, Machtfragen waren Ohnmachtfragen, künstlich wurde eingeengt, was von Natur nach freier Betätigung drängte, seien es die menschlichen Eigenschaften, seien es die elementaren Kräfte der wirtschaftlichen und technischen Notwendigkeiten. Maße und Ordnungen blieben im kleinsten Rahmen eigengesetzlich. Die Probleme der Völker Europas stagnierten auch da, wo sie sich nicht glichen. Sie traten allesamt geschichtlich auf der Stelle, – sie waren politisch und geschichtlich als bestimmend nur erkennbar in den obersten Spitzen der Macht, in der Herrschaft weniger Mächte, die schließlich in zwei Personen gipfelten: in der des Kaisers und des Papstes.

Die Eruptionen Asiens blieben Europa unbekannt. Der ungeheure Druck aus dem Osten vermochte nicht, das vielgegliederte, in sich geschichtete und gerichtete Gebilde zusammenzuschmieden; er förderte vielmehr die Auflösung aller Machtbereiche, aller so mühsam aufgerichteter Kleinordnungen, er leitete eine Umschichtung ein, in welcher die Schichten blieben, sich nur vermischten, wie in einem Acker, in welchem der Pflug den Boden zu neuem Humus aufbricht. Die Epoche des europäischen Hochmittelalters en-

dete, wie sie begonnen hatte, auf einer einzigen Ebene: der des Kaisers und des Papstes.
Als Gregor IV. starb, schien Kaiser Friedrich II. gesiegt zu haben oder aber so dicht vor seinem Siege zu stehen, daß es nur noch geringer kriegerischer und politischer Anstrengungen bedurfte, um endlich die kaiserliche Macht über Italien und Deutschland, über Sizilien und den Kirchenstaat zu konsolidieren, und damit die unumstrittene Herrschaft über Europa. Aber Kaiser Friedrich tat nichts, er wartete ungläubig ab, er wußte offenbar nicht, was nun zu tun war, nun, da er plötzlich keinen großen persönlichen Gegner mehr hatte. Auch Hermann von Salza war gestorben; an seine Stelle als Berater war Peter von Videa getreten, ein trefflicher, trockener Beamter, der in Sizilien seine Verwaltung zu allseitiger Zufriedenheit ausgeübt hatte, ein Mann, der auf die Initiative des Kaisers wartete, sie selber aber nur auf dem Gebiete der Verwaltung ausüben konnte. Die Kurie verspürte im Gegensatz zum Kaiser aber doch die Notwendigkeit zum Widerstand gegen des Kaisers Pläne, so bekannt oder unbekannt sie auch sein mochten. Die Kirche Christi hatte im letzten Jahrhundert des Hochmittelalters den eigenen Gottesfrieden aufgegeben und überall die Flamme des Krieges angefacht. Unter dem Kreuz hatten die Fehden mit ihren ritterlichen Gesetzen die Form unbarmherziger, vom Zaun gebrochener Kriege angenommen, unter dem Kreuz wurden die Ketzer blutig ausgerottet, die letzten Heiden grausam vernichtet – geisteskranke Wüteriche wie Konrad von Marburg wurden heiliggesprochen, Blutvergießen und Flammentod waren Christenpflicht geworden, höchstes Verdienst der Gläubigen, die weltliche Macht in den Zirkel eingeschlossen.
Die Kurie säumte nicht wie der Kaiser. Nicht der Papst vertrat jetzt die Kirche, sondern die Kardinäle, die ihn zu wählen hatten. Zwölf Kardinäle hatten nach dem kirchlichen Gesetz den neuen Papst zu wählen, zwei davon

waren in des Kaisers Hand, die übrigen zehn gespalten in zwei Gruppen, die ineinander uneins waren und unsicher und alles taten, um der Qual einer Wahl zu entgehen. Da fand sich im Auftrag der Kurie der Senat von Rom, den die Wahl gar nichts anging, bereit, schlichte Gewalt anzuwenden. In den Städten Italiens wie auch in Rom war es Sitte geworden, bei den Wahlen zum Senat die uneinigen Kandidaten einfach einzusperren und so lange nicht frei zu lassen, bis die Wahl vollzogen war. Der Senat von Rom ließ durch bewaffnete Schergen die Kardinäle festnehmen und im Septizonium einschließen. »Man schleifte die sich Sträubenden über das Straßenpflaster, wobei einer unheilbare Verletzungen erlitt, die Unterbringung war mehr als unwürdig, einem Schwerkranken wurde ärztliche Hilfe verweigert und selbst die letzte Beichte dem Sterbenden nur unter Bewachung gestattet ...« Erst nach elf Wochen kam die Wahl zustande: ein halbgelähmter, alter Mann, der den Namen Cölestin annehmen sollte, wurde zum Papst gewählt, dem Brauche nach wohl wieder ein zahmer, ein sanfter Papst, – aber dieser Papst, Cölestin IV., erkrankte schon am dritten Tage nach seiner Wahl und starb vierzehn Tage später, ohne eingesegnet zu sein oder eine Amtshandlung vollzogen zu haben. Schlauerweise flüchteten die Kardinäle, um einer neuen Einsperrung zu entgehen, sie konnten nicht mehr zusammengefangen werden, die Kirche blieb ohne Papst. So endete die Geschichte des ersten Konklave, das jedoch seitdem als »geschlossene Papstwahl« bis auf den heutigen Tag üblich geworden ist.

Der Kaiser brauchte einen Papst, um mit der Kirche Frieden schließen zu können. Die Kurie wußte das, es war nunmehr ihr Vorteil, ohne einen Papst auszukommen und dem Kaiser alle Schuld zuschieben zu können: er machte ja die Papstwahl unmöglich, da er zwei der Kardinäle in Gefangenschaft hielt! So blockierten sich Kurie und Kaiser gegenseitig, diese Zeit nutzten die lombardischen Städte, nutzte Rom zu eifriger Rüstung. Die Städte wie Rom waren weder päpstlich gesinnt noch kaiserlich, im Grunde wünschten sie beide Mächte zum Teufel und rangen schlicht um die eigene Freiheit und die Entfaltung der eigenen Kraft. Schließlich gab der Kaiser nach, entließ die beiden Kardinäle, — am 25. Juli 1243 — das päpstliche Interregnum hatte fast zwei Jahre gedauert — wurde ein Genueser, Sinibald Fieschi, als Papst Innozenz IV. einhellig vom Konklave gewählt.

Da hatte nun also der Kaiser seinen Papst, mit dem er seinen Frieden mit der Kirche machen konnte. Eine glänzende Gesandtschaft zur Begrüßung des neuen Papstes wurde im Vorzimmer abgewiesen: sie vertrat ja einen »Gebannten«, einen aus der Kirche ausgeschlossenen Mann! Bevor also der Kaiser einen einzigen Schritt weiterkam, mußte er sich vom Banne Gregors lösen! Er war dazu bereit, er wollte sich tatsächlich den Bedingungen des neuen Papstes unterwerfen, er mußte den Frieden mit der Kirche haben, weil er ihren Schiedsspruch in der Frage der Liga der lombardischen Städte brauchte; aber als der Kaiser die überaus harten Bedingungen studierte, die ihm Innozenz IV. zukommen ließ, da war genau die Klausel über die lombardischen Städte gestrichen, die einzige positive Klausel, auf die es dem Kaiser angekommen war. Sofort erhob sich Viterbo, der Kaiser mußte die Stadt berennen, die vom Papst mit Geld und Truppen unterstützt wurde. Die Stadt konnte nicht genommen werden, andere Städte kochten bereits die Suppe des Aufstandes — im September 1243 mußte der Kaiser erneut in Verhandlungen mit dem Papst eintreten, am 31. Mai 1244 endlich versammelten sich auf Geheiß des Papstes die Kardinäle, die Prälaten, die Ratsherren der Liga und der Kaiser Balduin von Konstantinopel gar, um den Abgesandten Friedrichs den Eid abzunehmen, den Eid auf die Bedingungen, die der Papst gestellt und der Kaiser angenommen hatte: alle die schmählichen Bedingungen, die der unglückselige Friedrich II. von Anbeginn seiner Herrschaft immer wieder den Päpsten hatte beschwören müssen, ohne daß er sie halten konnte, was die Päpste wußten und der Kaiser wußte: völlige Unterwerfung in kirchlicher und weltlicher Beziehung, mit Fasten und Almosen, Zurückziehung seiner Truppen aus dem Kirchenstaat, Freilassung und Entschädigung aller Gefangenen ... und wiederum kein Wort über den lombardischen Bund – über den Streit des Kaisers mit der Liga sollte ein Urteil des Papstes und der Kardinäle richten.

Der Friede zwischen Kaiser und Papst war kein Friede, beide wußten das. Sie ließen einander freie Hand, damit sich der andere ins Unrecht setze. Sie belauerten sich gegenseitig monatelang, abwartend, wer sich zuerst eine Blöße geben sollte. Der Kaiser rüstete, er schöpfte aus allen Hilfsquellen, aus Sizilien und dem Reich, um im Augenblick, da der Gegner ihm den Anlaß gab, losbrechen zu können. Das wußte der Papst, seine Schwäche war seine Stellung in Rom und sein Mangel an Geldmitteln, beides korrespondierte miteinander. In aller Heimlichkeit bereitete Innozenz seine Flucht aus Rom vor: um der kaiserlichen Gewalt zu entgehen. Er begab sich nach Sutru und wartete die organisierte Ankunft von Schiffen ab. In der Nacht zum 29. Juni ritt der Papst, von wenigen Getreuen begleitet, durch die Wälder nach Civitavecchia, fünf Kardinäle schifften sich dort mit ihm ein – am 6. Juli landete er in Genua, seiner Heimatstadt, wurde dort jubelnd empfangen: »Gelobt sei, der da kommt im Namen des Herrn ...« und antwortete mit dem Psalm: »Unsere Seele ist wie ein Sperling dem Strick der Jäger entronnen, der Strick ist zerrissen, und wir sind frei.« Als dies der Kaiser erfuhr, zitierte auch er ein Bibelwort: »Entflohen ist der Gottlose, den niemand verfolgte.«

In Genua war Innozenz IV. zwar im Schutz der streitbaren Stadt, aber von dort aus konnte er den Kaiser nicht angreifen. So begab sich der Papst nach drei Monaten, als der Kaiser mit seinen Truppen stark in Spoleto engagiert war und nicht alle Straßen überwachen lassen konnte, bei Nacht und Nebel nach Lyon, einem für den geplanten Angriff auf die kaiserliche Macht geradezu idealen Ort. Ludwig IX., an den sich Innozenz zuerst gewandt hatte, fürchtete einen Streit mit seinen Baronen, welche einen stärkenden Einfluß des Papstes bei der französischen Kirche nicht wünschten. Lyon lag im Gebiete des Reiches, war aber der Hoheit des Reiches entzogen, die Stadt gehörte dem Erzbischof. Die Wege zum Reich waren für einen diplomatischen Angriff des Papstes ebenso offen wie die Wege nach Frankreich für eine eventuelle Flucht. Und Papst Innozenz IV. eröffnete sogleich den Kampf, einen Kampf auf ganz neuer Basis, indem er eine allgemeine Kirchenversammlung nach Lyon einlud, um die ganze abendländische Welt um Hilfe gegen den Kaiser zu ersuchen. Auf neuer Ebene also die alte Politik.

Zu jeder Zeit konnten die Mongolen wieder aufbrechen, um dies lächerliche Europa zu kassieren, – und sie kamen tatsächlich, nur in einer Form und in eine Gegend und unter Umständen, die niemand erwarten konnte. Der Historiker berichtete: »Von schwerer Bedrängnis der Christenheit zu sprechen, hatte Innozenz allen Grund. Jeden Augenblick konnte die Mongolengefahr wiederkehren, in Konstantinopel kämpfte das lateinische Kaisertum mit schwindenden Kräften um sein Leben, und am schlimmsten stand es in Palästina. Dort war es zu einem Zusammenbruch gekommen, der dem Unglück von 1187 gleichsah und es in den Folgen sogar übertraf. Eine wirkliche Regierung bestand schon nicht mehr, der kaiserliche Statthalter, längst machtlos geworden, hatte 1243 das Land verlassen, das der feudalen Anarchie der Barone und der untereinander verfeindeten Ritterorden überlassen blieb. Es war der Gipfel der Unklugheit, in solcher Lage ein Bündnis mit Damaskus zum Angriff auf Ägypten zu schließen, auf das der Sultan von Kairo antwortete, indem er die Chowaresmier in Dienst nahm und mit ihnen Jerusalem angriff. Am 24. August 1244 wurde die Stadt ohne Mühe erobert, die Bevölkerung, soweit sie nicht geflohen war, gemordet. Die Hilfe von Damaskus blieb aus, und am 17. Oktober 1244 erlitt das christliche Heer bei Gaza die vernichtende Niederlage. Um Hilfe flehend, erschien der Patriarch von Antiochia im Abendland: Nur ein Kreuzzug großen Stils konnte das Verlorene wiederbringen, ja, auch nur retten, was noch übrig war ...«

Der Patriarch von Antiochia fand auf dem Konzil von Lyon kein Gehör. Dies ganze Konzil war eine einzige Farce, ein ungeheurer Bluff des Papstes, dessen Ergebnis getrost in einigen Punkten negativ bleiben mochte, in anderen Punkten aber doch zu aufrechenbaren Erfolgen führen mußte. Zunächst hatte Innozenz IV. kein Geld. Die Schulden der Kirche sollen 150 000 Pfund an Kapital und ebensoviel an aufgelaufenen Zinsen betragen haben. Hier war eine Gelegenheit, über die Prälaten der verschiedenen Länder alle jene Schulden einzukassieren, die an Kreuzzugssteuern, vergebenen Pfründen und sonstiger Investitionen der Kirche ihrerseits zukommen mußten — allein in England mochte es sich um Summen handeln, die höher waren als die Einkünfte des Königs. Dann aber war das Konzil auch eine Heerschau aller jener geistlichen Fürsten, auf die der Papst in seinem Kampfe gegen den Kaiser und gegen das Reich setzen konnte, — am Ende waren es ausschließlich Prälaten aus dem Westen des Abendlandes, weder Ungarn noch Polen, noch die Ostseeländer waren vertreten, aus England kamen außer dem Erzbischof-Primas nur vier Bischöfe, und diese schienen durchaus bereit, eben wegen der strittigen Geldforderungen des Papstes für den Kaiser zu stimmen. Aus Deutschland waren nur die Bischöfe von Lüttich und Prag erschienen, sozusagen als Beobachter des Verfahrens, — die Hauptmasse der hohen Geistlichen stammte aus Frankreich, Italien und Spanien. Im Grunde konnte es der Papst kaum wagen, diese Versammlung zum Richter über den

Kaiser zu bestellen: und er wagte es schließlich auch nicht!

Das Konzil trat am 28. Juni 1245 zusammen, um zuerst die Anklage Innozenz' IV. zu vernehmen: wegen Verfolgung der Kirche, ketzerischer Gesinnung, Verbindung mit den Ungläubigen und Vertragsbruch. Nichts anderes also trug der Papst vor, als was in allen Prozessen Material gegen den Kaiser war, abgestumpftes, oft wiederholtes, allgemein gehaltenes Zeug, ein nur durch stärkste Ausdrücke und gewaltige, moralisierende Beredsamkeit zu neuer Bedeutung zu erhebendes Arsenal an Verwünschungen. Der Papst endete mit dem unerhörten Vorwurf, der Kaiser, der sich anmaße, als Oberhaupt der Christenheit aufzutreten, entblöde sich nicht, mit ungläubigen Dirnen vertrauten Umgang zu pflegen. Und kein Wort von den lombardischen Städten, um die es ging.

Dem Papste widerstritt als Verteidiger der Abgesandte des Kaisers, Thaddäus von Suessa, ein sizilianischer Großer mit dem Konzept des Peter von Vinea; er sprach brav und wiederholte seinerseits, was bei bisherigen Gelegenheiten zu widerlegen notwendig erschienen war, und bat schließlich um einen Aufschub des Urteils, damit die hohe Versammlung die Möglichkeit habe, die Umstände genau zu prüfen, die zu dem Konzil von Lyon geführt hatten. Nach einigem Hin und Her der Kontroverse zwischen verschiedenen dem Kaiser feindlichen Prälaten, dem Papst und Thaddäus von Suessa fiel endlich in der Debatte das entscheidende Wort. Der Papst wandte es gleichsam lässig ein – für all das, was gegen den Kaiser vorgebracht werde, verdiene er eigentlich die Absetzung ... Das war das Stichwort, der Angelköder, dem Konzil hingeworfen, um zu erproben, ob es anbisse.

Das Konzil biß nicht an. Die Absetzung des Kaisers, das war allen klar, was ein so unerhörter, erstmaliger Akt, daß mit ihm die gesamte, so mühsam errichtete Ordnung des Abendlandes in Frage gestellt worden wäre. Sofort reagierten die Engländer – die Kinder des Kaisers waren Kinder der englischen Prinzessin Isabella – und die Franzosen, welche fürchteten, sie würden an erster Stelle mit den Querelen der geistlichen Landesfürsten belastet, wie es die deutschen waren. Mit ihren Stimmen erreichte Thaddäus einen Aufschub des Urteils, um dem Kaiser Gelegenheit zu geben, selber auf dem Konzil zu erscheinen – er sollte schon in Turin mit starker Heeresmacht sich bereit halten. Auf diese Nachricht hin bot der Templerorden, der den Schutz der Versammlung übernommen hatte, alle verfügbare Ritter seines Ordens auf, um etwaigen Gewalttätigkeiten des Kaisers entgegentreten zu können. Innozenz IV. bewilligte einen Aufschub von nur zwölf Tagen, eine Zeit, in welcher der Kaiser kaum in Lyon erscheinen konnte, die dem Papst aber Gelegenheit gab, die Gesandtschaften des Konzils weiterhin zu bearbeiten. In einer zweiten Sitzung kämpfte Thaddäus von Suessa geschickt gegen die Machenschaften des Papstes, aber dieser wußte ebenso geschickt zu wirken, indem er einige feste Punkte aufstellte, Aufgaben umriß, welche vom Konzil sogleich behandelt werden sollten –, Aufgaben praktischer Art, bei denen eine Befestigung gegen die Mongolengefahr und die Verbreitung eines neuen Kreuzzuges eine Rolle spielten.

Friedrich II. aber war nicht in Turin, sondern in Verona, um dort seinen Sohn Konrad zu empfangen, den König von Deutschland, und das Heer erst aufzurüsten, mit dem er nach Turin wollte. Als er von den bisherigen Ergebnissen der Debatte in Lyon erfuhr, sandte er Peter von Vinea und den Großmeister des Deutschen Ritterordens nach Lyon, versehen mit allen Vollmachten, um dort für den Kaiser zu wirken. Diese Delegation war noch zwei Tagereisen von Lyon entfernt, als das Konzil zur dritten und entscheidenden Sitzung zusammentrat.

Auf dieser dritten Sitzung bat Thaddäus von Suessa um erneuten Aufschub. In der folgenden Debatte muß es Innozenz IV. klar geworden sein, daß von dieser Versammlung kein ihm genehmes Urteil über den Kaiser gefällt werden konnte. So erhob er sich und verkündete seinen Spruch. Der Ankläger fällte selber das Urteil. »Er erklärte Friedrich seiner Würden als Kaiser und König verlustig, forderte zur Wahl eines anderen Kaisers auf und behielt sich über das Königreich Sizilien die Verfügung vor. Hierauf ließ er das schriftlich aufgesetzte Urteil verlesen, stimmte das Tedeum an und entließ die Versammlung.« Thaddäus rief: »Dies ist ein Tag des Zorns, des Unglücks und des Elends! Nun werden sich freuen die Ketzer, herrschen die Chorwesmier, einbrechen das Gezücht der Mongolen!« Innozenz aber erwiderte: »Ich habe das Meine getan, tue Gott, was ihm gefällt!« Innozenz und seine Prälaten senkten brennende Fackeln zur Erde, bis sie verloschen: so sei des Kaisers Glanz und Glück auf Erden erloschen.«

Des Kaisers Glanz und Glück war erloschen. Was auch immer er von diesem Augenblick an tat, erwies sich als ein Schritt zu seinem Untergang. Wie eine Spinne im Netz saß Innozenz IV. in Lyon und wiegelte alle Kräfte gegen den Kaiser auf. Auch aus Deutschland war für den Kaiser keine Hilfe mehr zu erwarten, die ersten Gegenkönige erhoben ihr Haupt. In der gesamten Lombardei, in ganz Italien flammte der Aufstand auf. Noch glaubte der Kaiser, mit Sendboten und Schriftstücken sein Recht darlegen zu können, die päpstlichen Pamphlete waren schneller und eindringlicher. Weder der König von England noch der von Frankreich vermochten sich zu ihm zu bekennen, zu dem Manne, der vom Schicksal, von Gott selber geschlagen schien. Selbst in Sizilien regten sich Verschwörer, im Frühjahr 1246 wurde in letzter Stunde ein geplanter Anschlag auf das Leben des Kaisers entdeckt, hohe kaiserliche Beamte waren in ihn verwickelt. In Deutschland war der Kaiser in diesem Zusammenhang schon totgesagt, was den thüringischen Landgraf Heinrich Raspe bewog, sich als Gegenkönig anzubieten. Päpstliche Truppen rückten in Sizilien ein, sie wurden geschlagen, der Aufstand im Blut erstickt. In Blut ersticken mußte der Kaiser, was sich ihm entgegenstellte – es stellte sich ihm alles entgegen. War der Kaiser mit seiner schwindenden Heeresmacht im Vormarsch, so sperrten sie ihm die Straßen. Sein Leibarzt ließ sich bestechen und versuchte, ihn zu vergiften. Peter von Vinea wurde mit diesem Attentat in Verbindung gebracht, fälschlicherweise, aber die Untersuchung gegen ihn ergab, daß der engste Berater und Vertraute des Kaisers sein hohes Amt mißbraucht hatte zu maßloser Bereicherung. Er wurde geblendet und gab sich selber den Tod. Der Lieblingssohn des Kaisers, Enzio, geriet in die Gefangenschaft der Bologneser und konnte von Friedrich nicht befreit werden, er starb in der Kerkerhaft fünfundzwanzig Jahre später, im Jahre 1272. Die Chronik berichtet: »Es war ein Kampf ohne feste Fronten auf überall gefährdetem Boden, bei dem der Gegner, für den Kaiser unangreifbar, von außen her alle Machtmittel der kirchlichen Organisation gegen ihn mobil machen konnte.« Der Gegner war Innozenz IV., und er saß in Lyon. Also mußte der Kaiser zu einem Zuge nach Lyon rüsten, um ihn dort anzugreifen. Friedrich stand schon in Turin, bereit zum Marsch, da nötigte ihn der Abfall von Parma zur Umkehr. Aber er konnte Parma nicht nehmen, sein Lager wurde überfallen, sein Heer zerstreut, die Kriegskasse erbeutet –, am 18. II. 1248. Friedrich gab nicht nach: er konnte mit dem Rest seines Heeres noch päpstliche Truppen zurückschlagen, einen Teil der Romagna besetzen, – er bereitete einen neuen Zug nach Lyon vor. Er schien unbesieglich. Er kämpfte, schon am Boden liegend, weiter, erhob sich immer wieder – die Welt beobachtete den Untergang dieses Mannes mit Schaudern der Bewunderung und des Entsetzens. Er blieb »im Felde unbesiegt«. Kein Schwertstreich tötete ihn: er starb am Fieber, dem Todfeind der Deutschen in Italien, am 13. XII. 1250 im apulischen Castel Fiorentino, 56 Jahre alt. Auf dem Sterbebett ließ er sich von einem Priester absolvieren und in die Zisterzienserkutte kleiden. Den von Löwen getragenen Porphyrsarkophag hatte er im Dom zu Palermo für sich bereitgestellt, der Grabstätte seiner Eltern und seiner normannischen Vorfahren.

Es ging um die Auflösung

»Von der Parteien Haß und Gunst verzerrt«, schwankt auch des Kaisers Friedrich II. Charakterbild in der Geschichte. Es ist das Charakterbild seiner Zeit, die in dieser schicksalhaften Gestalt zum Ausdruck kam, die Zeit der Überlappung zweier geschichtlicher Epochen, der Kabbelsee zwischen zwei Strömungen. In solchen Zeiten verwandelt sich der Versuch großer Gestalten, sich selber in ihrer Zeit auszudrücken, in das Schicksal, Ausdruck eben dieser Zeit zu sein. Die Geschichte liebt es, die Größe einer historischen Gestalt nach den Maßen ihrer Tragik zu messen – das mindert in der Folge die Bedeutung des Überwinders, des Siegers.
Der treffliche Geschichtsforscher Bruno Gebhardt wußte in seinem »Handbuch der Deutschen Geschichte« Friedreich II. zu rühmen: »Gleichwohl muß der die Zeitgenossen erregende Eindruck des Unerhörten und Unheimlichen, den die päpstliche Propaganda zum Grauen steigerte, von seiner Persönlichkeit und Gestalt ausgegangen sein. Er steht zwar nicht isoliert in seiner geistigen Umwelt, nicht der ›Neuzeit‹ näher, aber viel beunruhigend Neues, was im 13. Jahrhundert auch anderswo spürbar wird, vereint und verdichtet sich in seiner eminenten Begabung zu weithin sichtbarer Gestalt. Aufgewachsen im Schnittpunkt lateinischer, byzantinischer und arabischer Kultur, vielsprachig gebildet und von früh an mit geistiger Wachheit auf sich gestellt, war er für alles Fremde hellhörig interessiert, ohne sich daran zu verlieren. In seinem viel verlästerten Verkehr mit gelehrten Mohammedanern und Juden wollte er weder ihren Glauben annehmen noch sie bekehren, sondern sich wie auch von den christlichen Gelehrten, die er an

seinen Hof zog, fragend belehren lassen über Gott und die Welt, vor allem über die Natur der Dinge, über Mathematik und Optik, Astronomie und Kosmologie. Viele seiner Fragen sind überliefert, sie bekunden nicht skeptische Zweifel am überlieferten Kirchenglauben und Weltbild, aber einen bohrenden Wissensdrang, der den Dingen forschend auf den Grund gehen will.«

Gleichwohl aber muß auch für die Zeitgenossen trotz der päpstlichen Propaganda ganz sicher der Eindruck entstanden sein, daß Friedrich II. selbst durchaus nicht als ungläubiger Kirchenfeind gelten konnte. »Er hat sich«, nach Gebhardt, »stets auch mit biblischen Worten als rechtgläubiger Sohn der Kirche dargestellt, alle Ketzerei scharf verurteilt. Immer wieder betonte er sein Streben nach Frieden und Eintracht mit dem Papsttum, mehr als einmal bewies er durch die Tat, daß er es nicht unterwerfen oder gar vernichten, sondern zu politischer Verständigung nötigen wollte. Nie stellte er wie sein Großvater einen Gegenpapst auf, auch als er von Innozenz IV. abgesetzt und ein Gegenkönig gewählt wurde. Nur an einen künftigen Papst und ein allgemeines Konzil appellierte er, nur die politische Entartung der Kurie und die Verweltlichung der Kirche bekämpften seine Manifeste. Die Anklagen Gregors IX., als spotte er über christliche Glaubenslehren, wies er entrüstet als Verleumdung zurück, und Innozenz IV. wiederholte sie nicht.«

Aber offenbar verstand der letzte Stauferkaiser in seiner Entrüstung nicht, daß sein Wissensdrang nach Mathematik, Astronomie und Kosmologie in der Auffassung der Kirche durchaus nichts anderes als Ketzerei bedeuten mußte. Die objektive Wissenschaft stand zu der kirchlichen Lehre in einem strikten, in einem unüberbrückbaren Gegensatz. Seine religiöse Einstellung gegenüber dem Papsttum war ungemein verwandt mit der des Reformators Luther dreihundert Jahre später, seine kulturellen Bestrebungen hatten nichts mit denen der Kirche zu tun, befinden sich zu deren

Auffassung in vielen Punkten in offenbarem Widerspruch, sein Beamtenstaat in Sizilien war eine rein weltliche Institution und wurde von ihm auch als solche im Widerstreit mit der Kurie aufgefaßt – und eben auch im Widerstreit mit der Ordnung des Reiches, dessen Kaiser er war.
Friedrich II. beherrschte viele Sprachen, deutsch sprach er schließlich nicht. Von seiner Weltläufigkeit wußte der letzte Stauferkaiser seinem deutschen Reiche nichts mehr mitzuteilen. Er dichtete sogar in seiner sizilianischen Muttersprache, und sein umfangreiches Buch über die Falkenjagd und Vogelzucht stand »nicht außerhalb seiner Zeit«. Seine Bauten waren in der Tat keine kirchlichen Bauten, sondern militärische, Kastelle baute er, Jagd- und Lustschlösser, sie waren ohne erkennbares Vorbild, ein Nachbild aber in den Ordensburgen des Deutschen Ritterordens.
Als geschichtliche Gestalt war er seinem Überwinder, dem Papst Innozenz, eben aus dem Grunde überlegen, dessentwegen dieser mit seinem Siege unterlag. Was diesen Papst vor allen seinen Vorgängern auszeichnete, war einzig der Mut, das zu tun, was diese nicht zu tun gewagt hatten. Bann hin und Bann her – keiner hatte riskiert, den Kaiser schlichtweg zu entthronen. Keiner auch hatte gewagt, was viele erwogen, den Gedanken, mit dem sie politisch immer spielten, in die Tat umzusetzen: nämlich an die Stelle der Deutschen die Franzosen in die Position zu lancieren, das Schwert der Kirche zu sein. Von Lyon aus hatte der Papst hinreichend Erfahrungen gesammelt, um zu begreifen, daß es notwendig war, noch zu Lebzeiten des Kaisers das Reich der Deutschen zu zerstören oder zumindest dergestalt aufzulösen, daß es für die skeptischen Franzosen verlockend erscheinen mochte, an die Stelle der deutschen Macht zu treten. Noch regierte König Konrad IV., der Sohn Friedrichs II., unangefochten als deutscher König – mit Hilfe der stets auf persönlichen Vorteil und Macht bedachten deutschen Erzbischöfe gelang es dem Papst jedoch wirklich, einen Gegenkönig aufzustellen –, eben jenen obskuren Heinrich Raspe,

Landgrafen von Thüringen, der seine Schwägerin, die heilige Elisabeth, auf den frommen Weg nach Marburg zu drängen verstanden hatte. Aber dieser Raspe war zu offenkundig ein »Pfaffenkönig«, als daß ihm die Mehrzahl der weltlichen Landesfürsten zu folgen vermochte. Zwar war König Konrad IV. entschlossen genug, um sein Recht zu kämpfen, er wurde aber durch den Verrat der schwäbischen Gaugrafen geschlagen, die hofften, auf diese Weise das Staufererbe übernehmen zu können. Doch »Staufferglück« in letztem Falle: Heinrich Raspe starb während der Belagerung von Ulm, auf seiner Wartburg, neun Monate nach seiner Wahl durch die rheinischen Erzbischöfe, und ohne gekrönt zu sein. Ein neuer Gegenkönig war zu suchen, er fand sich durch den Verrat eines Reichsfürsten, des Herzogs Heinrich II. von Brabant, der seinen neunzehnjährigen Neffen, den Grafen Wilhelm von Holland, präsentierte – er wurde tatsächlich von dem Brabanter und den rheinischen Erzbischöfen gewählt, gegen den Widerstand der Städte Köln und Aachen; er mußte große Zugeständnisse an diese Städte machen, bevor er in Aachen tatsächlich 1248 gekrönt werden konnte. Noch war die Anerkenntnis dieser Krönung überaus zweifelhaft, als Friedrich II. starb. Unbegreiflicherweise beschloß König Konrad IV. sofort, den Kampf um sein Erbe in Italien aufzunehmen. Damit brach in Deutschland völlige Anarchie aus.

König Konrad hatte auf venetianischen Schiffen Apulien erreicht und die Regierung Siziliens von seinem Halbbruder Manfred übernommen, Papst Innozenz vergeblich um Anerkennung ersuchend. Er starb 1254 nach kurzer Krankheit, 26 Jahre alt. Manfred übernahm für dessen zweijährigen Sohn Konradin die Regentschaft. Wilhelm von Holland konnte durch mancherlei Zugeständnisse schließlich bei den nordostdeutschen Fürsten Anerkenntnis finden, denen nach dem Weggang ihres Königs Konrad kaum etwas anderes übrig blieb, als um ihrer nordostdeutschen Probleme willen sich an irgendeine vorhandene Reichsgewalt zu klammern – die Städte aber erhofften, auch die bislang staufertreuen, eine staatliche Neuordnung, die sie sich unter diesen Umständen erkaufen konnten, sie schlossen sich zu Städtebünden zusammen, vorerst zu einem rheinischen Städtebund, der ihnen bislang von den Staufern verweigert worden war.

Damit aber war das Ende der Staufer in Italien für das Reich uninteressant geworden, interessant nur für die Franzosen. Ursprünglich hatte, noch zu Lebzeiten Friedrichs II. der Papst das »päpstliche Lehnsreich Sizilien« dem Grafen Richard von Cornwall angeboten, dem Bruder König Heinrichs III. von England, der als einer der reichsten Fürsten des Abendlandes galt. Aber der lehnte das Königreich Sizilien ab, weil er wohl hoffte, an Stelle des Wilhelm von Holland Kaiser von Deutschland zu werden – und er wurde es. So berief der Papst schließlich den Bruder des französischen Königs Ludwig IX., der für seine Söhne verzichtet hatte, den Karl von Anjou, einen harten und ehrgeizigen Mann, zum König von Sizilien: er schlug Manfred, er enthauptete Konradin in Neapel, er regierte in Sizilien, bestrebt, die Macht der Capetinger in ganz Italien durchzusetzen, auf dem Weg über Sizilien, wie Richard von Cornwall die Macht über das Stauferrerbe auf dem Weg über Deutschland zu gewinnen hoffte. Die Macht des Anjou wurde drei Jahre vor dem Tode dieses Gewaltherrschers durch den Aufstand der Sizilianer gegen ihn am 30. III. 1282 gebrochen: durch die »Sizilianische Vesper«. Nachfolger wurde Peter III. von Aragon, ein Spanier, der sich durch seine Ehe mit König Manfreds Tochter Konstanze qualifizierte, und durch seinen Verzicht auf weitere Macht in Italien. Die Anjous residierten weiter in Neapel, als Erben der Staufer, aber dieses Erbe war nun zerschlissen und vertan – und wessen sich die Päpste in Hinkunft von den Franzosen zu gewärtigen hatten, war bitterer als alles, was die deutschen Kaiser ihnen angetan.

In Deutschland aber begann die »kaiserlose, die schreckliche Zeit«, wie Schiller sie benannte, das »Interregnum«, das keines war. Denn Rom regierte, die Kurie hielt die ganze Epoche des Überganges in ein neues Zeitalter hindurch die deutsche Suppe bei kleinem Feuer am Kochen, sorgsam bedacht darauf, die letzten Staufer-Ingredienzien und Kaiserträume verbrodeln zu lassen.
Tatsächlich war von der »Nation« der Deutschen kaum mehr ein Widerstand gegen Rom zu erwarten. Die »himmelhoch« überlegene Politik der Kirche kulminierte im Sieg des Geistes über die Macht. Damit war zweifellos das Konzept des Carolus Magnus hinfällig geworden, mit ihm auch die deutsch-italienische Verstrickung. Am Ende des Hochmittelalters stand die Kirche glorios da, in sich gefestigt, wie es schien – die deutschen Erzbischöfe blieben fortan in der strengsten Disziplin Roms und der Kurie, – die Bewegung von Cluny endete mit Vollendung der Scholastik, durch welche sich die Theologie zu einer Ideologie aufblähte, welche fortan zu beherrschen schien, was an Geistesbewegung zu beherrschen möglich war. Damit aber schien auch die merkwürdige Bipolarität des christlichen Glaubens und seiner Organisation aufgehoben, jener Zwiespalt, der tiefinnerst im katholischen Christentum begründet lag und das weltliche Reich als zweiten Stützpfeiler der Macht ebenso benötigte wie jene kulturelle Produktivität, die das Abendland auszeichnete und eben aus der Bipolarität erwuchs.
Es erwies sich aber, daß die Kirche mit ihrem Siege über das Reich fortan auf ihre hinreißende geschichtliche und politische Initiative verzichten mußte. Von nun an bis zum heutigen Tage mußte sie sich darauf beschränken, ihre Position zu verteidigen gegen den Ansturm der weltlichen Mächte und Ideen.
Hatte die Scholastik das Wesen Gottes genau definiert, erhob sich sofort die Frage nach dem Wege zu ihm. Es ist dies die Frage, welche die Mystik stellte.

Die Völker des Abendlandes waren mit dem Abschluß des Prozesses ihrer Volkwerdung am Ende des Hochmittelalters tiefreligiös, in der Tat – sie hatten es sich offensichtlich nicht leicht gemacht. In ihr religiöses Vakuum war die Lehre Christi langsam, aber mit schmerzhafter Gewalt eingeströmt, eine andere Lehre als die des Erlösers schien kaum mehr denkbar – gerade die Bewegung der »Ketzer« bewies, daß die Diskussion strikte auf der Ebene des Christentumes angesiedelt war, sich aber gegen den Formalismus wendete, den die Scholastik verkündete und ausübte. Die gesamte Kulturausübung des Abendlandes war im 13. Jahrhundert christlich bestimmt, von der Thematik und der Formgebung her; die Einschüsse der Völker aber, die nicht mehr am Wesen Gottes zweifelten, jedoch den wahren Weg zu ihm suchten, offenbarten sich in mancherlei eigentümlichen Dingen, die mit dem Geist der Völker wie mit ihrem seelischen Zustand innig zusammenhingen. Zur Zeit des Todes Friedrichs II. wurden in der Sammlung »Carmina burana« die Lieder der Vaganten aufgezeichnet, die nordischen Sagen werden aufgeschrieben, die isländische Lieder-Edda beginnt. Nach dem Tode des letzten Stauferkaisers erhielt in der immer regen Phantasie des Volkes, das die Vorgänge in den hohen Sphären der Macht nicht begreifen konnte, ihre Auswirkungen aber stets am stärksten zu spüren bekam, die Zeit der Staufer einen sonderbaren Glanz. Der Rotbart und sein Enkel, die beide die Einheit des Reiches wirklich durch die deutsch-italienische Verstrickung bis zur letzten Konsequenz zerstört hatten und, in allen ihren Vorhaben scheiternd, untergingen, vereinten sich in der Vorstellung des Volkes zu jenem Kaiserbild des Barbarossa, dem der Bart im Schlafe durch den Marmortisch wuchs und der, im »Herzen« Deutschlands, in seiner Höhle im Kyffhäuser den Tag einer neuen deutschen Einheit erwartet, zu dem ihn die Raben, die um den Berg kreisen, erwecken sollen. Im Gemüte des deutschen Volkes mußte sich eine eigentümliche Lust an den

makabren Unfällen der deutschen Geschichte ausgebildet haben, wie sie sich schon im sagenhaften Untergang der Germanen dokumentierte, so als sei der Untergang das eigentlich deutsche Schicksal, das es zu bejahen galt, da sich in ihm die Aufgabe der Deutschen erschöpft. So erwuchs auch in den ersten Dokumenten deutscher Sprache, in ihrer frühen Literatur jene sentimentalische Hoheit, die Mechthild von Magdeburg, eine Zisterziensernonne in ihrer mystischen Schrift, der ersten Dichtung in deutscher Prosa: »En vliessendes Liecht der Gotheit« zum Ausdruck brachte. Und der bedeutende Kirchenlehrer Thomas von Aquino, der von 1225 bis 1274 lebte und an der Universität Paris lehrte, begründete, noch ganz im Blickpunkt der Scholastik, doch ein System, das die scheinbaren Widersprüche von Glauben und Wissen lösen wollte. Hier wird begreiflich, daß nicht die angebliche Kirchenfeindschaft Friedrichs II., nicht seine Freundschaft mit andersgläubigen Herrschern, sondern seine Neigung zu den Naturwissenschaften, zur Mathematik, der Astronomie und zur Kosmologie die eigentliche Ursache der Verdammung gewesen sein muß.
Nur aus der Not entsteht der Wille zur Veränderung. Und die Not war groß im 13. Jahrhundert, eben durch die abrupte Unterbrechung des deutschen Kulturwillens, die durch das »Interregnum« der Päpste willkürlich geschaffen worden war. Aus dieser Not entstand der »Sachsenspiegel«, jenes erste deutschsprachige Dokument, das älteste und bedeutendste der sogenannten Rechtsbücher des Mittelalters, eine Privatarbeit, die ein Eike von Repkow schrieb, und in dem er das organisch entstandene, nicht durch Gesetz geschaffene Land- und Lehnsrecht seiner Zeit zusammenfassend darstellte, – und auf dem nun alle weitere Rechtsprechung beruhen sollte, über das römische Recht hinaus, das erst im 14. Jahrhundert durch Karl IV. mehr oder weniger zwangsmäßig eingeführt wurde.
Die gesamte Kultur des Hochmittelalters war unzweideutig durch die Kirche bestimmt. Das Nationale war

überhaupt nur meßbar durch das verschiedene Maß, in welchem sich der Ausdruckswille der einzelnen Völker des Abendlandes – mit Ausnahme Italiens – dem der Kirche näherte oder entfernte, in einem langsamen und dem der Volkwerdung gleichlaufenden Prozeß. Die gregorianische Musik, der einstimmige Chorgesang herrschte seit Gregor I. – erst im 12. Jahrhundert vollendete sich die Notenschrift durch die Möglichkeit genauer Bestimmung der Tonverhältnisse des Rhythmus in der Mensuralnotenschrift, die den Satz mit zwei bis vier mehr oder minder selbständig rhythmisierten Stimmen möglich machte. Die bildende Kunst unterlag bis ins 13. Jahrhundert dem zweiten Gebot Mose, trotz des Bilderstreites zwischen Rom und Byzanz zu Zeiten Karls des Großen. Die Kirche blieb bis auf den heutigen Tag verlegen um ein authentisches Bildnis ihres Herrn Jesus Christus. Die Darstellung der Heiligen und Kaiser blieb fast ausschließlich Mosaiken byzantinischer Art vorbehalten. Ganz sicherlich legte auch der von Cluny ausgehende Strom der religiösen Erneuerung die Quellen des christlichen Kulturbewußtseins frei, die durch den Machtwillen der Kirche verschüttet zu werden drohten. Das Christentum wurzelte im Kulturbereich der Antike, es hatte willig die Lehren des Aristoteles, seine Metaphysik und seine Logik aufgenommen, selbst auf dem Umweg über den Islam, der das Erbe des großen griechischen Philosophen wahrte, – wie es auch stets bereit und willens war, den Kulturbereich jedes Volkes in sich aufzunehmen und in seinem Sinne zu verarbeiten, mit dem es in seiner Geschichte in Berührung kam, solange und soweit dieser nicht eine Sache des Glaubens war. So drückte sich sogleich zu Beginn der religiösen Erneuerung der Kirche deren Kulturwille in Bauten der eigenen Macht aus. Das Stammkloster Cluny war nicht nur für die eigenartige Welt der Klöster maß- und richtunggebend, das Kloster selbst dehnte sich, die Verwirklichung der Gottesherrschaft anzeigend, zum monumentalsten Kirchenbau des Hochmittelalters aus – sein Dom war der größte Dom der Welt. Cluny bestimmte den Stil der Epoche, jener der dreihundert Jahre der deutsch-italienischen Verstrickung. Die romanische Baukunst erschöpfte sich in Denk- und Mahnmälern der kirchlichen Macht, in den Münstern und Domen, in den Kirchen und Klöstern. Profanbauten kannte die Epoche der romanischen Kunst kaum, außer etwa in einigen Pfalzen und schließlich in der Wartburg, deren Bau als Bergschloß der Landgrafen von Thüringen um 1073 begonnen und 1223 vollendet wurde, unter der Ägide und als Sitz der heiligen Elisabeth.

Macht baut immer groß in der Anlage und gering im Detail. Die für jene Zeit und gerade in Deutschland ungewohnt gewaltigen Anlagen und Bauwerke mußten einem unmittelbaren Bedürfnis genügen und einer Fertigkeit der an ihnen beteiligten Gewerbe, nach dem Grade der technischen Möglichkeiten der Handarbeit. Hier begegneten einander der Machtwille und die Inspiration der Kirche und die handwerkliche Geschicklichkeit einer ständig wachsenden Bevölkerung, der Ursprung eines eigenen Kulturwillens. Er erwuchs nicht in den Burgen und Sitzen der herrschenden Schichten, sondern in den Städten, in denen sich der Zuwachs der Bevölkerung sammelte und deren Mauern und Wallwerke zu sprengen begann – die Städte wurden zu den eigentlichen Kulturzentren, wie in Italien, wo sie schon lange als solche bestanden.

Die urchristliche Gemeinde in Rom versammelte sich in Katakomben, solange sie als Opposition verfolgt war. Die staatsrömischen Götter sammelten in ihren Tempeln keine Gemeinden, sie standen jedermann offen, und die Händler und Geldwechsler benutzten sie als Markt. Politische Versammlungen, die der Parteien, fanden in den Basiliken statt, die auch für Gerichtssitzungen und als Börse benutzt werden konnten, gedeckte Langbauten. Von der Befreiung der christlichen Opposition an, im vierten Jahrhundert, benutzten die Christen die Basiliken, die halbrunde Apsis

als die eigentliche Kultstätte hinzufügend, die Nische des Altars. Mit wachsender Gemeinde wurde ein Querschiff angebaut, so daß die Basilika im Grundriß die Kreuzesform annahm.
Sicherlich findet das eigentümliche Platz- und Baugefühl der mittelmeerischen Völker eine Begründung in den klimatischen Verhältnissen. Die Tempel der Antike waren offene Kultstätten, deren Säulen nur die Bedachung trugen; die arabischen Bazare waren offene Märkte, deren Bedachung gegen die sengende Sonne schützte; auch die römischen Basiliken und nicht nur diese bezogen die Plätze in sich ein; noch heute herrscht außer den Zeiten des Gottesdienstes in den Kirchen Italiens reges, volkstümliches Treiben, zumal bei schlechtem Wetter, der Platz findet seine geschützte Fortsetzung in der Kirche, die Tag und Nacht geöffnet ist. In den Ländern des Nordens, zumal in den deutschen Ländern jenseits des Limes, ergab sich mit dem anderen Klima und auch durch die Befestigung der nicht mehr weitläufigen Städte der Zwang, die romanische Bauweise der Basilika dem Mangel an Plätzen anzugleichen. Die Bauwerke der Romanik waren somit von vornherein und vorgeplant besonderen Maßstäben der Kirche unterworfen. Eine Kirche mußte so groß sein, daß sie die ganze Gemeinde in sich aufnehmen konnte. Die Hauptkirche einer Stadt, der Dom, mußte zumal in den Bischofssitzen so groß gebaut sein, daß von seinem höchsten Punkt, dem Turm oder der Kuppel, die ganze Gemeinde des Sprengels überschaubar blieb. Vor allen profanen Bauten, auch den Türmen in den Mauern, über den Toren und in der Umwallung aber mußte umgekehrt auch der Turm der Kirche zu sehen sein. Das Maß gab der Umfang der Stadt. der Turm maß – die Kirche im Zentrum der Umwallung – ein Zehntel des Radius einer Stadt. In den weiten Ebenen des städtearmen Nordens war nach dem Willen des heiligen Ansgar, des Apostels Niederdeutschlands, ein Sprengel so groß, als man den Turm des Domes sehen konnte.

Die Backsteinbauweise ermöglichte es den Domherren, mit unvergleichlich hohen Türmen ihren Sprengel groß und reich zu gestalten. Die karolingischen Bauwerke boten das Bild mittelalterlicher Baukunst im ersten Muster. Die Pfalzkapelle Karls des Großen im Aachener Münster wurde 805 geweiht; die schlanken Säulen im Oktogon, dem achteckigen, der Kirche S. Vitale in Ravenna nachgebildeten Zentralbau, stammen aus antiken Bauwerken. So wirkt dieser Dom noch keineswegs monumental, die karolingische Bauweise, wie sie sich auch an der Eingangshalle zum Reichskloster Lorsch mit ihren eingeblendeten Schmuckelementen darstellt, hatte – um 774 gebaut – noch keine lebendige Bautradition. Aber gerade die Klöster, zumal jene, die als Wallfahrtsorte dienten, standen unter dem Zwange, große Massen in sich aufzunehmen, wie dann auch infolge des Zuzugs in die Städte die romanischen Dome, inmitten der Wohnhäuser stehend, immer mehr Innenplatz benötigten. Es war die Entwicklung der Bautechnik, nun getragen von den sogenannten Bauhütten, welche durch die Einziehung von besonderen Stütz- und Strebepfeilern die Mauern des Kircheninnern vor dem Einsturz durch das Gewicht der wachsenden Bedachung zu schützen verstand. Statt des Rundbogens in den Gewölben und Fenstern fügte sich der Spitzbogen ein; ein neuer Baustil, der die Türme höher in den Himmel streben ließ, entstand so und bestimmte das Ende einer Epoche, eben jene, in welcher die Scholastik den Übergang in die Mystik fand. In Frankreich hatte die religiöse Wendung im Zusammenfall mit dem Baustil schon die großen Kathedralen geschaffen – der Sandstein erlaubte die Fesseln zu sprengen, denen sich bislang die Kirche, dem zweiten Gebot Mose folgend, auferlegt hatte: Fortan vermochte die Kirche pädagogisch und propagandistisch dem Bedürfnis der Volksphantasie durch hemmungslose Bildnerei entgegenzukommen. In jeder Säulennische, aber auch in der Fassade bis zu den Spitzen der Türme, aus Dachtraufen und Glockenstuben, blickten Heilige und Bischöfe, Stifter und Domherren ins Volk, unter ihren Füßen die besiegten Dämonen, die Fratzen der heidnischen Welt. Für die mittelmeerischen Völker bedeutete dieser neue Baustil nackte Barbarei. Das Barbarische war ihnen in den Horden der Völkerwanderung begegnet, sie bezeichneten diesen Stil daher als »gotisch«.

Zwei Jahre vor dem Tode des letzten Stauferkaisers, Friedrichs II., wurde zu Köln der Grundstein zum Kölner Dom gelegt. Dieser »gotische« Dom wurde sechshundert Jahre später auf Initiative des Königs Friedrich Wilhelm IV. von Preußen im Jahre 1842 weitergebaut und 1880 vollendet, vierzehn Jahre nach dem Tode des preußischen Musketiers August Grünewälder aus Bielefeld im Kurpark von Kissingen.

Inhalt

Das Hl. Röm. Reich z.Z. der staufischen Kaiser

Reichsgrenze